S. Dismore

LANGENSCHEIDTS
UNIVERSAL-WÖRTERBUCH

ENGLISCH

ENGLISCH-DEUTSCH
DEUTSCH-ENGLISCH

Herausgegeben von der
Langenscheidt-Redaktion

LANGENSCHEIDT
BERLIN · MÜNCHEN · WIEN
ZÜRICH · NEW YORK

Bearbeitet von
Holger Freese, Helga Krüger, Brigitte Wolters
In der neuen deutschen Rechtschreibung

Inhaltsverzeichnis

Ergänzende Hinweise, für die wir jederzeit dankbar sind,
bitten wir zu richten an:
Langenscheidt-Verlag, Postfach 40 11 20, 80711 München

Auflage:	12.	11.	10.			Letzte Zahlen
Jahr:	04	03	02	01	2000	maßgeblich

© *1997 Langenscheidt KG, Berlin und München*
Druck: Druckhaus Langenscheidt, Berlin-Schöneberg
Printed in Germany · ISBN 3-468-18124-8

Hinweise für den Benutzer

1. Stichwort. Das Wörterverzeichnis ist alphabetisch geordnet und verzeichnet im englisch-deutschen Teil auch die unregelmäßigen Verb- und Pluralformen an ihrer alphabetischen Stelle. Im deutsch-englischen Teil werden die Umlautbuchstaben ä, ö, ü wie a, o, u behandelt. Das „ß" wird wie „ss" eingeordnet.

Die Angabe der weiblichen Formen erfolgt im deutsch-englischen Teil im Stichwort normalerweise durch eingeklammertes „(in)", z. B. „Lehrer(in)" oder durch die Genusangabe, z. B. „Abgeordnete *m, f*".

Die **Tilde** (∼, bei Wechsel von Groß- und Kleinschreibung des Anfangsbuchstabens ⌀) ersetzt entweder das ganze Stichwort oder den vor dem senkrechten Strich (|) stehenden Teil:

export ... **∼ation** ... **∼er** = exportation ... exporter
hang| glide ... **∼ gliding** = hang gliding
Bade|anstalt ... **∼anzug** = Badeanzug
house ... **⌀ of Commons** = House of Commons
Beginn ... **⌀en** = beginnen

Die Tilde ersetzt in Anwendungsbeispielen das unmittelbar vorangehende halbfette Stichwort, das auch selbst mit einer Tilde gebildet sein kann:

distance ... *in the* **∼** = in the distance
after ... **∼noon** ... *good* **∼** = good afternoon
ab|beißen ... ; **∼biegen** ... *nach rechts (links)* **∼** = ... abbiegen

2. Aussprache. 2.1 Die Aussprache des englischen Stichworts steht in eckigen Klammern und wird durch die Symbole der International Phonetic Association wiedergegeben. (Erklärung der phonetischen Zeichen siehe hinterer Buchdeckel innen!)

Häufig wird auch nur eine Teilumschrift gegeben, z. B.
blotting paper ['blɒtɪŋ-].

Bei zusammengesetzten Stichwörtern ohne Angabe der Aussprache gilt die Aussprache der jeweiligen Einzelbestandteile:

desktop 'publishing [= desk - tɒp - 'pʌblɪʃ - ɪŋ]

2.2 Die **Betonung** der englischen Wörter wird durch das Zeichen ' für den Hauptakzent vor der zu betonenden Silbe angegeben:

onion ['ʌnjən] – **advantage** [əd'vɑːntɪdʒ]
'lightpen – **'bank account**
dis'loyal – **good-'looking**

In einem Fall wie **occasion** [ə'keɪʒn] ... **~al** (= oc'casional) ist der Betonungsakzent in dem Teil des Stichworts enthalten, für den die Tilde steht.

2.3 Endsilben ohne Lautschrift. Um Raum zu sparen, werden die häufigsten Endungen der englischen Stichwörter hier einmal mit Lautschrift aufgelistet. Sie erscheinen im Wörterverzeichnis in der Regel ohne Umschrift (sofern keine Ausnahmen vorliegen).

-ability [-ə'bɪləti]	-cy [-sɪ]	-ful [-fʊl; -fl]
-able [-əbl]	-dom [-dəm]	-hood [-hʊd]
-age [-ɪdʒ]	-ed [-d; -t; -ɪd]*	-ial [-əl]
-al [-(ə)l]	-edness [-dnɪs;	-ian [-jən; -ɪən]
-ally [-əlɪ]	-tnɪs; -ɪdnɪs]*	-ible [-əbl]
-an [-ən]	-ee [-iː]	-ic(s) [-ɪk(s)]
-ance [-əns]	-en [-n]	-ical [-ɪkl]
-ancy [-ənsɪ]	-ence [-əns]	-ie [-ɪ]
-ant [-ənt]	-ency [-ənsɪ]	-ily [-ɪlɪ; -əlɪ]
-ar [-ə]	-ent [-ənt]	-iness [-ɪnɪs]
-ary [-ərɪ]	-er [-ə]	-ing [-ɪŋ]
-ation [-eɪʃn]	-ery [-ərɪ]	-ion→ -tion; -(s)sion
-cious [-·ʃəs]	-ess [-ɪs]	-ish [-ɪʃ]

-ism [-ɪzəm]	-ment(s) [-mənt(s)]	-some [-səm]
-ist [-ɪst]	-ness [-nɪs]	-ties [-tɪz]
-istic [-ɪstɪk]	-oid [-ɔɪd]	-tion [-ʃn]
-ite [-aɪt]	-or [-ə]	-tional [-ʃənl; -ʃnl]
-ity [-ətɪ; -ɪtɪ]	-ory [-ərɪ; -rɪ]	-tious [-ʃəs]
-ive [-ɪv]	-o(u)r [-ə]	-trous [-trəs]
-ization [-aɪ'zeɪʃn]	-ous [-əs]	-try [-trɪ]
-ize [-aɪz]	-ry [-rɪ]	-ty [-tɪ]
-izing [-aɪzɪŋ]	-ship [-ʃɪp]	-ward(s) [-wəd(z)]
-less [-lɪs]	-(s)sion [-ʃn]	-y [-ɪ]
-ly [-lɪ]	-sive [-sɪv]	

* [-d] nach Vokalen und stimmhaften Konsonanten
  [-t] nach stimmlosen Konsonanten
  [-ɪd] nach auslautendem d und t

Plural -s:
[-z] nach Vokalen und stimmhaften Konsonanten
[-s] nach stimmlosen Konsonanten

Das englische Alphabet

a [eɪ]	j [dʒeɪ]	s [es]
b [biː]	k [keɪ]	t [tiː]
c [siː]	l [el]	u [juː]
d [diː]	m [em]	v [viː]
e [iː]	n [en]	w ['dʌbljuː]
f [ef]	o [əʊ]	x [eks]
g [dʒiː]	p [piː]	y [waɪ]
h [eɪtʃ]	q [kjuː]	z [zed]
i [aɪ]	r [ɑː]	

3. Arabische Ziffern. Ein Wechsel der Wortart innerhalb eines Stichwortartikels wird durch halbfette arabische Ziffern gekennzeichnet. Die Wortart wird nur dann angegeben, wenn dies zum Verständnis notwendig ist:

control ... **1.** beherrschen ... **2.** Kontrolle *f*

but ... **1.** *cj* aber, jedoch ... **2.** *prp* außer

bloß 1. *adj* bare ... **2.** *adv* just, only

4. Sachgebiet.
Das Sachgebiet, dem ein Stichwort oder eine seiner Bedeutungen angehört, wird durch Abkürzungen oder ausgeschriebene Hinweise kenntlich gemacht. Die vor einer Übersetzung stehende abgekürzte Sachgebietsbezeichnung gilt für die folgenden durch Komma getrennten Übersetzungen. Steht im englisch-deutschen Teil hinter der Sachgebietsbezeichnung ein Doppelpunkt, so gilt sie für mehrere folgende Übersetzungen, auch wenn diese durch ein Semikolon voneinander abgetrennt sind:

manager ... *econ.*: Manager(in); Führungskraft *f*; ...

5. Sprachebene.
Die Kennzeichnung der Sprachebene durch Abkürzungen wie F, *sl.* etc. bezieht sich auf das jeweilige Stichwort. Die Übersetzung wurde möglichst so gewählt, dass sie auf der gleichen Sprachebene wie das Stichwort liegt.

6. Grammatische Hinweise.
Eine Liste der unregelmäßigen englischen Verben befindet sich im Anhang auf S. 573.

Im englisch-deutschen Teil stehen die unregelmäßigen Verbformen bzw. bei Substantiven die unregelmäßigen Pluralformen in runden Klammern hinter dem Stichwort:

do ... (*did, done*) – **bring** ... (*brought*)
shelf ... (*pl* **shelves** [ʃelvz])

Im deutsch-englischen Teil werden die unregelmäßigen englischen Verben mit einem Stern * gekennzeichnet:

baden ... have* (*od.* take*) a bath; ... swim*

7. Übersetzungen.
Sinnverwandte Übersetzungen eines Stichworts werden durch Komma voneinander getrennt. Unterschiedliche Bedeutungen eines Wortes werden durch ein Semikolon getrennt.

Unübersetzbare Stichwörter werden in *Kursivschrift* erläutert:

baked potatoes *pl ungeschälte, im Ofen gebackene Kartoffeln*

Die Angabe der weiblichen Formen erfolgt bei den Übersetzungen im englisch-deutschen Teil durch eingeklammertes „(in)", z. B. „Lehrer(in)", durch „-in", z. B. „Beamt|e, -in" oder durch die Genusangabe, z. B. „Abgeordnete *m, f*".

Vor der Übersetzung stehen im englisch-deutschen Teil (kursiv) die Akkusativobjekte von Verben und mit Doppelpunkt kursive Erläuterungen zur Übersetzung:

abandon ... *Hoffnung etc.* aufgeben

blow² ... *Reifen:* platzen; *Sicherung:* durchbrennen

Im deutsch-englischen Teil wird ein Doppelpunkt gesetzt:

befolgen ... *Vorschrift:* a. observe; *Gebote:* keep*
Bauer¹ ... *Schach:* pawn

Hinter der Übersetzung kann (kursiv und in Klammern) ein Substantiv zur Erläuterung stehen:

beat ... Runde *f* ... (*-s Polizisten*)

Wird das Stichwort (Verb, Adjektiv oder Substantiv) von bestimmten Präpositionen regiert, so werden diese mit den deutschen bzw. englischen Entsprechungen, der jeweiligen Bedeutung zugeordnet, angegeben:

aim ... zielen (**at** auf, nach)
indication ... (**of**) (An)Zeichen *n* (für), Hinweis *m* (**auf**)
Bericht *m* report (**über** on)

Hat eine Präposition in der Übersetzung keine direkte Entsprechung, so wird nur die Rektion angegeben:

correspond ... (**with, to**) entsprechen (*dat*)

8. Anwendungsbeispiele in *Auszeichnungsschrift* und ihre Übersetzungen stehen nach der Grundübersetzung eines Stichworts bzw. bei der Wortart, auf die sich das Beispiel bezieht:

mean¹ ... meinen ... **be** *~t* **for** bestimmt sein für
catch ... **1.** ... *v/t* (auf-, ein)fangen ... *~* (**a**) **cold** sich erkälten
Beginn *m* start; **zu** *~* at the beginning

9. Rechtschreibung. Unterschiede in der britischen und amerikanischen Rechtschreibung werden wie folgt angegeben:

catalogue *bsd. Brt.*, catalog *Am.* / deutsch-engl.: catalog(ue)
colo(u)r (= *Am.* color)
travel(l)er (= *Am.* traveler)
kidnap(p)er (= *Am.* kidnaper)
centre *Brt.*, center *Am.* / deutsch-engl.: cent|re, *Am.* -er
hit-and-run offence (*Am.* offense) / deutsch-engl.: offen|ce, *Am.* -se
paralyse *Brt.*, paralyze *Am.* / deutsch-engl.: paraly|se, *Am.* -ze

10. Abkürzungen

a. also, auch

Abk. Abkürzung, *abbreviation*

acc accusative, Akkusativ

adj adjective, Adjektiv, Eigenschaftswort

adv adverb, Adverb, Umstandswort

agr. agriculture, Landwirtschaft

Am. (*originally or chiefly*) *American English*, (ursprünglich oder hauptsächlich) amerikanisches Englisch

amer. amerikanisch, *American*

anat. anatomy, Anatomie, Körperbaulehre

arch. architecture, Architektur

astr. astronomy, Astronomie; *astrology*, Astrologie

attr attributive, attributiv, beifügend

aviat. aviation, Luftfahrt

biol. biology, Biologie

bot. botany, Botanik, Pflanzenkunde

brit. britisch, *British*

Brt. British English, britisches Englisch

bsd. besonders, *especially*

chem. chemistry, Chemie

cj conjunction, Konjunktion, Bindewort

comp comparative, Komparativ, Höherstufe

cond conditional, konditional, Bedingungs...

contp. contemptuously, verächtlich

dat dative, Dativ

econ. economic term, Wirtschaft

EDV elektronische Datenverarbeitung, *electronic data processing*

e-e eine, *a* (*an*)

electr. electrical engineering, Elektrotechnik

e-m einem, *to a* (*an*)

e-n einen, *a* (*an*)

e-r einer, *of a (an)*, *to a (an)*
e-s eines, *of a (an)*
et. etwas, *something*
etc. etcetera, usw.
euphem. euphemistic, euphemistisch, verhüllend
F familiär, *familiar*, umgangssprachlich, *colloquial*
f feminine, weiblich
fig. figuratively, bildlich, *in übertragenen Sinn*
gastr. gastronomy, Kochkunst
GB Great Britain, Großbritannien
gen genitive, Genitiv
geogr. geography, Geographie, Erdkunde
geol. geology, Geologie
ger gerund, Gerundium
gr. grammar, Grammatik
hist. history, Geschichte; *historical*, inhaltlich veraltet
hunt. hunting, Jagd
impers impersonal, unpersönlich
int interjection, Interjektion, Ausruf
j. jemand, *someone*
j-m jemandem, *to someone*
j-n jemanden, *someone*
j-s jemandes, *of someone*
jur. jurisprudence, Rechtswissenschaft
konstr. konstruiert, *constructed*
ling. linguistics, Sprachwissenschaft
m masculine, männlich
math. mathematics, Mathematik
m-e meine, *my*
med. medicine, Medizin
metall. metallurgy, Hüttenkunde
meteor. meteorology, Wetterkunde
mil. military, militärisch
min. mineralogy, Gesteinskunde
m-m meinem, *to my*
m-n meinen, *my*
mot. motoring, Kraftfahrwesen
m-r meiner, *of my*, *to my*
m-s meines, *of my*
mst meistens, mostly, *usually*
mus. musical term, Musik
n neuter, sächlich
naut. nautical term, Schiffahrt
nom nominat.ve, Nominativ
od. oder, *or*
opt. optics, Optik
o.s. oneself, sich
östr. österreichisch, *Austrian*
paint. painting, Malerei
parl. parliamentary term, parlamentarischer Ausdruck
pass passive, Passiv
ped. pedagogy, Schulwesen
pers personal, persönlich
phls. philosophy, Philosophie
phot. photography, Fotografie
phys. physics, Physik
physiol. physiology, Physiologie
pl plural, Plural, Mehrzahl
poet. poetic, dichterisch

10

pol. politics, Politik

poss possessive, possessiv, besitzanzeigend

post. post and telecommunications, Post- u. Fernmeldewesen

pp past participle, Partizip Perfekt, Mittelwort der Vergangenheit

pred predicative, prädikativ, als Aussage gebraucht

pres present, Präsens, Gegenwart

pres p present participle, Partizip Präsens, Mittelwort der Gegenwart

pret preterite, Präteritum, 1. Vergangenheit

print. printing, Buchdruck

pron pronoun, Pronomen, Fürwort

prp preposition, Präposition, Verhältniswort

psych. psychology, Psychologie

rail. railway, Eisenbahn

reflex reflexive, reflexiv, rückbezüglich

rel. religion, Religion

schott. schottisch, Scottish

s-e seine, his, one's

sg singular, Singular, Einzahl

sl. Slang, Slang

s-m seinem, to his, to one's

s-n seinen, his, one's

s.o. someone, jemand

s-r seiner, of his, of one's, to his, to one's

s-s seines, of his, of one's

s.th. something, etwas

su substantive, Substantiv, Hauptwort

südd. süddeutsch, Southern German

sup superlative, Superlativ, Höchststufe

tech. technology, Technik

tel. telephony, Fernsprechwesen; *telegraphy*, Telegrafie

thea. theatre, Theater

TV television, Fernsehen

typ. typography, Buchdruck

u. und, and

univ. university, Hochschulwesen

USA United States, Vereinigte Staaten

V vulgar, vulgär, unanständig

v/aux auxiliary verb, Hilfszeitwort

vb verb, Verb, Zeitwort

vet. veterinary medicine, Tiermedizin

v/i intransitive verb, intransitives Verb

v/t transitive verb, transitives Verb

z. B. zum Beispiel, for instance

zo. zoology, Zoologie

zs.-, Zs.- zusammen, together

Zssg(n) Zusammensetzung (-en), *compound word(s)*

→ siehe, *see, refer to*

® *registered trademark*, eingetragenes Warenzeichen

A

a [ə, *betont* eɪ], *vor Vokal:* **an** [ən, *betont* æn] ein(e)

abandon [ə'bændən] verlassen; *Hoffnung etc.* aufgeben

abbey ['æbɪ] Abtei *f*

abbreviate [ə'briːvɪeɪt] (ab)kürzen; **abbreviation** Abkürzung *f*

ABC [eɪ biː 'siː] Abc *n*

abdicate ['æbdɪkeɪt] *Amt etc.* niederlegen; abdanken

abdomen ['æbdəmen] Unterleib *m*; **abdominal** [æb'dɒmɪnl] Unterleibs...

abhorrent [əb'hɒrənt] verhasst, zuwider

ability [ə'bɪlətɪ] Fähigkeit *f*

able ['eɪbl] fähig, tüchtig, geschickt; **be ~ to** können

abnormal [æb'nɔːml] anomal; abnorm

aboard [ə'bɔːd] an Bord

abolish [ə'bɒlɪʃ] abschaffen

abominable [ə'bɒmɪnəbl] abscheulich, scheußlich

aboriginal [æbə'rɪdʒənl] eingeboren, ursprünglich

abortion [ə'bɔːʃn] Fehlgeburt *f*; Schwangerschaftsabbruch *m*, Abtreibung *f*

about [ə'baʊt] **1.** *prp* um (... herum); herum in (*dat*); um,

gegen (~ **noon**); über (*acc*); bei, auf (*dat*), an (*dat*); im Begriff, dabei; **2.** *adv* herum, umher; in der Nähe; etwa, ungefähr

above [ə'bʌv] **1.** *prp* über, oberhalb; über, mehr als; ~ **all** vor allem. **2.** *adv* oben; darüber (hinaus); **3.** *adj* obig, oben erwähnt

abridge [ə'brɪdʒ] kürzen

abroad [ə'brɔːd] im *od.* ins Ausland; überall(hin)

abrupt [ə'brʌpt] abrupt, plötzlich; kurz, schroff

abscess ['æbses] Abszess *m*

absence ['æbsəns] Abwesenheit *f*; Fehlen *n*

absent ['æbsənt] abwesend; geistesabwesend; **be ~** fehlen; **~-minded** zerstreut

absolute ['æbsəluːt] absolut; vollkommen, völlig

absolve [əb'zɒlv] frei-, lossprechen

absorb [əb'sɔːb] absorbieren, auf-, einsaugen; **~ed in** vertieft in

abstinent ['æbstɪnənt] abstinent, enthaltsam

abstract ['æbstrækt] abstrakt

absurd [əb'sɜːd] absurd, lächerlich

abundant [ə'bʌndənt] reichlich (vorhanden)

abuse 1. [ə'bjuːs] Missbrauch
m; Beschimpfung(en pl.) f; ~
of drugs Drogenmissbrauch
m; **2.** [ə'bjuːz] missbrauchen;
beschimpfen; **abusive**
[ə'bjuːsɪv] beleidigend

abyss [ə'bɪs] Abgrund m

academic [ækə'demɪk] aka-
demisch

academy [ə'kædəmɪ] Akade-
mie f

accelerate [ək'seləreɪt] beschleunigen; Gas geben; **ac'celerator** Gaspedal n

accent ['æksənt] Akzent m

accept [ək'sept] annehmen;
akzeptieren

access ['ækses] (to) Zugang
m (zu); Computer: Zugriff m
(auf); fig. Zutritt m (zu); ~
code Computer: Zugriffs-
code m

accessible [ək'sesəbl] (leicht)
zugänglich

accessory [ək'sesərɪ] jur.
Mitschuldige m, f; pl Zubehör n, Mode: Accessoires pl;
tech. Zubehör(teile pl) n

'access' road Zufahrts- od.
Zubringerstraße f; **'~ time**
Computer: Zugriffszeit f

accident ['æksɪdənt] Unfall
m, Unglück(sfall m) n; by ~
zufällig; **~al** [æksɪ'dentl] zufällig; versehentlich

acclimate [ə'klaɪmət] =
ac'climatize (sich) akklimatisieren (to an)

accommodate [ə'kɒmədeɪt]
unterbringen; Platz haben
für, fassen; anpassen (to dat
od. an acc); **accommo'da-
tion** Unterkunft f

accompany [ə'kʌmpənɪ] begleiten

accomplice [ə'kʌmplɪs]
Komplize m, -in f

accomplish [ə'kʌmplɪʃ] erreichen; leisten; **~ed** fähig,
tüchtig; vollendet

accord [ə'kɔːd] Übereinstimmung f; of one's own ~ von
selbst; **~ance:** in ~ with entsprechend

according [ə'kɔːdɪŋ]: ~ to
laut, nach; **~ly** entsprechend

account [ə'kaʊnt] **1.** Konto n;
Rechnung f; Bericht m; Rechenschaft f; give an ~ of Bericht erstatten über; on no ~
auf keinen Fall; take ~ of,
take into ~ berücksichtigen;
2. ~ for Rechenschaft über
et. ablegen; (sich) erklären;
~ant Buchhalter(in)

accumulate [ə'kjuːmjʊleɪt]
(sich) ansammeln od. (an-)
häufen; **ac'cumulator** Ak-
kumulator m

accurate ['ækjʊrət] genau

accusation [ækjuː'zeɪʃn] Anklage f; An-, Beschuldigung
f; **accuse** [ə'kjuːz] anklagen;
beschuldigen; **ac'cused:** the
~ der od. die Angeklagte, die
Angeklagten pl

accustom [ə'kʌstəm] gewöhnen (to an); get ~ed to sich

gewöhnen an; **~ed** gewöhnt

ace [eɪs] **1.** Ass n (a. fig.)

ache [eɪk] **1.** schmerzen, wehtun; **2.** anhaltender Schmerz

achieve [ə'tʃiːv] Ziel erreichen, Erfolg erzielen; **~ment**
Leistung f

acid ['æsɪd] **1.** sauer; **2.** Säure
f; **~ 'rain** saurer Regen

acknowledge [ə'knɒlɪdʒ] anerkennen; zugeben; Empf-
ang bestätigen; **ac'knowl-
edg(e)ment** Anerkennung
f; Bestätigung f

acoustics [ə'kuːstɪks] pl e-s
Raumes: Akustik f

acquaint [ə'kweɪnt] bekannt
machen; **be ~ed with** kennen; **~ance** Bekanntschaft f;
Bekannte m, f

acquire [ə'kwaɪə] erwerben

acquit [ə'kwɪt] freisprechen

acrid ['ækrɪd] scharf, beißend

across [ə'krɒs] **1.** prp (quer)
über; (quer) durch; auf der
anderen Seite von (od. gen);
2. adv (quer) hin- od.
herüber; (quer) durch; drüben

act [ækt] **1.** handeln; sich verhalten od. benehmen; (ein-
)wirken; thea. spielen; **2.** Tat
f, Handlung f; thea. Akt m

action ['ækʃn] Handlung f (a.
thea.), Tat f; Film etc.: Action f; (Ein)Wirkung f; jur.
Klage f, Prozess m; mil. Ge-
fecht n, Einsatz m

active ['æktɪv] aktiv; tätig;
lebhaft

activity [æk'tɪvətɪ] Aktivität f;
pl Aktivität f, Betätigung f

actor ['æktə] Schauspieler m;
actress ['æktrɪs] Schauspie-
lerin f

actual ['æktʃʊəl] wirklich

acute [ə'kjuːt] scharf(sinnig);
spitz; med. akut

ad [æd] F → advertisement

adapt [ə'dæpt] (sich) anpassen; Text bearbeiten; **~able**
anpassungsfähig; **~ation**
[ædæp'teɪʃn] Anpassung f;
Bearbeitung f; **~er, ~or**
[ə'dæptə] Adapter m

add [æd] hinzufügen

adder ['ædə] Natter f

addict ['ædɪkt] Süchtige m, f;
~ed [ə'dɪktɪd]: **be ~ to alcohol** od. **drugs** alkohol- od.
drogenabhängig sein

addition [ə'dɪʃn] Hinzufügen
n, Zusatz m; math. Addition
f; **~al** zusätzlich

address [ə'dres] **1.** adressieren; Worte richten (**to** an),
j-n anreden od. ansprechen;
2. Adresse f, Anschrift f; Rede f, Ansprache f; **address-
ee** [ædre'siː] Empfänger(in)

adequate ['ædɪkwət] angemessen

adhere [əd'hɪə]: **~ to** haften
od. kleben an; fig. festhalten
an

adhesive [əd'hiːsɪv] Klebstoff m; **~ 'plaster** Heftpflaster n; **~ 'tape** Klebe-
band n, Klebstreifen m; Am.
Heftpflaster n

adjacent [ə'dʒeɪsənt] angren-
zend, -stoßend (**to** an)

adjoin [ə'dʒɔɪn] (an)grenzen
od. (-)stoßen an

adjourn [ə'dʒɜːn] verschieben, (sich) vertagen

adjust [ə'dʒʌst] anpassen;
tech. einstellen, regulieren;
~able verstellbar

administer [əd'mɪnɪstə] verwalten; *Arznei* geben, verab-
reichen; **adminis'tration**
Verwaltung *f*; *bsd. Am.* Regierung *f*

admirable ['ædmərəbl] be-
wundernswert, großartig

admiral ['ædmərəl] Admiral *m*

admiration [ædmə'reɪʃn] Be-
wunderung *f*

admire [əd'maɪə] bewundern,
verehren; **ad'mirer** Vereh-
rer(in)

admissible [əd'mɪsəbl] zuläs-
sig; **ad'mission** Ein-, Zutritt
m; Aufnahme *f*; Ein-
tritt(sgeld *n*) *m*; Eingeständ-
nis *n*; **~ free** Eintritt frei

admit [əd'mɪt] zugeben;
(her)einlassen; zulassen

adolescent [ædəʊ'lesnt] Jugendliche *m, f*

adopt [ə'dɒpt] adoptieren;
~ion Adoption *f*

adorable [ə'dɔːrəbl] bezaubernd, entzückend; **adore**
[ə'dɔː] anbeten, verehren

adult ['ædʌlt] **1.** Erwachsene
m, f; **2.** erwachsen

adultery [ə'dʌltərɪ] Ehebruch
m

advance [əd'vɑːns] **1.** *v/t* vorrücken, -schieben; *Zeitpunkt*
vorverlegen; (be)fördern;
Geld vorauszahlen, vor-
schießen; *v/i* vordringen,
-rücken; Fortschritte ma-
chen; **2.** Vorrücken *n*; Fortschritt *m*; Vorschuss *m*;
(Preis)Erhöhung *f*; **in ~** im
Voraus; vorher; **~ booking**
Vor(aus)bestellung *f*; *thea.*
Vorverkauf *m*; **ad'vanced**
vorgerückt, fortgeschritten;
fortschrittlich; **~ payment**
Vorauszahlung *f*

advantage [əd'vɑːntɪdʒ] Vorteil *m* (*a. Sport*); **take ~ of**
ausnutzen; **advantageous**
[ædvən'teɪdʒəs] vorteilhaft,
günstig

adventure [əd'ventʃə] Abenteuer *n*; **ad'venturer** Aben-
teurer *m*; **ad'venturous**
abenteuerlustig; abenteuer-
lich

adversary ['ædvəsərɪ] Geg-
ner(in)

advertise ['ædvətaɪz] inserie-
ren; Reklame machen (für),
werben für; **~ment** [əd'vɜː-
tɪsmənt] Anzeige *f*, Inserat *n*;
advertising ['ædvətaɪzɪŋ]
Werbung *f*, Reklame *f*

advice [əd'vaɪs] Rat(schlag) *m*

advisable [əd'vaɪzəbl] rat-
sam; **advise** [əd'vaɪz] (an)ra-
ten; *j-n* beraten; **ad'viser**
Berater(in)

Aegean 'Sea [iːdʒiːən-] *das*
Ägäische Meer, *die* Ägäis

aerial ['eəriəl] **1.** *bsd. Brt.*- Antenne *f*; **2.** Luft...

aeroplane ['eərəplein] *Brt.* Flugzeug *n*

aerosol ['eərəsɒl] Sprühdose *f*

aesthetic [i:s'θetik] ästhetisch

affair [ə'feə] Angelegenheit *f*; Affäre *f*

affect [ə'fekt] beeinflussen; *med.* angreifen, befallen; bewegen, rühren

affection [ə'fekʃn] Liebe *f*, Zuneigung *f*; **~ate** [ə'fekʃnət] liebevoll, herzlich

affirm [ə'fз:m] versichern; beteuern; bestätigen; **~ation** [æfə'meiʃn] Versicherung *f*; Beteuerung *f*; Bestätigung *f*

affirmative [ə'fз:mətiv] **answer/reply in the ~** bejahen

afflict [ə'flikt] plagen

affluent society [ə'efluənt-] Wohlstandsgesellschaft *f*

afford [ə'fɔ:d] sich leisten

affront [ə'frʌnt] Beleidigung *f*

afraid [ə'freid] **be ~ (of)** sich fürchten *od.* Angst haben (vor)

Africa ['æfrikə] Afrika *n*; **African 1.** afrikanisch; **2.** Afrikaner(in)

after ['ɑ:ftə] **1.** *prp* nach; hinter (*... her*); **~all** schließlich; doch; **2.** *adv* nachher, hinterher, danach; **3.** *adj* später; **4.** *cj* nachdem; **~'noon** Nachmittag *m*; **in the ~** am Nachmittag; **this ~** heute Nachmittag; **good ~** guten Tag!

'afterward(s *Brt.*) später, nachher, hinterher

again [ə'gen] wieder; noch einmal

against [ə'genst] gegen; an

age [eidʒ] **1.** Alter *n*; **at the ~ of** im Alter von; **of ~** volljährig; **under ~** minderjährig; **for ~s** seit e-r Ewigkeit; **2.** alt werden *od.* machen

aged¹ [eidʒd]: **~ seven** sieben Jahre alt

aged² ['eidʒid] alt, betagt

agency ['eidʒənsi] Agentur *f*; Geschäftsstelle *f*, Büro *n*

agent ['eidʒənt] Agent *m*, Vertreter *m*; Makler *m*; Wirkstoff *m*, Mittel *n*

aggression [ə'greʃn] Angriff *m*, Aggression *f*; **aggressive** [ə'gresiv] aggressiv; **ag'gressor** Angreifer *m*

agile ['ædʒail] flink, behänd

agitate ['ædʒiteit] *j-n* aufwiegeln, -hetzen; schütteln, (um)rühren; **agi'tation** Aufregung *f*; Agitation *f*

ago [ə'gəu] *zeitlich:* vor

agonizing ['ægənaiziŋ] qualvoll; **agony** ['ægəni] Qual *f*

agree [ə'gri:] *v/i* übereinstimmen; einig werden, sich einigen; zustimmen, einverstanden sein; *Speise:* bekommen; *v/t* vereinbaren; *bsd. Brt.* sich einigen auf; **~able** [ə'griə-] angenehm; **~ment** [ə'gri:-] Übereinstimmung *f*; Vereinbarung *f*; Abkommen *n*

agriculture ['ægrɪkʌltʃə] Landwirtschaft *f*

ahead [ə'hed] vorn; voraus, vorwärts

aid [eɪd] **1.** helfen; **2.** Hilfe *f*

AIDS, Aids [eɪdz] Aids *n*

ailing ['eɪlɪŋ] kränkelnd

aim [eɪm] **1.** *v/i* zielen (*at* auf, nach); beabsichtigen (*at* acc); *v/t* Waffe richten (*at* auf); **2.** Ziel *n*; Absicht *f*

air [eə] Luft *f*; *by* ~ auf dem Luftweg; *in the open* ~ im Freien; *on the* ~ im Rundfunk *od.* Fernsehen; **2.** (aus)lüften; (leicht)trocknen; '~**bag** lüften; '~**brake** Druckluftbremse *f*; '~**bus** Airbus *m*, Großraumflugzeug *n*; ~**conditioned** mit Klimaanlage; '~**conditioning** Klimaanlage *f*; '~**craft** (*pl* **-craft**) Flugzeug *n*; '~**field** Flugplatz *m*; ~ **force** Luftwaffe *f*; ~ **hostess** Stewardess *f*; ~ **letter** Luftpost(leicht)brief *m*; '~**line** Fluggesellschaft *f*; '~**mail** Luftpost *f*; ~**plane** *Am.* Flugzeug *n*; '~**pollution** Luftverschmutzung *f*; '~**port** Flughafen *m*; '~**sick** luftkrank; ~ **terminal** Flughafenabfertigungsgebäude *n*; '~**tight** luftdicht; ~ **traffic** Flugverkehr *m*; ~ '**traffic control** Flugsicherung *f*; ~ '**traffic controller** Fluglotse *m*; '~**way** Fluggesellschaft *f*

airy ['eərɪ] luftig

aisle [aɪl] *arch.* Seitenschiff *n*; Gang *m*

ajar [ə'dʒɑː] *Tür:* angelehnt

alarm [ə'lɑːm] **1.** Alarm *m*; Alarmvorrichtung *f*, -anlage *f*; Weckvorrichtung *f* (*e-s Weckers*); Wecker *m*; Angst *f*; **2.** alarmieren; beunruhigen; ~ **clock** Wecker *m*

album ['ælbəm] Album *n* (*a. Langspielplatte*)

alcohol ['ælkəhɒl] Alkohol *m*; **alco'holic 1.** alkoholisch; **2.** Alkoholiker(in)

ale [eɪl] Ale *n* (*helles, obergäriges Bier*)

alert [ə'lɜːt] **1.** auf der Hut (*to* for), wachsam; **2.** (Alarm-)Bereitschaft *f*; Alarm(signal *n*) *m*; *on* ~ in Alarmbereitschaft; **3.** warnen (*to* vor), alarmieren

algae ['ældʒiː] *pl* Algen *pl*

alibi ['ælɪbaɪ] Alibi *n*

alien ['eɪljən] **1.** ausländisch; fremd; **2.** Ausländer(in); Außerirdische *m, f*

alike [ə'laɪk] gleich; ähnlich

alimony ['ælɪmənɪ] Unterhalt(szahlung *f*) *m*

alive [ə'laɪv] lebend, am Leben; lebendig; lebhaft

all [ɔːl] **1.** *adj* all, ganz; jede(r, -s), alle *pl*; **2.** *adv* ganz, gänzlich; **3.** *pron* alles; ~ *at once* auf einmal; ~ *but* beinahe, fast; ~ *of us* wir alle; ~ *over* überall; ~ *right* in Ordnung; ~ *the better* um so besser; ~ *the time* die ganze Zeit; *not*

at ~ überhaupt nicht; **not at** ~ nichts zu danken!; **two** ~ Sport: 2:2

alleged [ə'ledʒd] angeblich

allergic [ə'lɜːdʒɪk] allergisch (**to** gegen); **allergy** ['ælədʒɪ] Allergie f

alley ['ælɪ] Gasse f; Pfad m; Bowling, Kegeln: Bahn f

alliance [ə'laɪəns] Bund m, Bündnis n; **allied** [ə'laɪd, attr 'ælaɪd] verbündet

alligator ['ælɪgeɪtə] Alligator m

allocate ['æləʊkeɪt] zuteilen

allot [ə'lɒt] zuteilen, zuweisen

allow [ə'laʊ] erlauben, gestatten; bewilligen, gewähren; zugestehen; anerkennen, gelten lassen; ~ **for** in Betracht ziehen, berücksichtigen; **be** ~**ed to do s.th.** et. tun dürfen; ~**ance** Erlaubnis f; Bewilligung f; Zuschuss m; Am. Taschengeld n; **make** ~(**s**) **for** berücksichtigen

alloy ['ælɔɪ] Legierung f

all-'round vielseitig

allude [ə'luːd]: ~ **to** anspielen auf

alluring [ə'ljʊərɪŋ] verlockend

allusion [ə'luːʒn] Anspielung f

ally 1. ['ælaɪ] Verbündete m, f; **2.** [ə'laɪ]: ~ **o.s.** sich vereinigen od. verbünden (**to, with** mit)

almighty [ɔːl'maɪtɪ] allmächtig

almond ['ɑːmənd] Mandel f

almost ['ɔːlməʊst] fast, beinahe

alone [ə'ləʊn] allein

along [ə'lɒŋ] **1.** prp entlang, längs; **2.** adv weiter, vorwärts; **all** ~ F die ganze Zeit

aloud [ə'laʊd] laut

alphabet ['ælfəbet] Alphabet n

already [ɔːl'redɪ] bereits, schon

Alsation [æl'seɪʃən] bsd. Brt. Deutscher Schäferhund

also ['ɔːlsəʊ] auch, ebenfalls

altar ['ɔːltə] Altar m

alter ['ɔːltə] (sich) (ver)ändern; ab-, umändern; **alter'ation** (Ver)Änderung f

alternate 1. [ɔːl'tɜːnət] abwechselnd; **2.** ['ɔːltəneɪt] abwechseln (lassen); **alternating 'current** Wechselstrom m

alternative [ɔːl'tɜːnətɪv] **1.** alternativ, wahlweise; **2.** Alternative f, Wahl f

although [ɔːl'ðəʊ] obwohl

altitude ['æltɪtjuːd] Höhe f

altogether [ɔːltə'geðə] insgesamt; ganz (u. gar), völlig

aluminium [æljʊ'mɪnɪəm] Brt., **aluminum** [ə'luːmənəm] Am. Aluminium n

always ['ɔːlweɪz] immer

am¹ [æm] ich bin

am², AM [eɪ 'em] ante meridiem (= before noon) morgens, vorm., vormittags

amalgamate [ə'mælgəmeɪt] econ. fusionieren

amateur ['æmətə] Amateur

(-in); Dilettant(in); Hobby...
amaze [ə'meɪz] in (Er)Staunen setzen, verblüffen; **a'mazing** erstaunlich
ambassador [æm'bæsədə] pol. Botschafter m; **ambassadress** [æm'bæsədɪs] pol. Botschafterin f
amber [æmbə] Bernstein m; Verkehrsampel: Gelb(licht) n; **at ~** bei Gelb
ambiguous [æm'bɪgjʊəs] zwei-, mehr-, vieldeutig
ambition [æm'bɪʃn] Ehrgeiz m; **am'bitious** ehrgeizig
ambulance [æmbjʊləns] Krankenwagen m
ambush [æmbʊʃ] auflauern
amen [ɑː'men] int amen!
amends [ə'mendz] sg (Schaden)Ersatz m
amenity [ə'menəti] oft pl Annehmlichkeit(en pl) f
America [ə'merɪkə] Amerika n; **A'merican 1.** amerikanisch; **2.** Amerikaner(in)
amiable [eɪmjəbl] liebenswürdig, freundlich
ammunition [æmjʊ'nɪʃn] Munition f
amnesty [æmnəsti] Amnestie f
among(st) [ə'mʌŋ(st)] (mitten) unter, zwischen
amount [ə'maʊnt] **1.** Betrag m, Summe f; Menge f; **2. ~ to** sich belaufen auf, betragen; hinauslaufen auf
ample [æmpl] weit, groß, geräumig; reichlich

amplifier [æmplɪfaɪə] Verstärker m; **amplify** [æmplɪfaɪ] verstärken
amputate [æmpjʊteɪt] amputieren, abnehmen
amuse [ə'mjuːz] (**o.s** sich) amüsieren, unterhalten
a'musement Unterhaltung f; Zeitvertreib m; **~ park** Vergnügungs-, Freizeitpark m
a'musing amüsant; unterhaltsam
an [ən, betont æn] ein(e)
anaemia [ə'niːmjə] Anämie f
analogy [ə'nælədʒɪ] Analogie f, Entsprechung f
analyse bsd Brt., **analyze** Am. [ænəlaɪz] analysieren; **analysis** [ə'næləsɪs] (pl **-ses** [-sɪːz] Analyse f
anatomy [ə'nætəmɪ] Anatomie f
ancestor [ænsestə] Vorfahr m; **ancestress** [ænsestrɪs] Vorfahrin f
anchor [æŋkə] **1.** Anker m; **2.** (ver)ankern
anchovy [æntʃəvɪ] Anschovis f, Sardelle f
ancient [eɪnʃənt] (ur)alt
and [ænd] und
anemia Am. → **anaemia**
angel [eɪndʒəl] Engel m
anger [æŋgə] **1.** Zorn m, Ärger m, Wut f; **2.** (ver)ärgern
angle¹ [æŋgl] Winkel m
angle² [æŋgl] angeln; **angler** Angler(in)
Anglican [æŋglɪkən] **1.** anglikanisch; **2.** Anglikaner(in)

angry ['æŋgrɪ] verärgert, ärgerlich, böse

anguish ['æŋgwɪʃ] Qual f

angular ['æŋgjʊlə] wink(e)lig

animal ['ænɪml] Tier n

animate ['ænɪmət] lebhaft, angeregt; **animated car-** **'toon** [ænɪmeɪtɪd-] Zeichentrickfilm m; **animation** [ænɪ'meɪʃn] belebtes, bewegtes Bild; Lebhaftigkeit f

animosity [ænɪ'mɒsɪtɪ] Feindseligkeit f

ankle ['æŋkl] (Fuß)Knöchel m

annex(e Brt.) ['æneks] Anbau m, Nebengebäude n

anniversary [ænɪ'vɜːsərɪ] Jahrestag m

announce [ə'naʊns] ankündigen; bekanntgeben; TV etc.: ansagen; durchsagen; **~ment** Ankündigung f; Bekanntgabe f; TV etc.: Ansage f; Durchsage f; **an'nouncer** TV etc.: Ansager(in), Sprecher(in)

annoy [ə'nɔɪ] ärgern; **be ~ed** sich ärgern; **~ing** ärgerlich; lästig

annual ['ænjʊəl] jährlich

annul [ə'nʌl] annullieren

anonymous [ə'nɒnɪməs] anonym

anorak ['ænəræk] Anorak m

another [ə'nʌðə] ein anderer, e-e andere, ein anderes; noch ein(e, -er, -es)

answer ['ɑːnsə] **1.** Antwort f (**to** auf); **2.** antworten (auf od. **to** auf); beantworten; **~**

the bell od. **door** die Tür öffnen, aufmachen; **~ the tele-** **phone** ans Telefon gehen; **'~ing machine** Anrufbeantworter m

ant [ænt] Ameise f

antelope ['æntɪləʊp] Antilope f

antenna[1] [æn'tenə] (pl **-nae** [-niː]) zo. Fühler m

antenna[2] [æn'tenə] (pl **-nas**) bsd. Am. Antenne f

anthem ['ænθəm] Hymne f

antibiotic [æntɪbaɪ'ɒtɪk] Antibiotikum n

anticipate [æn'tɪsɪpeɪt] voraussehen, (-)ahnen; erwarten; zuvorkommen; **antici-** **'pation** (Vor)Ahnung f; Erwartung f; Vorwegnahme f

anti|**clockwise** [æntɪ'klɒk-waɪz] entgegen dem Uhrzeigersinn; **~dote** ['æntɪdəʊt] Gegengift n, -mittel n; **'~freeze** Frostschutzmittel n; **~lock 'braking system** Antiblockiersystem n

antipathy [æn'tɪpəθɪ] Antipathie f, Abneigung f

antiquated ['æntɪkweɪtɪd] veraltet

antique [æn'tiːk] **1.** antik, alt; **2.** Antiquität f

antiquity [æn'tɪkwətɪ] Altertum n

antiseptic [æntɪ'septɪk] **1.** Antiseptikum n; **2.** antiseptisch

antisocial [æntɪ'səʊʃl] asozial; ungesellig

antlers ['æntləz] *pl* Geweih *n*

anxiety [æŋ'zaɪətɪ] Angst *f*, Sorge *f*

anxious ['æŋkʃəs] besorgt; bestrebt (*to do* zu tun)

any ['enɪ] **1.** *adj u. pron* (irgend)ein(e), einige *pl*, etwas; jede(r, -s) (beliebige); *not* ~ kein; **2.** *adv* irgend(wie), (noch) etwas; '**~body** (irgend)jemand; jeder; '**~how** irgendwie; jedenfalls; '**~one** → **anybody**; '**~thing** (irgend)etwas; alles; ~ *else?* sonst noch etwas?; *not* ~ nichts; '**~way** → **anyhow**; '**~where** irgendwo(hin); überall

apart [ə'pɑːt] einzeln, für sich; beiseite; ~ *from* abgesehen von

apartment [ə'pɑːtmənt] *Am.* Wohnung *f*

apathetic [æpə'θetɪk] apathisch, teilnahmslos

ape [eɪp] (Menschen)Affe *m*

aperture ['æpətjʊə] Öffnung *f*; *phot.* Blende *f*

apologize [ə'pɒlədʒaɪz] sich entschuldigen (*for* für; *to* bei); **a'pology** Entschuldigung *f*

apoplexy ['æpəʊpleksɪ] Schlaganfall *m*

appal(l *Am.*) [ə'pɔːl] erschrecken, entsetzen; **ap'palling** F erschreckend, entsetzlich

apparatus [æpə'reɪtəs] (*pl -tus, -tuses*) Apparat *m*

apparent [ə'pærənt] offenbar, -sichtlich; scheinbar

appeal [ə'piːl] **1.** *jur.* Berufung einlegen; ~ *to j-n* dringend bitten (*for* um); appellieren an, sich wenden an; gefallen, zusagen; **2.** *jur.* Berufung *f*, Revision *f*; dringende Bitte; Anziehung(skraft) *f*, Wirkung *f*

appear [ə'pɪə] (er)scheinen; ~ *on television* im Fernsehen auftreten; **~ance** Erscheinen *n*, Auftreten *n*; Aussehen *n*; *das* Äußere; *mst pl* (An)Schein *m*

appendicitis [əpendɪ'saɪtɪs] Blinddarmentzündung *f*

appendix [ə'pendɪks] (*pl -dixes, -dices* [-dɪsiːz]) Blinddarm *m*; Buch: Anhang *m*

appetite ['æpɪtaɪt] (*for*) Appetit *m* (auf); Verlangen *n* (nach); **appetizing** ['æpɪtaɪzɪŋ] appetitanregend

applaud [ə'plɔːd] applaudieren, Beifall spenden; **applause** [ə'plɔːz] Applaus *m*, Beifall *m*

apple ['æpl] Apfel *m*; ~ *'pie* gedeckter Apfelkuchen; ~ *'sauce* Apfelmus *n*

appliance [ə'plaɪəns] Gerät *n*

applicable ['æplɪkəbl] anwendbar (*to* auf); zutreffend

applicant ['æplɪkənt] Antragsteller(in); Bewerber(in); **appli'cation** Anwendung *f*; Gesuch *n*, Antrag *m*; Bewerbung *f*

apply [ə'plaɪ] *v/i* sich bewerben (*for* um); beantragen (*for acc*); zutreffen (*to* auf); *v/t* (*to*) auflegen, -tragen (auf); anwenden (auf); verwenden (für)

appoint [ə'pɔɪnt] ernennen *od.* berufen zu; festsetzen, bestimmen; **~ment** Verabredung *f*, Termin *m*; Ernennung *f*, Berufung *f*

appreciate [ə'priːʃɪeɪt] schätzen, würdigen, zu schätzen wissen; dankbar sein für

apprehension [æprɪ'henʃn] Besorgnis *f*; **appre'hensive** besorgt (*for* um)

apprentice [ə'prentɪs] **1.** Auszubildende *m*, *f*, Lehrling *m*; **2.** in die Lehre geben; **~ship** Lehrzeit *f*; Lehre *f*

approach [ə'prəʊtʃ] **1.** sich nähern (*dat*); herangehen *od.* herantreten an; **2.** Nahen *n*; Annäherung *f*; Zugang *m*

appropriate [ə'prəʊprɪət] passend, geeignet

approval [ə'pruːvl] Billigung *f*; Anerkennung *f*; **approve** [ə'pruːv] billigen, genehmigen

approximate [ə'prɒksɪmət] annähernd, ungefähr

apricot ['eɪprɪkɒt] Aprikose *f*

April ['eɪprəl] April *m*

apron ['eɪprən] Schürze *f*

aquaplaning ['ækwəpleɪnɪŋ] *Brt.* Aquaplaning *n*

Aquarius [ə'kweərɪəs] *astr.* Wassermann *m*

aquatic [ə'kwætɪk] Wasser...

aquiline ['ækwɪlaɪn] Adler...; **'~ nose** Adlernase *f*

Arab ['ærəb] Araber(in); **'Arabic** arabisch

arbiter ['ɑːbɪtə] Schiedsrichter *m*

arbitrary ['ɑːbɪtrərɪ] willkürlich, eigenmächtig

arbitrate [ɑːbɪtreɪt] schlichten

arcade [ɑː'keɪd] Arkade *f*

arch[1] [ɑːtʃ] **1.** Bogen *m*; Gewölbe *n*; Wölbung *f*; **2.** (sich) wölben; krümmen

arch[2] [ɑːtʃ] Erz...

arch|angel ['ɑːkeɪndʒəl] Erzengel *m*; **~bishop** [ɑːtʃ'bɪʃəp] Erzbischof *m*

archer ['ɑːtʃə] Bogenschütze *m*; **'archery** Bogenschießen *n*

architect ['ɑːkɪtekt] Architekt(in); **architecture** ['ɑːkɪtektʃə] Architektur *f*

archives ['ɑːkaɪvz] *pl* Archiv *n*

arctic ['ɑːktɪk] arktisch

ardent ['ɑːdənt] *fig.* feurig, glühend; begeistert; eifrig

are [ɑː] *du* bist, *wir*, *sie*, *Sie* sind, *ihr* seid

area ['eərɪə] Fläche *f*; Gebiet *n*; Bereich *m*; **'~ code** *Am. tel.* Vorwahl(nummer) *f*

arena [ə'riːnə] Arena *f*

argue [ɑː'gjuː] argumentieren; streiten; diskutieren

argument ['ɑːgjʊmənt] Argument *n*; Streit *m*

Aries ['eəriːz] *astr.* Widder *m*

arise [ə'raɪz] (*arose, arisen*) entstehen; auftauchen; **arisen** [ə'rɪzn] *pp von* **arise**

arithmetic [ə'rɪθmətɪk] Rechnen *n*

ark [ɑ:k] Arche *f*

arm¹ [ɑ:m] Arm *m*; Armlehne *f*; Ärmel *m*

arm² [ɑ:m] (*o.s.* sich) bewaffnen; aufrüsten

armament ['ɑ:məmənt] Aufrüstung *f*

armchair Sessel *m*

armistice ['ɑ:mɪstɪs] Waffenstillstand *m*

armo(u)r ['ɑ:mə] **1.** Rüstung *f*, Panzer *m* (*a. zo.*); **2.** panzern

armpit Achselhöhle *f*

arms [ɑ:mz] *pl* Waffen *pl*

army ['ɑ:mɪ] Armee *f*, Heer *n*

aroma [ə'rəʊmə] Aroma *n*

arose [ə'rəʊz] *pret von* **arise**

around [ə'raʊnd] **1.** *adv* (rings)herum; umher, herum; in der Nähe, da; **2.** *prp* um (... herum); in ... herum

arouse [ə'raʊz] (auf)wecken; aufrütteln; erregen

arrange [ə'reɪndʒ] (an)ordnen; festsetzen, -legen; arrangieren; vereinbaren; **~ment** Anordnung *f*, Vereinbarung *f*; Vorkehrung *f*

arrears [ə'rɪəz] *pl* Rückstand *m*, -stände *pl*

arrest [ə'rest] **1.** verhaften; **2.** Verhaftung *f*

arrival [ə'raɪvl] Ankunft *f*; **ar-**rive [ə'raɪv] (an)kommen, eintreffen

arrow ['ærəʊ] Pfeil *m*

arsenic ['ɑ:snɪk] Arsen *n*

arson ['ɑ:sn] Brandstiftung *f*

art [ɑ:t] Kunst *f*; *pl* Geisteswissenschaften *f*

artery ['ɑ:tərɪ] Arterie *f*, Schlagader *f*; (Haupt)Verkehrsader *f*

'art gallery Gemäldegalerie *f*

article ['ɑ:tɪkl] Artikel *m*

articulate 1. [ɑ:'tɪkjʊlət] klar; *zo.* gegliedert; **2.** [ɑ:'tɪkjʊleɪt] deutlich (aus)sprechen

artificial [ɑ:tɪ'fɪʃl] künstlich

artisan [ɑ:tɪ'zæn] (Kunst-)Handwerker *m*

artist ['ɑ:tɪst] Künstler(in);
ar'tistic künstlerisch

as [æz] **1.** *adv* ebenso; wie (z. B.); **2.** *cj* so wie; als, während; da, weil; **~** ... **~** (eben)so ... wie; **~ for** was ... (an)betrifft; **~ Hamlet** als Hamlet

asbestos [æs'bestəs] Asbest *m*

ascend [ə'send] (auf)steigen; ansteigen; besteigen

As'cension Day [ə'senʃn-] Himmelfahrtstag *m*

ascent [ə'sent] Aufstieg *m*; Besteigung *f*; Steigung *f*

ash¹ [æʃ] Esche(nholz *n*) *f*

ash² [æʃ] *a.* **~es** *pl* Asche *f*

ashamed [ə'feɪmd]: **be ~ of** sich schämen (*gen*)

'ash| bin, \~can *Am.* → **dustbin**

astonish

ashore [ə'ʃɔː]: go ~ an Land gehen

'ashtray Aschenbecher m

Ash 'Wednesday Aschermittwoch m

Asia ['eɪʃə] Asien n; Asian ['eɪʃn], Asiatic [eɪʃɪ'ætɪk] 1. asiatisch; 2. Asiat(in)

aside [ə'saɪd] beiseite, auf die Seite

ask [ɑːsk] fragen (nach); bitten (s.o. [for] s.th. j. um et.)

askew [ə'skjuː] schief

asleep [ə'sliːp] schlafend; be (fast, sound) ~ (fest) schlafen; fall ~ einschlafen

asparagus [ə'spærəgəs] Spargel m

aspect ['æspekt] Aspekt m, Seite f, Gesichtspunkt m

aspic ['æspɪk] Aspik m, n

ass [æs] Esel m

assassin [ə'sæsɪn] (bsd. politischer) Mörder, Attentäter m; ~ate [ə'sæsɪneɪt] pol. ermorden; ~ation [əsæsɪ'neɪʃn] (politischer) Mord, Ermordung f, Attentat n

assault [ə'sɔːlt] 1. Angriff m; 2. angreifen; überfallen

assemblage [ə'semblɪdʒ] (An)Sammlung f; Versammlung f; tech. Montage f; as'semble (sich) versammeln; tech. montieren

assembly [ə'semblɪ] Versammlung f; tech. Montage f; ~ line Fließband n

assert [ə'sɜːt] behaupten, erklären; geltend machen

assess [ə'ses] Kosten festsetzen; schätzen, (be)werten

asset ['æset] econ. Aktivposten m; fig. Plus n, Gewinn m; pl: Aktiva pl; jur. Vermögen n; Konkursmasse f

assign [ə'saɪn] an-, zuweisen, zuteilen; bestimmen; ~ment An-, Zuweisung f; Aufgabe f, Arbeit f, Auftrag m

assimilate [ə'sɪmɪleɪt] (sich) angleichen od. anpassen

assist [ə'sɪst] j-m helfen, beistehen; ~ance Hilfe f, Beistand m; ~ant Assistent(in), Mitarbeiter(in); (shop) ~ Brt. Verkäufer(in)

associate 1. [ə'səʊʃɪeɪt] vereinigen, -binden; assoziieren; verkehren; 2. [ə'səʊʃɪət] econ. Teilhaber(in); association [əsəʊʃɪ'eɪʃn] Vereinigung f, Verbindung f; Verein m; Assoziation f

assorted [ə'sɔːtɪd] gemischt; as'sortment econ. Sortiment n, Auswahl f

assume [ə'sjuːm] annehmen

assurance [ə'ʃɔːrəns] Zu-, Versicherung f; bsd. Brt. (Lebens)Versicherung f; Sicherheit f, Gewissheit f; Selbstsicherheit f; assure [ə'ʃɔː] j-m versichern; bsd. Brt. Leben versichern; as'sured 1. überzeugt, sicher; 2. bsd. Brt. Versicherte m, f

asthma ['æsmə] Asthma n

astonish [ə'stɒnɪʃ] in Erstaunen setzen; be ~ed erstaunt

sein (*at* über); **~ing** erstaunlich; **~ment** (Er)Staunen *n*

astrology [əˈstrɒlədʒɪ] Astrologie *f*

astronaut [ˈæstrənɔːt] Astronaut(in), Raumfahrer(in)

astronomy [əˈstrɒnəmɪ] Astronomie *f*

asylum [əˈsaɪləm] Asyl *n*

at [æt] *prp* Ort: in, an, bei, auf; Richtung: auf, nach, gegen, zu; Beschäftigung: bei, beschäftigt mit, in; *Art u. Weise*, *Zustand*: in, bei, zu, unter; *Preis etc.*: für, um; *Zeit*, *Alter*: um, bei; **~ the cleaner's** in der Reinigung; **~ the door** an der Tür; **~ 10 pounds** für 10 Pfund; **~ 18** mit 18 (Jahren); **~ 5 o'clock** um 5 Uhr; **~ all** 3

ate [et] *pret von* **eat**

athlete [ˈæθliːt] (Leicht)Athlet(in), Sportler(in); **athletic** [æθˈletɪk] athletisch; **athletics** *sg* Leichtathletik *f*

Atlantic [ətˈlæntɪk] **1.** *a.* **~ Ocean** der Atlantik; **2.** atlantisch

atmosphere [ˈætməsfɪə] Atmosphäre *f*

atom [ˈætəm] Atom *n*; **~ bomb** Atombombe *f*

atomic [əˈtɒmɪk] atomar, Atom...; **~ 'bomb** Atombombe *f*; **~ 'energy** Atomenergie *f*; **~ 'pile** Atomreaktor *m*; **~ 'power** Atomkraft *f*; **~ 'waste** Atommüll *m*

atomizer [ˈætəʊmaɪzə] Zerstäuber *m*

atrocious [əˈtrəʊʃəs] scheußlich; grausam

attach [əˈtætʃ] **(to)** befestigen, anbringen (an), anheften, ankleben (an); Wichtigkeit *etc.* beimessen; **be ~ed to s.o.** an j-m hängen

attack [əˈtæk] **1.** angreifen; **2.** Angriff *m*; *med.* Anfall *m*

attempt [əˈtempt] **1.** versuchen; **2.** Versuch *m*

attend [əˈtend] *v/t* teilnehmen an, Vorlesung *etc.* besuchen; (ärztlich) behandeln; Kranke pflegen; *v/i* anwesend sein; erscheinen; **~ to** j-n (*in e-m Geschäft*) bedienen; **~ to** sich kümmern um; **~ance** Anwesenheit *f*, Erscheinen *n*; Besucher(zahl *f*) *pl*, Teilnehmer *pl*; **~ant** Begleiter(in); Aufseher(in); (*Tank*)Wart *m*

attention [əˈtenʃn] Aufmerksamkeit *f*; **at'tentive** aufmerksam

attic [ˈætɪk] Dachboden *m*

attitude [ˈætɪtjuːd] (Ein)Stellung *f*; Haltung *f*

attorney [əˈtɜːnɪ] *Am.* (Rechts)Anwalt *m*, (-)Anwältin *f*; Bevollmächtigte(r) *f*; **power of ~** Vollmacht *f*

attract [əˈtrækt] anziehen; Aufmerksamkeit erregen; *fig.* anlocken; **~ion** Anziehung(skraft) *f*; Reiz *m*; Attraktion *f*; **~ive** anziehend; attraktiv; reizvoll

attribute [ə'trɪbjuːt] zuschreiben *(to dat)*; zurückführen *(to auf)*

auction ['ɔːkʃn] 1. Auktion *f*, Versteigerung *f*; 2. *mst ~ off* versteigern

audacious [ɔː'deɪʃəs] kühn, verwegen; dreist

audible ['ɔːdəbl] hörbar

audience ['ɔːdjəns] Publikum *n*, Zuhörer *pl*, Zuschauer *pl*, Besucher *pl*; Audienz *f*

audit ['ɔːdɪt] *econ.* 1. prüfen; 2. Buchprüfung *f*

auditorium [ɔːdɪ'tɔːrɪəm] Zuschauerraum *m*; *Am.* Vortrags-, Konzertsaal *m*

August ['ɔːɡəst] August *m*

aunt [ɑːnt] Tante *f*

austere [ɒ'stɪə] streng

Australia [ɒ'streɪljə] Australien *n*; **Aus'tralian 1.** australisch; 2. Australier(in)

Austria ['ɒstrɪə] Österreich *n*; **'Austrian 1.** österreichisch; 2. Österreicher(in)

authentic [ɔː'θentɪk] authentisch; echt

author ['ɔːθə] Urheber(in), Autor(in), Verfasser(in)

authoritative [ɔː'θɒrɪtətɪv] gebieterisch, herrisch; maßgebend

authority [ɔː'θɒrətɪ] Autorität *f*; Vollmacht *f*; Kapazität *f*; *mst pl* Behörde(n) *f*

authorize ['ɔːθəraɪz] autorisieren

autobiography [ɔːtəʊbaɪ'ɒɡrəfɪ] Autobiographie *f*

autograph ['ɔːtəɡrɑːf] Autogramm *n*

automate ['ɔːtəʊmeɪt] automatisieren

automatic [ɔːtə'mætɪk] automatisch; ~ **'teller machine** *Am.* Geldautomat *m*

automobile [ɔːtəməʊ'biːl] *bsd. Am.* Auto(mobil) *n*

autonomy [ɔː'tɒnəmɪ] Autonomie *f*

autumn ['ɔːtəm] Herbst *m*

auxiliary [ɔːɡ'zɪljərɪ] **1.** Hilfs...; 2. Hilfsverb *n*

available [ə'veɪləbl] erhältlich, lieferbar; verfügbar

avalanche ['ævəlɑːntʃ] Lawine *f*

avarice ['ævərɪs] Habgier *f*

avenue ['ævənjuː] Allee *f*; Hauptstraße *f*

average ['ævərɪdʒ] **1.** Durchschnitt *m*; 2. durchschnittlich, Durchschnitts...

aversion [ə'vɜːʃn] Abneigung *f*

aviary ['eɪvjərɪ] Voliere *f*

aviation [eɪvɪ'eɪʃn] Luftfahrt *f*

avoid [ə'vɔɪd] (ver)meiden, ausweichen

awake [ə'weɪk] **1.** wach; 2. *(awoke od. awaked, awaken)* *v/t* (auf)wecken; *v/i* auf-, erwachen

award [ə'wɔːd] **1.** Preis *m*, Auszeichnung *f*; 2. *Preis etc.* verleihen

aware [ə'weə]: *be ~ of s.th.* et. wissen *od.* kennen, sich e-r

Sache bewusst sein; **become ~ of s.th.** et. merken

away [ə'weɪ] **1.** *adv u. adj* weg, fort; (weit) entfernt; immer weiter, drauflos; **2.** *adj Sport:* Auswärts...

awe [ɔ:] Furcht *f*, Respekt *m*

awful ['ɔ:fʊl] furchtbar

awkward ['ɔ:kwəd] unangenehm; ungeschickt, linkisch; *Zeitpunkt etc.:* ungünstig; unhandlich, sperrig

awl [ɔ:l] Ahle *f*, Pfriem *m*

awning ['ɔ:nɪŋ] Plane *f*; Markise *f*

awoke [ə'wəʊk] *pret von* **awake** 2; **a'woken** *pp von* **awake** 2

awry [ə'raɪ] schief

ax(e) [æks] Axt *f*, Beil *n*

axis ['æksɪs] (*pl* **axes** [-si:z]) Achse *f*

axle ['æksl] (Rad)Achse *f*

azure ['æʒə] azur-, himmelblau

B

baboon [bə'bu:n] Pavian *m*

baby ['beɪbɪ] Baby *n*, Säugling *m*; **'~ carriage** *Am.* Kinderwagen *m*; **'~hood** Säuglingsalter *n*; **'~sit (-sat)** babysitten; **'~sitter** Babysitter(in)

bachelor ['bætʃələ] Junggeselle *m*; **'~ girl** Junggesellin *f*

back [bæk] **1.** *su* Rücken *m*; Rückseite *f*; (Rück)Lehne *f*; hinterer *od.* rückwärtiger Teil; *Sport:* Verteidiger *m*; **2.** *adj* rückwärtig, Hinter...; **3.** *adv* zurück; rückwärts; **4.** *v/t a.* **~ up** zurückbewegen, zurückstoßen *mit* (Auto); *a.* **~ up** unterstützen; *v/i oft* **~ up** sich rückwärts bewegen, zurückgehen *od.* -fahren, *mot. a.* zurückstoßen; **'~bone** Rückgrat *n*; **'~comb** Haar toupieren; **'~ground** Hinter-

grund *m*; **'~hand** *Sport:* Rückhand *f*; **'~heeler** Fußball: Hackentrick *m*; **'~ing** Unterstützung *f*; **'~pack** *bsd.* großer Rucksack; **'~packer** Rucksacktourist(in);

packing Rucksacktourismus *m*; **'~ seat** Rücksitz *m*; **'~space (key)** Rück(stell)taste *f*; **'~stairs** *pl* Hintertreppe *f*; **'~stroke** Rückenschwimmen *n*; **'~up** Unterstützung *f*; *Computer:* Back-up *n*, Sicherungskopie *f*, *Am. mot.* (Rück)Stau *m*

backward 1. *adj* Rückwärts...; zurückgeblieben; rückständig; **2.** *adv a.* **'backwards** rückwärts, zurück

bacon ['beɪkən] Frühstücks-, Schinkenspeck *m*

bacteria [bæk'tɪərɪə] *pl* Bakterien *pl*

bang

bad [bæd] schlecht; böse, schlimm; **go ~** schlecht werden, verderben

badge [bædʒ] Abzeichen *n*, Button *m*; Dienstmarke *f*

badger ['bædʒə] Dachs *m*

bad-'tempered schlecht gelaunt

baffle ['bæfl] verwirren

bag [bæg] Beutel *m*; Sack *m*; Tüte *f*; Tasche *f*

baggage ['bægɪdʒ] *bsd. Am.* (Reise)Gepäck *n*; '**~ car** *Am.* rail. Gepäckwagen *m*; '**~ check** *Am.* Gepäckschein *m*; '**~ claim** *aviat.* Gepäckausgabe *f*; '**~ room** *Am.* Gepäckaufbewahrung *f*

baggy ['bægɪ] F bauschig; *Hose:* ausgebeult

'bagpipes *pl* Dudelsack *m*

bail [beɪl] **1.** Kaution *f*; **2. ~ s.o. out** j-n gegen Kaution freibekommen

bait [beɪt] Köder *m* (*a. fig.*)

bake [beɪk] backen; **~d potatoes** *pl* ungeschälte, im Ofen gebackene Kartoffeln; '**baker** Bäcker *m*; '**bakery** Bäckerei *f*

balance ['bæləns] **1.** *su* Waage *f*; Gleichgewicht *n* (*a. fig.*); *econ.* Guthaben *n*; Rest *m*; **2.** *v/t* ab-, erwägen; *im Gleichgewicht halten;* *Konten etc.* ausgleichen; *v/i* balancieren; *econ.* sich ausgleichen; '**balanced** ausgewogen, ausgeglichen; '**~ sheet** *econ.* Bilanz *f*

balcony ['bælkənɪ] Balkon *m*

bald [bɔːld] kahl

bale [beɪl] *econ.* Ballen *m*

ball¹ [bɔːl] Ball *m*; Kugel *f*; (Hand-, Fuß)Ballen *m*; Knäuel *m, n*

ball² [bɔːl] Tanzen: Ball *m*

ballad ['bæləd] Ballade *f*

ball 'bearing Kugellager *n*

ballet ['bæleɪ] Ballett *n*

balloon [bə'luːn] Ballon *m*

ballot ['bælət] Stimmzettel *m*; (*bsd. geheime*) Wahl; '**~ box** Wahlurne *f*

ballpoint ['bɔːlpɔɪnt], **~ 'pen** Kugelschreiber *m*, F Kuli *m*

'ballroom Ball-, Tanzsaal *m*

balls [bɔːlz] *pl* V Hoden: Eier *pl*

balm [bɑːm] Balsam *m*

Baltic 'Sea [bɔːltɪk] *die* Ostsee

balustrade [bælə'streɪd] Balustrade *f*

bamboo [bæm'buː] Bambus *m*

ban [bæn] **1.** (amtliches) Verbot; **2.** verbieten

banana [bə'nɑːnə] Banane *f*

band [bænd] Band *n*; Streifen *m*; Schar *f*, Gruppe *f*, Bande *f*; (Musik)Kapelle *f*, (Jazz-, Rock- etc.)Band *f*

bandage ['bændɪdʒ] **1.** Bandage *f*; Binde *f*; Verband *m*; *Am.* (Heft)Pflaster *n*; **2.** bandagieren; verbinden

bang [bæŋ] **1.** heftiger Schlag; Knall *m*; *mst pl Frisur:* Pony *m*; **2.** *Tür* zuschlagen; V bumsen; **~ (away)** ballern

bangle ['bæŋgl] Armreif *m*

banish ['bænɪʃ] verbannen

banister ['bænɪstə] *a. pl* Treppengeländer *n*

bank¹ [bæŋk] *econ.* Bank *f*; (*Blut-, Daten-* etc.)Bank *f*

bank² [bæŋk] (*Fluss-* etc.)Ufer *n*; (Erd)Wall *m*; Böschung *f*; (*Sand-, Wolken*)Bank *f*

'bank| account Bankkonto *n*; **'~book** Sparbuch *n*; **~ code** Bankleitzahl *f*; **'~er** Bankier *m*, F Banker *m*; **~ 'holiday** *Brt.* gesetzlicher Feiertag; **'~ note** Banknote *f*, Geldschein *m*

bankrupt ['bæŋkrʌpt] **1.** bankrott; **go ~** in Konkurs gehen, Bankrott machen; **2.** Bankrott machen; **bankruptcy** ['bæŋkrʌptsɪ] Bankrott *m*

banner ['bænə] Transparent *n*

banns [bænz] *pl* Aufgebot *n*

banquet ['bæŋkwɪt] Bankett *n*

banter ['bæntə] necken

baptism ['bæptɪzəm] Taufe *f*; **baptize** [bæp'taɪz] taufen

bar [baː] **1.** Stange *f*, Stab *m*; Riegel *m*; (*Tor-, Quer-, Sprung*)Latte *f*; Schranke *f*; (*Gold-* etc.)Barren *m*; *mus.* Taktstrich *m*; *mus.* ein Takt; (dicker) Strich *m*; *Hotel*: Bar *f*; Lokal *n*, Imbissstube *f*; *pl* Gitter *n*; **a ~ of chocolate** ein Riegel (*a.* e-e Tafel) Schokolade; **a ~ of soap** ein Riegel *od.* Stück Seife; **2.** zu-, verriegeln; (ver)hindern

barbed 'wire [baːbd-] Stacheldraht *m*

barber ['baːbə] (Herren)Friseur *m*, (-)Frisör *m*

'bar code Strichkode *m*

bare [beə] **1.** nackt; kahl; leer; knapp; **2.** entblößen; **'~foot** barfuß

barely ['beəlɪ] kaum

bargain ['baːgɪn] **1.** Geschäft *n*, Handel *m*; vorteilhaftes Geschäft; **2.** (ver)handeln

bark¹ [baːk] Rinde *f*, Borke *f*

bark² [baːk] bellen

barley ['baːlɪ] Gerste *f*

barn [baːn] Scheune *f*

barometer [bə'rɒmɪtə] Barometer *n*

barracks ['bærəks] *sg* Kaserne *f*

barrel ['bærəl] Fass *n*; (Gewehr)Lauf *m*

barren ['bærən] unfruchtbar

barricade [bærɪ'keɪd] Barrikade *f*

barrier ['bærɪə] Schranke *f*, Barriere *f*, Sperre *f*; *fig.* Hindernis *n*

barrister ['bærɪstə] *Brt.* (plädierender) Anwalt

barrow ['bærəʊ] Karre(n *m*) *f*

barter ['baːtə] (ein)tauschen

base¹ [beɪs] gemein

base² [beɪs] **1.** Basis *f*, Grundlage *f*, Fundament *n*; *mil.* Standort *m*, *mil.* Stützpunkt *m*; **2.** gründen, stützen (**on** auf)

'base|ball Baseball(spiel *n*) *m*; **'~less** grundlos; **'~line**

Grundlinie f; **~ment** Kellergeschoss n, östr. -geschoß n

basic ['beɪsɪk] **1.** grundlegend, Grund...; **2.** pl Grundlagen pl; **~ally** im Grunde

basin ['beɪsn] Becken n; Schale f, Schüssel f

basis ['beɪsɪs] (pl **-ses** [-siːz]) Basis f; Grundlage f

bask [bɑːsk] sich sonnen

basket ['bɑːskɪt] Korb m; **~ball** Basketball(spiel n) m

bass [beɪs] mus. Bass m

bastard ['bɑːstəd] Bastard m

bat¹ [bæt] Schlagholz n, Schläger m

bat² [bæt] Fledermaus f

batch [bætʃ] Stoß m, Stapel m

bath [bɑːθ] **1.** (pl **baths** [bɑːðz] Bad(ewanne f) n; **have a ~** Brt., **take a ~** Am. baden, ein Bad nehmen; **2.** Brt. baden

bathe [beɪð] v/t Wunde, Am. Kind baden; v/i baden, schwimmen; Am. baden, ein Bad nehmen

bathing costume ['beɪðɪŋ-], **~ suit** Badeanzug m

bath|robe Bademantel m; Am. Morgenrock m; **~room** Badezimmer n; Am. Toilette f; **~ towel** Badetuch n

baton ['bætən] Taktstock m; Sport: (Staffel)Stab m

batter ['bætə] Rührteig m

battery ['bætəɪ] Batterie f

battle ['bætl] Schlacht f (**of** bei); fig. Kampf m

bawl [bɔːl] brüllen, schreien

bay [beɪ] Bai f, Bucht f; Erker m; **~ window** Erkerfenster n

bazaar [bə'zɑː] Basar m

BC [biː 'siː] **before Christ** v.Chr., vor Christus

be [biː] (**was** od. **were**, **been**) sein; Passiv, beruflich: werden; **how much is (are) ...?** was kostet (kosten) ...?; **there is, there are** es gibt

beach [biːtʃ] Strand m

beacon ['biːkən] Leucht-, Signalfeuer n

bead [biːd] (Glas- etc.)Perle f

beak [biːk] Schnabel m

beaker ['biːkə] Becher m

beam [biːm] **1.** Balken m; (Leit)Strahl m; strahlendes Lächeln; **2.** strahlen

bean [biːn] Bohne f

bear¹ [beə] Bär m

bear² [beə] (**bore**, **borne** od. **born**) tragen; zur Welt bringen; ertragen, ausstehen; **~able** erträglich

beard [bɪəd] Bart m

bearer ['beərə] Träger(in); Überbringer(in)

bearing ['beərɪŋ] Haltung f

beast [biːst] Tier n; Bestie f; **~ of prey** Raubtier n

beat [biːt] **1.** (**beat**, **beaten** od. **beat**) schlagen; (ver)prügeln; besiegen; übertreffen; **~ it!** F hau ab!; **2.** Schlag m; mus. Takt m; Beat(musik f) m; Runde f, Revier n (e-s Polizisten); **~en** pp von **beat 1**

beautiful ['bjuːtəfəl] schön

beauty ['bjuːtɪ] Schönheit f

beaver ['biːvə] Biber *m*

became [bɪ'keɪm] *pret von* **become**

because [bɪ'kɒz] weil; ~ *of* wegen

beckon ['bekən] (zu)winken

become [bɪ'kʌm] (*became, become*) werden (*of* aus)

bed [bed] Bett *n*; *Tier:* Lager *n*; Beet *n*; ~ *and breakfast* Zimmer *n* mit Frühstück; **'~clothes** *pl* Bettwäsche *f*; **'~ding** ['bedɪŋ] Bettzeug *n*; Streu *f*

'bed|ridden bettlägerig; **'~room** Schlafzimmer *n*; **'~side:** *at the* ~ am Bett; **'~sit** F, **~'sitter** *Brt.* möbliertes Zimmer; Einzimmerappartement *n*; **'~spread** Tagesdecke *f*; **'~stead** Bettgestell *n*

bee [biː] Biene *f*

beech [biːtʃ] Buche *f*

beef [biːf] Rindfleisch *n*; ~ *tea* (Rind)Fleischbrühe *f*; **'bee|hive** Bienenkorb *m*, -stock *m*; **'~line: make a ~ for** F schnurstracks zugehen auf

been [biːn] *pp von* **be**

beeper ['biːpə] *Am.* → **bleeper**

beer [bɪə] Bier *n*

beet [biːt] (Runkel)Rübe *f*

beetle ['biːtl] Käfer *m*

beetroot ['biːtruːt] Rote Beete

before [bɪ'fɔː] **1.** *prp* vor; **2.** *adv räumlich:* vorn, voran;

zeitlich: vorher, früher; **3.** *cj* bevor, ehe; **~hand** zuvor, im Voraus

beg [beg] *et.* erbitten (*of* s.o. von j-m); betteln (um)

began [bɪ'gæn] *pret von* **begin**

beget [bɪ'get] (*begot, begotten*) Kind zeugen

beggar ['begə] Bettler(in)

begin [bɪ'gɪn] (*began, begun*) beginnen, anfangen; **be'ginner** Anfänger(in); **be'ginning** Beginn *m*, Anfang *m*

begot [bɪ'gɒt] *pret von* **beget**; **be'gotten** *pp von* **beget**

begun [bɪ'gʌn] *pp von* **begin**

behalf [bɪ'hɑːf]: *on* (*Am. a in*) ~ *of* im Namen von

behave [bɪ'heɪv] sich benehmen; **behavio(u)r** [bɪ'heɪvjə] Benehmen *n*; Betragen *n*

behind [bɪ'haɪnd] **1.** *prp* hinter; **2.** *adv* hinten, dahinter; nach hinten; **3.** *adj* im Rückstand; **4.** *su* F Hintern *m*

being ['biːɪŋ] (Da)Sein *n*; Wesen *n*

belated [bɪ'leɪtɪd] verspätet

belch [beltʃ] aufstoßen, rülpsen; *Rauch etc.* speien

belfry ['belfrɪ] Glockenturm *m*

Belgian ['beldʒən] **1.** belgisch; **2.** Belgier(in); **Belgium** ['beldʒəm] Belgien *n*

belief [bɪ'liːf] Glaube *m*

believe [bɪ'liːv] glauben (*in* an); **be'liever** Gläubige *m, f*

bell [bel] Glocke *f*; Klingel *f*

belligerent [bɪ'lɪdʒərənt] streitlustig, aggressiv

bellow ['beləʊ] brüllen

bellows ['beləʊz] *pl, sg* Blasebalg *m*

belly ['belɪ] Bauch *m*; Magen *m*

belong [bɪ'lɒŋ] gehören; **~ings** *pl* Habseligkeiten *pl*

beloved [bɪ'lʌvɪd] geliebt

below [bɪ'ləʊ] **1.** *adv* unten; hinunter, nach unten; **2.** *prp* unter(halb)

belt [belt] Gürtel *m*; Gurt *m*; Zone *f*, Gebiet *n*; *tech.* Treibriemen *m*; **'~way** *Am.* → **ring road**

bench [bentʃ] (Sitz- *etc.*)Bank *f*

bend [bend] **1.** (**bent**) (sich) biegen *u.* krümmen; beugen; **2.** Biegung *f*, Kurve *f*

beneath [bɪ'ni:θ] *prp* unter(halb)

benediction [benɪ'dɪkʃn] Segen *m*

benefactor ['benɪfæktə] Wohltäter *m*

beneficial [benɪ'fɪʃl] wohltuend; vorteilhaft, günstig

benefit ['benɪfɪt] **1.** Nutzen *m*, Vorteil *m*; (*Sozial-, Versicherungs- etc.*)Leistung *f*; (*Arbeitslosen*)Unterstützung *f*; (*Kranken*)Geld *n*; **~ concert** Wohltätigkeitskonzert *n*; **2.** nützen; **~ by** *od.* **from** Vorteil haben von *od.* durch

benevolent [bɪ'nevələnt] wohltätig; wohlwollend

benign [bɪ'naɪn] *med.* gutartig

bent [bent] *pret u. pp von* **bend** 1

bereaved [bɪ'ri:vd] Hinterbliebene *m, f*

beret ['bereɪ] Baskenmütze *f*

berry ['berɪ; *in Zssgn* 'barɪ] Beere *f*

berth [bɜ:θ] *naut.* Liege-, Ankerplatz *m*; *naut.* Koje *f*; *rail.* (Schlafwagen)Bett *n*

beside [bɪ'saɪd] *prp* neben; **~ o.s.** außer sich (**with** vor); → **point** 1; **be'sides 1.** *adv* außerdem; **2.** *prp* außer, neben

best [best] **1.** *adj* beste, größt, meist; **~ before** Lebensmittel: haltbar bis; **2.** *adv* am besten; **3.** *su der, die, das* Beste *n*; **at ~** bestenfalls; **the ~ of** das Beste machen aus; **all the ~!** alles Gute!; **'~ be'fore date** *Lebensmittel:* Mindesthaltbarkeitsdatum *n*; **'~'seller** Bestseller *m*

bet [bet] **1.** Wette *f*; **2.** (**bet** *od.* **betted**) wetten; **you ~** Und ob!

betray [bɪ'treɪ] verraten; **be'trayal** Verrat *m*

better ['betə] **1.** *adj, adv* besser; **2.** *su das* Bessere *n*

between [bɪ'twi:n] **1.** *prp* zwischen; unter; **2.** *adv* dazwischen

beverage ['bevərɪdʒ] Getränk *n*

beware [bɪ'weə] sich in Acht nehmen, sich hüten

bewilder [bɪ'wɪldə] verwirren

beyond [bɪ'jɒnd] **1.** *adv* darüber hinaus; **2.** *prp* jenseits; über ... hinaus

bias ['baɪəs] Neigung *f*; Vorurteil *n*; **'bias(s)ed** voreingenommen; *jur.* befangen

bib [bɪb] Lätzchen *n*

Bible ['baɪbl] Bibel *f*

biblical ['bɪblɪkl] biblisch

bibliography [bɪblɪ'ɒɡrəfɪ] Bibliographie *f*

bicker ['bɪkə] sich zanken

bicycle ['baɪsɪkl] Fahrrad *n*

bid [bɪd] **1.** (*bid*) *econ.* bieten; **2.** *econ.* Gebot *n*, Angebot *n*

bier [bɪə] (Toten)Bahre *f*

big [bɪɡ] groß; *F* großspurig

bigamy ['bɪɡəmɪ] Bigamie *f*

bike [baɪk] *F* (Fahr)Rad *n*; **'biker** *bsd. in Gruppen:* Motorradfahrer(in); Radfahrer(in), Radler(in)

bilateral [baɪ'lætərəl] bilateral

bilberry ['bɪlbərɪ] Blau-, Heidelbeere *f*

bile [baɪl] Galle *f*

bilingual [baɪ'lɪŋɡwəl] zweisprachig

bill [bɪl] Schnabel *m*

bill² [bɪl] Rechnung *f*; *pol.* (Gesetzes)Vorlage *f*; Plakat *n*; *Am.* Banknote *f*, Geldschein *m*; **'board** *Am.* Reklametafel *f*; **'fold** *Am.* Brieftasche *f*

billion ['bɪljən] Milliarde *f*

bill| of de'livery *econ.* Lieferschein *m*; **~ of ex'change** *econ.* Wechsel *m*

bin [bɪn] (großer) Behälter *m*

bind [baɪnd] (*bound*) (zs.-) binden; **'~er** (Akten- *etc.*-) Deckel *m*; **'~ing 1.** (Buch-) Einband *m*; Einfassung *f*, Borte *f*; (Ski)Bindung *f*; **2.** bindend, verbindlich

binoculars [bɪ'nɒkjʊləz] *pl* Fernglas *n*

biodegradable [baɪəʊdɪ'ɡreɪdəbl] biologisch abbaubar

biography [baɪ'ɒɡrəfɪ] Biographie *f*

biological [baɪəʊ'lɒdʒɪkl] biologisch; **biology** [baɪ-'ɒlədʒɪ] Biologie *f*

biorhythms ['baɪəʊrɪðəmz] *pl* Biorhythmus *m*

biotope ['baɪəʊtəʊp] Biotop *n*

birch [bɜːtʃ] Birke *f*

bird [bɜːd] Vogel *m*; **~ of 'passage** Zugvogel *m*; **~ of 'prey** Raubvogel *m*; **~ 'sanctuary** Vogelschutzgebiet *n*; **~'seye 'view** Vogelperspektive *f*

biro® ['baɪərəʊ] *Brt.* Kugelschreiber *m*

birth [bɜːθ] Geburt *f*; Herkunft *f*; **give ~ to** gebären, zur Welt bringen; **date of ~** Geburtsdatum *n*; **~ certificate** Geburtsurkunde *f*; **~ control** Geburtenregelung *f*; **'~day** Geburtstag *m*; **happy ~!** alles Gute *od.* herzlichen Glückwunsch zum Geburtstag!; **'~place** Geburtsort *m*

biscuit ['bɪskɪt] Brt. Keks m, n

bishop ['bɪʃəp] Bischof m; Schach: Läufer m

bit¹ [bɪt] Stück(chen) n; a ~ ein bisschen; ziemlich

bit² [bɪt] Computer: Bit n

bit³ [bɪt] pret von bite¹

bitch [bɪtʃ] Hündin f; sl. von e-r Frau: Miststück n

bite [baɪt] (bit, bitten) (an)beißen; Insekt: beißen, stechen; Pfeffer: brennen; 2. Biss m; F Bissen m, Happen m

bitten ['bɪtn] pp von bite¹

bitter ['bɪtə] 1. bitter; fig. verbittert; 2. F Magenbitter m

black [blæk] 1. schwarz; 2. Schwarze m, f; 3. schwarz machen; '~berry Brombeere f; '~bird Amsel f; '~board (Schul-, Wand)Tafel f; '~en schwarz machen od. werden; ~ 'eye blaues Auge, Veilchen n; '~head med. Mitesser m; ~ 'ice Glatteis n; '~mail 1. Erpressung f; 2. j-n erpressen; '~mailer Erpresser(in); '~out Black-out n, m; Ohnmacht f; '~ pudding Blutwurst f

bladder ['blædə] anat. Blase f

blade [bleɪd] Klinge f; (Säge-, Schulter- etc.)Blatt n; (Propeller)Flügel m; bot. Halm m

blame [bleɪm] 1. tadeln; ~ s.o. for s.th. j-m die Schuld geben an et.; 2. Tadel m; Schuld f

blancmange [blə'mɒndʒ] Pudding m

blank [blæŋk] 1. leer; unbeschrieben; econ. Blanko...; 2. freier Raum, Lücke f; unbeschriebenes Blatt n; Lotterie: Niete f

blanket ['blæŋkɪt] 1. (Woll-, Bett)Decke f; 2. zudecken

blare [bleə] Radio etc.: brüllen, plärren; Trompete: schmettern

blast [blɑːst] 1. Windstoß m; Explosion f; lauter Ton; 2. sprengen; ~ed! verflucht; '~ furnace Hochofen m; '~-off Rakete: Start m

blaze [bleɪz] 1. Flamme(n pl) f, Feuer n; 2. lodern

blazer ['bleɪzə] Blazer m

bleach [bliːtʃ] bleichen

bleak [bliːk] öde, kahl; fig. trost-, freudlos, trüb, düster

bleat [bliːt] blöken

bled [bled] pret u. pp von bleed

bleed [bliːd] (bled) bluten; fig. F schröpfen; '~ing Bluten n, Blutung f

bleep [bliːp] Piepton m; '~er Brt. F Piepser m (Funkrufempfänger)

blemish ['blemɪʃ] 1. Fehler m; Makel m; 2. verunstalten

blend [blend] 1. (sich) (ver)mischen; Wein verschneiden; 2. Mischung f; Verschnitt m; '~er Mixer m

bless [bles] (blessed od. blest) segnen; (God) ~ you! alles Gute!; Gesundheit!; '~ed selig, gesegnet; '~ing Segen m

blest [blest] *pret u. pp von* **bless**

blew [blu:] *pret von* **blow²**

blind [blaɪnd] **1.** blind (*fig. to* gegenüber); *Kurve etc.*: unübersichtlich; **2.** blenden; blind machen (*fig. to* für, gegen); **3.** Rouleau *n*, Rollo *n*, Jalousie *f*; *the* ~ *pl* die Blinden *pl*; ~ **alley** Sackgasse *f*; **'~fold** *j-m* die Augen verbinden; ~ **spot** *mot.* Rückspiegel: toter Winkel

blink [blɪŋk] blinzeln, zwinkern; blinken

bliss [blɪs] (Glück)Seligkeit *f*

blister ['blɪstə] Blase *f*

blizzard ['blɪzəd] Blizzard *m*

bloated ['bləʊtɪd] aufgedunsen, aufgebläht

bloc [blɒk] *pol.* Block *m*

block [blɒk] **1.** Block *m*, Klotz *m*; Baustein *m*, (Bau)Klötzchen *n* (*Schreib-, Notiz-*) Block *n*; *Am.* (Häuser-) Block *m*; *tech.* Verstopfung *f*; *a.* **~ of flats** *Brt.* Wohnhaus *n*; **2.** *a.* ~ **up** (ab-, ver)sperren, blockieren, verstopfen; **blockade** [blɒ'keɪd] **1.** Blockade *f*; **2.** blockieren

blockage ['blɒkɪdʒ] Blockade *f*; Blockierung *f*

blockbuster ['blɒkbʌstə] F Kassenmagnet *m*

block letters *pl* Blockschrift *f*

bloke [bləʊk] *Brt.* F Kerl *m*

blond [blɒnd] blond; hell

blood [blʌd] Blut *n*; **in cold** ~

kaltblütig; **'~bank** Blutbank *f*; **'~ donor** Blutspender(in); **'~ group** Blutgruppe *f*; **'~ poisoning** Blutvergiftung *f*; **'~ pressure** Blutdruck *m*; **'~ relation** Blutsverwandte *m*, *f*; **'~ sample** Blutprobe *f*; **'~ transfusion** Bluttransfusion *f*; **'~ vessel** Blutgefäß *n*

bloody ['blʌdɪ] blutig; *Brt.* F verdammt, verflucht

bloom [blu:m] **1.** Blüte *f*; **2.** blühen

blossom ['blɒsəm] *bsd. bei Bäumen* **1.** Blüte *f*; **2.** blühen

blot [blɒt] Klecks *m*, Fleck *m*; *fig.* Makel *m*.

'blotting paper ['blɒtɪŋ-] Löschpapier *n*

blouse [blaʊz] Bluse *f*

blow¹ [bləʊ] Schlag *m*, Stoß *m*

blow² [bləʊ] (**blew, blown**) blasen, wehen; keuchen; schnaufen; explodieren; *Reifen*: platzen; *Sicherung*: durchbrennen; ~ **one's nose** sich die Nase putzen; ~ **up** (in die Luft) sprengen; *Foto* vergrößern; in die Luft fliegen; explodieren (*a. fig.*); **'~dry** föhnen

blown [bləʊn] *pp von* **blow²**

'blow-up *phot.* Vergrößerung *f*

blue [blu:] blau; F melancholisch, traurig; **'~bell** *bsd.* wilde Hyazinthe; **'~berry** Blau-, Heidelbeere *f*

blues [blu:z] *pl od. sing mus.* Blues *m*; F Melancholie *f*

bluff¹ [blʌf] Steilufer n

bluff² [blʌf] bluffen

blunder ['blʌndə] **1.** Fehler m, Schnitzer m; **2.** e-n (groben) Fehler machen

blunt [blʌnt] stumpf; *fig.* offen; **'~ly** freiheraus

blur [blɜː]: *become* ~*red* verschwimmen; ~*red* Umrisse, *a. phot.*: verschwommen

blush [blʌʃ] **1.** erröten, rot werden; **2.** Erröten n

BO [biː 'əʊ] → *body odo(u)r*

boar [bɔː] Eber m; Keiler m

board [bɔːd] **1.** Brett n, Diele f, Planke f; (*Anschlag-, Schach- etc.*)Brett n; (*Wand-*)Tafel f; Pappe f; Ausschuss m, Kommission f; ~ *and lodging* Unterkunft f u. Verpflegung; *on* ~ an Bord; im Zug *od.* Bus; **2.** dielen, verschalen; an Bord gehen; *Zug, Bus:* einsteigen in, wenn (*with* bei); **~er** Pensionsgast m; Internatsschüler(in)

'boarding| card *aviat.* Bordkarte f; **'~house** Pension f, Fremdenheim n; **'~ school** Internat n

board of 'directors Aufsichtsrat m

boast [bəʊst] prahlen

boat [bəʊt] Boot n; Schiff n

bob¹ [bɒb] sich auf u. ab bewegen

bob² [bɒb] *Haare* kurz schneiden

bobsleigh ['bɒbsleɪ] *a.* **bob-**

sled *Sport*: Bob m

bodice ['bɒdɪs] Mieder n

bodily ['bɒdɪlɪ] körperlich

body ['bɒdɪ] Körper m; (*oft dead* ~) Leiche f; Gruppe f; *mot.* Karosserie f; **'~guard** Leibwache f; Leibwächter m; **'~ odo(u)r** Körpergeruch m; **'~work** Karosserie f

bog [bɒg] Sumpf m, Morast m

boil¹ [bɔɪl] kochen, sieden

boil² [bɔɪl] Geschwür n, Furunkel m, a

'~er Dampfkessel m; Boiler m; **'~ suit** Overall m

'boiling point Siedepunkt m

boisterous ['bɔɪstərəs] stürmisch; lärmend; wild

bold [bəʊld] kühn; dreist

bolt¹ [bəʊlt] **1.** Bolzen m; Riegel m; Blitz(strahl) m; **2.** *v/t* verriegeln; *v/i* davonlaufen

bolt² [bəʊlt]: ~ *upright* kerzengerade

bomb [bɒm] **1.** Bombe f; **2.** bombardieren

bond [bɒnd] *econ.* Schuldverschreibung f, Obligation f; *pl fig.* Bande *pl*

bone [bəʊn] Knochen m; Gräte f

bonfire ['bɒnfaɪə] Feuer n im Freien

bonnet ['bɒnɪt] Haube f; *Brt.* Motorhaube f

bonus ['bəʊnəs] Bonus m, Prämie f; Gratifikation f

boo [buː] *int* buh!

book [bʊk] **1.** Buch n; Heft n;

(*Notiz*)Block *m*; **2.** *Reise etc.* buchen; *Eintritts-, Fahrkarte* lösen; *Platz etc.* reservieren lassen; (vor)bestellen; *Gepäck* aufgeben; *Sport:* verwarnen; **~ in** *bsd.* Brt. sich (*im Hotel*) eintragen; **~ in** at absteigen in; **~ed up** ausgebucht, ausverkauft, *Hotel:* belegt; '**~case** Bücherschrank *m*; '**~ing clerk** Schalterbeamt|e *m*, -in *f*; '**~ing office** Fahrkartenschalter *m*; '**~keeper** Buchhalter(in); '**~keeping** Buchhaltung *f*, -führung *f*; '**~seller** Buchhändler(in); '**~shop** Buchhandlung *f*

boom¹ [bu:m] dröhnen

boom² [bu:m] Boom *m*, Aufschwung *m*, Hochkonjunktur *f*

boost [bu:st] **1.** hochschieben; *Preise* in die Höhe treiben; *Produktion etc.* ankurbeln; *electr.* Spannung verstärken; *tech.* Druck erhöhen; *fig.* stärken, Auftrieb geben; **2.** Auftrieb *m*, (Ver)Stärkung *f*

boot¹ [bu:t] Stiefel *m*; Brt. *mot.* Kofferraum *m*

boot² [bu:t]: **~** (*up*) *Computer:* laden

booth [bu:ð] (Markt- *etc.*)Bude *f*; (Messe)Stand *m*; (Wahl- *etc.*)Kabine *f*; (Telefon)Zelle *f*

'**bootlace** Schnürsenkel *m*

booze [bu:z] F **1.** saufen; **2.**

von Alkohol: Zeug *n*, Stoff *m*

border ['bɔ:də] **1.** Rand *m*; Einfassung *f*; Grenze *f*; **2.** einfassen; grenzen (**on** an)

bore¹ [bɔ:] *pret von* **bear²**

bore² [bɔ:] **1.** *j-n* langweilen; **be ~d** sich langweilen; **2.** Langweiler *m*; *bsd.* Brt. F langweilige *od.* lästige Sache

bore³ [bɔ:] **1.** bohren; **2.** Bohrloch *n*; *tech.* Kaliber *n*

boring ['bɔ:rɪŋ] langweilig

born [bɔ:n] **1.** *pp von* **bear²**; **2.** *adj* geboren

borne [bɔ:n] *pp von* **bear²**

borrow ['bɒrəʊ] (sich) *et.* (aus)borgen *od.* leihen

bosom ['bʊzəm] Busen *m*

boss [bɒs] F Boss *m*, Chef *m*; '**bossy** herrisch

botanical [bə'tænɪkl] botanisch

botany ['bɒtənɪ] Botanik *f*

botch [bɒtʃ] verpfuschen

both [bəʊθ] beide(s); **~ ... and** sowohl ... als (auch)

bother ['bɒðə] **1.** belästigen, stören; *don't ~!* bemühen Sie sich nicht!; **2.** Belästigung *f*, Störung *f*, Mühe *f*

bottle ['bɒtl] **1.** Flasche *f*; **2.** in Flaschen abfüllen; '**~ bank** Brt. Altglascontainer *m*; '**~neck** *fig.* Engpass *m*

bottom ['bɒtəm] Boden *m*, Berg: Fuß *m*, Unterseite *f*; Grund(lage *f*) *m*; F Hintern *m*

bought [bɔ:t] *pret u. pp von* **buy**

brake

boulder ['bəʊldə] Felsbrocken *m*, Findling *m*

bounce [baʊns] *Ball:* aufprallen *od.* aufspringen (lassen); springen, hüpfen, stürmen; F *Scheck:* platzen

bound¹ [baʊnd] **1.** *pret u. pp von* bind; **2.** *adj:* be ~ to do s.th. et. tun müssen

bound² [baʊnd] **1.** Sprung *m*, Satz *m*; **2.** springen, hüpfen; auf-, abprallen

bound³ [baʊnd] unterwegs (*for* nach)

bound⁴ [baʊnd] begrenzen

boundary ['baʊndərɪ] Grenze *f*

'boundless grenzenlos

bounds [baʊndz] Grenze *f*, *fig. a.* Schranke *f*

bouquet [buˈkeɪ] Bukett *n*, Strauß *m*; *Wein:* Blume *f*

bow¹ [baʊ] *v/i* sich verbeugen (*to* vor); *v/t* beugen, *Kopf* neigen; **2.** Verbeugung *f*

bow² [bəʊ] Bogen *m*; Schleife *f*

bow³ [baʊ] *naut.* Bug *m*

bowel ['baʊəl] Darm *m*, *pl a.* Eingeweide *n*

bowl¹ [bəʊl] Schale *f*, Schüssel *f*; (*Zucker-*)Dose *f*; Napf *m*; (*Pfeifen-*)Kopf *m*

bowl² [bəʊl] **1.** *Bowlingkugel* rollen; *Kricketball* werfen; **2.** (*Bowling-*, *Kegel-*)Kugel *f*

'bowling Bowling *n*; Kegeln *n*; '~ alley Bowling-, Kegelbahn *f*

box¹ [bɒks] Kasten *m*, Kiste *f*; Schachtel *f*; Postfach *n*; *thea.* Loge *f*

box² [bɒks] *Boxen:* **'~er** Boxer *m*; '~ing Boxen *n*, Boxsport *m*

'Boxing Day *Brt.* der zweite Weihnachtsfeiertag

'box' number Chiffre *f*; '~ office Theaterkasse *f*

boy [bɔɪ] Junge *m*, Knabe *m*

boycott ['bɔɪkɒt] boykottieren

'boyfriend Freund *m* (*e-s Mädchens*); '~ish jungenhaft; ~ scout Pfadfinder *m*

BR [biː 'ɑː] *British Rail* (Eisenbahn in Großbritannien)

bra [brɑː] Büstenhalter *m*, BH *m*

brace [breɪs] **1.** *tech.* Strebe *f*, Stützbalken *m*; (*Zahn-*)Spange *f*; **2.** *tech.* verstreben

bracelet ['breɪslɪt] Armband *n*

braces ['breɪsɪz] *pl Brt.* Hosenträger *m*

bracket ['brækɪt] *tech.* Träger *m*, Stütze *f*; *print.* Klammer *f*

brag [bræg] prahlen

braid [breɪd] **1.** Borte *f*; *Am.* Zopf *m*; **2.** *Am.* flechten

brain [breɪn] *anat.* Gehirn *n*; *oft pl fig.* Verstand *m*; '~storm: have a ~ fig. F geistig weggetreten sein; *Am.* → brainwave; '~storming Brainstorming *n*; '~washing Gehirnwäsche *f*; '~wave Geistesblitz *m*

brake [breɪk] **1.** Bremse *f*; **2.** bremsen

branch [brɑːntʃ] **1.** Ast *m*, Zweig *m*; Branche *f*; Filiale *f*, Zweigstelle *f*; *fig.* Zweig *m*; **2.** *oft* ~ **off** sich verzweigen; abzweigen

brand [brænd] (Handels-, Schutz)Marke *f*, Warenzeichen *n*; *Ware*: Sorte *f*

brand-'new (funkel)nagelneu

brass [brɑːs] Messing *n*; ~ **'band** Blaskapelle *f*

brat [bræt] Balg *m, n*, Gör *n*

brave [breɪv] tapfer, mutig

brawl [brɔːl] Rauferei *f*

breach [briːtʃ] *fig.* Bruch *m*

bread [bred] Brot *n*

breadth [bredθ] Breite *f*

break [breɪk] **1.** (**broke**, **broken**) *v/t* (ab-, auf-, durch-, zer)brechen; zerschlagen, -trümmern; kaputtmachen; (*a.* ~ **in**) *Tiere* zähmen, abrichten; *Pferd* zureiten; *Kode etc.* knacken; *Nachricht* (schonend) mitteilen; *v/i* brechen (*a. fig.*); (zer)brechen, (-)reißen, kaputtgehen; *Wetter*: umschlagen; *Tag*: anbrechen; ~ **down** ein-, niederreißen; *Haus* abreißen; zs.-brechen (*a. fig.*); *tech.* versagen; *mot.* e-e Panne haben; stecken bleiben; ~ **in** einbrechen; ~ **into** in *ein Haus etc.* einbrechen; ~ **off** abbrechen; ~ **out** ausbrechen; ~ **up** abbrechen, beenden; (sich) auflösen; *Ehe etc.*: zerbrechen, auseinandergehen; **2.** Bruch *m* (*a.*

fig.); Pause *f*, Unterbrechung *f*; Umschwung *m*; F Chance *f*; **have/take a** ~ e-e Pause machen; '~**age** Bruch *m*

'breakdown Zs.-bruch *m* (*a. fig.*); *mot.* Panne *f*; **nervous** ~ Nervenzusammenbruch *m*; '~ **service** *mot.* Pannendienst *m*, -hilfe *f*

breakfast ['brekfəst] **1.** Frühstück *n*; **have** ~ → **2.** frühstücken

breast [brest] Brust *f*; '~ **stroke** Brustschwimmen *n*

breath [breθ] Atem(zug) *m*

breathalyser ['breθəlaɪzə] *mot.* F Alkoholtestgerät *n*, Röhrchen *n*

breathe [briːð] atmen

'breathless atemlos; **'breathtaking** atemberaubend

bred [bred] *pret u. pp von* **breed** †

breeches ['brɪtʃɪs] *pl* Kniebund-, Reithose *f*

breed [briːd] **1.** (**bred**) sich fortpflanzen; *Tiere etc.* züchten; **2.** Rasse *f*, Zucht *f*; '~**er** Züchter(in); Zuchttier *n*; *phys.* Brüter *m*; '~**ing** Fortpflanzung *f*; (Tier-) Zucht *f*; Erziehung *f*

breeze [briːz] Brise *f*

brew [bruː] *Bier* brauen; *Tee etc.* zubereiten, aufbrühen; '~**er** Brauer *m*; ~**ery** ['bruəri] Brauerei *f*

bribe [braɪb] **1.** bestechen;

brotherly

Bestechungsgeld *n*, -geschenk *n*; '**bribery** Bestechung *f*
brick [brɪk] Ziegel(stein) *m*, Backstein *m*; *Brt.* Baustein *m*; (Bau)Klötzchen *n*; '**~layer** Maurer *m*
bride [braɪd] Braut *f*; '**~groom** ['braɪdgrom] Bräutigam *m*; '**bridesmaid** Brautjungfer *f*
bridge [brɪdʒ] Brücke *f*
bridle ['braɪdl] 1. Zaum *m*; Zügel *m*; 2. auf(zäumen; zügeln; '**~ path** Reitweg *m*
brief [briːf] 1. kurz; knapp; 2. instruieren, genaue Anweisungen geben; '**~case** Aktentasche *f*
briefs [briːfs] *pl* Slip *m*
bright [braɪt] hell, glänzend, strahlend; heiter; gescheit; '**~en** *a.* **~ up** heller machen, auf-, erhellen; aufheitern; sich aufhellen
brilliance ['brɪljəns] Glanz *m*; *fig.* Brillanz *f*; '**brilliant** 1. glänzend; hervorragend, brillant; 2. Brillant *m*
brim [brɪm] Rand *m*; Krempe *f*; '**~ful(l)** randvoll
bring [brɪŋ] (**brought**) (mit-, her)bringen; *j-n* dazu bringen (**to do** zu tun); **~ about** zustande bringen; bewirken; **~ round** Ohnmächtigen wieder zu sich bringen; **~ up** Kind auf-, großziehen
brink [brɪŋk] Rand *m* (*a. fig.*)
brisk [brɪsk] flott; lebhaft
bristle ['brɪsl] 1. Borste *f*; (Bart)Stoppel *f*; 2. *a.* **~ up**

Fell: sich sträuben
British ['brɪtɪʃ] 1. britisch; 2. **the ~** *pl* die Briten *pl*
brittle ['brɪtl] spröde
broad [brɔːd] breit; weit; *Tag:* hell; *Wink etc.:* deutlich; *Witz:* derb; *Akzent:* stark; allgemein; '**~cast** 1. *TV etc.:* Sendung *f*; Übertragung *f*; 2. (**-cast**) im Rundfunk *od.* Fernsehen bringen; übertragen; senden; '**~caster** Rundfunk-, Fernsehsprecher(in); '**~en** verbreitern, erweitern; '**~ jump** *Am.* Weitsprung *m*; '**~minded** tolerant
brochure ['brəʊʃə] Broschüre *f*, Prospekt *m*
broke [brəʊk] 1. *pret von* **break** 1; 2. F pleite
broken ['brəʊkən] 1. *pp von* **break** 1; 2. zerbrochen, kaputt; zerbrochen, zerrüttet; **~'hearted** untröstlich
broker ['brəʊkə] Makler(in)
bronchitis [brɒŋ'kaɪtɪs] Bronchitis *f*
bronze [brɒnz] Bronze *f*
brooch [brəʊtʃ] Brosche *f*
brood [bruːd] 1. Brut *f*; 2. brüten (*a. fig.*)
brook [brʊk] Bach *m*
broom [bruːm] Besen *m*
broth [brɒθ] (Fleisch)Brühe *f*
brothel ['brɒθl] Bordell *n*
brother ['brʌðə] Bruder *m*; **~s and sisters** *pl* Geschwister *pl*; '**~-in-law** Schwager *m*; '**~ly** brüderlich

brought [brɔːt] *pret u. pp von* **bring**

brow [brau] (Augen)Braue *f;* Stirn *f*

brown [braun] **1.** braun; **2.** bräunen; braun werden

browse [brauz] grasen, weiden; *fig.* schmökern

bruise [bruːz] **1.** Quetschung *f,* blauer Fleck; **2.** quetschen; *Frucht* anstoßen

brush [brʌʃ] **1.** Bürste *f;* Pinsel *m;* Handfeger *m;* Unterholz *n;* **2.** bürsten; fegen; streifen; **~ up** Kenntnisse auffrischen

Brussels sprouts [brʌsl-'sprauts] *pl* Rosenkohl *m*

brutal [bruːtl] brutal; **~ity** [bruːˈtælətɪ] Brutalität *f*

brute [bruːt] Scheusal *n*

BSE [biː es ˈiː] *bovine spongiform encephalitis* (= *mad cow disease*) BSE, Rinderwahnsinn *m*

bubble [bʌbl] **1.** (*Luft- etc.*) Blase *f;* **2.** sprudeln

buck[1] [bʌk] **1.** Bock *m;* **2.** bocken

buck[2] [bʌk] *Am. sl.* Dollar *m*

bucket [ˈbʌkɪt] Eimer *m*

buckle [ˈbʌkl] **1.** Schnalle *f,* Spange *f;* **2. ~ on** umschnallen

'buckskin Wildleder *n*

bud [bʌd] **1.** Knospe *f;* **2.** knospen

buddy [ˈbʌdɪ] F Kumpel *m*

budgerigar [ˈbʌdʒərɪgaː] Wellensittich *m*

budget [ˈbʌdʒɪt] Budget *n,* Etat *m*

buff [bʌf] F *in Zssgn:* ...fan *m;* ...experte *m*

buffalo [ˈbʌfələu] (*pl* **-lo[e]s**) Büffel *m*

buffer [ˈbʌfə] *tech.* Puffer *m*

buffet[1] [ˈbufeɪ] (*Frühstücks- etc.*)Büfett *n,* Theke *f*

buffet[2] [ˈbʌfɪt] Anrichte *f*

bug [bʌg] **1.** *zo.* Wanze *f; Am.* Insekt *n;* Abhörgerät: F Wanze *f;* Computer: Programmfehler *m;* **2.** F Wanzen anbringen in

buggy [ˈbʌgɪ] *Am.* Kinderwagen *m*

build [bɪld] **1.** (*built*) (er)bauen, errichten; **2.** Körperbau *m,* Statur *f;* **'~er** Erbauer *m;* Bauunternehmer *m;* **'~ing** Gebäude *n;* Bau...

built [bɪlt] *pret u. pp von* **build** 1; **~'in** eingebaut, Einbau...

bulb [bʌlb] Zwiebel *f,* Knolle *f; electr.* (Glüh)Birne *f*

bulge [bʌldʒ] **1.** Ausbuchtung *f;* **2.** sich (aus)bauchen; hervorquellen

bulk [bʌlk] Umfang *m,* Größe *f;* Großteil *m;* **'bulky** sperrig

bull [bul] Bulle *m,* Stier *m;* **'~dog** Bulldogge *f;* **'~doze** planieren

bullet [ˈbulɪt] Kugel *f*

bulletin [ˈbulətɪn] Bulletin *n,* Tagesbericht *m;* **'~ board** *Am.* schwarzes Brett

bullock [ˈbulək] Ochse *m*

'bull's-eye: hit the ~ ins Schwarze treffen (*a. fig.*)

bully ['bʊlɪ] **1.** Tyrann *m*; **2.** tyrannisieren

bum [bʌm] *Am.* F **1.** Gammler *m*; Nichtstuer *m*; **2.** schnorren; **~ around, ~ about** herumgandeln

bumblebee ['bʌmblbiː] Hummel *f*

bump [bʌmp] **1.** stoßen; rammen; prallen; zs.-stoßen; holpern; **2.** Beule *f*; Unebenheit *f*; Schlag *m*, Stoß *m*; **'~er** Stoßstange *f*

'bumpy holprig, uneben

bun [bʌn] süßes Brötchen; (Haar)Knoten *m*

bunch [bʌntʃ] Bündel *n*, Bund *n*; F Verein *m*, Haufen *m*; **~ of flowers** Blumenstrauß *m*; **~ of grapes** Weintraube *f*

bundle ['bʌndl] **1.** Bündel *n*, Bund *n*; **2.** *a.* **~ up** bündeln

bungalow ['bʌŋgələʊ] Bungalow *m*

bungle ['bʌŋgl] verpfuschen

bunk [bʌŋk] Koje *f*; **~ bed** Etagenbett *n*

bunny ['bʌnɪ] Häschen *n*

buoy [bɔɪ] Boje *f*

burden ['bɜːdn] **1.** Last *f*, fig. *a.* Bürde *f*; **2.** belasten

burger ['bɜːgə] gastr. Hamburger *m*

burglar ['bɜːglə] Einbrecher *m*; **'~ize** *Am.* einbrechen in

'burglary Einbruch *m*

'burgle ['bɜːgl] einbrechen in

burial ['berɪəl] Begräbnis *n*, Beerdigung *f*

burly ['bɜːlɪ] stämmig

burn [bɜːn] **1.** (*burnt od. burned*) (ver)brennen; **2.** Verbrennung *f*, Brandwunde *f*

burnt [bɜːnt] *pret u. pp von* burn

burp [bɜːp] F rülpsen

burst [bɜːst] (*burst*) (zer)platzen; zerspringen; explodieren; (auf)sprengen; **~ into tears** in Tränen ausbrechen

bury ['berɪ] ver-, begraben; beerdigen

bus [bʌs] (*pl -es, -ses*) Bus *m*

bush [bʊʃ] Busch *m*, Gebüsch *n*

bushy ['bʊʃɪ] buschig

business ['bɪznɪs] Geschäft *n*; Arbeit *f*, Beschäftigung *f*; Beruf *m*; Angelegenheit *f*; Sache *f*; Aufgabe *f*; **on ~** geschäftlich; *that's none of your* ~ das geht Sie nichts an; → *mind* 2; **'~ hours** *pl* Geschäftszeit *f*; **'~like** sachlich; **'~man** (*pl -men*) Geschäftsmann *m*; **'~ trip** Geschäftsreise *f*; **'~woman** (*pl -women*) Geschäftsfrau *f*

'bus stop Bushaltestelle *f*

bust¹ [bʌst] Büste *f*

bust² [bʌst] **go ~** F Pleite gehen

bustle ['bʌsl] **1.** geschäftig hin u. her eilen; **2.** geschäftiges Treiben

busy ['bɪzɪ] **1.** beschäftigt; geschäftig, fleißig; *Straße*;

belebt; *Tag:* arbeitsreich; *Am. tel.* besetzt; **2.** (*o.s.* sich) beschäftigen; **'~ signal** *Am. tel.* Besetztzeichen *n*

but [bʌt] **1.** *cj* aber, jedoch; sondern; außer, als; ~ **then** (again) and(er)erseits; **he could not ~ laugh** er musste einfach lachen; **2.** *prp* außer; **the last ~ one** der Vorletzte; **the next ~ one** der Übernächste; **nothing ~** nichts als

butcher ['bʊtʃə] Fleischer *m*, Metzger *m*

butter ['bʌtə] **1.** Butter *f*; **2.** mit Butter bestreichen; **'~cup** Butterblume *f*; **'~fly** Schmetterling *m*, Falter *m*

buttocks ['bʌtəks] *pl* Gesäß *n*

button ['bʌtn] **1.** Knopf *m*; Button *m*, (Ansteck)Plakette *f*; **2.** *mst* ~ **up** zuknöpfen; **'~hole** Knopfloch *n*

buxom ['bʌksəm] drall

buy [baɪ] (**bought**) (an-, ein)kaufen; **~er** Käufer(in)

buzz [bʌz] **1.** summen, surren; **2.** Summen *n*, Surren *n*

buzzard ['bʌzəd] Bussard *m*

buzzer ['bʌzə] Summer *m*

by [baɪ] **1.** *prp räumlich:* (nahe *od.* dicht) bei *od.* an, neben

(side ~ side Seite an Seite); vorbei *od.* vorüber an; *zeitlich:* bis um; bis spätestens; *Tageszeit:* während, bei (~ **day** bei Tage); per, mit, durch (~ **bus** mit dem Bus) nach, ...weise (~ **the dozen** dutzendweise); nach, gemäß (~ **my watch** nach *od.* auf m-r Uhr); von (~ **nature** von Natur aus); *Urheber, Ursache:* von, durch (**a play ~** ... ein Stück von ...); um (~ **an inch** um 1 Zoll); *Maßangabe:* mal (**2 ~ 4 metres**); *math.* geteilt durch (**6 divided ~ 3**); **2.** *adv* vorbei, vorüber (→ **go by**); nahe, dabei; beiseite (→ **put by**)

by... [baɪ] Neben..., Seiten...

bye [baɪ], **bye-'bye** *int* F Wiedersehen!, tschüs!

'by|-election Nachwahl *f*; **~gone 1.** vergangen; **2.** *let* ~ **be** ~ **s** lass(t) das Vergangene ruhen; **'~pass** Umgehungsstraße *f*; Umleitung *f*; *med.* Bypass *m*; **~product** Nebenprodukt *n*; **~road** Nebenstraße *f*; **~stander** Zuschauer(in)

byte [baɪt] *Computer:* Byte *n*

C

C *Celsius* C, Celsius

cab [kæb] Taxi *n*

cabbage ['kæbɪdʒ] Kohl *m*

cabin ['kæbɪn] Hütte *f*; Kabi-

ne *f*; *naut. a.* Kajüte *f*

cabinet ['kæbɪnɪt] *pol.* Kabinett *n*; (*Kartei- etc.*)Schrank *m*; Vitrine *f*

cable ['keɪbl] **1.** Kabel n; (Draht)Seil n; **2.** telegrafieren; TV verkabeln; '**~ car** Seilbahn f; '**~ railway** Drahtseilbahn f; **~ 'television**, **~ TV** [-tiːˈviː] Kabelfernsehen n

'**cab|rank**, '**~stand** Taxistand m

cackle ['kækl] gackern

cactus ['kæktəs] (pl -tuses, -ti [-taɪ]) Kaktus m

café, **cafe** ['kæfeɪ] Café n

cafeteria [ˌkæfɪˈtɪərɪə] Cafeteria f, a. Kantine f

cage [keɪdʒ] Käfig m

cake [keɪk] Kuchen m, Torte f; Schokolade: Tafel f; Seife: Stück n, Riegel m

calamity [kəˈlæmətɪ] Katastrophe f

calculate ['kælkjʊleɪt] berechnen, kalkulieren, schätzen; **calcu'lation** Berechnung f, Kalkulation f; '**calculator** Gerät: Rechner m

calendar ['kælɪndə] Kalender m

calf[1] [kɑːf] (pl **calves** [kɑːvz]) Kalb n

calf[2] [kɑːf] (pl **calves** [kɑːvz]) Wade f

calibre Brt., **caliber** Am. ['kælɪbə] Kaliber n

call [kɔːl] **1.** (auf)rufen (ein)berufen; tel. anrufen; nennen; Aufmerksamkeit lenken (to auf); be ~ed heißen; ~ s.o. names j-n beschimpfen; ~ at besuchen;

Hafen anlaufen; ~ **back** tel. zurückrufen; ~ **for** rufen nach; um Hilfe rufen; et. fordern, verlangen; abholen; ~ **off** absagen; ~ **on** s.o. j-n besuchen; **2.** (Auf)Ruf m; tel. Anruf m, Gespräch n; Aufforderung f; (kurzer) Besuch; **on ~** auf Abruf; **be on ~** Bereitschaftsdienst haben; '**~ box** Telefonzelle f; '**~er** Anrufer(in); Besucher(in)

callous ['kæləs] gefühllos

calm [kɑːm] **1.** still, ruhig; windstill; **2.** (Wind)Stille f, Ruhe f; **3.** a. **~ down** besänftigen, (sich) beruhigen

calorie ['kælərɪ] Kalorie f; **high** od. **rich in ~s** pred kalorienreich; **low in ~s** pred kalorienarm, -reduziert; → **high-calorie**, **low-calorie**

calves [kɑːvz] pl von **calf**[1,2]

came [keɪm] pret von **come**

camel ['kæml] Kamel n

camera ['kæmərə] Kamera f, Fotoapparat m

camomile ['kæməʊmaɪl] Kamille f

camp [kæmp] **1.** (Zelt)Lager n; **2.** zelten, campen

campaign [kæmˈpeɪn] Kampagne f; pol. Wahlkampf m

camp| '**bed** Brt. Feldbett n; '**~er** Camper(in); Am. Campingbus m, Wohnmobil n; '**~ground** bsd. Am. → **campsite**; '**~ing** Camping n,

Zelten *n*; '**∼site** Lagerplatz *m*; Camping-, Zeltplatz *m*

can[1] [kæn] *v/aux* (*pret could*) *ich, du etc.* kann(st) *etc.*

can[2] [kæn] **1.** Kanne *f*; (Blech-, Konserven)Dose *f*, (-)Büchse *f*; **2.** eindosen

Canada ['kænədə] Kanada *n*; **Canadian** [kə'neɪdjən] **1.** kanadisch; **2.** Kanadier(in)

canal [kə'næl] Kanal *m*

canary [kə'neərɪ] Kanarienvogel *m*

cancel ['kænsl] streichen; absagen, ausfallen lassen; rückgängig machen; *Fahrschein etc.* entwerten; *Abonnement* kündigen

cancer ['kænsə] Krebs *m*; **Cancer** ['kænsə] *astr.* Krebs *m*

candid ['kændɪd] offen

candidate ['kændɪdət] Kandidat(in), Bewerber(in)

candle ['kændl] Kerze *f*; '**∼stick** Kerzenleuchter *m*

cando(u)r ['kændə] Offenheit *f*, Aufrichtigkeit *f*

candy ['kændɪ] *bsd. Am.* Süßigkeiten *pl*; Bonbon *m, n*

cane [keɪn] *bot.* Rohr *n*; Stock *m*

canned [kænd] Dosen..., Büchsen...; **∼** '**fruit** Obstkonserven *pl*

cannon ['kænən] Kanone *f*

cannot ['kænɒt] *ich, du etc.* kann(st) *etc.* nicht

canny ['kænɪ] gerissen, schlau

canoe [kə'nuː] Kanu *n*

'**can opener** *bsd. Am.* → **tin opener**

cant [kænt] Jargon *m*

can't [kɑːnt] → **cannot**

canteen [kæn'tiːn] Kantine *f*; Feldflasche *f*

canvas ['kænvəs] Segeltuch *n*; Zeltleinwand *f*; *paint.* Leinwand *f*

cap [kæp] Mütze *f*, Kappe *f*; (*Verschluss*)Kappe *f*

capable ['keɪpəbl] fähig (*of* zu)

capacity [kə'pæsətɪ] (Raum-)Inhalt *m*; Kapazität *f*; (Leistungs)Fähigkeit *f*

cape[1] [keɪp] Umhang *m*

cape[2] [keɪp] *mst* ♀ Kap *n*

capital ['kæpɪtl] Hauptstadt *f*; Großbuchstabe *m*; *econ.* Kapital *n*; **capitalism** ['kæpɪtlɪzəm] Kapitalismus *m*

capital '**letter** Großbuchstabe *m*; **∼ 'punishment** Todesstrafe *f*

capricious [kə'prɪʃəs] launenhaft

Capricorn ['kæprɪkɔːn] *astr.* Steinbock *m*

capsize [kæp'saɪz] kentern

capsule ['kæpsjuːl] Kapsel *f*

captain ['kæptɪn] (*aviat* Flug)Kapitän *m*; *mil* Hauptmann *m*; *Sport:* Kapitän *m*, Spielführer *m*

caption ['kæpʃn] Bildüber-unterschrift *f*; Untertitel *m*

captivate ['kæptɪveɪt] *fig.* gefangen nehmen, fesseln

captive ['kæptɪv] Gefange-

m, *f*; **cap'tivity** Gefangenschaft *f*

capture ['kæptʃə] fangen, gefangen nehmen

car [kɑː] Auto *n*; Wagen *m*; Ballon: Gondel *f*; Aufzug; Seilbahn: Kabine *f*

caravan ['kærəvæn] Karawane *f*; Brt. Wohnwagen *m*

caraway ['kærəweɪ] Kümmel *m*

carbohydrate [kɑːbə'haɪdreɪt] Kohle(n)hydrat *n*

carbon ['kɑːbən] Kohlenstoff *m*; a. ~ **paper** Kohlepapier *n*

carburettor Brt., **carburetor** Am. [kɑːbə'retə] Vergaser *m*

card [kɑːd] Karte *f*; **'~board** Pappe *f*

cardiac ['kɑːdɪæk] Herz...

cardigan ['kɑːdɪgən] Strickjacke *f*

cardinal ['kɑːdɪnl] rel. Kardinal *m*

cardinal 'number [kɑːdɪnl-] Kardinal-, Grundzahl *f*

card| index Kartei *f*; **'~ phone** Kartentelefon *n*

care [keə] **1.** Sorge *f*; Sorgfalt *f*, Vorsicht *f*; Fürsorge *f*; ~ **of** (Abk. **clo**) Adresse: bei ...; **take** ~ **of** aufpassen auf; sich kümmern um; **with** ~! Vorsicht!; **2.** ~ **about** sich kümmern um; ~ **for** sorgen für, sich kümmern um; **I don't** ~! meinetwegen

career [kə'rɪə] Karriere *f*

care|free sorgenfrei; **'~ful** vorsichtig; **be** ~! pass auf!,

gib Acht!; **'~less** nachlässig; unachtsam

caress [kə'res] **1.** Liebkosung *f*; **2.** liebkosen; streicheln

'caretaker Hausmeister *m*

'car ferry Autofähre *f*

cargo ['kɑːgəʊ] Ladung *f* (pl **cargo[e]s**)

'car hire Brt. Autovermietung *f*

caricature ['kærɪkətjʊə] Karikatur *f*

caries ['keərɪːz] Karies *f*

carnation [kɑː'neɪʃn] Nelke *f*

carnival ['kɑːnɪvl] Karneval *m*

carol ['kærəl] Weihnachtslied *n*

carp [kɑːp] Karpfen *m*

'car park Brt. Parkplatz *m*; Parkhaus *n*

carpenter ['kɑːpəntə] Zimmermann *m*

carpet ['kɑːpɪt] Teppich *m*

'car| pool Fahrgemeinschaft *f*; **~ rental** Am. Autovermietung *f*; **~ repair shop** Autoreparaturwerkstatt *f*

carriage ['kærɪdʒ] Brt. rail. (Personen)Wagen *m*

carrier ['kærɪə] Spediteur *m*; Fahrrad: Gepäckträger *m*; **~ bag** Brt. Tragetüte *f*

carrot ['kærət] Karotte *f*, Mohrrübe *f*

carry ['kærɪ] tragen; befördern; has such od. tragen; **~ on** fortführen, -setzen; betreiben; **~ out, ~ through** durch-, ausführen; **'~cot** Brt. (Baby)Tragetasche *f*

cart [kɑːt] Karren *m*

carton ['kɑːtən] Karton *m*;

Milch etc.: Tüte *f*; *Zigaretten*: Stange *f*

cartoon [kɑːˈtuːn] Cartoon *m*, *n*; Karikatur *f*; Zeichentrickfilm *m*

cartridge [ˈkɑːtrɪdʒ] Patrone *f*; *phot.* (Film)Patrone *f*; Tonabnehmer *m*

carve [kɑːv] *Fleisch* zerlegen, tranchieren; schnitzen; meißeln; **'carving** Schnitzerei *f*

'car wash Autowäsche *f*; Waschanlage *f*, -straße *f*

case¹ [keɪs] Fall *m*; **in ~** falls

case² [keɪs] Kiste *f*, Kasten *m*; Koffer *m*; Etui *n*

cash [kæʃ] **1.** Bargeld *n*; Barzahlung *f*; **~ down** gegen bar; **in ~** bar; **~ on delivery** (*Abk.* **COD**) (per) Nachnahme; **short of ~** knapp bei Kasse; **2.** *Scheck etc.* einlösen; **~ desk** Kasse *f*; **~ dispenser** *bsd. Brt.* Geldautomat *m*

cashier [kæˈʃɪə] Kassierer(in)

cask [kɑːsk] Fass *n*

casket [ˈkɑːskɪt] Kästchen *n*; *bsd. Am.* Sarg *m*

cassette [kəˈset] (*Film-*, *Musik*)Kassette *f*; **~ player** Kassettenrekorder *m*; **~ radio** Radiorekorder *m*; **~ recorder** Kassettenrekorder *m*

cast [kɑːst] **1.** (*cast*) (ab-, aus)werfen; *tech.* gießen, formen; *thea.* Stück besetzen; *Rollen* verteilen (**to** an); **~ off** *naut.* losmachen; *Maschen* abnehmen; **2.** Wurf *m*; Guss(form *f*) *m*; Abdruck *m*;

med. Gips(verband) *m*; *thea.* Besetzung *f*

caste [kɑːst] Kaste *f*

caster → castor

cast-'iron gusseisern

castle [ˈkɑːsl] Burg *f*; Schloss *n*; *Schach:* Turm *m*

castor [ˈkɑːstə] Laufrolle *f*; (*Salz- etc.*)Streuer *m*

castrate [kæˈstreɪt] kastrieren

casual [ˈkæʒʊəl] zufällig; gelegentlich; *Bemerkung:* beiläufig; *Blick:* flüchtig; lässig

casualty [ˈkæʒʊəltɪ] Verletzte *m*, *f*, Verunglückte *m*, *f*; *mil.* Verwundete *m*, Gefallene *m*, *pl* Opfer *pl* (*e-r Katastrophe*), *mil.* Verluste *pl*; **~ (department)** Krankenhaus: Notaufnahme *f*; **~ ward** Krankenhaus:Unfallstation *f*

casual 'wear Freizeitkleidung *f*

cat [kæt] Katze *f*

catalogue *bsd. Brt.*, **catalog** *Am.* [ˈkætəlɒg] **1.** Katalog *m*; **2.** katalogisieren

catalytic converter [kætəˈlɪtɪk kənˈvɜːtə] *mot.* Katalysator *m*

catarrh [kəˈtɑː] Katarrh *m*

catastrophe [kəˈtæstrəfɪ] Katastrophe *f*

catch [kætʃ] **1.** (*caught*) *v/t* (auf-, ein)fangen; packen, fassen, ergreifen; *Zug etc.* (noch) kriegen; erreichen; hängen bleiben mit; sich *e-e Krankheit* holen; **~ (a) cold** sich erkälten; *v/i* sich verfangen, hängen bleiben; klemmen; **~ up (with)** einholen; **2.** Fangen; Fang *m*, Beute *f*; Haken *m* (*a. fig.*); (*Tür*)Klinke *f*; Verschluss *m*; **'~er** Fänger *m*; **'~ing** packend; *med.* ansteckend (*a. fig.*); **'~word** Schlagwort *n*; Stichwort *n*

category ['kætəgərı] Kategorie *f*

cater ['keıtə]: **~ for** Speisen u. Getränke liefern für; sorgen für; **'~er** Lieferant *m*, Lieferfirma *f*

caterpillar ['kætəpılə] Raupe *f*; **~ tractor**® Raupenschlepper *m*

cathedral [kə'θiːdrəl] Dom *m*, Kathedrale *f*

Catholic ['kæθəlık] **1.** katholisch; **2.** Katholik(in)

catkin ['kætkın] *bot.* Kätzchen *n*

cattle ['kætl] (Rind)Vieh *n*

caught [kɔːt] *pret u. pp von* **catch** 1

cauliflower ['kɒlıflauə] Blumenkohl *m*

cause [kɔːz] **1.** Ursache *f*; Grund *m*; Sache *f*; **2.** verursachen; veranlassen

caution ['kɔːʃn] **1.** Vorsicht *f*; (Ver)Warnung *f*; **2.** (ver-) warnen

cautious ['kɔːʃəs] vorsichtig

cave [keıv] Höhle *f*

cavern ['kævən] große Höhle

cavity ['kævıtı] *Zahn*: Loch *n*

CD [siː 'diː]: *compact disc* CD(-Platte) *f*

cease [siːs] aufhören; beendigen;

den; **'~fire** Feuereinstellung *f*; Waffenstillstand *m*

ceiling ['siːlıŋ] Decke *f*

celebrate ['selıbreıt] feiern; **'celebrated** berühmt; **cele'bration** Feier *f*

celebrity [sı'lebrıtı] Berühmtheit *f*

celery ['selərı] Sellerie *m*, *f*

cell [sel] Zelle *f*

cellar ['selə] Keller *m*

cello ['tʃeləu] Cello *n*

cement [sı'ment] **1.** Zement *m*; Kitt *m*; **2.** zementieren; (ver)kitten

cemetery ['semıtrı] Friedhof *m*

cent [sent] *Am.* Cent *m*

centenary [sen'tiːnərı], **centennial** [sen'tenjəl] *Am.* Hundertjahrfeier *f*

center *Am.* → **centre**

centigrade ['sentıgreıd]: *10 degrees* ~ 10 Grad Celsius; **'~metre** *Brt.*, **'~meter** *Am.* Zentimeter *m*, *n*

central ['sentrəl] zentral; Haupt...; Mittel(punkts)...; **~ heating** Zentralheizung *f*; **'~ize** zentralisieren; **~ locking** Zentralverriegelung *f*

centre *Brt.*, **center** *Am.* ['sentə] **1.** Mitte *f*, *a. fig.* Zentrum *n*, Mittelpunkt *m*; *Fußball*: Flanke *f*; **2.** *tech.* zentrieren

century ['sentʃərı] Jahrhundert *n*

ceramics [sı'ræmıks] *pl* Keramik *f*

cereal ['sıərıəl] Getreide

(-pflanze f) n; Frühstücks-
flocken pl

ceremony ['serɪmənɪ] Zeremonie f; Feier f

certain ['sɜːtn] sicher; bestimmt; *a ~ Mr S.* ein gewisser Herr S.; '**~ly** sicher, bestimmt

certificate [sə'tɪfɪkət] Bescheinigung f; Zeugnis n

certify ['sɜːtɪfaɪ] bescheinigen

CFC [siː ef 'siː] *chlorofluorocarbon* FCKW, Fluorchlorkohlenwasserstoff m

chafe [tʃeɪf] (sich) aufreiben; warm reiben

chain [tʃeɪn] **1.** Kette f; (an)ketten; fesseln; '**~-smoker** Kettenraucher(in); '**~ store** Kettenladen m

chair [tʃeə] Stuhl m, Sessel m; *fig.* Vorsitz m; '**~lift** Sessellift m; '**~man** (pl -men) Vorsitzende m; '**~woman** (pl -women) Vorsitzende f

chalk [tʃɔːk] Kreide f

challenge ['tʃælɪndʒ] **1.** Herausforderung f; **2.** herausfordern; '**challenger** bsd. *Sport:* Herausforderer m, -forderin f

chamber ['tʃeɪmbə] Kammer f; '**~maid** Zimmermädchen n

chamois ['ʃæmwɑː] Gämse f; **chamois (leather)** ['ʃæmɪ] Polier-, Fensterleder n

champagne [ʃæm'peɪn] Champagner m; Sekt m

champion ['tʃæmpjən] *Sport:* Meister(in); Verfechter(in);

'**~ship** Meisterschaft f

chance [tʃɑːns] **1.** Zufall m; Chance f, (günstige) Gelegenheit; Aussicht f (*of* auf); Möglichkeit f; *by ~* zufällig; *take a ~* es darauf ankommen lassen; *take no ~s* nichts riskieren (wollen); **2.** riskieren; **3.** zufällig

chancellor ['tʃɑːnsələ] Kanzler m

change [tʃeɪndʒ] **1.** (sich) (ver)ändern; (ver)tauschen; (aus)wechseln; *Geld* (um)wechseln; *mot., tech.* schalten; sich umziehen; *~ trains/planes* umsteigen; **2.** (Ver-) Änderung f, Wechsel m, (Aus)Tausch m; Wechselgeld n; Kleingeld n; *for a ~* zur Abwechslung; '**~ machine** Münzwechsler m

'**changing room** *Sport:* Umkleidekabine f

channel ['tʃænl] Kanal m

chaos ['keɪɒs] Chaos n

chap [tʃæp] F Bursche m

chapel ['tʃæpl] Kapelle f

chaplain ['tʃæplɪn] Kaplan m

chapped [tʃæpt] *Hände, Lippen:* aufgesprungen, rissig

chapter ['tʃæptə] Kapitel n

char [tʃɑː] verkohlen

character ['kærəktə] Charakter m; *Roman etc.:* Figur f, Gestalt f; Schriftzeichen n, Buchstabe m; '**~istic** (*of* für); charakteristisch; '**~ize** charakterisieren

charge [tʃɑːdʒ] **1.** *Batterie etc.* (auf)laden, *Gewehr etc.* laden; beauftragen **(with** mit); *j-n* beschuldigen *od.* anklagen **(with** *a-r Sache)* (*a. jur.*); berechnen, verlangen, fordern **(for** *a-r Sache)*. **2.** *Batterie, Gewehr etc.*: Ladung *f*; Preis *m*; Forderung *f*; Gebühr *f*; *a. pl* Unkosten *pl*, Spesen *pl*; Beschuldigung *f*, *a. jur.* Anklage(punkt *m*) *f*; Schützling *m*; *free of* ~ kostenlos; *be in* ~ *of* verantwortlich sein für

charitable ['tʃærɪtəbl] wohltätig

charity ['tʃærɪtɪ] Nächstenliebe *f*; Wohltätigkeit *f*

charm [tʃɑːm] **1.** Charme *m*, Zauber *m*; Talisman *m*, Amulett *n*; **2.** bezaubern; **'~ing** charmant, bezaubernd

chart [tʃɑːt] **(***See-, Himmels-, Wetter)*Karte *f*; Diagramm *n*, Schaubild *n*; *pl* Charts *pl*, Hitliste(n *pl*) *f*

charter ['tʃɑːtə] **1.** Urkunde *f*; Charta *f*; Chartern *n*; **2.** chartern; **'~ flight** Charterflug *m*

charwoman ['tʃɑːwʊmən] (*pl* **-women**) Putzfrau *f*

chase [tʃeɪs] **1.** jagen, Jagd machen auf; rasen, rennen; *a.* **~ away** verjagen, -treiben; **2.** (Hetz)Jagd *f*

chasm ['kæzəm] Kluft *f*, Abgrund *m* (*a. fig.*)

chassis ['ʃæsɪ] *pl* **chassis** ['ʃæsɪz] Fahrgestell *n*

chaste [tʃeɪst] keusch

chat [tʃæt] F **1.** plaudern, schwatzen; **2.** Geplauder *n*, Schwatz *m*; **'~ show** *Brt.* TV Talk-Show *f*

chatter ['tʃætə] **1.** plappern, schwatzen, schnattern; *Zähne:* klappern; **2.** Geplapper *n*, Geschnatter *n*; Klappern *n*; **'~ box** F Plappermaul *n*

chatty ['tʃætɪ] F geschwätzig

chauffeur ['ʃəʊfə] Chauffeur *m*

cheap [tʃiːp] billig; schäbig

cheat [tʃiːt] **1.** betrügen, F schummeln; **2.** Betrug *m*

check [tʃek] **1.** Schach(stellung *f*) *n*; Hemmnis *n*, Hindernis *n* **(on** für); Einhalt *m*; Kontrolle *f*; *Am.* Scheck *m* **(for** über); *Am.* Rechnung *f*; *Am.* Gepäckschein *m*; *Am.* Garderobenmarke *f*; Karomuster *n*; **hold** ~ **in** *fig.* in Schach halten; **keep a** ~ **on** unter Kontrolle halten; **2.** *v/i* (plötzlich) innehalten; ~ **in** sich (*in e-m Hotel*) anmelden; *aviat.* einchecken; ~ **out** *aus e-m Hotel* abreisen; ~ **up on** (*od.* F) etwas nachprüfen, *e-e Sache, j-n* überprüfen; *v/t* kontrollieren; hemmen, hindern; drosseln, bremsen; zurückhalten; checken, kontrollieren, überprüfen; *Am. auf e-r Liste* abhaken; *Am.* in der Garderobe abgeben; (als *Reisegepäck*) aufgeben; **'~ book** *Am.* Scheckbuch *m*, -heft *n*; **~ card** *Am.* Scheckkarte *f*

checked [tʃekt] kariert

checkers [tʃekəz] *sg Am.* Damespiel *n*

'**check-in** *Hotel:* Anmeldung *f*; *aviat.* Einchecken *n*; '~**counter** *aviat.* Abfertigungsschalter *m*

'**checking account** *Am.* Girokonto *n*

'**check|list** Check-, Kontrollliste *f*; '~**mate 1.** (Schach-)Matt *n*; **2.** (schach-)matt setzen; '~**out** *Hotel:* Abreise *f*; *Supermarkt:* Kasse *f*; '~**point** Kontrollpunkt *m*; '~**room** *Am.* Garderobe *f*; *Am.* Gepäckaufbewahrung *f*; '~**up** *med.* Check-up *m*

cheek [tʃiːk] Backe *f*, Wange *f*; F Frechheit *f*; '~**bone** Backenknochen *m*

cheeky [tʃiːkɪ] F frech

cheer [tʃɪə] **1.** Hoch(ruf *m*) *n*, Beifall(sruf) *m*; *Sport:* Anfeuerung(srufe *pl*) *f*; ~**s!** *Brt.* F prost!; **2.** *v/t* Beifall spenden, hochleben lassen; *a.* ~ **on** anfeuern; *a.* ~ **up** aufmuntern; *v/i* Beifall spenden, jubeln; *a.* ~ **up** Mut fassen; ~ **up!** Kopf hoch!; '~**ful** vergnügt, fröhlich; *Raum, Wetter etc.*: freundlich, heiter

cheerio [tʃɪərɪˈəʊ] *int Brt.* F machs gut!, tschüs!; prost!

'**cheerless** freudlos; *Raum, Wetter etc.*: unfreundlich

cheese [tʃiːz] Käse *m*

cheetah [tʃiːtə] Gepard *m*

chef [ʃef] Küchenchef *m*

chemical [kemɪkl] **1.** chemisch; **2.** Chemikalie *f*

chemist [kemɪst] Chemiker (-in) *f*; Apotheker(in); Drogist(in); '**chemistry** Chemie *f*; '**chemist's shop** Apotheke *f*; Drogerie *f*

cheque [tʃek] *Brt.* Scheck *m*; '~ **account** *Brt.* Girokonto *n*; '~ **card** *Brt.* Scheckkarte *f*

cherry [tʃerɪ] Kirsche *f*

chess [tʃes] Schach(spiel) *n*; '~**board** Schachbrett *n*

chest [tʃest] Kiste *f*, Truhe *f*; *anat.* Brust(kasten *m*) *f*

chestnut [tʃesnʌt] **1.** Kastanie *f*; **2.** kastanienbraun

chest of drawers [tʃest əv ˈdrɔːz] Kommode *f*

chew [tʃuː] kauen; '~**ing gum** Kaugummi *m*

chick [tʃɪk] Küken *n*

chicken [tʃɪkɪn] Huhn *n*; Küken *n*; *als Nahrung:* Hähnchen *n*, Hühnchen *n*; '~ **pox** [tʃɪkɪnpɒks] Windpocken *pl*

chicory [tʃɪkərɪ] Chicorée *m*, *f*

chief [tʃiːf] **1.** Chef *m*; Häuptling *m*; **2.** wichtigst; erst, oberst; '~**ly** hauptsächlich

chilblain [tʃɪlbleɪn] Frostbeule *f*

child [tʃaɪld] (*pl* **children** [tʃɪldrən]) Kind *n*; '~ **abuse** Kindesmisshandlung *f*; '~ **birth** Geburt *f*, Entbindung *f*; '~**hood** Kindheit *f*; '~**ish** kindlich; kindisch; '~**less** kinderlos; '~**like** kindlich;

minder ['tʃaɪldmaɪndə] *Brt.*
Tagesmutter *f*

children ['tʃɪldrən] *pl von*
child

chill [tʃɪl] **1.** kühlen; *j-n* frösteln lassen; **2.** Kälte *f*; Frösteln *n*; Erkältung *f*; **3.** *adj* →
'chilly kalt, frostig, kühl

chime [tʃaɪm] **1.** Läuten *n*;
mst pl Glockenspiel *n*; **2.** läuten; *Uhr:* schlagen

chimney ['tʃɪmnɪ] Schornstein *m*

chimpanzee [tʃɪmpən'ziː]
Schimpanse *m*

chin [tʃɪn] Kinn *n*

china ['tʃaɪnə] Porzellan *n*

China ['tʃaɪnə] China *n*; **Chinese** [tʃaɪ'niːz] **1.** chinesisch;
2. Chinese *m*, -in *f*

chink [tʃɪŋk] Ritze *f*, Spalt *m*

chip [tʃɪp] **1.** Splitter *m*, Span
m; Spielmarke *f*; *Computer:*
Chip *m*; **2.** an-, abschlagen

chips [tʃɪps] *pl Brt.* Pommes
frites *pl*, F Fritten *pl*; *Am.*
(Kartoffel)Chips *pl*

chirp [tʃɜːp] zwitschern

chisel ['tʃɪzl] Meißel *m*

chive(s [tʃaɪv(z)] *pl*) Schnittlauch *m*

chlorine ['klɔːriːn] Chlor *n*

chocolate ['tʃɒkələt] Schokolade *f*; Praline *f*; Pralinen
pl, Konfekt *n*

choice [tʃɔɪs] **1.** Wahl *f*; Auswahl *f*; **2.** ausgesucht (gut)

choir ['kwaɪə] Chor *m*

choke [tʃəʊk] **1.** ersticken; erdrosseln; *a.* ~ **up** verstopfen; **2.** *mot.*

Choke *m*, Luftklappe *f*

cholesterol [kə'lestərɒl] Cholesterin *n*

choose [tʃuːz] (**chose, chosen**) **1.** wählen; *j-n* (aus)wählen

chop [tʃɒp] **1.** (zer)hacken; ~
down fällen; **2.** Hieb *m*,
Schlag *m*; *gastr.* Kotelett *n*;
'chopper Hackmesser *n*; F
Hubschrauber *m*

chord [kɔːd] Saite *f*; Akkord
m

chore [tʃɔː] unangenehme
Aufgabe; *pl* Hausarbeit *f*

chorus ['kɔːrəs] Chor *m*; Refrain *m*; *Revue:* Tanzgruppe *f*

chose [tʃəʊz] *pret*, **chosen**
['tʃəʊzn] *pp von* **choose**

Christ [kraɪst] Christus *m*

christen ['krɪsn] taufen

Christian ['krɪstʃən] **1.** christlich; **2.** Christ(in)

Christianity [krɪstɪ'ænətɪ]
Christentum *n*

'Christian name Vorname *m*

Christmas ['krɪsməs] Weihnachten *n u. pl; at* ~ zu Weihnachten; → **merry**; ~ **'Day**
erster Weihnachtsfeiertag; ~
'Eve Heiliger Abend

chrome [krəʊm] Chrom *n*

chromium ['krəʊmɪəm] *Metall:* Chrom *n*

chronic ['krɒnɪk] chronisch

chronicle ['krɒnɪkl] Chronik *f*

chronological [krɒnə'lɒdʒɪkl] chronologisch

chrysanthemum [krɪ'sænθəməm] Chrysantheme *f*

chubby ['tʃʌbɪ] rundlich

chuckle

chuckle ['tʃʌkl]: ~ **(to o.s.)** (stillvergnügt) in sich hineinlachen

chum [tʃʌm] F Kumpel *m*

chunk [tʃʌŋk] Klotz *m*, (dickes) Stück

church [tʃɜːtʃ] Kirche *f*; '~yard Kirch-, Friedhof *m*

chute [ʃuːt] Rutsche *f*, Rutschbahn *f*; F Fallschirm *m*

cider ['saɪdə] Apfelwein *m*

cigar [sɪ'ɡɑː] Zigarre *f*

cigarette [sɪɡə'ret] Zigarette *f*

Cinderella [sɪndə'relə] Aschenbrödel *n*, -puttel *n*

cinders ['sɪndəz] *pl* Asche *f*

'cinecamera ['sɪnɪkæmərə] (Schmal)Filmkamera *f*

cinema ['sɪnəmə] *Brt.* Kino *n*

cinnamon ['sɪnəmən] Zimt *m*

cipher ['saɪfə] Chiffre *f*

circle ['sɜːkl] 1. Kreis *m*; *thea.* Rang *m*; *fig.* Kreislauf *m*; 2. (um)kreisen

circuit ['sɜːkɪt] Runde *f*, Rundreise *f*, -flug *m*; *electr.* Strom-, Schaltkreis *m*

circular ['sɜːkjʊlə] 1. (kreis-) rund, kreisförmig; Kreis...; 2. Rundschreiben *n*

circulate ['sɜːkjʊleɪt] zirkulieren, im Umlauf sein; in Umlauf setzen; **circu'lation** (a. Blut)Kreislauf *m*; *econ.* Umlauf *m*

circumstance ['sɜːkəmstəns] Umstand *m*; *mst pl* (Sach-) Lage *f*; *pl* Verhältnisse *pl*; *in/*

under no ~**s** auf keinen Fall; *in/under the* ~**s** unter diesen Umständen

circus ['sɜːkəs] Zirkus *m*

CIS [siː aɪ 'es] *Commonwealth of Independent States* die GUS, die Gemeinschaft unabhängiger Staaten

cistern ['sɪstən] Wasserbehälter *m*; *Toilette:* Spülkasten *m*

citizen ['sɪtɪzn] Bürger(in); Staatsangehörige *m*, *f*; '~ship Staatsangehörigkeit *f*

city ['sɪtɪ] (Groß)Stadt *f*; *the* ☰ die (Londoner) City; ~ **'centre** *Brt.* Innenstadt *f*, City *f*; ~ **'hall** Rathaus *n*

civic ['sɪvɪk] städtisch, Stadt...; **'civics** *sg* Staatsbürgerkunde *f*

civil ['sɪvl] staatlich, Staats...; (staats)bürgerlich, Bürger...; Zivil...; *jur.* zivilrechtlich; höflich

civilian [sɪ'vɪljən] 1. Zivilist *m*; 2. Zivil...

civilization [sɪvɪlaɪ'zeɪʃn] Zivilisation *f*, Kultur *f*; **'civilize** zivilisieren

civil 'rights *pl* (Staats)Bürgerrechte *pl*; ~ **'servant** Staatsbeamte(r) *m*, -in *f*; ~ **'service** Staatsdienst *m*; ~ **'war** Bürgerkrieg *m*

claim [kleɪm] 1. beanspruchen; fordern; behaupten; 2. Anspruch *m*, Anrecht *n* (*to* auf); Forderung *f*; Behauptung *f*

clench

clammy ['klæmɪ] feuchtkalt, klamm

clamo(u)r ['klæmə] lautstark verlangen (*for* nach)

clamp [klæmp] Zwinge *f*

clan [klæn] Clan *m*, Sippe *f*

clap [klæp] **1.** klatschen; **2.** Klatschen *n*; Klaps *m*

claret ['klærət] roter Bordeaux(wein); Rotwein *m*

clarinet [klærə'net] Klarinette *f*

clarity ['klærətɪ] Klarheit *f*

clash [klæʃ] **1.** zs.-stoßen; nicht zs.-passen; **2.** Zs.-stoß *m*; Konflikt *m*

clasp [klɑːsp] **1.** Schnalle *f*, Spange *f*, (Schnapp)Verschluss *m*; Griff *m*; **2.** umklammern, (er)greifen; einzuhaken, befestigen; **~ knife** (*pl* - **knives**) Taschenmesser *n*

class [klɑːs] **1.** Klasse *f*; (Bevölkerungs)Schicht *f*; (Schul-) Klasse *f*; (Unterrichts)Stunde *f*; Kurs *m*; *Am.* Schulabgänger *etc*.: Jahrgang *m*; **2.** einteilen, ordnen, -stufen

classic ['klæsɪk] **1.** klassisch; **2.** Klassiker *m*; **~al** klassisch

classification [klæsɪfɪ'keɪʃn] Klassifizierung *f*, Einteilung *f*; **classified** ['klæsɪfaɪd] *mil.*, *pol.* geheim; **~ ad** Kleinanzeige *f*; **classify** klassifizieren, einstufen

class|mate Mitschüler(in); **~room** Klassenzimmer *n*

clatter ['klætə] klappern

clause [klɔːz] *jur.* Klausel *f*

claw [klɔː] **1.** Klaue *f*, Kralle *f*; *Krebs*: Schere *f*; **2.** (zer-) kratzen; umkrallen; packen

clay [kleɪ] Ton *m*, Lehm *m*

clean [kliːn] **1.** *adj* rein, sauber; *Drogen*: *sl.* clean; **2.** *adv* völlig; **3.** *v/t* reinigen, säubern, putzen; **~ out** reinigen; **~ up** gründlich reinigen; aufräumen; **~er** Reiniger *m*; Rein(e)machefrau *f*, (*Fenster- etc.*)Putzer *m*; **~'s** *Brt.*, **~s** *pl Am.* *Geschäft*: Reinigung *f*

cleanse [klenz] reinigen, säubern; **cleanser** Reinigungsmittel *n*

clear [klɪə] **1.** klar; hell; rein; deutlich; frei (*of* von); *econ.* Netto..., Rein...; **2.** *v/t* reinigen; wegräumen (*oft* **~ away**); (ab)räumen; *Computer*: löschen; *jur.* freisprechen; *v/i* klar od. hell werden; *Wetter*: aufklaren; *Nebel*: sich verziehen; **~ out** auf-, ausräumen; *F* abhauen; **~ up** aufräumen; *Verbrechen* aufklären; *Wetter*: aufklaren; **~ance** Räumung *f*; Freigabe *f*; **~ance sale** Räumungsverkauf *m*; **~ing** Lichtung *f*

cleft [kleft] Spalt *m*, Spalte *f*

clement ['klemənt] *Wetter*: mild

clench [klentʃ] *Lippen etc.* (fest) zs.-pressen, *Zähne* zs.-beißen, *Faust* ballen

clergy ['klɜːdʒɪ] *die* Geistlichen *pl*; '**~man** (*pl* **-men**) Geistliche *m*

clerk [klɑːk] (Büro- *etc.*)Angestellte *m*, *f*, (Bank-, Post)Beamt|e *m*, -in *f*; *Am.* Verkäufer(in)

clever ['klevə] klug; geschickt

click [klɪk] **1.** Klicken *n*; **2.** klicken; zu-, einschnappen; *~* **on** *Computer:* anklicken

client ['klaɪənt] *jur.* Klient(in), Mandant(in); Kund|e *m*, -in *f*

cliff [klɪf] Klippe *f*

climate ['klaɪmɪt] Klima *n*

climax ['klaɪmæks] Höhepunkt *m*

climb [klaɪm] klettern (auf) (er-, be)steigen; '**~er** Bergsteiger(in); *bot.* Kletterpflanze *f*

cling [klɪŋ] (*clung*) (*to*) kleben (an); sich klammern (an); sich (an)schmiegen (an); '**~film** Frischhaltefolie *f*

clinic ['klɪnɪk] Klinik *f*; '**~al** klinisch

clink [klɪŋk] **1.** klingen *od.* klirren (lassen); **2.** Klirren *n*

clip¹ [klɪp] **1.** (Heft-, Büro-*etc.*)Klammer *f*; (*Ohr*)Klipp *m*; **2.** *a.* **~ on** anklammern

clip² [klɪp] **1.** (aus)schneiden; scheren; **2.** Schnitt *m* (*Film-etc.*)Ausschnitt *m*; (*Video-*) Clip *m*; Schur *f*

clippers ['klɪpəz] *pl, a.* **pair of ~** (*Nagel- etc.*)Schere *f*; Haarschneidemaschine *f*

'clipping *bsd. Am.* (*Zeitungs-*) Ausschnitt *m*

clitoris ['klɪtərɪs] Klitoris *f*

cloak [kləʊk] Umhang *m*; '**~room** Garderobe *f*; *Brt.* Toilette *f*

clock [klɒk] **1.** Uhr *f*; *it's 4 o'clock* es ist 4 Uhr; **2.** *Sport:* Zeit stoppen; *~* **in**, *~* **on** einstempeln; *~* **out**, *~* **off** ausstempeln; '**~wise** im Uhrzeigersinn; '**~work** Uhrwerk *n*; *like ~* wie am Schnürchen

clod [klɒd] (Erd)Klumpen *m*

clog [klɒg] **1.** (Holz)Klotz *m*; Holzschuh *m*; **2.** *a.* **~ up** verstopfen

cloister ['klɔɪstə] Kreuzgang *m*; Kloster *n*

close 1. [kləʊz] *v/t* (ab-, ver-, zu)schließen, zumachen; *Betrieb etc.*: schließen; *Straße:* (ab)sperren; beenden; *v/i* sich schließen; schließen, zumachen; *~* **down** *Geschäft* schließen, *Betrieb* stilllegen; *~* **up** (ab-, ver-, zu)schließen; aufrücken, schließen; **2.** [kləʊs] *adj* nah; *Ergebnis:* knapp; genau, gründlich; stickig, schwül; eng (anliegend); *Freund:* eng, *Verwandte*(*r*): nah; **3.** [kləʊs] *adv* eng, nahe; *~* **by** ganz in der Nähe; **4.** [kləʊs] *zu* Ende *n*

closed [kləʊzd] geschlossen; gesperrt (*to* für)

closet ['klɒzɪt] (Wand-) Schrank *m*

close-up ['kləʊsʌp] *phot. etc.*: Nah-, Großaufnahme *f*

'closing| date ['kləʊzɪŋ-] Einsendeschluss *m*; **'~ time** Laden-, Geschäftsschluss *m*; Polizeistunde *f*

clot [klɒt] **1.** Klumpen *m*, Klümpchen *n*; **2.** gerinnen

cloth [klɒθ] Stoff *m*, Tuch *n*; Lappen *m*, Tuch *n*

clothe [kləʊð] kleiden

clothes [kləʊðz] *pl* Kleider *pl*, Kleidung *f*; **'~line** Wäscheleine *f*; **'~ pin** *Brt.*; → **peg** *Brt.*, *Am.* Wäscheklammer *f*

cloud [klaʊd] **1.** Wolke *f*; **2.** (sich) bewölken; (sich) trüben; **'~burst** Wolkenbruch *m*; **'cloudy** bewölkt; trüb

clove [kləʊv] Gewürznelke *f*

clover ['kləʊvə] Klee *m*

clown [klaʊn] Clown *m*

club [klʌb] Knüppel *m*; (Golf)Schläger *m*; Klub *m*; *Karten*: Kreuz *n*; → **heart**; **2.** einknüppeln auf, prügeln

cluck [klʌk] gackern; glucken

clue [klu:] Anhaltspunkt *m*, Spur *f*

clump [klʌmp] Klumpen *m*

clumsy ['klʌmzɪ] unbeholfen

clung [klʌŋ] *pret u. pp von* **cling**

clutch [klʌtʃ] **1.** umklammern; (er)greifen; **2.** Kupplung *f*

c/o [si: 'əʊ] *care of* bei

Co [kəʊ] *company econ.* Gesellschaft *f*

coach [kəʊtʃ] **1.** Reisebus *m*; *Brt. rail.* (Personen)Wagen *m*; Kutsche *f*; *Sport*: Trainer(in); Nachhilfelehrer(in); **2.** *Sport*: trainieren; Nachhilfeunterricht geben

coagulate [kəʊ'ægjʊleɪt] gerinnen (lassen)

coal [kəʊl] Kohle *f*

coalition [kəʊə'lɪʃn] Koalition *f*

'coalmine Kohlenbergwerk *n*

coarse [kɔ:s] grob; vulgär

coast [kəʊst] **1.** Küste *f*; **2.** *Fahrrad*: im Freilauf fahren; **'~guard** Küstenwache *f*

coat [kəʊt] **1.** Mantel *m*; Fell *n*; Anstrich *m*, Schicht *f*; **2.** *mit Glasur*: überziehen; *mit Farbe*: (an)streichen; **'~ing** Anstrich *m*, Schicht *f*

coat of 'arms Wappen *n*

coax [kəʊks] überreden

cob [kɒb] Maiskolben *m*

cobweb ['kɒbweb] Spinnwebe *f*

cocaine [kəʊ'keɪn] Kokain *n*

cock¹ [kɒk] *zo.* Hahn *m*; V *Penis*: Schwanz *m*

cock² [kɒk] aufrichten

cockatoo [kɒkə'tu:] Kakadu *m*

cockchafer ['kɒktʃeɪfə] Maikäfer *m*

'cockpit Cockpit *n*

cockroach ['kɒkrəʊtʃ] Schabe *f*

cocoa ['kəʊkəʊ] Kakao *m*

coconut ['kəʊkənʌt] Kokosnuss *f*

cocoon [kə'ku:n] Kokon *m*

cod [kɒd] a. **codfish** Kabeljau m, Dorsch m

COD [si: əʊ 'di:] **cash** (Am. collect) **on delivery** per Nachnahme

coddle ['kɒdl] verhätscheln

code [kəʊd] **1.** Kode m; **2.** verschlüsseln, chiffrieren

cod-liver 'oil Lebertran m

coexist [kəʊɪg'zɪst] nebeneinander bestehen; **~ence** Koexistenz f

coffee ['kɒfɪ] Kaffee m; **~ bar** Brt. Café n

coffin ['kɒfɪn] Sarg m

cog [kɒg] (Rad)Zahn m; **'~wheel** Zahnrad n

coherent [kəʊ'hɪərənt] zs.-hängend

coil [kɔɪl] **1.** Rolle f; Spule f; Spirale f; **2.** a. **~ up** aufrollen, (auf)wickeln; sich zs.-rollen

coin [kɔɪn] Münze f

coincide [kəʊɪn'saɪd] zs.-fallen; übereinstimmen; **coincidence** [kəʊ'ɪnsɪdəns] Zufall m; Übereinstimmung f

cold [kəʊld] **1.** kalt; **I'm (feeling)** ~ mir ist kalt; **2.** Kälte f; Erkältung f; **have a** ~ erkältet sein; → **catch l**

coleslaw ['kəʊlslɔː] Krautsalat m

colic ['kɒlɪk] Kolik f

collaborate [kə'læbəreɪt] zs.-arbeiten

collapse [kə'læps] **1.** zs.-brechen; einstürzen; **2.** Zs.-bruch m; **col'lapsible** zs.-klappbar, Falt/Klapp...

collar ['kɒlə] Kragen m; Hund: Halsband n; **'~bone** Schlüsselbein n

colleague ['kɒliːg] Kolleg|e m, -in f

collect [kə'lekt] v/t (ein-)sammeln; Daten erfassen; Geld kassieren; abholen; v/i sich (ver)sammeln; gefasst; **~ion** Sammlung f econ. Eintreibung f; Abholung f; bsd. Brt. Briefkasten: Leerung f; rel. Kollekte f; **~ive** gemeinsam; **~or** Sammler(in); Steuereinnehmer m

college ['kɒlɪdʒ] College n; Fachhochschule f

collide [kə'laɪd] zs.-stoßen

collision [kə'lɪʒn] Zs.-stoß m

colloquial [kə'ləʊkwɪəl] umgangssprachlich

colon¹ ['kəʊlən] anat. Dickdarm m

colon² ['kəʊlən] Doppelpunkt m

colonel ['kɜːnl] Oberst m

colony ['kɒlənɪ] Kolonie f

colo|u|r ['kʌlə] **1.** Farbe f; pl mil. Fahne f, naut. Flagge f; Farb...; **2.** färben; sich (ver)färben; erröten; **'~ bar** Rassenschranke f; **'~blind** farbenblind; **'~ed** bunt; farbig; **'~fast** farbecht; **'~ful** farbenprächtig; fig. farbig, bunt

column ['kɒləm] Säule f; print. Spalte f

comb [kəʊm] **1.** Kamm m; **2.** kämmen

combat ['kɒmbæt] Kampf m

combination [kɒmbɪ'neɪʃn] Verbindung *f*, Kombination *f*; **combine 1.** [kəm'baɪn] (sich) verbinden; **2.** ['kɒmbaɪn] *econ.* Konzern *m*; *a.* ~ **harvester** Mähdrescher *m*

combustible [kəm'bʌstəbl] brennbar; **com'bustion** Verbrennung *f*

come [kʌm] (**came, come**) kommen; kommen, gelangen; kommen, geschehen, sich ereignen, ~ **about** geschehen, passieren; ~ **across** auf *j-n* od. *et.* stoßen; ~ **along** mitkommen, -gehen; ~ **apart** auseinander fallen; ~ **away** sich lösen; ~ **by** zu *et.* kommen; ~ **down** Preise: sinken; ~ **for** abholen kommen, ~ **home** nach Hause (*östr., Schweiz.: a.* nachhause) kommen; ~ **in** hereinkommen; *Nachricht etc.*: eintreffen; *Zug*: einlaufen; ~ **in!** herein!; ~ **off** Knopf *etc.*: ab-, losgehen; ~ **on!** los!, komm!; ~ **out** herauskommen; ~ **round** wieder zu sich kommen; ~ **through** durchkommen; *Krankheit etc.* überstehen; ~ **to** sich belaufen auf; wieder zu sich kommen; ~ **to see** besuchen

comedian [kə'miːdjən] Komiker *m*

comedy ['kɒmədɪ] Komödie *f*

comfort ['kʌmfət] **1.** Komfort *m*, Bequemlichkeit *f*; Trost *m*; **2.** trösten; **'~able** kom-

fortabel, bequem

comic(al) ['kɒmɪk(əl)] komisch, humoristisch

comics ['kɒmɪks] *pl* Comics *pl*; Comichefte *pl*

comma ['kɒmə] Komma *n*

command [kə'mɑːnd] **1.** befehlen; *mil.* kommandieren; verfügen über; beherrschen; **2.** Befehl *m*; Beherrschung *f*; *mil.* Kommando *n*; **~er** Kommandeur *m*, Befehlshaber *m*; **~ment** Gebot *n*

commemorate [kə'meməreɪt] gedenken (*gen*); **commemo'ration:** *in* ~ *of* zum Gedenken an

comment ['kɒment] **1.** (*on*) Kommentar *m* (zu); Bemerkung *f* (zu); Anmerkung *f* (zu); *no* ~! kein Kommentar!; **2.** (*on*) kommentieren (*acc*); sich äußern (über); **~ary** ['kɒməntərɪ] Kommentar *m* (*on* zu); **~ator** ['kɒməntəteɪtə] Kommentator *m*, *TV etc.*: a. Reporter(in)

commerce ['kɒmɜːs] Handel *m*

commercial [kə'mɜːʃl] **1.** Handels...; kommerziell, finanziell; **2.** *TV etc.*: Werbespot *m*; **~ize** [kə'mɜːʃəlaɪz] kommerzialisieren, vermarkten; **~'television** Werbefernsehen *n*

commission [kə'mɪʃn] **1.** Auftrag *m*; Kommission *f* (*a. econ.*), Ausschuss *m*; Provision *f*; **2.** beauftragen; *et.* in

Auftrag geben; **~er** Beauftragte *m, f; Am.* Polizeichef *m*

commit [kə'mɪt] *Verbrechen etc.* begehen; verpflichten (**to** zu), festlegen (**to** auf); **~ment** Verpflichtung *f;* Engagement *n*

committee [kə'mɪtɪ] Ausschuss *m,* Komitee *n*

common [kömən] **1.** gemeinsam; allgemein; alltäglich; *Volk:* einfach; **2.** Gemeinde *land n;* **~** gemeinsam; **'~er** Bürgerliche *m, f;* ♀ **'Market** Gemeinsamer Markt; **~place 1.** alltäglich; **2.** Gemeinplatz *m;* **'Commons** *pl:* **the ~** *Brt. parl.* das Unterhaus; **~ 'sense** gesunder Menschenverstand

commotion [kə'məʊʃn] Aufregung *f;* Aufruhr *m*

communal ['kömjʊnl] Gemeinde...; Gemeinschafts...

communicate [kə'mjuːnɪkeɪt] *v/t* mitteilen; *Krankheit* übertragen (**to** auf); *v/i* sich verständigen; sich verständlich machen; **communi'cation** Verständigung *f,* Kommunikation *f;* Verbindung *f;* **communicative** [kə'mjuːnɪkətɪv] gesprächig

Communion [kə'mjuːnjən] *rel.* Kommunion *f,* Abendmahl *n*

communism ['kömjʊnɪzəm] Kommunismus *m;* **'communist 1.** kommunistisch; **2.** Kommunist(in)

community [kə'mjuːnətɪ] Gemeinschaft *f;* Gemeinde *f*

commu'tation ticket *Am.* rail. etc. Dauer-, Zeitkarte *f*

commute [kə'mjuːt] *rail. etc.* pendeln; **com'muter** Pendler(in); **com'muter train** Pendler-, Nahverkehrszug *m*

compact 1. [kəm'pækt] *adj* kompakt; eng, klein; *Stil:* knapp; **2.** ['kömpækt] Puderdose *f;* **~ 'disc → CD**

companion [kəm'pænjən] Begleiter(in); Gefährt|e *m,* -in *f;* Handbuch *n;* **~ship** Gesellschaft *f*

company ['kömpənɪ] Gesellschaft *f; econ.* Gesellschaft *f,* Firma *f; mil.* Kompanie *f; thea.* Truppe *f;* **keep s.o. ~** j-m Gesellschaft leisten

comparable ['kömpərəbl] vergleichbar; **comparative** [kəm'pærətɪv] *adj* verhältnismäßig; vergleichend; **compare** [kəm'peə] vergleichen; sich vergleichen (lassen); **comparison** [kəm'pærɪsn] Vergleich *m*

compartment [kəm'pɑːtmənt] Fach *n; rail.* Abteil *n*

compass ['kömpəs] Kompass *m; pl, a.* **pair of ~es** Zirkel *m*

compassion [kəm'pæʃn] Mitleid *n;* **~ate** [kəm'pæʃənət] mitfühlend

compatible [kəm'pætəbl]: **be ~ (with)** passen (zu), *Computer etc.:* kompatibel sein (mit)

compel [kəm'pel] zwingen

compensate ['kɒmpenseɪt] *j-n* entschädigen; *et.* ersetzen; **compen'sation** Ausgleich *m*; (Schaden)Ersatz *m*, Entschädigung *f*

compete [kəm'piːt] sich bewerben (*for* um); konkurrieren; *Sport*: (am Wettkampf) teilnehmen

competence ['kɒmpɪtəns] Können *n*; **'compitent** fähig, tüchtig; sachkundig

competition [kɒmpɪ'tɪʃn] Wettbewerb *m*; Konkurrenz *f*; **competitive** [kəm'petɪtɪv] konkurrierend; konkurrenzfähig; **competitor** [kəm'petɪtə] Mitbewerber(in); Konkurrent(in); *Sport*: Teilnehmer(in)

compile [kəm'paɪl] zs.-stellen

complacent [kəm'pleɪsnt] selbstzufrieden

complain [kəm'pleɪn] sich beklagen (*about* über; *to* bei); **com'plaint** Klage *f*, Beschwerde *f*; *med.* Leiden *n*

complete [kəm'pliːt] **1.** vollständig; vollzählig; **2.** vervollständigen; beenden

complexion [kəm'plekʃn] Gesichtsfarbe *f*, Teint *m*

complicate ['kɒmplɪkeɪt] komplizieren; **'complicated** kompliziert; **compli'cation** Komplikation *f*

compliment 1. ['kɒmplɪmənt] Kompliment *n*; **2.**

['kɒmplɪment] *j-m* ein Kompliment machen (*on* für)

component [kəm'pəʊnənt] (Bestand)Teil *m*

compose [kəm'pəʊz] *mus.* komponieren; *be ~d of* bestehen *od.* sich zs.-setzen aus; *~ o.s.* sich beruhigen; **com'posed** gefasst; **com'poser** Komponist(in); **composition** [kɒmpə'zɪʃn] Komposition *f*; Zs.-setzung *f*; Aufsatz *m*; **composure** [kəm'pəʊʒə] Fassung *f*, Gelassenheit *f*

compound ['kɒmpaʊnd] **1.** Zs.-setzung *f*; *chem.* Verbindung *f*; *gr.* zs.-gesetztes Wort; **2.** zs.-gesetzt; *~ 'interest* Zinseszinsen *pl*

comprehension [kɒmprɪ'henʃn] Verständnis *n*; **compre'hensive 1.** umfassend; **2.** *a. ~ school* Brt. Gesamtschule *f*

compromise ['kɒmprəmaɪz] **1.** Kompromiss *m*; **2.** *v/i* e-n Kompromiss schließen; *v/t* kompromittieren

compulsion [kəm'pʌlʃn] Zwang *m*; **com'pulsive** zwingend, Zwangs...; *psych.* zwanghaft; **com'pulsory** obligatorisch, Pflicht...

compunction [kəm'pʌŋkʃn] Gewissensbisse *pl*

computer [kəm'pjuːtə] Computer *m*, Rechner *m*; *~ -con'trolled* computergesteuert; *~ game* Computerspiel n; ~ize (sich) auf Computer umstellen; ~ 'science Informatik f; ~ 'scientist Informatiker(in); ~ 'virus Computervirus m

comrade ['komreɪd] Kamerad m; (Partei)Genosse m

conceal [kən'si:l] verbergen, -stecken; verheimlichen

conceit [kən'si:t] Einbildung f; ~ed eingebildet

conceivable [kən'si:vəbl] denkbar; conceive [kən-'si:v] v/t sich et. vorstellen od. denken; Kind empfangen; v/i schwanger werden

concentrate ['kɒnsəntreɪt] (sich) konzentrieren

conception [kən'sepʃn] Vorstellung f, Begriff m; biol. Empfängnis f

concern [kən'sɜːn] 1. betreffen, angehen; beunruhigen; ~ o.s. with sich beschäftigen mit; 2. Angelegenheit f; Sorge f; econ. Geschäft n, Unternehmen n; ~ed besorgt

concert ['kɒnsət] Konzert n

concerto [kən'tʃeətəʊ] (Solo)Konzert n

concession [kən'seʃn] Zugeständnis n; Konzession f

conciliatory [kən'sɪliətəri] versöhnlich

concise [kən'saɪs] kurz, knapp

conclusion [kən'klu:ʒn] (Schluss)Folgerung f; (Ab-) Schluss m, Ende n; conclusive [kən'klu:sɪv] schlüssig

concrete¹ ['kɒŋkri:t] konkret

concrete² ['kɒŋkri:t] Beton m

concussion [kən'kʌʃn] Gehirnerschütterung f

condemn [kən'dem] verurteilen; für unbewohnbar erklären; ~ation [kɒndem'neɪʃn] Verurteilung f

condensation [kɒnden'seɪʃn] Kondensation f; condense [kən'dens] kondensieren; zs.-fassen; condensed 'milk Kondensmilch f

condescending [kɒndɪ-'sendɪŋ] herablassend

condition [kən'dɪʃn] Zustand m; Sport: Form f; Bedingung f; pl Verhältnisse pl; on ~ that unter der Bedingung, dass; ~al [kən'dɪʃənl] bedingt, abhängig

condo ['kɒndəʊ] Am. → condominium

condole [kən'dəʊl] sein Beileid ausdrücken; condolence oft pl Beileid n

condom ['kɒndəm] Kondom n, m

condominium [kɒndə-'mɪnɪəm] Am., a. condo Eigentumswohnung f

conduct 1. [kən'dʌkt] führen; phys. leiten; mus. dirigieren; ~ed tour Führung f (of durch); 2. ['kɒndʌkt] Führung f; Verhalten n, Betragen n; ~or [kən'dʌktə] mus. Dirigent m; phys. Leiter m; Schaffner m; Am. Zugbegleiter m

cone [kəʊn] Kegel *m; Am.* Eistüte *f; bot.* Zapfen *m*

confection [kənˈfekʃn] Konfekt *n;* **~er** Konditor *m;* **~ery** Süßwaren *pl;* Konditorei *f*

confederation [kənfedəˈreɪʃn] Bund *m;* Bündnis *n*

conference [ˈkɒnfərəns] Konferenz *f*

confess [kənˈfes] gestehen; beichten; **confession** [kənˈfeʃn] Geständnis *n;* Beichte *f;* **confessor** [kənˈfesə] Beichtvater *m*

confide [kənˈfaɪd]: **~ in s.o.** sich j-m anvertrauen

confidence [ˈkɒnfɪdəns] Vertrauen *n;* Selbstvertrauen *n;* **'confident** überzeugt, sicher; **confidential** [kɒnfɪˈdenʃl] vertraulich

confine [kənˈfaɪn] beschränken; einsperren; **be ~d of** *med.* entbunden werden von; **~ment** Haft *f;* Entbindung *f*

confirm [kənˈfɜːm] bestätigen; *rel.:* konfirmieren; firmen; **confirmation** [kɒnfəˈmeɪʃn] Bestätigung *f; rel.:* Konfirmation *f;* Firmung *f*

confiscate [ˈkɒnfɪskeɪt] beschlagnahmen, konfiszieren

conflict 1. [ˈkɒnflɪkt] Konflikt *m;* 2. [kənˈflɪkt] im Widerspruch stehen (**with** zu)

conform [kənˈfɔːm] (sich) anpassen (**to** *dat,* an)

confront [kənˈfrʌnt] gegenüberstehen; konfrontieren

confuse [kənˈfjuːz] verwechseln; verwirren; **con'fused** verwirrt, verlegen; verworren; **con'fusing** verwirrend; **confusion** [kənˈfjuːʒn] Verwirrung *f;* Durcheinander *n*

congested [kənˈdʒestɪd] überfüllt; verstopft; **con'gestion** Blutandrang *m; a.* **traffic ~** (Verkehrs)Stau *m*

congratulate [kənˈgrætʃʊleɪt] *j-m* beglückwünschen; *j-m* gratulieren; **congratulation** [Glückwunsch *m;* **~s!** (ich) gratuliere!, herzlichen Glückwunsch!

congregate [ˈkɒŋɡrɪɡeɪt] sich versammeln; **congre'gation** *rel.* Gemeinde *f*

congress [ˈkɒŋɡres] Kongress *m*

conifer [ˈkɒnɪfə] Nadelbaum *m*

conjunctivitis [kəndʒʌŋktɪˈvaɪtɪs] Bindehautentzündung *f*

conjure [ˈkʌndʒə] zaubern; **~ up** heraufbeschwören; **'conjurer, 'conjuror** Zauberer *m,* Zauberkünstler *m*

connect [kəˈnekt] verbinden; *electr.* anschließen (**to** an); *rail. etc.* Anschluss haben (**with** an); **~ed** verbunden; (logisch) zs.-hängend; **~ion** Verbindung *f;* Anschluss *m;* Zs.-hang *m*

conquer [ˈkɒŋkə] erobern; besiegen; **~or** Eroberer *m*

conquest [ˈkɒŋkwest] Eroberung *f*

conscience ['kɒnʃəns] Gewissen *n*

conscientious [kɒnʃɪ'enʃəs] gewissenhaft; **~ ob'jector** Wehrdienstverweigerer *m*

conscious ['kɒnʃəs] bei Bewusstsein; bewusst; **~ness** Bewusstsein *n*

conscript 1. [kən'skrɪpt] *mil.* einberufen; **2.** ['kɒnskrɪpt] *mil.* Wehr(dienst)pflichtige *m*; **~ion** [kən'skrɪpʃn] *mil.* Einberufung *f*; Wehrpflicht *f*

consecutive [kən'sekjʊtɪv] aufeinander folgend

consent [kən'sent] **1.** zustimmen; **2.** Zustimmung *f*

consequence ['kɒnsɪkwəns] Folge *f*, Konsequenz *f*; Bedeutung *f*; **consequently** folglich, daher

conservation [kɒnsə'veɪʃn] Erhaltung *f*; Natur-, Umweltschutz *m*; **conser'vationist** Natur-, Umweltschützer(in)

conservative [kən'sɜːvətɪv] **1.** konservativ; **2.** *pol. mst* ♋ Konservative *m*, *f*

conservatory [kən'sɜːvətrɪ] Treibhaus *n*; Wintergarten *m*

conserve [kən'sɜːv] erhalten, konservieren

consider [kən'sɪdə] nachdenken über; halten für; sich überlegen; berücksichtigen; **~able** beträchtlich; **~ably** bedeutend, (sehr) viel; **~ate** [kən'sɪdərət] aufmerksam,

rücksichtsvoll; **~ation** [kənsɪdə'reɪʃn] Erwägung *f*, Überlegung *f*; Rücksicht(-nahme) *f*; **~ing:** *~ that* in Anbetracht der Tatsache, dass

consignment [kən'saɪnmənt] (Waren)Sendung *f*

consist [kən'sɪst]: *~ of* bestehen aus; **~ent** übereinstimmend; konsequent; *Leistung:* beständig

consolation [kɒnsə'leɪʃn] Trost *m*; **console** [kən'səʊl] trösten

consonant ['kɒnsənənt] Konsonant *m*, Mitlaut *m*

conspicuous [kən'spɪkjʊəs] auffallend; deutlich sichtbar

conspiracy [kən'spɪrəsɪ] Verschwörung *f*; **conspire** [kən'spaɪə] sich verschwören

constable ['kʌnstəbl] *Brit.* Polizist *m*

constant ['kɒnstənt] konstant; ständig, (an)dauernd

consternation [kɒnstə'neɪʃn] Bestürzung *f*

constipated ['kɒnstɪpeɪtɪd] *med.* verstopft; **constipation** *med.* Verstopfung *f*

constituency [kən'stɪtjʊənsɪ] Wählerschaft *f*; Wahlkreis *m*; **con'stituent** Bestandteil *m*; *pol.* Wähler(in)

constitution [kɒnstɪ'tju:ʃn] *pol.* Verfassung *f*; Konstitution *f*; körperliche Verfassung; **~al** konstitutionell; *pol.* verfassungsmäßig

constrained [kən'streɪnd] gezwungen, unnatürlich

construct [kən'strʌkt] bauen, konstruieren; **~ion** Konstruktion f; Bau(werk n) m; **under ~** im Bau (befindlich); **~ion site** Baustelle f; **~ive** konstruktiv; **~or** Erbauer m, Konstrukteur m

consul ['kɒnsəl] Konsul m; **~ate** ['kɒnsjʊlət] Konsulat n; **~ate 'general** Generalkonsulat n; **~'general** Generalkonsul m

consult [kən'sʌlt] v/t konsultieren; nachschlagen in; v/i (sich) beraten; **~ant** Berater(in); Brt. Facharzt m, -ärztin f; **~ation** [kɒnsəl'teɪʃn] Konsultation f

con'sulting hours pl Sprechstunde f; **~ room** Sprechzimmer n

consumer [kən'sjuːmə] Verbraucher(in); **~ goods** pl Konsumgüter pl; **~ society** Konsumgesellschaft f

contact ['kɒntækt] **1.** Berührung f; Kontakt m; Kontaktperson f (a. med.); Verbindung f; **2.** sich in Verbindung setzen mit; **'~ lens** Kontaktlinse f, Haftschale f

contagious [kən'teɪdʒəs] ansteckend (a. fig.)

contain [kən'teɪn] enthalten; **~er** Behälter m; Container m

contaminate [kən'tæmɪneɪt] verunreinigen; verseuchen; **~d soil** Altlasten pl; **con-**

tami'nation Verunreinigung f; Verseuchung f

contemplate ['kɒntempleɪt] nachdenken über

contemporary [kən'tempərərɪ] **1.** zeitgenössisch; **2.** Zeitgenoss|e m, -in f

contempt [kən'tempt] Verachtung f; **~ible** verabscheuungswürdig

contemptuous [kən'temptʃʊəs] verächtlich

content [kən'tent]: **~ o.s. with** sich begnügen mit; **~ed** zufrieden

contents ['kɒntents] pl Inhalt m

contest ['kɒntest] (Wett-)Kampf m; Wettbewerb m; **~ant** [kən'testənt] (Wettkampf)Teilnehmer(in)

context ['kɒntekst] Zs.-hang m

continent ['kɒntɪnənt] Kontinent m, Erdteil m; **the ~** Brt. das (europäische) Festland; **~al** [kɒntɪ'nentl] kontinental

continual [kən'tɪnjʊəl] andauernd, ständig; immer wiederkehrend; **continu'ation** Fortsetzung f; Fortbestand m, -dauer f; **continue** [kən'tɪnjuː] v/t fortsetzen, -fahren mit; beibehalten; **to be ~d** Fortsetzung folgt; v/i fortdauern; andauern, anhalten; fortfahren, weitermachen; **continuity** [kɒntɪ'njuːətɪ] Kontinuität f; **continuous** [kən'tɪnjʊəs] ununterbrochen

contort

contort [kənˈtɔːt] verzerren

contour [ˈkɒntʊə] Kontur f, Umriss m

contraception [ˌkɒntrəˈsepʃn] Empfängnisverhütung f; **contra'ceptive** empfängnisverhütend(es Mittel)

contract 1. [ˈkɒntrækt] Vertrag m; **2.** [kənˈtrækt] (sich) zs.-ziehen; e-n Vertrag abschließen; sich vertraglich verpflichten; **~or** [kənˈtræktə] a. **building ~** Bauunternehmer m

contradict [ˌkɒntrəˈdɪkt] widersprechen; **~ion** Widerspruch m; **~ory** (sich) widersprechend

contrary [ˈkɒntrərɪ] **1.** Gegenteil n; **on the ~** im Gegenteil; **2.** entgegengesetzt (**to** dat); gegensätzlich

contrast 1. [ˈkɒntrɑːst] Gegensatz m; Kontrast m; **2.** [kənˈtrɑːst] v/t gegenüberstellen, vergleichen; v/i sich abheben (**with** von, gegen)

contribute [kənˈtrɪbjuːt] beitragen (**to** zu); spenden (**to** für); **contribution** [ˌkɒntrɪˈbjuːʃn] Beitrag m

control [kənˈtrəʊl] **1.** beherrschen, die Kontrolle haben über; kontrollieren, überwachen; (staatlich) lenken; **tech.** steuern, regulieren; **2.** Kontrolle f, Herrschaft f; Macht f, Beherrschung f; **tech.** Regler m; **mst pl tech.** Steuerung f; Steuervorrich-

tung f; **get under ~** unter Kontrolle bringen; **get out of ~** außer Kontrolle geraten; **lose ~ of** die Herrschaft od. Kontrolle verlieren über; **~ centre** (Am. **center**) Kontrollzentrum n; **~ desk** Schaltpult n; **con'troller** Fluglotse m; **~ panel** Schalttafel f; **~ tower** aviat. Kontrollturm m, Tower m

controversial [ˌkɒntrəˈvɜːʃl] umstritten; **controversy** [ˈkɒntrəvɜːsɪ] Kontroverse f

convalesce [ˌkɒnvəˈles] gesund werden; **conva'lescence** Rekonvaleszenz f, Genesung f; **conva'lescent** Rekonvaleszent(in)

convenience [kənˈviːnjəns] Annehmlichkeit f, Bequemlichkeit f; **Brt.** Toilette f; **all (modern) ~s** aller Komfort; **con'venient** bequem; günstig, passend

convent [ˈkɒnvənt] (Nonnen)Kloster n

convention [kənˈvenʃn] Konvention f; Tagung f, Versammlung f; **~al** konventionell

conversation [ˌkɒnvəˈseɪʃn] Konversation f, Gespräch n, Unterhaltung f

conversion [kənˈvɜːʃn] Um-, Verwandlung f; **math.** Umrechnung f; **rel.** Bekehrung f; **~ table** Umrechnungstabelle f

convert [kənˈvɜːt] um-, ver-

corn

wandeln; *math.* umrechnen; *rel.* bekehren; **∼ible 1.** um-, verwandelbar; **2.** *mot.* Kabrio(lett) *n*

convey [kən'veɪ] überbringen, -mitteln; befördern; **∼ance** Beförderung *f*, Transport *m*; **∼er (belt)** Förderband *n*

convict 1. [kən'vɪkt] *jur.* verurteilen (*of* wegen); **2.** ['kɒnvɪkt] Strafgefangene *m*, *f*; Verurteilte *m*, *f*; **∼ion** [kən'vɪkʃn] *jur.* Verurteilung *f*; Überzeugung *f*

convince [kən'vɪns] überzeugen; **con'vincing** überzeugend

convoy ['kɒnvɔɪ] Konvoi *m*

convulsion [kən'vʌlʃn] Krampf *m*, Zuckung *f*; **con'vulsive** krampfhaft

coo [ku:] gurren

cook [kʊk] **1.** kochen; **2.** Koch *m*, Köchin *f*; **∼book** *bsd. Am.* Kochbuch *n*; **'∼er** *Brt.* Herd *m*; **'∼ery** Kochen *n*, Kochkunst *f*; **'∼ery book** *bsd. Brt.* Kochbuch *n*

cookie ['kʊkɪ] *Am.* (süßer) Keks, Plätzchen *n*

cool [ku:l] **1.** kühl; *fig.* kalt(blütig), gelassen; **2.** (sich) abkühlen

cooperate [kəʊ'ɒpəreɪt] Zs.-arbeiten; **coope'ration** Zs.-arbeit *f*, Mitwirkung *f*, Hilfe *f*; **cooperative** [kəʊ-'ɒpərətɪv] zs.-arbeitend; kooperativ, hilfsbereit; Gemein-

schafts...; Genossenschafts...

coordinate [kəʊ'ɔ:dɪneɪt] koordinieren, abstimmen

cop [kɒp] F *Polizist(in)* Bulle *m*

cope [kəʊp]: **∼ with** fertig werden mit

copier ['kɒpɪə] Kopiergerät *n*, Kopierer *m*

copilot ['kəʊpaɪlət] Kopilot *m*

copious ['kəʊpjəs] reichlich

copper ['kɒpə] **1.** Kupfer *n*; Kupfermünze *f*; **2.** kupfern

copy ['kɒpɪ] **1.** Kopie *f*; Abschrift *f*; Nachbildung *f*; Durchschlag *m*, -schrift *f*; *Buch etc.*: Exemplar *n*; **fair ∼** Reinschrift *f*; **rough ∼** Rohentwurf *m*; **2.** kopieren, abschreiben; e-e Kopie anfertigen von; nachbilden, nachahmen; **'∼right** Urheberrecht *n*, Copyright *n*

coral ['kɒrəl] Koralle *f*

cord [kɔ:d] Schnur *f* (*a. electr.*), Strick *m*; Kordsamt *m*; **'∼less** schnurlos

cordon ['kɔ:dn]: **∼ off** abriegeln, absperren

corduroy ['kɔ:dərɔɪ] Kord (-samt) *m*; *pl.* Kordhose *f*

core [kɔ:] **1.** Kerngehäuse *n*; Kern *m*, *fig. a.* das Innerste *f*; **2.** entkernen; **∼ time** *Brt.* Kernzeit *f*

cork [kɔ:k] **1.** Kork(en) *m*; **2.** zukorken; **'∼screw** Korkenzieher *m*

corn¹ [kɔ:n] **1.** Korn *n*, Getreide *n*; *Am.* Mais *m*; **2.** (ein)pökeln

corn² [kɔːn] *med.* Hühnerauge *n*

corner ['kɔːnə] **1.** Ecke *f*; Winkel *m*; *bsd. mot.* Kurve *f*; Fußball: Eckball *m*, Ecke *f*; *fig.* Klemme *f*; **2.** Eck...; **3.** *fig.* in die Enge treiben; '**~ed** ...eckig; '**~ kick** Fußball: Eckstoß *m*; '**~ shop** *Brt.* Tante-Emma-Laden *m*

cornet ['kɔːnit] *mus.* Eistüte *f*

coronary ['kɔrənəri] F Herzinfarkt *m*

coronation [kɔrə'neiʃn] Krönung *f*

coroner ['kɔrənə] Coroner *m* (*Untersuchungsbeamter*)

corporate ['kɔːpərət] gemeinsam; Firmen...; **corporation** [kɔːpə'reiʃn] Gesellschaft *f*, Firma *f*; *Am.* Aktiengesellschaft *f*

corpse [kɔːps] Leiche *f*

corral [kɔ'rɑːl, *Am.* kə'ræl] Korral *m*, Hürde *f*, Pferch *m*

correct [kə'rekt] **1.** korrekt, richtig, *Zeit:* a. genau; **2.** korrigieren, berichtigen, verbessern; **~ion** Korrektur *f*

correspond [kɔri'spɔnd] (**with, to**) entsprechen (*dat*), übereinstimmen (mit); korrespondieren; **~ence** Entsprechung *f*, Übereinstimmung *f*; Korrespondenz *f*, Briefwechsel *m*; **~ent** Korrespondent(in); Briefpartner (-in); **~ing** entsprechend

corridor ['kɔridɔː] Korridor *m*, Flur *m*, Gang *m*

corrode [kə'rəud] rosten; **corrosion** [kə'rəuʒn] Korrosion *f*

'**corrugated iron** ['kɔrəgeitid-] Wellblech *n*

corrupt [kə'rʌpt] **1.** korrupt; bestechlich; **2.** bestechen; **~ion** Korruption *f*; Bestechung *f*

cosmetic [kɔz'metik] **1.** Kosmetikartikel *m*; **2.** kosmetisch; **cosmetician** [kɔzmə-'tiʃn] Kosmetikerin *f*

cosmonaut ['kɔzmənɔːt] Kosmonaut(in), Raumfahrer(in)

cost [kɔst] **1.** Kosten *pl*; Preis *m*; **2.** (*cost*) kosten; '**~ly** kostspielig, teuer; **~ of 'living** Lebenshaltungskosten *pl*

costume ['kɔstjuːm] Kostüm *n*; Tracht *f*; '**~ jewel(le)ry** Modeschmuck *m*

cosy ['kəuzi] gemütlich

cot [kɔt] Kinderbett(chen) *n*

cottage ['kɔtidʒ] Cottage *n*, (kleines) Landhaus; **~ 'cheese** Hüttenkäse *m*

cotton ['kɔtn] Baumwolle *f*; (Baumwoll)Garn *n*; *Am.* Wolle *f*; **~ 'wool** *Brt.* Watte *f*

couch [kautʃ] Couch *f*

couchette [kuː'ʃet] *rail.* im Liegewagen: Platz *m*

cough [kɔf] **1.** husten; **2.** Husten *m*

could [kud] *pret von* **can¹**

council ['kaunsl] Rat(sversammlung *f*) *m*; *Brt.* Gemeinderat *m*; **municipal** ~ Stadtrat *m*; '~**house** *Brt.* gemeindeeigenes Wohnhaus;

council(l)or ['kaʊnsələ] Ratsmitglied *n*, Stadtrat *m*, -rätin *f*

counsel ['kaʊnsl] **1.** (Rechts)Anwalt *m*; Beratung *f*; **2.** beraten; **counsel(l)or** ['kaʊnslə] Berater(in); *Am.* Anwalt *m*

count¹ [kaʊnt] zählen; ~ *on* zählen auf, sich verlassen auf, rechnen mit

count² [kaʊnt] Graf *m*

'**countdown** Count-down *m*

counter¹ ['kaʊntə] *tech.* Zähler *m*; Spielmarke *f*

counter² ['kaʊntə] Ladentisch *m*; Theke *f*; Schalter *m*

counter³ ['kaʊntə] entgegen (*to dat*); Gegen...

counter'act entgegenwirken; *Wirkung* neutralisieren; ~'**balance** *v/t* ein Gegengewicht bilden zu, ausgleichen; ~'**clockwise** *Am.* → **anticlockwise**; ~'**espionage** Spionageabwehr *f*; ~**feit** ['kaʊntəfit] **1.** falsch, gefälscht; **2.** *Geld etc.* fälschen; ~'**foil** (Kontroll)Abschnitt *m*; '~**part** Gegenstück *n*; genaue Entsprechung

countess ['kaʊntis] Gräfin *f*

'**countless** zahllos, unzählig

country ['kʌntri] Land *n*; *in the* ~ auf dem Lande; '~**man** (*pl* -**men**) Landsmann *m*; Landbewohner *m*; '~**side**

(ländliche) Gegend; Landschaft *f*; '~**woman** (*pl* -**women**) Landsmännin *f*; Landbewohnerin *f*

county ['kaʊnti] *Brt.* Grafschaft *f*; *Am.* (Land)Kreis *m*

couple ['kʌpl] **1.** Paar *n*; *a* ~ *of* zwei; F ein paar; **2.** (zs.-)koppeln; verbinden

coupon ['kuːpɒn] Gutschein *m*; Kupon *m*, Bestellzettel *m*

courage ['kʌridʒ] Mut *m*; **courageous** [kə'reidʒəs] mutig

courier ['kʊriə] Eilbote *m*, Kurier *m*; Reiseleiter(in)

course [kɔːs] Kurs *m*; (*Renn*-) Bahn *f*, (-)Strecke *f*; (*Golf*-) Platz *m*; (Ver)Lauf *m*; *Speisen:* Gang *m*; Kurs *m*, Lehrgang *m*; *of* ~ natürlich

court [kɔːt] *jur.* Gericht(shof *m*) *n*; Hof *m* (*a. des Fürsten*); (*Tennis- etc.*)Platz *m*

courteous ['kɜːtjəs] höflich; **courtesy** ['kɜːtisi] Höflichkeit *f*

'**court**|**house** Gerichtsgebäude *n*; '~**room** Gerichtssaal *m*; '~**yard** Hof *m*

cousin ['kʌzn] Cousin *m*, Vetter *m*; Cousine *f*

cove [kəʊv] kleine Bucht

cover ['kʌvə] **1.** (be-, zu)decken; sich erstrecken über; *Presse etc.*: berichten über; ~ *up* verheimlichen, -tuschen; **2.** Decke *f*; Deckel *m*; Titelseite *f*; Einband *m*; (Schallplatten)Hülle *f*; Überzug *m*,

Bezug *m*; Abdeck-, Schutz-
haube *f*; *mil. etc.* Deckung *f*;
Schutz *m*; *econ.* Deckung *f*,
Sicherheit *f*; Gedeck *n*;
'**~age** Versicherungsschutz
m, (Schadens)Deckung *f*;
Presse: Berichterstattung *f*

cow [kaʊ] Kuh *f*

coward ['kaʊəd] Feigling *m*;
cowardice ['kaʊədɪs] Feig-
heit *f*; '**~ly** feig(e)

cower ['kaʊə] kauern

cowslip ['kaʊslɪp] Schlüsselblume *f*; *Am.* Sumpfdotter-
blume *f*

coy [kɔɪ] schüchtern

cozy ['kəʊzɪ] *Am.* → **cosy**

CPU [si: pi: 'ju:] *central processing unit* Computer: Zen-
traleinheit *f*

crab [kræb] Krabbe *f*; Ta-
schenkrebs *m*

crack [kræk] **1.** krachen;
knallen (mit); (zer)springen;
Stimme: überschnappen; *fig.*
(*a.* **~ up**) zs.-brechen; *et.* zerbrechen; *Nuss*, F *Kode*, *Safe
etc.* knacken; *Witz* reißen;
get ~ing F loslegen; **2.** *su*
Knall *m*; Sprung *m*, Riss *m*;
Spalt(e *f*) *m*, Ritze *f*; **3.** *adj* F
erstklassig

'**cracker** *ungesüßter Keks*:
Cracker *m*, Kräcker *m*;
Schwärmer *m*, Knallfrosch
m, Knallbonbon *m*

crackle ['krækl] knistern

cradle ['kreɪdl] **1.** Wiege *f*; **2.**
wiegen, schaukeln

craft¹ [krɑːft] Boot(e *pl*) *n*,

Schiff(e *pl*) *n*, Flugzeug(e *pl*)
n, Raumfahrzeug(e *pl*) *n*

craft² [krɑːft] Handwerk *n*;
'**craftsman** (*pl* -*men*) Handwerker *m*

crag [kræg] Felsenspitze *f*

cram [kræm] (voll)stopfen

cramp¹ [kræmp] Krampf *m*

cramp² [kræmp] *tech.* Kram-
pe *f*, Klammer *f*

cranberry ['krænbərɪ] Preiselbeere *f*

crane¹ [kreɪn] *tech.* Kran *m*

crane² [kreɪn] *zo.* Kranich *m*

crank [kræŋk] Kurbel *f*; F komischer Kauz, Spinner *m*

crash [kræʃ] **1.** *v/t* zertrüm-
mern; *v/i mot.* zs.-stoßen,
verunglücken; *aviat.* abstür-
zen; krachen (*against, into*
gegen); krachend einstürzen,
zs.-krachen; *econ.* zs.-bre-
chen; **2.** Krach(en *n*) *m*; *mot.*
Unfall *m*, Zs.-stoß *m*; *aviat.*
Absturz *m*; *econ.* Zs.-bruch
m, (Börsen)Krach *m*; '**~
course** Schnell-, Intensiv-
kurs *m*; '**~ diet** radikale
Schlankheitskur; '**~ helmet**
Sturzhelm *m*; **~ 'landing**
Bruchlandung *f*

crate [kreɪt] (Latten)Kiste *f*

crater ['kreɪtə] Krater *m*

crave [kreɪv] verlangen

crawl [krɔːl] kriechen; krabbeln; *Schwimmen*: kraulen

crayfish ['kreɪfɪʃ] Flusskrebs
m

crayon ['kreɪən] Buntstift *m*

craze [kreɪz]: *the latest* **~** *der*

letzte Schrei; **'crazy** verrückt (*about* nach)

creak [kri:k] knarren, quietschen

cream [kri:m] **1.** Rahm *m*, Sahne *f*; Creme *f*; **2.** creme (-farben); **'creamy** sahnig

crease [kri:s] **1.** (Bügel)Falte *f*; **2.** falten; (zer)knittern

create [kri:'eɪt] (er)schaffen; verursachen; **cre'ation** Schöpfung *f*; **cre'ative** schöpferisch, kreativ; **cre'ator** Schöpfer *m*

creature ['kri:tʃə] Geschöpf *n*

crèche [kreɪʃ] (Kinder)Krippe *f*; *Am.* (Weihnachts)Krippe *f*

credible ['kredəbl] glaubwürdig; glaubhaft

credit ['kredɪt] **1.** *econ.* Kredit *m*; *econ.* Guthaben *n*; Ansehen *n*; Anerkennung *f*; **on** ~ *econ.* auf Kredit; **2.** *econ. Betrag* zuschreiben; **'~able** anerkennenswert; **'~ card** Kreditkarte *f*; **'~or** Gläubiger *m*

credulous ['kredjʊləs] leichtgläubig

creed [kri:d] Glaubensbekenntnis *n*

creek [kri:k] *Brt.* kleine Bucht; *Am.* kleiner Fluss

creep [kri:p] (**crept**) kriechen; schleichen; **'~er** Kletterpflanze *f*

'creepy grus(e)lig

cremate [krɪ'meɪt] einäschern, verbrennen; **cre'mation** Feuerbestattung *f*

crept [krept] *pret u. pp von* **creep**

crescent ['kresnt] Halbmond *m*, Mondsichel *f*

cress [kres] Kresse *f*

crest [krest] *zo.* Haube *f*, Büschel *n*; (*Hahnen*)Kamm *m*; (*Wellen*)Kamm *m*; Wappen *n*

crevasse [krɪ'væs] Gletscherspalte *f*

crevice ['krevɪs] Spalte *f*

crew [kru:] Besatzung *f*, Mannschaft *f*

crib [krɪb] **1.** *Am.* Kinderbettchen *n*; Krippe *f*; *Schule:* F Spickzettel *m*; **2.** F spicken

cricket ['krɪkɪt] *zo.* Grille *f*; *Sport:* Kricket *n*

crime [kraɪm] Verbrechen *n*

criminal ['krɪmɪnl] **1.** kriminell; Straf...; **2.** Verbrecher(in), Kriminelle *m*, *f*

crimson ['krɪmzn] karmesin-, feuerrot

cringe [krɪndʒ] sich ducken

cripple ['krɪpl] **1.** Krüppel *m*; **2.** zum Krüppel machen, verkrüppeln; lähmen

crisis ['kraɪsɪs] (*pl* **-ses** [-si:z]) Krise *f*

crisp [krɪsp] knusp(e)rig; *Gemüse:* frisch, knackig; *Luft:* scharf, frisch; *Haar:* kraus; **'~bread** Knäckebrot *n*

crisps [krɪsps] *pl, a.* **potato ~** *Brt.* (Kartoffel)Chips *pl*

critic ['krɪtɪk] Kritiker(in); **'~al** kritisch; bedenklich;

~ism ['krɪtɪsɪzəm] Kritik f;
~ize ['krɪtɪsaɪz] kritisieren
croak [krəʊk] krächzen;
Frosch: quaken
crochet ['krəʊʃeɪ] häkeln
crockery ['krɒkərɪ] *bsd. Brt.*
Geschirr n.
crocodile ['krɒkədaɪl] Krokodil n
crocus ['krəʊkəs] Krokus m
crook [krʊk] **1.** Krümmung f,
Biegung f; F Gauner m; **2.**
(sich) krümmen; **~ed** ['krʊ-
kɪd] gekrümmt, krumm
crop [krɒp] **1.** zo. Kropf m;
Ernte f; **2.** Haar kurz schneiden, stutzen
cross [krɒs] **1.** Kreuz n (a.
fig.); *Fußball:* Flanke f; *biol.*
Kreuzung f; **2.** (sich) kreuzen; *Straße* überqueren;
Plan etc. durchkreuzen; *biol.*
kreuzen; ~ **off,** ~ **out** aus-,
durchstreichen; ~ **o.s.** sich
bekreuzigen; ~ **one's legs**
die Beine übereinander
schlagen; **keep one's fingers ~ed** den Daumen drük-
ken *od.* halten; **3.** *adj* böse,
ärgerlich; **'~bar** *Sport:* Tor-
Querlatte f; **'~breed** *biol.*
Kreuzung f; **~'country**
Querfeldein...; **~'country
'skiing** Skilanglauf m;
~ex'amine ins Kreuzver-
hör nehmen; **'~eyed: be ~**
schielen; **'~ing** (*Straßen-
etc.*)Kreuzung f; *Brt.* Fußgängerüberweg m; *mar.*
Überfahrt f; **'~roads** *pl od.*

sg (Straßen)Kreuzung f; *fig.*
Scheideweg m; **'~section**
Querschnitt m; **'~walk** *Am.*
Fußgängerüberweg m; **'~
word (puzzle)** Kreuzwort-
rätsel n
crotch [krɒtʃ] *anat.* Schritt m
crouch [kraʊtʃ] sich ducken
crow [krəʊ] **1.** Krähe f; Krähen n; **2.** krähen
crowd [kraʊd] **1.** (Menschen-)
Menge f; **2.** sich drängen;
Straßen etc. bevölkern; **~ed**
überfüllt, voll
crown [kraʊn] **1.** Krone f;
Kron...; **2.** krönen
crucial ['kru:ʃl] entscheidend
crucifixion [kru:sɪ'fɪkʃn]
Kreuzigung f; **crucify** ['kru:-
sɪfaɪ] kreuzigen
crude [kru:d] roh; grob; ~
(**'oil**) Rohöl n
cruel [krʊəl] grausam; hart;
'cruelty Grausamkeit f
cruet ['kru:ɪt] Gewürzständer
m
cruise [kru:z] **1.** kreuzen, e-e
Kreuzfahrt machen; **2.**
Kreuzfahrt f
crumb [krʌm] Krume f, Krümel m; **crumble** ['krʌmbl]
zerkrümeln, -bröckeln
crumple ['krʌmpl] (zer)knit-
tern; zs.-gedrückt werden; **'~
zone** *mot.* Knautschzone f
crunch [krʌntʃ] (geräusch-
voll) (zer)kauen; knirschen
crush [krʌʃ] **1.** sich drängen;
zerquetschen; zerdrücken;
zerkleinern, -mahlen; aus-

pressen; *fig.* niederschmettern; **2.** Gedränge *n*, Gewühl *n*; **lemon** ~ Zitronensaft *m*

crust [krʌst] Kruste *f*

crutch [krʌtʃ] Krücke *f*

cry [kraɪ] **1.** schreien, rufen (*for* nach); weinen; heulen, jammern; **2.** Schrei *m*, Ruf *m*; Geschrei *n*; Weinen *n*

crystal ['krɪstl] Kristall(glas *n*) *m*; *Am.* Uhrglas *n*

cub [kʌb] (*Raubtier*)Junge *n*

cube [kjuːb] Würfel *m*; Kubikzahl *f*

cubic ['kjuːbɪk] Kubik..., Raum...

cubicle ['kjuːbɪkl] Kabine *f*

cuckoo ['kʊkuː] Kuckuck *m*

cucumber ['kjuːkʌmbə] Gurke *f*

cuddle ['kʌdl] an sich drücken, schmusen mit

cue [kjuː] Stichwort *n*; Wink *m*

cuff [kʌf] Manschette *f*, (Ärmel-, *Am. a.* Hosen)Aufschlag *m*; '~ **link** Manschettenknopf *m*

cul-de-sac ['kʌldəsæk] Sackgasse *f*

culminate ['kʌlmɪneɪt] gipfeln; **culmi'nation** *fig.* Höhepunkt *m*

culottes [kjuː'lɒts] *pl* Hosenrock *m*

culprit ['kʌlprɪt] Täter(in), Schuldige *m*, *f*

cult [kʌlt] Kult *m*

cultivate ['kʌltɪveɪt] anbauen, bebauen; kultivieren, fördern; **culti'vation** Anbau *m*, Bebauung *f*

cultural ['kʌltʃərəl] kulturell, Kultur...; **culture** ['kʌltʃə] Kultur *f*

cunning ['kʌnɪŋ] **1.** schlau, listig; **2.** List *f*, Schlauheit *f*

cup [kʌp] Tasse *f*; Becher *m*; *Sport:* Cup *m*, Pokal *m*; **~board** ['kʌbəd] Schrank *m*; '~ **final** Pokalendspiel *n*

cupola ['kjuːpələ] Kuppel *f*

'cup tie Pokalspiel *n*

curable ['kjʊərəbl] heilbar

curb [kɜːb] *Am.* Bordstein *m*

curd [kɜːd] *oft pl* Quark *m*

curdle ['kɜːdl] gerinnen (lassen)

cure [kjʊə] **1.** heilen; trocknen; (ein)pökeln; **2.** Kur *f*; (Heil)Mittel *n*; Heilung *f*

curiosity [kjʊərɪ'ɒsɪtɪ] Neugier *f*; Sehenswürdigkeit *f*; **'curious** neugierig; seltsam

curl [kɜːl] **1.** Locke *f*; **2.** (sich) locken *od.* kräuseln; ~ *up* sich zs.-rollen; '~**er** Lockenwickler *m*; **'curly** gelockt, lockig

currant ['kʌrənt] Johannisbeere *f*; Korinthe *f*

currency ['kʌrənsɪ] *econ.* Währung *f*; **foreign** ~ Devisen *pl*

current ['kʌrənt] **1.** Monat, Ausgaben *etc.*: laufend; gegenwärtig, aktuell; **2.** Strömung *f*; *electr.* Strom *m*; '~ **account** *Brt.* Girokonto *n*

curriculum [kəˈrɪkjələm] (pl -la [-lə], -lums) Lehr-, Studienplan m; ~ 'vitae [-ˈviːtaɪ] Lebenslauf m

curse [kɜːs] 1. (ver)fluchen; 2. Fluch m; **cursed** [ˈkɜːsɪd] verflucht

cursor [ˈkɜːsə] Computer: Cursor m

cursory [ˈkɜːsərɪ] flüchtig

curt [kɜːt] barsch, schroff

curtain [ˈkɜːtn] Vorhang m

curts(e)y [ˈkɜːtsɪ] 1. Knicks m; 2. knicksen

curve [kɜːv] 1. Kurve f, Krümmung f, Biegung f; 2. (sich) krümmen od. biegen

cushion [ˈkʊʃn] 1. Kissen n; 2. polstern; Stoß dämpfen

custard [ˈkʌstəd] Vanillesoße f

custody [ˈkʌstədɪ] Haft f; jur. Sorgerecht n

custom [ˈkʌstəm] Brauch m; econ. Kundschaft f; ~ üblich; ~er Kund|e m, -in f

customs [ˈkʌstəmz] pl Zoll m; ~ **clearance** Zollabfertigung f; ~ **officer**, ~ **official** Zollbeamte m

cut [kʌt] 1. (cut) (ab-, an-, be-, durch-, zer)schneiden; Edelsteine schleifen; mot. Kurve schneiden; Löhne etc. kürzen; Preise herabsetzen, senken; Karten abheben; ~ **a tooth** e-n Zahn bekommen, zahnen; ~ **down** Bäume fällen; (sich) einschränken; ~ **in on s.o.** mot. j-n schneiden;

j-n unterbrechen; ~ **off** abschneiden; unterbrechen, trennen; Strom sperren; ~ **out** ausschneiden; 2. Schnitt m; Schnittwunde f; Fleisch: Stück n; Holz: Schnitt m; Edelsteine: Schliff m; pl Kürzungen pl; **cold** ~**s** pl bsd. Am. Aufschnitt m

cute [kjuːt] schlau, clever; niedlich, süß

cuticle [ˈkjuːtɪkl] Nagelhaut f

cutlery [ˈkʌtlərɪ] Besteck n

cutlet [ˈkʌtlɪt] Kotelett n, (Kalbs-, Schweine)Schnitzel n

cut|-'price Brt., ~**-'rate** ermäßigt, herabgesetzt

cutter [ˈkʌtə] naut. Kutter m; Schneidwerkzeug n, -maschine f; (Glas-, Diamant-) Schleifer m

cutting [ˈkʌtɪŋ] 1. bsd. Brt. (Zeitungs)Ausschnitt m; 2. schneidend

cycle [ˈsaɪkl] 1. Zyklus m; Rad fahren, radeln; **cycling** Radfahren n; **cyclist** Radm. Motorradfahrer(in)

cylinder [ˈsɪlɪndə] Zylinder m, Walze f, Trommel f

cynic [ˈsɪnɪk] Zyniker(in); ~**al** zynisch

cypress [ˈsaɪprəs] Zypresse f

cyst [sɪst] Zyste f

Czech [tʃek] 1. tschechisch; ~ **Republic** Tschechien n, Tschechische Republik; 2. Tschech|e m, -in f

D

dab [dæb] be-, abtupfen

dachshund ['dækshʊnd] Dackel *m*

dad [dæd] F, **'daddy** Papa *m*, Vati *m*

daffodil ['dæfədɪl] gelbe Narzisse

daft [dɑːft] F blöde, doof

dagger ['dægə] Dolch *m*

dahlia ['deɪljə] Dahlie *f*

daily ['deɪlɪ] **1.** täglich; **2.** Tageszeitung *f*

dainty ['deɪntɪ] zierlich

dairy ['deərɪ] Molkerei *f*; Milchgeschäft *n*

daisy ['deɪzɪ] Gänseblümchen *n*

dam [dæm] **1.** (Stau)Damm *m*; **2.** *a.* ~ *up* stauen

damage ['dæmɪdʒ] **1.** Schaden *m*; *pl jur.* Schadenersatz *m*; **2.** (be)schädigen; schaden

damn [dæm] *a.* ~*ed* verdammt; ~ (*it*) F verflucht!

damp [dæmp] **1.** feucht; **2.** Feuchtigkeit *f*; **3.** *a.* ~*en* an-, befeuchten; dämpfen

dance [dɑːns] **1.** tanzen; **2.** Tanz *m*; Tanz(veranstaltung *f*) *m*; **'dancer** Tänzer(in); **'dancing** Tanzen *n*; Tanz...

dandelion ['dændɪlaɪən] *bot.* Löwenzahn *m*

dandruff ['dændrʌf] (Kopf-) Schuppen *pl*

Dane [deɪn] Dän|e *m*, -in *f*

danger ['deɪndʒə] Gefahr *f*;

~ous gefährlich

dangle ['dæŋgl] baumeln *od.* herabhängen (lassen)

Danish ['deɪnɪʃ] dänisch

dare [deə] es *od. et.* wagen; *how ~ you!* was fällt dir ein!; **'daring** kühn; gewagt

dark [dɑːk] **1.** dunkel; finster; *fig.* düster, trüb(e); **2.** Dunkel(heit *f*) *n*; *after ~* nach Einbruch der Dunkelheit; **~en** (sich) verdunkeln od. verfinstern; **~ness** Dunkelheit *f*

darling ['dɑːlɪŋ] **1.** Liebling *m*; **2.** lieb; F goldig

darn [dɑːn] stopfen

dart [dɑːt] **1.** (Wurf)Pfeil *m*; Satz *m*, Sprung *m*; **2.** stürzen; flitzen, huschen; werfen

dash [dæʃ] **1.** stürmen, stürzen; schleudern; *Hoffnungen etc.* zerstören, zunichte machen; ~ *off* davonstürzen; **2.** Gedankenstrich *m*; Schuss *m* (*Rum etc.*), Prise *f* (*Salz etc.*), Spritzer *m* (*Zitrone*); *make a ~ for* losstürzen auf; **'~board** Armaturenbrett *n*

data ['deɪtə] *pl* (*oft sg*) Daten *pl* (*a. Computer*), Angaben *pl*; **~ bank**, **~ base** Datenbank *f*; **~ capture** Datenerfassung *f*; **~ 'memory** Datenspeicher *m*; **~ 'processing** Datenverarbeitung *f*;

~ pro'tection Datenschutz *m*; **~ 'storage** Datenspeicher *m*; **~ 'transfer** Datenübertragung *f*

date¹ [deɪt] **1.** Datum *n*; Zeit(punkt *m*) *f*; Termin *m*; F Verabredung *f*; *bsd. Am.* F (Verabredungs)Partner(in); *out of* ~ veraltet, unmodern; *up to* ~ zeitgemäß, modern, auf dem Laufenden; **2.** datieren; *bsd. Am.* F sich verabreden mit, gehen mit

date² [deɪt] Dattel *f*

'dated [deɪt] veraltet, überholt

daughter ['dɔːtə] Tochter *f*; **'~-in-law** Schwiegertochter *f*

dawdle ['dɔːdl] trödeln

dawn [dɔːn] **1.** (Morgen-)Dämmerung *f*; **2.** dämmern

day [deɪ] Tag *m*; ~ **off** (dienst)freier Tag; *by* ~ bei Tag(e); ~ *after* ~ Tag für Tag; ~ *in* ~ *out* tagaus, tagein; *in those* ~s damals; *one* ~ es Tages; *the other* ~ neulich; *the* ~ *after tomorrow* übermorgen; *the* ~ *before yesterday* vorgestern; *open all* ~ durchgehend geöffnet; *let's call it a* ~! Feierabend!, Schluss für heute!; **'~break** Tagesanbruch *m*; **'~dream** (mit offenen Augen) träumen; **'~light** Tageslicht *n*; **~light 'saving time** Sommerzeit *f*; ~ **re'turn** *Brt.* Tagesrückfahrkarte *f*

dazed [deɪzd] benommen

dazzle ['dæzl] blenden

DC [diː 'siː] *direct current* Gleichstrom *m*

dead [ded] **1.** tot; gestorben; gefühllos; ~ *stop* völliger Stillstand; ~ *slow mot.* Schritt fahren!; ~ *tired* todmüde; *the* ~ *pl* die Toten *pl*; **'~en** dämpfen, abschwächen; ~ *'end* Sackgasse *f* (*a. fig.*); ~ *'heat Sport:* totes Rennen; **'~line** Stichtag *m*; Stichtag *m*; **'~lock** toter Punkt; **'~ly** tödlich

deaf [def] taub; schwerhörig; **~-and-'dumb** taubstumm; **'~en** [defn] taub machen; **'~ening** ohrenbetäubend; **~-'mute** taubstumm

deal [diːl] **1.** (*dealt*) *Karten:* geben; *sl.* Drogen: dealen; *oft* ~ *out* aus-, verteilen; ~ *with* sich befassen, behandeln; handeln von; mit et. od. j-m fertig werden; *econ.* Geschäfte machen mit; **2.** Abkommen *n*; F Geschäft *n*, Handel *m*; Menge *f*; *it's a* ~! abgemacht!; *a good* ~ (ziemlich) viel; *a great* ~ *of* sehr viel; **'~er** Händler(in); *sl.* Drogen: Dealer *m*; **'~ing** *mst pl econ.* Geschäfte *pl*

dealt [delt] *pret u. pp von deal 1*

dean [diːn] Dekan *m*

dear [dɪə] **1.** lieb; teuer; ♀ *Sir, in Briefen:* Sehr geehrter Herr (*Name*); **2.** Liebste *m, f*, Schatz *m*; **3.** *int* (*oh*) ~*l*, ~

me! du liebe Zeit!, ach herrje!; '**.ly** innig, herzlich; teuer

death [deθ] Tod(esfall) *m*

debatable [dɪ'beɪtəbl] umstritten; **debate** [dɪ'beɪt] **1.** Debatte *f*, Diskussion *f*; **2.** debattieren, diskutieren

debit ['debɪt] *econ.* **1.** Soll *n*; *j-n*, Konto belasten

debris ['deɪbri:] Trümmer *pl*

debt [det] Schuld *f*; *be in ~* Schulden haben, verschuldet sein; '**.or** Schuldner(in)

debug [di:'bʌg] *Computer:* Programmfehler beseitigen

decade ['dekeɪd] Jahrzehnt *n*

decaffeinated [di:'kæfmeɪtɪd] koffeinfrei

decanter [dɪ'kæntə] Karaffe *f*

decay [dɪ'keɪ] **1.** zerfallen; verfaulen; *Zahn:* kariös *od.* schlecht werden; **2.** Zerfall *m*; Verfaulen *n*

deceit [dɪ'si:t] Betrug *m*

deceive [dɪ'si:v] *Person:* täuschen, *Sache: a.* trügen

December [dɪ'sembə] Dezember *m*

decent ['di:snt] anständig

deception [dɪ'sepʃn] Täuschung *f*; **de'ceptive** täuschend, trügerisch

decide [dɪ'saɪd] (sich) entscheiden; sich entschließen; beschließen; **de'cided** entschieden

decimal ['desɪml] dezimal, Dezimal...

decipher [dɪ'saɪfə] entziffern

decision [dɪ'sɪʒn] Entschei-

dung *f*; Entschluss *m*; **decisive** [dɪ'saɪsɪv] entscheidend

deck [dek] *naut.* Deck *n*; '**.chair** Liegestuhl *m*

declaration [deklə'reɪʃn] Erklärung *f*; **declare** [dɪ'kleə] erklären; verzollen

decline [dɪ'klaɪn] **1.** zurückgehen; (höflich) ablehnen; **2.** Rückgang *m*, Verfall *m*

decode [di:'kəʊd] dekodieren, entschlüsseln

decompose [di:kəm'pəʊz] (sich) zersetzen

decontaminate [di:kən'tæmɪneɪt] entgiften, -seuchen

decorate ['dekəreɪt] schmücken, verzieren; dekorieren; tapezieren; (an)streichen; **deco'ration** Schmuck *m*, Dekoration *f*, Verzierung *f*; **decorative** ['dekərətɪv] dekorativ, Zier...; **decorator** ['dekəreɪtə] Dekorateur *m*; Maler *m* u. Tapezierer *m*

decrease 1. [di:'kri:s] abnehmen, (sich) verringern; **2.** ['di:kri:s] Abnahme *f*

dedicate ['dedɪkeɪt] widmen; **dedi'cation** Widmung *f*

deduct [dɪ'dʌkt] *Betrag* abziehen (*from* von); **.ible: *tax*** ~ steuerlich absetzbar; **.ion** Abzug *m*; (Schluss)Folgerung *f*, Schluss *m*

deed [di:d] Tat *f*; *jur.* (Übertragungs)Urkunde *f*

deep [di:p] tief (*a. fig.*); '**.en** (sich) vertiefen, *fig. a.* (sich) steigern *od.* verstärken;

~ 'freeze 1. Tiefkühl-, Gefriertruhe f; **2.** (- *froze*, - *frozen*) tiefkühlen, einfrieren; **'~ fry** frittieren

deer [dɪə] Hirsch m; Reh n

defeat [dɪ'fiːt] **1.** besiegen, schlagen; zunichte machen, vereiteln; **2.** Niederlage f

defect [dɪ'fekt] Defekt m, Fehler m; Mangel m; **~ive** [dɪ'fektɪv] schadhaft, defekt

defence [dɪ'fens] *Brt.* Verteidigung f, *Sport a.* Abwehr f

defend [dɪ'fend] verteidigen; **~ant** *jur.* Angeklagte m, f; **~er** Abwehrspieler(in), Verteidiger(in)

defense [dɪ'fens] *Am.* → **defence**; → **department**; **de'fensive 1.** defensiv; **2.** Defensive f

defer [dɪ'fɜː] verschieben

defiant [dɪ'faɪənt] herausfordernd; trotzig

deficiency [dɪ'fɪʃnsɪ] Mangel m, Fehlen n; **de'ficient** mangelhaft, unzureichend

deficit ['defɪsɪt] Defizit n, Fehlbetrag m

define [dɪ'faɪn] definieren, erklären, bestimmen; **definite** ['defɪnɪt] bestimmt; eindeutig, definitiv; **defi'nition** Definition f, Erklärung f, Bestimmung f; *phot., TV etc.*: Schärfe f; **definitive** [dɪ'fɪnɪtɪv] endgültig, definitiv

deflect [dɪ'flekt] ablenken; *Ball:* abfälschen

deform [dɪ'fɔːm] deformieren; entstellen, verunstalten

defrost [diː'frɒst] entfrosten; *Gerät:* abtauen; *Essen:* auftauen

defy [dɪ'faɪ] sich widersetzen

degenerate 1. [dɪ'dʒenəreɪt] *adj* degeneriert; **2.** *v/i* [dɪ'dʒenəreɪt] degenerieren

degrade [dɪ'greɪd] degradieren; erniedrigen

degree [dɪ'griː] Grad m; Stufe f; *univ.* (akademischer) Grad; *by* **~s** allmählich

dehydrated [diː'haɪdreɪtɪd] Trocken-...

de-ice [diː'aɪs] enteisen

deity ['diːɪtɪ] Gottheit f

dejected [dɪ'dʒektɪd] niedergeschlagen

delay [dɪ'leɪ] **1.** aufschieben; verzögern; aufhalten; *be* **~ed** *rail. etc.* Verspätung haben; **2.** Aufschub m; Verzögerung f; *rail. etc.* Verspätung f

delegate 1. ['delɪgət] Delegierte m, f; **2.** ['delɪgeɪt] abordnen, delegieren; übertragen; **delegation** [delɪ'geɪʃn] Abordnung f, Delegation f

delete [dɪ'liːt] (aus)streichen; *Computer:* löschen

deli ['delɪ] F → *delicatessen*

deliberate [dɪ'lɪbərət] absichtlich, vorsätzlich; bedächtig; **~ly** absichtlich

delicacy ['delɪkəsɪ] Delikatesse f; Feingefühl n, Takt m; Zartheit f; **delicate** ['delɪkət] zart; fein; zierlich; zerbrechlich; delikat, heikel; **empfindlich**

delicatessen [delikə'tesn] Feinkostgeschäft *n*

delicious [dɪ'lɪʃəs] köstlich

delight [dɪ'laɪt] **1.** Vergnügen *n*, Entzücken *n*; **2.** entzücken, erfreuen; **~ful** entzückend

delinquent [dɪ'lɪŋkwənt] → **juvenile delinquent**

delirious [dɪ'lɪrɪəs] im Delirium, fantasierend

deliver [dɪ'lɪvə] aus-, (ab)liefern; *Briefe* zustellen; *Rede* halten; befreien, erlösen; **be ~ed of** *med.* entbunden werden von; **de'livery** Lieferung *f*; *Post:* Zustellung *f*; *med.* Entbindung *f*; → **cash** 1; **de'livery van** Lieferwagen *m*

delude [dɪ'luːd] täuschen

deluge ['deljuːdʒ] Überschwemmung *f*, *fig.* Flut *f*

delusion [dɪ'luːʒn] Täuschung *f*; Wahn(vorstellung *f*) *m*

demand [dɪ'mɑːnd] **1.** Forderung *f* (*for* nach); Anforderung *f* (*on* an); Nachfrage *f* (*for* nach); **on ~** auf Verlangen; **2.** verlangen, fordern; (*fordernd*) fragen nach; **~ing** anspruchsvoll

demented [dɪ'mentɪd] wahnsinnig

demi... [demi] Halb..., halb...

demo ['deməʊ] *F* Demo *f*

democracy [dɪ'mɒkrəsɪ] Demokratie *f*; **democrat**

['deməkræt] Demokrat(in);

democratic [demə'krætɪk] demokratisch

demolish [dɪ'mɒlɪʃ] abreißen

demonstrate ['demənstreɪt] demonstrieren; **demon'stration** Demonstration *f*; **'demonstrator** Demonstrant(in)

den [den] *zo.* Höhle *f* (*a. fig.*)

denial [dɪ'naɪəl] Leugnen *n*

Denmark ['denmɑːk] Dänemark *n*

denomination [dɪnɒmɪ'neɪʃn] *rel.* Konfession *f*; *econ.* Nennwert *m*

dense [dens] dicht; **'density** Dichte *f*

dent [dent] **1.** Beule *f*, Delle *f*; **2.** ver-, einbeulen

dental ['dentl] Zahn...; **'dentist** Zahnarzt *m*, -ärztin *f*; **denture** ['dentʃə] *mst pl* (Zahn)Prothese *f*

deny [dɪ'naɪ] ab-, bestreiten, (ab)leugnen, dementieren

deodorant [diː'əʊdərənt] De(s)odorant *n*, Deo *n*

depart [dɪ'pɑːt] abreisen; abfahren; *aviat.* abfliegen; abweichen (*from* von)

department [dɪ'pɑːtmənt] Abteilung *f*, *univ.* a. Fachbereich *m*; *pol.* Ministerium *n*; **♀ of De'fense/of the In'terior/of 'State** *Am.* Verteidigungs-/Innen-/Außenministerium *n*; **~ store** Kauf-, Warenhaus *n*

departure [dɪ'pɑːtʃə] Abreise

f; Abfahrt *f*; Abflug *m*; **~ lounge** Abflughalle *f*

depend [dɪ'pend] **(on)** sich verlassen (auf); abhängen (von); angewiesen sein (auf); *that ~s* das kommt darauf an; **~able** zuverlässig; **~ence** Abhängigkeit (*on* von); **~ent: (on)** abhängig (von); angewiesen (auf)

deplorable [dɪ'plɔːrəbl] beklagenswert; **deplore** [dɪ'plɔː] missbilligen

deport [dɪ'pɔːt] ausweisen, abschieben; deportieren

deposit [dɪ'pɒzɪt] **1.** absetzen, abstellen, niederlegen; (sich) ablagern *od.* absetzen; deponieren; *Bank: Betrag* einzahlen; *Betrag* anzahlen; **2.** *chem.* Ablagerung *f*, *geol. a.* (*Erz- etc.*)Lager *n*; Deponierung *f*; *Bank:* Einzahlung *f*; Anzahlung *f*

depot ['depəʊ] Depot *n*

depress [dɪ'pres] (nieder)drücken; deprimieren, bedrücken; **~ed** deprimiert, niedergeschlagen; **~ed area** Notstandsgebiet *n*; **~ion** [dɪ'preʃn] Depression *f* (*a. econ.*), Niedergeschlagenheit *f*; Vertiefung *f*, Senke *f*; *meteor.* Tief(druckgebiet) *n*

deprived [dɪ'praɪvd] benachteiligt

depth [depθ] Tiefe *f*

deputation [depjʊ'teɪʃn] Abordnung *f*; **'deputy** (Stell)Vertreter(in); *Am.* Hilfssheriff *m*

derail [dɪ'reɪl]: *be ~ed* entgleisen

deranged [dɪ'reɪndʒd] geistesgestört

derelict ['derəlɪkt] heruntergekommen, baufällig

deride [dɪ'raɪd] verhöhnen, -spotten; **derision** [dɪ'rɪʒn] Hohn *m*, Spott *m*; **derisive** [dɪ'raɪsɪv] höhnisch, spöttisch

derive [dɪ'raɪv]: **~ from** abstammen von; herleiten von

dermatologist [dɜːmə'tɒlədʒɪst] Dermatologe *m*, -in *f*; Hautarzt *m*, -ärztin *f*

derogatory [dɪ'rɒgətərɪ] abfällig, geringschätzig

descend [dɪ'send] hinuntergehen; abstammen (*from* von); **~ant** Nachkomme *m*

descent [dɪ'sent] Abstieg *m*; Gefälle *n*; *aviat.* Niedergehen *n*; Abstammung *f*, Herkunft *f*

describe [dɪ'skraɪb] beschreiben; **description** [dɪ'skrɪpʃn] Beschreibung *f*

desert¹ ['dezət] Wüste *f*

desert² [dɪ'zɜːt] verlassen, im Stich lassen; *mil.* desertieren

deserve [dɪ'zɜːv] verdienen

design [dɪ'zaɪn] **1.** entwerfen; **2.** Design *n*, Entwurf *m*, (Konstruktions)Zeichnung *f*; Design *n*, Muster *n*; **de'signer** *tech.* Konstrukteur(in); Designer(in), Modeschöpfer(in)

desirable [dɪ'zaɪərəbl] wünschenswert; **desire** [dɪ'zaɪə] **1.** wünschen; begehren; **2.** Verlangen n, Begierde f

desk [desk] Schreibtisch m

desktop 'publishing (Abk. DTP) Desktop-Publishing n

desolate ['desəlɪt] einsam, verlassen; trostlos

despair [dɪ'speə] **1.** verzweifeln (of an); **2.** Verzweiflung f

desperate ['despərət] verzweifelt; **desperation** [despə'reɪʃn] Verzweiflung f

despise [dɪ'spaɪz] verachten

despite [dɪ'spaɪt] trotz

dessert [dɪ'zɜːt] Nachtisch m, Dessert n

destination [destɪ'neɪʃn] Bestimmungsort m; Reiseziel n

destiny ['destɪnɪ] Schicksal n

destitute ['destɪtjuːt] mittellos, arm

destroy [dɪ'strɔɪ] zerstören, vernichten; Tier einschläfern

destruction [dɪ'strʌkʃn] Zerstörung f; **de'structive** zerstörend; zerstörerisch

detach [dɪ'tætʃ] (ab-, los-)trennen, (los)lösen; **~ed** einzeln, frei stehend, allein stehend; distanziert

detail ['diːteɪl] Detail n, Einzelheit f

detain [dɪ'teɪn] aufhalten; jur. in Haft behalten

detect [dɪ'tekt] entdecken; **~ion** Entdeckung f

detective [dɪ'tektɪv] Kriminalbeamte m; Detektiv m; **~**

novel, **~ story** Kriminalroman m

detention [dɪ'tenʃn] jur. Haft f; Schule: Nachsitzen n

deter [dɪ'tɜː] abschrecken

detergent [dɪ'tɜːdʒənt] Reinigungs-, Waschmittel n

deteriorate [dɪ'tɪərɪəreɪt] sich verschlechtern

determination [dɪtɜːmɪ'neɪʃn] Entschlossenheit f; **determine** [dɪ'tɜːmɪn] bestimmen; feststellen; **de'termined** entschlossen

deterrent [dɪ'terənt] **1.** Abschreckungsmittel n; **2.** abschreckend

detest [dɪ'test] verabscheuen

detonate ['detəneɪt] v/t zünden; v/i detonieren

detour ['diːtʊə] Umweg m; Umleitung f

deuce [djuːs] Kartenspiel, Würfeln: Zwei f; Tennis: Einstand m

devaluation [diːvæljʊ'eɪʃn] Abwertung f; **devalue** [diː'væljuː] abwerten

devastate ['devəsteɪt] verwüsten; **'devastating** verheerend, -nichtend

develop [dɪ'veləp] (sich) entwickeln; phot. Entwickler m; (Stadt-)Planer m; **~ing 'country** Entwicklungsland n; **~ment** Entwicklung f

deviate ['diːvɪeɪt] abweichen

device [dɪ'vaɪs] Vorrichtung f, Gerät n; Plan m; Trick m

devil ['devl] Teufel *m*; **'~ish** teuflisch

devious ['di:vjəs] unaufrichtig; *Mittel:* fragwürdig

devise [dɪ'vaɪz] (sich) ausdenken

devote [dɪ'vəʊt] widmen (*to dat*); **de'voted** hingebungsvoll; eifrig, begeistert

devour [dɪ'vaʊə] verschlingen

devout [dɪ'vaʊt] fromm

dew [dju:] Tau *m*

dexterity [dek'sterətɪ] Geschicklichkeit *f*; **dext(e)rous** ['dekst(ə)rəs] geschickt

diabetes [daɪə'bi:ti:z] Diabetes *m*, Zuckerkrankheit *f*

diagonal [daɪ'ægənl] **1.** diagonal; **2.** Diagonale *f*

diagram ['daɪəgræm] Diagramm *n*

dial ['daɪəl] **1.** Zifferblatt *n*; *tel.* Wählscheibe *f*; Skala *f*; **2.** *tel.* wählen; **~ direct** durchwählen (**to** nach); **di-rect ~(l)ing** Durchwahl *f*

dialect ['daɪəlekt] Dialekt *m*

'dialling' code ['daɪəlɪŋ-] *Brt. tel.* Vorwahl(nummer) *f*; **~ tone** *Brt. tel.* Freizeichen *n*

dialogue *Brt.*, **dialog** *Am.* ['daɪəlɒg] Dialog *m*

'dial tone *Am. tel.* Freizeichen *n*

diameter [daɪ'æmɪtə] Durchmesser *m*

diamond ['daɪəmənd] Diamant *m*; *Karten:* Karo *n*;

→ **heart**

diaper ['daɪəpə] *Am.* Windel *f*

diaphragm ['daɪəfræm] *anat.* Zwerchfell *n*; *tech.* Membrane *f*; *med.* Diaphragma *n*

diarrh(o)ea [daɪə'rɪə] *med.* Durchfall *m*

diary ['daɪərɪ] Tagebuch *n*

dice [daɪs] **1.** (*pl dice*) Würfel *m*; **2.** in Würfel schneiden

dictate [dɪk'teɪt] diktieren; **dic'tation** Diktat *n*

dictator [dɪk'teɪtə] Diktator *m*; **~ship** Diktatur *f*

dictionary ['dɪkʃənrɪ] Wörterbuch *n*

did [dɪd] *pret von* **do**

die[1] [daɪ] sterben; eingehen, verenden; **~ of hunger/thirst** verhungern/verdursten; **~ down** *Aufregung etc.:* sich legen; **~ out** aussterben

die[2] [daɪ] *Am.* Würfel *m*

diet ['daɪət] **1.** Nahrung *f*, Kost *f*; Diät *f*; **be on a ~** Diät leben; **2.** Diät leben

differ ['dɪfə] sich unterscheiden; anderer Meinung sein; **~ence** ['dɪfrəns] Unterschied *m*; Differenz *f*; Meinungsverschiedenheit *f*; **'~ent** verschieden; anders

differentiate [dɪfə'renʃɪeɪt] (sich) unterscheiden

difficult ['dɪfɪkəlt] schwierig; **'difficulty** Schwierigkeit *f*

dig [dɪg] (*dug*) graben

digest **1.** [dɪ'dʒest] verdauen; **2.** [daɪdʒest] Auslese *f*, Auswahl *f*; **~ible** [dɪ'dʒestəbl]

verdaulich; **~ion** [dɪˈdʒestʃn]
Verdauung f

digit [ˈdɪdʒɪt] Ziffer f; **~al** digital, Digital...

dignified [ˈdɪgnɪfaɪd] würdevoll; **'dignity** Würde f

digress [daɪˈgres] abschweifen

digs [dɪgz] pl Brt. F Bude f

dike [daɪk] Deich m

dilapidated [dɪˈlæpɪdeɪtɪd] verfallen, baufällig

dilate [daɪˈleɪt] (sich) weiten

diligent [ˈdɪlɪdʒənt] fleißig

dilute [daɪˈljuːt] verdünnen

dim [dɪm] **1.** Licht: schwach, trüb(e); undeutlich; **2.** (sich) verdunkeln; **~ one's (head)lights** Am. mot. abblenden

dime [daɪm] Am. Zehncentstück n

dimension [dɪˈmenʃn] Dimension f, Maß n, Abmessung f; pl Ausmaß n

diminish [dɪˈmɪnɪʃ] (sich) vermindern od. verringern

dimple [ˈdɪmpl] Grübchen n

dine [daɪn] speisen, essen; **'diner** im Restaurant: Gast m; Am. Speiselokal n; Am. rail. Speisewagen m

dingy [ˈdɪndʒɪ] schmuddelig

'dining| car [ˈdaɪnɪŋ-] Speisewagen m; **'~ room** Esszimmer n; **'~ table** Esstisch m

dinner [ˈdɪnə] (Mittag-, Abend)Essen n; Diner n; **'~ jacket** Smoking m; **'~time** Essens-, Tischzeit f

dino [ˈdaɪnəʊ], **dinosaur** [ˈdaɪnəsɔː] Dinosaurier m

dip [dɪp] **1.** (ein-, unter)tauchen; (sich) senken; **~ one's (head)lights** Brt. mot. abblenden; **2.** (Ein-, Unter-) Tauchen n; F kurzes Bad; Boden: Senke f

diphtheria [dɪfˈθɪərɪə] Diphtherie f

diploma [dɪˈpləʊmə] Diplom n

diplomacy [dɪˈpləʊməsɪ] Diplomatie f

diplomat [ˈdɪpləmæt] Diplomat m; **~ic** [dɪpləˈmætɪk] diplomatisch

dire [ˈdaɪə] schrecklich; äußerst, höchst

direct [dɪˈrekt] **1.** richten, lenken; leiten; Regie führen bei; Brief etc. adressieren; j-n anweisen; j-m den Weg zeigen (**to** zu, nach); **2.** direkt, gerade; **~ current** (Abk. **DC**) Gleichstrom f

direction [dɪˈrekʃn] Richtung f; Leitung f; Regie f; Anweisung f, Anleitung f; **~s** pl (**for use**) Gebrauchsanweisung f; **~ indicator** mot. Richtungsanzeiger m, Blinker m

di'rectly direkt; sofort

director [dɪˈrektə] Direktor(in), Leiter(in), Regisseur(in)

directory [dɪˈrektərɪ] Telefonbuch n

dirt [dɜːt] Schmutz m, Dreck m; **~ 'cheap** F spottbillig

'dirty 1. schmutzig, dreckig; gemein; **2.** beschmutzen

disabled [dɪs'eɪbld] behindert

disadvantage [dɪsəd'vɑ:ntɪdʒ] Nachteil *m*; **disadvantageous** [dɪsædvɑ:n'teɪdʒəs] nachteilig, ungünstig

disagree [dɪsə'griː] nicht übereinstimmen; anderer Meinung sein (**with** als); *Essen*: nicht bekommen (**with** *dat*); **disa'greeable** [-'grɪ-] unangenehm; **disa'greement** [-'griː-] Meinungsverschiedenheit *f*

disappear [dɪsə'pɪə] verschwinden; **~ance** Verschwinden *n*

disappoint [dɪsə'pɔɪnt] enttäuschen; **~ing** enttäuschend; **~ment** Enttäuschung *f*

disarm [dɪs'ɑːm] entwaffnen; abrüsten; **disarmament** [dɪs'ɑːməmənt] Abrüstung *f*

disaster [dɪ'zɑːstə] Unglück *n*, Katastrophe *f*; **~ area** Notstandsgebiet *n*

disastrous [dɪ'zɑːstrəs] katastrophal

disbelief [dɪsbɪ'liːf]: **in ~** ungläubig

disbelieve [dɪsbɪ'liːv] nicht glauben

disc [dɪsk] Scheibe *f*; (Schall-)Platte *f*; Parkscheibe *f*; *anat.* Bandscheibe *f*; *Computer* → **disk; slipped ~** Bandscheibenvorfall *m*

discharge [dɪs'tʃɑːdʒ] **1.** *v/t* entlassen; *Passagiere* ausschiffen; entladen; *Gewehr etc.* abfeuern; ausstoßen; *med.* absondern; *v/i med.* eitern; *electr.* sich entladen; **2.** Entlassung *f*; Entladen *n*; Abfeuern *n*; Ausstoß *m*; *med.* Absonderung *f*, Ausfluss *m*; *electr.* Entladung *f*

discipline ['dɪsɪplɪn] Disziplin *f*

disclose [dɪs'kləʊz] aufdecken; enthüllen

disco ['dɪskəʊ] F Disko *f*

dis|colo(u)r [dɪs'kʌlə] (sich) verfärben; **~'comfort** Unbehagen *n*; **~con'nect** trennen; **~con** *Strom etc.* abstellen; **~consolate** [dɪs'kɒnsələt] untröstlich

discontent [dɪskən'tent] Unzufriedenheit *f*; **~ed** unzufrieden

discotheque ['dɪskəʊtek] Diskothek *f*

discount ['dɪskaʊnt] Preisnachlass *m*, Rabatt *m*

discourage [dɪs'kʌrɪdʒ] entmutigen; *j-m* abraten

discover [dɪs'kʌvə] entdecken; **dis'coverer** Entdecker(in); **dis'covery** Entdeckung *f*

discredit [dɪs'kredɪt] **1.** in Verruf *m*. Misskredit bringen; **2.** Misskredit *m*

discreet [dɪ'skriːt] diskret

discrepancy [dɪ'skrepənsɪ] Widerspruch *m*

discretion [dɪ'skreʃn] Diskretion *f*; Ermessen *n*, Gutdünken *n*

discriminate [dɪˈskrɪmɪneɪt]
unterscheiden; ~ **against** j-n
benachteiligen, diskriminie-
ren

discus [ˈdɪskəs] (pl -**cuses**, -**ci**
[-kaɪ]) Diskus m

discuss [dɪˈskʌs] diskutieren,
besprechen; **~ion** Diskussion f, Besprechung f

disease [dɪˈziːz] Krankheit f

dis|embark [dɪsɪmˈbɑːk] von
Bord gehen (lassen); **~**
en'gage los-, freimachen;
tech. aus-, loskuppeln; **~'fig-**
ure entstellen

disgrace [dɪsˈgreɪs] 1. Schande
f; 2. Schande bringen
über; **~ful** unerhört

disguise [dɪsˈgaɪz] 1. (o.s.
sich) verkleiden; Stimme etc.
verstellen; et. verbergen; 2.
Verkleidung f; Verstellung f

disgust [dɪsˈgʌst] 1. Ekel m,
Abscheu m; 2. anekeln; empören; **~ing** ekelhaft

dish [dɪʃ] (flache) Schüssel,
Schale f; Gericht n, Speise f;
the ~es pl das Geschirr;
'~cloth Spüllappen m

dishevel(l)ed [dɪˈʃevld] zerzaust, wirr

dishonest [dɪsˈɒnɪst] unehr-
lich

dishono(u)r [dɪsˈɒnə] 1.
Schande f; 2. econ. Wechsel
nicht einlösen

'dish|washer Geschirrspül-
maschine f; **'~water** Spül-
wasser n

dis|illusion [dɪsɪˈluːʒn] desil-

lusionieren; **~in'clined** abgeneigt

disinfect [dɪsɪnˈfekt] desinfi-
zieren; **~ant** Desinfektions-
mittel n

dis|inherit [dɪsɪnˈherɪt] enter-
ben; **~'integrate** (sich) auflösen; ver-, zerfallen; **~'in-**
terested uneigennützig

disk [dɪsk] bsd. Am. → **disc**;
Computer: Diskette f; **~**
drive Diskettenlaufwerk n

diskette [dɪsˈket, ˈdɪskət]
Computer: Diskette f

dis|like [dɪsˈlaɪk] 1. nicht lei-
den können, nicht mögen; 2.
Abneigung f; **'~locate** med.
sich den Arm etc. ver- od.
ausrenken; **~'loyal** treulos,
untreu

dismal [ˈdɪzməl] trostlos

dismantle [dɪsˈmæntl] demontieren

dismay [dɪsˈmeɪ] Bestürzung
f; **dis'mayed** bestürzt

dismiss [dɪsˈmɪs] entlassen;
wegschicken; Thema etc. fallen lassen; **~al** Entlassung f

dis|obedience [dɪsəˈbiːdjəns]
Ungehorsam m; **~o'bedient**
ungehorsam; **~o'bey** nicht
gehorchen

disorder [dɪsˈɔːdə] Unordnung
f; Aufruhr m; med. Störung
f; **~ly** unordentlich; jur. ord-
nungswidrig

disown [dɪsˈəʊn] Kind verstoßen; ablehnen

disparaging [dɪˈspærɪdʒɪŋ]
geringschätzig

dispassionate [dɪˈspæʃnət] sachlich

dispatch [dɪˈspætʃ] (ab)senden

dispenser [dɪˈspensə] *tech.* Spender *m*; (*Geld- etc.*)Automat *m*

displace [dɪsˈpleɪs] verdrängen, ablösen; verschleppen

display [dɪsˈpleɪ] **1.** zeigen; *Waren* auslegen, -stellen; **2.** (*Schaufenster*)Auslage *f*; *Computer*: Display *n*, Bildschirm *m*

displease [dɪsˈpliːz] missfallen

disposable [dɪsˈpəʊzəbl] Einweg...; **disposal** *Müll*: Beseitigung *f*, Entsorgung *f*; Endlagerung *f*; **be/put at s.o.'s** ~ j-m zur Verfügung stehen/stellen; **dispose** [dɪsˈpəʊz] ~ **of** beseitigen; *Müll* entsorgen

disposition [dɪspəˈzɪʃn] Veranlagung *f*

dis|proportionate [dɪsprəˈpɔːʃnət] unverhältnismäßig; ~**prove** widerlegen

dispute 1. [dɪˈspjuːt] streiten (*über acc*); **2.** [dɪˈspjuːt, ˈdɪspjuːt] Disput *m*; Streit *m*

dis|qualify [dɪsˈkwɒlɪfaɪ] disqualifizieren; ~**re'gard** nicht beachten; ~**re'spectful** respektlos

disrupt [dɪsˈrʌpt] unterbrechen, stören

dissatisfaction [ˈdɪssætɪsˈfækʃn] Unzufriedenheit *f*;

dis'satisfied [dɪsˈsætɪsfaɪd] unzufrieden

dis'sension [dɪˈsenʃn] Meinungsverschiedenheit(en *pl*) *f*; **dis'sent** abweichende Meinung

dissociate [dɪˈsəʊʃɪeɪt]: ~ **o.s. from** sich distanzieren von

dissolute [ˈdɪsəluːt] ausschweifend

dissolution [dɪsəˈluːʃn] Auflösung *f*

dissolve [dɪˈzɒlv] (sich) auflösen

dissuade [dɪˈsweɪd] *j-m* abraten *od. j-n* abbringen (**from doing** davon, *et. zu* tun)

distance [ˈdɪstəns] Entfernung *f*; Strecke *f*; Distanz *f*; **in the** ~ in der Ferne; **'distant** entfernt; fern

distaste [dɪsˈteɪst] Widerwille *m*; Abneigung *f*

distinct [dɪsˈtɪŋkt] verschieden (**from** von); deutlich, klar; ~**ion** Unterscheidung *f*; Unterschied *m*; Auszeichnung *f*; Rang *m*; ~**ive** unverwechselbar

distinguish [dɪsˈtɪŋgwɪʃ] unterscheiden; ~ **o.s.** sich auszeichnen; ~**ed** hervorragend; vornehm; berühmt

distort [dɪsˈtɔːt] verdrehen; verzerren

distract [dɪsˈtrækt] ablenken; ~**ed** beunruhigt, besorgt; außer sich; ~**ion** Ablenkung *f*, Zerstreuung *f*

distress [dɪsˈtres] **1.** Leid *n*, Kummer *m*; Not(lage) *f*; **2.**

beunruhigen, mit Sorge erfüllen; **~ed area** *Am.* Notstandsgebiet *n*

distribute [dɪ'strɪbjuːt] verausteilen; verbreiten; **distri'bution** Verteilung *f*; Verbreitung *f*; **di'stributor** Verteiler *m* (*a. tech.*); *econ.* Großhändler *m*

district [ˈdɪstrɪkt] Bezirk *m*; Gegend *f*, Gebiet *n*

distrust [dɪsˈtrʌst] **1.** misstrauen; **2.** Misstrauen *n*

disturb [dɪ'stɜːb] stören; beunruhigen; **~ance** Störung *f*

disused [dɪsˈjuːzd] stillgelegt

ditch [dɪtʃ] Graben *m*

dive [daɪv] **1.** (unter-)tauchen; e-n Kopfsprung (*aviat.* Sturzflug) machen, springen; hechten (**for** nach); **2.** (Kopf)Sprung *m*; Fußball: Schwalbe *f*; *aviat.* Sturzflug *m*; **'diver** Taucher(in)

diverge [daɪˈvɜːdʒ] abweichen; **diverse** [daɪˈvɜːs] verschieden; **di'version** Ablenkung *f*; Zeitvertreib *m*; *Brt.* (Verkehrs)Umleitung *f*; **diversity** [daɪˈvɜːsətɪ] Vielfalt *f*

divert [daɪˈvɜːt] ablenken; *Brt. Verkehr etc.* umleiten

divide [dɪ'vaɪd] **1.** *v/t* teilen; ver-, aufteilen; *math.* dividieren, teilen (**by** durch); entzweien; *v/i* sich teilen; sich aufteilen; *math.* sich dividieren *od.* teilen lassen (**by** durch); **2.** Wasserscheide *f*

divine [dɪ'vaɪn] göttlich

diving [ˈdaɪvɪŋ] Tauchen *n*; Wasserspringen *n*; Taucher...; **'~ board** Sprungbrett *n*

divisible [dɪ'vɪzəbl] teilbar; **division** [dɪ'vɪʒn] Teilung *f*; Trennung *f*; *mil.*, *math.* Division *f*; *Abteilung f*

divorce [dɪ'vɔːs] **1.** (Ehe-)Scheidung *f*; **get a ~** sich scheiden lassen (**from** von); **2.** *jur. j-n, Ehe* scheiden; sich scheiden lassen

dizzy [ˈdɪzɪ] schwind(e)lig

DJ [diː 'dʒeɪ] **disc jockey** Disk-, Discjockey *m*

do [duː] (**did, done**) *v/t* tun, machen; *Speisen* zubereiten; *Zimmer* aufräumen, machen; *Geschirr* abwaschen; *Wegstrecke etc.* zurücklegen, schaffen; F *Strafe* absitzen; **~ London** F London besichtigen; **have one's hair done** sich die Haare machen *od.* frisieren lassen; *v/i* tun, handeln; genügen; **that will ~** das genügt; **~ well** gut abschneiden; s-e Sache gut machen; **bei der Vorstellung:** **how ~ you ~** guten Tag; **you know him?** kennst du ihn?; **I don't know** ich weiß nicht; *zur Verstärkung:* **~ be quick** beeil dich doch; *v/t u. v/i Ersatzverb zur Vermeidung von Wiederholungen:* **you like London? – I ~** gefällt dir London? – ja; **in Frage-**

anhängseln: **he works hard, doesn't he?** er arbeitet hart, nicht wahr?; ~ **away with** abschaffen; **F** beseitigen; **I'm done in** F ich bin geschafft; ~ **up** *Kleid etc.* zumachen; *Haus etc.* instand setzen; ~ **o.s. up** sich zurechtmachen; **I could** ~ **with** ... ich könnte ... vertragen; ~ **without** auskommen ohne

doc [dɒk] F → *doctor*

docile ['dəʊsaɪl] fügsam

dock[1] [dɒk] **1.** Dock *n*; Kai *m*, Pier *m*; **2.** *v/t Schiff* (ein)docken; *Raumschiff* koppeln; *v/i* im Hafen *od.* am Kai anlegen; *Raumschiff*: andocken

dock[2] [dɒk] Anklagebank *f*

'dockyard Werft *f*

doctor ['dɒktə] Doktor *m*, Arzt *m*, Ärztin *f*

document 1. ['dɒkjʊmənt] Dokument *n*, Urkunde *f*; **2.** ['dɒkjʊment] dokumentarisch *od.* urkundlich belegen

documentary [dɒkjʊ'mentərɪ] Dokumentarfilm *m*

dodge [dɒdʒ] (rasch) zur Seite springen; ausweichen; sich drücken (vor); **'dodger** Drückeberger *m*

doe [dəʊ] (Reh)Geiß *f*, Ricke *f*

dog [dɒg] Hund *m*; '**~-eared** mit Eselsohren; **'dogged** verbissen, hartnäckig; **doggie, doggy** ['dɒgɪ] Hündchen *n*, Wauwau *m*; **~-tired**

F hundemüde

do-it-yourself [duːɪtjɔːˈself] Heimwerken *n*; **do-it-your-'selfer** Heimwerker *m*

dole [dəʊl] *Brt.* F Stempelgeld *n*; **be** *od.* **go on the** ~ stempeln gehen

doll [dɒl] Puppe *f*

dollar ['dɒlə] Dollar *m*

dolphin ['dɒlfɪn] Delphin *m*

dome [dəʊm] Kuppel *f*

domestic [dəʊ'mestɪk] **1.** häuslich; inländisch, Inlands...; Binnen...; **2.** Hausangestellte *m*, *f*; ~ **'animal** Haustier *n*; **~ate** [dəʊ'mestɪkeɪt] *Tier* zähmen; ~ **'flight** Inlandsflug *m*; ~ **'violence** häusliche Gewalt (*gegen Frauen u. Kinder*)

domicile ['dɒmɪsaɪl] (*jur.* ständiger) Wohnsitz

dominant ['dɒmɪnənt] dominierend, vorherrschend; **dominate** ['dɒmɪneɪt] beherrschen; dominieren; **domi'nation** (Vor)Herrschaft *f*; **domineering** [dɒmɪ'nɪərɪŋ] herrisch

donate [dəʊ'neɪt] spenden (*a. Blut*); **do'nation** Spende *f*

done [dʌn] *pp von* **do**; getan; erledigt; fertig; *gastr.* gar

donkey ['dɒŋkɪ] Esel *m*

donor ['dəʊnə] Spender(in)

doom [duːm] **1.** Schicksal *n*, Verhängnis *n*; **2.** verurteilen, -dammen; **'doomsday** [-mz-] *der* Jüngste Tag

door [dɔː] Tür *f*; '**~bell** Tür-

doze

klingel f; '~step Türstufe f;
'~way Türöffnung f

dope [dəʊp] **1.** F *Rauschgift*:
Stoff m; Dopingmittel n; Betäubungsmittel n; sl. Trottel
m; **2.** F j-m Stoff geben; do-
pen

dormitory ['dɔːmətrɪ] Schlaf-
saal m; Am. Studenten-
wohnheim n

dormobile® ['dɔːməbiːl] Brt.
Wohnmobil n

dose [dəʊs] Dosis f

dot [dɒt] **1.** Punkt m; *on the*
~ F auf die Sekunde pünktlich; **2.** punktieren, tüpfeln;
fig. sprenkeln, übersäen

dote [dəʊt]: ~ *on* vernarrt sein
in

dotted 'line punktierte Linie

double ['dʌbl] **1.** doppelt;
Doppel-, zweifach; **2.** *das
Doppelte*; Doppelgän-
ger(in); Film, TV: Double m;
3. (sich) verdoppeln; ~ *up
with* sich krümmen vor; ~
'bed Doppelbett n; ~ 'bend
S-Kurve f; ~'check genau
nachprüfen; ~'cross F ein
doppeltes od. falsches Spiel
treiben mit; ~'decker Dop-
peldecker m; ~'park mot. in
zweiter Reihe parken;
~'quick adv Brt. F im Eil-
tempo, fix; ~ 'room Dop-
pel-, Zweibettzimmer n

'doubles (pl *doubles*) Tennis:
Doppel n

doubt [daʊt] **1.** (be)zweifeln;
2. Zweifel m; *no* ~ ohne

Zweifel; '~ful zweifelhaft;
'~less ohne Zweifel

dough [dəʊ] Teig m; '~nut etwa Schmalzkringel m

dove [dʌv] Taube f

dowel ['daʊəl] Dübel m

down¹ [daʊn] **1.** adv nach unten, her-, hinunter; unten; **2.**
adj nach unten (gerichtet),
Abwärts...; niedergeschlagen, down; **3.** prp her-, hinunter; **4.** v/t niederschlagen;
F *Getränk* runterkippen

down² [daʊn] Daunen pl;
Flaum m

'down|cast niedergeschlagen;
Blick: gesenkt; '~fall fig.
Sturz m; ~'hearted niedergeschlagen; ~hill abwärts,
bergab; abschüssig; Ski-
sport: Abfahrts...; '~pay-
ment Anzahlung f; '~pour
Regenguss m

downs [daʊnz] pl Hügelland
n

down|stairs [daʊn'steəz] **1.**
adv die Treppe her- od. hinunter, nach unten (gelegen);
2. adj im unteren Stockwerk
(gelegen); ~to-'earth realistisch, praktisch; ~town bsd.
Am. **1.** [daʊn'taʊn] in die od.
zur Stadt; im Geschäfts-
viertel; **2.** ['daʊn-
taʊn] Innenstadt f, City f

'downward(s) nach unten;
abwärts

dowry ['daʊərɪ] Mitgift f

doze [dəʊz] **1.** dösen; **2.** Nickerchen n

dozen ['dʌzn] Dutzend n

drab [dræb] trist, eintönig

draft [drɑːft] **1.** Entwurf m; econ. Wechsel m, Tratte f; Am. mil. Einberufung f; Am. für **draught**; **2.** entwerfen, Brief etc. aufsetzen; Am. mil. einberufen; **draftee** [drɑːf'tiː] Am. Wehr(dienst)pflichtige m

drag [dræg] schleppen, ziehen, zerren, schleifen; **~ on** fig. sich in die Länge ziehen; **'~lift** Schlepplift m

dragon ['drægən] Drache m; **'~fly** Libelle f

drain [dreɪn] **1.** v/t abfließen lassen; entwässern; austrinken, leeren; v/i: **~ off** od. **away** abfließen, ablaufen; **2.** Abfluss(rohr n, -kanal) m; **'~age** Entwässerung(ssystem n) f; Kanalisation f; **'~pipe** Abflussrohr n

drake [dreɪk] Enterich m, Erpel m

drama ['drɑːmə] Drama n; **dramatic** [drə'mætɪk] dramatisch; **dramatist** ['dræmətɪst] Dramatiker m; **dramatize** ['dræmətaɪz] dramatisieren

drank [dræŋk] pret von **drink** 1

drape [dreɪp] drapieren; **'drapery** Brt. Textilien pl

drastic ['dræstɪk] drastisch, durchgreifend

draught [drɑːft] (Am. **draft**) (Luft)Zug m; Zugluft f; Zug m, Schluck m; **beer on ~, ~**

beer Bier n vom Fass, Fassbier n

draughts [drɑːfts] sg Brt. Damespiel n

'draughts|man (pl **-men**) Brt. (Konstruktions)Zeichner m; **'~woman** (pl **-women**) Brt. (Konstruktions)Zeichnerin f

'draughty Brt. zugig

draw [drɔː] **1.** (**drew, drawn**) v/t ziehen; Vorhänge auf- od. zuziehen; Wasser schöpfen; Atem holen; Tee ziehen lassen; fig. Menge anziehen; Interesse auf sich ziehen; zeichnen; Geld abheben; Scheck ausstellen; v/i Kamin, Tee etc.: ziehen; Sport: unentschieden spielen; **~ back** zurückweichen; **~ out** Geld abheben; fig. in die Länge ziehen; **~ up** Schriftstück aufsetzen; Wagen etc.: (an)halten; vorfahren; **2.** Ziehen n; Lotterie: Ziehung f; Sport: Unentschieden n; fig. Attraktion f, Zugnummer f; **'~back** Nachteil m; **'~bridge** Zugbrücke f

drawer¹ [drɔː] Schublade f, -fach n

drawer² ['drɔːə] Zeichner(in); econ. Scheck: Aussteller(in)

'drawing Zeichnen n; Zeichnung f; **'~ board** Reißbrett n; **'~ pin** Brt. Reißzwecke f

drawn [drɔːn] **1.** pp von **draw** 1; **2.** Sport: unentschieden

dread [dred] **1.** (sich) fürch-

drizzle

ten; sich fürchten vor; **2.**
(große) Angst, Furcht *f*;
'**~ful** schrecklich, furchtbar

dream [driːm] **1.** Traum *m*; **2.**
(**dreamed** *od.* **dreamt**) träumen; '**~er** Träumer(in)

dreamt [dremt] *pret u. pp von*
dream 2

'**dreamy** verträumt

dreary ['drɪərɪ] trostlos;
trüb(e); F langweilig

dregs [dregz] *pl* (Boden)Satz
m; *fig.* Abschaum *m*

drench [drentʃ] durchnässen

dress [dres] **1.** (sich) ankleiden *od.* anziehen; zurechtmachen; *Salat* anmachen;
Haar frisieren; *Wunde etc.*
verbinden; **get ~ed** sich anziehen; **2.** Kleidung *f*; Kleid
n; '**~ circle** *thea.* erster Rang

dressing ['dresɪŋ] Ankleiden
n; *med.* Verband *m*; *Salatso-
ße*: Dressing *n*; *Am. gastr.*
Füllung *f*; '**~down** Stand-
pauke *f*; '**~ gown** Morgen-
rock *m*; '**~ room** *thea.*
(Künstler)Garderobe *f*; '**~
table** Toilettentisch *m*

'**dressmaker** (*bsd.* Damen-)
Schneider(in)

drew [druː] *pret von* **draw** 1

dribble ['drɪbl] sabbern; tropfen; *Fußball*: dribbeln

drier ['draɪə] → **dryer**

drift [drɪft] **1.** (dahin)treiben;
Schnee, *Sand*: sich häufen;
fig. sich treiben lassen; **2.**
Treiben *n*; (*Schnee*)Verwe-
hung *f*, (*Schnee-*, *Sand*)Wehe

f; *fig.* Strömung *f*, Tendenz *f*

drill [drɪl] **1.** Bohrer *m*; **2.** bohren; drillen

drink [drɪŋk] **1.** (**drank**,
drunk) trinken; **2.** Getränk
n; Drink *m*; '**~ing** *Brt.*
Trunkenheit *f* am Steuer;
'**~er** Trinker(in); '**~ing water** Trinkwasser *n*

drip [drɪp] **1.** tropfen *od.* tröpfeln (lassen); **2.** Tropfen *m*;
med. Tropf *m*; '**~'dry** bügelfrei

'**dripping** Bratenfett *n*

drive [draɪv] **1.** (**drove**, **driv-
en**) fahren; (an)treiben; **2.**
Fahrt *f*; Aus-, Spazierfahrt *f*;
Zufahrt(straße) *f*; (*private*)
Auffahrt *f*; *tech.* Antrieb *m*;
Computer: Laufwerk *n*;
psych. Trieb *m*; *fig.* Schwung
m, Elan *m*; **left-/right-hand**
Links-/Rechtssteuerung *f*

'**drive-in** Auto-, Drive-in-...

driven ['drɪvn] *pp von* **drive** 2

driver ['draɪvə] Fahrer(in);
driver's license *Am.* Führerschein *m*

'**driveway** Auffahrt *f*

'**driving** ['draɪvɪŋ] (an)trei-
bend; *tech.* Treib..., An-
triebs...; '**~ force** treibende
Kraft; '**~ instructor** Fahr-
lehrer(in); '**~ lesson** Fahr-
stunde *f*; '**~ licence** *Brt.*
Führerschein *m*; '**~ school**
Fahrschule *f*; '**~ test** Fahr-
prüfung *f*

drizzle ['drɪzl] **1.** nieseln; **2.**
Niesel-, Sprühregen *m*

droop [druːp] (schlaff) herabhängen (lassen)

drop [drɒp] **1.** v/i (herab)trop-
fen; (herunter)fallen; v.
Preise etc.: sinken, fallen;
Wind: sich legen; v/t tropfen
lassen; fallen lassen (a. fig.);
Fahrgast absetzen; Augen,
Stimme senken; **s.o. a few
lines** j-m ein paar Zeilen
schreiben; **~ in** (kurz) herein-
schauen; **~ out** fig. aussteigen
(of aus); **2.** Tropfen m;
Fall (tiefe f) m; fig. Fall m,
Sturz m (a. Preise); Bonbon
m, n; **'~out** Aussteiger m;
(Schul-, Studien)Abbrecher
m

drought [draʊt] Dürre f
drove [drəʊv] pret von **drive** 1
drown [draʊn] ertränken; ertränken; **be ~ed** ertrinken
drowsy ['draʊzɪ] schläfrig
drudge [drʌdʒ] sich (ab)pla-
gen

drug [drʌg] **1.** Medikament n;
Droge f; **be on ~s** drogen-
süchtig sein; **2.** j-m Medika-
mente geben; j-n unter Drogen setzen; betäuben; **'~
abuse** Medikamenten- od.
Drogenmissbrauch m; **'~ addict** Medikamentenabhän-
gige m, f; Drogenabhängige
m, f, -süchtige m, f; **'~ug-
gist** ['drʌgɪst] Am.: Apothe-
ker(in); Inhaber(in) e-s
Drugstores; **'~store** Am.:
Apotheke f; Drugstore m
drum [drʌm] **1.** Trommel f;

anat. Trommelfell n; pl mus.
Schlagzeug n; **2.** trommeln;
'drummer Trommler m;
Schlagzeuger m

drunk [drʌŋk] **1.** pp von **drink**
1; **2.** betrunken; **get ~** sich
betrinken; **3.** Betrunkene m,
f; → **drunkard** ['drʌŋkəd]
Trinker(in), Säufer(in);
~-'driving Trunkenheit f am
Steuer; **'~en** betrunken

dry [draɪ] **1.** trocken; Wein:
trocken, herb; **2.** (ab)trock-
nen; dörren; **~ up** austrock-
nen; versiegen
dry-'clean chemisch reinigen; **~ 'cleaner's** Geschäft:
chemische Reinigung; **~
-'cleaning** chemische Reinigung
'dryer a. **drier** Trockner m
DTP [diː tiː 'piː]: desktop publishing Computer: Desktop-
-Publishing n

dual ['djuːəl] doppelt; **'~ car-
riageway** Brt. Schnellstraße
f (mit Mittelstreifen)
dub [dʌb] synchronisieren
dubious ['djuːbjəs] zweifelhaft
duchess ['dʌtʃɪs] Herzogin f
duck [dʌk] **1.** Ente f; **2.** (unter)tauchen; (sich) ducken
due [djuː] **1.** adj zustehend;
gebührend; angemessen;
econ. fällig; zeitlich fällig; **~
to** wegen; **be ~ to** zurückzu-
führen sein auf; **2.** adv direkt, genau (nach Osten
etc.); **3.** pl Gebühren pl

dug [dʌg] *pret u. pp von* **dig**

duke [djuːk] Herzog *m*

dull [dʌl] **1.** matt, glanzlos; trüb; stumpf; langweilig; dumm; *econ.* flau; **2.** abstumpfen; *Schmerz* betäuben

dumb [dʌm] stumm; sprachlos; *bsd. Am.* F doof, dumm

dum(b)founded [dʌmˈfaʊndɪd] verblüfft, sprachlos

dummy [ˈdʌmɪ] Attrappe *f*; *Brt.* Schnuller *m*

dump [dʌmp] **1.** (hin)plumpsen *od.* (-)fallen lassen; auskippen; *Schutt etc.* abladen; *Schadstoffe in Fluss etc.* einleiten, *im Meer* verklappen; *econ.* zu Dumpingpreisen verkaufen; **2.** Schuttabladeplatz *m*, Müllkippe *f*, -halde *f*, (Müll)Deponie *f*

dune [djuːn] Düne *f*

dung [dʌŋ] Mist *m*, Dung *m*

duplex [ˈdjuːpleks] Doppel...

duplicate 1. [ˈdjuːplɪkət] doppelt; genau gleich; **2.** [ˈdjuːplɪkət] Duplikat *n*; → ~ **key**; **3.** [ˈdjuːplɪkeɪt] ein Duplikat anfertigen von; kopieren, vervielfältigen; ~ **key** Zweit-, Nachschlüssel *m*

durable [ˈdjʊərəbl] haltbar; dauerhaft; **duration** [djʊəˈreɪʃn] Dauer *f*

during [ˈdjʊərɪŋ] während

dusk [dʌsk] (Abend)Däm-

merung *f*

dust [dʌst] **1.** Staub *m*; **2.** *v/t* abstauben; (be)streuen; *v/i* Staub wischen; '~**bin** *Brt.*: Abfall-, Mülleimer *m*; Abfall-, Mülltonne *f*; '~**cover** Schutzumschlag *m*; '~**er** Staubtuch *n*; '~ **jacket** Schutzumschlag *m*; '~**man** (*pl* -**men**) *Brt.* Müllmann *m*; '~**pan** Kehrschaufel *f*

'dusty staubig

Dutch [dʌtʃ] **1.** holländisch, niederländisch; **2.** *the* ~ *pl* die Holländer *pl*, die Niederländer *pl*

duty [ˈdjuːtɪ] Pflicht *f*; *econ.* Zoll *m*; Dienst *m*; *on* ~ Dienst habend; *be on* ~ Dienst haben; *be off* ~ dienstfrei haben; ~'**free** zollfrei

dwarf [dwɔːf] (*pl* **dwarfs** [dwɔːfs], **dwarves** [dwɔːvz]) Zwerg(in)

dwell [dwel] (**dwelt** *od.* **dwelled**) wohnen

dwelt [dwelt] *pret u. pp von* **dwell**

dwindle [ˈdwɪndl] abnehmen

dye [daɪ] färben

dying [ˈdaɪɪŋ] sterbend

dynamic [daɪˈnæmɪk] dynamisch; **dy'namics** *mst sg* Dynamik *f*

dynamite [ˈdaɪnəmaɪt] Dynamit *n*

E

each [i:tʃ] **1.** *adj, pron* jede(r, -s); ~ *other* einander, sich; **2.** *adv* je, pro Person/Stück

eager ['i:gə] eifrig; begierig

eagle ['i:gl] Adler *m*

ear¹ [ɪə] Ohr *n*; Gehör *n*

ear² [ɪə] Ähre *f*

'ear|ache Ohrenschmerzen *pl*; **~drum** Trommelfell *n*

earl [ɜːl] *britischer* Graf

early ['ɜːlɪ] früh; bald

earn [ɜːn] *Geld etc.* verdienen

earnest ['ɜːnɪst] **1.** ernst (-haft); **2.** in ~ im Ernst

earnings ['ɜːnɪŋz] *pl* Einkommen *n*

'ear|phones *pl* Kopfhörer *pl*; **~ring** Ohrring *m*; **~shot:** *within* (*out of*) ~ in (außer) Hörweite

earth [ɜːθ] **1.** Erde *f*; **2.** *Brt. electr.* erden; **~en** irden; **~enware** Steingut(geschirr) *n*; **~ly** irdisch; **~quake** Erdbeben *n*; **~worm** Regenwurm *m*

ease [iːz] **1.** (Gemüts)Ruhe *f*; Sorglosigkeit *f*; *feel* (*ill*) *at* ~ sich (nicht) wohl fühlen; **2.** erleichtern; beruhigen; *Schmerzen* lindern

easel ['iːzl] Staffelei *f*

easily ['iːzɪlɪ] leicht, mühelos

east [iːst] **1.** *su* Ost(en) *m*; **2.** *adj* östlich, Ost...; **3.** *adv* nach Osten, ostwärts

Easter ['iːstə] Ostern *n*; Oster...

eastern ['iːstən] östlich, Ost...; **'eastward(s)** östlich, nach Osten

easy ['iːzɪ] leicht; einfach; bequem; gemächlich, gemütlich; ungezwungen; *take it* ~! immer mit der Ruhe!; ~ **'chair** Sessel *m*

eat [iːt] (*ate, eaten*) essen; (zer)fressen; ~ *up* aufessen; **~able** eß-, genießbar

eaten ['iːtn] *pp von* **eat**

eaves [iːvz] *pl* Traufe *f*; **~drop** lauschen; ~ *on s.o.* j-n belauschen

ebb [eb] **1.** Ebbe *f*; **2.** zurückgehen; ~ *away* abnehmen, verebben; ~ **'tide** Ebbe *f*

EC [i: 'si:] *European Community* EG, Europäische Gemeinschaft

echo ['ekəʊ] **1.** (*pl echoes*) Echo *n*; **2.** widerhallen

eclipse [ɪ'klɪps] (*Sonnen-, Mond*)Finsternis *f*

ecocide ['i:kəsaɪd] Umweltzerstörung *f*

ecological [i:kə'lɒdʒɪkl] ökologisch, Umwelt...; **ecology** [i:'kɒlədʒɪ] Ökologie *f*

economic [i:kə'nɒmɪk] wirtschaftlich, Wirtschafts...; rentabel, wirtschaftlich; **~al** wirtschaftlich, sparsam

economics [iːkəˈnɒmɪks] *sg* Volkswirtschaft(slehre) *f*

economist [ɪˈkɒnəmɪst] Volkswirt *m*; **e'conomize:** ~ **on** sparsam umgehen mit; wirtschaften mit; **e'conomy** Wirtschaft *f*; Wirtschaftlichkeit *f*, Sparsamkeit *f*; Einsparung *f*

ecosystem [ˈiːkəʊsɪstəm] Ökosystem *n*

ecstasy [ˈekstəsɪ] Ekstase *f*

ECU [ˈekjuː, eɪˈkuː] *European Currency Unit* Europäische Währungseinheit, Eurowährung *f*

eddy [ˈedɪ] Wirbel *m*

edge [edʒ] **1.** Rand *m*; Kante *f*; Schneide *f*; **on** ~ nervös; gereizt; **2.** einfassen

edible [ˈedɪbl] essbar

edit [ˈedɪt] herausgeben; *Computer:* editieren

edition [ɪˈdɪʃn] Ausgabe *f*

editor [ˈedɪtə] Herausgeber(in); Redakteur(in); **editorial** [edɪˈtɔːrɪəl] Leitartikel *m*; Redaktions...

EDP [iː diː ˈpiː] *electronic data processing* EDV, elektronische Datenverarbeitung

educate [ˈedʒʊkeɪt] erziehen, (aus)bilden; **'educated** gebildet; **edu'cation** Erziehung *f*; (Aus)Bildung *f*

eel [iːl] Aal *m*

effect [ɪˈfekt] (Aus)Wirkung *f*; Effekt *m*; **come into** ~ in Kraft treten; **'~ive** wirksam

effeminate [ɪˈfemɪnət] weibisch

effervescent [efəˈvesnt] sprudelnd, schäumend

efficiency [ɪˈfɪʃənsɪ] (Leistungs)Fähigkeit *f*; **ef'ficient** tüchtig, fähig

effort [ˈefət] Anstrengung *f*; Mühe *f*; **'~less** mühelos

e.g. [iː ˈdʒiː] *exempli gratia* (= *for example*) z.B., zum Beispiel

egg [eg] Ei *n*; **'~cup** Eierbecher *m*

egocentric [egəʊˈsentrɪk] egozentrisch

Egypt [ˈiːdʒɪpt] Ägypten *n*; **Egyptian** [ɪˈdʒɪpʃn] **1.** ägyptisch; **2.** Ägypter(in)

'eiderdown [ˈaɪdə-] Eiderdaunen *pl*; Daunendecke *f*

eight [eɪt] acht; **eighteen** [erˈtiːn] achtzehn; **eighteenth** [erˈtiːnθ] achtzehnt; **eighth** [eɪtθ] **1.** acht; **2.** Achtel *n*; **'eighthly** achtens; **eightieth** [ˈeɪtɪəθ] achtzigst; **'eighty** achtzig

Eire [ˈeərə] *irischer Name der Republik Irland*

either [ˈaɪðə, ˈiːðə] jede(r, -s) (*von zweien*); beides; ~ ... **or** entweder ... oder

ejaculate [ɪˈdʒækjʊleɪt] ejakulieren

eject [ɪˈdʒekt] *j-n* hinauswerfen; *tech.* ausstoßen, -werfen

elaborate [ɪˈlæbərət] sorgfältig (aus)gearbeitet

elapse [ɪˈlæps] *Zeit:* vergehen

elastic [ɪˈlæstɪk] elastisch; ~**'band** *Brt.* Gummiband *n*

elated [ɪ'leɪtɪd] begeistert

elbow ['elbəʊ] Ellbogen *m*

elder¹ ['eldə] *Bruder, Schwester etc.*: älter

elder² ['eldə] Holunder *m*

elderly ['eldəlɪ] ältlich, älter

eldest ['eldɪst] *Bruder, Schwester etc.*: ältest

elect [ɪ'lekt] **1.** *j-n* wählen; **2.** designiert, zukünftig; **e'lection** Wahl *f*; **e'lector** Wähler(in); *Am.* Wahlmann *m*

electric [ɪ'lektrɪk] elektrisch; Elektro...; **~al** elektrisch

electrician [ɪlek'trɪʃn] Elektriker *m*

electricity [ɪlek'trɪsətɪ] Elektrizität *f*

electrify [ɪ'lektrɪfaɪ] elektrifizieren; elektrisieren

electronic [ɪlek'trɒnɪk] elektronisch; Elektronen...; **'data processing** (*Abk. EDP*) elektronische Datenverarbeitung; **elec'tronics** *sg* Elektronik *f*

elegant ['elɪɡənt] elegant

element ['elɪmənt] Element *n*; *pl* Anfangsgründe *pl*; **~al** [elɪ'mentl] elementar; wesentlich; **~ary** [elɪ'mentərɪ] elementar; Anfangs...; **~ school** *Am.* Grundschule *f*

elephant ['elɪfənt] Elefant *m*

elevate ['elɪveɪt] erhöhen; **ele'vation** (Boden)Erhebung *f*, (An)Höhe *f*; **'elevator** *Am.* Lift *m*, Aufzug *m*, Fahrstuhl *m*

eleven [ɪ'levn] elf; **eleventh** [ɪ'levnθ] elft

eligible [ɪ'elɪdʒəbl] berechtigt

eliminate [ɪ'lɪmɪneɪt] beseitigen, entfernen; **be ~d** *Sport*: ausscheiden; **elimi'nation** Beseitigung *f*; Ausscheidung *f* (*a. Sport*)

elk [elk] Elch *m*; *Am.* Wapitihirsch *m*

ellipse [ɪ'lɪps] Ellipse *f*

elm [elm] Ulme *f*

elope [ɪ'ləʊp] durchbrennen

eloquent ['eləkwənt] beredt

else [els] sonst, weiter, außerdem; ander; *anything ~?* sonst noch etwas?; *no one ~* sonst niemand; *or ~* sonst, andernfalls; *~where* anderswo(hin)

elude [ɪ'luːd] ausweichen; **e'lusive** schwer faßbar

emaciated [ɪ'meɪʃɪeɪtɪd] abgemagert, ausgemergelt

emancipate [ɪ'mænsɪpeɪt] emanzipieren

embalm [ɪm'bɑːm] einbalsamieren

embankment [ɪm'bæŋkmənt] (Erd- *etc.*)Damm *m*; Uferstraße *f*

embargo [em'bɑːɡəʊ] (*pl -goes*) Embargo *n*, Sperre *f*

embark [ɪm'bɑːk] an Bord gehen; *et.* anfangen (*on acc*)

embarrass [ɪm'bærəs] in Verlegenheit bringen; **~ed** verlegen; **~ing** peinlich; **~ment** Verlegenheit *f*

embassy ['embəsɪ] *pol.* Botschaft *f*

end

embers ['embəz] *pl* Glut *f*

embezzle [ɪm'bezl] unterschlagen, veruntreuen

embitter [ɪm'bɪtə] verbittern

embolism ['embəlɪzəm] Embolie *f*

embrace [ɪm'breɪs] **1.** (sich) umarmen; **2.** Umarmung *f*

embroider [ɪm'brɔɪdə] (be-) sticken; *fig.* ausschmücken; **~y** Stickerei *f*

emerald ['emərəld] **1.** Smaragd *m*; **2.** smaragdgrün

emerge [ɪ'mɜːdʒ] auftauchen

emergency [ɪ'mɜːdʒənsɪ] Notlage *f*, *-fall m*, *-stand m*; Not...; *in an* **~** im Ernst- *od.* Notfall; **~ call** Notruf *m*; **~ exit** Notausgang *m*; **~ landing** *aviat.* Notlandung *f*; **~ number** Notruf(nummer *f*) *m*; **~ room** *Am.* Krankenhaus: Notaufnahme *f*

emigrant ['emɪgrənt] Auswanderer *m*, Emigrant(in);

emigrate ['emɪgreɪt] auswandern, emigrieren; **emi'gration** Auswanderung *f*, Emigration *f*

emission [ɪ'mɪʃn] Ausstoß *m*, *-strömen f*; **~-free** abgasfrei

emotion [ɪ'məʊʃn] Emotion *f*, Gefühl, *n*; Rührung *f*; **~al** emotional; gefühlsbetont

emperor ['empərə] Kaiser *m*

emphasis ['emfəsɪs] (*pl* **-ses** [-siːz]) Nachdruck *m*; **'emphasize** betonen; **emphatic** [ɪm'fætɪk] nachdrücklich

empire ['empaɪə] Reich *n*, Imperium *n*; Kaiserreich *n*

employ [ɪm'plɔɪ] beschäftigen; *save* [emplɔɪ'iː] Arbeitnehmer(in), Angestellte *m, f*; **~er** [ɪm'plɔɪə] Arbeitgeber(in); **~ment** Beschäftigung *f*, Arbeit *f*

empress ['emprɪs] Kaiserin *f*

empty ['emptɪ] **1.** leer; **2.** (aus)leeren; sich leeren

enable [ɪ'neɪbl] es *j-m* ermöglichen

enamel [ɪ'næml] Email(le *f*) *n*; Glasur *f*; Zahnschmelz *m*; Nagellack *m*

enchant [ɪn'tʃɑːnt] bezaubern

encircle [ɪn'sɜːkl] umgeben, einkreisen, umzingeln

enclose [ɪn'kləʊz] einschließen, umgeben; *Brief:* beilegen, *-fügen;* **enclosure** [ɪn'kləʊʒə] Einzäunung *f*, Gehege *n*; *Brief:* Anlage *f*

encode [en'kəʊd] kodieren, verschlüsseln, chiffrieren

encounter [ɪn'kaʊntə] **1.** begegnen; *auf Schwierigkeiten etc.* stoßen; **2.** Begegnung *f*, feindlicher Zs.-stoß *m*

encourage [ɪn'kʌrɪdʒ] ermutigen; unterstützen; **~ment** Ermutigung *f*; Unterstützung *f*

encouraging [ɪn'kʌrɪdʒɪŋ] ermutigend

end [end] **1.** Ende *n*, Schluss *m*; Zweck *m*, Ziel *n*; *in the* **~** am Ende, schließlich; **stand**

on ~ *Haare*: zu Berge stehen;
2. enden; beenden

endanger [ɪn'deɪndʒə] gefährden

endearing [ɪn'dɪərɪŋ] gewinnend; liebenswert

endive ['endɪv] Endivie *f*

'endless endlos

endorse [ɪn'dɔːs] billigen;
Scheck indossieren

endurance [ɪn'djʊərəns]
Ausdauer *f*; **endure** [ɪn-'djʊə] ertragen

'end user Endverbraucher
(-in)

enemy ['enəmɪ] **1.** Feind *m*; **2.**
feindlich

energetic [enə'dʒetɪk] energisch; tatkräftig

energy ['enədʒɪ] Energie *f*;
'~-saving energiesparend

enforce [ɪn'fɔːs] durchsetzen

engage [ɪn'geɪdʒ] *v/t* j-s *Aufmerksamkeit* auf sich ziehen;
j-n ein-, anstellen, engagieren; *tech.* einrasten lassen,
mot. Gang einlegen; *v/i tech.*
einrasten, greifen; **en'gaged**
verlobt (**to** mit); beschäftigt
(**in, on** mit); *Brt. tel. Toilette*: besetzt; **en'gaged tone**
Brt. tel. Besetztzeichen *n*; **~-ment** Verlobung *f*; Verabredung *f*

engaging [ɪn'geɪdʒɪŋ] Lächeln *etc.*: gewinnend

engine ['endʒɪn] Motor *m*;
Lokomotive *f*; **'~ driver**
Lokomotivführer *m*

engineer [endʒɪ'nɪə] Inge-

nieur(in), Techniker(in); *Am.*
Lokomotivführer *m*; **~ing**
Technik *f*; *a.* **mechanical ~**
Maschinen-u. Gerätebau *m*

England ['ɪŋglənd] England *n*

English ['ɪŋglɪʃ] **1.** englisch;
2. the ~ *pl* die Engländer *pl*;
'~man (*pl* **-men**) Engländer
m; **'~woman** (*pl* **-women**)
Engländerin *f*

engrave [ɪn'greɪv] (ein)gravieren, (-)meißeln, einschnitzen; **engraving** (Kupfer-,
Stahl)Stich *m*, Holzschnitt *m*

engrossed [ɪn'grəʊst] vertieft, -sunken (**in** in)

enigma [ɪ'nɪgmə] Rätsel *n*

enjoy [ɪn'dʒɔɪ] Vergnügen *od.*
Gefallen finden *od.* Freude
haben an; genießen; **did you**
~ it? hat es dir gefallen?; ~
o.s. sich amüsieren *od.* gut
unterhalten; **~able** angenehm, erfreulich; **~ment**
Vergnügen *n*, Freude *f*; Genuss *m*

enlarge [ɪn'lɑːdʒ] (sich) vergrößern *od.* erweitern; **~-ment** Vergrößerung *f*

enliven [ɪn'laɪvn] beleben

enormous [ɪ'nɔːməs] enorm,
ungeheuer, gewaltig

enough [ɪ'nʌf] genug

enquire, enquiry → inquire,
inquiry

enraged [ɪn'reɪdʒd] wütend

enrich [ɪn'rɪtʃ] bereichern

enrol(l) [ɪn'rəʊl] (sich) einschreiben *od.* -tragen; *univ.*
(sich) immatrikulieren

ensure [ɪnˈʃɔː] garantieren

entangle [ɪnˈtæŋgl] verwickeln

enter [ˈentə] v/t eintreten, -steigen in, betreten; einreisen in; *naut.*, *rail.* einlaufen, -fahren in; eindringen in; *Namen etc.* eintragen, -schreiben; *Computer:* eingeben; *Sport:* melden, nennen; beitreten; v/i eintreten, hereinkommen, hineingehen; *thea.* auftreten; '**~ key** *Computer:* Eingabetaste f

enterprise [ˈentəpraɪz] Unternehmen n (a. econ.); econ. Betrieb m; Unternehmungsgeist m; '**enterprising** unternehmungslustig

entertain [entəˈteɪn] unterhalten; bewirten; **~er** Entertainer(in), Unterhaltungskünstler(in), **~ment** Entertainment n, Unterhaltung f

enthrall [ɪnˈθrɔːl] fig. fesseln

enthusiasm [ɪnˈθjuːzɪæzəm] Begeisterung f; **enthusi'astic** begeistert

entice [ɪnˈtaɪs] (ver)locken

entire [ɪnˈtaɪə] ganz; einheitlich; **~ly** völlig, ausschließlich

entitle [ɪnˈtaɪtl] betiteln; berechtigen (**to** zu)

entrails [ˈentreɪlz] pl Eingeweide pl

entrance [ˈentrəns] Eingang m; Eintreten n, Eintritt m; '**~ exam(ination)** Aufnahmeprüfung f; '**~ fee** Eintritt

(-sgeld n) m; Aufnahmegebühr f

entrust [ɪnˈtrʌst] anvertrauen; *j-n* betrauen

entry [ˈentrɪ] Eintreten n, Eintritt m; Einreise f; Beitritt m; Zutritt m; Zu-, Eingang m, Einfahrt f; Eintrag(ung f) m; *Lexikon:* Stichwort n; *Sport:* Nennung f, Meldung f; **no ~** Zutritt verboten!, mot. keine Einfahrt!; '**~ form** Anmeldeformular n; '**~ visa** Einreisevisum n

envelop [ɪnˈveləp] (ein)hüllen, einwickeln

envelope [ˈenvələʊp] (Brief-) Umschlag m

enviable [ˈenvɪəbl] beneidenswert; '**envious** neidisch

environment [ɪnˈvaɪərənmənt] Umgebung f; Umwelt f; **~friendly** umweltfreundlich

environmental [ɪnvaɪərənˈmentl] Umwelt...; **~ist** [ɪnvaɪərənˈmentəlɪst] Umweltschützer(in); **~ pol'lution** Umweltverschmutzung f

environs [ɪnˈvaɪərənz] pl Umgebung f (*e-r Stadt*)

envoy [ˈenvɔɪ] Gesandte m

envy [ˈenvɪ] **1.** Neid m; **2.** beneiden (*s.o. s.th.* j-n um et.)

epidemic [epɪˈdemɪk] Epidemie f, Seuche f

epilogue *Brt.*, **epilog** *Am.* [ˈepɪlɒg] Epilog m, Nachwort n

episode [ˈepɪsəʊd] Episode f

epitaph

epitaph ['epɪtɑːf] Grabinschrift f

epoch ['iːpɒk] Epoche f

equal ['iːkwəl] **1.** adj gleich; **be ~ to** e-r Aufgabe etc. gewachsen sein; **2.** su Gleichgestellte m, f; **3.** v/t gleichen (dat); **~ity** [ɪ'kwɒlɪtɪ] Gleichheit f; **~ize** [ɪ'kwəlaɪz] gleichmachen, -setzen, -stellen; ausgleichen; Sport: Rekord einstellen; **~izer** Sport: Ausgleich(stor m, -streffer) m

equate [ɪ'kweɪt] gleichsetzen

equation [ɪ'kweɪʒn] math. Gleichung f

equator [ɪ'kweɪtə] Äquator m

equilibrium [iːkwɪ'lɪbrɪəm] Gleichgewicht n

equip [ɪ'kwɪp] ausrüsten; **~ment** Ausrüstung f, -stattung f; tech. Einrichtung f

equivalent [ɪ'kwɪvələnt] **1.** gleichbedeutend (**to** mit); gleichwertig, äquivalent; **2.** Äquivalent n, Gegenwert m

era ['ɪərə] Ära f, Zeitalter n

eradicate [ɪ'rædɪkeɪt] ausrotten (a. fig.)

erase [ɪ'reɪz] ausstreichen, -radieren; löschen (a. Computer, Tonband); **e'raser** Radiergummi m

erect [ɪ'rekt] **1.** aufrecht; **2.** aufrichten, errichten; aufstellen; **~ion** Errichtung f; physiol. Erektion f

erode [ɪ'rəʊd] geol. erodieren; **erosion** [ɪ'rəʊʒn] geol. Erosion f

erotic [ɪ'rɒtɪk] erotisch

err [ɜː] (sich) irren

errand ['erənd] **run ~s** Besorgungen machen

erratic [ɪ'rætɪk] sprunghaft

error ['erə] Irrtum m, Fehler m (a. Computer)

erupt [ɪ'rʌpt] Vulkan etc.: ausbrechen; **~ion** (Vulkan-) Ausbruch m

escalate ['eskəleɪt] eskalieren; Preise etc.: steigen; **es-ca'lation** Eskalation f

escalator ['eskəleɪtə] Rolltreppe f

escalope ['eskələʊp] gastr. (bsd. Wiener)Schnitzel n, (Kalbs)Schnitzel n

escape [ɪ'skeɪp] **1.** v/t entgehen, -kommen, -rinnen; entweichen; dem Gedächtnis entfallen; **2.** Entkommen n, Flucht f; **have a narrow ~** mit knapper Not davonkommen; **~ chute** aviat. Notrutsche f

escort [ɪ'skɔːt] begleiten

especial [ɪ'speʃl] besonder; **~ly** besonders

espionage ['espɪənɑːʒ] Spionage f

essay ['eseɪ] Essay m, n, Aufsatz m

essential [ɪ'senʃl] **1.** wesentlich; unentbehrlich; **2.** mst pl das Wesentliche; **~ly** im Wesentlichen

establish [ɪ'stæblɪʃ] einrichten, errichten, gründen; be-nachweisen; **~ment** Einrichtung f; Unternehmen n

estate [ɪ'steɪt] Landsitz m, Gut n; Brt. (Wohn)Siedlung f; Brt. Industriegebiet n; ~ **agent** Grundstücks-, Immobilienmakler m; ~ **car** Brt. Kombiwagen m

esthetic Am. → **aesthetic**

estimate 1. ['estɪmeɪt] (ab-, ein)schätzen; veranschlagen; **2.** ['estɪmət] Schätzung f, Kostenvoranschlag m; **estimation** [estɪ'meɪʃn] Achtung f, Wertschätzung f

estranged [ɪ'streɪndʒd] *Ehepaar*: getrennt lebend

estuary ['estjuərɪ] *den Gezeiten ausgesetzte* weite Flussmündung

etch [etʃ] ätzen; in Kupfer stechen; radieren; '**~ing** Kupferstich m; Radierung f

eternal [ɪ'tɜːnl] ewig; **e'ternity** Ewigkeit f

ether ['iːθə] Äther m

ethical ['eθɪkl] ethisch; '**ethics** sg Ethik f; pl Moral f

EU [iː 'juː] *European Union* Europäische Union

Euro... ['juərəu] europäisch, Euro...; '**~cheque** Brt. Eurocheque m

Europe ['juərəp] Europa n; **European** [juərə'piːən] **1.** europäisch; ℤ *Currency Unit* (*Abk.* *ECU*) Europäische Währungseinheit, Eurowährung f; **2.** Europäer(in)

evacuate [ɪ'vækjueɪt] evakuieren; *Haus etc.* räumen

evade [ɪ'veɪd] ausweichen; umgehen, vermeiden

evaluate [ɪ'væljueɪt] (ab-)schätzen, bewerten

evaporate [ɪ'væpəreɪt] verdunsten, verdampfen; **~d milk** Kondensmilch f

evasion [ɪ'veɪʒn] Umgehung f, Vermeidung f; (*Steuer*-)Hinterziehung f; **evasive** [ɪ'veɪsɪv] ausweichend

eve [iːv] Vorabend m, Vortag m (*e-s Festes*)

even [iːvn] **1.** *adv* sogar; **not** ~ nicht einmal; ~ **if** selbst wenn; **2.** *adj* eben; gleich; gleichmäßig; ausgeglichen; *Zahl*: gerade; **be** ~ **with** quitt sein mit

evening ['iːvnɪŋ] Abend m; **in the** ~ abends, am Abend; **this** ~ heute Abend; **good** ~ guten Abend; '~ **classes** pl Abendkurs m, -unterricht m

event [ɪ'vent] Ereignis n; *Sport*: Disziplin f; Wettbewerb m; **at all** ~**s** auf alle Fälle

eventually [ɪ'ventʃuəlɪ] schließlich

ever ['evə] immer (wieder); je(mals); ~ **since** seitdem; '~**green** immergrüne Pflanze; '~**lasting** ewig

every ['evrɪ] jede(r, -s); ~ **other day** jeden zweiten Tag, alle zwei Tage; ~ **now and then** hin u. wieder; '~**body** → **everyone**; '~**day** Alltags...; '~**one** jeder(mann), alle; '**~thing** alles; '**~where** überall(hin)

evidence ['evidəns] *jur.* Beweis(e *pl*) *m*; (Zeugen)Aussage *f*; (An)Zeichen *n*, Spur *f*; **give ~** aussagen; '**evident** offensichtlich

evil ['i:vl] **1.** übel, böse; **2.** Übel *n*; *das* Böse

evoke [ɪ'vəʊk] (herauf)beschwören; wachrufen

evolution [i:və'lu:ʃn] Evolution *f*; Entwicklung *f*

evolve [ɪ'vɒlv] (sich) entwickeln

ewe [ju:] Mutterschaf *n*

ex... [eks] Ex..., ehemalig

exact [ɪg'zækt] exakt, genau; **~ly** exakt, genau

exaggerate [ɪg'zædʒəreɪt] übertreiben; **exagge'ration** Übertreibung *f*

exam [ɪg'zæm] F Examen *n*

examination [ɪgzæmɪ'neɪʃn] Examen *n*, Prüfung *f*; Untersuchung *f*; *jur.* Vernehmung *f*; **examine** [ɪg'zæmɪn] untersuchen; *ped.* prüfen (**in** in; **on** über); *jur.* vernehmen; **ex'aminer** *ped.* Prüfer(in)

example [ɪg'zɑ:mpl] Beispiel *n*; **for ~** zum Beispiel

exasperated [ɪg'zæspəreɪtd] wütend, aufgebracht

excavate ['ekskəveɪt] ausgraben, -baggern, -heben; **exca'vation** Ausgrabung *f*; '**excavator** Bagger *m*

exceed [ɪk'si:d] überschreiten; übertreffen; **~ingly**

äußerst

excel [ɪk'sel] übertreffen (*o.s.* sich selbst); sich auszeichnen

excellent ['eksələnt] ausgezeichnet, hervorragend

except [ɪk'sept] außer; **~ for** bis auf (*acc*); **~ion** Ausnahme *f*; **~ional** [ɪk'sepʃənl], **~ionally** [ɪk'sepʃnəlɪ] außergewöhnlich

excerpt ['eksɜ:pt] Auszug *m*

excess [ɪk'ses] Überschuss *m*; Exzess *m*; **~ 'baggage** *aviat.* Übergepäck *n*; **~ 'fare** (Fahrpreis)Zuschlag *m*; **~ive** übermäßig, -trieben; **~ 'luggage** *bsd. Brt. aviat.* Übergepäck *n*; **~ 'postage** Nachporto *n*, -gebühr *f*

exchange [ɪks'tʃeɪndʒ] **1.** (aus-, um)tauschen (**for** gegen); *Geld* (um)wechseln; **2.** (Aus-, Um)Tausch *m*; *bsd.* (Geld)Wechsel *m*; *econ.* Börse *f*; Wechselstube *f*; (Fernsprech)Amt *n*; **~ rate** Wechselkurs *m*

Exchequer [ɪks'tʃekə]: *the ~ Brt.* Finanzministerium *n*

excitable [ɪk'saɪtəbl] reizbar, (leicht) erregbar; **excite** [ɪk'saɪt] er-, anregen; reizen; **ex'cited** erregt, aufgeregt; **ex'citement** Auf-, Erregung *f*; **ex'citing** er-, aufregend, spannend

exclaim [ɪk'skleɪm] (aus)rufen; **exclamation** [eksklə'meɪʃn] Ausruf *m*; **~ mark** *Brt.*, **~ point** *Am.* Ausrufezeichen *n*

exclude [ɪk'sklu:d] ausschließen; **exclusive** [ɪk'sklu:sɪv] ausschließlich; exklusiv

excursion [ɪk'skɜ:ʃn] Ausflug *m*

excuse 1. [ɪk'skju:z] entschuldigen; ~ **me** entschuldige(n Sie)!, Verzeihung!; **2.** [ɪk'skju:s] Entschuldigung *f*

execute ['eksɪkju:t] aus-, durchführen; *mus. etc.* vortragen; hinrichten; **exe'cution** Hinrichtung *f*

executive [ɪg'zekjʊtɪv] **1.** ausübend, vollziehend, *pol.* Exekutiv...; **2.** *pol.* Exekutive *f*; *econ.* leitende(r) Angestellte(r)

exemplary [ɪg'zemplərɪ] vorbildlich; abschreckend

exercise ['eksəsaɪz] **1.** Übung *f*; Übung(sarbeit) *f*, Schulaufgabe *f*; (körperliche) Bewegung; **2.** *Macht etc.* ausüben; üben, trainieren; sich Bewegung machen; '~ **book** (Schul-, Schreib)Heft *n*

exert [ɪg'zɜ:t] *Einfluss etc.* ausüben; ~ **o.s.** sich anstrengen; **~ion** Anstrengung *f*

exhaust [ɪg'zɔ:st] **1.** erschöpfen; *Vorräte* ver-, aufbrauchen; **2.** *tech.* Auspuff *m*; *a.* ~ **fumes** *pl* Auspuff-, Abgase *pl*; ~**ed** erschöpft; ~**ion** Erschöpfung *f*; ~ **pipe** Auspuffrohr *n*

exhibit [ɪg'zɪbɪt] **1.** ausstellen; *fig.* zeigen, zur Schau stellen; **2.** Ausstellungsstück *n*; *jur.*

Beweisstück *n*; ~**ion** [eksɪ'bɪʃn] Ausstellung *f*

exhilarating [ɪg'zɪləreɪtɪŋ] erregend, berauschend

exile ['eksaɪl] Exil *n*

exist [ɪg'zɪst] existieren; vorkommen; leben (**on** von); **~ence** Existenz *f*; Vorkommen *n*; **~ent** vorhanden

exit ['eksɪt] Ausgang *m*; Abgang *m*; (Autobahn)Ausfahrt *f*; Ausreise *f*

exotic [ɪg'zɒtɪk] exotisch

expand [ɪk'spænd] ausbreiten; (sich) ausdehnen *od.* erweitern; **expanse** [ɪk'spæns] weite Fläche; **ex'pansion** Ausbreitung *f*; Ausdehnung *f*, Erweiterung *f*

expect [ɪk'spekt] erwarten; F annehmen; **be ~ing** F in anderen Umständen sein; **~ant** erwartungsvoll; ~ **mother** werdende Mutter; **~ation** [ekspek'teɪʃn] Erwartung *f*

expedient [ɪk'spi:dɪənt] zweckdienlich, -mäßig

expedition [ekspɪ'dɪʃn] Expedition *f*

expel [ɪk'spel] (**from**) vertreiben (aus); ausweisen (aus); ausschließen (von, aus)

expenditure [ɪk'spendɪtʃə] Ausgaben *pl*, (Kosten)Aufwand *m*

expense [ɪk'spens] Ausgabe *pl*; *pl* Unkosten *pl*, Spesen *pl*; **at the ~ of** auf Kosten (*gen.*); **ex'pensive** teuer

experience [ɪk'spɪərɪəns] **1.**

Erfahrung f; Erlebnis n; **2.** erfahren; erleben; **ex'perienced** erfahren

experiment 1. [ɪk'sperɪmənt] Experiment n, Versuch m; **2.** [ɪk'sperɪment] experimentieren

expert ['ekspɜːt] **1.** Expert|e m, -in f, Sachverständige m, f, Fachmann m, -frau f; **2.** erfahren; fachmännisch

expire [ɪk'spaɪə] ablaufen, erlöschen; verfallen

explain [ɪk'spleɪn] erklären; **explanation** [eksplə'neɪʃn] Erklärung f

explicit [ɪk'splɪsɪt] deutlich; **(sexually)** ~ **Film** etc: freizügig

explode [ɪk'spləʊd] explodieren; zur Explosion bringen

exploit [ɪk'splɔɪt] ausbeuten

exploration [eksplə'reɪʃn] Erforschung f; **explore** [ɪk'splɔː] erforschen; **ex'plorer** Forscher(in)

explosion [ɪk'spləʊʒn] Explosion f; **explosive** [ɪk'spləʊsɪv] **1.** explosiv; **2.** Sprengstoff m

export 1. [ɪk'spɔːt] exportieren, ausführen; **2.** ['ekspɔːt] Export m, Ausfuhr f; pl Exportgüter pl; **~ation** [ekspɔː'teɪʃn] Ausfuhr f; **~er** [ɪk'spɔːtə] Exporteur m

expose [ɪk'spəʊz] Waren ausstellen; phot. belichten; fig.: aufdecken; entlarven; ~ **to** e-r Gefahr aussetzen

exposition [ekspəʊ'zɪʃn] Ausstellung f

exposure [ɪk'spəʊʒə] fig. Ausgesetztsein n (**to** dat); Unterkühlung f; fig. Enthüllung f; phot. Belichtung f; ~ **meter** Belichtungsmesser m

express [ɪk'spres] **1.** v/t ausdrücken, äußern; **2.** su Schnellzug m; post. Eilbote m; **3.** adv durch Eilboten; **4.** adj ausdrücklich; Express...; Eil..., Schnell...; ~ **way** Am. Schnellstraße f

expulsion [ɪk'spʌlʃn] Vertreibung f; Ausweisung f; Ausschluss m

extend [ɪk'stend] (aus)dehnen, (-)weiten; Hand etc. ausstrecken; Betrieb etc. vergrößern; Frist, Pass etc. verlängern; sich ausdehnen od. erstrecken; **ex'tension** [ɪk'stenʃn] Ausdehnung f; Vergrößerung f, Erweiterung f; (Frist)Verlängerung f; arch. Erweiterung f, Anbau m; tel. Nebenanschluss m; **ex'tensive** ausgedehnt; fig. umfassend; **ex'tent** Ausdehnung f; Umfang m; (Aus)Maß n

exterior [ɪk'stɪərɪə] **1.** äußer, Außen...; **2.** das Äußere

exterminate [ɪk'stɜːmɪneɪt] ausrotten

external [ɪk'stɜːnl] äußer, äußerlich, Außen...

faculty

extinct [ɪk'stɪŋkt] ausgestorben; *Vulkan:* erloschen

extinguish [ɪk'stɪŋgwɪʃ] (aus-)löschen

extra ['ekstrə] **1.** zusätzlich, Extra..., Sonder...; *be ~ ge-* sondert berechnet werden; *charge ~ for et.* gesondert berechnen; **2.** Sonderleistung *f; bsd. mot.* Extra *n;* Zuschlag *m;* Extrablatt *n; Film:* Statist(in)

extract 1. [ɪk'strækt] herausholen; *Zahn* ziehen; **2.** ['ekstrækt] Auszug *m*

extradite ['ekstrədaɪt] *Verbrecher* ausliefern

extraordinary [ɪk'strɔːdnrɪ] außerordentlich, -gewöhnlich; ungewöhnlich

extraterrestrial [ekstrə'restrɪəl] außerirdisch

extra 'time *Sport:* (Spiel)Verlängerung *f*

extravagant [ɪk'strævəgənt] verschwenderisch

extreme [ɪk'striːm] **1.** äußerst, größt, höchst; extrem; *~ right* rechtsextrem(istisch); **2.** *das* Äußerste, Extrem *n;* **ex'tremely** äußerst, höchst; **extremity** [ɪk'stremətɪ] *das* Äußerste; (höchste) Not; *pl* Gliedmaßen *pl,* Extremitäten *pl*

extroverted ['ekstrəʊvɜːtɪd] extrovertiert

exuberant [ɪg'zjuːbərənt] überschwenglich

eye [aɪ] **1.** Auge *n;* Öhr *n;* Öse *f; fig.* Blick *m;* **2.** ansehen, mustern; *~ball* Augapfel *m;* *~brow* Augenbraue *f;* *~glasses* *pl* Brille *f;* *~lash* Augenwimper *f;* *~lid* Augenlid *n;* *~liner* Eyeliner *m;* *~shadow* Lidschatten *m;* *~sight* Augen(licht *n*) *pl,* Sehkraft *f;* *~ specialist* Augenarzt *m,* -ärztin *f;* *~witness* Augenzeug|e, -in *f*

F

F *Fahrenheit* F, Fahrenheit (*Thermometereinteilung*)

fable ['feɪbl] Fabel *f*

fabric ['fæbrɪk] Stoff *m,* Gewebe *n; fig.* Struktur *f*

fabulous ['fæbjʊləs] sagenhaft

face [feɪs] **1.** Gesicht *n;* Vorderseite *f;* Zifferblatt *n; ~ to ~* Auge in Auge; **2.** ansehen;

gegenüberstehen, -liegen, -sitzen; *~cloth, ~ flannel Brt.* Waschlappen *m*

facilities [fə'sɪlətɪz] *pl* Einrichtungen *pl,* Anlagen *pl*

fact [fækt] Tatsache *f; in ~* tatsächlich

factor ['fæktə] Faktor *m*

factory ['fæktərɪ] Fabrik *f*

faculty ['fækltɪ] Fähigkeit *f;*

Gabe f; *univ.* Fakultät f; *Am. univ.* Lehrkörper m

fade [feɪd] (ver)welken (lassen); *Farben:* verblassen

fag [fæg] F Glimmstängel m

fail [feɪl] versagen; misslingen, fehlschlagen; nachlassen; *Kandidat:* durchfallen (lassen); **failure** [ˈfeɪljə] Versagen n; Fehlschlag m, Misserfolg m; Versager m

faint [feɪnt] **1.** schwach, matt; **2.** Ohnmacht f; **3.** ohnmächtig werden

fair¹ [feə] (Jahr)Markt m; *econ.* Messe f

fair² [feə] gerecht, anständig, fair; recht gut, ansehnlich; *Wetter:* schön; *Himmel:* klar; *Haar:* blond; *Haut:* hell; **'~ly** gerecht; ziemlich; **'~ness** Gerechtigkeit f, Fairness f; ~ **'play** Fair Play n, Fairness f

fairy [ˈfeərɪ] Fee f; **'~ tale** Märchen n

faith [feɪθ] Glaube m; Vertrauen n; **'~ful** treu; genau; *Yours* **~fully** Briefschluss: Hochachtungsvoll

fake [feɪk] **1.** Fälschung f; Schwindler(in); **2.** fälschen

falcon [ˈfɔːlkən] Falke m

fall [fɔːl] **1.** Fall(en n) m; Sturz m; *Am.* Herbst m; ⊙ Wasserfall m; **2.** (*fell, fallen*) fallen, stürzen; sinken; *Nacht:* hereinbrechen; ~ **ill**, ~ **sick** krank werden; ~ **in love with** sich verlieben in; **'~en** pp

von **fall** 2

false [fɔːls] falsch

falsify [ˈfɔːlsɪfaɪ] fälschen

falter [ˈfɔːltə] schwanken; zaudern; *Stimme:* stocken

fame [feɪm] Ruhm m

familiar [fəˈmɪljə] vertraut, gewohnt; ungezwungen; **~ity** [fəmɪlɪˈærætɪ] Vertrautheit f; **~ize** [fəˈmɪljəraɪz] vertraut machen

family [ˈfæmɪlɪ] Familie f; **'~ name** Familien-, Nachname m

famine [ˈfæmɪn] Hungersnot f

famous [ˈfeɪməs] berühmt

fan¹ [fæn] Fächer m; Ventilator m

fan² [fæn] (*Sport- etc.*)Fan m

fanatic [fəˈnætɪk] **1.** Fanatiker(in); **2.** fanatisch

'fan belt Keilriemen m

fanciful [ˈfænsɪfʊl] fantasievoll

fancy [ˈfænsɪ] **1.** plötzlicher Einfall; Laune f; **2.** ausgefallen; **3.** sich vorstellen; sich einbilden; gern haben od. mögen; ~ **'dress** (Masken-)Kostüm n; ~ **'goods** pl Modeartikel pl; **'~work** feine Handarbeit

fang [fæŋ] Reiß-, Fangzahn m; Giftzahn m; Hauer m

fantastic [fænˈtæstɪk] fantastisch

fantasy [ˈfæntəsɪ] Fantasie f

far [fɑː] **1.** *adj* fern, entfernt, weit; **2.** *adv* fern, weit; *as ~ as* soweit (wie); bis (nach)

fare [feə] Fahrgeld n, -preis m; Flugpreis m; Fahrgast m; Kost f, Nahrung f; '~ dodger Schwarzfahrer(in); ~'well 1. int leb(en Sie) wohl!; 2. Abschied m, Lebewohl n

farfetched [fɑː'fetʃt] weit hergeholt

farm [fɑːm] 1. Bauernhof m, Farm f; 2. Land bewirtschaften; '~er Bauer m, Landwirt m, Farmer m; '~house Bauernhaus n

farsighted [fɑː'saɪtɪd] bsd. Am. weitsichtig

fart [fɑːt] V 1. Furz m; 2. furzen

farther ['fɑːðə] comp von **far**; **farthest** ['fɑːðɪst] sup von **far**

fascinate ['fæsɪneɪt] faszinieren; '**fascinating** faszinierend; **fasci'nation** Faszination f

fashion ['fæʃn] Mode f; **be in** ~ in Mode sein; **out of** ~ unmodern; '~**able** modisch, elegant

fast[1] [fɑːst] schnell; fest; Farbe: (wasch)echt; **be** ~ Uhr: vorgehen

fast[2] [fɑːst] 1. Fasten n; 2. fasten

fasten ['fɑːsn] befestigen, festmachen, anschnallen, anbinden, zuknöpfen, zu-, verschnüren; Blick etc. richten (**on** auf); '~**er** Verschluss m

'**fast' food** Schnellgericht(e pl) n; ~**food** '**restaurant** Schnellimbiss m, -gaststätte

f; '~ **lane** mot. Überholspur f

fat [fæt] 1. dick; fett; 2. Fett n

fatal ['feɪtl] tödlich

fate [feɪt] Schicksal n

father ['fɑːðə] Vater m; '~**hood** Vaterschaft f; '~**-in-law** Schwiegervater m; '~**less** vaterlos; '~**ly** väterlich

fatigue [fə'tiːg] Ermüdung f

fatten ['fætn] dick machen od. werden; mästen; '**fatty** fettig

faucet ['fɔːsɪt] Am. (Wasser-) Hahn m

fault [fɔːlt] Fehler m; Defekt m; Schuld f; **find** ~ **with** etwas auszusetzen haben an; '~**less** fehlerfrei, tadellos; '~**y** fehlerhaft, defekt

favo(u)r ['feɪvə] 1. Gunst f, Wohlwollen n; Gefallen m; **in** ~ **of** zugunsten von od. gen; **be in** ~ **of** für et. sein; **do s.o. a** ~ j-m e-n Gefallen tun; 2. favorisieren, bevorzugen, für et. sein; '~**able** günstig; Lieblings...; **favo(u)rite** ['feɪvərɪt] 1. Liebling m; Favorit(in); 2. Lieblings...

fax [fæks] 1. Fax n; a. ~ **machine** Faxgerät n; 2. faxen

fear [fɪə] 1. Furcht f, Angst f (**of** vor); 2. (be)fürchten; sich fürchten vor; '~**less** furchtlos

feast [fiːst] rel. Fest n; Festmahl n, -essen n

feat [fiːt] große Leistung

feather ['feðə] Feder f; pl Gefieder n

feature ['fiːtʃə] 1. (Gesichts)Zug *m*; (charakteristisches) Merkmal; *Zeitung etc.*: Feature *n*; *a.* ~ **film** Haupt-, Spielfilm *m*; **2.** groß herausbringen *od.* -stellen

February ['febrʊərɪ] Februar *m*

fed [fed] *pret u. pp von* **feed** 2

federal ['fedərəl] *pol.* Bundes...; **♀ Republic of 'Germany** (*Abk.* **FRG**) *die* Bundesrepublik Deutschland

federation [fedə'reɪʃn] *Sport etc.*: Verband *m*

fee [fiː] Gebühr *f*; Honorar *n*

feeble ['fiːbl] schwach

feed [fiːd] **1.** Füttern *n*, Fütterung *f*; Futter *n*; **2.** (**fed**) *v/t* füttern; *Familie* ernähren; *be fed up with et.* satt haben; *v/i Tier*: fressen; *Mensch*: F futtern; sich ernähren (**on** von); '**~back** *electr.* Rückkopp(e)lung *f*; Feedback *n*

feel [fiːl] (**felt**) (sich) fühlen; befühlen; empfinden; sich anfühlen; '**~er** Fühler *m*; '**~ing** Gefühl *n*

feet [fiːt] *pl von* **foot**

fell [fel] *pret von* **fall** 2

fellow ['feləʊ] Gefährt|e *m*, -in *f*, Kamerad(in); F Kerl *m*, Bursche *m*; ~ **citizen** Mitbürger(in); ~ **'countryman** (*pl -men*) Landsmann *m*; ~ **'travel(l)er** Mitreisende *m*, *f*

felony ['felənɪ] *jur.* Kapitalverbrechen *n*

felt¹ [felt] *pret u. pp von* **feel**

felt² [felt] Filz *m*; '**~-tip**, **~-tip**

'pen Filzschreiber *m*, -stift *m*

female ['fiːmeɪl] **1.** weiblich; **2.** *zo.* Weibchen *n*

feminine ['femɪnɪn] weiblich; '**feminist** Feminist(in)

fence [fens] **1.** Zaun *m*; **2.** *v/t* ~ **in** ein-, umzäunen; *v/i* fechten; '**fencing** Fechten *n*

fend [fend]: ~ **for o.s.** für sich selbst sorgen; '**~er** *Am.* Kotflügel *m*; Kamingitter *n*

ferment 1. ['fɜːment] Ferment *n*; Gärung *f*; **2.** [fə'ment] gären; **~ation** [fɜːmen'teɪʃn] Gärung *f*

fern [fɜːn] Farn(kraut *n*) *m*

ferocious [fə'rəʊʃəs] wild

ferry ['ferɪ] **1.** Fähre *f*; **2.** (in er-) Fähre übersetzen

fertile ['fɜːtaɪl] fruchtbar; **fertility** [fə'tɪlətɪ] Fruchtbarkeit *f*; **fertilize** ['fɜːtɪlaɪz] befruchten; düngen; '**fertilizer** (*bsd.* Kunst)Dünger *m*

fervent ['fɜːvənt] glühend, leidenschaftlich

fester ['festə] eitern

festival ['festɪvl] Fest *n*; Festival *n*, Festspiele *pl*; '**festive** ['festɪv] festlich; **fes'tivity** *a. pl* Festlichkeit *f*

fetch [fetʃ] holen

feud [fjuːd] Fehde *f*

fever ['fiːvə] Fieber *n*; '**~ish** fieb(e)rig; *fig.* fieberhaft

few [fjuː] wenige; **a** ~ ein paar, einige

fiancé [fɪ'ãːŋseɪ] Verlobte *m*; **fi'ancée** Verlobte *f*

fib [fɪb] F flunkern

fibre *Brt.*, **fiber** *Am.* ['faɪbə] Faser *f*; '**~glass** Fiberglas *n*, Glasfaser *f*; '**fibrous** faserig

fickle ['fɪkl] launenhaft, launisch; *Wetter*: unbeständig

fiction ['fɪkʃn] Erfindung *f*; *Prosa-*, Romanliteratur *f*

fictitious [fɪk'tɪʃəs] erfunden

fiddle ['fɪdl] **1.** Fiedel *f*, Geige *f*; **2.** *mus.* fiedeln; '**fiddler** Geiger(in)

fidelity [fɪ'delətɪ] Treue *f*; Genauigkeit *f*

fidget ['fɪdʒɪt] nervös machen; (herum)zappeln

field [fiːld] Feld *n*; Spielfeld *n*; Gebiet *n*; Bereich *m*; '**~ events** *pl* Sprung- u. Wurfdisziplinen *pl*; '**~ glasses** *pl* Feldstecher *m*

fiend [fiːnd] Teufel *m*; (*Frischluft- etc.*)Fanatiker(in)

fierce [fɪəs] wild; heftig

fiery ['faɪərɪ] feurig; hitzig

fifteen [fɪf'tiːn] fünfzehn; **fifteenth** [fɪf'tiːnθ] fünfzehnt

fifth [fɪfθ] **1.** fünft; **2.** Fünftel *n*; '**fifthly** fünftens; **fiftieth** ['fɪftɪɪθ] fünfzigst; '**fifty** fünfzig; **fifty-'fifty** F fifty-fifty, halbe-halbe

fig [fɪg] Feige *f*

fight [faɪt] **1.** Kampf *m*; Schlägerei *f*; **2.** (*fought*) (be)kämpfen; kämpfen gegen *od.* mit; '**~er** Kämpfer *m*; *Sport*: Boxer *m*, Fighter *m*

figurative ['fɪgərətɪv] bildlich

figure ['fɪgə] **1.** Figur *f*; Gestalt *f*; Zahl *f*, Ziffer *f*; **2.** er-

scheinen, vorkommen; sich *et.* vorstellen; *Am.* meinen, glauben; **~ out** herausbekommen; *Lösung* finden; '**~ skating** Eiskunstlauf *m*

filch [fɪltʃ] F klauen, stibitzen

file[1] [faɪl] **1.** Ordner *m*, Karteikasten *m*; Akte *f*; Ablage *f*; *Computer*: Datei *f*; Reihe *f*; **on ~** zu den Akten; **2.** *Briefe etc.* ablegen

file[2] [faɪl] **1.** Feile *f*; **2.** feilen

filing cabinet ['faɪlɪŋ-] Aktenschrank *m*

fill [fɪl] (sich) füllen; ausfüllen; voll füllen; **~ in** *Namen* einsetzen; *Formular* ausfüllen (*Am. a.* **~ out**); **~ up** voll füllen; voll tanken; sich füllen

fillet, filet *Am.* ['fɪlɪt] Filet *n*

filling ['fɪlɪŋ] Füllung *f*; (*Zahn*)Plombe *f*; '**~ station** Tankstelle *f*

film [fɪlm] **1.** Film *m*; **2.** (ver)filmen

filter ['fɪltə] **1.** Filter *m*, *tech. mst n*; **2.** filtern; '**~ tip** Filter *m*; **→ ~'tipped cigarette** Filterzigarette *f*

filth [fɪlθ] Schmutz *m*; '**filthy** schmutzig; *fig.* unflätig

fin [fɪn] *zo.* Flosse *f*; *Am.* Schwimmflosse *f*

final ['faɪnl] **1.** letzt; End..., Schluss...; endgültig; **2.** *Sport*: Endspiel *n*, Finale *n*; *mst pl* Schlussexamen *n*, -prüfung *f*; '**~ly** endlich

finance [faɪ'næns] **1.** *pl* Finanzen *pl*; **2.** finanzieren; **financial** [fai'nænʃl] finanziell

finch [fintʃ] Fink *m*

find [faind] **1.** (*found*) finden; *jur.* *j-n* für (*nicht*) *schuldig* erklären; (*a.* ~ *out*) herausfinden; **2.** Fund *m*

fine¹ [fain] **1.** *adj* fein; schön; ausgezeichnet; *I'm ~* mir geht es gut; **2.** *adv* F sehr gut, bestens

fine² [fain] **1.** Geldstrafe *f*, Bußgeld *n*; **2.** mit e-r Geldstrafe belegen

finger ['fiŋgə] **1.** Finger *m*; **2.** befühlen; '~nail Fingernagel *m*; '~print Fingerabdruck *m*; '~tip Fingerspitze *f*

finicky ['finiki] F pingelig

finish ['finiʃ] **1.** (be)enden, aufhören (mit); **2.** Ende *n*; *Sport:* Endspurt *m*, Finish *n*; Ziel *n*; '~ing line Ziellinie *f*

Finland ['finlənd] Finnland *n*; **Finn** [fin] Finn|e *m*, -in *f*; '~ish finnisch

fir [fɜː] Tanne *f*

fire ['faiə] **1.** Feuer *n*, Brand *m*; *be on ~* in Flammen stehen; *catch ~* Feuer fangen; *set on ~*, *set ~ to* anzünden; **2.** *v/t* anzünden; *Schusswaffe* abfeuern; *Schuss* (ab)feuern; F *j-n* feuern; *v/i* feuern, schießen; '~ alarm Feueralarm *m*; Feuermelder *m*; '~arms *pl* Schusswaffen *pl*; '~ brigade *Brt.*, '~ department *Am.* Feuerwehr *f*; '~ engine Löschfahrzeug *n*; '~ escape

Feuerleiter *f*, -treppe *f*; '~ extinguisher Feuerlöscher *m*; '~man (*pl* -men) Feuerwehrmann *m*; Heizer *m*; '~place (offener) Kamin; '~proof feuerfest; '~ truck *Am.* Löschfahrzeug *n*; '~wood Brennholz *n*; '~works *pl* Feuerwerk *n*

firm¹ [fɜːm] Firma *f*

firm² [fɜːm] fest, hart; standhaft

first [fɜːst] **1.** *adj* erst; best; **2.** *adv* zuerst; (zu)erst (einmal); als Erste(r, -s); ~ *of all* zu allererst; **3.** *su at* ~ zuerst; als Erstes; ~ 'aid erste Hilfe; ~ 'aid kit Verband(s)kasten *m*; ~ 'class **1.** Klasse; ~·'class erstklassig; erster Klasse; ~ 'floor *Brt.* erster Stock; *Am.* Erdgeschoss *n*, *östr.* -geschoß *n*; '~hand aus erster Hand; '~ly erstens; ~ name Vorname *m*; ~·'rate erstklassig

firth [fɜːθ] Förde *f*

fish [fiʃ] **1.** Fisch *m*; **2.** fischen, angeln; '~bone Gräte *f*

fisherman ['fiʃəmən] (*pl* -men) Fischer *m*

fish 'finger *Brt.* Fischstäbchen *n*

'fishing Fischen *n*, Angeln *n*; '~ line Angelschnur *f*; '~ rod Angelrute *f*

fish|**monger** ['fiʃmʌŋgə] *bsd. Brt.* Fischhändler(in); '~ **stick** *Am.* Fischstäbchen *n*

'fishy Fisch...; *fig.* F faul

flatten

fission ['fıʃn] Spaltung f

fissure ['fıʃə] Spalt m, Riss m

fist [fıst] Faust f

fit¹ [fıt] **1.** geeignet, passend; fit, (gut) in Form; **2.** v/t passend machen, anpassen; tech. einpassen, -bauen, -bringen; zutreffen auf; ~ *out* ausrüsten, -statten, einrichten; v/i *Kleid*: passen, sitzen

fit² [fıt] Anfall m

'**fit|ful** *Schlaf etc.*: unruhig; '~ness Tauglichkeit f; Fitness f, (gute) Form

'**fitted** zugeschnitten; Einbau...; ~ *carpet* Spannteppich m, Teppichboden m

'**fitter** Monteur m, Installateur m

'**fitting** Montage f, Installation f; pl Ausstattung f, Armaturen pl

five [faıv] fünf

fix [fıks] **1.** befestigen, anbringen (*to* an); *Preis* festsetzen; fixieren; *Blick etc.* richten (*on* auf); *Aufmerksamkeit etc.* fesseln; reparieren; **2.** F Klemme f; sl. *Heroin*: Fix m

fixture ['fıkstʃə] fest angebrachtes Zubehörteil

fizz [fız] zischen, sprudeln

flabbergast ['flæbəgɑːst]: *be* ~ed F platt sein

flabby ['flæbı] schlaff

flag¹ [flæg] Fahne f, Flagge f

flag² [flæg] (Stein)Platte f, Fliese f

flake [fleık] **1.** Flocke f;

Schuppe f; **2.** *a.* ~ *off* abblättern

flaky ['fleıkı] flockig; blätt(e)rig; ~ '**pastry** Blätterteig m

flame [fleım] **1.** Flamme f; **2.** flammen, lodern

flammable ['flæməbl] → *inflammable*

flan [flæn] Obst-, Käsekuchen m

flank [flæŋk] **1.** Flanke f; **2.** flankieren

flannel ['flænl] Flanell m; *Brt.* Waschlappen m; pl Flanellhose f

flap [flæp] **1.** Flattern n, (*Flügel*)Schlag m; Klappe f; **2.** mit den Flügeln etc. schlagen; flattern

flare [fleə] flackern; *Nasenflügel*: sich weiten

flash [flæʃ] **1.** Aufblitzen n, Blitz m; *Rundfunk etc.*: Kurzmeldung f; **2.** (auf)blitzen od. aufleuchten (lassen); rasen, flitzen; ~ '**freeze** (-*froze*, -*frozen*) *Am.* → **qickfreeze**; '~**light** Blitzlicht n; *bsd. Am.* Taschenlampe f

'**flashy** protzig; auffallend

flask [flɑːsk] Taschenflasche f; Thermosflasche® f

flat¹ [flæt] **1.** flach, eben; schal; *econ.* flau; *Reifen*: platt; **2.** Flachland n; *bsd. Am.* Reifenpanne f

flat² [flæt] *Brt.* Wohnung f

flatten ['flætn] (ein)ebnen; abflachen; *a.* ~ *out* flach(er) werden

flatter ['flætə] schmeicheln; '**flattery** Schmeichelei *f*

flatulence ['flætjʊləns] Blähung(en *pl*) *f*

flavo(u)r ['fleɪvə] **1.** (*fig.* Bei)Geschmack *m*, Aroma *n*; **2.** würzen; '**~ing** Aroma *n*

flaw [flɔː] Fehler *m*, *tech. a.* Defekt *m*; '**~less** einwandfrei, makellos

flea [fliː] Floh *m*; '**~ market** Flohmarkt *m*

fled [fled] *pret u. pp von* **flee**

fledged [fledʒd] flügge

flee [fliː] (**fled**) fliehen, flüchten

fleet [fliːt] Flotte *f*

fleeting ['fliːtɪŋ] flüchtig

flesh [fleʃ] *lebendiges* Fleisch *n*

flew [fluː] *pret von* **fly**[3]

flex [fleks] *bsd. anat.* biegen; '**~ible** flexibel; elastisch; ~ **working hours** *pl* → **flexitime**

flexitime ['fleksɪtaɪm] *Brt.*, **flextime** ['fleksˌtaɪm] *Am.* Gleitzeit *f*

flick [flɪk] schnippen

flicker ['flɪkə] flackern; flimmern

flight [flaɪt] Flucht *f*, Flug *m*; *Vögel:* Schwarm *m*; *a.* ~ **of stairs** Treppe *f*

flimsy ['flɪmzɪ] dünn, zart

flinch [flɪntʃ] (zurück)zucken; zs.-fahren; zurückschrecken

fling [flɪŋ] (**flung**) werfen, schleudern; ~ **o.s.** sich stürzen

flip [flɪp] schnipsen, schnippen; *Münze* hochwerfen

flipper ['flɪpə] *zo.* Flosse *f*; Schwimmflosse *f*

flit [flɪt] flitzen, huschen

float [fləʊt] **1.** schwimmen *od.* treiben (lassen); schweben; **2.** Festwagen *m*

flock [flɒk] **1.** (*Schaf-, Ziegen*)Herde *f*; Menge *f*, Schar *f*; **2.** *fig.* (zs.-)strömen

floe [fləʊ] Eisscholle *f*

flog [flɒg] prügeln, schlagen

flood [flʌd] **1.** *a.* ~ **tide** Flut *f*; Überschwemmung *f*, Hochwasser *n*; *fig.* Flut *f*, Strom *m*; **2.** überschwemmen, -fluten; '**~lights** *pl* Flutlicht *n*

floor [flɔː] **1.** (Fuß)Boden *m*; Stock(werk *n*) *m*, Etage *f*; **2.** zu Boden schlagen; *fig.* F *j-n* umhauen; '**~board** Diele *f*; '**~ cloth** Putzlappen *m*; '**~ lamp** *Am.* Stehlampe *f*

flop [flɒp] **1.** sich (hin)plumpsen lassen; F durchfallen, ein Reinfall sein; **2.** Plumps *m*; F Flop *m*, Reinfall *m*, Pleite *f*; '**floppy, floppy 'disk** *Computer:* Floppy (Disk) (*f*), Diskette *f*

florist ['flɒrɪst] Blumenhändler(in)

flour [flaʊə] Mehl *n*

flourish ['flʌrɪʃ] gedeihen, blühen

flow [fləʊ] **1.** fließen; **2.** Fließen *n*, Fluss *m*, Strom *m*

flower ['flaʊə] **1.** Blume *f*; Blüte *f* (*a. fig.*); **2.** blühen

flown [fləʊn] *pp von* **fly**[3]

foolproof

flu [fluː] F Grippe f

fluctuate ['flʌktʃʊeɪt] schwanken

fluent ['fluːənt] *Sprache:* fließend; *Stil, Rede:* flüssig

fluff [flʌf] Flaum m; *Staubflocke* f; **'fluffy** flaumig

fluid ['fluːɪd] 1. flüssig; 2. Flüssigkeit f

flung [flʌŋ] *pret u. pp von* **fling**

flurry ['flʌrɪ] Bö f; Schauer m

flush [flʌʃ] 1. (Wasser)Spülung f; Erröten n; Röte f; 2. erröten, rot werden; ~ *the toilet* spülen

flute [fluːt] Flöte f

flutter ['flʌtə] flattern

fly[1] [flaɪ] Fliege f

fly[2] [flaɪ] Hosenschlitz m; Zeltklappe f

fly[3] [flaɪ] (*flew, flown*) fliegen (lassen); stürmen, stürzen; wehen; *Zeit:* (ver)fliegen; *Drachen* steigen lassen

'flyover *Brt.* (Straßen- *etc.*) Überführung f

foal [fəʊl] Fohlen n

foam [fəʊm] 1. Schaum m; 2. schäumen; ~ **'rubber** Schaumgummi m; **'foamy** schaumig

focus ['fəʊkəs] 1. (pl -*cuses*, -*ci* [-saɪ]) Brenn-, *fig. a.* Mittelpunkt m; *opt., phot.;* 2. *opt., phot.* scharf einstellen

fodder ['fɒdə] (Tier)Futter n

fog [fɒg] (dichter) Nebel; **'foggy** neb(e)lig

foil[1] [fɔɪl] Folie f

foil[2] [fɔɪl] vereiteln

fold[1] [fəʊld] 1. falten; *Arme* verschränken; einwickeln; *oft* ~ *up* zs.-falten, zs.-legen; zs.-klappen; 2. Falte f

fold[2] [fəʊld] (*Schaf*)Hürde f, Pferch m; *rel.* Herde f

'folder Aktendeckel m, Schnellhefter m; Faltprospekt m

'folding zs.-legbar; Klapp...; **'~ chair** Klappstuhl m

foliage ['fəʊlɪɪdʒ] Laub n

folk [fəʊk] 1. *pl* Leute *pl;* 2. Volks...

follow ['fɒləʊ] folgen (auf); befolgen; **'~er** Anhänger(in)

folly ['fɒlɪ] Torheit f

fond [fɒnd] zärtlich, liebevoll; *be* ~ *of* gern haben

fondle ['fɒndl] liebkosen, streicheln

'fondness Vorliebe f

food [fuːd] Nahrung f, Essen n; Nahrungs-, Lebensmittel *pl;* Futter n

fool [fuːl] 1. Narr m, Närrin f, Dummkopf m; *make a* ~ *of o.s.* sich lächerlich machen; 2. zum Narren halten; betrügen; ~ *about od. around* herumtrödeln; Unsinn machen, herumalbern; **'~hardy** tollkühn; **'~ish** töricht, dumm; **'~proof** *Plan etc.:* todsicher; narren-, idiotensicher

foot 112

foot [fʊt] (*pl feet* [fiːt]) Fuß *m*; (*pl a. foot*) Fuß *m* (30,48 *cm*); Fußende *n*; **on ~** zu Fuß

'football *Brt.* Fußball *m*; *Am.* Football *m*; **'~er** Fußballer *m*; **'~ hooligan** Fußballrowdy *m*; **'~ player** Fußballspieler *m*

'foot|bridge Fußgängerbrücke *f*; **'~hold** Stand *m*, Halt *m*; **'~ing** Stand *m*, Halt *m*; *fig.* Basis *f*, Grundlage *f*; **'~lights** *pl* Rampenlicht *n*; **'~note** Fußnote *f*; **'~path** (Fuß)Pfad *m*; **'~print** Fußabdruck *m*; *pl* Fußspuren *pl*; **'~step** Schritt *m*, Tritt *m*; Fußstapfe *f*; **'~wear** Schuhwerk *n*, Schuhe *pl*

for [fɔː] **1. prp** für; als; zu; nach; auf; *Grund:* aus, vor, wegen; *Mittel:* gegen; **~ three days** drei Tage lang; seit drei Tagen; **walk ~ a mile** e-e Meile (weit) gehen; **what ~?** wozu?; **2.** *cj* weil

forbad(e) [fə'bæd] *pret von* **forbid**

forbid [fə'bɪd] (*-bade* od. *-bad*, *-bidden* od. *-bid*) verbieten; **for'bidden** *pp von* **forbid**

force [fɔːs] **1.** Stärke *f*, Kraft *f*; Gewalt *f*; **the** (**police**) *a.* die Polizei; (*armed*) **~s** *pl mil.* Streitkräfte *pl*; **by ~** mit Gewalt; **2.** *j-n* zwingen; *et.* erzwingen; zwängen, drängen; **forced** erzwungen; gezwungen; **~ landing** Notlandung *f*; **'~ful** energisch

forceps ['fɔːseps] (*pl forceps*) *med.* Zange *f*

forcible ['fɔːsəbl] gewaltsam

ford [fɔːd] **1.** Furt *f*; **2.** durchwaten

fore [fɔː] vorder, Vorder...; **'~arm** Unterarm *m*; **~bod-ing** [fɔː'bəʊdɪŋ] (böse) (Vor)Ahnung; **'~cast** (*-cast* od. *-casted*) voraussagen, vorhersehen; *Wetter* vorhersagen; **'~fathers** *pl* Vorfahren *pl*; **'~finger** Zeigefinger *m*; **'~ground** Vordergrund *m*; **'~hand** *Sport:* Vorhand (-schlag *m*) *f*

forehead ['fɒrɪd] Stirn *f*

foreign ['fɒrən] fremd, ausländisch, Auslands..., Außen...; **~ af'fairs** *pl* Außenpolitik *f*; **'~er** Ausländer(in) *f*; **~ ex'change** Devisen *pl*; **~ language** Fremdsprache *f*; **♀ Office** *Brt.* Außenministerium *n*; **~ 'policy** Außenpolitik *f*; **♀ 'Secretary** *Brt.* Außenminister *m*

'fore|man (*pl -men*) Vorarbeiter *m*, *am Bau:* Polier *m*; *jur.* Geschworene: Sprecher *m*; **'~most** vorderst, erst; **'~runner** *fig.* Vorläufer(in) *f*; **~'see** (*-saw, -seen*) vorhersehen

forest ['fɒrɪst] Wald *m*, Forst *m*; **'~er** Förster *m*; **'fore|taste** Vorgeschmack *m*; **~'tell** (*-told*) vorhersagen

forever, **for ever** [fə'revə] für immer

'**foreword** Vorwort *n*

forge[1] [fɔ:dʒ] Schmiede *f*

forge[2] [fɔ:dʒ] fälschen; '**forger** Fälscher *m*; **forgery** ['fɔ:dʒəri] Fälschung *f*

forget [fə'get] (**-got, -gotten**) vergessen; **~ful** vergeßlich; **~-me-not** Vergißmeinnicht *n*

forgive [fə'gɪv] (**-gave, -given**) vergeben, -zeihen

fork [fɔ:k] **1.** Gabel *f*; Gab(e)lung *f*; **2.** sich gabeln; **~lift 'truck** Gabelstapler *m*

form [fɔ:m] **1.** Form *f*; Gestalt *f*; Formular *n*, Vordruck *m*; *bsd.* (Schul)Klasse *f*; **2.** (sich) formen *od.* bilden

formal ['fɔ:ml] förmlich; formell; **~ity** [fɔ:'mæləti] Förmlichkeit *f*; Formalität *f*

format ['fɔ:mæt] **1.** Format *n*; Aufmachung *f*; **2.** *Computer:* formatieren

formation [fɔ:'meɪʃn] Bildung *f*; **formative** ['fɔ:mətɪv] formend, gestaltend

former ['fɔ:mə] **1.** früher; ehemalig; **2.** *the* ~ Ersterer; '**~ly** früher

formidable ['fɔ:mɪdəbl] Furcht erregend; gewaltig

formula ['fɔ:mjʊlə] (*pl* **-las, -lae** [-li:]) Formel *f*; Rezept *n*; **formulate** ['fɔ:mjʊleɪt] formulieren

forsake [fə'seɪk] (**forsook, forsaken**) verlassen; **forsaken** [fə'seɪkən] *pp*, **forsook** [fə'sʊk] *pret von* **forsake**

fort [fɔ:t] Fort *n*, Festung *f*

forth [fɔ:θ] weiter, fort; (her)vor; **~coming** bevorstehend, kommend

fortieth ['fɔ:tnθ] vierzigst

fortify ['fɔ:tɪfaɪ] befestigen; (ver)stärken; **fortitude** ['fɔ:ttjuːd] (innere) Kraft *od.* Stärke

fortnight ['fɔ:tnaɪt] vierzehn Tage; *in a* ~ in 14 Tagen

fortress ['fɔ:trɪs] Festung *f*

fortunate ['fɔ:tʃnət] glücklich; '**~ly** glücklicherweise

fortune ['fɔ:tʃuːn] Vermögen *n*; Glück *n*; Schicksal *n*

forty ['fɔ:tɪ] vierzig

forward ['fɔ:wəd] **1.** *adv* nach vorn, vorwärts; **2.** *adj* Vorwärts...; fortschrittlich; vorlaut, dreist; **3.** *su Fußball:* Stürmer(in); **4.** *v/t* befördern, (ver)senden, schicken; *Brief etc.* nachsenden

foster| **child** ['fɒstətʃaɪld] (*pl* **-children**) Pflegekind *n*; '~ **parents** *pl* Pflegeeltern *pl*

fought [fɔ:t] *pret u. pp von* **fight** 2

foul [faʊl] **1.** schmutzig, *fig. a.* zotig, faul(ig), stinkend, schlecht; *Sport:* regelwidrig; **2.** *Sport:* Foul *n*; **3.** *Sport:* foulen

found[1] [faʊnd] *pret u. pp von* **find** 1

found[2] [faʊnd] gründen; stiften

foundation [faʊn'deɪʃn] Fundament *n*; Gründung *f*; Stiftung *f*; *fig.* Grundlage *f*

'founder Gründer(in); Stifter(in)

fountain ['fauntɪn] Springbrunnen m; '**~ pen** Füllfederhalter m

four [fɔ:] vier

four-stroke 'engine Viertaktmotor m

fourteen [fɔ:'ti:n] vierzehn; **fourteenth** [fɔ:'ti:nθ] vierzehnt

fourth [fɔ:θ] **1.** viert; **2.** Viertel n; '**~ly** viertens

four-wheel 'drive mot. Vierradantrieb m

fowl [faul] Geflügel n

fox [fɒks] Fuchs m

fraction ['frækʃn] math. Bruch m; Bruchteil m

fracture ['fræktʃə] **1.** (Knochen)Bruch m; **2.** brechen

fragile ['frædʒaɪl] zerbrechlich; gebrechlich

fragment ['frægmənt] Fragment n; Bruchstück n

fragrance ['freɪɡrəns] Wohlgeruch m, Duft m; '**fragrant** wohlriechend, duftend

frail [freɪl] gebrechlich; zart

frame [freɪm] **1.** Rahmen m; (Brillen- etc.)Gestell n; Körper(bau) m; **2.** (ein)rahmen; '**~work** Rahmen m

France [frɑ:ns] Frankreich n

frank [fræŋk] **1.** offen, aufrichtig, frei(mütig); **2.** Brief frankieren; '**~ly** offen gesagt

frantic ['fræntɪk] außer sich

fraud [frɔ:d] Betrug m; Betrüger(in); **fraudulent** ['frɔ:dju-

lənt] betrügerisch

fray [freɪ] ausfransen

freak [fri:k] Missgeburt f; in Zssgn: F ...freak m, ...fanatiker m; F Freak m, irrer Typ

freckle ['frekl] Sommersprosse f

free [fri:] **1.** frei; kostenlos; Frei...; **~ and easy** ungezwungen; sorglos; **set ~** freilassen; **2.** (freed) befreien; freilassen; '**~dom** Freiheit f; '**~lance** frei(beruflich); '**~way** Am. Schnellstraße f

freeze [fri:z] **1.** (froze, frozen) v/i (ge)frieren; fig. erstarren; v/t einfrieren, tiefkühlen; **2.** Frost m, Kälte f; econ., pol. Einfrieren n; **~ wage** ~ Lohnstopp m; **~-'dried** gefriergetrocknet

'freezer Gefriertruhe f (a. deep freeze); Gefrierfach n

'freezing eiskalt; '**~ compartment** Gefrierfach n; '**~ point** Gefrierpunkt m

freight [freɪt] Fracht f; '**~ car** Am. Güterwagen m; '**~er** Frachter m; Transporter m; '**~ train** Am. Güterzug m

French [frentʃ] **1.** französisch; **2. the ~** pl die Franzosen pl; '**~ doors** pl bsd. Am. → **French window(s)**; '**~ 'fries** pl bsd. Am. Pommes frites pl; '**~ 'window(s** pl) Terrassen-, Balkontür f

frequency ['fri:kwənsɪ] Häufigkeit f; Frequenz f; '**frequent 1.** ['fri:kwənt] häufig;

2. [frɪ'kwent] (oft) besuchen

fresh [freʃ] frisch; neu; unerfahren; **'~en: ~ up** sich frisch machen; **'~man** (pl **-men**) univ. F Erstsemester n; **'~water** Süßwasser...

fretful [fretfl] gereizt; quengelig

FRG [ef ɑː dʒiː] **Federal Republic of Germany** die Bundesrepublik Deutschland

friction ['frɪkʃn] Reibung f

Friday ['fraɪdɪ] Freitag m

fridge [frɪdʒ] Kühlschrank m

friend [frend] Freund(in); Bekannte m, f; **make ~s with** sich anfreunden mit; **'~ly** freund(schaft)lich; **'~ship** Freundschaft f

fries [fraɪz] pl bsd. Am. F Fritten pl

fright [fraɪt] Schreck(en) (m); **'~en** j-n erschrecken; **be ~ed** erschrecken (**at, by,** of vor); Angst haben (**of** vor)

frigid [frɪdʒɪd] kalt, frostig

frill [frɪl] Krause f, Rüsche f

fringe [frɪndʒ] Franse f; Brt. Frisur: Pony m; Rand m

frisk [frɪsk] herumtollen; F j-n filzen, durchsuchen

fro [frəʊ] → to **3**

frock [frɒk] Kutte f; Kleid n

frog [frɒg] Frosch m

frolic ['frɒlɪk] herumtollen

from [from] von; aus; von ... aus od. her; von ... (an), seit; aus; vor (dat); **~ 9 to 5** (**o'clock**) von 9 bis 5 (Uhr)

front [frʌnt] Vorderseite f;

Front f (a. mil.); **in ~** vorn; **in ~ of** räumlich: vor; **~ door** Haus-, Vordertür f; **~ entrance** Vordereingang m

frontier ['frʌntɪə] Grenze f

'front page Titelseite f; **~wheel 'drive** mot. Vorderrad-, Frontantrieb m

frost [frɒst] **1.** Frost m; Reif m; **2.** mit Reif überziehen; mattieren; glasieren: Am. glasieren; mit (Puder)Zucker bestreuen; **'~bite** Erfrierung f; **'~bitten** erfroren; **'~ed glass** Matt-, Milchglas n; **'frosty** eisig, frostig

froth [frɒθ] Schaum m; **'frothy** schaumig; schäumend

frown [fraʊn] **1.** die Stirn runzeln; **2.** Stirnrunzeln n

froze [frəʊz] pret von **freeze**

1; **'frozen 1.** pp von **freeze**

1; **2.** (eis)kalt; (ein-, zu)gefroren; Gefrier-; **frozen 'food** Tiefkühlkost f

fruit [fruːt] Frucht f; Früchte pl; Obst n; **~ juice** Fruchtsaft m

frustrate [frʌ'streɪt] frustrieren; vereiteln

fry [fraɪ] braten; **fried eggs** pl Spiegeleier pl; **fried potatoes** pl Bratkartoffeln pl; **'~ing pan** Bratpfanne f

fuchsia ['fjuːʃə] Fuchsie f

fuck [fʌk] V ficken, vögeln; **'~ing** V Scheiß..., verdammt

fuel [fjʊəl] **1.** Brennstoff m, mot. Treib-, Kraftstoff m; **2.** (auf)tanken

fugitive ['fju:dʒətɪv] **1.** flüchtig; **2.** Flüchtige m, f

fulfil Brt., **fulfill** Am. [ful'fɪl] erfüllen

full [ful] voll; Voll...; ganz; völlig; **~'board** Vollpension f; **~'stop** Punkt m; **~'time** ganztägig, -tags

fumble ['fʌmbl] fummeln; tastend suchen

fume [fju:m] wütend sein

fumes [fju:mz] pl Dämpfe pl; Abgase pl

fun [fʌn] Spaß m; **for ~** aus od. zum Spaß; **make ~ of** sich lustig machen über

function ['fʌŋkʃn] **1.** Funktion f; **2.** funktionieren

fund [fʌnd] Fonds m; Geld(mittel pl) n

fundamental [fʌndə'mentl] grundlegend, fundamental; **~ist** [fʌndə'mentəlist] Fundamentalist(in)

funeral ['fju:nərəl] Begräbnis n, Beerdigung f

'funfair Rummelplatz m

fungus ['fʌŋgəs] (pl **-gi** [-gai], **-guses**) Pilz m, Schwamm m

funicular [fju:'nɪkjulə] a. **~ railway** (Draht)Seilbahn f

funnel ['fʌnl] Trichter m

funny ['fʌnɪ] komisch, spaßig, lustig; sonderbar

fur [fɜ:] Pelz m, Fell n; auf der Zunge: Belag m

furious ['fjʊərɪəs] wütend

furl [fɜ:l] zs.-rollen

furnace ['fɜ:nɪs] Schmelz-, Hochofen m; Heizkessel m

furnish ['fɜ:nɪʃ] einrichten, möblieren; versorgen, ausrüsten, -statten; liefern

furniture ['fɜ:nɪtʃə] Möbel pl, Einrichtung f

furred [fɜ:d] Zunge: belegt

furrow ['fʌrəʊ] Furche f

further ['fɜ:ðə] **1.** adv fig.: mehr, weiter; ferner, weiterhin; **2.** adj fig. weiter; **3.** v/t fördern, unterstützen; **edu'cation** Brt. Fort-, Weiterbildung f

furtive ['fɜ:tɪv] heimlich

fury ['fjʊərɪ] Zorn m, Wut f

fuse [fju:z] **1.** Zünder m; electr. Sicherung f; **2.** phys., tech. schmelzen; electr. durchbrennen

fuselage ['fju:zəla:ʒ] (Flugzeug)Rumpf m

fusion ['fju:ʒn] Verschmelzung f, Fusion f

fuss [fʌs] **1.** Aufregung f, Theater n; **2.** viel Aufhebens machen; **~y** heikel, wählerisch; aufgeregt, hektisch

futile ['fju:tail] nutzlos

future ['fju:tʃə] **1.** Zukunft f; **2.** (zu)künftig

fuzzy ['fʌzɪ] Haar: kraus; unscharf, verschwommen

G

gable ['geɪbl] Giebel *m*

gadget ['gædʒɪt] F Apparat *m*, Gerät *n*; technische Spielerei

gag [gæg] **1.** Knebel *m*; F Gag *m*; **2.** knebeln

gage *Am.* → **gauge**

gaily ['geɪlɪ] lustig, fröhlich

gain [geɪn] **1.** gewinnen; erreichen, bekommen, *Erfahrungen* sammeln; zunehmen (an); *Uhr*: vorgehen (um); ~ *speed* schneller werden; ~ *10 pounds* 10 Pfund zunehmen; **2.** Gewinn *m*; Zunahme *f*

gale [geɪl] Sturm *m*

gallant ['gælənt] tapfer

gall bladder ['gɔːlblædə] Gallenblase *f*

gallery ['gælərɪ] Galerie *f*; Empore *f*

galley ['gælɪ] *mar.* Kombüse *f*

gallon ['gælən] Gallone *f* (4,55 Liter, *Am.* 3,79 Liter)

gallop ['gæləp] **1.** Galopp *m*; **2.** galoppieren

gallows ['gæləʊz] (*pl gallows*) Galgen *m*

gallstone ['gɔːlstəʊn] Gallenstein *m*

galore [gə'lɔː] F in rauen Mengen

gamble ['gæmbl] **1.** (um Geld) spielen; **2.** Hasardspiel *n*; **gambler** (Glücks-)Spieler(in)

game [geɪm] Spiel *n*; Wild

(-bret) *n*; *pl* Schule: Sport *m*; '~**keeper** Wildhüter *m*; '~ **park**, '~ **reserve** Wildreservat *n*

gammon ['gæmən] gepökelter *od.* geräucherter Schinken

gang [gæŋ] **1.** Gang *f*, Bande *f*; Clique *f*; (*Arbeiter*)Kolonne *f*, Trupp *m*; **2.** ~ *up on* sich verbünden gegen

gangway ['gæŋweɪ] (Durch-)Gang *m*; Gangway *f*

gaol [dʒeɪl] *bsd. Brt.* → **jail**

gap [gæp] Lücke *f* (a. *fig.*); *fig.* Kluft *f*

gape [geɪp] gaffen, glotzen; '**gaping** *Wunde*: klaffend; *Abgrund*: gähnend

garage ['gærɑːʒ] Garage *f*; (Auto)Reparaturwerkstatt *f* (u. Tankstelle *f*)

garbage ['gɑːbɪdʒ] *bsd. Am.* Abfall *m*, Müll *m*; '~ **can** *Am.* → **dustbin**

garden ['gɑːdn] Garten *m*; '~**er** Gärtner(in); '~**ing** Gartenarbeit *f*

gargle ['gɑːgl] gurgeln

garish ['geərɪʃ] grell

garlic ['gɑːlɪk] Knoblauch *m*

garment ['gɑːmənt] Kleidungsstück *n*

garnish ['gɑːnɪʃ] *gastr.* garnieren

garrison ['gærɪsn] Garnison *f*

garter ['gɑːtə] Strumpfband

gas 118

n; Sockenhalter *m; Am.*
Strumpfhalter *m,* Straps
m

gas [gæs] Gas *n; Am.* F Benzin *n,* Sprit *m*

gash [gæʃ] klaffende Wunde

gasket ['gæskɪt] Dichtung(sring *m*) *f*

gasolene, gasoline ['gæsə-li:n] *Am.* Benzin *n;* '**~ pump** *Am.* Zapfsäule *f*

gasp [gɑ:sp] keuchen; **~ for breath** nach Luft schnappen

'gas| pedal *Am.* Gaspedal *n;* '**~ station** *Am.* Tankstelle *f;* '**~works** *sg* Gaswerk *n*

gate [geɪt] Tor *n;* Schranke *f,* Sperre *f; aviat.* Flugsteig *m;* '**~crash** F uneingeladen kommen (zu); '**~way** Tor (-weg *m*) *n,* Einfahrt *f*

gather ['gæðə] *v/t* (ver)sammeln; ernten, pflücken; *fig.* folgern, schließen (**from** aus); **~ speed** schneller werden; *v/i* sich (ver)sammeln; sich (an)sammeln; '**~ing** Versammlung *f*

gaudy ['gɔ:dɪ] bunt, grell

gauge [geɪdʒ] **1.** Eichmaß *n;* Meßgerät *n; bsd. von Draht etc.:* Stärke *f,* Dicke *f; rail.* Spur(weite) *f;* **2.** eichen; (ab-, aus)messen

gaunt [gɔ:nt] hager

gauze [gɔ:z] Gaze *f; Am.* Bandage *f,* Binde *f*

gave [geɪv] *pret von* **give**

gay [geɪ] **1.** F *homosexuell:* schwul; **2.** F Schwule *m*

gaze [geɪz] **1.** starren; **2.** (fester, starrer) Blick

GB [dʒi: 'bi:] **Great Britain** Großbritannien *n*

gear [ɡɪə] *mot.* Gang *m, pl* Getriebe *n;* Vorrichtung *f,* Gerät *n;* Kleidung *f,* Aufzug *m;* '**~ lever,** *Am. a.* '**~ shift** Schalthebel *m*

geese [ɡi:s] *pl von* **goose**

gel [dʒel] Gel *n*

gelding [ɡeldɪŋ] Wallach *m*

gem [dʒem] Edelstein *m*

Gemini ['dʒemɪnaɪ] *pl astr.* Zwillinge *pl*

gender ['dʒendə] *gr.* Genus *n,* Geschlecht *n*

gene [dʒi:n] Gen *n,* Erbfaktor *m*

general ['dʒenərəl] **1.** allgemein; Haupt...; General...; **2.** *mil.* General *m;* '**~ de'livery** *Am.* postlagernd; **~ e'lection** Parlamentswahlen *pl;* '**~ize** verallgemeinern; '**~ly** im Allgemeinen; allgemein; **~ prac'titioner** (*Abk.* **GP**) Arzt *m/*Ärztin *f* für Allgemeinmedizin

generate ['dʒenəreɪt] erzeugen; **gene'ration** Generation *f,* Erzeugung *f;* '**generator** Generator *m; mot.* Lichtmaschine *f*

generosity [dʒenə'rɒsɪtɪ] Großzügigkeit *f;* '**generous** großzügig; reichlich

genetic [dʒɪ'netɪk] genetisch; **~ code** Erbanlage *f;* **~ engin'eering** Gentechnologie *f*; ~ **'fingerprint** genetischer Fingerabdruck

genial ['dʒi:njəl] freundlich

genitals ['dʒenɪtlz] *pl* Genitalien *pl*, Geschlechtsteile *pl*

genius ['dʒi:njəs] Genie *n*

gentle ['dʒentl] sanft, zart; freundlich; '~**man** (*pl* -**men**) Gentleman *m*; Herr *m*

gents [dʒents] *sg* Brt. F Herrenklo *n*

genuine ['dʒenjʊɪn] echt

geography [dʒɪ'ɒgrəfɪ] Geographie *f*

geology [dʒɪ'ɒlədʒɪ] Geologie *f*

geometry [dʒɪ'ɒmətrɪ] Geometrie *f*

germ [dʒɜːm] Keim *m*; Bazillus *m*, Bakterie *f*

German ['dʒɜːmən] **1.** deutsch; **2.** Deutsche *m*, *f*; '**Germany** Deutschland *n*

germinate ['dʒɜːmɪneɪt] keimen (lassen)

gesture ['dʒestʃə] Geste *f*

get [get] (**got**, **got** *od.* Am. **gotten**) *v/t* bekommen, erhalten; sich *et.* verschaffen *od.* besorgen; erringen, erwerben; sich aneignen; holen; bringen; F erwischen; F kapieren, verstehen; *j-n* dazu bringen (**to do** zu tun); *mst pp* lassen; ~ **one's hair cut** sich die Haare schneiden lassen; **have got** lassen; **have got to** müssen; *v/i* kommen, gelangen; *mst pp od. adj*: werden; ~ **going** in Gang kommen; *fig.* in Schwung kom-

men; ~ **home** nach Hause (*östr., Schweiz: a.* nachhause) kommen; ~ **to know** *et.* erfahren *od.* kennen lernen; ~ **lost!** verschwinde!; ~ **tired** müde werden, ermüden; ~ **about** herumkommen; *Gerücht etc.*: sich herumsprechen *od.* verbreiten; ~ **along** vorwärts-, vorankommen; auskommen (**with** mit *j-m*); zurechtkommen (**with** mit *et.*); ~ **away** loskommen; entkommen; ~ **away with** davonkommen mit; ~ **back** zurückkommen; zurückbekommen; ~ **down** Essen etc. runterkriegen; ~ **down to** sich machen an; ~ **in** hinein-, hereinkommen; ~ **off** aussteigen (aus); absteigen (von); ~ **on** einsteigen (in); → **get along**; ~ **out** heraus-, hinausgehen; herauskommen; aussteigen; *et.* herausbekommen; ~ **over** hinwegkommen über; ~ **to** kommen nach; ~ **together** zs.-kommen; ~ **up** aufstehen

ghastly ['gɑːstlɪ] grässlich

ghost [gəʊst] Geist *m*, Gespenst *n*; '~**ly** geisterhaft

giant ['dʒaɪənt] **1.** Riese *m*; **2.** riesig, Riesen...

gibberish ['dʒɪbərɪʃ] Unsinn *m*, dummes Geschwätz

giddiness ['gɪdɪnɪs] Schwindel(gefühl *n*) *m*; '**giddy** schwind(e)lig; schwindelerregend

gift [gɪft] Geschenk *n*; Begabung *f*, Talent *n*; **~ed** begabt

gigantic [dʒaɪˈgæntɪk] riesig

giggle [ˈgɪgl] **1.** kichern; **2.** Gekicher *n*

gild [gɪld] vergolden

gill [gɪl] Kieme *f*; *bot.* Lamelle *f*

gimmick [ˈgɪmɪk] F Trick *m*, Dreh *m*; Spielerei *f*

ginger [ˈdʒɪndʒə] **1.** Ingwer *m*; **2.** rötlich *od.* gelblich braun; **~bread** Leb-, Pfefferkuchen *m*

gipsy [ˈdʒɪpsɪ] Zigeuner(in)

giraffe [dʒɪˈrɑːf] Giraffe *f*

girder [ˈgɜːdə] *tech.* Träger *m*

girdle [ˈgɜːdl] Hüfthalter *m*, -gürtel *m*; Gürtel *m*, Gurt *m*

girl [gɜːl] Mädchen *n*; **~friend** Freundin *f*; **~ guide** *Brt.* Pfadfinderin *f*; **~ scout** *Am.* Pfadfinderin *f*

giro [ˈdʒaɪərəʊ] *Brt.* Postgirodienst *m*

gist [dʒɪst] *das* Wesentliche, Kern *m*

give [gɪv] (**gave, given**) *v/t* geben; schenken; spenden; *Leben* hingeben, opfern; *Befehl etc.* geben, erteilen; *Hilfe* leisten; *Schutz* bieten; *Grund etc.* (an)geben; *Konzert* geben; *Theaterstück* geben, aufführen; *Vortrag* halten; *Schmerzen* bereiten, verursachen; **~ her my love** bestelle ihr herzliche Grüße von mir; *v/i* geben, nachgeben; **~ away** her-, weggeben; verschenken; verraten; **~ back** zurückgeben; **~ in** nachgeben; aufgeben; *Gesuch etc.* einreichen; *Prüfungsarbeit* abgeben; **~ off** Geruch verbreiten, ausströmen; *Gas, Wärme* aus-, verströmen; **~ out** aus-, verteilen; aufgeben; aufhören mit; *j-n* ausliefern; **~ o.s. up** sich stellen (**to** dat)

'given *pp von* **give**

glacier [ˈglæsjə] Gletscher *m*

glad [glæd] froh, erfreut; **be ~** sich freuen; **~ly** gern(e)

glamo(u)r [ˈglæmə] Zauber *m*, Glanz *m*; **~ous** bezaubernd, reizvoll

glance [glɑːns] **1.** (schnell, kurz) blicken (**at** auf); **2.** (schneller, kurzer) Blick *m*

gland [glænd] Drüse *f*

glare [gleə] **1.** grell scheinen *od.* leuchten; **~ at s.o.** j-n wütend anstarren; **2.** greller Schein; wütender Blick

glass [glɑːs] Glas *n*; Glas(-waren *pl*) *n*; (Trink)Glas *n*; Glas(gefäß) *n*; (Fern-, Opern)Glas *n*; *bsd. Brt.* Spiegel *m*; *Brt.* Barometer *n*

'glasses *pl* Brille *f*

'glass|house *Brt.* Gewächshaus *n*; **~ware** Glaswaren *pl*

glassy gläsern; *Augen:* glasig

glaze [gleɪz] **1.** verglasen; glasieren; *a.* **~ over** *Auge:* glasig werden; **2.** Glasur *f*

gleam [gliːm] **1.** schwacher Schein, Schimmer *m*; **2.** leuchten, schimmern

glib [glɪb] schlagfertig

glide [glaɪd] **1.** gleiten; segeln; **2.** Gleiten *n*; *aviat.* Gleitflug *m*; **'glider** Segelflugzeug *n*; **'gliding** Segelfliegen *n*

glimmer ['glɪmə] **1.** schimmern; **2.** Schimmer *m*

glimpse [glɪmps] **1.** (nur) flüchtig zu sehen bekommen; **2.** flüchtiger Blick

glint [glɪnt] glitzern, glänzen

glisten ['glɪsn] glänzen

glitter ['glɪtə] **1.** glitzern, funkeln; **2.** Glitzern *n*, Funkeln *n*

gloat [gləʊt]: ~ *over* verzückt betrachten (*acc*); sich hämisch *od.* diebisch freuen über

globe [gləʊb] Erdkugel *f*; Globus *m*

gloom [gluːm] Düsterkeit *f*, Dunkel *n*; düstere *od.* gedrückte Stimmung; **'gloomy** dunkel, düster; hoffnungslos; niedergeschlagen

glorify ['glɔːrɪfaɪ] verherrlichen; **'glorious** glorreich, prächtig; **'glory** Ruhm *m*, Ehre *f*

gloss [glɒs] Glanz *m*

glossary ['glɒsərɪ] Glossar *n*

glossy ['glɒsɪ] glänzend

glove [glʌv] Handschuh *m*

glow [gləʊ] glühen

glue [gluː] **1.** Leim *m*, Klebstoff *m*; **2.** leimen, kleben

glum [glʌm] niedergeschlagen

glutton ['glʌtn] Vielfraß *m*

GMT [dʒiː em 'tiː] Greenwich

Mean Time ['griːnɪdʒ] WEZ, westeuropäische Zeit

gnash [næʃ]: ~ *one's teeth* mit den Zähnen knirschen

gnat [næt] (Stech)Mücke *f*

gnaw [nɔː] nagen (an; *at* an)

go [gəʊ] **1.** (*went, gone*) gehen, fahren, reisen (*to* nach); (fort)gehen; *Straße etc.*: gehen, führen (*to* nach); sich erstrecken, gehen (*to* bis); *Bus etc.*: verkehren, fahren; *tech.* gehen, laufen, funktionieren; *Zeit*: vergehen, passen (*with* zu); werden (~ *blind*); ~ *past* vorbeigehen; ~ *shopping* (*swimming*) einkaufen (schwimmen) gehen; *it is* ~*ing to rain* es gibt Regen; *I must be* ~*ing* ich muss gehen; ~ *for a walk* einen Spaziergang machen, spazieren gehen; ~ *to bed* ins Bett gehen; ~ *to school* zur Schule gehen; ~ *to see* besuchen; *let* ~ loslassen; ~ *ahead* vorangehen (*of s.o.* j-m); ~ *at* losgehen auf; ~ *away* weggehen; ~ *back* zurückgehen; ~ *by* vorbeigehen, -fahren; *Zeit*: vergehen; *fig.* sich halten an, sich richten nach; ~ *down* *Sonne*: untergehen; ~ *for* holen; losgehen auf; ~ *in* hineingehen; ~ *in for* teilnehmen an; ~ *off* explodieren, losgehen; *Licht*: ausgehen; ~ *on* weitergehen, -fahren; *fig.* fortfahren (*doing* zu tun); *fig.* vor sich gehen, vorgehen; **~ out** hinausgehen; ausgehen (a. Licht); **~ through** durchgehen, durchnehmen; durchmachen; **~ up** steigen; hinaufgehen, -steigen; **2.** (pl **goes**) Schwung m; F Versuch m; **it's my ~** F ich bin dran od. an der Reihe

goad [gəʊd] anstacheln

go-ahead ['gəʊəhed] **1.** fortschrittlich; **2. get the ~** grünes Licht bekommen

goal [gəʊl] Ziel n; Sport: Tor n; **'~ie** ['gəʊlɪ] F, **'~keeper** Torwart m

goat [gəʊt] Ziege f

gobble ['gɒbl] verschlingen

'go-between Vermittler(in)

god [gɒd] (rel. 2) Gott m; **'~child** (pl **-children**) Patenkind n

goddess ['gɒdɪs] Göttin f

'godfather Pate m; **'~forsaken** gottverlassen; **'~less** gottlos; **'~mother** Patin f; **'~parent** Pat|e m, -in f

goggles ['gɒglz] pl Schutzbrille f

goings-on [gəʊɪŋz'ɒn] pl F Treiben n, Vorgänge pl

gold [gəʊld] **1.** Gold n; **2.** golden, Gold...; **'~en** golden; **'~smith** Goldschmied(in)

golf [gɒlf] **1.** Golf(spiel) n; **2.** Golf spielen; **'~ club** Golfklub m; Golfschläger m; **'~ course** Golfplatz m; **'~er** Golfer(in), Golfspieler(in); **'~ links** pl od. sg Golfplatz m

gone [gɒn] **1.** pp von **go 1**; **2.**

fort, weg

good [gʊd] **1.** gut; artig; lieb; gut, richtig; **a ~ many** ziemlich viele; **~ at** gut in; geschickt in; **real ~** F echt gut; **2.** Nutzen m, Wert m; **das Gute**, Gutes n; **for ~** für immer

goodby(e) [gʊd'baɪ] **1. say ~ to s.o.**, **wish s.o. ~** j-m Auf Wiedersehen sagen; **2.** int (auf) Wiedersehen!, tel. auf Wiederhören!

Good 'Friday Karfreitag m

good-'humo(u)red gut gelaunt; gutmütig; **~'looking** gut aussehend; **~'natured** gutmütig; **'~ness** Güte f; **thank ~** Gott sei Dank

goods [gʊdz] pl Güter pl, Ware(n pl) f

goodwill [gʊd'wɪl] guter Wille, gute Absicht

goose [guːs] (pl **geese** [giːs]) Gans f; **~berry** ['gʊz-] Stachelbeere f

gorge [gɔːdʒ] **1.** enge Schlucht; **2. ~ o.s.** on od. with sich voll stopfen mit

gorgeous ['gɔːdʒəs] prächtig; F großartig, wunderbar

gorilla [gə'rɪlə] Gorilla m

go-'slow Brt. Bummelstreik m

gospel ['gɒspl] mst 2 Evangelium n

gossip ['gɒsɪp] **1.** Klatsch m; Schwatz m; Klatschbase f; **2.** klatschen

got [gɒt] pret u. pp von **get**

gotten ['gɒtn] Am. pp von **get**

govern ['gʌvn] regieren; verwalten; '**~ment** Regierung f; **~or** ['gʌvənə] Gouverneur m

gown [gaυn] Kleid n; Robe f

grab [græb] greifen, packen

grace [greıs] Anmut f, Grazie f; Anstand m; Frist f, Aufschub m; Gnade f; Tischgebet n; '**~ful** anmutig

gracious ['greıʃəs] 1. gnädig; freundlich; 2. int: **good ~!** du meine Güte!

grade [greıd] 1. Grad m, Stufe f, Qualität f; Am. Schule: Klasse f; bsd. Am. Note f, Zensur f; 2. Am. Steigung f, Gefälle n; 2. sortieren, einteilen; '**~ crossing** Am. schienengleicher Bahnübergang; **~ school** Am. Grundschule f

gradient ['greıdjənt] Steigung f, Gefälle n

gradual ['grædʒʊəl] allmählich, stufenweise

graduate 1. ['grædʒʊət] Akademiker(in), Hochschulabsolvent(in); Graduierte m, f; Am. Schulabgänger(in); **2.** ['grædʒʊeıt] graduieren; Am. die Abschlussprüfung bestehen; einteilen; abstufen, staffeln; **graduation** [grædʒʊ'eıʃn] Abstufung f, Staffelung f; (Maß)Einteilung f; univ. Graduierung f; Am. Absolvieren n (**from** e-r Schule)

grain [greın] (Getreide)Korn

n; Getreide n; (Sand etc.)Korn n; Maserung f

gram [græm] Gramm n

grammar ['græmə] Grammatik f; '**~ school** Brt. etwa Gymnasium n

gramme [græm] Gramm n

grand [grænd] 1. großartig; groß, bedeutend, wichtig; Haupt...; 2. mus. F Flügel m; (pl **grand**) sl. Riese m (1000 Dollar od. Pfund)

'**grand|child** ['græn-] (pl **-children**) Enkel(in); '**~daughter** ['græn-] Enkelin f; '**~father** ['grænd-] Großvater m; '**~mother** ['græn-] Großmutter f; '**~parents** ['græn-] pl Großeltern pl

grand pi'ano mus. Flügel m; '**~son** ['græn-] Enkel m

grandstand ['grændstænd] Haupttribüne f

granite ['grænıt] Granit m

granny ['grænı] F Oma f

grant [grɑːnt] 1. bewilligen, gewähren; Erlaubnis etc. geben; Bitte etc. erfüllen; zugeben; **take s.th. for ~ed** et. als selbstverständlich betrachten; **2.** Stipendium n; Unterstützung f

granule ['grænjuːl] Körnchen n

grape [greıp] Weintraube f, -beere f; '**~fruit** Grapefruit f, Pampelmuse f; '**~vine** Weinstock m

graph [græf] Diagramm n, Schaubild n; '**~ic 1.** grafisch;

anschaulich; **2.** *pl* Grafik(en *pl*) *f*

grapple ['græpl]: ~ **with** kämpfen mit

grasp [grɑːsp] **1.** (er)greifen, packen; *fig.* verstehen, begreifen; **2.** Griff *m*; *fig.*: Reichweite *f*; Verständnis *n*

grass [grɑːs] Gras *n*; Rasen *m*; '~**hopper** Heuschrecke *f*; '**grassy** grasbedeckt

grate¹ [greɪt] Gitter *n*; (Feuer)Rost *m*

grate² [greɪt] reiben, raspeln; knirschen, quietschen

grateful ['greɪtfl] dankbar

grater ['greɪtə] Reibe *f*

grating ['greɪtɪŋ] Gitter *n*

gratitude ['grætɪtjuːd] Dankbarkeit *f*

grave¹ [greɪv] Grab *n*

grave² [greɪv] ernst

gravel ['grævl] Kies *m*

grave|stone Grabstein *m*; '~**yard** Friedhof *m*

gravity ['grævɪtɪ] Schwerkraft *f*

gravy ['greɪvɪ] Bratensoße *f*

gray *Am.* → **grey**

graze¹ [greɪz] (ab)weiden

graze² [greɪz] **1.** streifen; sich *das Knie etc.* ab- *od.* aufschürfen; **2.** Abschürfung *f*, Schramme *f*

grease [griːs] **1.** Fett *n*; *tech.* Schmierfett *n*, Schmiere *f*; **2.** [griːz] (ein)fetten, *tech.* (ab-) schmieren; '**greasy** ['griːzɪ] fettig, schmierig, ölig

great [greɪt] groß; groß,

bedeutend, wichtig; F großartig, super

Great Britain [greɪt 'brɪtn] Großbritannien *n*

Great 'Dane Dogge *f*

great|-'grandchild (*pl* -**children**) Urenkel(in); ~-'**grandfather** Urgroßvater *m*; ~'**grandmother** Urgroßmutter *f*; ~'**grandparents** *pl* Urgroßeltern *pl*

'**greatly** sehr; '**greatness** Größe *f*; Bedeutung *f*

Greece [griːs] Griechenland *n*

greed [griːd] Gier *f* (**for** nach); '**greedy** gierig: gefräßig

Greek [griːk] **1.** griechisch; **2.** Grieche *m*, -in *f*

green [griːn] **1.** grün (*a. fig.*); **2.** *pl* grünes Gemüse; ~'**card** *Am.* Arbeitserlaubnis *f*; '~**grocer** *bsd. Brt.* Obst- u. Gemüsehändler(in); '~**horn** F Grünschnabel *m*; '~**house** Gewächs-, Treibhaus *n*; '**house effect** Treibhauseffekt *m*; '~**ish** grünlich

greet [griːt] (be)grüßen; '~**ing** Gruß *m*, Begrüßung *f*; *pl* Grüße *pl*; Glückwünsche *pl*

grenade [grə'neɪd] Granate *f*

grew [gruː] *pret von* **grow**

grey [greɪ] grau; '~**hound** *zo.* Windhund *m*

grid [grɪd] Gitter *n*; *electr. etc.* Versorgungsnetz *n*; *Karto-graphie:* Gitter(netz) *n*; '~**iron** Bratrost *m*

grudge

grief [griːf] Kummer *m*

grievance ['griːvns] (Grund *m* zur) Beschwerde *f*; **grieve** [griːv]: ∼ **for** trauern um

grill [grɪl] **1.** grillen; **2.** Grill *m*; Gegrillte *n*

grim [grɪm] schrecklich; grimmig

grimace [grɪˈmeɪs] **1.** Grimasse *f*; **2.** e-e Grimasse od. Grimassen schneiden

grime [graɪm] (dicker) Schmutz; **'grimy** schmutzig

grin [grɪn] **1.** grinsen; **2.** Grinsen *n*

grind [graɪnd] (*ground*) (zer-) mahlen, zerreiben, (klei-) nern; *Messer etc.* schleifen; *Am. Fleisch* durchdrehen

grip [grɪp] **1.** packen (*a. fig.*), ergreifen; **2.** Griff *m* (*a. fig.*)

gripes [graɪps] *pl* Kolik *f*

grit [grɪt] Kies *m*; *fig.* Mut *m*

groan [grəʊn] **1.** stöhnen; **2.** Stöhnen *n*

grocer ['grəʊsə] Lebensmittelhändler *m*; **groceries** ['grəʊsərɪz] *pl* Lebensmittel *pl*; **'grocery** Lebensmittelgeschäft *n*; **'grocery cart** *Am.* Einkaufswagen *m*

groin [grɔɪn] *anat.* Leiste *f*

groom [groːm] **1.** Bräutigam *m*; Pferdepfleger *m*; **2.** *Pferde* striegeln

groove [gruːv] Rinne *f*, Furche *f*; Rille *f*

grope [grəʊp] tasten

gross [grəʊs] **1.** Brutto...; *Fehler etc.*: schwer, grob;

grob, derb; dick, fett; **2.** (*pl gross*) Gros *n* (*12 Dutzend*)

ground [graʊnd] **1.** *pret u. pp von* **grind**; **2.** gemahlen; ∼ **meat** Hackfleisch *n*

ground [graʊnd] **1.** (Erd-)Boden *m*, Erde *f*; Boden *m*, Gebiet *n*; *Sport*: (Spiel)Platz *m*; *fig.* (Beweg)Grund *m*; *Am. electr.* Erdung *f*; *pl*: Grundstück *n*, Park *m*, Gartenanlage *f*; (Boden)Satz *m*; **2.** *mar.* auflaufen; *Am. electr.* erden; *fig.* gründen, stützen **'ground control** *aviat.* Bodenstation *f*; **'∼ crew** *aviat.* Bodenpersonal *n*; **'∼ floor** *bsd. Brt.* Erdgeschoss *n*, *östr.* -geschoß *n*; **'∼less** grundlos; **'∼ staff** *Brt. aviat.* Bodenpersonal *n*

group [gruːp] **1.** Gruppe *f*; **2.** sich gruppieren; (in Gruppen) einteilen *od.* anordnen

grow [grəʊ] (*grew, grown*) *v/i* wachsen; (allmählich) werden; ∼ **up** auf-, heranwachsen; *v/t* anbauen

growl [graʊl] knurren

grown [grəʊn] *pp von* **grow**; **∼-up 1.** [grəʊnˈʌp] erwachsen; **2.** ['grəʊnʌp] Erwachsene *m, f*

growth [grəʊθ] Wachsen *n*, Wachstum *n*; Wuchs *m*, Größe *f*; *fig.* Zunahme *f*, Anwachsen *n*; *med.* Gewächs *n*

grub [grʌb] F Futter *n* (*Essen*)

grubby ['grʌbɪ] schmuddlig

grudge [grʌdʒ] **1.** missgön-

nen (**s.o. s.th.** j-m et.); **2.**
Groll m; '**grudging** widerwillig

gruel [gruəl] Haferschleim m
gruel(l)ing ['gruəliŋ] aufreibend; mörderisch
gruff [grʌf] schroff, barsch
grumble ['grʌmbl] murren; *Donner:* (g)rollen
grumpy ['grʌmpi] F schlecht gelaunt, missmutig, mürrisch
grungy ['grʌndʒi] *Am. sl.* schmuddelig, schlampig
grunt [grʌnt] grunzen
guarantee [ˌgærən'tiː] **1.** Garantie f, Kaution f, Sicherheit f; **2.** (sich ver)bürgen für; garantieren; **guarantor** [ˌgærən'tɔː] *jur.* Bürge m, -in f
guard [gɑːd] **1.** Wache f, (Wach)Posten m; Wächter m; Aufseher m, Wärter m; Bewachung f; *Brt. rail.* Zugbegleiter m; **on one's ~** auf der Hut; **off one's ~** unachtsam; **2.** bewachen, (be)schützen; **~ against** schützen vor; sich in Acht nehmen vor; '**~ed** zurückhaltend
guardian ['gɑːdjən] *jur.* Vormund m
guess [ges] **1.** (er)raten; vermuten; *bsd. Am.* glauben, meinen; **2.** Vermutung f
guest [gest] Gast m; '**~house** (Hotel)Pension f, Fremdenheim n; '**~room** Gäste-, Fremdenzimmer n
guidance ['gaɪdns] Führung

f; (An)Leitung f; (Berufs-, Ehe- *etc.*)Beratung f
guide [gaɪd] (Reise-, Fremden)Führer(in); *Buch:* (Reise)Führer m; Handbuch n (**to** gen) **2.** führen; lenken; '**~book** (Reise)Führer m; **guided 'tour** Führung f; '**~lines** pl Richtlinien pl
guilt [gɪlt] Schuld f; '**guilty** schuldig (**of** gen)
'**guinea pig** [ˈgɪnɪ-] Meerschweinchen n; *fig.* Versuchskaninchen n
guitar [gɪ'tɑː] Gitarre f
gulf [gʌlf] Golf m; *fig.* Kluft f
gull [gʌl] Möwe f
gullet ['gʌlɪt] Speiseröhre f; Gurgel f
gulp [gʌlp] **1.** *oft ~ down* *Getränk* hinunterstürzen, *Speise* hinunterschlingen; **2.** (großer) Schluck
gum[1] [gʌm] *mst pl* Zahnfleisch n
gum[2] [gʌm] **1.** Gummi m, n; Klebstoff m; Kaugummi m; **2.** *v/t* kleben
gun [gʌn] Gewehr n; Pistole f; Revolver m; Geschütz n, Kanone f; '**~shot** Schuss m
gurgle ['gɜːgl] gurgeln, glucksen, glucksen
gush [gʌʃ] **1.** strömen, schießen (**from** aus); **2.** Schwall m
gust [gʌst] Windstoß m, Bö f
gut [gʌt] Darm m; pl Eingeweide pl; pl F Mumm m
gutter ['gʌtə] Gosse f (*a. fig.*), Rinnstein m; Dachrinne f

guy [gaɪ] F Kerl *m*, Typ *m*

gym [dʒɪm] F Fitnesscenter *n*; → **gymnasium**, **gymnastics**; ~ **shoes** *pl* Turnschuhe *pl*

gymnasium [dʒɪm'neɪzjəm] Turn-, Sporthalle *f*

gymnast ['dʒɪmnæst] Tur-ner(in); ~**ics** [dʒɪm'næstɪks] *sg* Turnen *n*, Gymnastik *f*

gyn(a)ecologist [gaɪnə'kɒl-ədʒɪst] Gynäkolog|e *m*, -in *f*, Frauenarzt *m*, -ärztin *f*

gypsy ['dʒɪpsɪ] *bsd. Am.* → **gipsy**

H

habit ['hæbɪt] (An)Gewohn-heit *f*; ~**able** bewohnbar

habitat ['hæbɪtæt] *bot.*, *zo.* Lebensraum *m*

habitual [hə'bɪtjʊəl] gewohn-heitsmäßig

hack [hæk] hacken; ~**er** F *Computer:* Hacker(in)

hackneyed ['hæknɪd] abge-droschen

had [hæd] *pret u. pp von* **have**

haddock ['hædək] Schellfisch *m*

haemorrhage ['hemərɪdʒ] Blutung *f*

hag [hæg] hässliches altes Weib, Hexe *f*

haggard ['hægəd] abge-härmt; abgespannt

hail [heɪl] **1.** Hagel *m*; **2.** ha-geln; ~**stone** Hagelkorn *n*; ~**storm** Hagelschauer *m*

hair [heə] *einzelnes* Haar; Haar *n*, Haare *pl*; ~**brush** Haarbürste *f*; ~**cut** Haar-schnitt *m*; ~**do** F Frisur *f*; ~**dresser** Friseur(in), Fri-sör(in); ~**dryer** *a.* **hairdrier**

Trockenhaube *f*; Haartrock-ner *m*; Föhn *m*, Fön® *m*; ~**grip** Haarklammer *f*; ~**less** unbehaart, kahl; ~**pin** Haarnadel *f*; ~**pin 'bend** Haarnadelkurve *f*; ~**raising** haarsträubend; ~**slide** Haarspange *f*; ~**split-ting** Haarspalterei *f*; ~**style** Frisur *f*

half [hɑːf] **1.** *su* (*pl* **halves** [hɑːvz]) Hälfte *f*; ~ *past ten*, *Am. a.* ~ *after ten* halb elf (Uhr); **2.** *adj* halb; ~ *an hour* e-e halbe Stunde; ~ *a pound* ein halbes Pfund; **3.** *adv* halb, zur Hälfte; ~**hearted** halbherzig; ~ '**time** *Sport:* Halbzeit *f*; ~**way** *auf* hal-bem Weg *od.* in der Mitte (liegend)

halibut ['hælɪbət] Heilbutt *m*

hall [hɔːl] Halle *f*, Saal *m*; (Haus)Flur *m*, Diele *f*

halo ['heɪləʊ] *astr.* Hof *m*; Heiligenschein *m*

halt [hɔːlt] **1.** Halt *m*; **2.** (an)halten

halter ['hɔːltə] Halfter *m*, *n*

halve [hɑːv] halbieren

halves [hɑːvz] *pl von* **half** 1

ham [hæm] Schinken *m*

hamburger ['hæmbɜːgə] *gastr.* Hamburger *m*

hammer ['hæmə] **1.** Hammer *m*; **2.** hämmern

hammock ['hæmək] Hängematte *f*

hamper[1] ['hæmpə] (Deckel-)Korb *m*; Geschenk-, Fresskorb *m*; *Am.* Wäschekorb *m*

hamper[2] ['hæmpə] (be)hindern

hamster ['hæmstə] Hamster *m*

hand [hænd] **1.** Hand *f* (a. *fig.*); Handschrift *f*; (Uhr-)Zeiger *m*; *mst in Zssgn.*: Arbeiter *m*; Fachmann *m*; Kartenspiel: Blatt *n*, Karten *pl*; **at first ~** aus erster Hand; **by ~** mit der Hand; **on the one ~ ..., on the other ~** einerseits..., andererseits; **on the right ~ side** rechts; **~s off!** Hände weg!; **~s up!** Hände hoch!; **give** *od.* **lend a ~** mit zugreifen, *j-m* helfen (**with** bei); **shake ~s with** *j-m* die Hand schütteln *od.* geben; **2.** aushändigen, (über)geben, (-)reichen; **~ down** weitergeben, überliefern; **~ in** *Prüfungsarbeit etc.* abgeben, *Gesuch etc.* einreichen; **~ on** weiterreichen, weitergeben; überliefern; **~ over** übergeben (**to** *dat*); '**~bag**

Handtasche *f*; '**~ball** *Fußball*: Handspiel *n*; '**~bill** Handzettel *m*, Flugblatt *n*; '**~book** Handbuch *n*; '**~brake** Handbremse *f*; '**~cuffs** *pl* Handschellen *pl*

handicap ['hændikæp] **1.** Handikap *n*, *med. a.* Behinderung *f*, *Sport*: *a.* Vorgabe *f*; **2.** behindern, benachteiligen

handi|craft ['hændikrɑːft] (*bsd.* Kunst)Handwerk *n*; '**~work** (Hand)Arbeit *f*, *fig.* Werk *n*

handkerchief ['hæŋkətʃif] Taschentuch *n*

handle ['hændl] **1.** Griff *m*; Stiel *m*, Henkel *m*; (Tür-)Klinke *f*; **2.** anfassen, berühren; hantieren *od.* umgehen mit; behandeln; '**~bars** *pl* Lenkstange *f*

'**hand|luggage** Handgepäck *n*; **~made** handgearbeitet; '**~rail** Geländer *n*; Handlauf *m*; '**~shake** Händedruck *m*

handsome ['hænsəm] *bsd. Mann*: gut aussehend; *Summe etc.*: beträchtlich

'**hand|writing** (Hand)Schrift *f*; '**~written** handgeschrieben

'**handy** praktisch, nützlich; geschickt; zur Hand

hang [hæŋ] (**hung**) aufhängen; *Tapete* ankleben; *pret u. pp* **hanged**: ~ *j-n* hängen; ~ **about**, ~ **around** herumlungern; ~ **on** festhalten (**to** *acc*)

hangar ['hæŋə] Hangar *m*, Flugzeughalle *f*

'**hanger** Kleiderbügel *m*

'**hang| glider** (Flug)Drachen *m*; Drachenflieger(in) *f*; **~gliding** Drachenfliegen *n*

'**hangnail** Niednagel *m*

'**hangover** Kater *m*

hankie, hanky ['hæŋkɪ] F Taschentuch *n*

haphazard [hæp'hæzəd] planlos, willkürlich

happen ['hæpən] (zufällig) geschehen; sich ereignen, passieren; **~ing** ['hæpnɪŋ] Ereignis *n*; Happening *n*

happily ['hæpɪlɪ] glücklich(erweise); '**happiness** Glück *n*; **happy** ['hæpɪ] glücklich; **~go-'lucky** unbekümmert

harass ['hærəs] ständig belästigen; schikanieren; '**~ment** ständige Belästigung; Schikane(n *pl*) *f*; → *sexual harassment*

harbo(u)r ['hɑːbə] **1.** Hafen *m*; **2.** *j-m* Unterschlupf gewähren; *Groll etc.* hegen

hard [hɑːd] hart; schwer, schwierig; heftig, stark; hart, streng (*a.* Winter); *Tatsachen etc.*: hart, nüchtern; *Droge*: hart, *Getränk*: *a.* stark; hart, fest; **~of hearing** schwerhörig; '**~back** Buch: gebundene Ausgabe; **~-'boiled** *Ei*: hart (gekocht); '**~cover** → **hardback**; '**~disk** *Computer*: Festplatte *f*; '**~en** härten; hart machen;

hart werden; erhärten; (sich) abhärten; '**~hat** *am Bau*: Schutzhelm *m*; **~headed** praktisch, nüchtern; '**~ly** kaum; '**~ness** Härte *f*; '**~ship** Not *f*; Härte *f*; **~ 'shoulder** *Brt. mot.* Standspur *f*; '**~ware** Eisenwaren *pl*; Haushaltswaren *pl*; *Computer*: Hardware *f*

hardy ['hɑːdɪ] zäh, robust

hare [heə] Hase *m*; '**~bell** Glockenblume *f*

harm [hɑːm] **1.** Schaden *m*; **2.** schaden; '**~ful** schädlich; '**~less** harmlos

harmonious [hɑː'məʊnjəs] harmonisch; **harmonize** ['hɑːmənaɪz] harmonieren; in Einklang sein *od.* bringen

harness ['hɑːnɪs] **1.** (Pferde*etc.*)Geschirr *n*; **2.** anschirren; anspannen (**to** an)

harp [hɑːp] **1.** Harfe *f*; **2.** Harfe spielen; **~ on (about)** *fig.* herumreiten auf

harrow ['hærəʊ] **1.** Egge *f*; **2.** eggen

harsh [hɑːʃ] rau; streng; grell; barsch, schroff

harvest ['hɑːvɪst] **1.** Ernte (-zeit) *f*; Ertrag *m*; **2.** ernten

has [hæz] *er, sie, es* hat

hash [hæʃ] *gastr.* Haschee *n*

hashish ['hæʃɪʃ] Haschisch *n*

haste [heɪst] Eile *f*, Hast *f*; **hasten** ['heɪsn] (sich be)eilen; *j-n* antreiben; *et.* beschleunigen; '**hasty** eilig, hastig, überstürzt

hat [hæt] Hut *m*

hatch¹ [hætʃ] *a.* ~ **out** ausbrüten; ausschlüpfen

hatch² [hætʃ] Luke *f*; Durchreiche *f*

hatchet ['hætʃɪt] Beil *n*

hate [heɪt] **1.** hassen; **2.** Hass *m*; **hatred** ['heɪtrɪd] Hass *m*

haughty ['hɔːtɪ] hochmütig, überheblich

haul [hɔːl] **1.** ziehen; schleppen; befördern, transportieren; **2.** Fang *m* (*a. fig.*); Transport(weg) *m*; '~**age** Transport *m*

'**hauler** *Am.*, **haulier** *Brt.* ['hɔːljə] Transportunternehmer *m*

haunch [hɔːntʃ] Hüfte *f*, Hüftpartie *f*; *Tier:* Hinterbacke *f*, Keule *f*

haunt [hɔːnt] **1.** spuken in; *fig.* verfolgen; **2.** häufig besuchter Ort

have [hæv] (**had**) *v/t* haben; erhalten, bekommen; essen, trinken (~ **breakfast** frühstücken); *vor inf:* müssen (**I** ~ **to go now** ich muss jetzt gehen); *mit Objekt u. pp:* lassen (**I had my hair cut** ich ließ mir die Haare schneiden); ~ **back** zurückbekommen; ~ **on** *Kleidungsstück* anhaben, *Hut* aufhaben; *v/aux* haben, *bei v/i* sein; **I** ~ **come** ich bin gekommen

haven ['heɪvn] Zufluchtsort *m*

havoc ['hævək] Verwüstung *f*

hawk [hɔːk] Habicht *m*, Falke

m (*a. pol.*)

hawthorn ['hɔːθɔːn] Weißdorn *m*

hay [heɪ] Heu *n*; '~ **fever** Heuschnupfen *m*; '~**stack** Heuschober *m*, -haufen *m*

hazard ['hæzəd] **1.** Gefahr *f*, Risiko *n*; **2.** wagen; riskieren; '~**ous** gewagt, gefährlich, riskant; ~**ous 'waste** Sonder-, Giftmüll *m*

haze [heɪz] Dunst(schleier) *m*

hazel ['heɪzl] **1.** Haselnussstrauch *m*; **2.** nussbraun; '~**nut** Haselnuss *f*

hazy ['heɪzɪ] dunstig, diesig; *fig.* verschwommen

he [hiː] **1.** *pron er*; **2.** *su* Er *m*; *zo.* Männchen *n*

head [hed] **1.** *su* Kopf *m*; (Ober)Haupt *n*; (An)Führer(in), Leiter(in); Spitze *f*; *Bett:* Kopf(ende *n*) *m*; *Über-schrift f*; **£15 a** *od.* **per** ~ fünf-zehn Pfund pro Kopf *od.* Person; **40** ~ *pl* (*of cattle*) 40 Stück *pl* (Vieh); ~**s or tails?** *Münze:* Kopf od. Zahl?; ~ **over heels** kopfüber; bis über beide Ohren (*verliebt sein*); **2.** *adj* Kopf..., Chef..., Haupt..., Ober...; **3.** *v/t* anführen, an der Spitze stehen von (*od. gen*); voran-, vorausgehen; (an)führen, leiten; *Fußball:* köpfen; *v/i (for)* gehen, fahren (nach); lossteuern, -gehen (auf); *Kurs* halten (auf); '~**ache** Kopfschmerz(en *pl*) *m*; '~**er**

Kopfsprung *m*; *Fußball*: Kopfball *m*; '**~ing** Überschrift *f*, Titel *m*; '**~lamp** → **headlight**; '**~land** Landspitze *f*, -zunge *f*; '**~light** Scheinwerfer *m*; '**~line** Schlagzeile *f*; '**~long** kopfüber; **~master** *Schule*: (Di)Rektor *m*; **~'mistress** *Schule*: (Di)Rektorin *f*; '**~ office** Zentrale *f*, **~'on** frontal, Frontal...; '**~phones** *pl* Kopfhörer *pl*; **~'quarters** *pl*, *sg mil*. Hauptquartier *n*; Hauptsitz *m*, Zentrale *f*; '**~rest** Kopfstütze *f*; '**~set** Kopfhörer *pl*; '**~strong** eigensinnig, halsstarrig

heal [hi:l] *a*. **~ up** heilen; **~ over** (zu)heilen

health [helθ] Gesundheit *f*; **your ~!** auf Ihr Wohl!; '**~ club** Fitnessklub *m*, -center *n*; '**~ food** Reform-, Biokost *f*; '**~ insurance** Krankenversicherung *f*; '**~ resort** Kurort *m*

'**healthy** gesund

heap [hi:p] **1.** Haufen *m*; **2.** häufen; **~ up** auf-, anhäufen

hear [hɪə] (heard) (an-, ver-, zu-, *Lektion* ab)hören

heard [hɜ:d] *pret u. pp von* **hear**

'**hearer** (Zu)Hörer(in)

'**hearing** Gehör *n*; Hören *n*; *bsd. pol.* Hearing *n*, Anhörung *f*; *jur.* Verhandlung *f*; **within/out of ~** in/außer Hörweite; '**~ aid** Hörgerät *n*

'**hearsay**: **by ~** vom Hörensagen

heart [hɑ:t] Herz *n* (*a. fig.*); *fig.* Kern *m*; *Kartenspiel*: Herz(karte *f*) *n*, *pl als Farbe*: Herz *n*; **by ~** auswendig; '**~ attack** Herzanfall *m*; Herzinfarkt *m*; '**~beat** Herzschlag *m*; '**~breaking** herzzerreißend; '**~burn** Sodbrennen *n*; '**~ failure** Herzversagen *n*; '**~felt** aufrichtig

hearth [hɑ:θ] Kamin *m*

'**heart|less** herzlos; '**~ transplant** Herzverpflanzung *f*

'**hearty** herzlich; herzhaft

heat [hi:t] **1.** Hitze *f*, *phys.* Wärme *f*, *fig.* Eifer *m*; *zo.* Läufigkeit *f*; *Sport*: (Einzel)Lauf *m*; **2.** *v/t* heizen; *a.* **~ up** erhitzen, aufwärmen; *v/i* sich erhitzen (*a. fig.*); '**~ed** geheizt; *Heckscheibe etc.*: heizbar; *fig.* erregt, hitzig; '**~er** Heizgerät *n*

heath [hi:θ] Heide(land *n*) *f*

heathen ['hi:ðn] **1.** Heide *m*, -in *f*; **2.** heidnisch

heather ['heðə] Heidekraut *n*, Erika *f*

'**heating** Heizung *f*; Heiz...

'**heat|proof** hitzebeständig; '**~stroke** Hitzschlag *m*; '**~ wave** Hitzewelle *f*

heave [hi:v] (hoch)stemmen, (-)hieven; *Seufzer* ausstoßen; sich heben und senken, wogen

heaven ['hevn] Himmel *m*; '**~ly** himmlisch

heavy ['hevɪ] schwer; *Raucher, Regen, Verkehr etc.*: stark; *Geldstrafe, Steuern etc.*: hoch; *Nahrung etc.*: schwer (verdaulich); drückend, lastend; ~ **'current** Starkstrom *m*; '**~weight** *Sport*: Schwergewicht(ler *m*) *n*

Hebrew ['hi:bru:] hebräisch

heckle ['hekl] durch Zwischenrufe stören

hectic ['hektɪk] hektisch

hedge [hedʒ] **1.** Hecke *f*; **2.** *v/t a.* ~ **in** *od.* **r** Hecke einfassen; *v/i fig.* ausweichen

hedgehog ['hedʒhɒg] Igel *m*

heel [hi:l] Ferse *f*; Absatz *m*

hefty ['heftɪ] kräftig, stämmig; gewaltig, *Preise, Geldstrafe etc.*: saftig

'**he-goat** Ziegenbock *m*

height [haɪt] Höhe *f*; (Körper)Größe *f*; *fig.* Höhe (-punkt *m*) *f*; '**~en** erhöhen; vergrößern

heir [eə] Erbe *m*; **~ess** ['eərɪs] Erbin *f*

held [held] *pret u. pp von* **hold** 1

helicopter ['helɪkɒptə] Hubschrauber *m*

hell [hel] Hölle *f*; *what the* ~ ...? = was zum Teufel ...?

hello [he'ləʊ] *int* hallo!

helm [helm] Ruder *n*, Steuer *n*

helmet ['helmɪt] Helm *m*

help [help] **1.** Hilfe *f*; Hausangestellte *f*; **2.** (*j-m*) helfen; ~ *o.s.* sich bedienen, sich nehmen; *I can't* ~ *it* ich kann es

nicht ändern; ich kann nichts dafür; *I couldn't* ~ *laughing* ich musste einfach lachen; '**~er** Helfer(in); '**~ful** hilfreich; hilfsbereit; '**~ing** *Essen*: Portion *f*; '**~less** hilflos

helter-skelter [heltə'skeltə] holterdiepolter

hem [hem] **1.** Saum *m*; **2.** (ein)säumen; '**~line** Rocklänge *f*

hemorrhage *bsd. Am.* → **haemorrhage**

hemp [hemp] Hanf *m*

hen [hen] Henne *f*, Huhn *n*; *von Vögeln*: Weibchen *n*

'**henpecked husband** Pantoffelheld *m*

hepatitis [hepə'taɪtɪs] Hepatitis *f*, Leberentzündung *f*

her [hɜ:] sie; ihr; ihr; sich

herb [hɜ:b] Kraut *n*

herd [hɜ:d] Herde *f* (*a. fig.*)

here [hɪə] hier; (hier)her; ~ **'s** *to you! auf* **ihr** Wohl!; ~ *you are!* hier(, bitte)! (*da hast du es*)

hereditary [hɪ'redɪtərɪ] erblich, Erb...

heritage ['herɪtɪdʒ] Erbe *n*

hermit ['hɜ:mɪt] Einsiedler *m*, Eremit *m*

hero ['hɪərəʊ] (*pl* **heroes**) Held *m*; **~ic** [hɪ'rəʊɪk] heroisch, heldenhaft

heroin ['herəʊɪn] Heroin *n*

heroine ['herəʊɪn] Heldin *f*

heron ['herən] Reiher *m*

herpes ['hɜ:pi:z] Herpes *m*

herring ['herɪŋ] Hering *m*

hers [hɜːz] ihrs, ihre(r, -s)

herself [hɜː'self] sie selbst, ihr selbst; sich (selbst)

hesitate ['hezɪteɪt] zögern, Bedenken haben; **hesi'ta·tion** Zögern *n*

hew [hjuː] (*hewed, hewed od. hewn*) hauen, hacken; **hewn** *pp von* **hew**

heyday ['heɪdeɪ] Höhepunkt *m*, Gipfel *m*; Blüte(zeit) *f*

hi [haɪ] *int F* hallo!

hibernate ['haɪbəneɪt] *zo.* Winterschlaf halten

hiccup ['hɪkʌp] **1.** *a.* **hic·cough** Schluckauf *m*; **2.** den Schluckauf haben

hid [hɪd] *pret*, **'hidden** *pp von* **hide¹**

hide¹ [haɪd] (*hid, hidden*) (sich) verbergen *od.* verstecken; verheimlichen

hide² [haɪd] Haut *f*, Fell *n*

hide-and-'seek Versteckspiel *n*; **'~·away** Versteck *n*

hideous ['hɪdɪəs] abscheulich

hiding¹ ['haɪdɪŋ] F Tracht *f* Prügel

hiding² ['haɪdɪŋ]: *be in* ~ sich versteckt halten; *go into* ~ untertauchen; '~ **place** Versteck *n*

hi-fi ['haɪfaɪ] Hi-Fi(-Gerät *n*, -Anlage *f*) *n*

high [haɪ] **1.** hoch; Hoffnungen *etc.*: groß; Fleisch: angegangen; F betrunken: blau, Drogen: high; *in* ~ **spirits** in Hochstimmung; *it is* ~ *time*

es ist höchste Zeit; **2.** *meteor.* Hoch *n*; '~·**brow 1.** Intellektuelle *m, f*; **2.** (betont) intellektuell; '~·**calorie** kalorienreich; '~·**class** erstklassig; '~·**diving** Turmspringen *n*; '~·**fi'delity** High-Fidelity-...; '~·**grade** erstklassig; hochwertig; '~·**heeled** *Schuhe*: hochhackig; '~·**jump** Hochsprung *m*; '~·**light 1.** Höhepunkt *m*; **2.** hervorheben; '~·**ly** *fig.* hoch; *think* ~ *of* viel halten von; '~·**ness** *Titel*: Hoheit *f*; '~·**pitched** *Ton*: schrill; *Dach*: steil; '~·**powered** Hochleistungs...; *fig.* dynamisch; '~·**pressure** *tech., meteor.* Hochdruck...; '~·**rise** Hochhaus *n*; '~·**road** *bsd. Brt.* Hauptstraße *f*; '~·**school** *Am.* High School *f*; '~·**street** *Brt.* Hauptstraße *f*; '~·**tech** [haɪ 'tek] High-Tech-...; '~·**tech'nology** Hochtechnologie *f*; '~·**tension** *electr.* Hochspannungs...; ~ '**tide** Flut *f*; ~ '**water** Hochwasser *n*; '~·**way** *bsd. Am.* Highway *m*; '~·**way 'Code** *Brt.* Straßenverkehrsordnung *f*

hijack ['haɪdʒæk] *Flugzeug* entführen; *Geldtransport etc.* überfallen; '~·**er** Flugzeugentführer(in); Räuber *m*

hike [haɪk] **1.** wandern; **2.** Wanderung *f*; **hiker** Wanderer *m*, Wanderin *f*

hilarious [hɪˈleərɪəs] vergnügt, ausgelassen; lustig

hill [hɪl] Hügel *m*; '**~side** Abhang *m*; '**~ly** hügelig

hilt [hɪlt] Heft *n*, Griff *m*

him [hɪm] ihn; ihm; **~'self** er *od.* ihm *od.* ihn selbst; sich (selbst)

hind [haɪnd] Hinter...

hinder ['hɪndə] (be)hindern; **hindrance** ['hɪndrəns] Hindernis *n*

hinge [hɪndʒ] Scharnier *n*, (Tür)Angel *f*

hint [hɪnt] 1. Wink *m*, Andeutung *f*; Tipp *m*; Anspielung *f*; 2. andeuten; anspielen (**at** auf)

hip [hɪp] Hüfte *f*

hippo ['hɪpəʊ] F (*pl* -**pos**), **hippopotamus** [hɪpə'pɒtəməs] (*pl* -**muses**, -**mi** [-maɪ]) Fluss-, Nilpferd *n*

hire [haɪə] 1. *Brt.* Auto etc. mieten; *Flugzeug etc.* chartern; *j-n* anstellen; *j-n* engagieren, anheuern; **~ out** *Brt.* vermieten; 2. Miete *f*; **for ~** zu vermieten; *Taxi:* frei; **~'car** Leih-, Mietwagen *m*; **'~purchase: on ~** *od. Brt.* auf Abzahlung *od.* Raten

his [hɪz] sein(e); seins, seine(r, -s)

hiss [hɪs] zischen, *Katze:* fauchen; auszischen

historic [hɪ'stɒrɪk] historisch; **~al** historisch, geschichtlich

history ['hɪstərɪ] Geschichte *f*

hit [hɪt] 1. (*hit*) schlagen; treffen (*a. fig.*); *mot.* rammen; 2. Schlag *m*; Treffer *m* (*a. fig.*); *Buch, Schlager etc.:* Hit *m*; '**~-and-run:** **~ driver** (unfall)flüchtiger Fahrer; **~ offence** (*Am.* **offense**) Fahrerflucht *f*

hitch [hɪtʃ] 1. befestigen, festhaken (**to** an); **~ up** hochziehen; **~ a ride** F im Auto mitgenommen werden; F **~** '**hitchhike**; 2. Ruck *m*, Zug *m*; Schwierigkeit *f*, Haken *m*; **without a ~** glatt, reibungslos; '**~hike** per Anhalter fahren, trampen; '**~hiker** Anhalter(in), Tramper(in)

hi-tech [haɪ'tek] → *high-tech*

HIV [eɪtʃ aɪ 'viː]: **~ negative** (**positive**) HIV-negativ (-positiv)

hive [haɪv] Bienenkorb *m*, -stock *m*; Bienenvolk *n*

hoard [hɔːd] 1. Vorrat *m*, Schatz *m*; 2. horten

hoarfrost ['hɔːfrɒst] (Rau-)Reif *m*

hoarse [hɔːs] heiser, rau

hoax [həʊks] (übler) Scherz

hobble ['hɒbl] humpeln, hinken

hobby ['hɒbɪ] Hobby *n*, Steckenpferd *n*; '**~horse** Steckenpferd *n* (*a. fig.*)

hobo ['həʊbəʊ] (*pl* **hobo[e]s**) *Am.* Landstreicher *m*

hock [hɒk] weißer Rheinwein

hockey ['hɒkɪ] *bsd. Brt.* Hockey *n*; *bsd. Am.* Eishockey *n*

hoe [həʊ] **1.** Hacke *f*; **2.** Boden hacken

hog [hɒg] (Schlacht)Schwein *n*

hoist [hɔɪst] **1.** hochziehen; hissen; **2.** (Lasten)Aufzug *m*

hold [həʊld] **1.** (held) *v/t* (fest)halten; Gewicht etc. tragen, (aus)halten; zurückabhalten (**from** von); *Wahlen, Versammlung etc.* abhalten; *mil., fig. Stellung* halten; *Aktien etc.* besitzen; *Amt etc.* bekleiden; *Platz etc.* (inne)haben; *Rekord* halten; fassen, enthalten; Platz bieten für; **~ s.th. against s.o.** j-m et. vorwerfen; j-m et. nachtragen; **~ one's own** sich behaupten; **~ the line** *tel.* am Apparat bleiben; **~ responsible** verantwortlich machen; *v/i* halten; (sich) festhalten (**to** an); *Wetter, Glück etc.*: anhalten, andauern; **~ on** (sich) festhalten (**to** an); aus-, durchhalten; *tel.* am Apparat bleiben; **~ out** aus-, durchhalten; *Vorräte etc.*: reichen; **~ up** aufhalten, et. verzögern; *Bank etc.* überfallen; *fig.* hinstellen (**as an example** als Beispiel); **2.** Griff *m*, Halt *m*; Stütze *f*; Gewalt *f*, Macht *f*, Einfluss *m*; **catch** (**get, take**) **~ of s.th.** et. ergreifen od. zu fassen bekommen; **'~up** Verkehr: Stockung *f*; (bewaffneter) (Raub)Überfall

hole [həʊl] **1.** Loch *n*; Höhle *f*,

Bau *m*; **2.** durchlöchern

holiday ['hɒlədeɪ] Feiertag *m*; freier Tag; *mst pl bsd. Brt.* Ferien *pl*, Urlaub *m*; **be on ~** im Urlaub sein, Urlaub machen; **'~maker** Urlauber(in)

hollow ['hɒləʊ] **1.** hohl; **2.** Höhle *f*, Vertiefung *f*; **2.** hohl; **3.** **~ out** aushöhlen

holly ['hɒlɪ] Stechpalme *f*

holocaust ['hɒləkɔːst] Massenvernichtung *f*; **the 2** *hist.* der Holocaust

holster ['həʊlstə] (Pistolen-) Halfter *n, auch f*

holy ['həʊlɪ] heilig; **'2 Week** Karwoche *f*

home [həʊm] **1.** *su* Heim *n*; Haus *n*; Wohnung *f*; Zuhause *n*; Heimat *f*; **at ~** zu Hause, *östr., Schweiz: a.* zuhause; **make o.s. at ~** es sich bequem machen; **at ~ and abroad** im In- und Ausland; **2.** *adj* häuslich; inländisch; Inlands...; Heimat...; *Sport:* Heim...; **3.** *adv* heim, nach Hause, *östr., Schweiz: a.* nachhause; zu Hause, *östr., Schweiz: a.* zuhause, daheim; **~ ad'dress** Privatanschrift *f*; **'~computer** Heimcomputer *m*; **'~less** heimatlos; obdachlos; **'~ly** einfach; *Am.* unscheinbar, reizlos; **~'made** selbst gemacht; **'~market** Binnenmarkt *m*; **'~match** *Sport:* Heimspiel *n*; **'2 Office** *Brt.* Innenministerium *n*; **2 'Secretary** *Brt.* Innenminister m; '~sick: be ~ Heimweh haben; '~ward Heim..., Rück...; bsd. Am. → '~wards heimwärts, nach Hause, östr., schweiz: a. nachhause; '~work Hausaufgabe(n pl) f; do one's ~ s-e Hausaufgaben machen

homicide ['hɒmɪsaɪd] jur. Mord m

homosexual [hɒməʊ'seksjʊəl] 1. homosexuell; 2. Homosexuelle m, f

honest ['ɒnɪst] ehrlich; 'honesty Ehrlichkeit f

honey ['hʌnɪ] Honig m; bsd. Am. Liebling m, Schatz m; '~comb (Honig)Wabe f; '~moon Flitterwochen pl, Hochzeitsreise f

honk [hɒŋk] mot. hupen

honorary ['ɒnərərɪ] Ehren...; ehrenamtlich

hono(u)r ['ɒnə] 1. Ehre f; 2. ehren; auszeichnen; Scheck etc. einlösen; '~able ehrenvoll, -haft; ehrenwert

hood [hʊd] Kapuze f; Brt. Verdeck m; Am. (Motor)Haube f

hoof [huːf] (pl hoofs, hooves [huːvz]) Huf m

hook [hʊk] 1. Haken m; 2. an-, ein-, fest-, zuhaken

hook(e)y ['hʊkɪ]: play ~ Am. F die Schule schwänzen

hooligan ['huːlɪɡən] Rowdy m

hoop [huːp] Reif(en) m

hoot [huːt] mot. hupen

Hoover® ['huːvə] 1. Staub-

sauger m; 2. mst 2 (Staub) saugen

hooves [huːvz] pl von hoof

hop¹ [hɒp] 1. hüpfen, hopsen; 2. Sprung m

hop² [hɒp] Hopfen m

hope [həʊp] 1. hoffen (for auf); I ~ so hoffentlich; Hoffnung f; '~ful hoffnungsvoll; '~less hoffnungslos

horizon [hə'raɪzn] Horizont m; horizontal [hɒrɪ'zɒntl] horizontal, waag(e)recht

hormone ['hɔːməʊn] Hormon n

horn [hɔːn] Horn n; mot. Hupe f; 2 Geweih n

hornet ['hɔːnɪt] Hornisse f

horny ['hɔːnɪ] schwielig; V geil

horoscope ['hɒrəskəʊp] Horoskop n

horrible ['hɒrəbl] schrecklich, entsetzlich; horrify ['hɒrɪfaɪ] entsetzen; horror ['hɒrə] Entsetzen n

horse [hɔːs] Pferd n; '~back: on ~ zu Pferde, beritten; '~chestnut Rosskastanie f; '~power Pferdestärke f; '~race Pferderennen n; '~radish Meerrettich m; '~shoe Hufeisen n

horticulture ['hɔːtɪkʌltʃə] Gartenbau m

hose¹ [həʊz] Schlauch m

hose² [həʊz] pl Strümpfe pl

hospitable ['hɒspɪtəbl] gastfreundlich

hospital ['hɒspɪtl] Krankenhaus n, Klinik f

hospitality [hɒspɪˈtælətɪ] Gastfreundschaft f
host¹ [həʊst] Gastgeber m; TV etc.: Talkmaster m; Showmaster m; Moderator(in)
host² [həʊst] Menge f
Host³ [həʊst] rel. Hostie f
hostage [ˈhɒstɪdʒ] Geisel f
hostel [ˈhɒstl] bsd. Brt. (Studenten- etc.)Wohnheim n; mst **youth** ~ Jugendherberge f
hostess [ˈhəʊstɪs] Gastgeberin f; Betreuerin f; Hostess f; aviat. Hostess f, Stewardess f
hostile [ˈhɒstaɪl] feindlich; feindselig; **hostility** [hɒˈstɪlətɪ] Feindseligkeit f
hot [hɒt] heiß; Gewürze: scharf; hitzig, heftig
hotel [həʊˈtel] Hotel n
'hot|head Hitzkopf m; **'~ house** Treib-, Gewächshaus n; **~'water bottle** Wärmflasche f
hound [haʊnd] Jagdhund m
hour [ˈaʊə] Stunde f; pl (Arbeits)Zeit f, (Geschäfts)Stunden pl; **'~ly** stündlich
house [haʊs] **1.** (pl **houses** [ˈhaʊzɪz]) Haus n; **2.** [haʊz] unterbringen; **'~hold** Haushalt m; **~ husband** Hausmann m; **'~keeper** Haushälterin f; **'~keeping** Haushaltung f, -haltsführung f; **♀ of 'Commons** Brt. parl. Unterhaus n; **♀ of 'Lords** Brt. parl. Oberhaus n; **♀ of Repre'sentatives** Am. parl. Re-

präsentantenhaus n; **'~ warming** Einzugsparty f; **'~wife** (pl **-wives**) Hausfrau f; **'~work** Hausarbeit f
housing [ˈhaʊzɪŋ] Wohnung f; **'~ development** Am., **'~ estate** Brt. Wohnsiedlung f
hover [ˈhɒvə] schweben; **'~craft** (pl **-craft[s]**) Luftkissenfahrzeug n
how [haʊ] wie; **~ are you?** wie geht es dir?; **~ about ...?** wie steht od. wäre es mit ...?; **~ much?** wie viel?; **~ many?** wie viele?; **~ much is it?** was kostet es?; **~ever** wie auch (immer); jedoch
howl [haʊl] **1.** Heulen n; **2.** heulen; brüllen, schreien; **'~er** F grober Schnitzer
hub [hʌb] (Rad)Nabe f
hubbub [ˈhʌbʌb] Stimmengewirr n; Tumult m
'hubcap Radkappe f
huckleberry [ˈhʌklbərɪ] amer. Heidelbeere
huddle [ˈhʌdl]: **~ together** (sich) zs.-drängen; **~d up** zs.-gekauert
hue [hjuː] Farbe f; Farbton m
hug [hʌg] **1.** (sich) umarmen; **2.** Umarmung f
huge [hjuːdʒ] riesig
hulk [hʌlk] Koloss m
hull¹ [hʌl] **1.** bot. Schale f, Hülse f; **2.** enthülsen, schälen
hull² [hʌl] (Schiffs)Rumpf m
hullabaloo [hʌləbəˈluː] Lärm m, Getöse n

hum [hʌm] summen

human ['hjuːmən] **1.** menschlich, Menschen...; **2.** *a.* ~ *being* Mensch *m*

humane [hjuːˈmeɪn] human, menschlich

humanitarian [hjuːˌmænɪˈteərɪən] humanitär

humanity [hjuːˈmænətɪ] die Menschheit; Humanität *f*, Menschlichkeit *f*

humble ['hʌmbl] **1.** bescheiden; demütig; **2.** demütigen

humdrum ['hʌmdrʌm] eintönig, langweilig

humid ['hjuːmɪd] feucht, nass; **~ity** [hjuːˈmɪdətɪ] Feuchtigkeit *f*

humiliate [hjuːˈmɪlɪeɪt] demütigen; **humili'ation** Demütigung *f*

humility [hjuːˈmɪlətɪ] Demut *f*

'hummingbird Kolibri *m*

humorous ['hjuːmərəs] humorvoll, komisch

humo(u)r ['hjuːmə] **1.** Humor *m*; Komik *f*; Stimmung *f*; **2.** *j-m* s-n Willen lassen

hump [hʌmp] Höcker *m*, Buckel *m*; **'~back → hunch-back**

hunch [hʌntʃ] **1.** (Vor)Ahnung *f*; **2.** *~ one's shoulders* die Schultern hochziehen; **'~back** Buckel *m*; Bucklige *m*, *f*

hundred ['hʌndrəd] hundert; **hundredth** ['hʌndrədθ] **1.** hundertst; **2.** Hundertstel *n*; **'~weight** *etwa* Zentner *m*

(50,8 kg)

hung [hʌŋ] *pret u. pp von* **hang**

Hungarian [hʌŋˈgeərɪən] **1.** ungarisch; **2.** Ungar(in); **Hungary** ['hʌŋgərɪ] Ungarn *n*

hunger ['hʌŋgə] **1.** Hunger *m* (*a. fig.*); **2.** *fig.* hungern

hungry ['hʌŋgrɪ] hungrig; *be* ~ Hunger haben

hunt [hʌnt] **1.** jagen; verfolgen; **2.** Jagd *f*, Jagen *n*; Verfolgung *f*; **'~er** Jäger *m*

hurdle ['hɜːdl] Hürde *f*

hurl [hɜːl] schleudern

hurrah [huˈrɑː], **hurray** [huˈreɪ] *int* hurra!

hurricane ['hʌrɪkən] Hurrikan *m*; Orkan *m*

hurried ['hʌrɪd] eilig, hastig, übereilt

hurry ['hʌrɪ] **1.** *v/t* schnell *od.* eilig befördern *od.* bringen; *oft ~ up j-n* antreiben, hetzen; *et.* beschleunigen; *v/i* eilen, hasten; *~ (up)* sich beeilen; *~ up!* (mach) schnell!; **2.** Eile *f*, Hast *f*

hurt [hɜːt] (*hurt*) verletzen; schaden; schmerzen, weh tun

husband ['hʌzbənd] (Ehe-) Mann *m*

hush [hʌʃ] **1.** *int* still!, pst!; **2.** zum Schweigen bringen; *~ up* vertuschen

husk [hʌsk] **1.** Hülse *f*, Schote *f*, Schale *f*; **2.** enthülsen, schälen

husky ['hʌskɪ] *Stimme*: heiser, rau; *Am.* stämmig, kräftig

hustle ['hʌsl] **1.** (*eilig wohin*) bringen *od.* schicken; drängen; **2.** *mst ~ and bustle* Gedränge *n*, Betrieb *m*

hut [hʌt] Hütte *f*

hyaena → **hyena**

hydrant ['haɪdrənt] Hydrant *m*

hydraulic [haɪ'drɔːlɪk] hydraulisch; **hydraulics** *sg* Hydraulik *f*

hydro... ['haɪdrə] Wasser...; **~carbon** Kohlenwasserstoff *m*; **~foil** Tragflächen-, Tragflügelboot *n*

hydrogen ['haɪdrədʒən] Wasserstoff *m*

hydroplaning ['haɪdrəpleɪnɪŋ] *Am.* Aquaplaning *n*

hyena [haɪ'iːnə] Hyäne *f*

hygiene ['haɪdʒiːn] Hygiene *f*; **hygienic** [haɪ'dʒiːnɪk] hygienisch

hymn [hɪm] Kirchenlied *n*

hype [haɪp] F (übersteigerte) Publicity; *media* ~ Medienrummel *m*

hyper... ['haɪpə] hyper..., übermäßig...; **~market** *Brt.* Groß-, Verbrauchermarkt *m*

hyphen ['haɪfn] Bindestrich *m*

hypnosis [hɪp'nəʊsɪs] (*pl* -*ses* [-siːz]) Hypnose *f*; **hypnotize** ['hɪpnətaɪz] hypnotisieren

hypocrisy [hɪ'pɒkrəsɪ] Heuchelei *f*; **hypocrite** ['hɪpəkrɪt] Heuchler(in)

hypothesis [haɪ'pɒθɪsɪs] (*pl* -*ses* [-siːz]) Hypothese *f*

hysteria [hɪ'stɪərɪə] Hysterie *f*; **hysterical** [hɪ'sterɪkl] hysterisch; **hysterics** [hɪ'sterɪks] *sg* hysterischer Anfall

I

I [aɪ] ich

ice [aɪs] **1.** Eis *n*; **2.** mit *od.* in Eis kühlen; *gastr.* glasieren, Eis kühlen; **~ up**, **~ over** zufrieren; vereisen; **~berg** ['aɪsbɜːg] Eisberg *m*; **~ cream** (Speise)Eis *n*; **~cream 'parlo(u)r** Eisdiele *f*; **~ cube** Eiswürfel *m*; **~d** eisgekühlt; **~ hockey** Eishockey *n*; **~ lolly** Eis *n* am Stiel; **~ rink** (Kunst)Eisbahn *f*; **~ show** Eisrevue *f*

icicle ['aɪsɪkl] Eiszapfen *m*

icing ['aɪsɪŋ] *gastr.* Glasur *f*, Zuckerguss *m*

icon ['aɪkɒn] Ikone *f*; *Computer:* Ikone *f*, (Bild)Symbol *n*

icy ['aɪsɪ] eisig (*a. fig.*); vereist

idea [aɪ'dɪə] Idee *f*, Vorstellung *f*; *have no* ~ keine Ahnung haben

ideal [aɪ'dɪəl] ideal

identical [aɪ'dentɪkl] identisch (*to, with* mit)

identification [aɪdentɪfɪ-
ˈkeɪʃn] Identifizierung *f*; ~
(**papers** *pl*) Ausweis(papiere
pl) *m*; **identify** [aɪˈdentɪfaɪ]
identifizieren

identity [aɪˈdentətɪ] Identität
f; ~ **card** (Personal)Ausweis
m

ideology [aɪdɪˈɒlədʒɪ] Ideologie *f*

idiom [ˈɪdɪəm] idiomatischer
Ausdruck, Redewendung *f*;
idiot [ˈɪdɪət] Dummkopf *m*;
~ic [ɪdɪˈɒtɪk] idiotisch

idle [ˈaɪdl] **1.** untätig; faul,
träge; nutzlos; *Geschwätz*:
leer, hohl; *tech.*: stillstehend;
leer laufend; **2.** faulenzen;
tech. leer laufen; *mst* ~ **away**
Zeit vertrödeln

idol [ˈaɪdl] Idol *n*; Götzenbild
n; **~ize** [ˈaɪdəlaɪz] abgöttisch
verehren, vergöttern

idyllic [ɪˈdɪlɪk] idyllisch

if [ɪf] wenn, falls; ob; ~ *I were
you* wenn ich du wäre

igloo [ˈɪgluː] Iglu *m, n*

ignition [ɪgˈnɪʃn] Zündung *f*;
~ **key** Zündschlüssel *m*

ignorance [ˈɪgnərəns] Unwis-
senheit *f*; Unkenntnis *f* (*of
gen*); **ignorant** unwissend;
ignore [ɪgˈnɔː] ignorieren

ill [ɪl] **1.** krank; schlecht,
schlimm; *fall ~, be taken ~*
krank werden, erkranken;
→ *ease* 1; **2.** *oft pl* Übel *n*;
~advised schlecht bera-
ten; unklug; **~bred**
schlecht erzogen; ungezogen

illegal [ɪˈliːgl] verboten; *jur.*
illegal, ungesetzlich

illegible [ɪˈledʒəbl] unleser-
lich

illegitimate [ɪlɪˈdʒɪtɪmət] un-
ehelich; unrechtmäßig

ill-fated unglücklich

illness Krankheit *f*

ill-timed ungeeignet, unpassend; **~treat** misshandeln

illuminate [ɪˈluːmɪneɪt] be-
leuchten; **illumi'nation** Beleuchtung *f*

illusion [ɪˈluːʒn] Illusion *f*;
(Sinnes)Täuschung *f*

illustrate [ˈɪləstreɪt] illustrie-
ren; erläutern, veranschau-
lichen; **illus'tration** Illustra-
tion *f*; Bild *n*, Abbildung *f*;
Erläuterung *f*, Veranschauli-
chung *f*

ill will Feindschaft *f*

image [ˈɪmɪdʒ] Bild *n*; Eben-
bild *n*; Image *n*

imaginable [ɪˈmædʒɪnəbl]
vorstellbar, denkbar; **i'ma-
ginary** eingebildet; **ima-
gi'nation** Fantasie *f*, Einbil-
dung(skraft) *f*; **i'maginative**
ideen-, einfallsreich; fantasievoll; **imagine** [ɪˈmædʒɪn]
sich *j-n od. et.* vorstellen; sich
et. einbilden

imbecile [ˈɪmbɪsiːl] Trottel *m*,
Idiot *m*

imitate [ˈɪmɪteɪt] nachahmen,
-machen, imitieren; **imi'tation** Nachahmung *f*, Imitati-
on *f*

im|maculate [ɪˈmækjʊlət]

makellos; tadellos; **~ma'te-**
rial unwesentlich; **~ma'ture**
unreif; **~'measurable** uner-
messlich

immediate [ɪ'miːdjət] unmittelbar; sofortig, umgehend;
Verwandtschaft: nächst; **~ly**
sofort; unmittelbar

immense [ɪ'mens] riesig

immerse [ɪ'mɜːs] (ein)tau-
chen; **~** *o.s. in* sich vertiefen
in; **im'mersion heater** *bsd.*
Brt. Boiler *m*; Tauchsieder *m*

immigrant ['ɪmɪɡrənt] Ein-
wander|er *m*, -in *f*, Immi-
grant(in); **immigrate**
['ɪmɪɡreɪt] einwandern; **im-**
mi'gration Einwanderung *f*

imminent ['ɪmɪnənt] nahe bevorstehend; drohend

im|'moderate unmäßig,
maßlos; **~'moral** unmora-
lisch; **~'mortal** unsterblich

immune [ɪ'mjuːn] immun (*to*
gegen); geschützt (*from* vor,
gegen); **im'munity** Immuni-
tät *f*; **'immunize** immunisie-
ren, immun machen
(*against* gegen)

imp [ɪmp] Kobold *m*; Racker
m

impact ['ɪmpækt] Zs.-prall *m*;
Aufprall *m*; *fig.* Ein|Wir-
kung *f*, (starker) Einfluss *m*

im|pair [ɪm'peə] beeinträch-
tigen; **~'partial** unpartei-
isch, unvoreingenommen; **~'**
passable unpassierbar

impasse [æm'pɑːs] *fig.* Sackgasse *f*

im|'passioned leidenschaft-
lich; **~'passive** teilnahmslos; gelassen

im'patience Ungeduld *f*;
im'patient ungeduldig

impeccable [ɪm'pekəbl] un-
tadelig, einwandfrei

impede [ɪm'piːd] (be)hin-
dern; **impediment** [ɪm'pedi-
mənt] Hindernis *n* (*to* für);
(*bsd.* angeborener) Fehler

im|pending [ɪm'pendɪŋ] nahe
bevorstehend, *Gefahr etc.*:
drohend; **~'penetrable** [ɪm-
'penɪtrəbl] undurchdring-
lich; *fig.* unergründlich;
~'perative [ɪm'perətɪv] un-
umgänglich, unbedingt er-
forderlich; **~'perceptible**
nicht wahrnehmbar, un-
merklich; **~'perfect** [ɪm'pɜː-
fɪkt] unvollkommen; man-
gelhaft; **~'perious** [ɪm-
'pɪərɪəs] herrisch, gebieterisch; **~'permeable** [ɪm-
'pɜːmjəbl] undurchlässig

im'personal unpersönlich;
impersonate [ɪm'pɜːsəneɪt]
j-n imitieren, nachahmen

im|pertinent [ɪm'pɜːtɪnənt]
unverschämt, frech; **~'per-**
turbable [ɪmpə'tɜːbəbl] un-
erschütterlich; **~'pervious**
[ɪm'pɜːvjəs] undurchlässig,
fig. unempfänglich (*to* für)

implant 1. [ɪm'plɑːnt] implan-
tieren; **2.** ['ɪmplɑːnt] Implan-
tat *n*

implement   ['ɪmplɪmənt]
Werkzeug *n*, Gerät *n*

implicate ['implikeit] *j-n* verwickeln; **impli'cation** Verwicklung *f*; Folge *f*, Auswirkung *f*; Andeutung *f*

im'plicit [im'plisit] bedingungslos; impliziert, (stillschweigend *od.* mit) inbegriffen; **~ply** [im'plai] implizieren, (sinngemäß *od.* stillschweigend) beinhalten; **~po'lite** unhöflich

import 1. [im'pɔ:t] importieren, einführen; **2.** ['impɔ:t] Import *m*, Einfuhr *f*; *pl* Importgüter *pl*, Einfuhrware *f*

importance [im'pɔ:tns] Wichtigkeit *f*, Bedeutung *f*; **im'portant** wichtig, bedeutend

importer [im'pɔ:tə] Importeur *m*

impose [im'pəuz] auferlegen (**on** *dat*); *Strafe* verhängen (**on** gegen); *et.* aufdrängen, -zwingen (**on** *dat*)

imposing [im'pəuziŋ] eindrucksvoll, imponierend

im'possible unmöglich

impostor, imposter *Am.* [im'pɒstə] Hochstapler(in)

impotence ['impətəns] Unvermögen *n*, Unfähigkeit *f*; Hilflosigkeit *f*; *med.* Impotenz *f*; **'impotent** unfähig; hilflos; *med.* impotent

im'poverish [im'pɒvəriʃ]: **be ~ed** verarmt sein; **~'practicable** undurchführbar

impregnate ['impregneit] imprägnieren, tränken

impress [im'pres] (auf)drücken; *j-n* beeindrucken; **~ion** [im'preʃn] Eindruck *m*; Abdruck *m*; **~ive** [im'presiv] eindrucksvoll

imprint 1. [im'print] (auf)drücken; *fig.* einprägen; **2.** ['imprint] Ab-, Eindruck *m*

imprison [im'prizn] inhaftieren; **~ment** Freiheitsstrafe *f*

im'probable unwahrscheinlich; **~'proper** unpassend; falsch; unanständig

improve [im'pru:v] verbessern; sich (ver)bessern; **~ment** (Ver)Bess(e)rung *f*; Fortschritt *m*

improvise ['imprəvaiz] improvisieren; **~'prudent** unklug

impulse ['impʌls] Impuls *m* (*a. fig.*); Anstoß *m*, Anreiz *m*; **im'pulsive** impulsiv

im'punity [im'pju:nəti]: **with ~** straflos; **~'pure** unrein

in [in] **1.** *prp räumlich: (wo?)* in (*dat*), an (*dat*), auf (*dat*); ~ **London** in London; ~ **the street** auf der Straße; – (*wohin?*) in (*acc*); **put it** ~ **your pocket** steck es in deine Tasche; – *zeitlich:* in (*dat*), an (*dat*); ~ **1999** 1999; ~ **two hours** in zwei Stunden; ~ **the morning** am Morgen; – *Zustand, Art u. Weise:* in (*dat*), auf (*acc*), mit; ~ **English** auf Englisch; – *Tätigkeit:* in (*dat*), bei, auf (*dat*); ~ **crossing the road** beim Über-

queren der Straße; – *Auto-
ren*: bei; ~ *Shakespeare* bei
Sh.; – *Material*: in (*dat*), aus,
mit; *dressed ~ blue* in Blau
(gekleidet); – *Zahl, Betrag*:
in, von, aus, zu; *three ~ all*
insgesamt od. im Ganzen
drei; *one ~ ten* eine(r, -s) von
zehn; – nach, gemäß; ~ *my
opinion* m-r Meinung nach;
2. *adv* (dr)innen; hinein,
(her)ein; da, (an)gekommen;
da, zu Hause, *östr., Schweiz*:
herein, da; zu Hause, *östr., Schweiz*:
a. zuhause; **3.** *adj* F in
(Mode)

in|a'**bility** Unfähigkeit *f*;
~ac'**cessible** unzugänglich;
~'**accurate** ungenau; ~'**active** untätig; ~'**adequate**
unangemessen; unzuläng-
lich; ~'**animate** leblos; ~
ap'**propriate** unpassend,
ungeeignet; ~ar'**ticulate**
Sprache: undeutlich; ~at-
'**tentive** unaufmerksam;
~'**audible** unhörbar

in**augural** [ɪ'nɔːgjʊrəl] An-
tritts...; Eröffnungs...; (**in-
augurate** [ɪ'nɔːgjʊreɪt] (feierlich) (in sein Amt) einführen;
einweihen, eröffnen

in|'**born** angeboren, ~**calcu-
lable** [ɪn'kælkjʊləbl] uner-
messlich; unberechenbar; ~
'**capable** unfähig, nicht imstande

in**capacitate** [ɪnkə'pæsɪteɪt]
unfähig *od.* untauglich machen; **inca'pacity** Unfähigkeit *f*, Untauglichkeit *f*

in'**cautious** unvorsichtig
in**cendiary** [ɪn'sendjərɪ]
Brand...
in**cense**[1] [ɪn'sens] Weihrauch
m
in**cense**[2] [ɪn'sens] erbosen
in**centive** [ɪn'sentɪv] Ansporn
m, Anreiz *m*
in**cessant** [ɪn'sesnt] unauf-
hörlich, ständig
in**cest** ['ɪnsest] Inzest *m*,
Blutschande *f*
inch [ɪntʃ] (*Abk. in*) Inch *m*
(2,54 *cm*), Zoll *m*
in**cident** ['ɪnsɪdənt] Vorfall *m*,
Ereignis *n*; *pol.* Zwischenfall
m; ~**al** [ɪnsɪ'dentl] beiläufig;
nebensächlich; ~**ally** übrigens
in**cinerator** [ɪn'sɪnəreɪtə] Ver-
brennungsofen *m*, -anlage *f*
in**cise** [ɪn'saɪz] einschneiden,
einritzen, -kerben; **incision**
[ɪn'sɪʒn] (Ein)Schnitt *m*; **in-
cisor** [ɪn'saɪzə] Schneide-
zahn *m*
incl **including, inclusive**
einschl., einschließlich
in**clination** [ɪnklɪ'neɪʃn] Neigung *f* (*a. fig.*); **incline**
[ɪn'klaɪn] **1.** *fig.* neigen; **2.**
Gefälle *n*; (Ab)Hang *m*
in**close, inclosure** → **enclose, enclosure**
in**clude** [ɪn'kluːd] einschließen; *in Liste etc.*: aufnehmen; *tax ~d* inklusive Steuer; in'**cluding** einschließlich;
in'**clusive** einschließlich, inklusive (*of gen*)

inco'herent (logisch) unzusammenhängend

income ['ɪŋkʌm] Einkommen *n*; '~ **tax** Einkommensteuer *f*

in|'comparable unvergleichlich; **~com'patible** unvereinbar; unverträglich; inkompatibel

in'competence Unfähigkeit *f*; **in'competent** unfähig

in|com'plete unvollständig; **~compre'hensible** unverständlich; **~con'ceivable** undenkbar; unfassbar; **~considerate** [ɪnkən'sɪdərət] rücksichtslos; unüberlegt; **~consistent** unvereinbar; widersprüchlich; unbeständig; **~con'solable** untröstlich; **~con'spicuous** unauffällig; **~'constant** unbeständig

incon'venience 1. Unbequemlichkeit *f*; Unannehmlichkeit *f*, Ungelegenheit *f*; **2.** *j-m* lästig sein; *j-m* Umstände machen; **incon'venient** unbequem; ungelegen, lästig

incorporate [ɪn'kɔːpəreɪt] *v/t* vereinigen, zs.-schließen, (mit) einbeziehen; enthalten; *v/i* sich zs.-schließen; **incorporated 'company** *Am.* Aktiengesellschaft *f*

in|cor'rect unrichtig; **~corrigible** [ɪn'kɒrɪdʒəbl] unverbesserlich; **~cor'ruptible** unbestechlich

increase 1. [ɪn'kriːs] zunehmen, (an)wachsen, *Preise*: steigen; erhöhen; **2.** ['ɪnkriːs] Zunahme *f*, Steigerung *f*; Erhöhung *f*; **in'creasingly** immer mehr

in'credible unglaublich; **in'credulous** ungläubig, skeptisch

incriminate [ɪn'krɪmɪneɪt] *j-n* belasten

incubator ['ɪŋkjubeɪtə] Brutapparat *m*, *med.* -kasten *m*

incur [ɪn'kɜː] *Schulden* machen; *Verluste* erleiden

in|'curable unheilbar; **~'debted:** *be ~ to s.o.* *j-m* zu Dank verpflichtet sein; **~'decent** unanständig; *jur.* unsittlich

indeed [ɪn'diːd] **1.** in der Tat, tatsächlich, wirklich; allerdings; **2.** *int* ach wirklich?

in|de'finable undefinierbar; **~'definite** [ɪn'defnət] unbestimmt; **~ly** auf unbestimmte Zeit; **~'delible** [ɪn'deləbl] unauslöschlich; **~** **pencil** Tintenstift *m*; **~'delicate** taktlos

inde'pendence Unabhängigkeit *f*, Selbstständigkeit *f*; **inde'pendent** unabhängig, selbstständig

in|de'scribable [ɪndɪ'skraɪbəbl] unbeschreiblich; **~de'structible** [ɪndɪ'strʌktəbl] unverwüstlich; **~determinate** [ɪndɪ'tɜːmɪnət] unbestimmt

index ['ɪndeks] (*pl* **-dexes,**

-dices [-dɪsiːz] Index *m*, Verzeichnis *n*, (Sach)Register *n*; **card** ~ Kartei *f*; '~ **card** Karteikarte *f*; '~ **finger** Zeigefinger *m*

India ['ɪndjə] Indien *n*; '**Indian** 1. indisch; indianisch, Indianer...; **2.** Inder(in); *a.* **American** ~ Indianer(in)

Indian| '**corn** Mais *m*; ~ '**summer** Altweibersommer *m*

'**India rubber** ['ɪndjə-] Radiergummi *m*

indicate ['ɪndɪkeɪt] deuten *od.* zeigen auf; *tech.* anzeigen; *mot.* blinken; *fig.* hinweisen *od.* -deuten auf; andeuten; **indi'cation:** ~ (**of**) (An)Zeichen *n* (für), Hinweis *m* (auf), Andeutung *f* (*gen*); '**indicator** ['ɪndɪkeɪtə] *tech.* Zeiger *m*; *mot.* Richtungsanzeiger *m*, Blinker *m*

indices ['ɪndɪsiːz] *pl von* **index**

indict [ɪn'daɪt] *jur.* anklagen

in'difference Gleichgültigkeit *f*; **in'different** gleichgültig (**to** gegen)

indi'gestible unverdaulich; **indi'gestion** Magenverstimmung *f*

indignant [ɪn'dɪgnənt] entrüstet, empört; **indig'nation** Entrüstung *f*, Empörung *f*; **in'dignity** Demütigung *f*

indi'rect unbesonnen; **indis'cretion** Unbesonnenheit *f*; Indiskretion *f*

in|**discriminate** [ɪndɪ'skrɪmɪ-

nət] wahllos; kritiklos; ~**dis-** '**pensable** unentbehrlich

indis'posed indisponiert, unpässlich; abgeneigt; **indispo'sition** Unpässlichkeit *f*

in|**dis'putable** unbestreitbar; ~**dis'tinct** undeutlich; ~**dis'tinguishable** nicht zu unterscheiden(d)

individual [ɪndɪ'vɪdʒʊəl] 1. individuell; einzeln, Einzel...; persönlich; Individuum *n*, Einzelne *m*, *f*; ~**ly** individuell; einzeln

indi'visible unteilbar

indoor ['ɪndɔː] Haus..., Zimmer..., Innen..., *Sport*: Hallen...; ~ **swimming pool** Hallenbad *n*; **in'doors** im Haus, drinnen; ins Haus (hinein)

indorse [ɪn'dɔːs] *etc.* → **endorse** *etc.*

induce [ɪn'djuːs] veranlassen

indulge [ɪn'dʌldʒ] nachsichtig sein gegen; *e-r* Neigung *etc.* nachgeben; ~ **in s.th.** sich et. gönnen *od.* leisten; **in'dulgence** übermäßiger Genuss; Luxus *m*; **in'dulgent** nachsichtig, -giebig

industrial [ɪn'dʌstrɪəl] industriell, Industrie..., Gewerbe..., Betriebs...; ~ '**area** Industriegebiet *n*; ~ **es'tate** *Brt.*, ~ '**park** *Am.* Gewerbegebiet *n*, Industriegebiet *n*; ~**ist** Industrielle *m*, *f*; ~**ize** industrialisieren

industrious [ɪn'dʌstrɪəs] fleißig

industry ['ɪndəstrɪ] Industrie f
in|ef'fective, **~effectual** [ɪnɪ-'fektʃʊəl] unwirksam, wirkungslos; untauglich; **~ef'fi-cient** ineffizient; unfähig; unwirtschaftlich; **~e'quality** Ungleichheit f; **~es'capable** unvermeidlich; **~evitable** [ɪn'evɪtəbl] unvermeidlich; **~ex'cusable** unverzeihlich; **~ex'haustible** unerschöpflich; **~ex'pensive** nicht teuer, preiswert, billig; **~ex'perienced** unerfahren; **~explicable** [ɪnɪk'splɪkəbl] unerklärlich

inex'pressible unaussprechlich; **inex'pressive** ausdruckslos

infallible [ɪn'fæləbl] unfehlbar

infancy ['ɪnfənsɪ] frühe Kindheit; **'infant** Säugling m; kleines Kind, Kleinkind n; **infantile** ['ɪnfəntaɪl] infantil, kindisch; kindlich

infantry ['ɪnfəntrɪ] Infanterie f
infatuated [ɪn'fætjʊeɪtɪd]: **~ with** vernarrt in

infect [ɪn'fekt] infizieren, anstecken (*a. fig.*); **~ion** Infektion f, Ansteckung f; **~ious** ansteckend

infer [ɪn'fɜː] schließen, folgern (*from* aus); **~ence** ['ɪnfərəns] Schlussfolgerung f

inferior [ɪn'fɪərɪə] **1.** untergeordnet (*to dat*), niedriger (*to* als); weniger wert (*to* als); minderwertig; **be ~ to s.o.** j-m untergeordnet sein; j-m

unterlegen sein; **2.** Untergebene *m, f*; **~ity complex** [ɪnfɪərɪ'ɒrətɪ kɒmpleks] Minderwertigkeitskomplex *m*

infertile [ɪn'fɜːtaɪl] unfruchtbar

infi'delity Untreue f
infinite ['ɪnfɪnət] unendlich; **in'finity** Unendlichkeit f

infirm [ɪn'fɜːm] schwach, gebrechlich; **~ary** Krankenhaus *n*; *Schule etc.*: Krankenzimmer *n*; **~ity** Gebrechlichkeit f, Schwäche f

inflamed [ɪn'fleɪmd] *med.* entzündet

inflammable [ɪn'flæməbl] brennbar; feuergefährlich; **inflammation** [ɪnflə'meɪʃn] *med.* Entzündung f

inflatable [ɪn'fleɪtəbl] aufblasbar; **inflate** [ɪn'fleɪt] aufblasen, *Reifen etc.* aufpumpen; *Preise* hoch treiben; **in'flation** *econ.* Inflation f

inflexible [ɪn'fleksəbl] inflexibel; unbiegsam, starr

inflict [ɪn'flɪkt] (**on**) *Leid, Schaden* zufügen (*dat*); *Wunde* beibringen (*dat*); *Strafe* verhängen (*über*)

influence ['ɪnflʊəns] **1.** Einfluss *m*; **2.** beeinflussen; **influential** [ɪnflʊ'enʃl] einflussreich

inform [ɪn'fɔːm] (**of, about**) benachrichtigen (von), unterrichten (von), informieren (über); **~ against** *od.* **on s.o.** j-n anzeigen; j-n denunzieren

informal [ɪnˈfɔːml] zwanglos
information [ɪnfəˈmeɪʃn]
Auskunft f, Information f;
Nachricht f; **~ (super)'highway** Computer: Datenauto-
bahn f; **in'formative** [ɪn-
ˈfɔːmətɪv] informativ, aufschlussreich; **in'former** De-
nunziant(in); Spitzel m
infra-red [ɪnfrəˈred] infrarot
infrastructure [ˈɪnfrəstrʌk-
tʃə] Infrastruktur f
infrequent [ɪnˈfriːkwənt] selten
infuriate [ɪnˈfjʊərɪeɪt] wütend
machen
infuse [ɪnˈfjuːz] Tee, Kräuter
aufgießen; **infusion** [ɪn-
ˈfjuːʒn] Aufguss m
ingenious [ɪnˈdʒiːnjəs] genial,
einfallsreich
ingot [ˈɪŋɡət] (Gold- etc.) Barren m
ingratiate [ɪnˈɡreɪʃɪeɪt]: **~ o.s.
with s.o.** sich bei j-m ein-
schmeicheln
in'gratitude Undankbarkeit f
ingredient [ɪnˈɡriːdjənt] Bestandteil m; gastr. Zutat f
inhabit [ɪnˈhæbɪt] bewohnen;
~able bewohnbar; **~ant** Be-
wohner(in); Einwohner(in)
inhale [ɪnˈheɪl] einatmen; in-
halieren
inherent [ɪnˈhɪərənt] inne-
wohnend
inherit [ɪnˈherɪt] erben;
~ance Erbe n, Erbschaft f
inhibit [ɪnˈhɪbɪt] hemmen;
(ver)hindern; **~ion** [ɪnhɪ-

'bɪʃn] psych. Hemmung f
in'hospitable ungastlich; un-
wirtlich
in'human unmenschlich; **in-
hu'mane** inhuman, men-
schenunwürdig
initial [ɪˈnɪʃl] **1.** anfänglich,
Anfangs...; **2.** Initiale f, (großer) Anfangsbuchstabe
initiate [ɪˈnɪʃɪeɪt] j-n einführen; j-n einweihen
initiative [ɪˈnɪʃɪətɪv] Initiative
f
inject [ɪnˈdʒekt] med. injizie-
ren, einspritzen (a. tech.);
in'jection med. Injektion f,
Spritze f, Einspritzung f
injure [ˈɪndʒə] verletzen (a.
fig.); fig.: kränken; schaden;
'injured 1. verletzt; **2. the ~**
pl die Verletzten pl; **'injury**
Verletzung f Kränkung f;
'injury time Brt. bsd. Fußball: Nachspielzeit f
in'justice Ungerechtigkeit f
ink [ɪŋk] Tinte f
inland 1. [ˈɪnlənd] adj binnen-
ländisch, Binnen...; **2.**
[ɪnˈlænd] adv landeinwärts; **2**
'Revenue Brt. Finanzamt n
inlay [ˈɪnleɪ] Einlegearbeit f;
(Zahn)Füllung f
inlet [ˈɪnlet] schmale Bucht;
tech. Eingang m
'in-line skate Rollschuh: Inli-
ner m, Inline Skate m
inmate [ˈɪnmeɪt] Insass|e m,
-in f
inmost [ˈɪnməʊst] geheimst
inn [ɪn] Gast-, Wirtshaus n

innate [ɪˈneɪt] angeboren
inner [ˈɪnə] inner, Innen...;
~most → *inmost*
innocence [ˈɪnəsns] Unschuld
f; **'innocent** unschuldig
innovation [ɪnəʊˈveɪʃn]
Neuerung *f*
innumerable [ɪˈnjuːmərəbl]
unzählig, zahllos
inoculate [ɪˈnɒkjʊleɪt] impfen; **inocu'lation** Impfung *f*
in|**of'fensive** harmlos; **~ope-
rable** [ɪnˈɒpərəbl] inoperabel
'inpatient stationärer Patient, stationäre Patientin
'input Input *m*, *n*: *Computer*:
a. (Daten)Eingabe *f*; *a.*
Energiezufuhr *f*; *a.* (Arbeits)Aufwand *m*
inquest [ˈɪnkwest] *jur.* ge-
richtliche Untersuchung
inquire [ɪnˈkwaɪə] fragen *od.*
sich erkundigen (nach); **~** *into et.* untersuchen, prüfen;
in'quiry Erkundigung *f*,
Nachfrage *f*; Untersuchung
f; Ermittlung *f*
insane [ɪnˈseɪn] geisteskrank
in'sanitary unhygienisch
in'sanity Wahn-, Irrsinn *m*,
med. a. Geisteskrankheit *f*
insatiable [ɪnˈseɪʃəbl] unersättlich
inscription [ɪnˈskrɪpʃn] In-
od. Aufschrift *f*
insect [ˈɪnsekt] Insekt *m*;
~secticide [ɪnˈsektɪsaɪd] In-
sektizid *n*
in|**se'cure** nicht sicher *od.*
fest; *fig.* unsicher; **~semi-**

nate [ɪnˈsemɪneɪt] befruchten, *zo. a.* besamen; **~'sensitive** unempfindlich (**to** gegen); unempfänglich (**of, to**
für); gleichgültig (**to** gegen);
~'separable untrennbar;
unzertrennlich
insert 1. [ɪnˈsɜːt] einfügen,
-setzen, -führen; (hinein-)
stecken, *Münze* einwerfen;
2. [ˈɪnsɜːt] Inserat *n*; (Zeitungs)Beilage *f*; **~ion** [ɪn-
ˈsɜːʃn] Einfügen *n*, -setzen *n*,
-führen *n*; *Münze*: Einwurf
m; → *insert 2*
inside 1. [ɪnˈsaɪd] *su* Innensei-
te *f*; *das* Innere; **turn
~ out** umkrempeln; auf den
Kopf stellen; **2.** [ˈɪnsaɪd] *adj*
inner, Innen...; **3.** [ɪnˈsaɪd]
adv im Inner(e)n, (dr)innen;
hin-, herein; **4.** [ɪnˈsaɪd] *prp*
innerhalb, im Inner(e)n;
in'sider Insider(in), Einge-
weihte *m*, *f*
insight [ˈɪnsaɪt] Verständnis
n; Einblick *m* (**into** in)
in|**sig'nificant** unbedeutend;
~in'cere unaufrichtig; **~
sinuate** [ɪnˈsɪnjʊeɪt] andeuten, anspielen auf
insist [ɪnˈsɪst] bestehen, be-
harren (**on** auf); **~ent** beharrlich, hartnäckig
in|**solent** [ˈɪnsələnt] unver-
schämt, frech; **~'soluble** un-
löslich; *fig.* unlösbar; **~'solvent** zahlungsunfähig
insomnia [ɪnˈsɒmnɪə] Schlaf-
losigkeit *f*

inspect [ɪnˈspekt] untersuchen, prüfen; inspizieren; **~ion** Prüfung f, Untersuchung f; Inspektion f; **~or** Inspektor m, Aufsichtsbeamte m; (Polizei)Inspektor m, (-)Kommissar m

inspiration [ɪnspəˈreɪʃn] Inspiration f, (plötzlicher) Einfall; **inspire** [ɪnˈspaɪə] inspirieren, anregen

instal(l) [ɪnˈstɔːl] tech. installieren, einrichten; **installation** [ɪnstəˈleɪʃn] tech. Installation f; tech. Anlage f

instalment Brt., **installment** Am. [ɪnˈstɔːlmənt] econ. Rate f; Roman: Fortsetzung f; TV etc.: Folge f; **~ plan** Am.: **buy on the ~** auf Abzahlung od. Raten kaufen

instance [ˈɪnstəns] (besonderer) Fall; Beispiel n; **for ~** zum Beispiel

instant [ˈɪnstənt] **1.** Moment m, Augenblick m; **2.** sofortig, augenblicklich; **instantaneous** [ɪnstənˈteɪnjəs] augenblicklich; **~ 'camera** Sofortbildkamera f; **'~ly** sofort

instead [ɪnˈsted] statt dessen; **~ of** anstatt, anstelle von

'instep Spann m

instinct [ˈɪnstɪŋkt] Instinkt m; **in'stinctive** instinktiv

institute [ˈɪnstɪtjuːt] Institut n; **insti'tution** Institution f, Einrichtung f; Institut n

instruct [ɪnˈstrʌkt] unterrichten; ausbilden, schulen; anweisen; informieren; **~ion** Unterricht m; Ausbildung f, Schulung f; Anweisung f, Instruktion f; **~s** pl **for use** Gebrauchsanweisung f, Bedienungsanleitung f; **~ive** lehrreich; **~or** Lehrer m; Ausbilder m

instrument [ˈɪnstrəmənt] Instrument n; Werkzeug n

in|sub'ordinate aufsässig; **~'sufferable** unerträglich; **~suf'ficient** ungenügend

insulate [ˈɪnsjʊleɪt] isolieren; **insu'lation** Isolierung f

insult 1. [ɪnˈsʌlt] beleidigen; **2.** [ˈɪnsʌlt] Beleidigung f

insurance [ɪnˈʃɔːrəns] econ.: Versicherung f; Versicherungssumme f; (Ab)Sicherung f (**against** gegen); **~ company** Versicherung(sgesellschaft) f; **~ policy** Versicherungspolice f

insure [ɪnˈʃɔː] versichern (**against** gegen); **in'sured: the ~** der od. die Versicherte; die Versicherten pl

insurmountable [ɪnsəˈmaʊntəbl] unüberwindlich

intact [ɪnˈtækt] unversehrt

intake [ˈɪnteɪk] Aufnahme f; Einlass(öffnung f) m

integrate [ˈɪntɪgreɪt] (sich) integrieren; zs.-schließen; eingliedern; **integrated 'circuit** integrierter Schaltkreis

integrity [ɪnˈtegrətɪ] Integrität f

intellect [ˈɪntəlekt] Intellekt m, Verstand m; **intellectual**

[ɪntə'lektʃʊəl] **1.** intellektuell, Verstandes..., geistig; **2.** Intellektuelle *m, f*

intelligence [ɪn'telɪdʒəns] Intelligenz *f*; **in'telligent** intelligent, klug

intelligible [ɪn'telɪdʒəbl] verständlich

intend [ɪn'tend] beabsichtigen, vorhaben; **~ed for** bestimmt für *od.* zu

intense [ɪn'tens] intensiv, stark, heftig; **intensify** [ɪn'tensɪfaɪ] (sich) verstärken; **intensive** [ɪn'tensɪv] intensiv, gründlich; **intensive 'care unit** Intensivstation *f*

intent [ɪn'tent] **1.** Absicht *f*; **2.** *be ~ on doing s.th.* fest entschlossen sein, et. zu tun; **in'tention** Absicht *f*; **in'tentional** absichtlich

intercede [ɪntə'siːd] sich einsetzen (**with** bei; **for** für)

intercept [ɪntə'sept] abfangen

interchange 1. [ɪntə'tʃeɪndʒ] austauschen; **2.** ['ɪntətʃeɪndʒ] Austausch *m; mot.* Autobahn- u. Straßenkreuz *n*

intercom ['ɪntəkɒm] (Gegen)Sprechanlage *f*

intercourse ['ɪntəkɔːs] Verkehr *m*, Umgang *m*; (Geschlechts)Verkehr *m*

interest ['ɪntrəst] **1.** Interesse *n*; Bedeutung *f*; *econ.:* Anteil *m*, Beteiligung *f*; Zins(en *pl*) *m*; *take an ~ in* sich interessieren für; **2.** interessieren (*in*

für); **'~ed** interessiert (*in* an); *be ~ in* sich interessieren für; **'~ing** interessant; **'~rate** Zinssatz *m*

'interface *Computer:* Schnittstelle *f*

interfere [ɪntə'fɪə] sich einmischen; **~ with** stören, behindern; **inter'ference** Einmischung *f*; Störung *f*

interior [ɪn'tɪərɪə] **1.** inner, Innen...; **2.** *das* Innere; **→ department;** **~ 'decorator,** **~ 'designer** Innenausstatter (-in), Innenarchitekt(in)

interlock [ɪntə'lɒk] ineinander greifen

interlude ['ɪntəluːd] Pause *f*; Zwischenspiel *n*

intermediary [ɪntə'miːdjərɪ] Vermittler(in), Mittelsmann *m*

intermediate [ɪntə'miːdjət] in der Mitte liegend, Zwischen...; *ped.* für fortgeschrittene Anfänger

intermission [ɪntə'mɪʃn] *bsd. Am.* Pause *f*

intern [ɪn'tɜːn] *Am.* Assistenzarzt *m*, -ärztin *f*

internal [ɪn'tɜːnl] inner, Innen...; Inlands...; intern; **~com'bustion engine** Verbrennungsmotor *m;* **≈ 'Revenue** *Am.* Finanzamt *n*

international [ɪntə'næʃənl] **1.** international; **2.** *Sport:* Nationalspieler(in); Länderspiel *n;* **~ 'call** *tel.* Auslandsgespräch *n*

Internet ['ɪntənet]: *the ~ Computer*: das Internet

interpret [ɪn'tɜ:prɪt] interpretieren, auslegen; dolmetschen; **~ation** [ɪntɜ:prɪ'teɪʃn] Interpretation *f*, Auslegung *f*; **~er** [ɪn'tɜ:prɪtə] Dolmetscher(in)

interrogate [ɪn'terəʊgeɪt] verhören, -nehmen; (be)fragen

interrupt [ɪntə'rʌpt] unterbrechen; **~ion** Unterbrechung *f*

intersect [ɪntə'sekt] sich schneiden *od.* kreuzen; (durch)schneiden, (-)kreuzen; **~ion** Schnittpunkt *m*; (Straßen)Kreuzung *f*

interstate zwischenstaatlich

interval ['ɪntəvl] Abstand *m*; Intervall *n*; *Brt.* Pause *f*

intervene [ɪntə'vi:n] eingreifen, intervenieren; **intervention** [ɪntə'venʃn] Eingreifen *n*, Intervention *f*

interview ['ɪntəvju:] **1.** Interview *n*; Einstellungsgespräch *n*; **2.** interviewen; ein Einstellungsgespräch führen mit; *be ~ed* [ɪntəvju:'i:d] Interviewte *m, f*; **~er** Interviewer(in)

intestine [ɪn'testɪn] Darm *m*; *large/small ~* Dick-/Dünndarm *m*

intimacy ['ɪntɪməsɪ] Intimität *f*, Vertrautheit *f*; intime (*sexuelle*) Beziehungen *pl*; **intimate** ['ɪntɪmət] intim; *Freund*

de etc.: vertraut, eng; *Wünsche etc.*: innerst; *Kenntnisse*: gründlich, genau

intimidate [ɪn'tɪmɪdeɪt] einschüchtern

into ['ɪntʊ] *prp* in (*acc*), in (*acc*) ... hinein

intolerable [ɪn'tɒlərəbl] unerträglich; **intolerant** intolerant (*of* gegenüber)

intoxicated [ɪn'tɒksɪkeɪtɪd] betrunken; berauscht

intravenous [ɪntrə'vi:nəs] intravenös

'in tray: *in the ~ von Briefen etc.*: im Post- *etc.* Eingang

intricate ['ɪntrɪkət] verwickelt, kompliziert

intrigue [ɪn'tri:g] Intrige *f*; **in'triguing** faszinierend; interessant

introduce [ɪntrə'dju:s] vorstellen (*to* dat); einführen; **introduction** [ɪntrə'dʌkʃn] Vorstellung *f*; Einführung *f*; *Buch etc.*: Einleitung *f*

introverted ['ɪntrəʊvɜ:tɪd] introvertiert

intruder [ɪn'tru:də] Eindringling *m*; Störenfried *m*; **intrusion** [ɪn'tru:ʒn] Störung *f*

invade [ɪn'veɪd] einfallen *od.* eindringen in, *mil. a.* einmarschieren in

invalid¹ [ɪn'vælɪd] **1.** Kranke *m, f*; Invalide *m, f*; **2.** krank; invalid(e)

invalid² [ɪn'vælɪd] (rechts)ungültig

in'valuable unschätzbar

invariable [ɪn'veərɪəbl] unveränderlich; **in'variably** immer; ausnahmslos

invasion [ɪn'veɪʒn] Invasion f, Einfall m, Einmarsch m

invent [ɪn'vent] erfinden; **~ion** Erfindung f, **~ive** erfinderisch; einfallsreich; **~or** Erfinder(in)

invertebrate [ɪn'vɜːtɪbreɪt] wirbelloses Tier

inverted 'commas [ɪnvɜːtɪd-] pl Anführungszeichen pl

invest [ɪn'vest] investieren, anlegen

investigate [ɪn'vestɪgeɪt] untersuchen; **investi'gation** Untersuchung f

investment [ɪn'vestmənt] Investition f, (Kapital)Anlage f; **in'vestor** Investor(in)

in|vincible [ɪn'vɪnsəbl] unbesiegbar; **~'visible** unsichtbar

invitation [ɪnvɪ'teɪʃn] Einladung f; Aufforderung f; **invite** [ɪn'vaɪt] einladen

invoice ['ɪnvɔɪs] **1.** (Waren)Rechnung f; **2.** in Rechnung stellen, berechnen

in|voluntary unfreiwillig; unabsichtlich; unwillkürlich; **~volve** [ɪn'vɒlv] verwickeln, hineinziehen; j-n, et. angehen; **~vulnerable** unverwundbar; unangreifbar; unantastbar

inward ['ɪnwəd] **1.** adj innerlich, inner, Innen...; **2.** adv Am. → **inwards**; **'~ly** adv innerlich, im Inner(e)n; **'inwards** adv nach innen

IOC [aɪ əʊ 'siː] **International Olympic Committee** Internationales Olympisches Komitee

iodine ['aɪəʊdiːn] Jod n

IOU [aɪ əʊ 'juː] **I owe you** Schuldschein m

IQ [aɪ 'kjuː] **intelligence quotient** IQ, Intelligenzquotient m

Ireland ['aɪələnd] Irland n

iridescent [ɪrɪ'desnt] schillernd

iris ['aɪərɪs] anat. Iris f, Regenbogenhaut f; bot. Iris f, Schwertlilie f

Irish ['aɪərɪʃ] **1.** irisch; **2.** the **~** pl die Iren pl; **'~man** (pl **-men**) Ire m; **'~woman** (pl **-women**) Irin f

iron ['aɪən] **1.** Eisen n; Bügeleisen n; **2.** eisern, Eisen...; **3.** bügeln

ironic(al) [aɪ'rɒnɪk(l)] ironisch

'ironing board Bügelbrett n

irony ['aɪərənɪ] Ironie f

ir|radiate [ɪ'reɪdɪeɪt] bestrahlen; **~'rational** irrational, unvernünftig; **~'reconcilable** unversöhnlich; unvereinbar; **~re'coverable** unersetzlich; **~'regular** unregelmäßig; ungleichmäßig; gegel- od. vorschriftswidrig; **~'relevant** unerheblich; belanglos, irrelevant; **~repara- ble** [ɪ'repərəbl] nicht wie-

der gutzumachen(d); **~re-**
'placeable unersetzlich; **~**
re'pressible nicht zu unter-
drücken(d); unbezähmbar;
~re'sistible unwiderste-
lich; **~re'spective: ~ of** ohne
Rücksicht auf; **~re'spon-**
sible unverantwortlich; ver-
antwortungslos; **~reverent**
[ı'revərənt] respektlos; **~re-**
vocable [ı'revəkəbl] unwider-
ruflich

irrigate ['ırıgeıt] bewässern
irritable ['ırıtəbl] reizbar; **irri-**
tate ['ırıteıt] reizen (*a. med.*);
(ver)ärgern; **irri'tation** Ärger *m*, Verärgerung *f*; *med.*
Reizung *f*
is [ız] *er, sie, es* ist
Islam ['ızlɑːm] Islam *m*
island ['aılənd] Insel *f*
isolate ['aısəleıt] isolieren;
'isolated isoliert; abgeschie-
den; Einzel...; **iso'lation**
Isolierung *f*, Absonderung
f
Israel ['ızreıəl] Israel *n*; **Israe-**
li [ız'reılı] **1.** israelisch; **2.** Is-
raeli *m, f*

issue ['ıʃuː] **1.** *su Zeitung etc.*:
Ausgabe *f*; Streitfrage *f*,
-punkt *m*; Ausgang *m*, Ergebnis *n*; **2.** *Zeitung etc.* herausgeben; *Banknoten etc.*
ausgeben; *Dokument etc.*
ausstellen
it [ıt] es; *bezogen auf bereits*
Genanntes: es, er, ihn, sie
Italian [ı'tæljən] **1.** italienisch;
2. Italiener(in); **Italy** ['ıtəlı]
Italien *n*
itch [ıtʃ] **1.** Jucken *n*, Juckreiz
m; **2.** jucken
item ['aıtəm] *Tagesordnung*
etc.: Punkt *m, auf e-r Liste*:
Posten *m*; Artikel *m*, Gegenstand *m*; (*Presse-, Zei-*
tungs)Notiz *f, (a. TV etc.)*
Nachricht *f*, Meldung *f*
itinerary [aı'tınərərı] Reise-
route *f*
its [ıts] sein(e), ihr(e)
it's [ıts] *für it is*; *it has*
itself [ıt'self] sich (selbst); *ver-*
stärkend: selbst

I've [aıv] *für I have*
ivory ['aıvərı] Elfenbein *n*
ivy ['aıvı] Efeu *m*

J

jab [dʒæb] stechen, stoßen
jack [dʒæk] **1.** Wagenheber
m; *Kartenspiel*: Bube *m*; **2. ~**
up Auto aufbocken
jackal ['dʒækɔːl] Schakal *m*
jacket ['dʒækıt] Jacke *f*, Ja-
ckett *n*; *tech.* Mantel *m*;

(*Schutz*)Umschlag *m*; *Am.*
(*Schall*)Plattenhülle *f*; **pota-**
toes *pl* (**boiled**) **in their ~s**
Pellkartoffeln *pl*
'jack| knife (*pl ~ knives*)
Klappmesser *n*; **'~pot** Jack-
pot *m*, Haupttreffer *m*

jagged ['dʒægɪd] zackig

jaguar ['dʒægjʊə] Jaguar *m*

jail [dʒeɪl] **1.** Gefängnis *n*; **2.** einsperren

jam¹ [dʒæm] Marmelade *f*

jam² [dʒæm] **1.** *v/t* pressen, quetschen, zwängen; (ein-)klemmen, (-)quetschen; *a.* ~ **up** blockieren, verstopfen; *v/i tech.* sich verklemmen, *Bremsen:* blockieren; **2.** Gedränge *n*; *tech.* Blockierung *f*; **traffic** ~ Verkehrsstau *m*; **be in a** ~ F in der Klemme stecken

janitor ['dʒænɪtə] *Am.* Hausmeister *m*

January ['dʒænjʊərɪ] Januar *m*

Japan [dʒə'pæn] Japan *n*; **Japanese** [dʒæpə'niːz] **1.** japanisch; **2.** Japaner(in)

jar¹ [dʒɑː] Gefäß *n*, Krug *m*; (Marmelade- *etc.*)Glas *n*

jar² [dʒɑː]: ~ **on** wehtun (*dat*)

jargon ['dʒɑːgən] Jargon *m*, Fachsprache *f*

jaundice ['dʒɔːndɪs] Gelbsucht *f*

javelin ['dʒævlɪn] *Sport:* Speer *m*

jaw [dʒɔː] *anat.* Kiefer *m*

jay [dʒeɪ] Eichelhäher *m*

jazz [dʒæz] Jazz *m*

jealous ['dʒeləs] eifersüchtig (*of* auf); neidisch; **'jealousy** Eifersucht *f*; Neid *m*

jeer [dʒɪə] **1.** (*at*) höhnische Bemerkung machen (über); höhnisch lachen (über); (*at*) verhöhnen; **2.** höhni-

sche Bemerkung; Hohngelächter *n*

jellied ['dʒelɪd] in Aspik *od.* Sülze

'jelly Gallert(e *f*) *n*; Gelee *n*; Aspik *m, n*, Sülze *f*; '~ **baby** *Brt.* Gummibärchen *n*; '~ **bean** Gelee-, Gummibonbon *m, n*; '**.fish** Qualle *f*

jeopardize ['dʒepədaɪz] gefährden

jerk [dʒɜːk] **1.** ruckartig ziehen an; sich ruckartig bewegen; (zs.-)zucken; **2.** Ruck *m*; Sprung *m*, Satz *m*; *med.* Zuckung *f*; **'jerky** ruckartig; *Fahrt:* rüttelnd, schüttelnd

jersey ['dʒɜːzɪ] *Sport:* Trikot *n*; Pullover *m*

jest [dʒest] **1.** Scherz *m*, Spaß *m*; **2.** scherzen, spaßen

jet [dʒet] **1.** Strahl *m*; Düse *f*; *aviat.* Jet *m*; **2.** (heraus-, hervor)schießen (*from* aus); '~ **engine** Düsentriebwerk *n*

jetty ['dʒetɪ] (Hafen)Mole *f*

Jew [dʒuː] → **Jewish**

jewel ['dʒuːəl] Juwel *n, m*, Edelstein *m*; **'jewel(l)er** Juwelier *m*; **'jewel(le)ry** Juwelen *pl*; Schmuck *m*

Jewish ['dʒuːɪʃ] jüdisch; ~ **person** Jude *m*; ~ **woman** *od.* **girl** Jüdin *f*

jiffy ['dʒɪfɪ] F: **in a** ~ im Nu, sofort

jigsaw (puzzle) ['dʒɪgsɔː-] Puzzle(spiel) *n*

jilt [dʒɪlt] sitzen lassen; den Laufpass geben (*dat*)

jingle ['dʒɪŋgl] **1.** klimpern (mit); bimmeln; **2.** Klimpern *n*; Bimmeln *n*

jitter ['dʒɪtə]: *the ~s pl* F Bammel *m*, e-e Heidenangst

job [dʒɒb] (*einzelne*) Arbeit; Stellung *f*, Arbeit *f*, Job *m*; Arbeitsplatz *m*; Aufgabe *f*, Sache *f*; Computer: Job *m*; *a.* **~ work** Akkordarbeit *f*; *by the ~* im Akkord; **'~ centre** Brt. Arbeitsamt *n*; **'~ hopping** Am. häufiger Arbeitsplatzwechsel; **'~ hunt**: *be ~ing* auf Arbeitssuche sein

jockey ['dʒɒkɪ] Jockei *m*

jog [dʒɒg] **1.** stoßen an *od.* gegen, *j-n* anstoßen; Sport: joggen; **2.** Stoß *m*; Trott *m*; Sport: Trimmtrab *m*

join [dʒɔɪn] **1.** *v/t* verbinden, -einigen, zs.-fügen; sich anschließen (*dat od.* an); eintreten in, beitreten; teilnehmen an, mitmachen bei; **~ in** einstimmen in; *v/i* sich vereinigen; **~ in** teilnehmen, mitmachen; **2.** Verbindungsstelle *f*, Naht *f*; **'~er** Tischler *m*, Schreiner *m*

joint [dʒɔɪnt] **1.** Verbindungs-, Nahtstelle *f*; Gelenk *n*; *gastr.* Braten *m*; *bsd.* Lokal: *sl.* Laden *m*, Bude *f*; Haschisch-*od.* Marihuanazigarette: Joint *m*; **2.** gemeinsam, gemeinschaftlich; **~'stock company** Brt. Kapital- *od.* Aktiengesellschaft *f*; **~ 'venture** *econ.* Gemeinschaftsunter-

nehmen *n*

joke [dʒəʊk] **1.** Scherz *m*, Spaß *m*; Witz *m*; *practical ~* Streich *m*; *play a ~ on s.o.* j-m e-n Streich spielen; **2.** scherzen, Witze machen; **'joker** Spaßvogel *m*, Witzbold *m*; Spielkarte: Joker *m*; **'jokingly** im Spaß

jolly ['dʒɒlɪ] **1.** *adj* lustig, fröhlich, vergnügt; **2.** *adv* Brt. F ganz schön; **~ good** prima

jolt [dʒəʊlt] **1.** e-n Ruck *od.* Stoß geben; durchrütteln, -schütteln; Fahrzeug: rütteln, holpern; **2.** Ruck *m*, Stoß *m*; *fig.* Schock *m*

jostle ['dʒɒsl] (an)rempeln

jot [dʒɒt]: *~ down* sich schnell *et.* notieren

joule [dʒuːl] Joule *n*

journal ['dʒɜːnl] Tagebuch *n*; Journal *n*, (Fach)Zeitschrift *f*; **~** ['dʒɜːnəlɪzəm] Journalismus *m*; **'~ist** Journalist(in)

journey ['dʒɜːnɪ] Reise *f*

joy [dʒɔɪ] Freude *f*; **'~stick** *aviat.* Steuerknüppel *m*; Computer: Joystick *m*

jubilant ['dʒuːbɪlənt] überglücklich

jubilee ['dʒuːbɪliː] Jubiläum *n*

judge [dʒʌdʒ] **1.** Richter(in); Kenner(in); **2.** (be)urteilen; einschätzen; **'judg(e)ment** Urteil *n*; Meinung *f*, Ansicht *f*; *the Last* ♀ *das Jüngste Gericht*; ♀ *Day, Day of* ♀ Jüngster Tag

judicious [dʒuː'dɪʃəs] vernünftig, klug, umsichtig

jug [dʒʌg] Krug *m*; Kanne *f*, Kännchen *n*

juggle ['dʒʌgl] jonglieren (mit); '**juggler** Jongleur *m*

juice [dʒuːs] Saft *m*; '**juicy** saftig

jukebox ['dʒuːkbɒks] Jukebox *f*, Musikautomat *m*

July [dʒuː'laɪ] Juli *m*

jumble ['dʒʌmbl] **1.** *a.* **~ up** *od.* **together** durcheinander werfen; *Fakten* durcheinander bringen; **2.** Durcheinander *n*; '**~ sale** *Brt.* Wohltätigkeitsbasar *m*

jump [dʒʌmp] **1.** *v/i* springen; hüpfen; zs.-zucken (*at* bei); *v/t* springen über; Sprung *m*

'**jumper**[1] *Sport*: Springer(in)

'**jumper**[2] *bsd. Brt.* Pullover *m*

'**jumpy** nervös; schreckhaft

junction ['dʒʌŋkʃn] *rail.* Knotenpunkt *m*; (Straßen-)Kreuzung *f*

June [dʒuːn] Juni *m*

jungle ['dʒʌŋgl] Dschungel *m*

junior ['dʒuːnjə] **1.** junior; jünger; untergeordnet; *Sport*: Junioren..., Jugend...; **2.** Jüngere *m*, *f*; ~ '**high** (**school**) *Am.* die unteren Klassen der High School; '~

school *Brt.* Grundschule *f* (*für Kinder von 7-11*)

junk [dʒʌŋk] Trödel *m*; Schrott *m*; Abfall *m*; *sl.* Stoff *m* (*bsd. Heroin*); '~ **food** Junk-Food *n* (*minderwertige Nahrung*)

junkie, junky ['dʒʌŋkɪ] *sl.* Junkie *m*, Fixer(in)

'**junkyard** *Am.* Schuttabladeplatz *m*

jurisdiction [dʒʊərɪs'dɪkʃn] Gerichtsbarkeit *f*; Zuständigkeit(sbereich *m*) *f*

juror ['dʒʊərə] Geschworene *m*, *f*

jury ['dʒʊərɪ] *die* Geschworenen *pl*; Jury *f*, Preisgericht *n*

just [dʒʌst] **1.** *adj* gerecht; angemessen; berechtigt; **2.** *adv* gerade, (so)eben; gerade, genau, eben; gerade (noch); nur; ~ **about** fast

justice ['dʒʌstɪs] Gerechtigkeit *f*; *jur.* Richter *m*

justification [dʒʌstɪfɪ'keɪʃn] Rechtfertigung *f*; **justify** ['dʒʌstɪfaɪ] rechtfertigen

'**justly** mit *od.* zu Recht

jut [dʒʌt]: ~ **out** vorspringen, herausragen

juvenile ['dʒuːvənaɪl] jugendlich; Jugend...; ~ **de'linquent** jugendlicher Straftäter

K

kangaroo [kæŋgəˈruː] Känguru n

keel [kiːl] Kiel m

keen [kiːn] scharf (a. fig.);
Kälte: schneidend; Interesse:
stark, lebhaft; begeistert, leidenschaftlich; ~ **on** F versessen od. scharf auf

keep [kiːp] **1.** (*kept*) v/t
(be)halten; j-n, et. lassen, in
e-m bestimmten Zustand
(er)halten (~ *closed* Tür etc.
geschlossen halten); im Besitz behalten; j-n aufhalten;
aufheben, -bewahren; Ware
führen; Laden etc. haben;
Tiere halten; Versprechen,
Wort halten; Buch führen;
ernähren, er-, unterhalten;
v/i bleiben; sich halten; mit
ger: weiter...; ~ *smiling!* immer nur lächeln!; ~ **(on)**
trying es weiter versuchen, ~
s.o. *waiting* j-n warten lassen; ~ *time* Uhr: richtig gehen; Takt od. Schritt halten;
~ *away* (sich) fern halten
(**from** von); ~ *back* zurückhalten (a. fig.); ~ *from* abhalten von; bewahren vor; j-m
et. vorenthalten, verschweigen; vermeiden (acc); ~ *in*
Schüler(n) nachsitzen lassen; ~ *off* (sich) fern halten
von; sich fern halten; ~ *off!*

Betreten verboten!; ~ **on**
Kleidungsstück anbehalten,
anlassen, Hut aufbehalten;
Licht brennen lassen; weitermachen (→ *keep* v/i mit
ger); ~ *out* nicht hinein-od.
hereinlassen; ~ *out!* Zutritt
verboten!; ~ *to fig.* festhalten
an, bleiben bei; ~ *s.th. to o.s.*
et. für sich behalten; ~ *up*
aufrechterhalten; Mut nicht
sinken lassen; ~ *up with*
Schritt halten mit; **2.** (Lebens)Unterhalt m; *for* ~*s* F
für immer

'keeper Wächter(in), Aufseher(in), mst in Zssgn: Inhaber(in), Besitzer(in)

keg [keg] kleines Fass

kennel [ˈkenl] Hundehütte f

kept [kept] pret u. pp von *keep*
1

kerb [kɜːb], **'~stone** Brt.
Bord-, Randstein m

kernel [ˈkɜːnl] Kern m

kettle [ˈketl] Kessel m

key [kiː] **1.** Schlüssel m (a.
fig.); Taste f; mus. Tonart f;
Schlüssel...; **2.** ~ *in* Computer: Daten eingeben, eingeben; **'~board** Tastatur f;
'~hole Schlüsselloch n

kick [kɪk] **1.** treten, e-n Tritt
geben od. versetzen; Fußball:
schießen; strampeln; Pferd:
ausschlagen; ~ *off* Fußball:

anstoßen; **~ out** F raus-
schmeißen; **2.** (Fuß)Tritt *m*,
Stoß *m*; (*just*) *for* **~s** F (nur
so) zum Spaß; **'~off** *Fußball:*
Anstoß *m*; **'~out** *Fußball:*
Abschlag *m*

kid¹ [kɪd] Zicklein *n*; F Kind
n

kid² [kɪd] F Spaß machen

kidnap ['kɪdnæp] (**-pp-**, *Am.*
a. **-p-**) kidnappen, entführen; **'kidnap(p)er** Kidnap-
per(in), Entführer(in); **'kid-
nap(p)ing** Kidnapping *n*,
Entführung *f*

kidney ['kɪdnɪ] Niere *f*

kill [kɪl] töten; umbringen,
ermorden; **'~er** Mörder(in),
Killer(in)

kiln [kɪln] Brennofen *m*

kilo ['kiːləʊ] Kilo *n*

kilo|gram(me) ['kɪləɡræm]
Kilogramm *n*; **'~metre** *Brt.*,
'~meter *Am.* Kilometer *m*

kilt [kɪlt] Kilt *m*, Schottenrock
m

kin [kɪn] Verwandtschaft *f*,
Verwandte *pl*

kind¹ [kaɪnd] freundlich, nett

kind² [kaɪnd] Art *f*, Sorte *f*;
nothing of the **~** nichts dergleichen

kindergarten ['kɪndəɡɑːtn]
Kindergarten *m*

kind-hearted [kaɪnd'hɑːtɪd]
gütig

kindle ['kɪndl] anzünden,
(sich) entzünden; *Interesse*
etc. wecken

'kind|ly freundlich; **'~ness**

Freundlichkeit *f*; Gefällig-
keit *f*

king [kɪŋ] König *m*; **'~dom**
(König)Reich *n*; **'~size(d)**
Riesen...

kiosk ['kiːɒsk] Kiosk *m*

kipper ['kɪpə] Räucherhering
m

kiss [kɪs] **1.** Kuss *m*; **2.** (sich)
küssen

kit [kɪt] Ausrüstung *f*; Arbeits-
gerät *n*, Werkzeug(e *pl*) *n*

kitchen ['kɪtʃɪn] Küche *f*;
kitchenette [kɪtʃɪˈnet] Koch-
nische *f*; Kleinküche *f*

kite [kaɪt] Drachen *m*

kitten ['kɪtn] Kätzchen *n*

knack [næk] Kniff *m*, Dreh
m

knapsack ['næpsæk] Rucksack *m*

knave [neɪv] *Kartenspiel:*
Bube *m*

knead [niːd] kneten; massieren

knee [niː] Knie *n*; **'~cap** Knie-
scheibe *f*; **'~ joint** Kniege-
lenk *n*

kneel [niːl] (**knelt** *od.* **kneeled**)
knien

knelt [nelt] *pret u. pp von*
kneel

knew [njuː] *pret von knee*

knickers ['nɪkəz] *pl Brt.* F
(Damen)Schlüpfer *m*

knick-knacks ['nɪknæks] *pl*
Nippes *pl*

knife [naɪf] (*pl* **knives** [naɪvz])
Messer *n*

knight [naɪt] **1.** Ritter *m*;

Schach: Springer *m;* **2.** zum Ritter schlagen

knit [nɪt] (*knitted od.* **knit**) stricken; **'knitting** Stricken *n;* Strickzeug *n;* '**~wear** Strickwaren *pl*

knives [naɪvz] *pl von* **knife**

knob [nɒb] Knauf *m*

knock [nɒk] **1.** Schlag *m,* Stoß *m;* Klopfen *n;* **2.** schlagen, stoßen; klopfen; **~** *down Gebäude etc.* abreißen; umstoßen, -werfen; niederschlagen; an-, umfahren; überfahren; **~** *out* bewusstlos schlagen; *Boxen:* k.o. schlagen; betäuben; **~** *over* umwerfen, -stoßen; überfahren;

'**~out** K.o. *m*

knot [nɒt] **1.** Knoten *m;* **2.** (ver)knoten, (-)knüpfen

know [nəʊ] (*knew,* **known**) wissen; können; verstehen; kennen; **~** *French* Französisch können; **~** *all about it* genau Bescheid wissen; '**~ing** klug; schlau; verständnisvoll, wissend; '**~ingly** wissentlich, absichtlich

knowledge ['nɒlɪdʒ] Kenntnis(se *pl) f;* Wissen *n; not to my* **~** meines Wissens nicht

known 1. *pp von* **know; 2.** bekannt

knuckle ['nʌkl] (Finger)Knöchel *m*

L

L [el] **learner** (**driver**) *Brt. mot.* Fahrschüler(in); **large** (**size**) groß

£ pound(s) sterling Pfund *n* (*od. pl*) Sterling

lab [læb] F Labor *n*

label ['leɪbl] **1.** Etikett *n,* (Klebe- *etc.*)Zettel *m,* (-)Schild (-chen) *n;* **2.** etikettieren, beschriften

laboratory [ləˈbɒrətərɪ] Labor(atorium) *n*

laborious [ləˈbɔːrɪəs] mühsam

'**labor union** *Am.* Gewerkschaft *f*

labour *Brt.,* **labor** *Am.* ['leɪbə] **1.** (schwere) Arbeit; Mühe *f;* Arbeiter *pl,* Arbeits-

kräfte *pl; med.* Wehen *pl;* **2.** (schwer) arbeiten; sich bemühen, sich anstrengen; '**~ed** schwerfällig; mühsam; '**~er** Arbeiter *m*

lace [leɪs] **1.** *Textil:* Spitze *f;* Schnürsenkel *m;* **2.** *a.* **~** *up* (zu-, zs.-)schnüren

lack [læk] **1.** Mangel *m* (*of* an); **2.** nicht haben; *be* **~ing** fehlen

lacquer ['lækə] **1.** Lack *m;* (Haar)Spray *m, n;* **2.** lackieren

lad [læd] Bursche *m,* Junge *m*

ladder ['lædə] Leiter *f; Brt.* Laufmasche *f;* '**~proof** (lauf)maschenfest

laden ['leɪdn] beladen

ladle ['leɪdl] Schöpflöffel m, -kelle f

lady ['leɪdɪ] Dame f; 2 Titel: Lady f; **ladies, Am. ladies' room** Damentoilette f; **'~bird** Brt., **'~bug** Am. Marienkäfer m

lag [læg]: **~ behind** zurückbleiben

lager ['lɑːgə] Lagerbier n

lagoon [lə'guːn] Lagune f

laid [leɪd] pret u. pp von **lay²**

lain [leɪn] pp von **lie¹** 1

lair [leə] zo.: Lager n; Bau m; Höhle f

lake [leɪk] See m

lamb [læm] Lamm n

lame [leɪm] **1.** lahm (a. fig.); **2.** lähmen

lament [lə'ment] jammern, (weh)klagen, beklagen

laminated ['læmɪneɪtɪd] laminiert, beschichtet

lamp [læmp] Lampe f; Laterne f; **'~post** Laternenpfahl m; **'~shade** Lampenschirm m

lance [lɑːns] Lanze f

land [lænd, in Zssgn mst lənd] **1.** Land n; Boden m; **by ~** auf dem Landwege; **2.** landen; Güter etc. ausladen

landing ['lændɪŋ] Landung f, Landen n, naut. a. Anlegen n; Treppenabsatz m; **'~field** → **landing strip**; **'~ gear** aviat. Fahrgestell n; **'~stage** Landungsbrücke f, -steg m; **'~ strip** aviat. Landeplatz m

'land/lady ['læn-] Vermieterin f; Wirtin f; **'~lord** ['læn-] Grundbesitzer m; Vermieter m; Wirt m; **'~lubber** ['lændləbə] naut. Landratte f; **'~mark** [lænd-] Wahrzeichen n; fig. Meilenstein m; **'~owner** ['lænd-] Grundbesitzer(in) f; **~scape** ['lænskeɪp] Landschaft f; **'~slide** ['lænd-] Erdrutsch m (a. pol.)

lane [leɪn] (Feld)Weg m; Gasse f, Sträßchen n; naut. Fahrrinne f; aviat. Flugschneise f; Sport: (einzelne) Bahn f; mot. (Fahr)Spur f

language ['læŋgwɪdʒ] Sprache f

languid ['læŋgwɪd] matt; träg(e)

lank [læŋk] Haar: glatt

lantern ['læntən] Laterne f

lap¹ [læp] Schoß m

lap² [læp] **1.** Sport: Runde f; **2.** Sport: Gegner überrunden

lap³ [læp] v/t: **~ up** auflecken, -schlecken; v/i plätschern

lapel [lə'pel] Revers n, m, Aufschlag m

lapse [læps] Versehen n, (kleiner) Fehler od. Irrtum; Vergehen n, Entgleisung f; Zeitspanne f

larceny ['lɑːsənɪ] Diebstahl m

larch [lɑːtʃ] Lärche f

lard [lɑːd] Schweinefett n, -schmalz n; **'~er** Speisekammer f; Speiseschrank m

large [lɑːdʒ] groß; beträchtlich; umfassend, weitgehend; **at** ~ in Freiheit, auf freiem Fuße; (sehr) ausführlich; '~ly größtenteils

lark¹ [lɑːk] Lerche *f*

lark² [lɑːk] F: *for a* ~ aus Jux

larva ['lɑːvə] (*pl -vae* [-viː]) Larve *f*

laryngitis [lærin'dʒaitis] Kehlkopfentzündung *f*

larynx ['læriŋks] Kehlkopf *m*

lascivious [lə'siviəs] lüstern

laser ['leizə] Laser *m*; '~ **technology** Lasertechnik *f*

lash¹ [læʃ] **1.** (Peitschen)Hieb *m*; Wimper *f*; **2.** peitschen (mit); schlagen

lash² [læʃ] (fest)binden

last¹ [lɑːst] **1.** *adj* letzt; vorig; ~ *but one* vorletzt; ~ *night* gestern Abend, letzte Nacht; **2.** *adv* zuletzt, an letzter Stelle; ~ *but not least* nicht zuletzt; **3.** *su der, die, das* Letzte; *at* ~ endlich

last² [lɑːst] (an-, fort)dauern; (sich) halten; (aus)reichen

'**lastly** zuletzt, zum Schluss

latch [lætʃ] **1.** Schnappriegel *m*; Schnappschloss *n*; **2.** einzuklinken; '~**key** Haus-, Wohnungsschlüssel *m*

late [leit] spät; ehemalig; neuest; verstorben; *be* ~ zu spät kommen, sich verspäten, *Zug etc.*: Verspätung haben; '~**ly** in letzter Zeit

lath [lɑːθ] Latte *f*, Leiste *f*

lathe [leið] Drehbank *f*

lather ['lɑːðə] **1.** (Seifen-)

Schaum *m*; **2.** einseifen; schäumen

Latin ['lætin] **1.** lateinisch; **2.** Latein *n*

latitude ['lætitjuːd] *geogr.* Breite *f*

latter ['lætə] Letztere(r, -s) (*von zweien*)

lattice ['lætis] Gitter *n*

laugh [lɑːf] **1.** lachen; ~ *at* lachen über; *j-n* auslachen; **2.** Lachen *n*, Gelächter *n*; '**laughter** Lachen *n*

launch [lɔːntʃ] **1.** *Schiff* von Stapel lassen; *Rakete etc.* abschießen, *Raumfahrzeug a.* starten; *Projekt etc.* in Gang setzen, starten; **2.** Stapellauf *m*; Abschuss *m*, Start *m*; Barkasse *f*; '~**(ing) pad** Abschussrampe *f*

launder ['lɔːndə] *Wäsche* waschen (u. bügeln); F *bsd.* *Geld* waschen

laund(e)rette [lɔːn'dret] *Brt.* Waschsalon *m*

laundry ['lɔːndri] Wäscherei *f*; Wäsche *f*

laurel ['lɔrəl] Lorbeer *m*

lavatory ['lævətəri] Toilette *f*

lavender ['lævəndə] Lavendel *m*

lavish ['læviʃ]: ~ *s.th. on s.o.* *j-n* mit et. überhäufen

law [lɔː] Gesetz(e *pl*) *n*; Rechtswissenschaft *f*, *Jura*; Gesetz *n*, Vorschrift *f*; '~ **court** Gericht(shof *m*) *n*

lawn [lɔːn] Rasen *m*; '~**mower** Rasenmäher *m*

lawsuit ['lɔːsuːt] Prozess *m*

lawyer ['lɔːjə] (Rechts)Anwalt *m*, (-)Anwältin *f*

lax [læks] locker, lasch

laxative ['læksətɪv] Abführmittel *n*

lay¹ [leɪ] *pret von* **lie¹**

lay² [leɪ] (**laid**) *v/t* legen; *Tisch* decken; *Eier* legen; *v/i* (*Eier*) legen; ~ *aside* beiseite legen, zurücklegen; ~ *off Arbeiter* (*bsd.* vorübergehend) entlassen; ~ *out* ausbreiten, -legen; *Garten etc.* anlegen

lay³ [leɪ] Laien...

'**lay|about** *Brt.* F Faulenzer *m*; '~**by** *Brt.* Parkbucht *f*, -streifen *m*; '~**er** Schicht *f*

'**layman** *pl* -**men**) Laie *m*

lazy ['leɪzɪ] faul, träg(e)

LCD [el siː 'diː] *liquid crystal display* Flüssigkristallanzeige *f*

lead¹ [liːd] **1.** (**led**) führen; (an)führen, leiten; ~ *to fig.* führen zu; ~ *up to fig.* (allmählich) führen zu; **2.** Führung *f*; Leitung *f*; Spitze(nposition) *f*; *thea.*: Hauptrolle *f*, Hauptdarsteller(in); (Hunde)Leine *f*; *Sport u. fig.*: Führung *f*, Vorsprung *m*; *be in the* ~ in Führung sein; *take the* ~ in Führung gehen

lead² [led] Blei *n*; Lot *n*; (Bleistift)Mine *f*; '~**ed** verbleit; '~**en** bleiern, Blei...

leader ['liːdə] (An)Führer(in); Leiter(in); *Brt.* Leit-

artikel *m*; '~**ship** Führung *f*, Leitung *f*

lead-free ['ledfriː] bleifrei

leading ['liːdɪŋ] führend; leitend; Haupt...

leaf [liːf] **1.** (*pl* **leaves** [liːvz]) Blatt *n*; (*Tisch*)Klappe *f*, Ausziehplatte *f*; **2.** ~ *through* durchblättern

leaflet ['liːflɪt] Hand-, Reklamezettel *m*; Prospekt *m*

league [liːg] Liga *f*; Bund *m*

leak [liːk] **1.** Leck *n*; undichte Stelle; **2.** leck sein; tropfen; ~ *out* auslaufen; *fig.* durchsickern; '~**age** ['liːkɪdʒ] Auslaufen *n*

'**leaky** leck, undicht

lean¹ [liːn] (**leant** *od.* **leaned**) (sich) lehnen; sich neigen; ~ *on fig.* sich verlassen auf

lean² [liːn] mager; '~**management** *econ.* schlanke Unternehmensstruktur

leant [lent] *pret u. pp von* **lean¹**

leap [liːp] **1.** (**leapt** *od.* **leaped**) springen; **2.** Sprung *m*; **leapt** [lept] *pret u. pp von* **leap** 1; '~ *year* Schaltjahr *n*

learn [lɜːn] (**learned** *od.* **learnt**) (er)lernen; erfahren, hören; '~**er** Lernende *m*, *f*; Anfänger(in); *a.* ~ *driver Brt.* Fahrschüler(in)

learnt [lɜːnt] *pret u. pp von* **learn**

lease [liːs] **1.** Pacht *f*, Miete *f*; **2.** pachten, mieten; leasen; *a.* ~ *out* verpachten, -mieten

leash [liːʃ] (Hunde)Leine f

least [liːst] **1.** adj geringst, mindest, wenigst; **2.** su das Mindeste, das wenigste; **at ~** wenigstens; **3.** adv am wenigsten

leather ['leðə] Leder n

leave [liːv] **1.** (left) (hinter-, über-, ver-, zurück)lassen; übrig lassen; hängen od. liegen od. stehen lassen, vergessen; vermachen, -erben; (fort-, weg)gehen; abreisen; abfahren; **~ alone** allein lassen; j-n, et. in Ruhe lassen; **~ behind** zurücklassen; **~ on** anlassen; **~ out** aus-, weglassen; **be left** übrig bleiben; übrig sein; **2.** Erlaubnis f; mil. Urlaub m; Abschied m; **on ~** auf Urlaub

leaves [liːvz] pl von **leaf** 1; Laub n

lecture ['lektʃə] **1.** Vortrag m; univ. Vorlesung f; Strafpredigt f; **2.** e-n Vortrag halten; univ. e-e Vorlesung halten; e-e Strafpredigt halten

led [led] pret u. pp von **lead**[1]

ledge [ledʒ] Leiste f, Sims m, n

leek [liːk] Lauch m, Porree m

leer [lɪə] **1.** anzügliches Grinsen; **2.** anzüglich grinsen

left[1] [left] pret u. pp von **leave** 1

left[2] [left] **1.** adj link, Links...; **2.** su die Linke, linke Seite; **on/at/to the ~** links; **keep to the ~** sich links halten; mot. links fahren; **3.** adv link, linker Hand; **~-'hand** link; **~hand 'drive**

mot. Linkssteuerung f; **~-'handed** linkshändig; **~ 'luggage office** Brt. rail. Gepäckaufbewahrung f; **~overs** pl (Speise)Reste pl; **~-'wing** pol. dem linken Flügel angehörend, links...

leg [leg] Bein n; (Lamm-etc.)Keule f; **pull s.o.'s ~** f j-n auf den Arm nehmen

legacy ['legəsɪ] Vermächtnis n, Erbschaft f

legal ['liːgl] legal, gesetzmäßig; gesetzlich, rechtlich

legend ['ledʒənd] Legende f (a. fig.), Sage f

legible ['ledʒəbl] leserlich

legislation [ledʒɪs'leɪʃn] Gesetzgebung f; **legislative** ['ledʒɪslətɪv] gesetzgebend; **legislator** ['ledʒɪsleɪtə] Gesetzgeber m

legitimate [lɪ'dʒɪtɪmət] legitim, rechtmäßig; ehelich

leisure ['leʒə] freie Zeit; Muße f; **~ly** gemächlich; **~wear** Freizeitkleidung f

lemon ['lemən] Zitrone f

lemonade [lemə'neɪd] Zitronenlimonade f

lend [lend] (lent) j-m et. (ver-, aus)leihen

length [leŋθ] Länge f; (Zeit-)Dauer f; **at ~** ausführlich; **~en** verlängern, länger machen; länger werden

lenient ['liːnjənt] mild(e)

lens [lenz] anat., phot., phys. Linse f; phot. Objektiv n

lent [lent] pret u. pp von **lend**

Lent [lent] Fastenzeit f

lentil ['lentil] bot. Linse f

Leo ['liːəʊ] astr. Löwe m

leopard ['lepəd] Leopard m

leotard ['liːəʊtɑːd] Trikot n

less [les] **1.** adv weniger; **2.** adj geringer, kleiner, weniger; **3.** prp weniger, minus; **∼en** (sich) vermindern od. verringern

lesson ['lesn] Lektion f (a. fig.); (Unterrichts)Stunde f, pl Unterricht m; fig. Lehre f

let [let] lassen; bsd. Brt. vermieten; ∼ **alone** in Ruhe lassen; geschweige denn; ∼ **down** j-n im Stich lassen, enttäuschen; ∼ **go** loslassen

lethal ['liːθl] tödlich

letter ['letə] Buchstabe m; Brief m; **∼box** bsd. Brt. Briefkasten m

lettuce ['letɪs] (Kopf)Salat m

leuk(a)emia [luːˈkiːmɪə] Leukämie f

level ['levl] **1.** adj Straße etc.: eben; gleich (a. fig.); ∼ **with** auf gleicher Höhe mit; **2.** su Ebene f (a. fig.), ebene Fläche; Höhe f (a. geogr.), (Wasser- etc.)Spiegel m, (-)Stand m, (-)Pegel m; bsd. Am. Wasserwaage f; Niveau n; **3.** v/t (ein)ebnen, planieren; dem Erdboden gleichmachen; ∼ **crossing** Brt. schienengleicher Bahnübergang; ∼**headed** überlegt, vernünftig

lever ['liːvə] Hebel m

levy ['levɪ] **1.** econ. Steuer f, Abgabe f; **2.** Steuern erheben

lewd [ljuːd] geil, lüstern

liability [laɪəˈbɪlətɪ] Verpflichtung f, Verbindlichkeit f; Haftung f, Haftpflicht f; Anfälligkeit f (**to** für)

liable ['laɪəbl] haftbar, -pflichtig; **be ∼ to** neigen zu

liar ['laɪə] Lügner(in)

libel ['laɪbl] **1.** jur. Verleumdung f; **2.** verleumden

liberal ['lɪbərəl] liberal, aufgeschlossen; großzügig

liberate ['lɪbəreɪt] befreien

liberty ['lɪbətɪ] Freiheit f; **be at ∼** frei sein

Libra ['laɪbrə] astr. Waage f

librarian [laɪˈbreərɪən] Bibliothekar(in); **library** ['laɪbrərɪ] Bibliothek f; Bücherei f

lice [laɪs] pl von **louse**

licence Brt., **license** Am. ['laɪsəns] Lizenz f, Konzession f; (Führer- etc.)Schein m

license Brt., **licence** Am. ['laɪsəns] e-e Lizenz od. Konzession erteilen; genehmigen

licensee [laɪsənˈsiː] Lizenzinhaber(in)

'license plate Am. mot. Nummernschild n

lichen ['laɪken] bot. Flechte f

lick [lɪk] (ab)lecken; F verprügeln; '∼**ing** F Prügel f

lid [lɪd] Deckel m; Lid n

lie [laɪ] **1.** (lay, lain) liegen; ∼ **down** sich hinlegen; ∼ **in** Brt. (morgens) lang im Bett bleiben; **2.** Lage f

lie² [laɪ] **1.** (*lied*) lügen; **2.** Lüge *f*

lieutenant [lefˈtenənt, *Am.* luːˈtenənt] Leutnant *m*

life [laɪf] (*pl lives* [laɪvz]) Leben *n*; *all her ~* ihr ganzes Leben lang; **'~ assurance** *Brt.* Lebensversicherung *f*; **'~ belt** Rettungsgürtel *m*; **'~boat** Rettungsboot *n*; **'~guard** Rettungsschwimmer *m*; **'~ insurance** Lebensversicherung *f*; **'~ jacket** Schwimmweste *f*; **'~less** leblos; matt; **'~like** lebensecht; **'~long** lebenslang; **'~preserver** *Am.* Schwimmweste *f*; Rettungsgürtel *m*, -ring *m*; **'~time** Lebenszeit *f*

lift [lɪft] **1.** (hoch-, auf)heben; sich heben; *~ off* starten, abheben; **2.** (Hoch-, Auf)Heben *n*; *Brt.* Lift *m*, Aufzug *m*, Fahrstuhl *m*; *give s.o. a ~* j-n (im Auto) mitnehmen; **'~off** *aviat.* Start *m*, Abheben *n*

ligament [ˈlɪɡəmənt] *anat.* Band *n*

light¹ [laɪt] **1.** *su* Licht *n*; Beleuchtung *f*; Feuer *n* (*zum Anzünden*); *pl* (Verkehrs-) Ampel *f*; **2.** *adj* hell, licht; **3.** (*lit od.* lighted) *v/t* be-, erleuchten; *a. ~ up* anzünden; *v/i*: *~ up* Augen *etc.*: aufleuchten

light² [laɪt] leicht

'light bulb Glühbirne *f*

lighten¹ [ˈlaɪtn] hell(er) wer-

den, sich aufhellen; erhellen

lighten² [ˈlaɪtn] leichter machen *od.* werden; erleichtern

'lighter Feuerzeug *n*

light-'hearted unbeschwert

'light|house Leuchtturm *m*; **'~ing** Beleuchtung *f*

'lightning Blitz *m*; **'~ conductor** *Brt.*, **'~ rod** *Am.* Blitzableiter *m*

'light pen Lichtstift *m*

'lightweight *Sport*: Leichtgewicht(ler *m*) *n*

like¹ [laɪk] **1.** gleich; wie; ähnlich; *what is she ~?* wie ist sie?; **2.** *der, die, das* Gleiche

like² [laɪk] gern haben, mögen; wollen; *I ~ it* es gefällt mir; *I ~ her* ich kann sie gut leiden; *I would ~ to know* ich möchte gern wissen; (*just*) *as you ~* (ganz) wie du willst; *if you ~* wenn du willst

like|lihood [ˈlaɪklɪhʊd] Wahrscheinlichkeit *f*; **'~ly** wahrscheinlich; geeignet; **'~ness** Ähnlichkeit *f*

lilac [ˈlaɪlək] **1.** Flieder *m*; **2.** fliederfarben, lila

lily [ˈlɪlɪ] Lilie *f*; *~ of the 'valley* Maiglöckchen *n*

limb [lɪm] (*Körper*)Glied *n*, *pl* *a.* Gliedmaßen *pl*; Ast *m*

lime¹ [laɪm] Kalk *m*

lime² [laɪm] Linde *f*

lime³ [laɪm] Limone *f*

'limelight *fig.* Rampenlicht *n*

limit [ˈlɪmɪt] **1.** Limit *n*, Grenze *f*; *off ~s bsd. Am.* Zutritt verboten; *that's the ~!* F das ist (doch) die Höhe!; *within* **~s** in (gewissen) Grenzen; **2.** begrenzen, beschränken (*to* auf); **~ation** [lɪmɪˈteɪʃn] Beschränkung *f*; *fig.* Grenze *f*; **~ed** (**lia'bility**) **'company** Gesellschaft *f* mit beschränkter Haftung

limp¹ [lɪmp] hinken, humpeln

limp² [lɪmp] schlaff, schlapp

line¹ [laɪn] **1.** Linie *f*, Strich *m*; Zeile *f*; Falte *f*, Runzel *f*; Reihe *f*; (Menschen)Schlange *f*; (Abstammungs)Linie *f*; Fach *n*, Gebiet *n*, Branche *f* (*Verkehrs-, Eisenbahn- etc.*) Linie *f*, Strecke *f*; (*Flug- etc.*)Gesellschaft *f*; *tel.* Leitung *f*; Leine *f*; *pl thea. etc.* Rolle *f*, Text *m*; *the ~ is busy od. engaged* tel. die Leitung ist besetzt; *hold the ~* tel. bleiben Sie am Apparat; *draw the ~* fig. die Grenze ziehen, Halt machen (*at* bei); **2.** lini(i)eren; *~ up* (sich) in e-r Reihe *od.* Linie aufstellen

line² [laɪn] *Kleid etc.* füttern; *tech.* auskleiden, -schlagen

linen [ˈlɪnɪn] Leinen *n*; (*Bett- etc.*)Wäsche *f*

liner [ˈlaɪnə] Linienschiff *n*; Verkehrsflugzeug *n*

'linesman (*pl -men*) Linienrichter *m*

linger [ˈlɪŋɡə] verweilen

lingerie [ˈlænʒəriː] Damenunterwäsche *f*

liniment [ˈlɪnɪmənt] *med.* Einreibemittel *n*

'lining Futter *n*; *tech.* Auskleidung *f*; (*Brems- etc.*)Belag *m*

link [lɪŋk] **1.** (Ketten)Glied *n*; *fig.* (Binde)Glied *n*, Verbindung *f*; **2.** *a. ~ up* (sich) verbinden

links [lɪŋks] → *golf links*

lion [ˈlaɪən] Löwe *m*; **~ess** [ˈlaɪənes] Löwin *f*

lip [lɪp] Lippe *f*; **'~stick** Lippenstift *m*

liquid [ˈlɪkwɪd] **1.** Flüssigkeit *f*; **2.** flüssig

liquor [ˈlɪkə] alkoholische Getränke *pl*, Alkohol *m*; *Am.* Spirituosen *pl*, Schnaps *m*

liquorice [ˈlɪkərɪs] *Brt., a. licorice* *bsd. Am.* Lakritze *f*

lisp [lɪsp] lispeln

list [lɪst] **1.** Liste *f*, Verzeichnis *n*; **2.** in e-e Liste eintragen

listen [ˈlɪsn] hören; *~ in* Radio hören; *~ in on* Telefongespräch abhören, mithören; *~ to* an-, zuhören; hören auf; **'~er** Zuhörer(in); (Rundfunk)Hörer(in)

listless [ˈlɪstlɪs] lustlos

lit [lɪt] *pret u. pp von light¹*

literal [ˈlɪtərəl] wörtlich

literary [ˈlɪtərərɪ] literarisch, Literatur...; **literature** [ˈlɪtərətʃə] Literatur *f*

litre *Brt.*, **liter** *Am.* [ˈliːtə] Liter *m*

litter [ˈlɪtə] (*bsd. Papier*)Abfall *m*; Streu *f*; *zo.* Wurf *m*; '~-

basket, '**~bin** Abfallkorb *m*

little ['lɪtl] **1.** *adj* klein; wenig; *the ~ ones* pl die Kleinen pl; **2.** *adv* wenig, kaum; **3.** *su:* **a** *~* ein wenig; *~ by ~* (ganz) allmählich, nach u. nach

live¹ [lɪv] leben; wohnen (**with** bei); *~ on* leben von; weiterleben; *~ up to* den Erwartungen etc. entsprechen

live² [laɪv] **1.** *adj* lebend; lebendig; Strom führend; *TV* etc.: Direkt..., Live...; **2.** *adv* direkt, live

live|lihood ['laɪvlɪhʊd] Lebensunterhalt *m*; '**~ly** lebhaft, lebendig

liver ['lɪvə] Leber *f*

lives [laɪvz] *pl von* **life**

livestock ['laɪvstɒk] Vieh *n*

livid ['lɪvɪd] bläulich; F fuchsteufelswild

living 1. lebend; **2.** Lebensunterhalt *m*; Leben(sweise *f*) *n*; *earn od. make a ~* sich s-n Lebensunterhalt verdienen; *standard of ~, ~ standard* Lebensstandard *m*; '**~ room** Wohnzimmer *n*

lizard ['lɪzəd] Eidechse *f*

load [ləʊd] **1.** Last *f* (*a. fig.*); Ladung *f*; Belastung *f*; **2.** überhäufen (with *mit*); *Waffe:* laden; *a. ~ up* (auf-, be-, ein)laden

loaf¹ [ləʊf] (*pl* **loaves** [ləʊvz]) Laib *m* (*Brot*)

loaf² [ləʊf] *a. ~ about od. around* herumlungern

loam [ləʊm] Lehm *m*

loan [ləʊn] **1.** (Ver)Leihen *n*; Anleihe *f*; Darlehen *n*; Leihgabe *f*; *on ~* leihweise; **2.** *bsd. Am. j-m* (aus)leihen; ausverleihen (*to* an); '*~ shark* econ. Kredithai *m*

loathe [ləʊð] verabscheuen

loaves [ləʊvz] *pl von* **loaf¹**

lobby ['lɒbɪ] Vorhalle *f*; Foyer *n*; *pol.* Lobby *f*

lobe [ləʊb] anat. Lappen *m*; Ohrläppchen *n*

lobster ['lɒbstə] Hummer *m*

local ['ləʊkl] **1.** örtlich, lokal; Orts..., ansässig; **2.** *Brt.* F *bsd.* Stammkneipe *f*; Ortsansässige *m*, *f*, Einheimische *m*, *f*; '*~ call* tel. Ortsgespräch *n*; '*~ time* Ortszeit *f*

locate [ləʊ'keɪt] ausfindig machen; *be ~d* gelegen sein, liegen; **lo'cation** Lage *f*, Standort *m*, Platz *m*; *on ~ Film:* auf Außenaufnahme

loch [lɒx, lɒk] schott. See *m*

lock [lɒk] **1.** (*Tür-, Gewehr-* etc.)Schloß *n*; Schleuse(nkammer) *f*; **2.** *a.* ~ *ab-, zu-,* verschließen, zusperren (*a. ~ up*); tech. sperren; ~ *away* wegschließen; ~ *in, ~ up* einschließen, (ein)sperren; ~ *out* aussperren; *tür* ~ schließen; *Räder:* blockieren

locker ['lɒkə] Schließfach *n*; Spind *m*, Schrank *m*; '*~ room* Umkleideraum *m*

locket ['lɒkɪt] Medaillon *n*

locksmith Schlosser *m*

locust ['ləʊkəst] Heuschrecke *f*

lodge [lɒdʒ] **1.** Portier-, Pförtnerloge f; (Jagd-, Ski-etc.)Hütte f; Sommer-, Gartenhaus n; **2.** v/i (in Untermiete) wohnen; Bissen etc.: stecken bleiben; v/t aufnehmen, unterbringen; **'lodger** Untermieter(in); **'lodging** Unterkunft f; pl möbliertes Zimmer

loft [lɒft] (Dach)Boden m

log [lɒg] (Holz)Klotz m; (gefällter) Baumstamm; (Holz-)Scheit n; → **'.book** naut. Logbuch n; aviat. Bordbuch n; mot. Fahrtenbuch n; ~ **'cabin** Blockhaus n

logic ['lɒdʒɪk] Logik f; **.al** logisch

loin [lɔɪn] gastr. Lende(nstück n) f; pl anat. Lende f

loiter ['lɔɪtə] bummeln, trödeln; herumlungern

loll [lɒl] sich rekeln

lollipop ['lɒlɪpɒp] Lutscher m; bsd. Brt. Eis n am Stiel

loneliness ['ləʊnlɪnɪs] Einsamkeit f; **'lonely** einsam

long¹ [lɒŋ] **1.** adj lang; Weg etc.: weit, lang; langfristig; **2.** adv lange; **as** od. **so** ~ **as** so lange wie, vorausgesetzt, dass; **so ~!** F bis später!; **3.** su (e-e) lange Zeit; **for** ~ lang; **take** ~ lange dauern

long² [lɒŋ] sich sehnen (**for** nach)

long-'distance Fern...; Langstrecken...; ~ **'call** Ferngespräch n

longing ['lɒŋɪŋ] Sehnsucht f

longitude ['lɒndʒɪtjuːd] geogr. Länge f

'long jump Weitsprung m; **~'range** Langstrecken...; langfristig; **~'sighted** weitsichtig; **~'standing** alt; **~'term** langfristig; **~ 'wave** Langwelle f

loo [luː] Brt. F Klo n

look [lʊk] **1.** sehen, blicken, schauen (**at**, **on** auf, nach); nachschauen, nachsehen; Fenster etc.: nach e-r Richtung liegen, gehen; krank etc. aussehen; ~ **after** aufpassen auf, sich kümmern um, sorgen für; ~ **at** ansehen; ~ **back** fig. zurückblicken; ~ **down on** fig. herabsehen auf; ~ **for** suchen (nach); ~ **forward to** sich freuen auf; ~ **in** F Besucher: vorbeischauen (**on** bei); ~ **into** untersuchen, ansehen; ~ **on** ansehen, betrachten (**as** als); zusehen, -schauen; ~ **out** Ausschau halten (**for** nach); ~ **out!** pass auf!, Vorsicht!; ~ **over** et. durchsehen; ~ **round** sich umsehen; ~ **through** et. durchsehen; ~ **to** sich verlassen auf; ~ **up** aufblicken, -sehen (fig. to zu); Wort etc. nachschlagen; j-n aufsuchen; **2.** Blick m; Miene f, (Gesichts)Ausdruck m; (**good**) ~**s** pl gutes Aussehen

'looking glass Spiegel m

loony ['luːnɪ] F bekloppt, verrückt; **'~ bin** F Klapsmühle f

loop [lu:p] **1.** Schlinge f, Schleife f; Schlaufe f; Öse f; Computer: Schleife f; **2.** (sich) schlingen

loose [lu:s] los(e), locker; weit; frei; **'loosen** (sich) lösen od. lockern

loot [lu:t] plündern

lop [lɒp] Baum beschneiden; **~ off** abhauen; **~'sided** schief

lord [lɔ:d] Herr m, Gebieter m; F Lord m; the 2 Gott m (der Herr); **the 2's Prayer** das Vaterunser; **the 2's Supper** das (heilige) Abendmahl; → **house**; 2 **'Mayor** Brt. Oberbürgermeister m

lorry ['lɒrɪ] Brt. Last(kraft)wagen m, Lastauto n

lose [lu:z] verlieren; versäumen, -passen; Uhr: nachgehen; **'loser** Verlierer(in)

loss [lɒs] Verlust m; **be at a ~** in Verlegenheit sein (for um)

lost [lɒst] **1.** pret u. pp von **lose**; **2.** verloren; fig. versunken; völlig; **get ~!** sl. hau ab!; **~-and-'found (office)** Am., **~ 'property office** Brt. Fundbüro n

lot [lɒt] Los n; Parzelle f; Grundstück n; (Waren-)Posten m; Gruppe f, Gesellschaft f; F Menge f, Haufen m; Los n, Schicksal n; **the ~** alles, das Ganze; **a ~ of, ~s of** F viel, e-e Menge

lotion ['ləʊʃn] Lotion f

loud [laʊd] laut; fig. grell, auffallend, Farben: schreiend; **~'speaker** Lautsprecher m

lounge [laʊndʒ] Hotel etc.: Aufenthaltsraum m, Lounge f; Flughafen: Wartehalle f, Lounge f; bsd. Brt. Wohnzimmer n

louse [laʊs] (pl **lice** [laɪs]) Laus f; **lousy** ['laʊzɪ] verlaust; F miserabel

lout [laʊt] Flegel m

lovable ['lʌvəbl] liebenswert, reizend

love [lʌv] **1.** Liebe f; Liebling m, Schatz m (Anrede, oft unübersetzt); Tennis: null; **be in ~** verliebt sein (**with** in); **fall in ~** sich verlieben (**with** in); **make ~** sich (körperlich) lieben; **~ to do s.th.** et. sehr gern tun; **'able → lovable**; **'ly** (wunder)schön; nett; reizend; F prima; **'lover** Liebhaber m, Geliebte(r); Geliebte f; (Musik- etc.)Liebhaber(in); pl Liebende pl, Liebespaar n

loving ['lʌvɪŋ] liebevoll, liebend

low [ləʊ] **1.** niedrig (a. fig.); tief (a. fig.); Vorräte etc.: knapp (a. Ton etc.: tief; Ton, Stimme etc.: leise; gering (-schätzig); ordinär; fig. niedergeschlagen, deprimiert; **2.** Tief n (a. meteor.); **'~brow** geistig anspruchslos, unbedarft; **~'calorie** kalorienarm, -reduziert; **~-e'mission** schadstoffarm

lower ['ləʊə] **1.** niedriger; unter, Unter...; **2.** niedriger machen; herunter-, herablassen; senken; *fig.* erniedrigen

low'-'fat fettarm; **~'noise** Tonband *etc.*: rauscharm; **~'pressure area** Tief (-druckgebiet) *n*; **'~ season** Vor- od. Nachsaison *f*; **~'spirited** niedergeschlagen; **~'tide** Ebbe *f*

loyal ['lɔɪəl] loyal, treu

lozenge ['lɒzɪndʒ] Raute *f*, Rhombus *m*; Pastille *f*

Ltd *limited* mit beschränkter Haftung

lubricant ['lu:brɪkənt] Schmiermittel *n*; **lubricate** ['lu:brɪkeɪt] schmieren, ölen

lucid ['lu:sɪd] klar

luck [lʌk] Glück *n*; Schicksal *n*; *bad/hard/ill* ~ Unglück *n*, Pech *n*; *good* ~ Glück *n*; *good* ~*!* viel Glück!; **'luckily** zum Glück; **'lucky** glücklich; *be* ~ Glück haben

ludicrous ['lu:dɪkrəs] lächerlich

lug [lʌg] zerren, schleppen

luge [lu:ʒ] Rennrodeln *n*; Rennschlitten *m*

luggage ['lʌgɪdʒ] (Reise)Gepäck *n*; **'~ rack** Gepäcknetz *n*; **'~ reclaim** *aviat.* Gepäckausgabe *f*; **'~ van** *Brt. rail.* Gepäckwagen *m*

lukewarm [lu:k'wɔ:m] lau

lull [lʌl] **1.** *j-n* beruhigen; **2.** Pause *f*; Flaute *f*

lullaby ['lʌləbaɪ] Wiegenlied *n*

lumbago [lʌm'beɪgəʊ] Hexenschuss *m*

lumber¹ ['lʌmbə] schwerfällig gehen; (dahin)rumpeln

lumber² ['lʌmbə] *Am.* Bau-, Nutzholz *n*; Gerümpel *n*

luminous ['lu:mɪnəs] leuchtend, Leucht...

lump [lʌmp] Klumpen *m*; Schwellung *f*, Geschwulst *f*; Knoten *m*; Stück *n* Zucker *etc.*; **'sugar** Würfelzucker *m*; **~ 'sum** Pauschalsumme *f*

'lumpy klumpig

lunar ['lu:nə] Mond...

lunatic ['lu:nətɪk] **1.** verrückt; **2.** *fig.* Verrückte *m*, *f*

lunch [lʌntʃ] **1.** Mittagessen *n*, Lunch *m*; **2.** zu Mittag essen; **'~ hour** Mittagspause *f*; **'~ time** Mittagszeit *f*, -pause *f*

lung [lʌŋ] Lungenflügel *m*; *the* ~*s pl* die Lunge

lurch [lɜ:tʃ] taumeln, torkeln

lure [lʊə] **1.** Köder *m*; *fig.* Lockung *f*, Reiz *m*; **2.** ködern, (an)locken

lurid ['lʊərɪd] *Farben*: grell; grässlich, schauerlich

lurk [lɜ:k] lauern

lust [lʌst] Begierde *f*

lustre *Brt.*, **luster** *Am.* ['lʌstə] Glanz *m*

lusty ['lʌstɪ] kräftig, robust

luxurious [lʌg'ʒʊərɪəs] luxuriös, Luxus...; **luxury**

['lʌkʃərɪ] Luxus *m*; Luxusartikel *m*

lyrics ['lɪrɪks] *pl* (Lied)Text *m*

M

M [em] *motorway* Brt. Autobahn *f*; *medium* (*size*) mittelgroß

MA [em 'eɪ] *Master of Arts* Magister *m* der Philosophie

mac [mæk] Brt. F → *mackintosh*

machine [mə'ʃi:n] Maschine *f*; **~ gun** Maschinengewehr *n*; **~-made** maschinell hergestellt; **~'readable** maschinenlesbar

machinery [mə'ʃi:nərɪ] Maschinen *pl*

mackintosh ['mækɪntɒʃ] *bsd.* Brt. Regenmantel *m*

mad [mæd] verrückt; *bsd.* Am. F wütend; *versessen* (*about* auf), verrückt (*about* nach); *drive s.o.* ~ j-n verrückt machen; *go* ~ verrückt werden; *like* ~ wie verrückt

madam ['mædəm] *Anrede, oft unübersetzt*: gnädige Frau

mad 'cow disease (*Abk.* **BSE**) Rinderwahn(sinn) *m*

made [meɪd] *pret u. pp von* **make** I

'mad|man (*pl* **-men**) Verrückte *m*; **'~woman** (*pl* **-women**) Verrückte *f*

magazine [mægə'zi:n] Maga-

zin *n*, Zeitschrift *f*; *Feuerwaffe etc.*: Magazin *n*

maggot ['mægət] Made *f*

magic ['mædʒɪk] **1.** Magie *f*, Zauberei *f*; *fig.* Zauber *m*; **2.** magisch; **magician** [mə'dʒɪʃn] Magier *m*, Zauberer *m*; Zauberkünstler(in)

magistrate ['mædʒɪstreɪt] (Friedens)Richter(in)

magnanimous [mæg'nænɪməs] großmütig

magnet ['mægnɪt] Magnet *m*; **~ic** [mæg'netɪk] magnetisch

magnificent [mæg'nɪfɪsnt] großartig, prächtig

magnify ['mægnɪfaɪ] vergrößern; **'~ing glass** Vergrößerungsglas *n*, Lupe *f*

magpie ['mægpaɪ] Elster *f*

maid [meɪd] (Dienst)Mädchen *n*, Hausangestellte *f*; **'~en** Jungfern...; **'~en name** Mädchenname *m*

mail [meɪl] **1.** Post(sendung) *f*; **2.** *bsd.* Am. (mit der Post) schicken, aufgeben; **'~box** *Am.* Briefkasten *m*; **'~man** (*pl* **-men**) *Am.* Postbote *m*, Briefträger *m*; **~order 'firm**, **~order 'house** Versandhaus *n*

maim [meɪm] verstümmeln
main [meɪn] **1.** Haupt...,
wichtigst; **2.** *mst* auf
(Strom)Netz *n*; Haupt(gas-,
-wasser-, -strom)leitung *f*;
'**~land** Festland *n*; '**~ly**
hauptsächlich; **~ 'memory**
Computer: Arbeits-, Haupt-
speicher *m*; **~ 'menu** *Computer*: Hauptmenü *n*; **~ 'road**
Haupt(verkehrs)straße *f*; **~**
street *Am.* Hauptstraße *f*
maintain [meɪn'teɪn] behaupten; (aufrecht)erhalten; instand halten, pflegen, *tech.
a.* warten; *Familie etc.* unterhalten, versorgen
maintenance ['meɪntənəns]
(Aufrecht)Erhaltung *f*; In-
standhaltung *f*, *tech. a.* Wartung *f*; Unterhalt *m*
maize [meɪz] Mais *m*
majestic [mə'dʒestɪk] majes-
tätisch; **majesty** ['mædʒəstɪ]
Majestät *f*
major ['meɪdʒə] **1.** *adj* größer;
bedeutend, wichtig; *jur.* volljährig; **~** *mus.* C-Dur *n*; **2.**
su Major *m*; *jur.* Volljährige
m, *f*; *Am. univ.* Hauptfach *n*;
mus. Dur *n*
majority [mə'dʒɒrətɪ] Mehrheit *f*
major 'road Haupt(verkehrs)straße *f*
make [meɪk] **1.** (made)
machen; anfertigen, herstellen, erzeugen; (zu)bereiten;
(er)schaffen; ergeben, bilden; machen zu, ernennen

zu; *Geld* verdienen; *Person*:
sich erweisen als, abgeben;
Fehler machen; *Frieden etc.*
schließen; *e-r Rede* halten; F
Strecke zurücklegen; **~** *s.o.*
wait j-n warten lassen; **~** *it* es
schaffen; *what do you ~ of
it?* was halten Sie davon?; **~**
friends with sich anfreunden
mit; **~** *for* zugehen *od.* lossteuern auf; *in* verarbeiten zu; **~** *off* sich davonma-
chen; **~** *out Scheck, Rechnung etc.* ausstellen; erkennen; aus *j-m*, *e-r Sache* klug
werden; **~** *over Eigentum*
übertragen; **~** *up* sich et. ausdenken, erfinden; (sich) zurechtmachen; sich schminken;
~ *up one's mind* sich entschließen; *be made up of* bestehen aus; **~** *up for* nach-,
aufholen; wiedergutmachen;
~ *it up* sich versöhnen
od. wieder vertragen; **2.**
Machart *f*, Ausführung *f*;
Fabrikat *n*, Marke *f*; '**~be-
lieve** Fantasie *f*; '**~shift** be-
helfsmäßig, Behelfs...; '**~up**
Schminke *f*, Make-up *n*
maladjusted [mælə'dʒʌstɪd]
verhaltensgestört
male [meɪl] **1.** männlich; **2.**
Mann *m*; *zo.* Männchen *n*; **~**
'**nurse** (Kranken)Pfleger *m*
malevolent [mə'levələnt]
übel wollend, böswillig
malice ['mælɪs] Bosheit *f*, Gehässigkeit *f*; Groll *m*; **malicious** [mə'lɪʃəs] böswillig

malignant [mə'lıgnənt] *med.*
bösartig

mall [mɔːl] *Am.* Einkaufszentrum *n*

malnutrition [mælnju:'trıʃn]
Unterernährung *f*; Fehlernährung *f*

malt [mɔːlt] Malz *n*

maltreat [mæl'tri:t] schlecht
behandeln; misshandeln

mammal ['mæml] Säugetier *n*

man 1. [mæn, *in Zssgn:* mən]
(*pl* **men** [men]) Mann *m*;
Mensch(en *pl*) *m*; **2.** [mæn]
besetzen; *Raumschiff* bemannen

manage ['mænıdʒ] *Betrieb
etc.* leiten, führen; *Künstler,
Sportler etc.* managen; *et.*
zustande bringen; es fertig
bringen (**to do** zu tun); umgehen (können) mit; mit *j-m,
et.* fertig werden; *Arbeit etc.*
bewältigen, schaffen; auskommen (**with** mit); F es
schaffen, zurechtkommen;
'**~able** handlich; lenk-, fügsam; '**~ment** Verwaltung *f*;
econ.: Management *n*, Unternehmensführung *f*; Geschäftsleitung *f*, Direktion *f*

manager ['mænıdʒə] Verwalter(in); *econ.:* Manager(in);
Führungskraft *f*; Geschäftsführer(in), Leiter(in), Direktor(in); Manager(in) (*e-s
Künstlers etc.*); *Sport:*
(Chef)Trainer(in); **~ess**
[mænıdʒə'res] *siehe alle*
(in)-*Formen unter* **manager**

mandarin ['mændərın] *a.* **~
orange** Mandarine *f*

mane [meın] Mähne *f*

maneuver *Am.* → **manoeuvre**

manger ['meındʒə] Krippe *f*

mangle ['mæŋgl] **1.** (Wäsche)Mangel *f*; **2.** mangeln;
übel zurichten

mania ['meınjə] Sucht *f*, Leidenschaft *f*; **maniac** ['meını-
æk] F Wahnsinnige *m, f*

man|kind [mæn'kaınd] die
Menschheit, die Menschen
pl; '**~ly** männlich; **~'made**
von Menschen geschaffen,
künstlich, Kunst...

manner ['mænə] Art *f* (u.
Weise *f*); *pl* Benehmen *n*,
Umgangsformen *pl*, Manieren *pl*

manoeuvre [mə'nu:və] **1.**
Manöver *n*; **2.** manövrieren

manor ['mænə] (Land)Gut *n*;
→ '**~ house** Herrenhaus *n*

manpower Arbeitskräfte *pl*

mansion ['mænʃn] (herrschaftliches) Wohnhaus

manslaughter *jur.* Totschlag *m*; fahrlässige Tötung

mantel|piece ['mæntlpi:s],
'**~shelf** (*pl* **-shelves**) Kaminsims *m*

manual ['mænjʊəl] **1.**
Hand..., manuell; **2.** Handbuch *n*

manufacture [mænju'fæktʃə]
1. herstellen, erzeugen; **2.**
Herstellung *f*; **manu'facturer** Hersteller *m*, Erzeuger *m*

manure [mə'njʊə] **1.** Dünger *m*, Mist *m*, Dung *m*; **2.** düngen

manuscript ['mænjʊskrɪpt] Manuskript *n*

many ['menɪ] viele

map [mæp] (Land- *etc.*)Karte *f*; (Stadt- *etc.*)Plan *m*

maple ['meɪpl] Ahorn *m*

marathon ['mærəθən] *a.* ~ **race** Marathonlauf *m*

marble ['mɑ:bl] **1.** Marmor *m*; Murmel *f*; **2.** marmorn

March [mɑ:tʃ] März *m*

march [mɑ:tʃ] **1.** marschieren; **2.** Marsch *m*

mare [meə] Stute *f*

margarine [ˌmɑ:dʒə'ri:n], **marge** [mɑ:dʒ] *Brt.* F Margarine *f*

margin ['mɑ:dʒɪn] Rand *m*; *fig.*: Spielraum *m*; (Gewinn-, Verdienst-)Spanne *f*

marijuana [ˌmærjʊ'ɑ:nə] *a.* **marihuana** Marihuana *n*

marina [mə'ri:nə] Boots-, Jachthafen *m*

marine [mə'ri:n] Marine *f*; Marineinfanterist *m*

marital ['mærɪtl] ehelich

maritime ['mærɪtaɪm] See...

mark [mɑ:k] **1.** Fleck *m*; Spur *f*; Marke *f*, Markierung *f*; Zeichen *n*; Merkmal *n*; (Körper)Mal *n*; Ziel *n*; (Handels)Marke *f*; *Schule:* Note *f*, Zensur *f*, Punkt *m*; Laufsport: Startlinie *f*; **hit the** ~ (*fig.* ins Schwarze) treffen; **miss the** ~ danebenschießen;

fig. das Ziel verfehlen; **2.** markieren; Spuren hinterlassen auf; Flecken machen auf; *Waren* auszeichnen; *Schule:* benoten, zensieren; *Sport: Gegenspieler* decken; ~ **down** notieren; *im Preis* herabsetzen; ~ **off** abgrenzen; *auf e-r Liste* abhaken; ~ **out** abgrenzen, markieren; bestimmen (**for** für); ~ **up** *im Preis* heraufsetzen

marked [mɑ:kt] deutlich

marker Markierstift *m*; Lesezeichen *n*; *Sport:* Bewacher(in)

market ['mɑ:kɪt] **1.** Markt *m*; Markt(platz) *m*; **2.** auf den Markt bringen; verkaufen, -treiben; ~ **garden** *Brt.* Gemüse- u. Obstgärtnerei *f*

marking Markierung *f*; *zo.* Zeichnung *f*; Benotung *f*; *Sport:* Deckung *f*

marmalade ['mɑ:məleɪd] (*bsd.* Orangen)Marmelade *f*

marriage ['mærɪdʒ] Heirat *f*, Hochzeit *f* (**to** mit); Ehe *f*; ~ **certificate** Heiratsurkunde *f*

married ['mærɪd] verheiratet

marrow ['mærəʊ] *anat.* (Knochen)Mark *n*; *a.* **vegetable** ~ Kürbis *m*

marry ['mærɪ] *v/t* heiraten; trauen; *v/i a.* **get married** heiraten

marsh [mɑ:ʃ] Sumpfland *n*, Marsch *f*

marshal ['mɑ:ʃl] *Am.* Bezirkspolizeichef *m*

marten ['mɑ:tɪn] Marder *m*

martial ['mɑ:ʃl] kriegerisch; Kriegs...; Militär...; ~ **'arts** *pl* asiatische Kampfsportarten *pl*

martyr ['mɑ:tə] Märtyrer(in)

marvel ['mɑ:vl] **1.** Wunder *n*; **2.** sich wundern (**at** über); '~**(l)ous** wunderbar; fabelhaft, fantastisch

mascara [mæ'skɑ:rə] Wimperntusche *f*

mascot ['mæskət] Maskottchen *n*

masculine ['mæskjʊlɪn] männlich, maskulin

mash [mæʃ] **1.** zerdrücken, -quetschen; **2.** *Brt.* F Kartoffelbrei *m*; **~ed po'tatoes** *pl* Kartoffelbrei *m*

mask [mɑ:sk] Maske *f*

mason ['meɪsn] Steinmetz *m*

masquerade [mæskə'reɪd] **1.** Maskerade *f*; **2.** sich verkleiden (**as** als)

mass [mæs] **1.** Masse *f*; Mehrzahl *f*; **2.** sich (an)sammeln *od.* (an)häufen

Mass [mæs] *rel.* Messe *f*

massacre ['mæsəkə] **1.** Massaker *n*; **2.** niedermetzeln

massage ['mæsɑ:ʒ] **1.** Massage *f*; **2.** massieren

massive ['mæsɪv] massiv; enorm, riesig

mass| **'media** *pl* Massenmedien *pl*; **~pro'duce** serienmäßig herstellen; **~ pro'duction** Massen-, Serienproduktion *f*

mast [mɑ:st] Mast *m*

master ['mɑ:stə] **1.** *su* Meister *m*; Herr *m*; Lehrer *m*; Original(kopie *f*) *n*; *paint. etc.* Meister *m*; *univ.* Magister *m*; **~ of ceremonies** Conférencier *m*; Showmaster *m*; **2.** *adj* Haupt...; **3.** *v/t* meistern; beherrschen; **~ key** Hauptschlüssel *m*; '~**ly** meisterhaft; '~**mind** (führender) Kopf; '~**piece** Meisterwerk *n*

masturbate ['mæstəbeɪt] masturbieren, onanieren

mat¹ [mæt] Matte *f*; Untersetzer *m*

mat² [mæt] → **matt**

match¹ [mætʃ] Streichholz *n*

match² [mætʃ] **1.** *der, die, das* Gleiche *od.* Ebenbürtige; (passendes) Gegenstück; *Sport*: Match *n*, Spiel *n*, Kampf *m*; **be no ~ for s.o.** j-m nicht gewachsen sein; **find** *od.* **meet one's ~** seinen Meister finden; **they are a perfect ~** sie passen ausgezeichnet zueinander; **2.** passen zu; zs.-passen übereinstimmen, entsprechen

'**matchbox** Streichholzschachtel *f*

match 'point *bsd. Tennis*: Matchball *m*

mate [meɪt] **1.** Kamerad *m*, Kollege *m*; *zo.* Männchen *od.* Weibchen *n*; *naut.* Maat *m*; **2.** *zo.* (sich) paaren

material [mə'tɪərɪəl] **1.** Material n, Stoff m; **2.** materiell; wesentlich

maternal [mə'tɜ:nl] mütterlich(erseits), Mutter...

maternity [mə'tɜ:nətɪ] **1.** Mutterschaft f; **2.** Schwangerschafts..., Umstands...

math [mæθ] Am. F Mathe f

mathematician [ˌmæθəmə-'tɪʃn] Mathematiker(in);

mathematics [ˌmæθə'mætɪks] mst sg Mathematik f

maths [mæθs] mst sg Brt. F Mathe f

matinée ['mætɪneɪ] Nachmittagsvorstellung f

matrimony ['mætrɪmənɪ] Ehe (-stand m) f

matron ['meɪtrən] Brt. Oberschwester f, Oberin f

matt [mæt] matt, mattiert

matter ['mætə] **1.** Materie f, Material n, Stoff m; med. Eiter m; Sache f, Angelegenheit f; **as a ~ of fact** tatsächlich, eigentlich; **a ~ of time** e-e Frage der Zeit; **what's the ~ (with you)?** was ist los (mit dir)?; **no ~ what she says** ganz gleich, was sie sagt; **no ~ who** gleichgültig, wer; **2.** von Bedeutung sein; **it doesn't ~** es macht nichts; **~-of-'fact** sachlich

mattress ['mætrɪs] Matratze f

mature [mə'tjʊə] **1.** reif; **2.** reifen, reif werden

maul [mɔ:l] übel zurichten

Maundy Thursday ['mɔ:ndɪ] Gründonnerstag m

maximum ['mæksɪməm] **1.** (pl -ma [-mə], -mums) Maximum n; **2.** maximal, Maximal..., Höchst...

May [meɪ] Mai m

may [meɪ] v/aux (pret **might**) ich kann/mag/darf etc., du kannst/magst/darfst etc.

maybe ['meɪbi:] vielleicht

'**maybug** Maikäfer m

'**May Day** der 1. Mai

mayor [meə] Bürgermeister m

'**maypole** Maibaum m

maze [meɪz] Labyrinth n

MD [em 'di:] **medicinae doctor** (= **Doctor of Medicine**) Dr. med., Doktor m der Medizin

me [mi:] mich; mir

meadow ['medəʊ] Wiese f

meagre, **meager** Am. ['mi:gə] mager, dürr; dürftig

meal [mi:l] Essen n

mean¹ [mi:n] (**meant**) bedeuten; meinen; beabsichtigen, vorhaben; **be ~t for** bestimmt sein für; **~ well / ill** es gut/schlecht meinen

mean² [mi:n] gemein; geizig

mean³ [mi:n] **1.** Mitte f, Mittel n, Durchschnitt m; **2.** durchschnittlich, Durchschnitts...

'**meaning 1.** Sinn m, Bedeutung f; **2.** bedeutungsvoll; '**~ful** bedeutungsvoll; sinnvoll; '**~less** sinnlos

means [mi:nz] pl (a. sg konstr.) Mittel n od. pl; Mittel pl, Vermögen n; **by all ~s!**

melt

selbstverständlich!; **by no ~s**
keineswegs; **~s of** durch

meant [ment] *pret u. pp von*
mean[1]

'mean|time *a.* **in the ~** inzwi-
schen; **'~while** inzwischen

measles ['mi:zlz] *sg* Masern
pl

measure ['meʒə] 1. Maß *n* (*a.
fig.*); *mus.* Takt *m*; Maßnahme *f*; 2. (ab-, aus-, ver)mes-
sen; **~ment** Messung *f*; Maß
n; **~ of ca'pacity** Hohlmaß *n*

meat [mi:t] Fleisch *n*

mechanic [mɪ'kænɪk] Me-
chaniker *m*; **~al** mechanisch

mechanism ['mekənɪzəm]
Mechanismus *m*; **'mecha-
nize** mechanisieren

medal ['medl] Medaille *f*; Orden *m*

meddle ['medl] sich ein-
mischen (**with, in** in)

media ['mi:djə] *pl* Medien *pl*

mediaeval → **medieval**

median ['mi:djən] *a.* → **strip**
Am. mot. Mittelstreifen *m*

mediate ['mi:dɪeɪt] vermitteln

medical ['medɪkl] 1. medizi-
nisch, ärztlich; 2. ärztliche
Untersuchung; ~ **cer'tifi-
cate** ärztliches Attest

medicated ['medɪkeɪtɪd] me-
dizinisch

medicinal [me'dɪsɪnl] medizi-
nisch, Heil...; **medicine**
['medsɪn] Medizin *f*, Arznei
f; Medizin *f*, Heilkunde *f*

medieval [medɪ'i:vl] mittelal-
terlich

mediocre [mi:dɪ'əʊkə] mit-
telmäßig

meditate ['medɪteɪt] nachdenken; meditieren; **medi-
'tation** Meditation *f*

Mediter'ranean (Sea) [me-
dɪtə'reɪnjən-] das Mittelmeer

medium ['mi:djəm] 1. (*pl* **-dia**
[-djə], **-diums**) Mitte *f*; Mittel *n*; Medium *n*; 2. mittler,
Mittel...; *Steak*: medium,
halb gar

medley ['medlɪ] Gemisch *n*;
mus. Medley *n*, Potpourri *n*

meek [mi:k] sanft(mütig)

meet [mi:t] (**met**) *v/t* treffen,
sich treffen mit; begegnen;
treffen auf, stoßen auf; *j-n*
abholen; *j-n* kennen lernen;
Wunsch entsprechen; *Verpflichtung etc.* nachkom-
men; *v/i* zs.-kommen; sich
treffen *od.* begegnen; sich
kennen lernen; ~ **with**
zs.-treffen mit; sich treffen
mit; stoßen auf (*Schwierigkeiten etc.*); erleben, -leiden

'meeting Begegnung *f*,
(Zs.-)Treffen *n*; Versamm-
lung *f*, Sitzung *f*, Tagung *f*;
Sport: Veranstaltung *f*

melancholy ['melənkəlɪ] 1.
Melancholie *f*, Schwermut *f*;
2. schwermütig; traurig

mellow ['meləʊ] 1. reif;
weich; sanft, mild, zart; *fig.*
gereift; 2. reifen (lassen)

melody ['melədɪ] Melodie *f*

melon ['melən] Melone *f*

melt [melt] (zer)schmelzen

member ['membə] Mitglied n, Angehörige m, f; anat.: Glied(maße f) n; (männliches) Glied; **'~ship** Mitgliedschaft f; Mitglieds...

membrane ['membreɪn] Membran(e) f

memo ['meməʊ] F Memo n

memoirs ['memwɑːz] pl Memoiren pl

memorial [mə'mɔːrɪəl] Denkmal n, Gedenkstätte f

memorize ['meməraɪz] auswendig lernen, sich et. einprägen

memory ['memərɪ] Gedächtnis n; Erinnerung f; Andenken n; Computer: Speicher m; **in ~ of** zum Andenken an

men [men] pl von **man** 1

menace ['menəs] (Be)Drohung f

mend [mend] flicken

meningitis [menɪn'dʒaɪtɪs] Hirnhautentzündung f

menopause ['menəʊpɔːz] Wechseljahre pl

'men's room bsd. Am. Herrentoilette f

menstruation [menstrʊ'eɪʃn] Menstruation f

mental ['mentl] geistig, Geistes...; **~ a'rithmetic** Kopfrechnen n; **~ 'hospital** psychiatrische Klinik, Nervenheilanstalt f; **~ity** [men'tælɪtɪ] Mentalität f; **~ly** ['mentəlɪ]: **~ handicapped** geistig behindert; **~ ill** geisteskrank

mention ['menʃn] erwähnen; **don't ~ it** bitte (sehr)!, gern geschehen!

menu ['menjuː] Speise(n)karte f; Computer: Menü n

merchandise ['mɜːtʃəndaɪz] Ware(n pl) f

merchant ['mɜːtʃənt] (Groß-)Händler m, (Groß)Kaufmann m; Handels...

merciful ['mɜːsɪfʊl] barmherzig, gnädig; **'merciless** unbarmherzig

mercury ['mɜːkjʊrɪ] Quecksilber n

mercy ['mɜːsɪ] Barmherzigkeit f, Erbarmen n, Gnade f

mere [mɪə], **'~ly** bloß, nur

merge [mɜːdʒ] verschmelzen (into mit); econ. fusionieren; **'merger** econ. Fusion f

meridian [mə'rɪdɪən] Meridian m

merit ['merɪt] **1.** Verdienst n; Wert m; Vorzug m; **2.** Lohn, Strafe etc. verdienen

mermaid ['mɜːmeɪd] Meerjungfrau f, Nixe f

merry ['merɪ] lustig, fröhlich; **♀ Christmas!** fröhliche od. frohe Weihnachten; **'~-go--round** Karussell n

mesh [meʃ] Masche f

mess [mes] **1.** Unordnung f, Durcheinander n; Schmutz m; fig. Patsche f, Klemme f; **2.** **~ about, ~ around** herumspielen; herumgammeln; **~ up** in Unordnung bringen; fig. verpfuschen

message ['mesɪdʒ] Mitteilung f, Nachricht f; Anliegen n; **get the ~** F kapieren

messenger ['mesndʒə] Bote m

messy ['mesɪ] schmutzig (a. fig.); unordentlich

met [met] pret u. pp von **meet**

metabolism [me'tæbəlɪzəm] Stoffwechsel m

metal ['metl] Metall n; **metallic** [mɪ'tælɪk] metallisch; Metall...

meter¹ ['miːtə] Messgerät n, Zähler m; **~ maid** Politesse f

meter² Am. → **metre**

method ['meθəd] Methode f; **~ical** [mɪ'θɒdɪk] methodisch, systematisch

meticulous [mɪ'tɪkjʊləs] peinlich genau

metre Brt., **meter** Am. ['miːtə] Meter m, a. n; Versmaß n

metric ['metrɪk] metrisch

metropolitan [metrə'pɒlɪtən] ... der Hauptstadt

Mexican ['meksɪkən] **1.** mexikanisch; **2.** Mexikaner(in)

Mexico ['meksɪkəʊ] Mexiko n

miaow [miː'aʊ] miauen

mice [maɪs] pl von **mouse**

micro [maɪkrəʊ] Mikro..., (sehr) klein; **~chip** Mikrochip m

microphone ['maɪkrəfəʊn] Mikrofon n

microprocessor [maɪkrəʊ-'prəʊsesə] Mikroprozessor m

micro|scope ['maɪkrəskəʊp]

Mikroskop n; **~wave** Mikrowelle f; **~ oven** Mikrowellenherd m

mid [mɪd] mittler, Mittel...; **~day** Mittag m

middle ['mɪdl] **1.** mittler, Mittel...; **2.** Mitte f; **~aged** mittleren Alters; 2 **Ages** pl das Mittelalter; **~class(es** pl) Mittelstand m; 2 **East** der Nahe Osten; **~man** (pl -**men**) Zwischenhändler m; **~name** zweiter Vorname; **~sized** mittelgroß; **~weight** Boxen: Mittelgewicht(ler m) n

middling ['mɪdlɪŋ] leidlich

midfield bsd. Fußball: Mittelfeld n; **~er,** **~player** bsd. Fußball: Mittelfeldspieler m

midge [mɪdʒ] Mücke f

midget ['mɪdʒɪt] Zwerg m, Knirps m

mid|night Mitternacht f; **~summer** Hochsommer m; Sommersonnenwende f; **~way** auf halbem Wege; **~wife** (pl -**wives**) Hebamme f; **~winter** Mitte f des Winters; Wintersonnenwende f

might [maɪt] pret von **may;** **~y** mächtig, gewaltig

migrate [maɪ'greɪt] (aus)wandern, (fort)ziehen; **migratory bird** ['maɪgrətərɪ] Zugvogel m

mike [maɪk] F Mikro n

mild [maɪld] mild, sanft, leicht

mildew ['mɪldjuː] Mehltau m

mile [maɪl] Meile f

(1,609 km); **'~age** ['maɪlɪdʒ]
zurückgelegte Meilenzahl
military ['mɪlɪtəri] militärisch
milk [mɪlk] **1.** Milch f; *it's no
use crying over spilt ~* geschehen ist geschehen; **2.**
melken; **'~man** (pl *-men*)
Milchmann m; **'~ tooth** (pl
-teeth) Milchzahn m
mill [mɪl] **1.** Mühle f; Fabrik
f; **2.** mahlen; **'~er** Müller m
'millimetre Brt., **'millimeter**
Am. ['mɪlɪ-] Millimeter m, n
million ['mɪljən] Million f;
millionaire [mɪljə'neə] Millionär(in)
milt [mɪlt] Fisch: Milch f
mime [maɪm] **1.** Pantomime
f; Pantomime m; **2.** (panto)mimisch darstellen; **mimic** ['mɪmɪk] nachahmen
mince [mɪns] **1.** zerhacken,
(zer)schneiden; **2.** bsd. Brt.
Hackfleisch n; **'~meat** süße
Pastetenfüllung; **~ 'pie** mit
mincemeat gefüllte Pastete
mind [maɪnd] **1.** Verstand m,
Geist m; Ansicht f, Meinung
f; Absicht f, Neigung f, Lust
f; *be out of one's ~* nicht
(recht) bei Sinnen sein; *bear
od. keep s.th. in ~* an et. denken; *change one's ~* es sich
anders überlegen, s-e Meinung ändern; *enter s.o.'s ~*
j-m in den Sinn kommen;
give s.o. a piece of one's ~
j-m gründlich die Meinung
sagen; *make up one's ~* sich
entschließen; **2.** Acht geben

auf; aufpassen auf, sehen
nach; et. haben gegen; *do
you ~ if I smoke?, do you ~
my smoking?* stört es Sie,
wenn ich rauche?; *would
you ~ opening the window
please?* würden Sie bitte das
Fenster öffnen?; *~ the step!*
Vorsicht, Stufe!; *~ your own
business!* kümmere dich um
deine eigenen Angelegenheiten!; *~ (you)* wohlgemerkt,
allerdings; *never ~!* macht
nichts!; *I don't ~* meinetwegen, von mir aus
mine¹ [maɪn] meine(r, -s)
mine² [maɪn] **1.** Bergwerk n,
Mine f; mil. Mine f; fig.
Fundgrube f; **2.** schürfen,
graben; Erz, Kohle abbauen;
'miner Bergmann m
mineral ['mɪnərəl] Mineral n;
Mineral...; *mst pl* Brt. Mineralwasser n; **'~ oil** Mineralöl
n; **'~ water** Mineralwasser n
mingle ['mɪŋgl] (ver)mischen; sich mischen od. mengen (*with* unter)
mini... [mɪnɪ] Mini...,
Klein(st)...
'minimal ['mɪnɪml] minimal;
'minimize auf ein Minimum
herabsetzen; bagatellisieren
mining ['maɪnɪŋ] Bergbau m
minister ['mɪnɪstə] Minister(in); Geistliche m, Pfarrer
m
ministry ['mɪnɪstrɪ] Ministerium n; geistliches Amt
mink [mɪŋk] Nerz m

minor ['maɪnə] **1.** kleiner, *fig. a.* unbedeutend; *fig.* minderjährig; *mus.* Moll...; *A* ~ A-Moll *n*; **2.** *jur.* Minderjährige *m*, *f*; *Am. univ.* Nebenfach *n*; *mus.* Moll *n*; **~ity** [maɪ'nɒrətɪ] Minderheit *f*; *jur.* Minderjährigkeit *f*

minster ['mɪnstə] Münster *n*

mint¹ [mɪnt] Minze *f*; Pfefferminz(bonbon *m*, *n*)

mint² [mɪnt] **1.** Münze *f*, Münzanstalt *f*; **2.** prägen

minus ['maɪnəs] minus

minute¹ [mɪnɪt] Minute *f*; Augenblick *m*; *pl* Protokoll *n*; *in a* ~ sofort; *just a* ~ e-n Augenblick; Moment mal!

minute² [maɪ'njuːt] winzig; sehr genau

miracle ['mɪrəkl] Wunder *n*

miraculous [mɪ'rækjʊləs] wunderbar; **~ly** wie durch ein Wunder

mirror ['mɪrə] **1.** Spiegel *m*; **2.** (wider)spiegeln

mirth [mɜːθ] Fröhlichkeit *f*

mis... [mɪs] miss..., falsch; **~be'have** sich schlecht benehmen; **~calculate** falsch berechnen; sich verrechnen

mis'carriage *med.* Fehlgeburt *f*; **mis'carry** e-e Fehlgeburt haben

miscellaneous [mɪsə'leɪnjəs] ge-, vermischt; verschieden

mischief ['mɪstʃɪf] Schaden *m*; Unfug *m*; Übermut *m*; **mischievous** ['mɪstʃɪvəs] boshaft; spitzbübisch

mis|con'ception Missverständnis *n*; **~con'strue** [mɪskən'struː] missdeuten, falsch auslegen; **~demeano(u)r** [mɪsdɪ'miːnə] *jur.* Vergehen *n*

miser ['maɪzə] Geizhals *m*

miserable ['mɪzərəbl] elend; **'misery** Elend *n*, Not *f*

mis|'fire Schusswaffe: versagen; *mot.* fehlzünden, aussetzen; *Plan etc.* fehlschlagen; **~'fit** Außenseiter(in); **~'fortune** Unglück(sfall *m*) *n*; Missgeschick *n*; **~'giving** Befürchtung, Zweifel *m*; **~'guided** irrig, unangebracht; **~'handle** falsch behandeln *od.* handhaben; **~hap** ['mɪshæp] Missgeschick *n*

misin'terpret falsch auffassen *od.* auslegen; **misinterpre'tation** falsche Auslegung

mis|'judge falsch beurteilen; falsch einschätzen; **~'lay** (*-laid*) *et.* verlegen; **~'lead** (*-led*) irreführen, täuschen

mis'manage schlecht verwalten *od.* führen; **~ment** Misswirtschaft *f*

mis|'place *et.* verlegen; an e-e falsche Stelle legen *od.* setzen; **~d** unangebracht, deplatziert; **~'print 1.** [mɪs'prɪnt] verdrucken; **2.** ['mɪsprɪnt] Druckfehler *m*; **~pro'nounce** falsch aussprechen; **~'read** (*-read* [red]) falsch lesen; falsch deuten; **~repre'sent** falsch darstellen

miss¹ [mɪs] (*mit nachfolgendem Namen* ⊆) Fräulein *f*

miss² [mɪs] 1. verpassen, -säumen, -fehlen; übersehen; überhören; nicht verstehen *od.* begreifen; vermissen; nicht treffen; 2. Fehlschuss *m*, -wurf *m etc.*

missile ['mɪsaɪl] Rakete *f*; Geschoss *n*, *östr.* Geschoß *n*

missing ['mɪsɪŋ] fehlend; vermisst; **be ~** fehlen

mission ['mɪʃn] *rel.*, *pol.* Mission *f*; *mil.* Einsatz *m*

mis'spell (**-spelt** *od.* **-spelled**) falsch buchstabieren *od.* schreiben

mist [mɪst] 1. (feiner) Nebel, Dunst *m*; 2. **~ over** sich trüben; **~ up** (sich) beschlagen

mistake [mɪ'steɪk] 1. (**-took**, **-taken**) verwechseln (**for** mit); falsch verstehen, missverstehen; sich irren in; 2. Irrtum *m*, Versehen *n*; Fehler *m*; **by ~** aus Versehen; **mis'taken: be ~** sich irren

mister ['mɪstə] → *Abkürzung* **Mr**

mistletoe ['mɪsltəʊ] Mistel *f*

mistress ['mɪstrɪs] Herrin *f*; Lehrerin *f*; Geliebte *f*

mis'trust 1. misstrauen; 2. Misstrauen *n*

misty ['mɪstɪ] neb(e)lig

misunder'stand (**-stood**) missverstehen, falsch verstehen; **~ing** Missverständnis

n; Meinungsverschiedenheit *f*

misuse 1. [mɪs'ju:z] missbrauchen; falsch gebrauchen; 2. [mɪs'ju:s] Missbrauch *m*

mite [maɪt] Milbe *f*

mitten ['mɪtn] Fausthandschuh *m*, Fäustling *m*; *ohne Finger:* Halbhandschuh *m*

mix [mɪks] 1. (ver)mischen, vermengen, *Getränke* mixen; sich (ver)mischen; sich mischen lassen; vertragen (**with** mit); **~ up** zs.-mischen; durcheinander mischen; verwechseln (**with** mit); **be ~ed up** verwickelt sein *od.* werden (**in** in); 2. Mischung *f*; **~ed** gemischt (*a. Gefühl etc.*); vermischt; **'~er** Mixer *m*

mixture ['mɪkstʃə] Mischung *f*; Gemisch *n*

moan [məʊn] 1. Stöhnen *n*; 2. stöhnen

mob [mɒb] Mob *m*, Pöbel *m*

mobile ['məʊbaɪl] beweglich; fahrbar; **~'home** Wohnwagen *m*; **~ 'phone** Mobiltelefon *n*, Handy *n*

mock [mɒk] 1. verspotten; sich lustig machen (**at** über); 2. Schein...; **'~ery** Spott *m*

mode [məʊd] (*Art f u.*) Weise *f*; *Computer:* Modus *m*, Betriebsart *f*

model ['mɒdl] 1. Modell *n*; Muster *n*; Vorbild *n*; Mannequin *n*; Model *n*, Fotomo-

dell n; tech. Modell n, Typ m;
Muster..., Modell...; **male** ~
Dressman m; **2.** modellieren,
a. fig. formen; Kleider etc.
vorführen

moderate 1. ['mɒdərət] (mittel)mäßig; gemäßigt; **2.**
['mɒdəreɪt] (sich) mäßigen;
moderation [mɒdə'reɪʃn]
Mäßigung f

modern ['mɒdən] modern,
neu; '**ize** modernisieren

modest ['mɒdɪst] bescheiden;
'**modesty** Bescheidenheit f

modification [mɒdɪfɪ'keɪʃn]
(Ab-, Ver)Änderung f; **modify** ['mɒdɪfaɪ] (ab-, ver)ändern

module ['mɒdjuːl] Modul n;
Baustein m; Raumfahrt:
(Kommando- etc.)Kapsel f

moist [mɔɪst] feucht; ~**en**
['mɔɪsn] an-, befeuchten;
feucht werden; **moisture**
['mɔɪstʃə] Feuchtigkeit f;
moisturizer ['mɔɪstʃəraɪzə]
Feuchtigkeitscreme f

molar ['məʊlə] Backenzahn
m

mold etc. Am. → **mould**[1],
mould[2] etc.

mole[1] [məʊl] Maulwurf m

mole[2] [məʊl] Muttermal n

mole[3] [məʊl] Mole f

molest [məʊ'lest] belästigen

mollify ['mɒlɪfaɪ] besänftigen

molten ['məʊltən] geschmolzen

moment ['məʊmənt] Augenblick m, Moment m; Bedeu-

tung f; **at the** ~ im Augenblick; '**ary** momentan

monarch ['mɒnək] Monarch(in), Herrscher(in);
'**monarchy** Monarchie f

monastery ['mɒnəstəri]
(Mönchs)Kloster n

Monday ['mʌndɪ] Montag m

monetary ['mʌnɪtəri] Währungs...; Geld...

money ['mʌnɪ] Geld n; '~ **order** Post- od. Zahlungsanweisung f

monitor ['mɒnɪtə] **1.** Monitor
m; **2.** abhören; überwachen

monk [mʌŋk] Mönch m

monkey ['mʌŋkɪ] Affe m

monologue Brt., **monolog**
Am. ['mɒnəlɒg] Monolog m

monopolize [mə'nɒpəlaɪz]
monopolisieren; fig. an sich
reißen; **mo'nopoly** Monopol n

monotonous [mə'nɒtnəs]
monoton, eintönig; **mo'notony** Monotonie f

monster ['mɒnstə] Monster
n, Ungeheuer n

month [mʌnθ] Monat m; '~**ly**
1. monatlich, Monats...; **2.**
Monatsschrift f

monument ['mɒnjʊmənt]
Monument n, Denkmal n

moo [muː] muhen

mood [muːd] Stimmung f,
Laune f; **be in a good/bad** ~
gute/schlechte Laune haben;
'**moody** launisch, launenhaft; schlecht gelaunt

moon [muːn] Mond m; **once**

in a blue ~ F alle Jubeljahre (einmal); **'~light 1.** Mondlicht *n*, -schein *m*; **2.** F schwarzbeiten; **'~lit** mondhell

moor¹ [mʊə] (Hoch)Moor *n*

moor² [mʊə] *naut.* vertäuen

moose [muːs] *nordamerikanischer* Elch

mop [mɒp] **1.** Mopp *m*; (Haar)Wust *m*; **2.** (auf-, ab-) wischen; ~ *up* aufwischen

moral ['mɒrəl] **1.** moralisch, sittlich; Moral...; **2.** Moral *f* (*e-r Geschichte etc.*); *pl* Moral *f*, Sitten *pl*

morale [mɒ'rɑːl] Moral *f*, Stimmung *f*

morbid ['mɔːbɪd] krankhaft

more [mɔː] **1.** *adj* mehr; noch (mehr); *some* ~ *tea* noch etwas Tee; **2.** *adv* mehr; noch; ~ *important* wichtiger; ~ *and* ~ immer mehr; ~ *or less* mehr oder weniger; *once* ~ noch einmal; **3.** *su* Mehr *n* (*of* an); *a little* ~ etwas mehr

morgue [mɔːg] Leichenschauhaus *n*

morning ['mɔːnɪŋ] Morgen *m*; Vormittag *m*; Morgen...; Vormittags...; Früh...; *in the* ~ morgens, am Morgen; vormittags, am Vormittag; *this* ~ heute Morgen *od.* Vormittag; *tomorrow* ~ morgen früh *od.* Vormittag; *good* ~ guten Morgen

morose [mɒ'rəʊs] mürrisch

morphia ['mɔːfjə], **morphine**

['mɔːfiːn] Morphium *n*

morsel ['mɔːsl] Bissen *m*

mortal ['mɔːtl] **1.** sterblich; tödlich; Tod(es)...; **2.** Sterbliche *m*, *f*; **'~ity** [mɔː'tælətɪ] Sterblichkeit *f*

mortar¹ ['mɔːtə] Mörtel *m*

mortar² ['mɔːtə] Mörser *m*

mortgage ['mɔːgɪdʒ] **1.** Hypothek *f*; **2.** e-e Hypothek aufnehmen auf

mortuary ['mɔːtʃʊərɪ] Leichenhalle *f*

mosaic [mɒ'zeɪk] Mosaik *n*

Moslem ['mɒzləm] → *Muslim*

mosque [mɒsk] Moschee *f*

mosquito [mɒs'kiːtəʊ] (*pl -to[e]s*) Moskito *m*; Stechmücke *f*

moss [mɒs] Moos *n*; **'mossy** moosig, bemoost

most [məʊst] **1.** *adj* meist, größt; die meisten; ~ *people* die meisten Leute; **2.** *adv* am meisten; ~ *of all* am allermeisten; *vor adj:* höchst, äußerst; *the* ~ *important point* der wichtigste Punkt; **3.** *su das* meiste; der größte Teil; die meisten *pl;* *at (the)* ~ höchstens; *make the* ~ *of et.* nach Kräften ausnutzen, das Beste herausholen aus

'mostly hauptsächlich

MOT [em əʊ 'tiː] *Brt.* F *a.* ~ *test etwa* TÜV-(Prüfung *f*) *m*

moth [mɒθ] Motte *f*; Nachtfalter *m*

mother ['mʌðə] **1.** Mutter *f*;

2. bemuttern; '**~ country** Vater-, Heimatland *n*; '**~hood** Mutterschaft *f*; '**~-in-law** Schwiegermutter *f*; '**~ly** mütterlich; '**~-of- -'pearl** Perlmutt *n*, Perlmutter *f*, *n*; '**2's Day** Muttertag *m*; '**~tongue** Muttersprache *f*

motif [mou'tiːf] *Kunst:* Motiv *n*

motion ['mouʃn] **1.** Bewegung *f*; *parl.* Antrag *m*; **2.** winken; j-m ein Zeichen geben; '**~less** regungslos; **~ 'picture** *Am.* Film *m*

motivate ['moutiveit] motivieren

motive ['moutiv] Motiv *n*

motor ['moutə] Motor *m*; Motor...; '**~bike** *Brt.* F Motorrad *n*; '**~boat** Motorboot *n*; '**~car** Kraftfahrzeug *n*; '**~cycle** Motorrad *n*; '**~cyclist** Motorradfahrer(in); '**~ist** Autofahrer(in); '**~scooter** Motorroller *m*; '**~way** *Brt.* Autobahn *f*

mo(u)ld[1] [mould] **1.** (Gieß-, Guss-, Press)Form *f*; **2.** *tech.* gießen; formen

mo(u)ld[2] [mould] Schimmel *m*; Moder *m*; '**mo(u)ldy** verschimmelt, schimm(e)lig; mod(e)rig

mound [maund] Erdhügel *m*

mount [maunt] **1.** *v/t* Berg, *Pferd etc.* besteigen, steigen auf; montieren, anbringen, befestigen; *Edelstein* fassen;

v/i Reiter: aufsitzen; steigen, *fig. a.* (an)wachsen; **~ up to** sich belaufen auf; **2.** Gestell *n*; Fassung *f*; Reittier *n*

mountain ['mauntin] Berg *m*; *pl a.* Gebirge *n*

mountaineer [maunti'niə] Bergsteiger(in); **~ing** Bergsteigen *n*

mountainous ['mauntinəs] bergig, gebirgig

'**mounted** beritten

mourn [mɔːn] trauern (**for, over** um); betrauern, trauern um; '**~er** Trauernde(r); '**~ful** traurig; '**~ing** Trauer *f*

mouse [maus] (*pl* **mice** [mais]) Maus *f* (*a. Computer*)

moustache [mə'staːʃ] Schnurrbart *m*

mouth [mauθ] (*pl* **mouths** [-ðz]) Mund *m*; Maul *n*, Schnauze *f*; Rachen *m*; *Fluss:* Mündung *f*; *Flasche etc.:* Öffnung *f*; '**~ful** Bissen *m*; '**~organ** Mundharmonika *f*; '**~piece** Mundstück *n*; *fig.* Sprachrohr *n*; '**~wash** Mundwasser *n*

move [muːv] **1.** *v/t* bewegen; (weg)rücken; *Schach:* e-n Zug machen mit; *fig.* bewegen; *v/i* sich bewegen *od.* rühren; umziehen (**to** nach); *Schach:* e-n Zug machen; **~ in** (**out, away**) ein-(aus-, weg)ziehen; **~ on** weitergehen; **2.** Bewegung *f*; Umzug *m*; *Schach:* Zug *m*; *fig.* Schritt *m*; **get a ~ on!**

Tempo!, mach(t) schon!; **'~ment** Bewegung *f*

movie ['mu:vɪ] *Am.* Film *m*

mow [məʊ] (*mowed, mowed od. mown*) mähen; **'~er** *bsd.* Rasenmäher *m*

mown [məʊn] *pp von* mow

Mr ['mɪstə] *Mister* Herr *m*

Mrs ['mɪsɪz] *ursprünglich für Mistress* Frau *f*

Ms [mɪz, məz] *neutrale Anrede:* Frau *f*

Mt *Mount* Berg *m*

much [mʌtʃ] **1.** *adj* viel; **2.** *adv* sehr; viel; **very ~** sehr; **3.** *su:* **nothing ~** nichts Besonderes

muck [mʌk] Mist *m*; Dreck *m*

mucus ['mju:kəs] Schleim *m*

mud [mʌd] Schlamm *m*

muddle ['mʌdl] *a.* **~ up** durcheinander bringen

muddy ['mʌdɪ] schlammig

'mudguard Kotflügel *m*; Schutzblech *n*

muffle ['mʌfl] Ton *etc.* dämpfen; **'muffler** dicker Schal; *Am. mot.* Auspufftopf *m*

mug[1] [mʌg] Krug *m*; Becher *m*

mug[2] [mʌg] (*bsd. auf der Straße*) überfallen u. ausrauben

mule [mju:l] Maultier *n*

mulled 'wine [mʌld-] Glühwein *m*

multilingual [mʌltɪ'lɪŋgwəl] mehrsprachig

multimedia [mʌltɪ'mi:dɪə] **1.** multimedial; **2.** Multimedia *n*

multiple ['mʌltɪpl] *a.* **'store**

bsd. Brt. Kettenladen *m*

multiplication [mʌltɪplɪ'keɪʃn] Vermehrung *f*; Multiplikation *f*; **~ table** Einmaleins *n*

multiply ['mʌltɪplaɪ] (sich) vermehren *od.* vervielfachen; multiplizieren, malnehmen (**by** mit)

multi-'storey *Brt.* vielstöckig; **~ 'car park** Park(hoch)haus *n*

multitude ['mʌltɪtju:d] Vielzahl *f*

mum [mʌm] *Brt.* F Mami *f*, Mutti *f*

mumble ['mʌmbl] murmeln

mummy[1] ['mʌmɪ] Mumie *f*

mummy[2] ['mʌmɪ] *Brt.* Mami *f*, Mutti *f*

mumps [mʌmps] *sg* Ziegenpeter *m*, Mumps *m, f*

munch [mʌntʃ] mampfen

municipal [mju:'nɪsɪpl] städtisch, Stadt..., kommunal, Gemeinde...

murder ['mɜ:də] **1.** Mord *m*, Ermordung *f*; **2.** ermorden; **'~er** Mörder *m*; **'~ess** Mörderin *f*; **'~ous** mörderisch

murmur ['mɜ:mə] **1.** Murmeln *n*; Murren *n*; **2.** murmeln; murren

muscle ['mʌsl] Muskel *m*; **muscular** ['mʌskjʊlə] Muskel...; muskulös

muse [mju:z] (nach)sinnen

museum [mju:'zɪəm] Museum *n*

mush [mʌʃ] Brei *m*, Mus *n*

narrate

mushroom ['mʌʃrʊm] Pilz *m*, *bsd.* Champignon *m*

music ['mjuːzɪk] Musik *f*; Noten *pl*; **∼al 1.** Musik...; musikalisch; wohlklingend; **2.** Musical *n*; **∼hall** *bsd.* Brt. Varietee(theater) *n*

musician [mjuːˈzɪʃn] Musiker(in)

Muslim ['mʊslɪm] **1.** Muslim *m*, Moslem *m*; **2.** muslimisch, moslemisch

must [mʌst] **1.** *v/aux* ich muss, *du* musst, *er*, *sie*, *es* muss *etc.*; *I* **∼ not** ich darf nicht; **2.** Muss *n*

mustache [məˈstɑːʃ] *Am.* Schnurrbart *m*

mustard ['mʌstəd] Senf *m*

musty ['mʌstɪ] mod(e)rig, muffig

mute [mjuːt] **1.** stumm; **2.** Stumme *m*, *f*

mutilate ['mjuːtɪleɪt] verstümmeln

mutiny ['mjuːtɪnɪ] Meuterei *f*

mutter ['mʌtə] **1.** murmeln; murren; **2.** Murmeln *n*; Murren *n*

mutton ['mʌtn] Hammelfleisch *n*

mutual ['mjuːtʃʊəl] gegenseitig; gemeinsam

muzzle ['mʌzl] Maul *n*, Schnauze *f*; Maulkorb *m*

my [maɪ] mein(e)

myself [maɪˈself] *pron* mich (selbst) (*reflexiv*); *verstärkend:* ich, mich *od.* mir selbst

mysterious [mɪˈstɪərɪəs] mysteriös, geheimnisvoll; **mystery** ['mɪstərɪ] Geheimnis *n*; **∼ tour** Fahrt *f* ins Blaue

myth [mɪθ] Mythos *m*

mythology [mɪˈθɒlədʒɪ] Mythologie *f*

N

nab [næb] F schnappen

nag [næg] nörgeln; **∼ (at)** herumnörgeln an; **'nagging** Nörgelei *f*

nail [neɪl] **1.** Nagel *m*; Nagel...; **2.** (an)nageln; **∼polish**, **∼varnish** Nagellack *m*

naked ['neɪkɪd] nackt; kahl

name [neɪm] **1.** Name *m*; *what's your* **∼?** wie heißen Sie?; *call s.o.* **∼s** j-n beschimpfen; **2.** (be)nennen; **'∼ly** nämlich

nanny ['nænɪ] Kindermädchen *n*; Brt. F Oma *f*, Omi *f*

nap [næp] **1.** Nickerchen *n*; *have od. take a* **∼ → 2.** ein Nickerchen machen

napkin ['næpkɪn] Serviette *f*

nappy ['næpɪ] Brt. Windel *f*

narcotic [nɑːˈkɒtɪk] Betäubungsmittel *n*; *oft pl* Rauschgift *n*

narrate [nəˈreɪt] erzählen; be-

richten; **nar'ration** Erzählung *f*; **narrative** ['nærətɪv] Erzählung *f*; Bericht *m*; **narrator** [nə'reɪtə] Erzähler(in)
narrow ['nærəʊ] **1.** eng, schmal; *fig.* knapp; **2.** enger *od.* schmäler werden *od.* machen, (sich) verengen; ~**-'minded** engstirnig
nasty ['nɑːstɪ] widerlich; bös, schlimm; gemein, fies
nation ['neɪʃn] Nation *f*; Volk *n*
national ['næʃənl] **1.** national; **2.** Staatsangehörige *m*, *f*; ~ **'anthem** Nationalhymne *f*
nationality [næʃə'nælətɪ] Nationalität *f*, Staatsangehörigkeit *f*
nationalize ['næʃnəlaɪz] verstaatlichen
national| **'park** Nationalpark *m*; ~**'team** *Sport*: Nationalmannschaft *f*
native ['neɪtɪv] **1.** einheimisch...; Heimat...; Eingeborenen...; angeboren; **2.** Einheimische *m*, *f*; Eingeborene *m*, *f*; ~**'language** Muttersprache *f*; ~**'speaker** Muttersprachler(in)
natural ['nætʃrəl] natürlich; Natur...; Roh...; ~**'gas** Erdgas *n*; ~**ize** einbürgern; ~**re'sources** *pl* Naturschätze *pl*; ~**'science** Naturwissenschaft *f*; ~**'scientist** Naturwissenschaftler(in)
nature ['neɪtʃə] Natur *f*; ~**'**

conservation Naturschutz *m*; ~**'reserve** Naturschutzgebiet *n*; ~**'trail** Naturlehrpfad *m*
naughty ['nɔːtɪ] ungezogen
nausea ['nɔːsjə] Übelkeit *f*;
nauseate ['nɔːsɪeɪt] *fig.* anwidern
nautical ['nɔːtɪkl] nautisch
naval ['neɪvl] Marine...; ~**base** Flottenstützpunkt *m*
nave [neɪv] *arch.* Mittel-, Hauptschiff *n*
navel ['neɪvl] Nabel *m*
navigable ['nævɪgəbl] schiffbar; **navigate** ['nævɪgeɪt] *naut.* befahren; steuern
navy ['neɪvɪ] Marine *f*
near [nɪə] **1.** *adj* nahe; eng (befreundet); knapp; **2.** *adv* nahe, in der Nähe; fast, beinahe; **3.** *prp* nahe, in der Nähe von (*od. gen*); **4.** *v/t u. v/i* sich nähern, näher kommen; ~**by 1.** ['nɪəbaɪ] *adj* nahe (gelegen); **2.** [nɪə'baɪ] *adv* in der Nähe; ~**ly** fast, beinahe; annähernd; ~**'sighted** *bsd. Am.* kurzsichtig
neat [niːt] ordentlich; sauber; *Whisky etc.*: pur
necessarily ['nesəsərəlɪ] notwendigerweise; **not** ~ nicht unbedingt; **necessary** ['nesəsərɪ] notwendig, nötig
necessity [nɪ'sesətɪ] Notwendigkeit *f*; Bedürfnis *n*
neck [nek] **1.** Hals *m*; Genick *n*; **2.** F knutschen; ~**lace** ['neklɪs] Halskette *f*; ~**line**

Kleid etc.: Ausschnitt *m*; '~**tie** *Am.* Krawatte *f*, Schlips *m*

née [neɪ] geborene

need [niːd] **1.** benötigen, brauchen; müssen; **2.** Bedürfnis *n*, Bedarf *m*; Notwendigkeit *f*; Mangel *m*; Not *f*; **be in ~ of** s.th. et. dringend brauchen; **in ~** in Not

needle ['niːdl] Nadel *f*; '~**work** Handarbeit *f*

needy ['niːdɪ] bedürftig, arm

negative ['negətɪv] **1.** negativ; verneinend; **2.** Verneinung *f*; *phot.* Negativ *n*; **answer in the ~** verneinen

neglect [nɪ'glekt] vernachlässigen

negligent ['neglɪdʒənt] nachlässig, unachtsam; lässig

negotiate [nɪ'gəʊʃieɪt] verhandeln (über); **negoti'ation** Verhandlung *f*

neigh [neɪ] wiehern

neighbo(u)r ['neɪbə] Nachbar(in); '~**hood** Nachbarschaft *f*; Umgebung *f*

neither ['naɪðə, 'niːðə] **1.** *adj*, *pron* keine(r, -s) (von beiden); **2.** *cj* ~ ... **nor** weder ... noch; **3.** *adv* auch nicht

nephew ['nevjuː] Neffe *m*

nerd [nɜːd] *F* Döskopp *m*

nerve [nɜːv] Nerv *m*; Mut *m*; *F* Frechheit *f*; '~**(w)racking** *F* nervenaufreibend

nervous ['nɜːvəs] nervös

nest [nest] **1.** Nest *n*; **2.** nisten

nestle ['nesl] sich schmiegen *od.* kuscheln (**against, by** an)

net[1] [net] Netz *n*; ~ **curtain** Store *m*

net[2] [net] netto, Netto..., Rein...

Netherlands ['neðələndz] *pl* die Niederlande *pl*

nettle ['netl] **1.** *bot.* Nessel *f*; **2. be ~d** *F* verärgert sein

network ['netwɜːk] Netz *n* (*a.* für Straßen, Computer, TV etc.); **be in the ~** Computer: am Netz sein

neurosis [njʊə'rəʊsɪs] (*pl* -**ses** [-siːz]) Neurose *f*; **neurotic** [njʊə'rɒtɪk] neurotisch

neutral ['njuːtrəl] **1.** neutral; **2.** Neutrale *m, f*; *mot.* Leerlauf *m*; '~**ity** [njuː'trælətɪ] Neutralität *f*; '~**ize** ['njuːtrəlaɪz] neutralisieren

never ['nevə] nie(mals); '~**ending** endlos

new [njuː] neu; '~ nichts Neues; '~**born** neugeboren; '~**comer** Neuankömmling *m*; Neuling *m*; '~**ly** kürzlich; neu; '~'**moon** Neumond *m*

news [njuːz] *sg* Neuigkeit(en *pl*) *f*, Nachricht(en *pl*) *f*; '~ **agency** Nachrichtenagentur *f*; '~**agent** *Brt.* Zeitungshändler(in); '~**cast** Nachrichtensendung *f*; '~**caster** Nachrichtensprecher(in); '~**flash** Kurzmeldung *f*; ~**paper** ['njuːspeɪpə] Zeitung *f*; '~**stand** Zeitungskiosk *m*, -stand *m*; '~**vendor** *Brt.* Zeitungsverkäufer(in)

new 'year *das* neue Jahr; *Happy New Year!* Gutes neues Jahr!, Prosit Neujahr!; *New Year's Day* Neujahr(stag *m*) *n*; *New Year's Eve* Silvester(abend *m*) *m*, *n*

next [nekst] 1. *adj* nächst; ~ *door* nebenan; ~ *but one* übernächst; 2. *adv* als nächste(r, -s); das nächste Mal; ~ *to* neben; 3. *su der, die, das* Nächste; ~'*door* (von) nebenan

NHS [en ent∫ 'es] *Brt. National Health Service* Staatlicher Gesundheitsdienst; **NH'S patient** *Brt. etwa* Kassenpatient(in)

nibble ['nɪbl] knabbern

nice [naɪs] nett, freundlich; nett, hübsch, schön; fein; '~ly gut, ausgezeichnet

niche [nɪt∫] Nische *f*

nick¹ [nɪk] Kerbe *f*

nick² [nɪk] *Brt.* F klauen

nickel ['nɪkl] *min.* Nickel *n*; *Am.* Fünfcentstück *n*

nickname ['nɪkneɪm] 1. Spitzname *m*; 2. *j-m* den Spitznamen ... geben

niece [niːs] Nichte *f*

niggardly ['nɪɡədlɪ] geizig

night [naɪt] Nacht *f*; Abend *m*; *at* ~, *by* ~ in der *od.* die Nacht, nachts; *good* ~ gute Nacht; '~cap Schlummertrunk *m*; '~club Nachtklub *m*, -lokal *n*; '~dress (Damen)Nachthemd *n*; '~gown (Damen)Nachthemd *n*

nightie ['naɪtɪ] F → *nightdress*

nightingale ['naɪtɪŋɡeɪl] Nachtigall *f*

'night|ly jede Nacht; jeden Abend; ~mare ['naɪtmeə] Albtraum *m*; '~ school Abendschule *f*; '~ shift Nachtschicht *f*; '~shirt (Herren)Nachthemd *n*

nil [nɪl] *bsd. Sport:* null; *four to* ~ (4–0) vier zu null (4:0)

nimble ['nɪmbl] flink, gewandt; geistig beweglich

nine [naɪn] neun; ~pins *sg* Kegeln *n*; ~teen(th) [naɪn'tiːn(θ)] neunzehn(t); ~tieth ['naɪntɪəθ] neunzigst; '~ty neunzig

ninth [naɪnθ] 1. neunt; 2. Neuntel *n*; '~ly neuntens

nip [nɪp] kneifen, zwicken; *Brt.* F sausen, flitzen

nipple ['nɪpl] Brustwarze *f*

nitrogen ['naɪtrədʒən] Stickstoff *m*

no [nəʊ] 1. *adv* nein; nicht; 2. *adj* kein(e); ~ *one* keiner, niemand

No., no. *numero* (= *number*) Nr., Nummer *f*

nobility [nəʊ'bɪlətɪ] Adel *m*

noble ['nəʊbl] adlig; edel

nobody ['nəʊbədɪ] niemand, keiner

no-'calorie diet Nulldiät *f*

nod [nɒd] 1. nicken (mit); ~ *off* einnicken; 2. Nicken *n*

noise [nɔɪz] Krach *m*, Lärm *m*; Geräusch *n*; *Radio etc.*:

Rauschen *n*; '~**less** ge-
räuschlos

noisy ['nɔɪzɪ] laut

nominate ['nɒmɪneɪt] ernennen; nominieren, vorschlagen; **nomi'nation** Ernennung *f*; Nominierung *f*

non... [nɒn] nicht..., Nicht...,
un...

non|alco'holic alkoholfrei;
~**commissioned 'officer**
Unteroffizier *m*; ~**descript**
['nɒndɪskrɪpt] unauffällig

none [nʌn] **1.** *pron* (*sg od. pl*)
kein; **2.** *adv* in keiner Weise

non|ex'istent nicht existie-
rend; ~**'fiction** Sachbücher
pl; ~**(in)'flammable** nicht
brennbar; ~**inter'vention**
pol. Nichteinmischung *f*;
~**'iron** bügelfrei

no-'nonsense nüchtern,
sachlich

non|'payment *bsd. econ.*
Nicht(be)zahlung *f*; ~
'plus(s)ed verblüfft; ~**pol-
'luting** umweltfreundlich;
~**'resident** nicht (orts)an-
sässig; ~**re'turnable** *von
Verpackung*: Einweg...

nonsense ['nɒnsəns] Unsinn
m, dummes Zeug

non|-'skid rutsch-, sicher;
~**'smoker** Nichtraucher(in);
Brt. rail. Nichtraucher(wagen) *m*; ~**'stick** *Pfanne etc.*:
mit Antihaftbeschichtung;
~**'stop** *Zug etc.*: durchgehend, *Flug*: ohne Zwischenlandung; nonstop, ohne Un-

terbrechung; ~**'violence**
Gewaltlosigkeit *f*; ~**'violent**
gewaltlos

noodle ['nuːdl] Nudel *f*

nook [nʊk] Ecke *f*, Winkel *m*

noon [nuːn] Mittag(szeit *f*) *m*;
at ~ um 12 Uhr (mittags)

noose [nuːs] Schlinge *f*

nor [nɔː] → *neither* 2; auch
nicht

norm [nɔːm] Norm *f*

normal ['nɔːml] normal; adj.:
~ize ['nɔːməlaɪz] (sich) normali-
sieren; **~ly** ['nɔːməlɪ] normalerweise, (für) gewöhnlich

north [nɔːθ] **1.** *su* Norden(*m*);
2. *adj* nördlich, Nord...; **3.**
adv nach Norden, nord-
wärts; **northern** ['nɔːðn]
nördlich, Nord...

North| 'Pole Nordpol *m*; ~
'Sea Nordsee *f*

'northward(s) nördlich, nach
Norden

Norway ['nɔːweɪ] Norwegen *n*

Norwegian [nɔː'wiːdʒən] **1.**
norwegisch; **2.** Norweger(in)

nos. *numbers* Nummern *pl*

nose [nəʊz] Nase *f*; '~**bleed**
Nasenbluten *n*

nostril ['nɒstrəl] Nasenloch *n*,
bsd. zo. Nüster *f*

nosy ['nəʊzɪ] F neugierig

not [nɒt] nicht; ~ **a** kein(e)

notable ['nəʊtəbl] bemerkenswert; beachtlich

notch [nɒtʃ] Kerbe *f*

note [nəʊt] **1.** *oft pl* Notiz *f*,
Aufzeichnung *f*; Anmer-
kung *f*; Nachricht *f*; Bank-

note *f*, Geldschein *m*; *mus.*
Note *f*; **make a ~ of s.th.** sich
et. aufschreiben; **2.** *a.* **~
down** (sich) *et.* aufschreiben
od. notieren; **'~book** Notizbuch *n*; *Computer:* Notebook *n*

'**noted** bekannt

'**note|pad** Notizblock *m*;
'**~paper** Briefpapier *n*

nothing ['nʌθɪŋ] nichts; **~ but**
nichts als, nur; **~ much** nicht
viel; **for ~** umsonst; **to say ~
of** ganz zu schweigen von

notice ['nəʊtɪs] **1.** Ankündigung *f*, Bekanntgabe *f*, Mitteilung *f*, Anzeige *f*; Kündi-
gung(sfrist) *f*; Beachtung *f*;
at short ~ kurzfristig; **until
further ~** bis auf weiteres;
without ~ fristlos; **give s.o. ~**
j-m kündigen; **four weeks' ~**
vierwöchige Kündigungs-
frist; **take (no) ~ of** (keine)
Notiz nehmen von, (nicht)
beachten; **2. (es)** bemerken;
(besonders) beachten *od.*
achten auf; '**~able** erkenn-
bar

notify ['nəʊtɪfaɪ] benachrichtigen

notion ['nəʊʃn] Vorstellung *f*;
Idee *f*

notions ['nəʊʃnz] *pl Am.*
Kurzwaren *pl*

notorious [nəʊ'tɔːrɪəs] berüchtigt (**for** für)

nought [nɔːt] *Brt. die Zahl* 0

nourish ['nʌrɪʃ] (er)nähren;
fig. hegen; '**~ing** nahrhaft;

'**~ment** Nahrung *f*

novel ['nɒvl] **1.** Roman *m*; **2.**
neu(artig); '**~ist** ['nɒvəlɪst]
Romanschriftsteller(in); '**~ty**
Neuheit *f*

November [nəʊ'vembə] November *m*

now [naʊ] nun, jetzt; **~ and
again, ~ and then** von Zeit
zu Zeit, dann u. wann; **by ~**
inzwischen; **from ~ on** von
jetzt an; **just ~** gerade eben

nowadays ['naʊədeɪz] heut-
zutage

nowhere ['nəʊweə] nirgends

nozzle ['nɒzl] *tech.* Düse *f*

nuclear ['njuːklɪə] Atom-..,
Kern..; ~ **Atom...**; ~ '**energy** Atom-,
Kernenergie *f*; ~ '**fission**
Kernspaltung *f*; ~ '**free**
atomwaffenfrei; ~ '**physics**
sg Kernphysik *f*; ~ '**power**
Atom-, Kernkraft *f*; ~
'**power plant,** ~ '**power station** Atom-, Kernkraftwerk
n; ~ **re'actor** Atom-, Kern-
reaktor *m*; ~ '**waste** Atommüll *m*; ~ '**weapons** *pl*
Atom-, Kernwaffen *pl*

nude [njuːd] nackt

nudge [nʌdʒ] *j-n* anstoßen,
(an)stupsen

nuisance ['njuːsns] Plage *f*;
Nervensäge *f*, Quälgeist *m*;
make a ~ of o.s. den Leuten
auf die Nerven gehen *od.* fallen; **what a ~!** wie ärgerlich!

nukes [nju:ks] *pl* F Atom-,
Kernwaffen *pl*

numb [nʌm] **1.** starr (**with**

vor), taub; *fig.* wie betäubt (**with** vor); **2.** starr *od.* taub machen; *fig.* betäuben

number ['nʌmbə] **1.** Zahl *f*, Ziffer *f*, Nummer *f*; (An-)Zahl *f*; *Zeitung inc.:* Ausgabe *f*; (*Bus- etc.*)Linie *f*; **sorry, wrong ~** *tel.* falsch verbunden!; **2.** nummerieren; '**~less** zahllos; '**~plate** *Brt. mot.* Nummernschild *n*

numeral ['njuːmərəl] Ziffer *f*; Zahlwort *n*; '**numerous** zahlreich

nun [nʌn] Nonne *f*

nurse [nɜːs] **1.** (Kranken-)Schwester *f*; **2.** *Kranke* pflegen; *Krankheit* auskurieren; stillen

nursery ['nɜːsəri] (Kinder)Tagesheim *n*, (-)Tages-

stätte *f*; Baum-, Pflanzschule *f*; '**~ rhyme** Kinderreim *m*; '**~ school** Kindergarten *m*; '**~ slope** *Ski:* Idiotenhügel *m*

nursing ['nɜːsɪŋ] Krankenpflege *f*; **~ home** Pflegeheim *n*; *Brt.* Privatklinik *f*

nut [nʌt] Nuss *f*; (Schrauben)Mutter *f*; '**~cracker(s** *pl*) Nussknacker *m*

nutmeg ['nʌtmeg] Muskatnuss *f*

nutrient ['njuːtrɪənt] Nährstoff *m*; **nutrition** [njuː'trɪʃn] Ernährung *f*; **nutritious** [njuː'trɪʃəs] nahrhaft

'**nutshell** Nussschale *f*; (**to put it**) **in a ~** kurz gesagt

nutty ['nʌtɪ] nussartig; voller Nüsse; *sl.* verrückt

nylon ['naɪlɒn] Nylon *n*

O

o [əʊ] Null *f* (*a.* in Telefonnummern)

oak [əʊk] Eiche *f*

oar [ɔː] Ruder *n*

oasis [əʊ'eɪsɪs] (*pl* **oases** [-siːz]) Oase *f* (*a. fig.*)

oath [əʊθ] (*pl* **oaths** [əʊðz]) Eid *m*, Schwur *m*; Fluch *m*; **on/under ~** unter Eid

oatmeal ['əʊtmiːl] Hafermehl *n*, -grütze *f*

oats [əʊts] *pl* Hafer *m*

obedience [ə'biːdjəns] Gehorsam *m*; **o'bedient** gehorsam

obey [ə'beɪ] gehorchen; *Befehl etc.* befolgen

obituary [ə'bɪtjʊərɪ] Todesanzeige *f*; Nachruf *m*

object 1. ['ɒbdʒɪkt] Objekt *n*; Gegenstand *m*; Ziel *n*, Zweck *m*, Absicht *f*; **2.** [əb'dʒekt] *v/t* einwenden; *v/i* et. dagegen haben

objection [əb'dʒekʃn] Einwand *m*, -spruch *m*

objective [əb'dʒektɪv] **1.** objektiv, sachlich; **2.** Ziel *n*; *Mikroskop:* Objektiv *n*

obligation [ɒblɪ'geɪʃn] Verpflichtung f

oblige [ə'blaɪdʒ] (zu Dank) verpflichten; *j-m* e-n Gefallen tun; *much ~d!* herzlichen Dank!; **o'bliging** zuvorkommend, gefällig

oblique [ə'bli:k] schief, schräg

obliterate [ə'blɪtəreɪt] auslöschen

oblivion [ə'blɪvɪən] Vergessen(heit f) n; **o'blivious:** be ~ *of s.th.* sich e-r Sache nicht bewusst sein

oblong ['ɒblɒŋ] rechteckig

obnoxious [əb'nɒkʃəs] widerlich

obscene [əb'si:n] obszön, unanständig

obscure [əb'skjʊə] **1.** dunkel; *fig.* dunkel, unklar; unbekannt; **2.** verdunkeln

observance [əb'zɜːvns] Befolgung f; Einhaltung f; **ob'servant** aufmerksam

observation [ɒbzə'veɪʃn] Beobachtung f; Bemerkung f

observatory [əb'zɜːvətrɪ] Observatorium n, Stern-, Wetterwarte f

observe [əb'zɜːv] beobachten; *Brauch* einhalten: *Gesetz* befolgen; bemerken; **ob'server** Beobachter(in)

obsess [əb'ses]: *be ~ed by od. with* besessen sein von; **~ion** Besessenheit f

obsolete ['ɒbsəli:t] veraltet

obstacle ['ɒbstəkl] Hindernis n

obstinacy ['ɒbstɪnəsɪ] Eigensinn m; Hartnäckigkeit f; **obstinate** ['ɒbstənət] eigensinnig; hartnäckig

obstruct [əb'strʌkt] verstopfen, -sperren; blockieren; (be)hindern; **~ion** Verstopfung f; Blockierung f; Behinderung f; Hindernis n

obtainable [əb'teɪnəbl] erhältlich

obtrusive [əb'tru:sɪv] aufdringlich

obvious ['ɒbvɪəs] offensichtlich, einleuchtend, klar

occasion [ə'keɪʒn] Gelegenheit f; Anlass m; Veranlassung f; (festliches) Ereignis; **~al** *adj.*, **~ally** *adv* gelegentlich

occupant ['ɒkjʊpənt] Insasse m, -in f; **occu'pation** Beruf m; Beschäftigung f; *mil.* Besetzung f, Besatzung f; **occupy** ['ɒkjʊpaɪ] einnehmen; *mil.* besetzen; bewohnen; beschäftigen

occur [ə'kɜː] vorkommen; sich ereignen; **occurrence** [ə'kʌrəns] Vorkommen n; Vorfall m, Ereignis n

ocean ['əʊʃn] Ozean m, Meer n

o'clock [ə'klɒk]: *(at) five ~* (um) fünf Uhr

October [ɒk'təʊbə] Oktober m

octopus ['ɒktəpəs] Krake m; Tintenfisch m

odd [ɒd] sonderbar; *Zahl:* ungerade; einzeln

ominous

odds [ɒdz] *pl* Chancen *pl*

odo(u)r ['əʊdə] Geruch *m*

of [ɒv, əv] von; um (*cheat s.o.* **~ s.th.**); Herkunft: von, aus; *Material:* aus; an (*die* **~**); vor (*afraid* **~**); auf (*proud* **~**); über (*glad* **~**); nach (*smell* **~**); von, über (*speak* **~ s.th.**); an (*think* **~ s.th.**); *the city* **~ London** die Stadt London; *the works* **~** *Dickens* Ds' Werke; *five minutes* **~** *twelve Am.* fünf Minuten vor zwölf

off [ɒf] **1.** *adv* fort, weg; ab, herunter(...), los(...); entfernt; *Licht etc.*: aus(-), ab(geschaltet); *Hahn etc.*: zu; *Knopf etc.*: ab, los(ge-gangen); frei (*von Arbeit*); ganz, zu Ende; *econ.* flau; *Fleisch etc.*: verdorben; *fig.* aus, vorbei; **be ~** fort *od.* weg sein; (weg)gehen; **2.** *prp* fort von, weg von; (... ab, weg, herunter) von; frei von (*Arbeit*); **3.** *adj* (arbeits-, dienst)frei; *econ.* flau, still, tot

offence *Brt.*, **offense** *Am.* [ə'fens] Vergehen *n*; *jur.* Straftat *f*; Beleidigung *f*

offend [ə'fend] beleidigen, kränken; verstoßen (*against* gegen); **~er** [ə'fendə] (*Missetäter(in)*; Straffällige *m, f*

offensive [ə'fensɪv] **1.** beleidigend; anstößig; ekelhaft; Angriffs-; **2.** Offensive *f*

offer ['ɒfə] **1.** Angebot *n*;

2. anbieten; (sich) bieten

office ['ɒfɪs] Büro *n*; Geschäftsstelle *f*; Amt *n*; '**~ hours** *pl* Öffnungszeiten *pl*; Bürostunden *pl*

officer ['ɒfɪsə] *mil.* Offizier *m*; Beamt|e *m, -in f*; Polizeibeamt|e *m, -in f*

official [ə'fɪʃl] **1.** offiziell, amtlich, dienstlich; **2.** Beamt|e *m, -in f*; Funktionär(in)

officious [ə'fɪʃəs] übereifrig

'off|line *Computer:* rechnerunabhängig, offline...; **~-'season** Nebensaison *f*; **~'side** *Sport:* abseits; **~'spring** (*pl offspring*) Nachkomme(nschaft *f*) *m*

often ['ɒfn] oft, häufig

oil [ɔɪl] **1.** Öl *n*; **2.** ölen; '**~cloth** Wachstuch *n*; '**~ painting** Ölgemälde *n*; '**~ pollution** Ölpest *f*; '**~skins** *pl* Ölzeug *n*; '**~ slick** Ölteppich *m*; '**~ well** Ölquelle *f*

oily ['ɔɪlɪ] ölig; fettig; schmierig

ointment ['ɔɪntmənt] Salbe *f*

old [əʊld] **1.** alt; **2.** age (hohes) Alter; **~ age 'pension** Rente *f*, Pension *f*; **~ age 'pensioner** Rentner(in), Pensionär(in); **~'fashioned** altmodisch; **~ people's home** Alters-, Altenheim *n*

olive ['ɒlɪv] Olive *f*

O'lympic Games [əʊ'lɪmpɪk-] *pl* Olympische Spiele *pl*

omelet(te) ['ɒmlɪt] Omelett(e *f*) *n*

ominous ['ɒmɪnəs] unheilvoll

omit [əˈmɪt] unterlassen; aus-
weglassen

on [ɒn] **1.** *prp* auf (**~** *the* **table**); an (**~** *the* **wall**); on
(**~** *TV*); Richtung, Ziel: auf ...
(hin), an; *fig.* auf ... (hin) (**~**
demand); gehörig zu, beschäftigt bei; *Zustand*: in,
auf, zu (**~** *duty*, **~** *fire*);
Thema: über; *Zeitpunkt*: an
(**~** *Sunday*, **~** *the 1st of*
April); bei (**~** *his arrival*); **2.**
adv, adj Licht etc.: an; auf
(-*legen*, -*schrauben etc.*);
Kleidung: an(*haben*, -*ziehen*),
auf(*behalten*); weiter(*gehen*,
-*sprechen etc.*); **and so ~** und
so weiter; **~** **and** **~** immer
weiter; **be ~** *thea.* gespielt
werden; *Film*: laufen; *TV*
etc.: gesendet werden

once [wʌns] **1.** einmal; einst;
~ **again**, **~** **more** noch einmal; **at ~** sofort; gleichzeitig;
all at ~ plötzlich; **2.** sobald

one [wʌn] *adj, pron, su* ein(e);
einzig; man; Eins *f*; **~** **day**
eines Tages; **~** **by** **~** einer
nach dem andern; **~** **another**
einander; **which ~?** welche(r,
-s)?; **the little ~s** die Kleinen;
~self *pron* sich (selbst);
~sided einseitig; **~track**
'mind: have a ~ immer nur
dasselbe im Kopf haben;
~two Fußball: Doppelpass
m; **~way** Einbahn...; nur in
e-r Richtung; *Am.* Fahrkarte: einfach

onion [ˈʌnjən] Zwiebel *f*

'on line *Computer*: rechner-
abhängig, online...; **'~look-
er** Zuschauer *m*

only [ˈəʊnlɪ] **1.** *adj* einzig; **2.**
adv nur, bloß; erst; **~** *just*
gerade erst

onto [ˈɒntʊˌˈɒntə] auf

onward(s) [ˈɒnwəd(z)] vorwärts, weiter; **from ... on-
wards** von ... an

ooze [uːz] sickern

opaque [əʊˈpeɪk] undurch-
sichtig

open [ˈəʊpən] **1.** offen; geöffnet, auf; **in the ~ air** im
Freien; **2.** (er)öffnen; aufmachen; sich öffnen, aufgehen;
~air im Freien, Freilicht...;
~ing Öffnung *f*; *econ.* freie
Stelle; Erschließung *f*; Eröffnungs..., Öffnungs...; **~**
-minded aufgeschlossen

opera [ˈɒpərə] Oper *f*; **~**
glasses *pl* Opernglas *n*; **~**
house Opern(haus *n*) *f*

operate [ˈɒpəreɪt] funktionieren; *med.* operieren (**on** *s.o.*
j-n); *Maschine* bedienen

'operating **room** *Am.* Operationssaal *m*; **'~** **system**
Computer: Betriebssystem *n*;
'~ **theatre** *Brt.* Operationssaal *m*

operation [ɒpəˈreɪʃn] Operation *f*; *tech.* Betrieb *m*

operator [ˈɒpəreɪtə] *tech.* Be-
dienungsperson *f*; *Computer*:
Operator *m*; *tel.* Vermitt-
lung *f*

operetta [ɒpəˈretə] Operette *f*

other

opinion [ə'pɪnjən] Meinung *f*; *in my* ~ meines Erachtens

opponent [ə'pəʊnənt] Gegner (-in), Gegenspieler(in)

opportunity [ɒpə'tjuːnətɪ] (günstige) Gelegenheit

oppose [ə'pəʊz] ablehnen; bekämpfen; *be ~d to ...* gegen ... sein; *opposite* ['ɒpəzɪt] **1.** *adj* gegenüberliegend; entgegengesetzt; **2.** *adv* gegenüber; **3.** *su* Gegenteil *n*; *opposition* [ɒpə'zɪʃn] Widerstand *m*; Gegensatz *m*; Opposition *f*

oppress [ə'pres] unterdrücken; bedrücken; *~ive* drückend

optician [ɒp'tɪʃn] Optiker(in)

optimism ['ɒptɪmɪzəm] Optimismus *m*; *optimist* Optimist(in)

option ['ɒpʃn] Wahl *f*; *econ.* Option *f*; *~al* ['ɒpʃənl] freiwillig; Wahl...

or [ɔː] oder; ~ *else* sonst

oral ['ɔːrəl] mündlich

orange ['ɒrɪndʒ] **1.** Orange *f*, Apfelsine *f*; **2.** orange(farben); ~ *squash* *Brt. Getränk aus gesüßtem Orangenkonzentrat u. Wasser*

orbit ['ɔːbɪt] **1.** (die Erde) umkreisen; **2.** Umlaufbahn *f*

orchard ['ɔːtʃəd] Obstgarten *m*

orchestra ['ɔːkɪstrə] Orchester *n*

ordeal [ɔː'diːl] Qual *f*

order ['ɔːdə] **1.** Ordnung *f*; Reihenfolge *f*; Befehl *m*, Anordnung *f*; *econ.* Bestellung *f*, Auftrag *m*; *rel.* Orden *m*; *in* ~ *to* um zu; *out of* ~ außer Betrieb; **2.** befehlen; *med.* verordnen; bestellen; *~ly* ordentlich; *fig.* gesittet, friedlich

'**ordinal number** ['ɔːdɪnl-] Ordnungszahl *f*

ordinary ['ɔːdnrɪ] gewöhnlich, üblich, normal

ore [ɔː] Erz *n*

organ ['ɔːgən] Organ *n*; Orgel *f*; *~ic* [ɔː'gænɪk] organisch

organization [ɔːgənar'zeɪʃn] Organisation *f*; *organize* ['ɔːgənaɪz] organisieren

orgasm ['ɔːgæzəm] Orgasmus *m*

origin ['ɒrɪdʒɪn] Ursprung *m*; Herkunft *f*; *~al* [ə'rɪdʒənl] **1.** ursprünglich; originell; Original...; **2.** Original *n*; *~ate* [ə'rɪdʒəneɪt] (her)stammen

ornament ['ɔːnəmənt] Verzierung *f*; *~al* [ɔː'nə'mentl] Zier...

ornate [ɔː'neɪt] reich verziert

orphan ['ɔːfn] Waise *f*; *~age* ['ɔːfənɪdʒ] Waisenhaus *n*

ostensible [ɒ'stensəbl] angeblich

ostentatious [ɒsten'teɪʃəs] protzig

ostrich ['ɒstrɪtʃ] *zo.* Strauß *m*

other ['ʌðə] ander; *the* ~ *day* neulich; *every* ~ *day* jeden zweiten Tag; '**~wise** anders; sonst

otter ['ɒtə] Otter *m*

ought [ɔːt] */aux* ich, du *etc.* sollte(st) *etc.*

ounce [aʊns] Unze *f (28,35 g)*

our ['aʊə] unser; **ours** ['aʊəz] unser, **~selves** [aʊə'selvz] uns (selbst); wir/uns selbst

oust [aʊst] vertreiben

out [aʊt] **1.** *adv, adj* aus; hinaus; heraus; aus(...); außen, draußen; nicht zu Hause, *östr., Schweiz: a.* nicht zuhause; *Sport:* aus, draußen; aus der Mode; vorbei; **~ of** aus ... (heraus); zu ... hinaus; außerhalb *von; außer Reichweite, Atem etc.;* (hergestellt); aus *Furcht etc.;* **2.** *prp* aus (... heraus); zu ... hinaus; **3.** *v/t* F outen *(intime Informationen preisgeben)*

out'**bid** *(-bid)* überbieten; '**~break** Ausbruch *m;* '**~building** Nebengebäude *n;* '**~burst** *Gefühle:* Ausbruch *m;* '**~cast** Ausgestoßene *m, f;* '**~come** Ergebnis *n;* '**~cry** Aufschrei *m;* **~'dated** überholt, veraltet; **~'do** *(-did, -done)* übertreffen; '**~door** *adj* im Freien, draußen; **~'doors** *adv* draußen, im Freien

outer ['aʊtə] äußer; **~ space** Weltraum *m*

out'**fit** Ausrüstung *f;* Kleidung *f;* '**~fitter** Ausstatter *m;* '**~grow** *(-grew, -grown)* he-

rauswachsen; aus; *Angewohnheit etc.* ablegen

'**outing** Ausflug *m;* Outing *n (Preisgabe intimer Informationen)*

out'**let** Abzug *m,* Abfluss *m; fig.* Ventil *n;* '**~line 1.** Umriss *m;* Überblick *m;* **2.** umreißen, skizzieren; **~'live** überleben; '**~look** Ausblick *m (a. fig.);* Einstellung *f;* '**~lying** abgelegen, entlegen; **~'number: be ~ed by s.o.** j-m zahlenmäßig unterlegen sein; **~of-'date** veraltet, überholt; **~of-the-'way** abgelegen; '**~patient** ambulanter Patient, ambulante Patientin; '**~put** Output *m,* Produktion *f,* Ausstoß *m,* Ertrag *m; Computer:* (Daten)Ausgabe *f*

outrage ['aʊtreɪdʒ] **1.** Verbrechen *n;* Empörung *f;* **2.** empören; **outrageous** [aʊt'reɪdʒəs] abscheulich, unerhört

out'**right 1.** [aʊt'raɪt] *adv* sofort; gerade heraus; **2.** ['aʊtraɪt] *adj* völlig; glatt; **~set** Anfang *m;* **~'side 1.** *su* Außenseite *f; Sport:* Außenstürmer(in); **2.** *adj* äußer, Außen...; **3.** *adv* draußen; heraus, hinaus; **4.** *prp* außerhalb; **~'sider** Außenseiter(in); **~'size** Übergröße *f;* '**~skirts** *pl* Stadtrand *m,* Außenbezirke *pl;* **~'spoken** offen, freimütig; **~'standing**

hervorragend; *Schulden:* ausstehend

'outward 1. *adj* äußer; äußerlich; **2.** *adv mst* ~**s** nach außen; ~**ly** äußerlich

out|'weigh überwiegen; ~**'wit** überlisten, reinlegen

oval ['əʊvl] **1.** oval; **2.** Oval *n*

ovary ['əʊvərɪ] Eierstock *m*

oven ['ʌvn] Back-, Bratofen *m*

over ['əʊvə] **1.** *prp* über; **2.** *adv* hinüber; darüber; herüber; drüben; über(*kochen etc.*); um(*fallen, -werfen etc.*); herum(*drehen etc.*); durch(*denken etc.*); gründlich) über(*legen etc.*); übrig; zu Ende, vorüber, vorbei, aus; *(all)* ~ *again* noch einmal; ~ *and* ~ *(again)* immer wieder

over|all 1. [əʊvər'ɔːl] Gesamt..., allgemein; insgesamt; **2.** ['əʊvərɔːl] *Brt.* Kittel *m*; *Am.* Overall *m*, Arbeitsanzug *m*; *pl Brt.* Overall *m*, Arbeitsanzug *m*, *Am.* Arbeitshose *f*; ~**'awe** einschüchtern; ~**'board** über Bord; ~**'cast** bewölkt, bedeckt; ~**'charge** überlasten; *j-m* zu viel berechnen; ~**'coat** Mantel *m*; ~**'come (-came, -come)** überwinden, -wältigen; übermannen; ~**'crowded** überfüllt; überlaufen; ~**'do (-did, -done)** übertreiben; ~**'done** zu lange gekocht *od.* gebraten; ~**'dose**

Überdosis *f*; ~**'draft** (Konto)Überziehung *f*; ~**'draw (-drew, -drawn)** *Konto* überziehen (*by* um); ~**'due** fällig; ~**'estimate** überschätzen; ~**ex'pose** überbelichten; ~**'flow** überfluten; überlaufen; ~**'grown** überwuchert; übergroß; ~**'haul** *Maschine* überholen; ~**'head 1.** *adv* Hoch..., Ober...; **2.** *adj* Hoch..., Ober...; ~ *kick Fußball:* Fallrückzieher *m*; ~ **'hear (-heard)** (zufällig) hören; ~**'joyed** überglücklich; ~**'land** auf dem Landweg; ~**'lap** (sich) überlappen; sich überschneiden; ~**'load** belasten, -laden; ~**'look** *Fehler* übersehen; ~*ing the sea* mit Blick auf's Meer; ~**'night 1.** *adj* Nacht..., Übernachtungs...; ~ *bag* Reisetasche *f*; **2.** *adv* über Nacht; *stay* ~ übernachten; ~**'pass** *Am.* (Straßen-, Eisenbahn)Überführung *f*; ~**'power** überwältigen; ~**'rate** überschätzen; ~**'seas** in *od.* nach Übersee; Übersee...; ~**'see (-saw, -seen)** beaufsichtigen, überwachen; ~**'seer** Aufseher(in); ~**'sight** Versehen *n*; ~**'sleep (-slept)** verschlafen; ~**'take (-took, -taken)** überholen; ~**'throw (-threw, -thrown)** *Regierung etc.* stürzen; ~**'time** Überstunden *pl*; *Am. Sport:* (Spiel)Verlängerung *f*

overture

overture ['əʊvətjʊə] Ouvertüre *f*

over|**turn** umwerfen, umstoßen; *Regierung etc.* stürzen; umkippen; kentern; **~weight** Übergewicht *n*; **~whelm** [əʊvə'welm] überwältigen; **~work** sich überarbeiten; **~wrought** [əʊvə'rɔːt] überreizt

owe [əʊ] schulden; verdanken

owing ['əʊɪŋ]: **~ to** wegen

owl [aʊl] Eule *f*

own [əʊn] 1. eigen; *on one's* **~** allein; 2. besitzen; zugeben

owner ['əʊnə] Besitzer(in), Eigentümer(in); **~ship** Besitz *m*; Eigentum *n*

ox [ɒks] (*pl* **oxen** ['ɒksən]) Ochse *m*

oxide ['ɒksaɪd] Oxid *n*; **oxidize** ['ɒksɪdaɪz] oxidieren

oxygen ['ɒksɪdʒən] Sauerstoff *m*

oyster ['ɔɪstə] Auster *f*

ozone [əʊzəʊn] Ozon *n*, *m*; **~friendly** ozonfreundlich, ohne Treibgas; **~ hole** Ozonloch *n*; **~ layer** Ozonschicht *f*; **~ levels** *pl* Ozonwerte *pl*

P

pace [peɪs] 1. Schritt *m*; Tempo *n*; 2. schreiten; **~maker** (Herz)Schrittmacher *m*

Pacific [pə'sɪfɪk] *der* Pazifik

pacifier ['pæsɪfaɪə] *Am.* Schnuller *m*; **pacify** ['pæsɪfaɪ] beruhigen; befrieden

pack [pæk] 1. Pack(en) *m*, Paket *n*; (Karten)Spiel *n*; *bsd. Am.* Zigaretten: Packung *f*, Schachtel *f*; 2. (ein-, ab-, ver-, zs.-)packen

package ['pækɪdʒ] Paket *n*; **~ tour** Pauschalreise *f*

packet ['pækɪt] Päckchen *n*; Packung *f*, Schachtel *f*

pact [pækt] Vertrag *m*, Pakt *m*

pad [pæd] 1. Polster *n*; Block *m*; 2. (aus)polstern

paddle ['pædl] 1. Paddel *n*; 2.

paddeln; plan(t)schen

paddock ['pædək] Koppel *f*

padlock ['pædlɒk] Vorhängeschloss *n*

pagan ['peɪgən] heidnisch

page¹ [peɪdʒ] (Buch)Seite *f*

page² [peɪdʒ] (Hotel)Page *m*

paid [peɪd] *pret u. pp von* **pay** 2

pail [peɪl] Eimer *m*

pain [peɪn] Schmerz(en *pl*) *m*; *take* **~s** sich große Mühe geben; **~ful** schmerzend, schmerzhaft; schmerzlich; peinlich; **~less** schmerzlos

painstaking ['peɪnzteɪkɪŋ] sorgfältig, gewissenhaft

paint [peɪnt] 1. Farbe *f*; Anstrich *m*; 2. (an-, be)malen; (an)streichen; **~box** Malkasten *m*; **~brush** (Maler)-

pardon

Pinsel *m*; '**~er** Maler(in); '**~ing** Malen *n*, Malerei *f*; Gemälde *n*, Bild *n*

pair [peə] Paar *n*; **a ~ of ...** ein Paar ...; ein(e) ...

pajamas [pə'dʒɑ:məz] *pl Am.* Schlafanzug *m*

pal [pæl] F Kumpel *m*, Kamerad *m*, Freund *m*

palace ['pælɪs] Palast *m*

palate ['pælət] Gaumen *m*

pale [peɪl] blass, bleich; hell

Palestinian [pælə'stɪnɪən] 1. palästinensisch; 2. Palästinenser(in)

pallor ['pælə] Blässe *f*

palm[1] [pɑ:m] Handfläche *f*

palm[2] [pɑ:m] Palme *f*

pamper ['pæmpə] verwöhnen; verhätscheln

pamphlet ['pæmflɪt] Broschüre *f*

pan [pæn] Pfanne *f*; '**~cake** Pfannkuchen *m*

pandemonium [pændɪ'məʊnjəm] Hölle(nlärm *m*) *f*

pane [peɪn] (*Fenster*)Scheibe *f*

panel ['pænl] Täfelung *f*; Diskussionsteilnehmer *pl*

panic ['pænɪk] 1. Panik *f*; 2. in Panik geraten

pansy ['pænzɪ] Stiefmütterchen *n*

pant [pænt] keuchen

panties ['pæntɪz] *pl* (Damen)Schlüpfer *m*

pantry ['pæntrɪ] Speise-, Vorratskammer *f*

pants [pænts] *pl bsd. Am.* Hose *f*; *Brt.* Unterhose *f*

pantsuit *Am.* Hosenanzug *m*

pantyhose ['pæntɪhəʊz] *Am.* Strumpfhose *f*

paper ['peɪpə] 1. Papier *n*; Zeitung *f*; (Prüfungs)Arbeit *f*; Aufsatz *m*; Referat *n*; Tapete *f*; *pl* (Ausweis)Papiere *pl*; 2. tapezieren; '**~back** Taschenbuch *n*; '**~ bag** Tüte *f*; '**~ clip** Büroklammer *f*; '**~ cup** Pappbecher *m*; '**~ weight** Briefbeschwerer *m*

parachute ['pærəʃuːt] Fallschirm *m*; '**parachutist** Fallschirmspringer(in)

parade [pə'reɪd] 1. Parade *f*; 2. vorbeimarschieren; zur Schau stellen

paradise ['pærədaɪs] Paradies *n*

paragliding ['pærəglaɪdɪŋ] Gleitschirmfliegen *n*

paragraph ['pærəgrɑːf] *print.* Absatz *m*

parallel ['pærəlel] parallel

paralyse *Brt.*, **paralyze** *Am.* ['pærəlaɪz] lähmen

paralysis [pə'rælɪsɪs] (*pl* -ses [-siːz]) Lähmung *f*

paraphernalia [pærəfə'neɪljə] Zubehör *n*; Drum u. Dran *n*

parasite ['pærəsaɪt] Parasit *m*, Schmarotzer *m*

parboil ['pɑːbɔɪl] ankochen

parcel ['pɑːsl] Paket *n*, Päckchen *n*

parch [pɑːtʃ] (aus)dörren; **be ~ed** am Verdursten sein

parchment Pergament *n*

pardon ['pɑːdn] 1. *jur.* begnadigen; verzeihen; **2.** *jur.* Begnadigung *f*; Verzeihung *f*; **I beg your** ~ Entschuldigung!

pare [peə] schälen; *sich die Nägel* schneiden

parent ['peərənt] Elternteil *m*; *pl* Eltern *pl*; **~al** [pə'rentl] elterlich

parish ['pærɪʃ] Gemeinde *f*

park [pɑːk] **1.** Park *m*, (Grün)Anlagen *pl*; **2.** parken

'parking Parken *n*; **no** ~ Parken verboten; **~ disc** Parkscheibe *f*; **'~ garage** *Am.* Parkhaus *n*; **'~ meter** Parkuhr *f*; **'~ lot** *Am.* Parkplatz *m*; **'~ space** Parkplatz *m*, -lücke *f*; **'~ ticket** Strafzettel *m*

parliament ['pɑːləmənt] Parlament *n*; **~ary** [pɑːlə'mentərɪ] parlamentarisch

parquet ['pɑːkeɪ] Parkett *n*

parrot ['pærət] Papagei *m*

parsley ['pɑːslɪ] Petersilie *f*

parson ['pɑːsn] Pfarrer *m*; **'~age** Pfarrhaus *n*

part [pɑːt] **1.** trennen; teilen; *Haar* scheiteln; *sich* trennen (**with** von); **2.** (An-, Bestand)Teil *m*; *tech.* Teil *n*; Seite *f*, Partei *f*; *thea.* Rolle *f*; **take ~ in** teilnehmen an

partial ['pɑːʃl] teilweise, Teil...; parteiisch; **~ity** [pɑːʃɪ'ælətɪ] Parteilichkeit *f*

participant [pɑː'tɪsɪpənt] Teilnehmer(in); **participate** [pɑː'tɪsɪpeɪt] teilnehmen

partici'pation Teilnahme *f*

particle ['pɑːtɪkl] Teilchen *n*

particular [pə'tɪkjʊlə] **1.** besonder; genau, eigen; *in* ~ besonders; **2.** Einzelheit *f*; *pl*: Einzelheiten *pl*; Personalien *pl*; **~ly** besonders

'parting *Haar*: Scheitel *m*; Trennung *f*; Abschieds...

partition [pɑː'tɪʃn] Teilung *f*; Trennwand *f*

'partly zum Teil

partner ['pɑːtnə] Partner(in); **'~ship** Partnerschaft *f*

part|-'time Teilzeit..., Halbtags...; **~'timer** Teilzeitbeschäftigte *m*, *f*

party ['pɑːtɪ] Partei *f*; Party *f*

pass [pɑːs] **1.** *v/t et.* passieren, vorbeigehen an, -fahren an, -kommen an, -ziehen an (*a. mot.*); überholen (*a. mot.*); überschreiten; durchqueren; reichen, geben; *Zeit* verbringen; *Ball* abspielen; *Prüfung* bestehen; *Gesetz* verabschieden; *Urteil* fällen; *v/i* vorbeigehen, -fahren, -kommen, ziehen (**by** an); (die Prüfung) bestehen; übergehen (**to** auf); *Zeit*: vergehen; ~ **away** sterben; ~ **for** gelten als; ~ **out** ohnmächtig werden; ~ **round** herumreichen; **2.** (*Gebirgs*)Pass *m*; Passierschein *m*; *Sport*: Pass *m*, Zuspiel *n*; Bestehen *n* (*e-s Examens*); **'~able** passierbar; leidlich

passage ['pæsɪdʒ] Durchgang *m*; Durchfahrt *f*;

(Über)Fahrt f; Korridor m, Gang m; (Text)Stelle f

passenger ['pæsɪndʒə] Passagier m, Reisende m, f

passer-by [pɑːsə'baɪ] (pl **passers-by**) Passant(in)

passion ['pæʃn] Leidenschaft f; '**~ate** leidenschaftlich

passive ['pæsɪv] passiv; teilnahmslos; untätig

pass|port ['pɑːspɔːt] (Reise-) Pass m; '**~word** Kennwort n

past [pɑːst] **1.** su Vergangenheit f; **2.** adj vergangen, vorüber; **3.** adv vorbei, vorüber; **4.** prp zeitlich: nach; an ... vorbei; über ... hinaus; **half ~ two** halb drei

pasta ['pæstə] Teigwaren pl

paste [peɪst] **1.** Teig m; Paste f; Kleister m; **2.** kleben (**to**, **on** an); '**~board** Pappe f

pastime ['pɑːstaɪm] Zeitvertreib m

pastry ['peɪstrɪ] (Fein)Gebäck n; Blätterteig m

pasture ['pɑːstʃə] Weide f

pat [pæt] **1.** Klaps m; **2.** tätscheln; klopfen

patch [pætʃ] **1.** Fleck m; Flicken m; **2.** flicken; '**~work** Patchwork n

patent ['peɪtənt] **1.** Patent n; **2.** et. patentieren lassen; **3.** patentiert; **~ 'leather** Lackleder n

paternal [pə'tɜːnl] väterlich (-erseits)

path [pɑːθ] (pl **paths** [pɑːðz]) Pfad m; Weg m

pathetic [pə'θetɪk] Mitleid erregend; kläglich; erbärmlich

patience ['peɪʃns] Geduld f; '**patient 1.** geduldig; **2.** Patient(in)

patriot ['pætrɪət] Patriot(in); '**~ic** [pætrɪ'ɒtɪk] patriotisch

patrol [pə'trəʊl] **1.** Patrouille f; (Polizei)Streife f; **2.** auf Streife sein in; **~ car** Streifenwagen m; **~man** (pl **-men**) Am. Streifenpolizist m; Brt. mot. Pannenhelfer m

patron ['peɪtrən] (Stamm-) Kunde m; (Stamm)Gast m

patronize ['pætrənaɪz] (Stamm)Kunde sein bei, (Stamm)Gast sein bei; herablassend behandeln

patter ['pætə] Füße: trappeln; Regen: prasseln

pattern ['pætən] Muster n

pause [pɔːz] **1.** Pause f; **2.** e-e Pause machen

pave [peɪv] pflastern; '**~ment** Brt. Bürger-, Gehsteig m; Am. Fahrbahn f

paw [pɔː] Pfote f, Tatze f

pawn [pɔːn] verpfänden; '**~broker** Pfandleiher m; '**~shop** Leihhaus n

pay [peɪ] **1.** Bezahlung f; Lohn m; **2.** (**paid**) (be)zahlen; sich lohnen; Besuch abstatten; Aufmerksamkeit schenken; '**~able** zahlbar; fällig; '**~day** Zahltag m; '**~ envelope** Am. Lohntüte f; '**~ment** (Be)Zahlung f;

'~ packet *Brt.* Lohntüte *f*; **'~roll** Lohnliste *f*

pea [piː] Erbse *f*

peace [piːs] Friede(n) *m*; Ruhe *f*; **'~ful** friedlich

peach [piːtʃ] Pfirsich *m*

peacock ['piːkɒk] Pfau *m*

peak [piːk] Spitze *f*; Gipfel *m*; Höhepunkt *m*; Mützenschirm *m*; Spitzen...; Höchst...; **'~ hours** *pl* Hauptverkehrs-, Stoßzeit *f*; *electr.* Hauptbelastungszeit *f*; **'~ time** *a.* **peak viewing hours** *pl Brt. TV* Haupteinschaltzeit *f*, beste Sendezeit *f*

peanut ['piːnʌt] Erdnuss *f*

pear [peə] Birne *f*

pearl [pɜːl] Perle *f*

pebble ['pebl] Kiesel(stein) *m*

peck [pek] picken, hacken

peculiar [pɪ'kjuːljə] eigen (-tümlich); eigenartig, seltsam; **~ity** [pɪkjuːlɪˈærətɪ] Eigenheit *f*; Eigentümlichkeit *f*

pedal ['pedl] **1.** Pedal *n*; **2.** (mit dem Rad) fahren

peddle ['pedl] hausieren (gehen) mit

pedestal ['pedɪstl] Sockel *m*

pedestrian [pɪ'destrɪən] Fußgänger(in); **~ 'crossing** Fußgängerübergang *m*; **'~ 'mall** *Am.*, **'~ 'precinct** *bsd. Brt.* Fußgängerzone *f*

pedigree ['pedɪgriː] Stammbaum *m*

pee [piː] F pinkeln

peel [piːl] **1.** Schale *f*; **2.** (sich) (ab)schälen

peep [piːp] **1.** kurzer *od.* verstohlener Blick; Piep(s)en *n*; **2.** kurz *od.* verstohlen blicken; piep(s)en

peer [pɪə] angestrengt schauen

peevish ['piːvɪʃ] gereizt

peg [peg] Pflock *m*; Zapfen *m*; (Kleider)Haken *m*

pelt [pelt] bewerfen; (nieder)prasseln

pelvis ['pelvɪs] (*pl* **-vises, -ves** [-viːz]) *anat.* Becken *n*

pen [pen] (Schreib)Feder *f*; Federhalter *m*; Füller *m*; Kugelschreiber *m*

penal ['piːnl] Straf...

penalty ['penltɪ] Strafe *f*; *Sport:* Strafpunkt *m*; **'~ kick** Elfmeter *m*, Strafstoß *m*

pence [pens] *pl von* **penny**

pencil ['pensl] Bleistift *m*; Farbstift *m*

pendant ['pendənt] (Schmuck)Anhänger *m*

penetrate ['penɪtreɪt] eindringen in; dringen durch

pen friend Brieffreund(in)

penguin ['peŋgwɪn] Pinguin *m*

peninsula [pə'nɪnsjʊlə] Halbinsel *f*

penis ['piːnɪs] Penis *m*

penitentiary [penɪ'tenʃərɪ] *Am.* (Staats)Gefängnis *n*

'pen|knife (*pl* **-knives**) Taschenmesser *n*; **'~ name** Pseudonym *n*

penniless ['penɪlɪs] mittellos

penny ['penɪ] (*pl* **pennies, pence**) *Brt.* Penny *m*

persistent

pension ['penʃn] **1.** Rente *f*; Pension *f*; **2.** ~ *off* pensionieren; '~**er** Rentner(in)

pensive ['pensɪv] nachdenklich

people ['pi:pl] **1.** *pl konstruiert:* die Menschen *pl*, die Leute *pl*; Leute *pl*, Personen *pl*; man; *the* ~ das *(gemeine)* Volk; *(pl* **peoples)** Volk *n*, Nation *f*; **2.** besiedeln, bevölkern

pep [pep] F Pep *m*, Schwung *m*

pepper ['pepə] **1.** Pfeffer *m*; **2.** pfeffern; '~**mint** Pfefferminze *f*; Pfefferminzbonbon *m, n*

per [pɜ:] per; pro, für, je

perceive [pə'si:v] (be)merken, wahrnehmen; erkennen

percent, per cent [pə'sent] Prozent *n*; **per'centage** Prozentsatz *m*

perceptible [pə'septəbl] wahrnehmbar

perch [pɜ:tʃ] *Vogel:* sitzen

percolator ['pɜ:kəleɪtə] Kaffeemaschine *f*

percussion [pə'kʌʃn] *mus.* Schlagzeug *n*; ~ **instrument** Schlaginstrument *n*

perfect 1. ['pɜ:fɪkt] vollkommen, vollendet; perfekt; völlig; **2.** [pə'fekt] vervollkommnen; ~**ion** [pə'fekʃn] Vollendung *f*; Vollkommenheit *f*, Perfektion *f*

perforate ['pɜ:fəreɪt] durchbohren; perforieren

perform [pə'fɔ:m] ausführen,

tun; *thea., mus.* aufführen, spielen, vortragen; ~**ance** *thea., mus.* Aufführung *f*, Vorstellung *f*, Vortrag *m*; Leistung *f*; ~**er** Künstler(in)

perfume ['pɜ:fju:m] Duft *m*; Parfüm *n*

perhaps [pə'hæps, præps] vielleicht

perimeter [pə'rɪmɪtə] Umfang *m*

period ['pɪərɪəd] Periode *f* (*a. physiol.*); Zeitraum *m*; *bsd. Am.* Punkt *m*; (Unterrichts-) Stunde *f*; ~**ic** [pɪərɪ'ɒdɪk] periodisch; ~**ical** [pɪərɪ'ɒdɪkl] **1.** periodisch; **2.** Zeitschrift *f*

peripheral e'quipment [pə'rɪfərəl-] *sg Computer:* Peripheriegeräte *pl*

perishable ['perɪʃəbl] leicht verderblich

perjury ['pɜ:dʒərɪ] Meineid *m*

perm [pɜ:m] Dauerwelle *f*

permanent ['pɜ:mənənt] dauernd, (be)ständig, dauerhaft

permission [pə'mɪʃn] Erlaubnis *f*; **permit 1.** [pə'mɪt] erlauben; **2.** [pə:mɪt] Genehmigung *f*

perpetual [pə'petʃʊəl] fortwährend, ewig

perplex [pə'pleks] verwirren

persecute ['pɜ:sɪkju:t] verfolgen; **perse'cution** Verfolgung *f*

persevere [pɜ:sɪ'vɪə] beharrlich weitermachen

persist [pə'sɪst] bestehen (*in* auf); ~**ent** beharrlich

person ['pɜːsn] Person f

personal ['pɜːsnl] persönlich; privat; **~ com'puter** (*Abk.* **PC**) Personalcomputer m

personality [pɜːsə'nælətɪ] Persönlichkeit f

personal '**organizer** Notizbuch n, Adressbuch n u. Taschenkalender m (*in e-m*); **~ 'stereo** Walkman® m

personify [pə'sɒnɪfaɪ] verkörpern, personifizieren

personnel [pɜːsə'nel] Personal n, Belegschaft f; **~ man-ager** Personalchef m

persuade [pə'sweɪd] überreden; überzeugen; **persua-sion** [pə'sweɪʒn] Überredung(skunst) f; **per'suasive** [pə'sweɪsɪv] überzeugend

pert [pɜːt] keck, kess

perverse [pə'vɜːs] eigensinnig; pervers

pessimism ['pesɪmɪzəm] Pessimismus m; **'pessimist** Pessimist(in)

pest [pest] *fig.* Plage f

pester ['pestə] *j-n* belästigen, *j-m* keine Ruhe lassen

pet [pet] **1.** Haustier n; Liebling m; Lieblings...; **2.** streicheln, liebkosen

petal ['petl] Blütenblatt n

petition [pə'tɪʃn] Bittschrift f; Eingabe f, Gesuch n

'pet name Kosename m

petrify ['petrɪfaɪ] versteinern, erstarren lassen

petrol ['petrəl] *Brt.* Benzin n; **~ ga(u)ge** Benzinuhr f; **~**

pump Zapfsäule f; **'~ sta-tion** Tankstelle f

'pet shop Zoohandlung f

petticoat ['petɪkəʊt] Unterrock m

petty ['petɪ] unbedeutend

petulant ['petjʊlənt] launisch

pew [pjuː] Kirchenbank f

pewter ['pjuːtə] Zinn n

pharmacy ['fɑːməsɪ] *bsd. Am.* Apotheke f

phase [feɪz] Phase f

PhD [piː eɪtʃ 'diː] *Doctor of Philosophy* Dr. phil., Doktor m der Philosophie

pheasant ['feznt] Fasan m

phenomenon [fə'nɒmɪnən] (*pl -na* [-nə]) Phänomen n

philosopher [fɪ'lɒsəfə] Philosoph m; **phi'losophy** Philosophie f

phone [fəʊn] **1.** Telefon n; **2.** telefonieren, anrufen; **~ booth** *Am.*, **'~ box** *Brt.* Telefonzelle f; **'~ call** Anruf m; **'~card** Telefonkarte f

phon(e)y ['fəʊnɪ] F falsch, gefälscht, unecht

photo ['fəʊtəʊ] Foto n; *take a* **~** ein Foto machen (*of* von); **'photo copier** Fotokopiergerät n; **'~copy 1.** Fotokopie f; **2.** fotokopieren

photograph ['fəʊtəɡrɑːf] **1.** Fotografie f, Aufnahme f; **2.** fotografieren; **photogra-pher** [fə'tɒɡrəfə] Fotograf(in); **photography** [fə'tɒɡrəfɪ] Fotografie f

phrase [freɪz] Redewendung

f, idiomatischer Ausdruck

physical ['fızıkl] **1.** physisch, körperlich; physikalisch; *~ly handicapped* körperbehindert; **2.** ärztliche Untersuchung

physician [fı'zıʃn] Arzt *m,* Ärztin *f*

physicist ['fızısıst] Physiker(in)

physics ['fızıks] *sg* Physik *f*

physiotherapy [fızıəʊ'θerəpı] Physiotherapie *f*

physique [fı'zi:k] Körperbau *m,* Statur *f*

piano [pı'ænəʊ] Klavier *n*

pick [pık] **1.** (Aus)Wahl *f;* **2.** (auf)picken; pflücken; *Knochen* abnagen; stochern in; aussuchen; *~ out* (sich) *et.* auswählen; *~ up* aufheben, -lesen; aufpicken; F *et.* aufschnappen; *Anhalter* mitnehmen; *j-n* abholen; F *Mädchen* aufreißen; *~.ax(e)* Spitzhacke *f,* Pickel *m*

picket ['pıkıt] Pfahl *m;* Streikposten *m*

pickle ['pıkl] *gastr.* einlegen

pick|pocket Taschendieb(in); *'~-up* Tonabnehmer *m;* Kleintransporter *m*

picnic ['pıknık] Picknick *n*

picture ['pıktʃə] **1.** Bild *n;* Gemälde *n; pl* Kino *n;* **2.** sich *et.* vorstellen; darstellen; *~ book* Bilderbuch *n; ~ 'postcard* Ansichtskarte *f*

picturesque [pıktʃə'resk] malerisch

pie [paı] Pastete *f;* gedeckter Obstkuchen

piece [pi:s] Stück *n;* (Einzel)Teil *n; by the ~* stückweise; *take to ~s* auseinander nehmen; *'~meal* schrittweise; *'~work* Akkordarbeit *f*

pier [pıə] Pfeiler *m;* Pier *m,* Landungsbrücke *f*

pierce [pıəs] durchbohren, -stechen; durchdringen

pig [pıg] Schwein *n*

pigeon ['pıdʒın] Taube *f;* *'~hole* (Ablage)Fach *n*

piggy ['pıgı] F *Kindersprache:* Schweinchen *n*

pig|headed dickköpfig, stur; *'~sty* Schweinestall *m;* *'~tail* Zopf *m*

pike [paık] Hecht *m*

pile [paıl] **1.** Stapel *m,* Stoß *m;* F Haufen *m;* **2.** *oft ~ up* (an-, auf)häufen, (auf)stapeln, aufschichten; sich anhäufen

piles [paılz] *pl med.* Hämorrhoiden *pl*

pileup *mot.* F Massenkarambolage *f*

pilfer ['pılfə] stehlen, klauen

pilgrim ['pılgrım] Pilger(in)

pill [pıl] Pille *f,* Tablette *f; the* ♀ die (Antibaby)Pille

pillar ['pılə] Pfeiler *m;* Säule *f; '~ box* Brt. Briefkasten *m*

pillion ['pıljən] Soziussitz *m*

pillow ['pıləʊ] (Kopf)Kissen *n;* *'~case,* *'~slip* (Kopf)Kissenbezug *m*

pilot ['paılət] **1.** Pilot(in);

Lots|e *m*, -in *f* ; Versuchs..., Pilot...; **2.** lotsen; steuern

pimp [pɪmp] Zuhälter *m*

pimple ['pɪmpl] Pickel *m*

pin [pɪn] **1.** (Steck- *etc.*)Nadel *f*; *tech.* Stift *m*, Bolzen *m*; Kegel *m*; **2.** (an)heften, (an-)stecken, befestigen

PIN [pɪn] *a.* **~ number** (= *personal identification number*) Geldautomat: PIN, persönliche Geheimzahl

pinafore ['pɪnəfɔː] Schürze *f*

pinball ['pɪnbɔːl] Flippern *n*; **play ~** flippern

pincers ['pɪnsəz] *pl a.* **a pair of ~** e-e) (Kneif)Zange

pinch [pɪntʃ] **1.** Kneifen *n*, Zwicken *n*; *Salz etc.*: Prise *f*; **2.** kneifen, zwicken; *Schuh:* drücken; F klauen

pine [paɪn] Kiefer *f*; **'~apple** Ananas *f*

pink [pɪŋk] rosa(farben)

'pinstripe Nadelstreifen *m*

pint [paɪnt] Pint *n* (*Brt.* 0,57 Liter, *Am.* 0,47 Liter)

pioneer [paɪə'nɪə] Pionier *m*

pious ['paɪəs] fromm

pip [pɪp] (Obst)Kern *m*; Ton *m* (*e-s Zeitzeichens etc.*)

pipe [paɪp] **1.** Rohr *n*, Röhre *f*; (*Tabaks-, Orgel*)Pfeife *f*; **2.** (durch Rohre) leiten; **'~line** Rohrleitung *f*; Pipeline *f*

pirate ['paɪərət] Pirat *m*, Seeräuber *m*

Pisces ['paɪsiːz] *sg astr.* Fische *pl*

pistol ['pɪstl] Pistole *f*

piston ['pɪstən] Kolben *m*

pit [pɪt] Grube *f*; *thea.* Orchestergraben *m*; *Brt. thea.* Parkett *n*; *Am.* (Obst)Stein *m*

pitch [pɪtʃ] **1.** *min.* Pech *n*; *Brt.* Spielfeld *n*, Platz *m*; Wurf *m*; *mus.* Tonhöhe *f*; Grad *m*, Stufe *f*; **2.** Zelt, Lager aufschlagen; werfen, schleudern; *mus.* (an)stimmen; **~'black**, **~'dark** pechschwarz; stockdunkel

pitcher ['pɪtʃə] Krug *m*

piteous ['pɪtɪəs] Mitleid erregend, kläglich

pitfall *fig.* Falle *f*

pith [pɪθ] Mark *n*; *fig.* Kern *m*

piti|ful ['pɪtɪfʊl] Mitleid erregend; erbärmlich, jämmerlich; **'~less** unbarmherzig

pity ['pɪtɪ] **1.** Mitleid *n*; *it's a* ~ es ist schade; *what a ~!* wie schade!; **2.** Mitleid haben mit, bemitleiden, bedauern

pivot ['pɪvət] *tech.*: Drehpunkt *m*; (Dreh)Zapfen *m*; *fig.* Angelpunkt *m*

placard ['plækɑːd] Plakat *n*

place [pleɪs] **1.** Platz *m*, Ort *m*, Stelle *f*; *in ~ of* an Stelle von; *out of ~* fehl am Platz; *take ~* stattfinden; *in the first ~* erstens; *in third ~ Sport:* auf dem dritten Platz; **2.** stellen, legen, setzen; *Auftrag* erteilen; **'~mat** Platzdeckchen *n*, Set *n*, *m*

placid ['plæsɪd] ruhig; sanft

plague [pleɪg] **1.** Seuche *f*, Pest *f*; **2.** plagen, quälen

plaice [pleɪs] Scholle f

plain [pleɪn] **1.** einfach, schlicht; unscheinbar; offen (u. ehrlich); klar (u. deutlich); **2.** Ebene f; ~'**clothes** in Zivil

plaintiff ['pleɪntɪf] jur. Kläger(in)

plait [plæt] Brt. **1.** Zopf m; **2.** flechten

plan [plæn] **1.** Plan m; **2.** planen; beabsichtigen

plane¹ [pleɪn] **1.** flach, eben; **2.** math. Ebene f; Flugzeug n; Hobel m; fig. Stufe f, Niveau n

plane² [pleɪn] a. ~ **tree** Platane f

planet ['plænɪt] astr. Planet m

plank [plæŋk] Planke f, Bohle f

plant [plɑːnt] **1.** Pflanze f; Werk n, Betrieb m, Fabrik f; **2.** pflanzen; F aufstellen

plantation [plæn'teɪʃn] Plantage f

plaque [plɑːk] Gedenktafel f; med. Zahnbelag m

plaster ['plɑːstə] **1.** med. Pflaster n; (Ver)Putz m; a. ~ **of Paris** Gips m; **2.** verputzen; (be)kleben; '~**cast** Gipsabdruck m; Gipsverband m

plastic ['plæstɪk] **1.** Plastik n, Kunststoff m; **2.** plastisch; Plastik...; ~ '**bag** Plastiktüte f; ~ '**money** Plastikgeld n, Kreditkarten pl; ~ '**wrap** Am. Frischhaltefolie f

plate [pleɪt] **1.** Teller m, Platte

f; (Bild)Tafel f; Schild n; **2.** ~**d with gold** vergoldet

plateau ['plætəʊ] (pl -teaus, -teaux [-əʊ]) Plateau n, Hochebene f

platform ['plætfɔːm] Plattform f; Bahnsteig m; (Redner)Tribüne f, Podium n; **party** ~ Parteiprogramm n

platinum ['plætɪnəm] Platin n

plausible ['plɔːzəbl] plausibel, glaubhaft

play [pleɪ] **1.** Spiel n; Schauspiel n, (Theater)Stück n; tech. Spiel n; fig. Spielraum m; **2.** spielen; ~ **cards** Karten spielen; ~ s.o. Sport: gegen j-n spielen; ~ **down** et. herunterspielen; ~ **off** j-n ausspielen (**against** gegen); '~**back** Play-back n, Wiedergabe f; '~**er** Spieler(in); (Platten)Spieler m; '~**ful** verspielt; '~**ground** Spielplatz m; Schulhof m; '~**ing card** Spielkarte f; '~**ing field** Sportplatz m, Spielfeld m; '~**mate** Spielkamerad(in); '~**pen** Laufstall m; '~**thing** Spielzeug n; '~**wright** ['pleɪraɪt] Dramatiker m

plea [pliː] dringende Bitte; Appell m

plead [pliːd] bitten; jur. plädieren

pleasant ['pleznt] angenehm, erfreulich; freundlich

please [pliːz] zufrieden stellen; ~**!** bitte!; ~ **yourself** mach, was du willst;

pleased erfreut; zufrieden

pleasure ['pleʒə] Vergnügen n, Freude f; (it's) my ~ gern (geschehen)

pleat [pliːt] (Plissee)Falte f

pledge [pledʒ] **1.** Pfand n; **2.** versprechen, zusichern

plentiful ['plentɪfʊl] reichlich

plenty ['plentɪ] reichlich; ~ of reichlich, viel, e-e Menge

pliable ['plaɪəbl] biegsam; fig. flexibel; fig. leicht beeinflussbar

pliers ['plaɪəz] pl (a. a pair of ~) (e-e) Beißzange

plight [plaɪt] Not(lage) f

plimsolls ['plɪmsəlz] pl Turnschuhe pl

plod [plɒd] sich dahinschleppen; ~ on sich abmühen

plot [plɒt] **1.** Stück n (Land); Komplott n, Verschwörung f; Roman etc.: Handlung f; **2.** sich verschwören; planen

plough Brt., **plow** Am. [plaʊ] **1.** Pflug m; **2.** (um)pflügen

pluck [plʌk] pflücken; rupfen; ausreißen; ~ up (the) courage Mut fassen

plug [plʌg] **1.** Stöpsel m; electr. Stecker m; mot. (Zünd)Kerze f; **2.** ~ in electr. anschließen, einstecken; ~ up zu-, verstopfen

plum [plʌm] Pflaume f; Zwetsch(g)e f

plumage ['pluːmɪdʒ] Gefieder n

plumb [plʌm] **1.** Lot n, Senkblei n; **2.** ausloten; '~er

Klempner m, Installateur m; '~ing Rohre pl; Klempner-, Installateurarbeit f

plump [plʌmp] mollig

plunder ['plʌndə] plündern

plunge [plʌndʒ] (ein-, unter)tauchen; (sich) stürzen

plural ['plʊərəl] gr. Plural m, Mehrzahl f

plus [plʌs] plus, und

plywood ['plaɪ-] Sperrholz n

pm [piː 'em] post meridiem (= after noon) nachm., abends

PM [piː 'em] F bsd. Brt. **Prime Minister** Premierminister (-in)

pneumatic [njuː'mætɪk] pneumatisch, (Press)Luft...; ~ 'drill Pressluftbohrer m

pneumonia [njuː'məʊnjə] Lungenentzündung f

PO [piː 'əʊ] post office Postamt n

poach [pəʊtʃ] wildern; ~ed eggs pl pochierte od. verlorene Eier pl

POB [piː əʊ 'biː] post office box (number) Postfach n

pocket ['pɒkɪt] **1.** (Hosen-etc.)Tasche f; **2.** einstecken (a. fig.); '~book Notizbuch n; Am. Brieftasche f; '~cal-culator Taschenrechner m; '~knife (pl -knives) Taschenmesser n; '~ money Taschengeld n

pod [pɒd] Hülse f, Schote f

poem ['pəʊɪm] Gedicht n

poet ['pəʊɪt] Dichter(in);

polo neck

poetic(al) [pəʊˈetɪk(l)] dichterisch; **poetry** [ˈpəʊɪtrɪ] Dichtkunst f; Dichtung f; Gedichte pl

point [pɔɪnt] **1.** Spitze f; Punkt m; math. (Dezimal)Punkt m, Komma f; Kompassstrich m; Skala: Grad m; Punkt m, Stelle f, Ort m; springender Punkt; Pointe f; Zweck m, Ziel n; pl rail. Weiche f; **beside the ~** nicht zur Sache gehörig; **win on ~s** nach Punkten gewinnen; **2.** (zu)spitzen; **~ at** Waffe richten auf; zeigen auf; **~ out** zeigen, hinweisen auf; **~ to** nach e-r Richtung weisen od. liegen; zeigen auf; hinweisen auf; **'~ed** spitz; fig.: scharf; deutlich; **'~er** Zeiger m; Zeigestock m; Vorstehhund m; **'~less** sinnlos; **~ of 'view** Stand-, Gesichtspunkt m

poison [ˈpɔɪzn] **1.** Gift n; **2.** vergiften; **~ing** Vergiftung f; **~ous** giftig

poke [pəʊk] schüren, stoßen; **~ about**, **~ around** (herum)stöbern, (-)wühlen (in in); **'poker** Schürhaken m

Poland [ˈpəʊlənd] Polen n

polar [ˈpəʊlə] polar, Polar...; **~ 'bear** Eisbär m

pole¹ [pəʊl] Pol m

pole² [pəʊl] Stange f; Mast m; Sport: (Sprung)Stab m

Pole [pəʊl] Pol|e m, -in f

'pole vault Stabhochsprung m; **'~er** Stabhochspringer m

police [pəˈliːs] Polizei f; **~man** (pl -men) Polizist m; **~ officer** Polizeibeamt|e m, -in f; **~ station** Polizeiwache f, -revier n; **~woman** (pl -women) Polizistin f

policy [ˈpɒlɪsɪ] Politik f; Taktik f; (Versicherungs)Police f

polio [ˈpəʊlɪəʊ] Polio f, Kinderlähmung f

polish [ˈpɒlɪʃ] **1.** Politur f; (Schuh)Creme f; fig. Schliff m; **2.** polieren; Schuhe putzen

Polish [ˈpəʊlɪʃ] polnisch

polite [pəˈlaɪt] höflich

political [pəˈlɪtɪkl] politisch; **politician** [pɒlɪˈtɪʃn] Politiker(in); **politics** [ˈpɒlɪtɪks] mst sg Politik f

poll [pəʊl] **1.** Umfrage f, pol. Wahlbeteiligung f; **the ~s**, a. **the ~** pl die Wahl; **2.** befragen

pollen [ˈpɒlən] Blütenstaub m, Pollen m

'polling booth Brt. Wahlkabine f; **'~ place** Am., **'~ station** Brt. Wahllokal n

pollutant [pəˈluːtənt] Schadstoff m; **pollute** [pəˈluːt] verschmutzen, verunreinigen; **pol'luter** a. environmental **~** Umweltsünder(in); **pol'lution** (Umwelt)Verschmutzung f

polo [ˈpəʊləʊ] Polo n; **~ neck** bsd. Brt. Rollkragen(pullover) m

polystyrene [pɒlɪ'staɪriːn] Styropor® n

pond [pɒnd] Teich m

pony ['pəʊnɪ] Pony n; '**.tail** *Frisur:* Pferdeschwanz m

poodle ['puːdl] Pudel m

pool [puːl] **1.** (*Schwimm*)Becken n, (*Swimming*)Pool m; *Blut- etc.* Lache f; **2.** zs.-legen; **pools** pl Toto n

poor [pɔː] **1.** arm; dürftig; schlecht; **2. the ~** pl die Armen pl; '**.ly** schlecht

pop [pɒp] **1.** Knall m; Pomusik f; Pop...; **2.** (zer)knallen; (zer)platzen; schnell wohin tun od. stecken; **~ in** auf e-n Sprung vorbeikommen; **~ up** (plötzlich) auftauchen

Pope [pəʊp] Papst m

poplar ['pɒplə] Pappel f

poppy ['pɒpɪ] Mohn m

popular ['pɒpjʊlə] populär, beliebt; volkstümlich; allgemein; '**.ity** [pɒpjʊ'lærɪtɪ] Popularität f, Beliebtheit f

populate ['pɒpjʊleɪt] bewohnen; **popu'lation** Bevölkerung f; Einwohner pl

porcelain ['pɔːslɪn] Porzellan n

porch [pɔːtʃ] Vorbau m, Windfang m; *Am.* Veranda f

porcupine ['pɔːkjʊpaɪn] Stachelschwein n

pore [pɔː] **1.** Pore f; **2. ~ over** *et.* eifrig studieren

pork [pɔːk] Schweinefleisch n

porous ['pɔːrəs] porös

porridge ['pɒrɪdʒ] Haferbrei m

port [pɔːt] Hafen(stadt f) m; *naut., aviat.* Backbord n; *Computer:* Port m, Anschluss m; Portwein m

portable ['pɔːtəbl] tragbar

porter ['pɔːtə] Pförtner m; Portier m; (Gepäck)Träger m; *Am.* Schlafwagenschaffner m

'**porthole** Bullauge n

portion ['pɔːʃn] (An)Teil m; *Essen:* Portion f

portrait ['pɔːtreɪt] Porträt n, Bild(nis) n

portray [pɔː'treɪ] darstellen

Portugal ['pɔːtjʊgl] Portugal n; **Portuguese** [pɔːtjʊ'giːz] **1.** portugiesisch; **2.** Portugiese m, -in f

pose [pəʊz] **1.** Pose f; **2.** posieren; *Problem* aufwerfen

posh [pɒʃ] F piekfein

position [pə'zɪʃn] **1.** Position f; Lage f; Stellung f; Standpunkt m; **2.** (auf)stellen

positive ['pɒzɪtɪv] **1.** positiv; bestimmt, sicher, eindeutig; **2.** *phot.* Positiv n

possess [pə'zes] besitzen; **.ion** Besitz m; **.ive** besitzergreifend

possibility [pɒsə'bɪlɪtɪ] Möglichkeit f; **possible** ['pɒsəbl] möglich; '**possibly** vielleicht

post [pəʊst] **1.** Pfosten m; Posten m; Stelle f, Job m; *bsd. Brt.* Post f; **2.** *Brief etc.* aufgeben; *Plakat etc.* anschlagen; postieren; '**.age** Porto n; '**.al** Post...; '

order (*Abk. PO*) Postanweisung *f*; **'~box** *bsd. Brt.* Briefkasten *m*; **'~card** Postkarte *f*; **'~code** *Brt.* Postleitzahl *f*

poster ['pəʊstə] Plakat *n*; Poster *n, m*

poste restante [pəʊst'restɑːnt] postlagernd

'postman (*pl -men*) *bsd. Brt.* Briefträger *m*, Postbote *m*; **'~mark 1.** Poststempel *m*; **2.** (ab)stempeln; **'~ office** Post(amt *n*) *f*

postpone [pəʊst'pəʊn] veraufschieben

posture ['pɒstʃə] (Körper-) Haltung *f*; Stellung *f*

pot [pɒt] **1.** Topf *m*; Kanne *f*; **2.** eintopfen

potato [pə'teɪtəʊ] (*pl -toes*) Kartoffel *f*

potential [pəʊ'tenʃl] **1.** potenziell; **2.** Potenzial *n*

'pothole *mot.* Schlagloch *n*

potter¹ ['pɒtə]: **~ about** herumwerkeln, -hantieren

potter² ['pɒtə] Töpfer(in); **'pottery** Töpferwaren *pl*; Töpferei *f*

pouch [paʊtʃ] Beutel *m*

poultry ['pəʊltrɪ] Geflügel *n*

pounce [paʊns] sich stürzen

pound¹ [paʊnd] *Gewicht:* Pfund *n* (*454 g*); *Währung:* Pfund *n*

pound² [paʊnd] hämmern (an, gegen); zerstoßen, -stampfen

pour [pɔː] gießen, schütten; **it's ~ing** es gießt in Strömen

poverty ['pɒvətɪ] Armut *f*

powder ['paʊdə] **1.** Pulver *n*; Puder *m*; **2.** pudern; **'~ room** Damentoilette *f*

power ['paʊə] **1.** Kraft *f*; Macht *f*; Fähigkeit *f*; *electr.* Strom *m*; **2.** *tech.* antreiben; **'~ cut** Stromsperre *f*; **'~ful** mächtig; stark; **'~less** machtlos; kraftlos; **'~ plant** *bsd. Am.*, **'~ station** Elektrizitäts-, Kraftwerk *n*

PR [piː 'ɑː] *abbr.* **public relations** PR, Öffentlichkeitsarbeit *f*

practicable ['præktɪkəbl] durchführbar; **'practical** praktisch

practice ['præktɪs] **1.** Praxis *f*; Übung *f*; Brauch *m*; **2.** *Am.* → **practise**

practise *Brt.*, **practice** *Am.* ['præktɪs] ausüben; üben

practitioner [præk'tɪʃnə] → **general practitioner**

praise [preɪz] **1.** Lob *n*; **2.** loben; **'~worthy** lobenswert

pram [præm] Kinderwagen *m*

prank [præŋk] Streich *m*

prattle ['prætl] plappern

prawn [prɔːn] Garnele *f*

pray [preɪ] beten; **~er** [preə] Gebet *n*; *pl* Andacht *f*

preach [priːtʃ] predigen

precarious [prɪ'keərɪəs] prekär, unsicher

precaution [prɪ'kɔːʃn] Vorkehrung *f*, Vorsichtsmaßnahme *f*; **~ary** vorbeugend

precede [priː'siːd] vorausgehen, vorangehen

precinct ['pri:sɪŋkt] *bsd. Brt.*: (*Fußgänger*)Zone *f*; (*Einkaufs*)Viertel *n*; *Am.* (*Polizei*)Revier *n*; *pl* Gelände *n*

precious ['preʃəs] kostbar; *Steine etc.*: Edel...

precipice ['presɪpɪs] Abgrund *m*

precipitous [prɪ'sɪpɪtəs] steil

précis ['preɪsi:] (*pl précis* [-si:z]) (*kurze*) Zs.-fassung

precise [prɪ'saɪs] genau; **precision** [prɪ'sɪʒn] Genauigkeit *f*; Präzision *f*

precocious [prɪ'kəʊʃəs] frühreif; altklug

preconceived [pri:kən'si:vd] *Meinung etc.*: vorgefasst

predecessor ['pri:dɪsesə] Vorgänger(in)

predicament [prɪ'dɪkəmənt] missliche Lage

predict [prɪ'dɪkt] vorhersagen; **~ion** Vorhersage *f*

predominant [prɪ'dɒmɪnənt] vorherrschend

prefabricated [pri:'fæbrɪkeɪtɪd] vorgefertigt, Fertig...

preface ['prefɪs] Vorwort *n*

prefer [prɪ'fɜ:] vorziehen, lieber mögen; **~** *to do* lieber tun

preferable ['prefərəbl] vorzuziehen (*to dat*)

preference ['prefərəns] Vorliebe *f*; Vorzug *m*

prefix ['pri:fɪks] Vorsilbe *f*

pregnancy ['pregnənsɪ] Schwangerschaft *f*; **pregnant** schwanger

prejudice ['predʒʊdɪs] Vor-

urteil *n*; **'prejudiced** voreingenommen, befangen

preliminary [prɪ'lɪmɪnərɪ] einleitend; Vor...

prelude ['prelju:d] Vorspiel *n*

premarital [pri:'mærɪtl] vorehelich

premature ['premətjʊə] vorzeitig, Früh...; voreilig

premeditated [pri:'medɪteɪtɪd] *Mord etc.*: vorsätzlich

premises ['premɪsɪz] *pl* Gelände *n*, Grundstück *n*; (*Geschäfts*)Räume *pl*

premium ['pri:mjəm] Prämie *f*, Bonus *m*; **~** (**gasoline**) *Am. mot.* Super(benzin) *n*

preoccupied [pri:'ɒkjupaɪd] beschäftigt; geistesabwesend

prepacked [pri:'pækt] *Nahrung*: abgepackt

prepaid [pri:'peɪd] frankiert

preparation [prepə'reɪʃn] Vorbereitung *f*; **prepare** [prɪ'peə] (sich) vorbereiten; *Speisen etc.* zubereiten

prerogative [prɪ'rɒgətɪv] Vorrecht *n*

prescribe [prɪ'skraɪb] *et.* vorschreiben; *med. et.* verschreiben; **prescription** [prɪ'skrɪpʃn] *med.* Rezept *n*

presence ['prezns] Gegenwart *f*, Anwesenheit *f*; **~ of mind** Geistesgegenwart *f*

present¹ ['preznt] Geschenk *n*

present² [prɪ'zent] überreichen; schenken; vorlegen; präsentieren; *j-n*, *Produkt*

prime time

vorstellen; *Programm etc.*
moderieren

present³ ['preznt] **1.** anwesend; vorhanden; gegenwärtig, jetzig; **2.** Gegenwart *f; at* ~ zur Zeit, jetzt

presentation [prezən'teɪʃn] Überreichung *f;* Präsentation *f;* Vorlage *f*

present-'day heutig

preservation [prezə'veɪʃn] Bewahrung *f;* Erhaltung *f*

preserve [prɪ'zɜːv] **1.** erhalten; (be)wahren, konservieren; *Obst* einkochen, einmachen; **2.** *pl das* Eingemachte

preside [prɪ'zaɪd] den Vorsitz haben *od.* führen

president ['prezɪdənt] Präsident(in)

press [pres] **1.** (*Wein- etc.*) Presse *f;* (Drucker)Presse *f;* Druckerei *f;* die ~ die Presse; **2.** drücken (auf); (aus)pressen; bügeln; (be)drängen; (sich) drängen; ~ *for* dringen auf; '~ing dringend; '~stud *Brt.* Druckknopf *m;* '~up *Brt.* Liegestütz *m*

pressure ['preʃə] Druck *m;* '~ cooker Schnellkochtopf *m*

presumably [prɪ'zjuːməblɪ] vermutlich; **presume** [prɪ'zjuːm] annehmen, vermuten

presumptuous [prɪ'zʌmptʃʊəs] anmaßend

pretence *Brt.,* **pretense** *Am.* [prɪ'tens] Vortäuschung *f;* Anspruch *m*

pretend [prɪ'tend] vorgeben,

vortäuschen; **pre'tension** Anspruch *m* (*to* auf)

pretext ['priːtekst] Vorwand *m*

pretty ['prɪtɪ] hübsch; nett

pretzel ['pretsl] Brezel *f*

prevent [prɪ'vent] verhindern, -hüten; *j-n* hindern; **pre'vention** Verhütung *f;* **pre'ventive** vorbeugend

preview ['priːvjuː] *Film, TV:* Voraufführung *f;* Vorbesichtigung *f*

previous ['priːvjəs] vorhergehend, Vor...; ~ *to* bevor, vor; '~ly vorher, früher

prey [preɪ] Beute *f;* → *beast;* → *bird*

price [praɪs] Preis *m;* '~less unbezahlbar; '~ tag Preisschild *n*

prick [prɪk] **1.** Stich *m;* V *Penis:* Schwanz *m;* **2.** (durch)stechen; ~ *up one's ears* die Ohren spitzen

prickle ['prɪkl] Stachel *m,* Dorn *m;* '**prickly** stach(e)lig

pride [praɪd] Stolz *m*

priest [priːst] Priester *m*

primarily ['praɪmərəlɪ] in erster Linie, vor allem

primary ['praɪmərɪ] **1.** wichtigst; grundlegend, elementar; **2.** *Am. pol.* Vorwahl *f;* '~ **school** *Brt.* Grundschule *f*

prime [praɪm] **1.** wichtigst, Haupt...; erstklassig; **2.** *fig.* Blüte(zeit) *f;* **~ 'minister** Premierminister(in), Ministerpräsident(in); **~ time** *bsd.*

Am. TV Haupteinschaltzeit *f,* beste Sendezeit
primeval [praɪˈmiːvl] urzeitlich, Ur...
primitive [ˈprɪmɪtɪv] primitiv
primrose [ˈprɪmrəʊz] Primel *f,* Schlüsselblume *f*
prince [prɪns] Fürst *m;* Prinz *m*
princess [prɪnˈses, *vor Eigennamen* ˈprɪnses] Fürstin *f;* Prinzessin *f*
principal [ˈprɪnsəpl] **1.** wichtigst, Haupt...; **2.** *Am. Schule:* Direktor(in), Rektor(in)
principality [ˌprɪnsɪˈpælətɪ] Fürstentum *n*
'principally hauptsächlich
principle [ˈprɪnsəpl] Prinzip *n,* Grundsatz *m;* **on ~** grundsätzlich, aus Prinzip
print [prɪnt] **1.** *print.* Druck *m;* (Finger)Abdruck *m;* *Kunst:* Druck *m; phot.* Abzug *m;* **out of ~** vergriffen; **2.** (ab-, auf-, be)drucken; in Druckbuchstaben schreiben; *phot.* abziehen; **~ out** *Computer:* ausdrucken; **'~ed matter** Drucksache *f;* **'~er** Drucker *m (a. Computer);* **'~out** *Computer:* Ausdruck *m*
prior [ˈpraɪə] früher; **~ity** [praɪˈɒrətɪ] Priorität *f,* Vorrang *m*
prison [ˈprɪzn] Gefängnis *n;* **'~er** Gefangene *m, f,* Häftling *m;* **take s.o.~** j-n gefangen nehmen
privacy [ˈprɪvəsɪ] Privatleben *n;* Privatsphäre *f*

private [ˈpraɪvɪt] **1.** privat, Privat...; persönlich; vertraulich; **2.** gemeiner Soldat
privilege [ˈprɪvɪlɪdʒ] Vorrecht *n;* Privileg *n;* **'privileged** bevorzugt, privilegiert
prize [praɪz] **1.** (Sieges)Preis *m,* Prämie *f;* (Lotterie)Gewinn *m;* **2.** preisgekrönt; Preis...; **✌.** (hoch) schätzen
pro [prəʊ] **1.** für; **2.** *the* **~s and cons** *pl* das Für und Wider
probability [ˌprɒbəˈbɪlətɪ] Wahrscheinlichkeit *f;* **'probable** *adj,* **'probably** *adv* wahrscheinlich
probation [prəˈbeɪʃn] Probe(-zeit) *f; jur.* Bewährung *f;* **~ officer** Bewährungshelfer *m*
probe [prəʊb] **1.** Sonde *f;* Untersuchung *f;* **2.** untersuchen
problem [ˈprɒbləm] Problem *n; math.* Aufgabe *f*
procedure [prəˈsiːdʒə] Verfahren(sweise *f) n,* Vorgehen *n*
proceed [prəˈsiːd] *fig.* weitergehen; *fig.* fortfahren; **~ings** *pl* Vorgänge *pl,* Geschehnisse *pl; jur.* Verfahren *n*
proceeds [ˈprəʊsiːdz] *pl* Erlös *m,* Einnahmen *pl*
process [ˈprəʊses] **1.** Vorgang *m,* Prozess *m,* Verfahren *n;* **2.** *tech. et.* bearbeiten; *Computer: Daten* verarbeiten; *Film* verarbeiten
procession [prəˈseʃn] Prozession *f;* Umzug *m*

processor ['prəʊsesə] *Computer*: Prozessor *m*; (*Wort-, Text*)Verarbeitungsgerät *n*

proclamation [prɒklə'meɪʃn] Proklamation *f*

prodigy ['prɒdɪdʒɪ]: **child** *od.* **infant ~** Wunderkind *n*

produce¹ [prə'djuːs] produzieren; erzeugen, herstellen; hervorziehen, -holen; (vor)zeigen; *fig.* hervorrufen; *Film* produzieren; *thea.* inszenieren

produce² ['prɒdjuːs] *bsd.* (*Agrar*)Produkt(e *pl*) *n*, (-)Erzeugnis(se *pl*) *n*

producer [prə'djuːsə] Produzent(in)

product ['prɒdʌkt] Produkt *n*, Erzeugnis *n*; **~ion** [prə-'dʌkʃn] Produktion *f*, Erzeugung *f*, Herstellung *f*; *thea.* Inszenierung *f*; **~ive** [prə-'dʌktɪv] produktiv

profession [prə'feʃn] Beruf *m*; **~al 1.** Berufs..., beruflich; fachmännisch, professionell; **2.** Fachmann *m*; Berufssportler(in); Profi *m*

professor [prə'fesə] Professor(in)

proficiency [prə'fɪʃnsɪ] Können *n*, Tüchtigkeit *f*; **pro'ficient** tüchtig, erfahren

profile ['prəʊfaɪl] Profil *n*

profit ['prɒfɪt] **1.** Gewinn *m*, Profit *m*; Nutzen *m*; **2. ~ by**, **~ from** profitieren von; **'~able** Gewinn bringend

profound [prə'faʊnd] tief;

Wissen: profund

profuse [prə'fjuːs] (über-)reich; verschwenderisch

program ['prəʊgræm] **1.** *Computer*: Programm *n*; *Am.* → **programme 1**; **2.** *Computer*: programmieren; *Am.* → **programme 2**; **'programer** → **programmer**

programme *Brt.*, **program** *Am.* ['prəʊgræm] **1.** Programm *n*; **2.** (vor)programmieren; **'programmer** *Computer*: Programmierer(in)

progress 1. ['prəʊgres] Fortschritt(e *pl*) *m*; **2.** [prəʊ'gres] fortschreiten; Fortschritte machen; **~ive** [prəʊ'gresɪv] progressiv, fortschreitend; fortschrittlich

prohibit [prə'hɪbɪt] verbieten; **~ion** [prəʊɪ'bɪʃn] Verbot *n*

project 1. ['prɒdʒekt] Projekt *n*, Vorhaben *n*; **2.** [prə-'dʒekt] planen; projizieren; vorspringen, -ragen, -stehen; **~ion** [prə'dʒekʃn] *arch.* Vorsprung *m*; Projektion *f*; **~or** [prə'dʒektə] Projektor *m*

prolong [prəʊ'lɒŋ] verlängern

promenade [prɒmə'nɑːd] (Strand)Promenade *f*

prominent ['prɒmɪnənt] vorstehend; prominent

promise ['prɒmɪs] **1.** Versprechen *n*; **2.** versprechen; **'promising** viel versprechend

promote [prə'məʊt] befördern; fördern; *econ.* werben

für; **pro'moter** Förderer *m*; Veranstalter *m*; **pro'motion** Beförderung *f*; Förderung *f*; Werbung *f*

prompt [prɒmpt] **1.** prompt; pünktlich; **2.** *j-n* veranlassen

prone [prəʊn]: *be ~ to* neigen zu

prong [prɒŋ] Zinke *f*

pronounce [prə'naʊns] aussprechen; **pronunciation** [prənʌnsɪ'eɪʃn] Aussprache *f*

proof [pruːf] **1.** Beweis *m*; Probe *f*; *print.*, *phot.* Probeabzug *m*; **2.** (*wetter*)fest; (*wasser*)dicht; (*kugel*)sicher

prop [prɒp] **1.** Stütze *f* (*a. fig.*); **2.** ~ *up* (ab)stützen

propel [prə'pel] (an)treiben; **pro'peller** Propeller *m*; **pro'pelling 'pencil** Drehbleistift *m*

proper ['prɒpə] richtig; anständig; *bsd. Brt.* F ordentlich, gehörig

property ['prɒpətɪ] Eigentum *n*; (Grund)Besitz *m*; Eigenschaft *f*

prophecy ['prɒfɪsɪ] Prophezeiung *f*; **prophesy** ['prɒfɪsaɪ] prophezeien; **prophet** ['prɒfɪt] Prophet *m*

proportion [prə'pɔːʃn] Verhältnis *n*; (An)Teil *m*; *pl* Größenverhältnisse *pl*, Proportionen *pl*; **~al** proportional

proposal [prə'pəʊzl] Vorschlag *m*; (Heirats)Antrag *m*; **propose** [prə'pəʊz] vor-

schlagen; ~ *to j-m* e-n Heiratsantrag machen; **proposition** [prɒpə'zɪʃn] Vorschlag *m*; Behauptung *f*

proprietor [prə'praɪətə] Eigentümer *m*; (Geschäfts-)Inhaber *m*

propulsion [prə'pʌlʃn] *tech.* Antrieb *m*

prose [prəʊz] Prosa *f*

prosecute ['prɒsɪkjuːt] strafrechtlich verfolgen; **prose'cution** strafrechtliche Verfolgung; *the ~* die Staatsanwaltschaft; **'prosecutor** Staatsanwalt *m*, -anwältin *f*

prospect ['prɒspekt] *fig.* Aussicht *f*; **~ive** [prə'spektɪv] (zu)künftig; voraussichtlich

prospectus [prə'spektəs] (Werbe)Prospekt *m*

prosper ['prɒspə] Erfolg haben; blühen, gedeihen; **~ity** [prɒ'sperətɪ] Wohlstand *m*; **~ous** ['prɒspərəs] erfolgreich; wohlhabend

prostitute ['prɒstɪtjuːt] Prostituierte *f*

prostrate ['prɒstreɪt] hingestreckt; ~ *with grief* gramgebeugt, gebrochen

protect [prə'tekt] (be)schützen; **~ion** Schutz *m*; ~ *of endangered species* Artenschutz *m*; **~ive** (be)schützend, Schutz...

protein ['prəʊtiːn] Protein *n*, Eiweiß *n*

protest 1. ['prəʊtest] Protest

m; **2.** [prə'test] protestieren;
2ant ['prɒtɪstənt] **1.** protestantisch; **2.** Protestant(in)

protrude [prə'truːd] herausragen, vorstehen

proud [praud] stolz (*of* auf)

prove [pruːv] (*proved,
proved od. Am. proven*) beweisen; sich herausstellen *od.* erweisen als

proven ['pruːvn] *bsd. Am.* pp
von **prove**

proverb ['prɒvɜːb] Sprichwort *n*

provide [prə'vaɪd] (zur Verfügung) stellen; versehen, versorgen, beliefern; besorgen;
~ *for* sorgen für; ~d (*that*)
vorausgesetzt(, dass)

provision [prə'vɪʒn] Bereitstellung *f*, Beschaffung *f*;
Vorsorge *f*, Vorkehrung *f*; *pl*
Proviant *m*; **~al** provisorisch

provocation [prɒvə'keɪʃn]
Provokation *f*

provoke [prə'vəuk] provozieren; hervorrufen

prowl [praul] herumschleichen; durchstreifen

proxy ['prɒksɪ] Stellvertreter(in); Vollmacht *f*

prudent ['pruːdnt] klug; umsichtig, besonnen

prudish ['pruːdɪʃ] prüde

prune¹ [pruːn] *Bäume etc.* beschneiden

prune² [pruːn] Backpflaume *f*

pseudonym ['sjuːdənɪm]
Pseudonym *n*, Deckname *m*

psychiatrist   [saɪ'kaɪətrɪst]

Psychiater *m*; **psychiatry**
[saɪ'kaɪətrɪ] Psychiatrie *f*

psychological [saɪkə'lɒdʒɪkl]
psychologisch; **psychologist** [saɪ'kɒlədʒɪst] Psychologje *m*, -in *f*; **psychology**
[saɪ'kɒlədʒɪ] Psychologie *f*

psychosomatic [saɪkəusəu-
'mætɪk] psychosomatisch

psychotherapy [saɪkəu-
'θerəpɪ] Psychotherapie *f*

pub [pʌb] Pub *n*, Kneipe *f*

puberty ['pjuːbətɪ] Pubertät *f*

public ['pʌblɪk] **1.** öffentlich;
2. *the* ~ die Öffentlichkeit,
das Publikum; *in* ~ öffentlich

publication [pʌblɪ'keɪʃn] Veröffentlichung *f*; Bekanntgabe *f*

public| con'venience *Brt.*
öffentliche Toilette; ~
'**health** öffentliches Gesundheitswesen

publicity [pʌb'lɪsətɪ] Publicity
f; Werbung *f*, Reklame *f*

public| 'school *Brt.* Privatschule *f*; *Am.* staatliche
Schule; ~ '**transport** öffentliche Verkehrsmittel *pl*

publish ['pʌblɪʃ] veröffentlichen; *Buch etc.* herausgeben, verlegen; '**~er** Verleger(in), Herausgeber(in);
Verlag(shaus *n*) *m*

pudding ['pudɪŋ] Pudding *m*;
Nachtisch *m*

puddle ['pʌdl] Pfütze *f*

puff [pʌf] **1.** *an e-r Zigarette:*
Zug *m*; (Rauch)Wölkchen *n*;
2. schnaufen, keuchen; paf-

fen; ~ **'pastry** Blätterteig *m*
puffy ['pʌfɪ] (an)geschwollen
pull [pʊl] **1.** Ziehen *n*; Zug *m*;
Ruck *m*; **2.** ziehen; zerren;
reißen; zupfen; ~ **down** ab-,
niederreißen; ~ **in** Zug: einfahren; ~ **out** Zug: abfahren;
Fahrzeug: ausscheren; ~ **o.s.**
together sich zs.-nehmen; ~
up *Auto:* anhalten; **'~ date**
Am. Mindesthaltbarkeitsdatum *n*
pulley ['pʊlɪ] Flaschenzug *m*
pullover ['pʊləʊvə] Pullover *m*
pulp [pʌlp] **1.** Brei *m*; Frucht-
fleisch *n*; **2.** Schund...
pulpit ['pʊlpɪt] Kanzel *f*
pulsate [pʌl'seɪt] pulsieren,
pochen
pulse [pʌls] Puls *m*
pulverize ['pʌlvəraɪz] pulve-
risieren, zermahlen
pump [pʌmp] **1.** Pumpe *f*;
(*Zapf*)Säule *f*; **2.** pumpen
pumpkin ['pʌmpkɪn] Kürbis *m*
pun [pʌn] Wortspiel *n*
punch [pʌntʃ] **1.** (Faust-)
Schlag *m*; Lochzange *f*;
Locher *m*; Punsch *m*; **2.** *mit
der Faust* schlagen, boxen;
(aus)stanzen; lochen; **'~
card, ~ed 'card** Lochkarte *f*
punctual ['pʌŋktʃʊəl] pünktlich
punctuate ['pʌŋktʃʊeɪt] Satzzeichen setzen in; *fig.* unterbrechen; **punctu'ation** In-
terpunktion *f*
puncture ['pʌŋktʃə] Reifenpanne *f*

pungent ['pʌndʒənt] scharf,
stechend, beißend
punish ['pʌnɪʃ] (be)strafen;
'~ment Strafe *f*; Bestrafung *f*
pupil¹ ['pju:pl] Schüler(in)
pupil² ['pju:pl] Pupille *f*
puppet ['pʌpɪt] Marionette *f*
(*a. fig.*); (Hand)Puppe *f*
puppy ['pʌpɪ] Welpe *m*, jun-
ger Hund
purchase ['pɜ:tʃəs] **1.** Kauf
m; **2.** kaufen
pure [pjʊə] rein
purgative ['pɜ:gətɪv] **1.** ab-
führend; **2.** Abführmittel *n*
purify ['pjʊərɪfaɪ] reinigen (*a.
fig.*); **purity** ['pjʊərətɪ] Rein-
heit *f*
purl [pɜ:l] **1.** linke Masche; **2.**
links stricken
purple ['pɜ:pl] violett, purpurrot
purpose ['pɜ:pəs] Absicht *f*;
Zweck *m*; **on** ~ absichtlich
purr [pɜ:] schnurren
purse [pɜ:s] Geldbörse *f*, Portemonnaie *n*; *Am.* Handtasche *f*
pursue [pə'sju:] verfolgen;
streben nach; **pur'suer** Ver-
folger(in); **pursuit** [pə'sju:t]
Verfolgung *f*; Streben *n*
pus [pʌs] Eiter *m*
push [pʊʃ] **1.** Stoß *m*, Schubs
m; Anstoß *m*; Schwung *m*;
Tatkraft *f*; **2.** stoßen, schieben, schubsen; *Taste etc.*
drücken; drängen; (an)trei-
ben; ~ **off!** hau ab!; ~ **on** weitergehen, -fahren; weiterma-

chen; '~ **button** *tech.* Druck-
taste *f*; '~**chair** Sportwagen
m (für Kinder); '~-**up** *Am.*
Liegestütz *m*

puss [pʊs], '**pussy(cat)** Kätzchen *n*, Mieze *f*

put [pʊt] (*put*) legen, setzen,
stellen, tun; *Frage*
stellen, aufwerfen, sagen; ~
back zurücklegen, -stellen
(*a. Uhr*), -tun; ~ **by** Geld zurücklegen; ~ **down** hinlegen,
-stellen, -setzen; aussteigen
lassen; *in Liste:* eintragen;
aufschreiben; zuschreiben;
Tier einschläfern; ~ **forward**
Uhr vorstellen; *Plan* vorlegen; ~ **in** hineinlegen, -set-
zen, -stellen, -setzen; *Gesuch* einreichen; *Bemerkung*
einwerfen; ~ **off** auf-, verschieben; *j-m* absagen; *j-n*
hinhalten; ~ **on** *Kleider* anziehen, *Hut etc.* anlegen;
Uhr vorstellen; an-, einschalten; vortäuschen; *thea.*

Stück etc. aufführen; ~ **on**
weight zunehmen; ~ **out** hi-
nauslegen, -setzen, -stellen;
(her)ausstrecken; *Feuer,
Licht* ausmachen; *j-n* aus der
Fassung bringen; ~ **through**
tel. j-n verbinden (**to** mit); ~
together zs.-setzen; ~ **up** *v/t*
Zelt aufstellen; *Gebäude* errichten; *Gast* unterbringen;
Widerstand leisten; *Preis* erhöhen; ~ **up (for sale)** (zum
Verkauf) anbieten; *v/i:* ~ **up
at** übernachten bei/in; ~ **up
with** sich abfinden mit

putrid ['pjuːtrɪd] verfault, ver-
west

putty ['pʌtɪ] Kitt *m*

puzzle ['pʌzl] **1.** Rätsel *n (a.
fig.)*; Geduld(s)spiel *n*, Puz-
zle(spiel) *n*; **2.** verwirren;
sich den Kopf zerbrechen

pyjamas [pə'dʒɑːməz] *pl Brt.*
Schlafanzug *m*

pylon ['paɪlən] *electr.* Mast *m*

pyramid ['pɪrəmɪd] Pyramide *f*

Q

quack[1] [kwæk] quaken

quack[2] [kwæk] *a.* ~ **doctor**
Quacksalber *m*

quadrangle ['kwɒdræŋgl]
Viereck *n*; Innenhof *m*

quadruped ['kwɒdrʊped]
Vierfüß(l)er *m*

quadruple ['kwɒdrʊpl] **1.**
vierfach; **2.** (sich) vervier-
fachen

quadruplets ['kwɒdrʊplɪts]
pl Vierlinge *pl*

quaint [kweɪnt] malerisch;
drollig

quake [kweɪk] **1.** beben, zittern; **2.** F Erdbeben *n*

qualification [kwɒlɪfɪ'keɪʃn]
Qualifikation *f*, Befähigung
f; Voraussetzung *f*; Einschränkung *f*; **qualified**

['kwɒlıfaıd] qualifiziert, befähigt; eingeschränkt, bedingt; **qualify** ['kwɒlıfaı] (sich) qualifizieren; befähigen; einschränken; mildern

quality ['kwɒlıtı] Qualität *f*; Eigenschaft *f*

qualms [kwɑːmz] *pl* Bedenken *pl*, Skrupel *pl*

quantity ['kwɒntıtı] Quantität *f*, Menge *f*

quarantine ['kwɒrəntiːn] Quarantäne *f*

quarrel ['kwɒrəl] **1.** Streit *m*, Auseinandersetzung *f*; **2.** (sich) streiten; **'~some** streitsüchtig

quarry[1] ['kwɒrı] Steinbruch *m*

quarry[2] ['kwɒrı] Beute *f*

quarter ['kwɔːtə] **1.** Viertel *n*; Vierteljahr *n*; *Am.* Vierteldollar *m*; Vierteljahr *n*, Quartal *n*; (Stadt)Viertel *n*; (Himmels)Richtung *f*; *pl* Quartier *n (a. mil.)*; **a ~ of an hour** e-e Viertelstunde; **a ~ to/past** Uhrzeit: (ein) Viertel vor/nach; **2.** vierteln; **~'finals** *pl Sport:* Viertelfinale *n*

'quarterly 1. vierteljährlich; **2.** Vierteljahresschrift *f*

quaver ['kweıvə] Stimme: zittern

quay [kiː] Kai *m*

queen [kwiːn] Königin *f*; *Kartenspiel:* Dame *f*; F Schwule *m*

queer [kwıə] seltsam, komisch; wunderlich; F schwul

quench [kwentʃ] löschen

query ['kwıərı] (An)Frage *f*

question ['kwestʃən] **1.** Frage *f*; Problem *n*; **that is out of the ~** das kommt nicht in Frage; **2.** (be)fragen; *jur.* vernehmen, -hören; *et.* bezweifeln; **'~able** fraglich; fragwürdig; **'~ mark** Fragezeichen *n*

questionnaire [kwestʃə'neə] Fragebogen *m*

queue [kjuː] *Brt.* **1.** Schlange *f*; **2.** *a.* **~ up** anstehen, Schlange stehen, sich anstellen

quick [kwık] schnell, rasch; prompt; *Verstand:* wach, aufgeweckt; **be ~!** beeil dich!; **'~en** (sich) beschleunigen; **'~freeze** *(-froze, -frozen)* Lebensmittel schnell einfrieren

quickie ['kwıkı] F *et. Schnelles, z.B.* kurze Frage, Tasse *f* Tee auf die Schnelle *etc.*

'quick|sand Treibsand *m*; **~silver** Quecksilber *n*; **~-'witted** schlagfertig; geistesgegenwärtig

quid [kwıd] *(pl* quid*) Brt.* F Pfund *n* (Sterling)

quiet ['kwaıət] **1.** ruhig, still; **2.** Ruhe *f*; **'~en** beruhigen; *a.* **~ down** sich beruhigen

quilt [kwılt] Steppdecke *f*

quinine [kwı'niːn] Chinin *n*

quit [kwıt] *(*quit, *Brt. a.* quitted*)* F aufhören (mit); kündigen

quite [kwaıt] ganz, völlig;

ziemlich; ~ **(so)**! ganz recht

quits [kwɪts]: *be ~ with s.o.* mit j-m quitt sein

quiver ['kwɪvə] zittern

quiz [kwɪz] **1.** Quiz *n*; Prüfung *f*; Test *m*; **2.** ausfragen

quota ['kwəʊtə] Quote *f*

quotation [kwəʊ'teɪʃn] Zitat *n*; *econ.* Kostenvoranschlag *m*; ~ **marks** *pl* Anführungszeichen *pl*

quote [kwəʊt] zitieren; *Preis* nennen

R

rabbit ['ræbɪt] Kaninchen *n*

rabble ['ræbl] Pöbel *m*

rabies ['reɪbi:z] *vet.* Tollwut *f*

raccoon [rə'ku:n] Waschbär *m*

race¹ [reɪs] Rasse *f*

race² [reɪs] **1.** Rennen *n*; (Wett)Lauf *m*; *fig.* Wettlauf *m*; **2.** rasen; rennen; um die Wette laufen *od.* fahren (mit); '~**course** Rennbahn *f*; '~**horse** Rennpferd *n*; '~**track** Rennstrecke *f*

racial ['reɪʃl] Rassen...

'**racing car** ['reɪsɪŋ-] Rennwagen *m*

racism ['reɪsɪzəm] Rassismus *m*; '**racist 1.** Rassist(in); **2.** rassistisch

rack [ræk] **1.** Gestell *n*, (*Geschirr-, Zeitungs- etc.*)Ständer *m*; (*Gepäck*)Netz *n*; *mot.* (*Dach*)Gepäckträger *m*; *fig.* *one's brains* sich den Kopf zerbrechen

racket¹ ['rækɪt] *Tennis etc.* Schläger *m*

racket² ['rækɪt] F Krach *m*,

Lärm *m*; F (*Drogen- etc.*)Geschäft *n*

racoon [rə'ku:n] → **raccoon**

racy ['reɪsɪ] *Stil:* spritzig, lebendig; gewagt

radar ['reɪdɑ:] Radar *m, n*; '~ **trap** *mot.* Radarkontrolle *f*

radiant ['reɪdjənt] strahlend

radiate ['reɪdɪeɪt] ausstrahlen; ~ *from* strahlenförmig ausgehen von; **radi'ation** (Aus)Strahlung *f*; '**radiator** Heizkörper *m*; *mot.* Kühler *m*

radical ['rædɪkl] radikal

radio ['reɪdɪəʊ] **1.** Radio(apparat *m*) *n*; Funk(gerät *n*) *m*; **2.** funken; ~**active** radioaktiv; ~**active 'waste** radioaktiver Abfall; ~**ac'tivity** Radioaktivität *f*; ~ **station** Rundfunksender *m*; ~ **'therapy** Strahlentherapie *f*

radish ['rædɪʃ] Rettich *m*; Radieschen *n*

radius ['reɪdɪəs] (*pl -dii* [-dɪaɪ]) Radius *m*

raffle ['ræfl] Tombola *f*

raft [rɑ:ft] Floß *n*

rafter ['rɑːftə] Dachsparren *m*

rag [ræg] Lumpen *m*, Fetzen *m*; Lappen *m*

rage [reɪdʒ] **1.** Wut *f*, Zorn *m*; **2.** wettern (*against* gegen)

ragged ['rægɪd] zerlumpt; *fig.* stümperhaft

raid [reɪd] **1.** Überfall *m*; Razzia *f*; **2.** überfallen; eine Razzia machen in; plündern

rail [reɪl] Geländer *n*; Stange *f*; rail. Schiene *f*; (Eisen)Bahn *f*; *pl* Gleis *n*; **by** ~ mit der Bahn; **~ing(s** *pl*) Geländer *n*

'railroad *Am.* → **railway**

'railway *Brt.* Eisenbahn *f*; **'~ station** Bahnhof *m*

rain [reɪn] **1.** Regen *m*; **2.** regnen; **'~bow** Regenbogen *m*; **'~coat** Regenmantel *m*; **'~drop** Regentropfen *m*; **'~fall** Niederschlag(smenge *f*) *m*; **'~ forest** Regenwald *m*

'rainy regnerisch, Regen...

raise [reɪz] **1.** (auf-, hoch)heben; erheben; errichten; *Gehalt, Preis etc.* erhöhen; *Geld* beschaffen; *Kinder* auf-, großziehen; *Tiere* züchten; **2.** *Am.* Lohn- *od.* Gehaltserhöhung *f*

raisin ['reɪzn] Rosine *f*

rake [reɪk] **1.** Rechen *m*, Harke *f*; **2.** rechen, harken

rally ['rælɪ] **1.** Kundgebung *f*, Massenversammlung *f*; Rallye *f*; **2.** (sich) sammeln; sich erholen; ~ **round** sich scharen um

ram¹ [ræm] *zo.* Widder *m*, Schafbock *m*

ram² [ræm] rammen

RAM [ræm] *random access memory* Computer: RAM, Speicher *m* mit wahlfreiem *od.* direktem Zugriff

ramble ['ræmbl] **1.** Wanderung *f*; **2.** wandern; abschweifen; **'rambler** Wanderer *m*; *bot.* Kletterrose *f*

ramp [ræmp] Rampe *f*

rampage [ræm'peɪdʒ]: **on the** ~ randalierend

ramshackle ['ræmʃækl] baufällig

ran [ræn] *pret von* **run** 1

ranch [rɑːntʃ, *Am.* ræntʃ] Ranch *f*; *Am.* (*Obst-etc.*)Farm *f*

rancid ['rænsɪd] ranzig

random ['rændəm] **1.** *at* ~ aufs Geratewohl; **2.** ziellos; wahllos; zufällig

rang [ræŋ] *pret von* **ring** 2

range [reɪndʒ] **1.** Reich-, Schussweite *f*; Entfernung *f*; *fig.* Bereich *m*; (*Schieß-*)Stand *m*; (*Berg*)Kette *f*; *Am.* offenes Weidegebiet; *econ.* Sortiment *n*; **2.** *v/i*: ~ *from* ... *to* ... sich zwischen ... und ... bewegen, reichen von ... bis ...; *v/t* aufstellen, anordnen; **'~ finder** *phot.* Entfernungsmesser *m*; **'ranger** Förster *m*; *Am.* Ranger *m*

rank [ræŋk] **1.** Rang *m*, (soziale) Stellung; Reihe *f*; (*Taxi*)Stand *m*; **2.** zählen

read

(*among* zu); gelten (*as* als)

ransack ['rænsæk] durch-
wühlen; plündern

ransom ['rænsəm] Lösegeld *n*

rap [ræp] **1.** Klopfen *n*; **2.**
klopfen (an, auf)

rape [reɪp] **1.** Vergewaltigung
f; **2.** vergewaltigen

rapid ['ræpɪd] schnell, rasch
'rapids *pl* Stromschnellen *pl*

rapture ['ræptʃə] Entzücken
n

rare [reə] selten; *Luft*: dünn;
gastr. Steak: blutig

rascal ['rɑːskəl] Schlingel *m*

rash[1] [ræʃ] hastig, überstürzt;
unbesonnen

rash[2] [ræʃ] (Haut)Ausschlag
m

rasher ['ræʃə] Speckscheibe *f*

raspberry ['rɑːzbərɪ] Himbeere *f*

rat [ræt] Ratte *f*

rate [reɪt] **1.** Tempo *n*; Rate *f*;
(*Geburten- etc.*)Ziffer *f*;
(*Steuer-, Zins- etc.*)Satz *m*;
(*Wechsel*)Kurs *m*; **2.** (ein-)
schätzen; *be* ~*d* (*as*) gelten
als; ~ *of* ex'change (Um-
rechnungs-, Wechsel)Kurs
m; ~ *of* 'interest Zinssatz *m*

rather ['rɑːðə] ziemlich; eher,
lieber; vielmehr; ~?, (*ja und ob*!)

ration ['ræʃn] **1.** Ration *f*, Zu-
teilung *f*; **2.** rationieren

rational ['ræʃənl] vernünftig,
rational; ~**ize** ['ræʃnəlaɪz]
rationalisieren

rattle ['rætl] **1.** Gerassel *n*;
Geklapper *n*; (Baby)Rassel

f; **2.** rasseln (mit); klappern;
rattern; ~ *off* Gedicht etc.
herunterrasseln; '~**snake**
Klapperschlange *f*

ravage ['rævɪdʒ] verwüsten

rave [reɪv] rasen, toben; fan-
tasieren; schwärmen

raven ['reɪvn] Rabe *m*

ravenous ['rævənəs] ausge-
hungert, heißhungrig

ravine [rə'viːn] Schlucht *f*

raving ['reɪvɪŋ] **1.** ~ *mad* *f* total übergeschnappt; **2.** *pl*
wirres Gerede

ravishing ['rævɪʃɪŋ] entzük-
kend, hinreißend

raw [rɔː] roh; *Haut*: wund;
Wetter: nasskalt; unerfahren

ray [reɪ] Strahl *m*

rayon ['reɪɒn] Kunstseide *f*

razor ['reɪzə] Rasierapparat
m, -messer *n*; '~ **blade** Ra-
sierklinge *f*

re... [riː] wieder, noch einmal

reach [riːtʃ] **1.** *v/i* reichen, gehen, sich erstrecken; *a.* ~ *out*
greifen, langen (*for* nach); ~
out die Hand ausstrecken;
v/t erreichen; ~ *down* herun-
terholen; **2.** Reichweite *f*;
out of ~ außer Reichweite;
within easy ~ leicht zu erreichen

react [rɪ'ækt] reagieren; **~ion**
Reaktion *f*

reactor [rɪ'æktə] Reaktor *m*

read 1. [riːd] (*read* [red]) lesen; *Instrument*: (an)zeigen;
studieren; deuten; ~ *to s.o.*

j-m vorlesen; **2.** [red] *pret u. pp von* **read** 1

readily ['redɪlɪ] bereitwillig; **~ness** Bereitschaft *f*

readjust [ri:ə'dʒʌst] *tech.* neu einstellen, nachstellen; **~ to** sich wieder anpassen

ready ['redɪ] fertig, bereit; schnell; **~ cash, ~ money** Bargeld *n*; **get ~** (sich) fertig machen; **~-'made** Fertig..., Konfektions...; **~'meal** Fertiggericht *n*

real [rɪəl] reel; wirklich, tatsächlich, wahr; **~ estate** Grundbesitz *m*, Immobilien *pl*; **~ estate agent** *Am.* Grundstücks-, Immobilienmakler(in)

realism ['rɪəlɪzəm] Realismus *m*; **realist** Realist(in); **realistic** realistisch

reality [rɪ'ælɪtɪ] Realität *f*, Wirklichkeit *f*

realization [rɪəlaɪ'zeɪʃn] Realisierung *f* (*a. econ.*); Verwirklichung *f*; Erkenntnis *f*; **realize** ['rɪəlaɪz] sich klarmachen, erkennen, begreifen; realisieren, verwirklichen

'really wirklich, tatsächlich

realm [relm] (König)Reich *n*

realtor ['rɪəltə] *Am.* Grundstücks-, Immobilienmakler (-in)

reap [ri:p] *Getreide* schneiden, ernten; *fig.* ernten

reappear [ri:ə'pɪə] wieder auftauchen

rear [rɪə] **1.** auf-, großziehen; *Pferd:* sich aufbäumen; **2.** Rückseite *f*; *mot.* Heck *n*; **3.** hinter, Hinter..., Rück..., *mot. a.* Heck...; **~-end col'lision** *mot.* Auffahrunfall *m*; **~ light** *mot.* Rücklicht *n*

rearm [ri:'ɑ:m] (wieder) aufrüsten; **rearmament** [rɪ'ɑ:məmənt] (Wieder)Aufrüstung *f*

rear'view 'mirror *mot.* Rückspiegel *m*; **~wheel 'drive** *mot.* Hinterradantrieb *m*; **~ window** *mot.* Heckscheibe *f*

reason ['ri:zn] **1.** Grund *m*; Verstand *m*; Vernunft *f*; **2.** logisch denken; argumentieren; **~ with** vernünftig reden mit; **~able** vernünftig; angemessen; billig; ganz gut

reassure [ri:ə'ʃɔː] beruhigen

rebate ['ri:beɪt] Rückzahlung *f*

rebel 1. ['rebl] Rebell(in), Aufständische *m, f*; **2.** [rɪ'bel] rebellieren, sich auflehnen; **rebellion** [rɪ'beljən] Rebellion *f*; **rebellious** [rɪ'beljəs] rebellisch, aufständisch

rebound [rɪ'baʊnd] ab-, zurückprallen

rebuff [rɪ'bʌf] Abfuhr *f*

rebuild [ri:'bɪld] (**-built**) wieder aufbauen

recall [rɪ'kɔːl] zurückrufen; (sich) erinnern an

receipt [rɪ'siːt] Empfang *m*; Quittung *f*

receive [rɪ'siːv] erhalten, bekommen; *Gäste* empfangen; **re'ceiver** Empfänger(in); *tel.* Hörer *m*

recent ['ri:snt] neuest, jüngst; '**ly** kürzlich, vor kurzem

reception [rɪ'sepʃn] Empfang *m* (*a. Funk, TV etc.*); Aufnahme *f*; *Hotel:* Rezeption *f*; **~ desk** *Hotel:* Rezeption *f*; **ist** [rɪ'sepʃənɪst] Empfangsdame *f*, -chef *m*; Sprechstundenhilfe *f*

recess [rɪ'ses] Unterbrechung *f*, (*Am. a.* Schul)Pause *f*; *parl.* Ferien *pl*; Nische *f*

recession [rɪ'seʃn] Rezession *f*, Konjunkturrückgang *m*

recipe ['resɪpɪ] (Koch)Rezept *n*

recital [rɪ'saɪtl] *mus.* (Solo-)Vortrag *m*, Konzert *n*; **re'cite** [rɪ'saɪt] vortragen, aufsagen; aufzählen

reckless ['reklɪs] rücksichtslos; fahrlässig

reckon ['rekən] (be-, er)rechnen; glauben, schätzen; **ing** ['rekɪŋ] (Be)Rechnung *f*, Schätzung *f*

reclaim [rɪ'kleɪm] zurückfordern; *Land* abgewinnen; *tech.* wiedergewinnen

recline [rɪ'klaɪn] sich zurücklehnen

recognition [rekəg'nɪʃn] Anerkennung *f*; (Wieder)Erkennen *n*; **recognize** ['rekəgnaɪz] (wieder) erkennen; anerkennen; zugeben

recoil [rɪ'kɔɪl] zurückschre-

cken (**from** vor)

recollect [rekə'lekt] sich erinnern an; **ion** Erinnerung *f*

recommend [rekə'mend] empfehlen; **ation** [rekəmen'deɪʃn] Empfehlung *f*

recompense ['rekəmpens] entschädigen

reconcile ['rekənsaɪl] aus-, versöhnen; in Einklang bringen; **reconciliation** [rekənsɪlɪ'eɪʃn] Ver-, Aussöhnung *f*

recondition [ri:kən'dɪʃn] *tech.* (general)überholen

reconsider [ri:kən'sɪdə] noch einmal überlegen *od.* überdenken

reconstruct [ri:kən'strʌkt] wieder aufbauen (*a. fig.*); rekonstruieren; **ion** Wiederaufbau *m*

record[1] ['rekɔ:d] Aufzeichnung *f*; Protokoll *n*; Akte *f*; (Schall)Platte *f*; *Sport:* Rekord *m*

record[2] [rɪ'kɔ:d] aufzeichnen, -schreiben; schriftlich niederlegen; *auf Tonband etc.* aufnehmen, *Sendung a.* aufzeichnen; **er** (*Tonband*)Gerät *n*; (*Kassetten*)Rekorder *m*; Blockflöte *f*; **ing** *TV etc.* Aufzeichnung *f*, Aufnahme *f*

'record player ['rekɔ:d-] Plattenspieler *m*

recover [rɪ'kʌvə] wiedererlangen, -bekommen; *Verunglückte etc.* bergen; wieder gesund werden; sich erholen; **re'covery** Wiedererlangen *n*; Bergung *f*; Genesung *f*, Erholung *f*

recreation [rekrɪ'eɪʃn] Entspannung *f*, Erholung *f*; Freizeitbeschäftigung *f*

recruit [rɪ'kruːt] **1.** Rekrut *m*; **2.** rekrutieren; *j-n* einstellen

rectangle ['rektæŋgl] Rechteck *n*; **rectangular** [rek-'tæŋgjʊlə] rechteckig

recur [rɪ'kɜː] wiederkehren, sich wiederholen; **recurrent** [rɪ'kʌrənt] wiederkehrend

recyclable [riː'saɪkləbl] recyclebar, wieder verwertbar;

recycle [riː'saɪkl] recyclen, wieder verwerten; **~d paper** Recyclingpapier *n*, Umwelt(schutz)papier *n*; **re'cycling** Recycling *n*, Wiederverwertung *f*

red [red] rot; ♀ **'Cross das** Rote Kreuz

redden ['redn] rot färben; rot werden; **'reddish** rötlich

redemption [rɪ'dempʃn] *rel.* Erlösung *f*

redevelop [riːdɪ'veləp] *Stadtteil etc.* sanieren

red-'handed: *catch* ~ auf frischer Tat ertappen; **~ head** Rothaarige *m*, *f*; **~-'letter day** F Freuden-, Glückstag *m*; **~'tape** Papierkrieg *m*, Bürokratismus *m*

reduce [rɪ'djuːs] reduzieren; herabsetzen; verringern; *Steuern etc.* senken; **reduction** [rɪ'dʌkʃn] Herabsetzung

f, Reduzierung *f*; Verringerung *f*, Senkung *f*

redundant [rɪ'dʌndənt] überflüssig

reed [riːd] Schilf(rohr) *n*

reef [riːf] (Felsen)Riff *n*

reek [riːk] stinken (**of** nach)

reel [riːl] **1.** (*Garn-, Film-etc.*)Rolle *f*, Spule *f*; **2.** sich drehen; schwanken, taumeln

ref [ref] *Sport:* Schiri *m*

refer [rɪ'fɜː]: **~ to** ver~, hinweisen auf; sich beziehen auf; erwähnen; nachschlagen in

referee [refə'riː] Schiedsrichter *m*; *Boxen:* Ringrichter *m*

reference ['refrəns] Hinweis *m*; Referenz *f*, Empfehlung *f*; Zeugnis *n*; Anspielung *f*; Bezugnahme *f*; Nachschlagen *n*; **'~ book** Nachschlagewerk *n*

refill 1. [riː'fɪl] wieder füllen, auf-, nachfüllen; **2.** ['riːfɪl] *Kugelschreiber etc.:* (Ersatz)Mine *f*; *Füller:* (Ersatz)Patrone *f*

refine [rɪ'faɪn] raffinieren, veredeln; verfeinern, verbessern; **re'fined** raffiniert; *fig.* kultiviert; **re'finery** Raffinerie *f*

reflect [rɪ'flekt] reflektieren, zurückwerfen, spiegeln; *fig.* widerspiegeln; **~ion** Reflexion *f*; Spiegelbild *n*; Überlegung *f*

reflex ['riːfleks] Reflex *m*; **'~ camera** Spiegelreflexkamera *f*

rejection

reform [rɪ'fɔːm] **1.** reformieren, verbessern; bessern; **2.** Reform f

refrain [rɪ'freɪn] Refrain m

refresh [rɪ'freʃ]: ~ (**o.s.** sich) erfrischen; auffrischen; ~**er course** Auffrischungskurs m; ~**ing** erfrischend (a. fig.); ~**ment** Erfrischung f

refrigerator [rɪ'frɪdʒəreɪtə] Kühlschrank m

refuel [riː'fjʊəl] auftanken

refuge ['refjuːdʒ] Zuflucht(s-ort m) f

refugee [refjʊ'dʒiː] Flüchtling m

refund 1. ['riːfʌnd] Rückzahlung f, -erstattung f; **2.** [rɪ'fʌnd] zurückzahlen, -erstatten, Auslagen ersetzen

refusal [rɪ'fjuːzl] Ablehnung f, Weigerung f

refuse¹ [rɪ'fjuːz] ablehnen; verweigern; sich weigern

refuse² ['refjuːs] Abfall m, Abfälle pl, Müll m; ~ **dump** Müllabladeplatz m

regain [rɪ'geɪn] wieder-, zurückgewinnen

regard [rɪ'gɑːd] **1.** Achtung f, Rücksicht f; (**kind**) ~**s** (herzliche) Grüße; **2.** betrachten, ansehen; ~ **as** halten für; **as** ~**s** was ... betrifft; ~**less:** ~ **of** ohne Rücksicht auf

regiment ['redʒɪmənt] Regiment n

region ['riːdʒən] Gegend f, Gebiet n; Bereich m

register ['redʒɪstə] **1.** Register

n (a. mus.), Verzeichnis n; **2.** v/t registrieren, eintragen (lassen); Messwerte anzeigen; Brief etc. einschreiben lassen; v/i sich eintragen (lassen); ~**ed 'letter** Einschreibebrief m

registration [redʒɪ'streɪʃn] Registrierung f, Eintragung f; mot. Zulassung f; ~ **number** mot. (polizeiliches) Kennzeichen

'registry office ['redʒɪstrɪ-] bsd. Brt. Standesamt n

regret [rɪ'gret] **1.** bedauern; **2.** Bedauern n; **re'grettable** bedauerlich

regular ['regjʊlə] **1.** regelmäßig; geregelt, geordnet; **2.** F Stammkund|e m, -in f; Am. mot. verbleites Benzin

regulate ['regjʊleɪt] regeln, regulieren; **regu'lation** Regulierung f; Vorschrift f

rehabilitate [riːə'bɪlɪteɪt] rehabilitieren; resozialisieren

rehearsal [rɪ'hɜːsl] mus., thea. Probe f; **rehearse** [rɪ'hɜːs] mus., thea. proben

reign [reɪn] **1.** Herrschaft f (a. fig.); **2.** herrschen, regieren

rein [reɪn] Zügel m

reindeer ['reɪndɪə] Ren(tier) n

reinforce [riːɪn'fɔːs] verstärken; ~**d concrete** Stahlbeton m

reject [rɪ'dʒekt] zurückweisen; ablehnen; ~**ion** Zurückweisung f, Ablehnung f

rejoice [rɪ'dʒɔɪs] sich freuen (*at* über)

relapse [rɪ'læps] Rückfall *m*

relate [rɪ'leɪt] in Verbindung *od.* Zusammenhang bringen (*to* mit); sich beziehen (*to* auf); **re'lated** verwandt

relation [rɪ'leɪʃn] Verwandte *m, f*; Beziehung *f*; **~ship** Verwandtschaft *f*; Beziehung *f*

relative¹ [relətɪv] Verwandte *m, f*

relative² ['relətɪv] relativ, verhältnismäßig

relax [rɪ'læks] (sich) entspannen; *Griff etc.* lockern

relay ['riːleɪ] **1.** *electr.* Relais *n*; *TV etc.*: Übertragung *f*, *Sport*: Staffel(lauf *m*) *f*; **2.** (*-layed*) *TV etc.*: übertragen; **'~ race** Staffellauf *m*

release [rɪ'liːs] **1.** entlassen; loslassen; herausbringen, veröffentlichen, bekannt geben; *mot.* Handbremse lösen; *fig.* befreien; **2.** Entlassung *f*; Freilassung *f*; Befreiung *f*; Freigabe *f* (*Presse- etc.*)Verlautbarung *f*

relent [rɪ'lent] nachgeben; **~less** unbarmherzig

relevant ['reləvənt] relevant, wichtig; sachdienlich

reliable [rɪ'laɪəbl] zuverlässig

reliance [rɪ'laɪəns] Abhängigkeit *f*

relic ['relɪk] Überbleibsel *n*, Relikt *n*; *rel.* Reliquie *f*

relief [rɪ'liːf] Erleichterung *f*; Unterstützung *f*, Hilfe *f*; *Am.*: Sozialhilfe *f*; *von Personen*: Ablösung *f*; Relief *n*

relieve [rɪ'liːv] erleichtern, lindern; *j-n* ablösen

religion [rɪ'lɪdʒən] Religion *f*; **re'ligious** religiös

relish ['relɪʃ] **1.** Gefallen *m*, Geschmack *m*; *gastr.* Würze *f*; *gastr.* Soße *f*; **2.** genießen; Gefallen finden an

reluctance [rɪ'lʌktəns] Widerstreben *n*; **re'luctant** widerstrebend, widerwillig

rely [rɪ'laɪ]: **~ on** sich verlassen auf

remain [rɪ'meɪn] **1.** bleiben; übrig bleiben; **2.** *pl* (Über-) Reste *pl*; *mahlzeit* Rest *m*

remand [rɪ'mɑːnd] **1.** *be ~ed in custody* in Untersuchungshaft behalten; **2.** *be on ~* in Untersuchungshaft sein

remark [rɪ'mɑːk] **1.** Bemerkung *f*; **2.** bemerken; **~able** bemerkenswert

remedy ['remədɪ] **1.** (Heil-, Gegen)Mittel *n*; Abhilfe *f*; **2.** beheben; bereinigen

remember [rɪ'membə] sich erinnern an; denken an; **~ me to her** grüße sie von mir; **re'membrance:** *in ~ of* zur Erinnerung an

remind [rɪ'maɪnd] erinnern (*of* an); **~er** Mahnung *f*

reminisce [remɪ'nɪs] in Erinnerungen schwelgen; **remi'niscent:** *be ~ of* erinnern an

remit [rɪ'mɪt] *Geld per Post*

überweisen; **re'mittance** (Geld)Überweisung *f*

remorse [rɪ'mɔːs] Gewissensbisse *pl*, Reue *f*; **~less** unbarmherzig

remote [rɪ'məʊt] fern; entfernt; abgelegen; **~ control** Fernlenkung *f*, -steuerung *f*; Fernbedienung *f*

removal [rɪ'muːvl] Entfernen *n*, Beseitigung *f*; Umzug *m*; **~ van** Möbelwagen *m*

remove [rɪ'muːv] *v/t* entfernen; beseitigen; Hut etc. abnehmen, Kleidung ablegen; *v/i* (um)ziehen (**from** ... to von ... nach); **re'mover** (Flecken- etc.)Entferner *m*

rename [rɪ'neɪm] umbenennen

renew [rɪ'njuː]erneuern; Pass etc. verlängern; **~al** Erneuerung *f*; Verlängerung *f*

renounce [rɪ'naʊns] verzichten auf; aufgeben

renovate ['renəʊveɪt] renovieren

renown [rɪ'naʊn] Ruhm *m*, Ansehen *n*; **~ed** berühmt

rent¹ [rent] **1.** Miete *f*; Pacht *f*; **2.** mieten; pachten; bsd. Am. mieten, leihen; *a.* **~ out** vermieten, -pachten

rent² [rent] Riss *m*

rental ['rentl] Miete *f*; Pacht *f*; bsd. Am. Leihgebühr *f*

repair [rɪ'peə] **1.** reparieren; wieder gutmachen; **2.** Reparatur *f*; **in good ~** in gutem Zustand

repartee [repɑː'tiː] schlagfertige Antwort

repay [riː'peɪ] (**-paid**) zurückzahlen; et. vergelten

repeat [rɪ'piːt] **1.** wiederholen; **2.** TV etc.: Wiederholung *f*

repel [rɪ'pel] Feind etc. zurückschlagen; fig.: abweisen; j-n abstoßen; **re'pellent** abstoßend

repent [rɪ'pent] bereuen

repercussions [riːpə'kʌʃnz] pl Auswirkungen pl

repetition [repɪ'tɪʃn] Wiederholung *f*

replace [rɪ'pleɪs] ersetzen; j-n ablösen; **~ment** Ersatz *m*

replay 1. [riː'pleɪ] wiederholen (a. Sport); **2.** ['riːpleɪ] Wiederholung *f*

replica ['replɪkə] Kunst etc.: Kopie *f*

reply [rɪ'plaɪ] **1.** antworten, erwidern; **2.** Antwort *f*

report [rɪ'pɔːt] **1.** Bericht *m*; Nachricht *f*; Gerücht *n*; (Schul)Zeugnis *n*; Knall *m*; **2.** berichten (über); (sich) melden; anzeigen; **~er** Reporter(in), Berichterstatter(in)

represent [reprɪ'zent] darstellen; vertreten; **~ation** [reprɪzen'teɪʃn] Darstellung *f*; Vertretung *f*; **~ative** [reprɪ'zentətɪv] **1.** repräsentativ; typisch; **2.** Vertreter(in); Am. parl. Abgeordnete *m*, *f*; → **house**

repress [rɪ'pres] unterdrücken; *psych.* verdrängen

reprieve [rɪ'priːv] Begnadigung *f*

reprimand ['reprɪmɑːnd] **1.** rügen, tadeln; **2.** Verweis *m*

reproach [rɪ'prəʊtʃ] **1.** Vorwurf *m*; **2.** vorwerfen; Vorwürfe machen; **~ful** vorwurfsvoll

reprocess [riː'prəʊses] *tech.* wieder aufbereiten; **~ing plant** Wiederaufbereitungsanlage *f*

reproduce [riːprə'djuːs] (*o.s.* sich) fortpflanzen; wiedergeben, reproduzieren; **reproduction** [riːprə'dʌkʃn] Fortpflanzung *f*; Wiedergabe *f*

reptile ['reptaɪl] Reptil *n*

republic [rɪ'pʌblɪk] Republik *f*; **~an 1.** republikanisch; **2.** Republikaner(in)

repulsive [rɪ'pʌlsɪv] abstoßend, widerlich, widerwärtig

reputable ['repjʊtəbl] angesehen; **repu'tation** Ruf *m*

request [rɪ'kwest] **1.** (*for*) Bitte *f* (um), Wunsch *m* (nach); *on/by* ~ auf Wunsch; **2.** bitten (um); ersuchen um; **~ stop** *Brt.* Bedarfshaltestelle *f*

require [rɪ'kwaɪə] erfordern; brauchen; verlangen; **~ment** Anforderung *f*; *pl* Bedarf *m*

rescue ['reskjuː] **1.** retten; **2.** Rettung *f*; Rettungs...

research [rɪ'sɜːtʃ] **1.** Forschung *f*; **2.** forschen; *et.* er-

forschen; **~er** Forscher *m*

resemblance [rɪ'zembləns] Ähnlichkeit *f* (*to* mit); **resemble** [rɪ'zembl] ähnlich sein, ähneln

resent [rɪ'zent] übel nehmen; **~ment** Ärger *m*

reservation [rezə'veɪʃn] Reservierung *f*, Vorbestellung *f*; Vorbehalt *m*; Reservat(ion *f*) *n*; (*central*) ~ *Autobahn:* Mittelstreifen *m*

reserve [rɪ'zɜːv] **1.** Reserve *f*, Vorrat *m*; Reservat *n*; Reservespieler(in); Zurückhaltung *f*; **2.** reservieren (lassen); vorbestellen; (sich) *et.* aufsparen, aufheben; sich vorbehalten; **re'served** zurückhaltend, reserviert

reservoir ['rezəvwɑː] Reservoir *n*; Staubecken *n*

residence ['rezɪdəns] Wohnsitz *m*; Residenz *f*; **~ permit** Aufenthaltsgenehmigung *f*

resident ['rezɪdənt] **1.** wohnhaft; **2.** Bewohner(in); Einwohner(in); (Hotel)Gast *m*; *mot.* Anlieger(in)

residual [rɪ'zɪdjʊəl] übrig (geblieben), restlich, Rest...; **~ pol'lution** Altlasten *pl*

residue ['rezɪdjuː] *chem.* Rückstand *m*

resign [rɪ'zaɪn] *v/i* zurücktreten (*from* von); *v/t* aufgeben; verzichten auf; *Amt* niederlegen; **~ o.s. to** sich abfinden mit; **~ation** [rezɪg'neɪʃn] Verzicht *m*; Rücktritt *m* (*se-*

such *n*) *m*; Resignation *f*; **~ed** [rɪˈzaɪnd] resigniert

resin [ˈrezɪn] Harz *n*

resist [rɪˈzɪst] widerstehen; Widerstand leisten; sich widersetzen; **~ance** Widerstand *m*; **~ant** widerstandsfähig; (*hitze- etc.*)beständig

resolute [ˈrezəluːt] entschlossen; **reso'lution** Entschluss *m*, Vorsatz *m*; Entschlossenheit *f*; Beschluss *m*, Resolution *f*

resolve [rɪˈzɒlv] *Problem* lösen; beschließen

resonance [ˈrezənəns] Resonanz *f*; **'resonant** widerhallend

resort [rɪˈzɔːt] (Urlaubs-, Erholungs)Ort *m*

resound [rɪˈzaʊnd] (wider-)hallen

resource [rɪˈsɔːs] *pl*: *natürliche* Reichtümer *pl*; Bodenschätze *pl*; *sg*: Mittel *n*, Ausweg *m*; **~ful** findig

respect [rɪˈspekt] **1.** Achtung *f*, Respekt *m*; Rücksicht *f*; Beziehung *f*, Hinsicht *f*; *pl* Grüße *pl*, Empfehlungen *pl*; **2.** achten; schätzen; respektieren; **~able** ehrbar; anständig; angesehen; *Summe:* ansehnlich; **~ful** respektvoll; **~ive** jeweilig

respiration [respəˈreɪʃn] Atmung *f*; **respirator** [ˈrespəreɪtə] Atemschutzgerät *n*

respite [ˈrespaɪt] Frist *f*, Aufschub *m*; Pause *f*

respond [rɪˈspɒnd] antworten, erwidern; reagieren

response [rɪˈspɒns] Antwort *f*, Erwiderung *f*; Reaktion *f*

responsibility [rɪspɒnsəˈbɪlətɪ] Verantwortung *f*; **responsible** [rɪˈspɒnsəbl] verantwortlich; verantwortungsvoll

rest [rest] **1.** Rest *m*; Ruhe(pause) *f*; *tech.* Stütze *f*; **2.** ruhen; sich ausruhen; lehnen

restaurant [ˈrestərɒnt] Restaurant *n*, Gaststätte *f*

'rest home Alten- *od.* Pflegeheim *n*; **'~less** ruhelos; unruhig

restore [rɪˈstɔː] wiederherstellen; restaurieren

restrain [rɪˈstreɪn] zurückhalten; **~ o.s.** sich beherrschen; **re'straint** Beschränkung *f*; Beherrschung *f*, Zurückhaltung *f*

restrict [rɪˈstrɪkt] be-, einschränken; **~ed** beschränkt; begrenzt; **~ion** Be-, Einschränkung *f*

'rest room *Am.* Toilette *f*

result [rɪˈzʌlt] **1.** Ergebnis *n*, Resultat *n*; Folge *f*; **2.** sich ergeben (**from** aus); **~ in** zur Folge haben

resume [rɪˈzjuːm] wieder aufnehmen; fortsetzen

Resurrection [rezəˈrekʃn] *rel.* Auferstehung *f*

resuscitate [rɪˈsʌsɪteɪt] wieder beleben

retail [ˈriːteɪl] Einzelhandel

m; **~er** [ri:'teilə] Einzelhänd-
ler(in)

retain [ri'tein] behalten; zu-
rück(be)halten

retaliate [ri'tælieit] sich rächen; sich revanchieren; **retali'ation** Vergeltung *f*

retard [ri'tɑ:d] verzögern; **~ed** *geistig* zurückgeblieben

retire [ri'taiə] sich zur Ruhe setzen; sich zurückziehen; **re'tired** pensioniert, im Ruhestand; **~ment** Ruhestand *m*

retort [ri'tɔ:t] erwidern

retrace [ri'treis] zurückverfolgen; rekonstruieren

retract [ri'trækt] *Worte etc.* zurücknehmen; *Krallen etc.* einziehen

retrain [ri'trein] umschulen

retreat [ri'tri:t] **1.** Rückzug *m*; **2.** sich zurückziehen

retrieve [ri'tri:v] wiederbekommen; *hunt.* apportieren

retrospect ['retrəuspekt]: *in ~* im Rückblick; **~ive** [retrəu-'spektiv] (zu)rückblickend; *jur.* rückwirkend

return [ri'tɜ:n] **1.** *v/i* zurückkommen, -kehren; *v/t* zurückgeben; zurückbringen; zurückstellen, -legen; zurückschicken, -senden; erwidern; *Gewinn* abwerfen; **2.** *su* Rück-, Wiederkehr *f*; Rückgabe *f*; *Brt.* Rückfahrkarte *f*, Rückflugticket *n*; Erwiderung *f*; *Tennis:* Return *m*, Rückschlag *m*; *a. pl*

econ. Gewinn *m*; **many happy ~s** (*of the day*) herzlichen Glückwunsch zum Geburtstag; **3.** *adj* Rück...; **~able** in *Zssgn* Mehrweg...; **~ bottle** Pfandflasche *f*; **~ key** *Computer:* Eingabetaste *f*

reunification [ri:ju:nifi'keiʃn] Wiedervereinigung *f*

reunion [ri:'ju:njən] Wiedervereinigung *f*; Treffen *n*

reusable [ri:'ju:zəbl] wieder verwendbar

rev [rev] F *a.* **~ up** *Motor:* aufheulen (lassen)

revaluation [ri:væljʊ'eiʃn] *econ.* Aufwertung *f*

reveal [ri'vi:l] enthüllen; **~ing** aufschlussreich

revenge [ri'vendʒ] **1.** Rache *f*; Revanche *f*; **2.** rächen

revenue ['revənju:] Einnahmen *pl*, Einkünfte *pl*

reverberate [ri'vɜ:bəreit] widerhallen

Reverend ['revərənd] *rel.* Hochwürden *m*

reverie ['revəri] (Tag)Träumerei *f*

reversal [ri'vɜ:sl] Umkehrung *f*

reverse [ri'vɜ:s] **1.** Gegenteil *n*; Rückseite *f*; *mot.* Rückwärtsgang *m*; **2.** umgekehrt; **3.** umkehren; *Entscheidung etc.* umstoßen; *Urteil* aufheben; *mot.* rückwärts fahren

revert [ri'vɜ:t]: **~ to** zurückfallen in; zurückkommen auf

review [ri'vju:] **1.** (Über)Prü-

right

fung *f*; Revision *f*; Rückblick *m*; Rezension *f*; (Buch)Besprechung *f*; **2.** (über-, nach)prüfen; rezensieren, besprechen

revise [rɪ'vaɪz] revidieren; überarbeiten; **revision** [rɪ'vɪʒn] Revision *f*; Überarbeitung *f*

revival [rɪ'vaɪvl] Wiederbelebung *f*; Wiederaufleben *n*; revive [rɪ'vaɪv] wieder beleben; wieder aufleben (lassen)

revoke [rɪ'vəʊk] widerrufen; aufheben

revolt [rɪ'vəʊlt] **1.** revoltieren, sich auflehnen; *fig.* mit Abscheu erfüllen, abstoßen; **2.** Revolte *f*, Aufstand *m*; **~ing** widerlich, abstoßend

revolution [revə'lu:ʃn] Revolution *f*; Umwälzung *f*; *tech.* Umdrehung *f*; **~ary** revolutionär

revolve [rɪ'vɒlv] sich drehen

revulsion [rɪ'vʌlʃn] Abscheu *m*

reward [rɪ'wɔːd] **1.** Belohnung *f*; **2.** belohnen; **~ing** lohnend

rewind [riː'waɪnd] (*-wound*) Film etc. zurückspulen

rheumatism ['ruːmətɪzəm] Rheumatismus *m*

rhinoceros [raɪ'nɒsərəs] (*pl -ros, -roses* [-sɪz]) Rhinozeros *n*, Nashorn *n*

rhubarb ['ruːbɑːb] Rhabarber *m*

rhyme [raɪm] **1.** Reim *m*; Vers *m*; **2.** (sich) reimen

rhythm ['rɪðəm] Rhythmus *m*

rib [rɪb] Rippe *f*

ribbon ['rɪbən] Band *n*

rice [raɪs] Reis *m*

rich [rɪtʃ] reich (*in* an); Boden: fruchtbar; Speise: schwer; **~** (*in calories*) kalorienreich

rid [rɪd] (*rid od. ridded*) befreien (*of* von); **get ~ of** loswerden

ridden ['rɪdn] *pp von* ride 2

riddle ['rɪdl] Rätsel *n*

ride [raɪd] **1.** Fahrt *f*; Ritt *m*; **2.** (*rode, ridden*) fahren; reiten

ridge [rɪdʒ] (*Gebirgs*)Kamm *m*, Grat *m*; (*Dach*)First *m*

ridicule ['rɪdɪkjuːl] **1.** Spott *m*; **2.** verspotten; **ridiculous** [rɪ'dɪkjʊləs] lächerlich

riding ['raɪdɪŋ] Reiten *n*; Reit...

rifle ['raɪfl] Gewehr *n*

rift [rɪft] Spalt(e *f*) *m*; *fig.* Riss *m*

right [raɪt] **1.** *adj* recht; richtig; **all ~** in Ordnung!, gut!; *that's all ~* schon gut!; *that's ~* richtig!, ganz recht!; *be ~* Recht haben; *put ~*, *set ~* in Ordnung bringen; **2.** *adv* (nach) rechts; recht, richtig; direkt; völlig, ganz; genau; *~ ahead*, *~ on* geradeaus; *~ away* sofort; *su* Recht *n*; *die Rechte*, rechte Seite; *on the ~* rechts, auf der rechten Seite; *to the ~* (nach) rechts; *keep to the ~* sich rechts halten; *mot.* rechts fahren; **~ -'hand** recht; **~'handed** rechtshändig; **~ of 'way** Vorfahrt(srecht *n*) *f*; **~'wing** *pol.* dem rechten Flügel angehörend, Rechts...

rigid ['rɪdʒɪd] starr, steif; *fig.* streng

rigorous ['rɪgərəs] rigoros, streng, hart

rim [rɪm] Rand *m*; Felge *f*

rind [raɪnd] Rinde *f*, Schale *f*; (*Speck*)Schwarte *f*

ring [rɪŋ] **1.** Ring *m*; Kreis *m*; Manege *f*; Arena *f*; Läuten *n*; Klingeln *n*; *fig.* Klang *m*; *give s.o. a ~* j-n anrufen; **2.** (*rang*, *rung*) läuten; klingeln; klingen; anrufen; **~ the bell** klingeln; **~ off** (den Hörer) auflegen; **~ s.o.** (*up*) *j-n od.* bei j-m anrufen; **~ road** *Brt.* Ring(straße *f*) *m*, Umgehungsstraße *f*

rink [rɪŋk] (Kunst)Eisbahn *f*; Rollschuhbahn *f*

rinse [rɪns] spülen

riot ['raɪət] **1.** Aufruhr *m*; Krawall *m*; **2.** randalieren

rip [rɪp] **1.** Riss *m*; **2.** (zer)reißen

ripe [raɪp] reif; **'ripen** reifen (lassen)

ripple ['rɪpl] **1.** kleine Welle; **2.** (sich) kräuseln

rise [raɪz] **1.** (An)Steigen *n*; Steigung *f*; Anhöhe *f*; Lohn *od.* Gehaltserhöhung *f*; Anstieg *m*; *fig.* Aufstieg *m*; **2.** (*rose*, *risen*) aufstehen;

sich erheben; (an-, auf)steigen; *Sonne etc.*: aufgehen; *Volk:* sich erheben

risen ['rɪzn] *pp von* **rise** 2

risk [rɪsk] **1.** riskieren, wagen; **2.** Gefahr *f*, Risiko *n*; **'risky** riskant, gewagt

rite [raɪt] Ritus *m*

rival ['raɪvl] **1.** Rivale *m*, -in *f*, Konkurrent(in); **2.** rivalisieren *od.* konkurrieren mit; **'rivalry** Rivalität *f*; Konkurrenz *f*

river ['rɪvə] Fluss *m*, Strom *m*; **'~side** Flussufer *n*

rivet ['rɪvɪt] *tech.* Niet *m*

road [rəʊd] Straße *f*; **'~block** Straßensperre *f*; **'~ hog** Verkehrsrowdy *m*; **'~ map** Straßenkarte *f*; **'~side** Straßenrand *m*; **'~sign** Verkehrsschild *n*, -zeichen *n*; **'~way** Fahrbahn *f*; **'~works** *pl* Straßenbauarbeiten *pl*; **'~worthy** verkehrstüchtig

roam [rəʊm] umherstreifen

roar [rɔː] **1.** brüllen; brausen, toben; **2.** Gebrüll *n*; Brausen *n*, Toben *n*; **~s** *pl of laughter* brüllendes Gelächter

roast [rəʊst] **1.** *Fleisch* braten; *Kaffee etc.* rösten; **2.** Braten *m*; **3.** gebraten, Brat...; **~ 'beef** Rinderbraten *m*

rob [rɒb] *Bank etc.* überfallen; *j-n* berauben; **'robber** Räuber *m*; **'robbery** Raub(überfall) *m*

robe [rəʊb] *a. pl* Robe *f*, Talar *m*

roughage

robin ['rɒbɪn] Rotkehlchen *n*

robot ['rəʊbɒt] Roboter *m*

robust [rəʊ'bʌst] kräftig

rock [rɒk] **1.** Fels(en) *m*; Gestein *n*; Felsbrocken *m*; Zuckerstange *f*; **2.** schaukeln; wiegen

rocket ['rɒkɪt] Rakete *f*

'**rocking chair** Schaukelstuhl *m*

rocky ['rɒkɪ] felsig

rod [rɒd] Rute *f*; Stab *m*, Stange *f*

rode [rəʊd] *pret von* ride 2

rodent ['rəʊdənt] Nagetier *n*

roe [rəʊ] *zo.: a.* hard ~ Rogen *m*; *a.* soft ~ Milch *f*

rogue [rəʊg] Schlingel *m*

role [rəʊl] *thea. etc.* Rolle *f*

roll [rəʊl] **1.** Rolle *f*; Brötchen *n*, Semmel *f*; (Donner-)(G)Rollen *n*; **2.** rollen; (g)rollen; (sich) wälzen; drehen; ~ **over** (sich) umdrehen; ~ **up** zs.-, aufrollen; hochkrempeln; '~ **call** Namensaufruf *m*

'**roller** Rolle *f*; Walze *f*; Lockenwickler *m*

'**Rollerblade**® → **in-line skate**

'**roller| coaster** Achterbahn *f*; '~ **skate** Rollschuh *m*; '~ **towel** Rollhandtuch *n*

ROM [rɒm] *read only memory* Comp.: Nur-Lese-Speicher *m*, Fest(wert)speicher *m*

Roman ['rəʊmən] **1.** römisch; **2.** Römer(in)

romance [rəʊ'mæns] Romanze *f*; Romantik *f*; Abenteuer-, Liebesroman *m*; **ro'mantic** romantisch

romp [rɒmp] ~ **about**, ~ **around** herumtoben, -tollen; '~**ers** *pl* Spielanzug *m*

roof [ruːf] Dach *n*; '~ **rack** *mot.* Dachgepäckträger *m*

rook [rʊk] Saatkrähe *f*

room [ruːm, *in Zssgn nachgestellt* rʊm] Raum *m*; Zimmer *n*; Platz *m*; '**roomy** geräumig

roost [ruːst] Hühnerstange *f*; '~**er** *zo.* Hahn *m*

root [ruːt] **1.** Wurzel *f*; **2.** Wurzeln schlagen; ~ **about**, ~ **around** herumwühlen; ~ **out** ausrotten; '~**ed** verwurzelt

rope [rəʊp] **1.** Seil *n*, Strick *m*; Tau *n*; **2.** festbinden; ~ **off** (durch ein Seil) absperren

rosary ['rəʊzərɪ] *rel.* Rosenkranz *m*

rose[1] [rəʊz] *pret von* rise 2

rose[2] [rəʊz] Rose *f*

rosy ['rəʊzɪ] rosig

rot [rɒt] **1.** Fäulnis *f*; **2.** (ver)faulen (lassen)

rotary ['rəʊtərɪ] rotierend

rotate [rəʊ'teɪt] (sich) drehen; rotieren (lassen); **ro'tation** Drehung *f*

rotten ['rɒtn] verfault, faul; morsch; F: mieserabel; gemein

rough [rʌf] rau; roh; grob; *Schätzung:* ungefähr; stürmisch; *Weg:* holp(e)rig; '~**age** *biol.* Ballaststoffe *pl*

round [raʊnd] **1.** *adj* rund; **2.** *adv* rund-, ringsherum; ~ *about* ungefähr; *the other way* ~ umgekehrt; **3.** *prp* (rund)um; um ... (herum); in ... herum; **4.** *su* Runde *f*; *bsd. Brt.* Scheibe *f* (*Brot etc.*); *mus.* Kanon *m*; **5.** *v/t* rund machen; (herum)fahren od. (-)gehen um; ~ *off* abrunden; ~ *up* Zahl *etc.* aufrunden; *Leute* zs.-trommeln, *Vieh* zs.-treiben; '~**about 1.** *Brt.* Kreisverkehr *m*; *Brt.* Karussell *n*; **2.** *in a* ~ *way* auf Umwegen; ~ *'trip* Hin- u. Rückfahrt *f*

rouse [raʊz] (auf)wecken; *fig.*: aufrütteln; erregen

route [ruːt] Route *f*, Weg *m*; Strecke *f*

routine [ruːˈtiːn] Routine *f*

row¹ [rəʊ] Reihe *f*

row² [raʊ] F: Krach *m*; Streit *m*

row³ [rəʊ] rudern; '~*boat Am.*, '~*ing boat* Ruderboot *n*

royal [ˈrɔɪəl] königlich; '*royalty* die königliche Familie; *pl* Tantiemen *pl*

rub [rʌb] reiben; ~ *down* abreiben, abfrottieren; ~ *in* einreiben; ~ *out* ausradieren

rubber [ˈrʌbə] Gummi *n*, *m*; *bsd. Brt.* Radiergummi *m*; *Kondom:* Gummi *m*; '~*band* Gummiband *n*; '~*neck Am.* F neugierig gaffen

rubbish [ˈrʌbɪʃ] Abfall *m*, Müll *m*; Schund *m*; Blödsinn

m; '~ *bin Brt.* Mülleimer *m*

rubble [ˈrʌbl] Schutt *m*

ruby [ˈruːbɪ] Rubin *m*

rucksack [ˈrʌksæk] Rucksack *m*

rudder [ˈrʌdə] Steuerruder *n*

ruddy [ˈrʌdɪ] rot(backig)

rude [ruːd] unhöflich; grob; unanständig; *Schock etc.:* bös

rudimentary [ruːdɪˈmentəri] elementar; primitiv

ruffle [ˈrʌfl] **1.** Rüsche *f*; **2.** (ver)ärgern; *a.* ~ *up* Federn sträuben, aufplustern

rug [rʌg] (Woll)Decke *f*; Vorleger *m*, Brücke *f*

rugged [ˈrʌgɪd] zerklüftet; robust; *Gesicht:* markig

ruin [ˈrʊɪn] **1.** Ruin *m*; *a. pl* Ruine(n *pl*) *f*, Trümmer *pl*; **2.** ruinieren; verderben

rule [ruːl] **1.** Regel *f*; Vorschrift *f*; Herrschaft *f*; *as a* ~ in der Regel; **2.** (be)herrschen; herrschen über; *bsd. jur.* entscheiden; liniieren; ~ *out* ausschließen; '*ruler* Herrscher(in); Lineal *n*

rum [rʌm] Rum *m*

rumble [ˈrʌmbl] rumpeln; *Donner etc.:* (g)rollen

ruminant [ˈruːmɪnənt] Wiederkäuer *m*; **ruminate** [ˈruːmɪneɪt] wiederkäuen

rummage [ˈrʌmɪdʒ] *a.* ~ *around* herumstöbern, -wühlen; '~ *sale Am.* Wohltätigkeitsbasar *m*

rumo(u)r [ˈruːmə] **1.** Gerücht

n; **2.** *it is* ~*ed that* es geht das Gerücht, dass

rump [rʌmp] Hinterteil *n*

rumple ['rʌmpl] zerknittern, -knüllen, -wühlen; zerzausen

run [rʌn] **1.** (*ran, run*) *v/i* laufen; rennen; *Zug, Bus:* fahren, verkehren; fließen; *Grenze etc.:* verlaufen; *tech.* laufen, in Gang sein; *Uhr:* gehen; *Text:* lauten; *Film etc.:* laufen; *Butter:* schmelzen; *Farbe:* auslaufen; *bsd. Am.* kandidieren; *v/t* Rennen *etc.* laufen; *Zug, Bus* fahren lassen; *Maschine etc.* laufen lassen; *Geschäft* führen, leiten; ~ *across* zufällig treffen; ~ *down* *Uhr:* ablaufen; *mot.* an-, um-, überfahren; heruntergewirtschaften; *j-n* schlecht machen; ~ *in Auto* einfahren; ~ *into* prallen gegen; *j-n* zufällig treffen; geraten in (*Schwierigkeiten etc.*); ~ *off* weglaufen; ~ *out* knapp werden, ausgehen; ~ *out of ...* kein ... mehr haben; ~ *over* *Flüssigkeit:* überlaufen; *mot.* überfahren; ~ → ~ *through* *Liste etc.* (flüchtig) durchgehen; **2.** Lauf *m*; Rennen *n*; (Spazier)Fahrt *f*; *Am.* Laufmasche *f*; *econ.* Ansturm *m*, Run *m*; *thea., Film:*

Laufzeit *f*; (*Ski*)Hang *m*; *in the long* ~ auf die Dauer

rung[1] [rʌŋ] *pp von* **ring** 2

rung[2] [rʌŋ] (Leiter)Sprosse *f*

runner ['rʌnə] Läufer(in); *Teppich:* Läufer *m*; Kufe *f*; ~'*up Sport:* Zweite *m*, *f*; '**running** (fort)laufend; *Wasser:* fließend; *for two days* ~ zwei Tage hintereinander

runny ['rʌni] laufend; tränend

'**runway** *aviat.* Start- u. Landebahn *f*

rupture ['rʌptʃə] Bruch *m*

rural ['rʊərəl] ländlich

rush [rʌʃ] **1.** Hast *f*, Hetze *f*; Ansturm *m*; Hochbetrieb *m*; *econ.* stürmische Nachfrage; *v/i* hasten, hetzen, stürzen; *v/t* drängen, hetzen; schnell (*wohin*) bringen; '~ *hour* Hauptverkehrs-, Stoßzeit *f*

Russia ['rʌʃə] Rußland *n*; **Russian** ['rʌʃən] **1.** russisch; **2.** Russ|e *m*, -in *f*

rust [rʌst] **1.** Rost *m*; **2.** rosten

rustic ['rʌstik] ländlich, rustikal

rustle ['rʌsl] rascheln

rusty ['rʌsti] rostig, verrostet

rut[1] [rʌt] (Rad)Spur *f*; *fig.* Trott *m*

rut[2] [rʌt] *zo.* Brunft *f*, Brunst *f*

ruthless ['ruːθlis] unbarmherzig; rücksichtslos

rye [rai] Roggen *m*

S

S *small* (*size*) klein

sack [sæk] **1.** Sack *m*; *give* (*get*) *the* ~ F entlassen (werden); **2.** F entlassen, rausschmeißen

sacred ['seɪkrɪd] heilig

sacrifice ['sækrɪfaɪs] **1.** Opfer *n*; **2.** opfern

sad [sæd] traurig; schlimm

saddle ['sædl] **1.** Sattel *m*; **2.** satteln

'sadness Traurigkeit *f*

safe [seɪf] **1.** sicher; **2.** Safe *m*, *n*; **~guard 1.** Schutz *m*; **2.** schützen; **~'keeping** sichere Verwahrung

safety ['seɪftɪ] Sicherheit *f*; **~belt** Sicherheitsgurt *m*; **~island** Verkehrsinsel *f*; **~measure** Sicherheitsmaßnahme *f*; **~pin** Sicherheitsnadel *f*

sag [sæg] sich senken; durchsacken; herunterhängen

Sagittarius [sædʒɪ'teərɪəs] *astr.* Schütze *m*

said [sed] *pret u. pp von* **say** 1

sail [seɪl] **1.** Segel *n*; **2.** segeln, fahren; *Schiff*: auslaufen; **~board** Surfbrett *n*; **~boat** *Am.*, **~ing boat** Segelboot *n*; **~ing ship** Segelschiff *n*; **~or** Seemann *m*

saint [seɪnt] Heilige *m, f*

sake [seɪk]: *for the* ~ *of* um ...

willen; *for my* ~ meinetwegen

salad ['sæləd] Salat *m*

salary ['sælərɪ] Gehalt *n*

sale [seɪl] Verkauf *m*; Schlussverkauf *m*; *for* ~ zu verkaufen

'sales|man (*pl -men*) Verkäufer *m*; (Handels)Vertreter *m*; **~ representative** Handelsvertreter(in); **~woman** (*pl -women*) Verkäuferin *f*; (Handels)Vertreterin *f*

saliva [sə'laɪvə] Speichel *m*

sallow ['sæləʊ] fahl, bleich

salmon ['sæmən] Lachs *m*

salon ['sælɒn, 'sælən] (*Schönheits- etc.*)Salon *m*

saloon [sə'luːn] Salon *m*; **~car** *Brit. mot.* Limousine *f*

salt [sɔːlt] **1.** Salz *n*; **2.** salzig, gesalzen; **3.** salzen; pökeln; **~cellar** Salzstreuer *m*

salty salzig

salute [sə'luːt] **1.** Gruß *m*; Salut *m*; **2.** grüßen, salutieren

salvation [sæl'veɪʃn] Rettung *f*; **♀ Army** Heilsarmee *f*

same [seɪm]: *the* ~ der-, die-, dasselbe; *all the* ~ trotzdem; *it is all the* ~ *to me* es ist mir ganz gleich

sample ['sɑːmpl] **1.** Probe *f*, Muster *n*; **2.** probieren

scab

sanatorium ['sænə'tɔːrɪəm] (*pl -riums, -ria* [-rɪə]) Sanatorium *n*

sanction ['sæŋkʃn] **1.** Billigung *f*; *pl* Sanktionen *pl*; **2.** sanktionieren; billigen

sanctuary ['sæŋktjʊərɪ] Zuflucht *f*; (*Tier*)Schutzgebiet *n*

sand [sænd] Sand *m*

sandal ['sændl] Sandale *f*

'sand|pit Sandkasten *m*; **'~stone** Sandstein *m*

sandwich ['sænwɪdʒ] **1.** Sandwich *n*; **2.** einklemmen

sandy ['sændɪ] sandig; *Haar*: rotblond

sane [seɪn] geistig gesund, normal; vernünftig

sang [sæŋ] *pret von* **sing**

sanitarium [sænɪ'teərɪəm] *Am.* → **sanatorium**

sanitary ['sænɪtərɪ] hygienisch; **~ napkin** *Am.*, **~ towel** *Brt.* Damenbinde *f*

sanitation [sænɪ'teɪʃn] sanitäre Einrichtungen *pl*

sanity ['sænətɪ] geistige Gesundheit; Zurechnungsfähigkeit *f*

sank [sæŋk] *pret von* **sink** 1

Santa Claus ['sæntəklɔːz] Weihnachtsmann *m*, Nikolaus *m*

sap [sæp] *bot.* Saft *m*

sapphire ['sæfaɪə] Saphir *m*

sarcastic [sɑː'kæstɪk] sarkastisch

sardine [sɑː'diːn] Sardine *f*

sash [sæʃ] Schärpe *f*; **~ window** Schiebefenster *n*

sat [sæt] *pret u. pp von* **sit**

satchel ['sætʃəl] (Schul)Ranzen *m*

satellite ['sætəlaɪt] Satellit *m*

satire ['sætaɪə] Satire *f*

satisfaction [sætɪs'fækʃn] Befriedigung *f*; Genugtuung *f*; Zufriedenheit *f*; **satis'factory** befriedigend, zufrieden stellend; **satisfy** ['sætɪsfaɪ] befriedigen, zufrieden stellen

Saturday ['sætədɪ] Sonnabend *m*, Samstag *m*

sauce [sɔːs] Soße *f*; **~pan** Kochtopf *m*

saucer ['sɔːsə] Untertasse *f*

saucy ['sɔːsɪ] frech

saunter ['sɔːntə] schlendern

sausage ['sɒsɪdʒ] Wurst *f*; Würstchen *n*

savage ['sævɪdʒ] wild; grausam

save [seɪv] retten; (auf-, ein-, er)sparen; *Computer:* (ab-) speichern, sichern

savings ['seɪvɪŋz] *pl* Ersparnisse *pl*; **~ bank** Sparkasse *f*

savo(u)r ['seɪvə] genießen; **'savo(u)ry** schmackhaft

saw [sɔː] *pret von* **see**

saw² [sɔː] **1.** (*sawed, sawn od. sawed*) sägen; **2.** Säge *f*; **'~dust** Sägemehl *n*, -späne *pl*

sawn [sɔːn] *pp von* **saw²** 1

say [seɪ] **1.** (*said*) sagen; aufsagen; *Gebet* sprechen; *that is to* **~** das heißt; **2.** Mitspracherecht *n*; **'~ing** Sprichwort *n*, Redensart *f*

scab [skæb] Schorf *m*

scaffold(ing) ['skæfəld(ıŋ)] (Bau)Gerüst *n*

scald [skɔːld] **1.** verbrühen; **2.** Verbrühung *f*

scale [skeıl] Schuppe *f*; Tonleiter *f*; Skala *f*; Maßstab *m*; Waagschale *f*; *pl* Waage *f*

scalp [skælp] Kopfhaut *f*

scan [skæn] **1.** absuchen; *Computer, Radar, TV:* abtasten, scannen; *fig.* überfliegen; **2.** *med.* Ultraschalluntersuchung *f*, -aufnahme *f*

scandal ['skændl] Skandal *m*; **~ous** ['skændələs] skandalös

Scandinavia [skændı'neıvjə] Skandinavien *n*; **Scandinavian 1.** skandinavisch; **2.** Skandinavier(in)

scant [skænt] wenig, dürftig; **'scanty** dürftig, knapp

scapegoat ['skeıpgəʊt] Sündenbock *m*

scar [skɑː] Narbe *f*

scarce [skeəs] knapp; selten; **'scarcely** kaum

scare [skeə] **1.** Schreck(en) *m*; Panik *f*; **2.** erschrecken; **~ away, ~ off** verjagen, -scheuchen; *be* **~d of** Angst haben vor; **'~crow** Vogelscheuche *f*

scarf [skɑːf] (*pl* **scarfs**, **scarves** [skɑːvz]) Schal *m*; Hals-, Kopf-, Schultertuch *n*

scarlet ['skɑːlıt] scharlachrot; **~ fever** Scharlach *m*

scarves [skɑːvz] *pl von* **scarf**

scathing ['skeıðıŋ] vernichtend

scatter ['skætə] verstreuen;

Menge: (sich) zerstreuen; **'~brained** F schusselig

scene [siːn] Szene *f*; Schauplatz *m*; **'scenery** Landschaft *f*; Bühnenbild *n*

scent [sent] Duft *m*, Geruch *m*; *Brt.* Parfüm *n*; Fährte *f*

sceptic ['skeptık] Skeptiker(in); **~al** skeptisch

schedule ['ʃedjuːl, *Am.* 'skedʒuːl] **1.** (*Arbeits-, Stunden-, Zeit- etc.*)Plan *m*; *Am.* Fahr-, Flugplan *m*; **on ~** (fahr)planmäßig, pünktlich; **behind ~** mit Verspätung; **2.** an-, festsetzen; **scheduled 'flight** Linienflug *m*

scheme [skiːm] **1.** Projekt *n*, Programm *n*; Plan *m*; **2.** intrigieren

scholar ['skɒlə] Gelehrte *m*, *f*; Stipendiat(in); **'~ship** Stipendium *f*

school¹ [skuːl] Schule *f*

school² [skuːl] *Fische, Wale etc.*: Schule *f*, Schwarm *m*

'schoolboy Schüler *m*; **'~girl** Schülerin *f*; **'~ing** (Schul-) Ausbildung *f*; **'~mate** Mitschüler(in)

science ['saıəns] Wissenschaft *f*; *a.* **natural ~** Naturwissenschaft(en pl) *f*

scientific [saıən'tıfık] (naturwissenschaftlich

scientist ['saıəntıst] (Natur)Wissenschaftler(in)

scissors ['sızəz] *pl* (*a.* **a pair of ~** e-e) Schere *f*

scoff [skɒf] spotten (*at* über)

scold [skəʊld] schimpfen mit

scone [skɒn] *kleines rundes Teegebäck (mit Butter)*

scoop [sku:p] **1.** Schöpfkelle *f*; F Knüller *m*; **2.** schöpfen

scooter ['sku:tə] (Kinder-)Roller *m*; (Motor)Roller *m*

scope [skəʊp] Bereich *m*

scorch [skɔ:tʃ] an-, versengen

score [skɔ:] **1.** (Spiel)Stand *m*, (Spiel)Ergebnis *n*; *mus.* Partitur *f*, Kerbe *f*; 20 Stück; **2.** *Sport:* Punkte erzielen, *Tore* schießen; die Punkte zählen; '**~board** *Sport:* Anzeigetafel *f*; '**scorer** *Sport:* Torschütz|e *m*, -in *f*

scorn [skɔ:n] Verachtung *f*; '**~ful** verächtlich

Scorpio ['skɔ:pɪəʊ] *astr.* Skorpion *m*

Scot [skɒt] Schott|e *m*, -in *f*

Scotch [skɒtʃ] **1.** *Whisky etc.:* schottisch; **2.** Scotch *m* (*schottischer Whisky*)

scot-free [skɒt'fri:]: *get off ~* ungeschoren davonkommen

Scotland ['skɒtlənd] Schottland *n*

Scots [skɒts] *bei Personen:* schottisch; '**~man** (*pl* **-men**) Schotte *m*; '**~woman** (*pl* **-women**) Schottin *f*

Scottish ['skɒtɪʃ] schottisch

scour[1] ['skaʊə] durchsuchen

scour[2] ['skaʊə] scheuern

scout [skaʊt] **1.** Pfadfinder(in); **2.** auskundschaften

scowl [skaʊl] **1.** *~ at j-n* böse

anschauen; **2.** böses Gesicht

scram [skræm] F abhauen

scramble ['skræmbl] klettern; sich drängeln (*for* zu); **scrambled 'eggs** *pl* Rührei(er *pl*) *n*

scrap [skræp] Fetzen *m*; Altmaterial *n*; Schrott *m*

scrape [skreɪp] **1.** Kratzen *n*; Schramme *f*; F Klemme *f*; **2.** kratzen; schaben; scheuern

'**scrap**|**heap** Schrotthaufen *m*; '**~yard** Schrottplatz *m*

scratch [skrætʃ] **1.** (zer)kratzen; (sich) kratzen; **2.** Kratzer *m*, Schramme *f*

scrawl [skrɔ:l] **1.** Gekritzel *n*; **2.** kritzeln

scream [skri:m] **1.** Schrei *m*; **2.** schreien

screech [skri:tʃ] **1.** Kreischen *n*; **2.** kreischen

screen [skri:n] **1.** Wand-, Schutzschirm *m*; *Film:* Leinwand *f*; Bildschirm *m*; Fliegengitter *n*; **2.** abschirmen; *Film, TV:* zeigen, senden; *j-n* decken; *j-n* überprüfen

screw [skru:] **1.** Schraube *f*; V bumsen, vögeln; '**~driver** Schraubenzieher *m*

scribble ['skrɪbl] **1.** Gekritzel *n*; **2.** kritzeln

script [skrɪpt] Manuskript *n*; Drehbuch *n*; **scripture** ['skrɪptʃə]: *the* (*Holy*) 2s *pl* die Heilige Schrift

scroll [skrəʊl] **1.** Schriftrolle *f*; **2.** *Computer:* rollen

scrub [skrʌb] schrubben, scheuern

scruffy ['skrʌfɪ] schmuddelig

scruple ['skru:pl] Skrupel *m*, Bedenken *n*; **scrupulous** ['skru:pjʊləs] gewissenhaft

scrutinize ['skru:tɪnaɪz] (genau) prüfen; **'scrutiny** (genaue) Prüfung

scuba [sku:bə] Tauchgerät *n*; **'~ diving** (Sport)Tauchen *n*

scuffle ['skʌfl] (sich) raufen

sculptor ['skʌlptə] Bildhauer *m*; **sculpture** ['skʌlptʃə] Bildhauerei *f*; Skulptur *f*

scum [skʌm] Schaum *m*; *fig.* Abschaum *m*

scurf [skɜ:f] Schuppen *pl*

scythe [saɪð] Sense *f*

sea [si:] *die* See, *das* Meer; **'~food** Meeresfrüchte *pl*; **'~gull** Seemöwe *f*

seal¹ [si:l] Robbe *f*, Seehund *m*

seal² [si:l] **1.** Siegel *n*; *tech.*: Plombe *f*; *tech.*; **2.** versiegeln; *fig.* besiegeln

'sea level Meeresspiegel *m*

seam [si:m] Saum *m*, Naht *f*

'sea|man (*pl* **-men**) Seemann *m*; **'~plane** Wasserflugzeug *n*; **'~port** Hafenstadt *f*; **'~ power** Seemacht *f*

search [sɜ:tʃ] **1.** durchsuchen; suchen (**for** nach); **2.** Suche *f*; Durchsuchung *f*; **~ of** auf der Suche nach; **'~ing** forschend, prüfend; **~ party** Suchmannschaft *f*; **~**

warrant Durchsuchungsbefehl *m*

'sea|shore Meeresküste *f*; **'~sick** seekrank; **'~side:** *at the* ~ am Meer; **~side re'sort** Seebad *n*

season¹ ['si:zn] Jahreszeit *f*; Saison *f*

season² ['si:zn] würzen;

'season Gewürz *n* (*Zutat*)

'season ticket Dauer-, Zeitkarte *f; thea.* Abonnement *n*

seat [si:t] **1.** (Sitz)Platz *m*; Sitz *m*; Hosenboden *m*; **2.** (hin)setzen; Sitzplätze bieten für; **'~ belt** Sicherheitsgurt *m*

sea| urchin ['si:ɜ:tʃɪn] Seeigel *m*; **'~weed** (See)Tang *m*

secluded [sɪ'klu:dɪd] abgelegen; *Leben*: zurückgezogen; **seclusion** [sɪ'klu:ʒn] Abgeschiedenheit *f*

second ['sekənd] **1.** *adj* zweit; **2.** *adv* als Zweite(r, -s); **3.** *su* der, die, das Zweite *n; mot.* zweiter Gang; Sekunde *f; tech.*: zweiter Gang; Sekunde *f; tech.*: **'~ary** sekundär, zweitrangig; *ped. Schule etc.*: höher; **~'class** zweitklassig; **'~ floor** *Brt.* zweiter Stock, *Am.* erster Stock; **~'hand** aus zweiter Hand; gebraucht; antiquarisch; **'~ly** zweitens; **~'rate** zweitklassig

secrecy ['si:krəsɪ] Verschwiegenheit *f*; Geheimhaltung *f*

secret ['si:krɪt] **1.** geheim, Geheim...; heimlich; **2.** Geheimnis *n*

secretary ['sekrɪtrɪ] Sekretär(in); ♀ **of 'State** *Am.* Außenminister(in)

secrete [sɪ'kri:t] *physiol.* absondern; **se'cretion** *physiol.* Sekret *n*; Absonderung *f*

secretive ['si:krətɪv] verschlossen

sect [sekt] Sekte *f*

section ['sekʃn] Teil *m*; Abschnitt *m*; Abteilung *f*

secular ['sekjələ] weltlich

secure [sɪ'kjʊə] **1.** sicher; **2.** sichern

security [sɪ'kjʊərətɪ] Sicherheit *f*; *pl* Wertpapiere *pl*; ~ **check** Sicherheitskontrolle *f*; ~ **measure** Sicherheitsmaßnahme *f*; ~ **risk** Sicherheitsrisiko *n*

sedan [sɪ'dæn] *Am.* Limousine *f*

sedative ['sedətɪv] Beruhigungsmittel *n*

sediment ['sedɪmənt] (Boden)Satz *m*

seduce [sɪ'dju:s] verführen; **seduction** [sɪ'dʌkʃn] Verführung *f*; **se'ductive** verführerisch

see [si:] (**saw, seen**) *v/i* sehen; nachsehen; *I* ~ ich verstehe, ach so; *v/t* sehen; besuchen; aufsuchen, konsultieren; ~ *a doctor* zum Arzt gehen; ~ *s.o. home* j-n nach Hause (*östr., Schweiz:* a. nachhause) bringen; ~ *s.o. out* j-n hinausbegleiten; ~ *you* bis dann, auf bald; ~ *to it that* dafür sorgen, dass

seed [si:d] Same(n) *m*; Saat(gut *n*) *f*; *Sport:* gesetzter Spieler, gesetzte Spielerin; **'seedy** schäbig

seek [si:k] (**sought**) suchen

seem [si:m] scheinen

seen [si:n] *pp von* **see**

seep [si:p] sickern

seesaw ['si:sɔ:] Wippe *f*

segment ['segmənt] Teil *m, n*, Abschnitt *m*; Segment *n*

segregate ['segrɪgeɪt] trennen; **segre'gation** Rassentrennung *f*

seize [si:z] packen, ergreifen; *jur.* beschlagnahmen; **seizure** ['si:ʒə] *med.* Anfall *m*

seldom ['seldəm] selten

select [sɪ'lekt] **1.** auswählen; **2.** exklusiv; **~ion** Auswahl *f*; Wahl *f*

self [self] (*pl* **selves** [selvz]) Selbst *n*, Ich *n*; **~ad-'dressed envelope** adressierter Freiumschlag; **~-ad'hesive** selbstklebend; **~-as'sured** selbstbewusst, -sicher; **~-'confidence** Selbstbewusstsein *n*, -vertrauen *n*; **~-'conscious** befangen, gehemmt, unsicher; **~-con'tained** *Wohnung:* (in sich) abgeschlossen; **~-con'trol** Selbstbeherrschung *f*; **~-de'fence** *Brt.*, **~-de'fense** *Am.* Selbstverteidigung *f*; Notwehr *f*; **~-em'ployed** selbstständig; **'~ish** selbstsüchtig; **'~less** selbstlos; **~-pos'session**

Selbstbeherrschung *f*; **~reliant** [selfrɪ'laɪənt] selbstständig; **~re'spect** Selbstachtung *f*; **~'righteous** selbstgerecht; **~'satisfied** selbstzufrieden; **~'service** Selbstbedienungs...

sell [sel] (**sold**) verkaufen; sich verkaufen (lassen), gehen; **'~by date** *Lebensmittel*: Mindesthaltbarkeitsdatum *n*; **'~er** Verkäufer(in)

selves [selvz] *pl von* **self**

semi- [semɪ] halb..., Halb... **'semi'circle** Halbkreis *m*; **~con'ductor** *electr.* Halbleiter *m*; **~de'tached (house)** Doppelhaushälfte *f*; **~'finals** *pl Sport*: Semi-, Halbfinale *n*

semolina [semə'li:nə] Grieß *m*

senate ['senɪt] Senat *m*; **senator** ['senətə] Senator *m*

send [send] (**sent**) (ver)senden, (-)schicken; **~ for** nach *j-m* schicken, *j-n* kommen lassen; **~ in** einsenden, -schicken, -reichen; **~ off** fort-, wegschicken; *Brief etc.* absenden, abschicken; *Sport*: vom Platz stellen; **'~er** Absender(in)

senile ['si:naɪl] senil; *Alters...*

senior ['si:njə] **1.** älter; ranghöher; **2.** Ältere *m*, *f*; **~ 'citizens** *pl* ältere Mitbürger *pl*, Senioren *pl*

sensation [sen'seɪʃn] Gefühl *n*, Empfindung *f*; Sensation *f*; **~al** sensationell

sense [sens] **1.** Verstand *m*; Vernunft *f*; Sinn *m*; Gefühl *n*; *in a ~* in gewisser Hinsicht; *come to one's ~s* zur Besinnung *od.* Vernunft kommen; **2.** spüren, fühlen; **~less** sinnlos; bewusstlos

sensibility [sensɪ'bɪlətɪ] Empfindlichkeit *f*

sensible ['sensəbl] vernünftig

sensitive ['sensɪtɪv] empfindlich; sensibel, feinfühlig

sensual ['sensjʊəl] sinnlich

sensuous ['sensjʊəs] sinnlich

sent [sent] *pret u. pp von* **send**

sentence ['sentəns] **1.** Satz *m*; *jur.* Urteil *n*; **2.** verurteilen

sentiment ['sentɪmənt] Gefühl *n*; **~al** [sentɪ'mentl] sentimental, gefühlvoll

separate 1. ['sepəreɪt] (sich) trennen; **2.** ['seprət] getrennt; einzeln; **separation** [sepə'reɪʃn] Trennung *f*

September [sep'tembə] September *m*

septic ['septɪk] septisch, vereitert

sequel ['si:kwəl] *Buch, Film etc.*: Fortsetzung *f*; *fig.* Folge *f*

sequence ['si:kwəns] (Aufeinander-, Reihen)Folge *f*

serene [sɪ'ri:n] heiter; klar; gelassen

sergeant ['sɑːdʒənt] *mil.* Feldwebel *m*; (Polizei-)Wachtmeister *m*

serial ['sɪərɪəl] **1.** Fortsetzungsroman *m*; (Fernseh-

etc.)Serie *f*; **2.** serienmäßig; *Computer*: seriell

series ['sɪərɪːz] (*pl series*) Reihe *f*; Serie *f*; Folge *f*

serious ['sɪərɪəs] ernst; ernsthaft; schwer; schlimm

sermon ['sɜːmən] Predigt *f*

serum ['sɪərəm] (*pl serums, sera* ['sɪərə]) Serum *n*

servant ['sɜːvənt] Diener (-in); Hausangestellte *m, f*

serve [sɜːv] **1.** dienen; bedienen; *Speisen* servieren; *Zweck* erfüllen; *Tennis*: aufschlagen; **2.** *Tennis etc.*: Aufschlag *m*

service ['sɜːvɪs] **1.** Dienst *m*; Bedienung *f*; Betrieb *m*; *tech.* Wartung *f*; Kundendienst *m*; *mot.* Inspektion *f* (*Zug-etc.*)Verkehr *m*; *eccl.* Gottesdienst *m*; Service *n*; *Tennis*: Aufschlag *m*; (*Militär-*)Dienst *m*; **2.** *tech.* warten, pflegen; **'~ area** (Autobahn)Raststätte *f*; **'~charge** Bedienung(szuschlag *m*) *f*; **'~ station** Tankstelle *f*; Reparaturwerkstatt *f*

session ['seʃn] Sitzung *f*

set [set] **1.** (*set*) *v/t* setzen, stellen, legen; *Uhr, Wecker* stellen; *tech.* einstellen; *Knochenbruch* einrichten; *Tisch* decken; *Haar* legen; *Edelstein* fassen; *Preis, Termin etc.* festsetzen, -legen; *Rekord* aufstellen; *Aufgabe, Frage* stellen; *Beispiel* geben; *v/i Sonne*: untergehen; fest

werden, erstarren; **~ free** freilassen; **~ at ease** beruhigen; **~ aside** beiseite legen; **~ in** *Winter etc.*: einsetzen; **~ off** *v/i* aufbrechen, sich aufmachen; *v/t* hervorheben; *et.* auslösen; **~ out** aufbrechen, sich aufmachen; **~ up** aufstellen; errichten; sich niederlassen; **2.** fest(gelegt, -gesetzt); F bereit, fertig; entschlossen; **~ lunch** od. **meal** Tagesgericht *n*, Menü *n*; **3.** Satz *m*, Garnitur *f*; Service *n*; (*Fernseh- etc.*)Gerät *n*, Apparat *m*; Clique *f*; *thea.* Bühnenbild *n*; *Film, TV* Szenenaufbau: Set *m*; *Tennis*: Satz *m*; **'~back** Rückschlag *m*

settee [se'tiː] Sofa *n*

setting ['setɪŋ] *Sonne etc.*: Untergang *m*; *tech.* Einstellung *f*; Umgebung *f*; Schauplatz *m*; (*Gold- etc.*)Fassung *f*; **'~ lotion** Haarfestiger *m*

settle ['setl] *v/t* vereinbaren; *Frage etc.* klären, entscheiden; erledigen; *Streit* beilegen; *Rechnung* begleichen; besiedeln; *v/i* sich setzen; sich niederlassen; sich beruhigen; **'~ment** Vereinbarung *f*; Beilegung *f*; Einigung *f*; Begleichung *f*; Bezahlung *f*; Siedlung *f*; Besiedlung *f*; **'settler** Siedler(in)

seven ['sevn] sieben; **seventeen** [sevn'tiːn] siebzehn; **seventeenth** [sevn'tiːnθ] siebzehnt; **seventh** ['sevnθ]

1. siebt; **2.** Siebtel n; **'seventhly** siebtens; **seventieth** ['sevntɪɪθ] siebzigst; **seventy** ['sevntɪ] siebzig

several ['sevrəl] mehrere

severe [sɪ'vɪə] streng; hart; *Schmerzen etc.*: stark; *Krankheit etc.*: schwer

sew [səʊ] (**sewed, sewn** *od.* **sewed**) nähen

sewage ['su:ɪdʒ] Abwasser n; **sewer** ['sʊə] Abwasserkanal m; **sewerage** ['sʊərɪdʒ] Kanalisation f

sewing ['səʊɪŋ] Nähen n; Näharbeit f; Näh...; **'~ machine** Nähmaschine f

sewn [səʊn] pp von **sew**

sex [seks] Sex m; Geschlecht n

sexist ['seksɪst] sexistisch; frauenfeindlich

sexual ['sekʃʊəl] sexuell, Sexual..., geschlechtlich, Geschlechts...; **~ harassment** sexuelle Belästigung (*bsd. am Arbeitsplatz*); **~ intercourse** Geschlechtsverkehr m

sexy ['seksɪ] sexy, aufreizend

shabby ['ʃæbɪ] schäbig

shack [ʃæk] Hütte f, Bude f

shackles ['ʃæklz] pl Fesseln pl

shade [ʃeɪd] **1.** Schatten m; (*Lampen- etc.*)Schirm m; Schattierung f; Am. Rouleau n; **2.** abschirmen, schützen

shadow ['ʃædəʊ] **1.** Schatten m; **2.** beschatten

shady ['ʃeɪdɪ] schattig; *fig.* fragwürdig

shaft [ʃɑːft] Schaft m; Stiel m; Schacht m; tech. Welle f

shaggy ['ʃægɪ] zottig

shake [ʃeɪk] (**shook, shaken**) v/t schütteln; rütteln an; erschüttern; **~ hands** sich die Hand geben; v/i zittern, beben, schwanken; **'shaken 1.** pp von **shake**; **2.** erschüttert; **'shaky** wack(e)lig; zitt(e)rig

shall [ʃæl] v/aux (*pret* **should**) Futur: ich werde, wir werden; *in Fragen*: soll ich ...?, sollen wir ...?

shallow ['ʃæləʊ] **1.** seicht, flach; *fig.* oberflächlich; **2.** pl seichte Stelle, Untiefe f

sham [ʃæm] **1.** Heuchelei f; **2.** unecht; **3.** simulieren

shame [ʃeɪm] **1.** beschämen; **2.** Scham f; Schande f; **what a ~** (wie) schade!; **~ on you!** schäm dich!; **'~ful** schändlich; **'~less** schamlos

shampoo [ʃæm'pu:] **1.** Shampoo n, Schampon n; Haarwäsche f; **have a ~ and set** sich die Haare waschen und legen lassen; **2.** Haare waschen; schamponieren

shape [ʃeɪp] **1.** Gestalt f; Form f; Verfassung f; **2.** formen; gestalten; **'~less** formlos; **'~ly** wohlgeformt

share [ʃeə] **1.** v/t (sich) et. teilen; v/i teilen; **2.** Anteil m; Aktie f; **'~holder** Aktionär(in)

shark [ʃɑːk] Hai(fisch) m

sharp [ʃɑːp] **1.** adj scharf;

spitz; schlau; heftig; **2.** *adv* pünktlich, genau; **~en** [ˈʃɑːpən] schärfen; spitzen; **~ener** [ˈʃɑːpnə] Spitzer *m*

shat [ʃæt] *pret u. pp von* **shit** *V*

shatter [ˈʃætə] zerschmettern; *Hoffnungen etc.* zerstören

shave [ʃeɪv] **1.** (sich) rasieren; **2.** Rasur *f*; **have a ~** sich rasieren; **'shaven** kahl geschoren; **'shaver** (elektrischer) Rasierapparat

shaving [ˈʃeɪvɪŋ] Rasieren *n*; Rasier...; *pl* (Hobel)Späne *n*

shawl [ʃɔːl] Umhängetuch *n*, Kopftuch *n*

she [ʃiː] **1.** *pron* sie; **2.** *su* Sie *f*; *zo.* Weibchen *n*

sheaf [ʃiːf] (*pl* **sheaves** [ʃiːvz]) Garbe *f*; Bündel *n*

shear [ʃɪə] (**sheared**, **sheared** *od.* **shorn**) scheren

sheath [ʃiːθ] (*pl* **sheaths** [ʃiːðz]) Schwert: Scheide *f*; *Brt.* Kondom *n*, *m*

sheaves [ʃiːvz] *pl von* **sheaf**

shed[1] [ʃed] Schuppen *m*; Stall *m*

shed[2] [ʃed] (**shed**) *Blätter etc.* verlieren; *Blut, Tränen* vergießen; *Kleider etc.* ablegen

sheep [ʃiːp] Schaf *n*; **'~dog** Schäferhund *m*; **'~ish** verlegen

sheer [ʃɪə] rein, bloß; steil, (fast) senkrecht; hauchdünn

sheet [ʃiːt] Betttuch *n*, (Bett)Laken *n*; *fig.* Platte *f*; Papier: Blatt *n*, Bogen *m*; **'~ lightning** Wet-

terleuchten *n*

shelf [ʃelf] (*pl* **shelves** [ʃelvz]) (*Bücher-, Wand- etc.*)Brett *n*; **shelves** *pl* Regal *n*

shell [ʃel] **1.** Schale *f*; Hülse *f*; Muschel *f*; Granate *f*; **2.** schälen, enthülsen; **'~fish** Schalentier *n*

shelter [ˈʃeltə] **1.** Unterstand *m*; Schutzhütte *f*; Bunker *m*; Unterkunft *f*; Schutz *m*; **bus ~** Wartehäuschen *n*; **2.** schützen; sich unterstellen

shelves [ʃelvz] *pl von* **shelf**

shepherd [ˈʃepəd] Schäfer *m*, Schafhirt *m*

shield [ʃiːld] **1.** (Schutz-) Schild *m*; **2.** (be)schützen

shift [ʃɪft] **1.** *fig.* Verlagerung *f*, Verschiebung *f*, Wandel *m*; *econ.* Schicht *f* (*Arbeiter u. Zeit*); **2.** *v/t et* bewegen, schieben, (ver)rücken; *v/i* sich bewegen; *bsd. Am. mot.* schalten; *fig.* sich verlagern *od.* -schieben *od.* wandeln; **'~ key** Umschalttaste *f*

shimmer [ˈʃɪmə] schimmern

'shin(bone) [ˈʃɪn-] Schienbein *n*

shine [ʃaɪn] **1.** *v/i* (**shone**) scheinen; leuchten; glänzen; *v/t* (**shined**) polieren; **2.** Glanz *m*

shingle [ˈʃɪŋgl] Schindel *f*

shiny [ˈʃaɪnɪ] blank, glänzend

ship [ʃɪp] **1.** Schiff *n*; **2.** verschiffen; *econ.* versenden; **'~ment** (Schiffs)Ladung *f*; Verschiffung *f*, Versand *m*;

'**~owner** Reeder *m*; '**~ping**
Schiffahrt *f*; Verschiffung *f*;
Versand *m*; '**~wreck** Schiffbruch *m*; '**~wrecked** schiff-
brüchig; '**~yard** Werft *f*

shirk [ʃɜːk] sich drücken (vor)

shirt [ʃɜːt] Hemd *n*

shit [ʃɪt] V **1.** Scheiße *f*; **2.** (*shit
od. shat*) scheißen

shiver [ˈʃɪvə] **1.** Schauer *m*; **2.**
zittern (**with** vor)

shock [ʃɔk] **1.** Schock *m* (*a.
med.*); *Explosion etc.*: Wucht
f; *electr.* Schlag *m*; **2.** scho-
ckieren, empören; *j-m* eis-
en Schock versetzen; '**~ absorber** Stoßdämpfer *m*;
'**~ing** schockierend, empö-
rend

shoe [ʃuː] Schuh *m*; '**~horn**
Schuhanzieher *m*; '**~lace**,
'**~string** Schnürsenkel *m*

shone [ʃɒn] *pret u. pp von*
shine I

shook [ʃʊk] *pret von* **shake**

shoot [ʃuːt] **1.** (*shot*) (ab-)
schießen; erschießen; *Film*
drehen; schießen, rasen; **2.**
bot. Trieb *m*; '**~ing gallery**
Schießstand *m*, -bude *f*; '**~ing
star** Sternschnuppe *f*

shop [ʃɒp] **1.** Laden *m*, Geschäft *n*; Werkstatt *f*; **2.** *mst
go* **~ping** einkaufen gehen; '**~
assistant** Verkäufer(in);
'**~keeper** Ladeninhaber(in);
'**~lifter** Ladendieb(in); '**~lift-
ing** Ladendiebstahl *m*

shopper [ˈʃɒpə] Käufer(in)

shopping [ˈʃɒpɪŋ] Einkauf *m*,

Einkaufen *n*; *do one's* **~** (s-e)
Einkäufe machen; '**~ cart**
Am. Einkaufswagen *m*; '**~
centre** (*Am.* **center**) Ein-
kaufszentrum *n*; '**~mall** *Am.*
Einkaufszentrum *n*

'**shop window** Schaufenster *n*

shore [ʃɔː] Küste *f*, Ufer *n*; *on*
~ an Land

shorn [ʃɔːn] *pp von* **shear**

short [ʃɔːt] **1.** *adj* kurz; klein;
knapp; kurz angebunden,
barsch; schroff; *be* **~** *of* ...
nicht genügend ... haben; **2.**
adv plötzlich, abrupt; **3.** *su
electr.* F Kurze *m*; *in* **~**
kurz(um); '**~age** Knappheit
f; '**~circuit** *electr.* Kurz-
schluss *m*; '**~comings** *pl* Un-
zulänglichkeiten *pl*, Mängel
pl; '**~cut** Abkürzung *f*; '**~en**
(ab-, ver)kürzen; kürzer wer-
den; '**~hand** Stenographie *f*;
'**~ly** bald; '**~sighted** kurzsichtig; **~ 'story** Kurzge-
schichte *f*; '**~term** kurzfristig; **~ 'time** Kurzarbeit *f*; '**~
wave** Kurzwelle *f*

shot [ʃɒt] **1.** *pret u. pp von*
shoot I; **2.** Schuss *m*; Schrot
(-kugel *pl*) *m*, *n*; *guter etc.*
Schütze; *phot.* Aufnahme *f*;
med. F Spritze *f*; *Drogen*:
Schuss *m*; *fig.* Versuch *m*;
'**~gun** Schrotflinte *f*

should [ʃʊd] *pret von* **shall**

shoulder [ˈʃəʊldə] Schulter *f*

shout [ʃaʊt] **1.** rufen,
schreien; **~ at s.o.** j-n anschreien; **2.** Ruf *m*; Schrei *m*

shove [ʃʌv] **1.** stoßen, schubsen; *et.* schieben; **2.** Stoß *m*, Schubs *m*

shovel [ʃʌvl] **1.** Schaufel *f*; **2.** schaufeln

show [ʃəʊ] **1.** (*showed, shown* od. *showed*) zeigen; ~ *in* hereinführen; ~ *off* angeben od. protzen (mit); vorteilhaft zur Geltung bringen; ~ *out* hinausbegleiten; ~ *up* F auftauchen, erscheinen; **2.** Ausstellung *f*; *thea. etc.:* Vorstellung *f*; Show *f*; **~biz** [ʃəʊbɪz] F, **~ business** Showbusiness *n*, Showgeschäft *n*

shower [ʃaʊə] **1.** Schauer *m*; Dusche *f*; *have od. take a* ~ duschen; **2.** duschen; *j-n mit et.* überschütten od. -häufen

shown [ʃəʊn] *pp von* **show** 1

showroom Ausstellungsraum *m*

shrank [ʃræŋk] *pret von* **shrink**[1]

shred [ʃred] **1.** Fetzen *m*; **2.** zerfetzen; *Gemüse* raspeln, hobeln; **shredder** Gemüseschneider *m*; Reißwolf *m*

shrewd [ʃruːd] klug, clever

shriek [ʃriːk] **1.** kreischen; schreien; **2.** (schriller) Schrei

shrimp [ʃrɪmp] Garnele *f*

shrink[1] [ʃrɪŋk] (*shrank, shrunk*) (ein-, zs.-)schrumpfen (lassen); einlaufen, eingehen

shrink[2] [ʃrɪŋk] F Klapsdoktor *m*

shrink-wrap einschweißen

shrivel [ʃrɪvl] schrumpfen

Shrove Tuesday [ʃrəʊv ˈtjuːzdɪ] Fastnachts-, Faschingsdienstag *m*

shrub [ʃrʌb] Strauch *m*, Busch *m*

shrug [ʃrʌg] **1.** *die Achseln* zucken; **2.** Achselzucken *n*

shrunk [ʃrʌŋk] *pp von* **shrink**[1]

shudder [ʃʌdə] **1.** schaudern; **2.** Schauder *m*

shuffle [ʃʌfl] schlurfen; *Karten:* mischen

shun [ʃʌn] (ver)meiden

shut [ʃʌt] (*shut*) schließen, zumachen; sich schließen (lassen); ~ *down Betrieb* schließen; **~cock** Federball *m*; **~ service** Pendelverkehr *m*

shy [ʃaɪ] scheu; schüchtern

sick [sɪk] krank; *be* ~ sich übergeben; *be* ~ *of et.* satt haben; *I feel* ~ mir ist schlecht; *be off* ~ krank (geschrieben) sein; **~en** *j-n* anwidern

sickle [sɪkl] Sichel *f*

sickly kränklich; ekelhaft

sickness Krankheit *f*; Übelkeit *f*; **~ benefit** Brt. Krankengeld *n*

side [saɪd] **1.** Seite *f*; Seiten...; Neben...; ~ **take ~s (with)** Partei ergreifen (für); **2.** Partei ergreifen; **'~board** Anrichte *f*, Sideboard *n*; ~ **dish** *gastr.* Beilage *f*; **'~ street** Nebenstraße *f*; **'~track** ablenken; **'~walk** *Am.* Bürgersteig *m*; **'~ways** seitlich; seitwärts

siege [siːdʒ] Belagerung *f*

sieve [sɪv] **1.** Sieb *n*; **2.** sieben

sift [sɪft] sieben; *fig.* sichten

sigh [saɪ] **1.** seufzen; **2.** Seufzer *m*

sight [saɪt] **1.** Sehvermögen *n*, -kraft *f*; Anblick *m*; Sicht *f*; *pl* Sehenswürdigkeiten *pl*; **catch ~ of** erblicken; **know by ~** vom Sehen kennen; **be (with)in ~** in Sicht sein; **2.** sichten; **'~seeing: go ~** die Sehenswürdigkeiten besichtigen; **'~seeing tour** (Stadt)Rundfahrt *f*; **'~seer** Tourist(in)

sign [saɪn] **1.** Zeichen *n*; Schild *n*; **2.** unterschreiben; ~ **in/out** sich ein-/austragen

signal ['sɪɡnl] **1.** Signal *n*; **2.** signalisieren; (ein) Zeichen geben

signature ['sɪɡnətʃə] Unterschrift *f*; ~ **tune** *TV etc.*: Kennmelodie *f*

significance [sɪɡ'nɪfɪkəns] Bedeutung *f*; **sig'nificant** bedeutend, bedeutsam; bezeichnend; viel sagend

signify ['sɪɡnɪfaɪ] bedeuten

'signpost Wegweiser *m*

silence ['saɪləns] **1.** (Still-) Schweigen *n*; Stille *f*, Ruhe *f*; **2.** zum Schweigen bringen

'silencer Schalldämpfer *m*; *Brt. mot.* Auspufftopf *m*

silent ['saɪlənt] still; schweigend; schweigsam; stumm

silk [sɪlk] Seide *f*; **'silky** seidig

sill [sɪl] Fensterbrett *n*

silly ['sɪlɪ] dumm, albern

silver ['sɪlvə] **1.** Silber *n*; **2.** silbern; **'silvery** silb(e)rig

similar ['sɪmɪlə] ähnlich; **~ity** [sɪmɪ'lærətɪ] Ähnlichkeit *f*

simmer ['sɪmə] leicht kochen, köcheln

simple ['sɪmpl] einfach, schlicht; einfältig

simplicity [sɪm'plɪsətɪ] Einfachheit *f*; **simplify** ['sɪmplɪfaɪ] vereinfachen

simply ['sɪmplɪ] einfach; bloß

simulate ['sɪmjʊleɪt] vortäuschen; simulieren

simultaneous [sɪməl'teɪnjəs] gleichzeitig

sin [sɪn] **1.** Sünde *f*; **2.** sündigen

since [sɪns] **1.** *prp* seit; **2.** *adv* seitdem; **3.** *cj* seit; da

sincere [sɪn'sɪə] aufrichtig; **Yours ~ly** Mit freundlichen Grüßen; **sincerity** [sɪn'serətɪ] Aufrichtigkeit *f*

sinew ['sɪnjuː] Sehne *f*; **'sinewy** sehnig

sing [sɪŋ] **(sang, sung)** singen

singe [sɪndʒ] ver-, ansengen

singer ['sɪŋə] Sänger(in)

single ['sɪŋgl] **1.** einzig; einzeln; ledig; *in ~ file* im Gänsemarsch; **2.** *Brt.* einfache Fahrkarte; *Schallplatte:* Single *f*; Single *m*, Unverheiratete *m*, *f*; **3.** *~ out* sich herausgreifen; *~'lane mot.* einspurig; *~'minded* zielstrebig; *~'parent* Alleinerziehende *m*, *f*; *~ room* Einzelzimmer *n*

'**singles** sg *Tennis:* Einzel *n*

singular ['sɪŋgjolə] gr. Singular *m*, Einzahl *f*

sinister ['sɪnɪstə] unheimlich

sink [sɪŋk] **1.** (**sank** *od.* **sunk, sunk**) *v/i* sinken; sinken, untergehen; sich senken; *v/t* versenken; **2.** Spüle *f*

sinner ['sɪnə] Sünder(in)

sip [sɪp] **1.** Schlückchen *n*; **2.** *a.* *~ at* nippen an

sir [sɜː] *Anrede:* mein Herr

sirloin ['sɜːlɔɪn], *a.* '**steak** *gastr.* Lendensteak *n*

sister ['sɪstə] Schwester *f*; *Brt. med.* Oberschwester *f*; '**~-in-law** Schwägerin *f*

sit [sɪt] (**sat**) sitzen; tagen; (sich) setzen; *Prüfung machen*; *~ down* sich setzen; *~ up* aufrecht sitzen; sich aufsetzen; aufbleiben

site [saɪt] Platz *m*, Ort *m*, Stelle *f*; Stätte *f*; Baustelle *f*

sitting ['sɪtɪŋ] Sitzung *f*; '**~ room** *Brt.* Wohnzimmer *n*

situated ['sɪtjʊeɪtɪd]: *be ~* liegen, gelegen sein

situation [sɪtjʊ'eɪʃn] Lage *f*,

Situation *f*

six [sɪks] sechs; **sixteen** [sɪks'tiːn] sechzehn; **sixteenth** [sɪks'tiːnθ] sechzehnt; **sixth** [sɪksθ] **1.** sechst; **2.** Sechstel *n*; '**sixthly** sechstens; **sixtieth** ['sɪkstɪəθ] sechzigst; **sixty** sechzig

size [saɪz] Größe *f*; Format *n*

sizzle ['sɪzl] brutzeln

skate [skeɪt] **1.** Schlittschuh *m*; Rollschuh *m*; **2.** Schlittschuh laufen, Eis laufen; Rollschuh laufen; '**skating** Schlittschuhlaufen *n*, Eislauf(en) *n* *m*); Rollschuhlaufen *n*

skeleton ['skelɪtn] Skelett *n*

skeptic ['skeptɪk] *Am.* → **sceptic**

sketch [sketʃ] **1.** Skizze *f*; *thea.* Sketch *m*; **2.** skizzieren

ski [skiː] **1.** Ski *m*; **2.** Ski fahren *od.* laufen

skid [skɪd] *mot.* rutschen, schleudern

skier ['skiːə] Skifahrer(in), -läufer(in)

'**skiing** Skifahren *n*, -laufen *n*

skilful ['skɪlfl] geschickt

'**ski lift** Skilift *m*

skill [skɪl] Geschicklichkeit *f*, Fertigkeit *f*; '**~ed** geschickt; gelernt, Fach...; '**~ful** *Am.* → **skilful**

skim [skɪm] abschöpfen; entrahmen; *~ (through)* *fig.* überfliegen; **skimmed 'milk** Magermilch *f*

skin [skɪn] **1.** Haut *f*; Fell *n*;

Schale f; **2.** (ab)häuten; schälen; **~ diving** Schnorcheln n; **~ skinny** dürr, mager
skip [skɪp] **1.** v/i hüpfen, springen; seilspringen, -hüpfen; v/t et. überspringen, auslassen; **2.** Hüpfer m
'**ski pole** Skistock m
skipper ['skɪpə] Kapitän m
skirt [skɜːt] **1.** Rock m; **2.** herumgehen um; fig. umgehen
'**ski**| **run** Skipiste f; **~ stick** Brt. Skistock m; **~ tow** Schlepplift m
skittle ['skɪtl] Kegel m
skull [skʌl] Schädel m
sky [skaɪ] Himmel m; **~jacker** ['skaɪdʒækə] Luftpirat m; **~light** Dachfenster n; **~line** (Stadt- etc.)Silhouette f; **~scraper** Wolkenkratzer m
slab [slæb] Platte f, Fliese f
slack [slæk] schlaff; locker; (nach)lässig; econ. flau; **~** en v/i. a. **~ off** nachlassen, geringer werden; v/t lockern; **~ one's pace** od. **speed** langsamer werden
slacks [slæks] pl bsd. Am. F Hose f
slam [slæm] Tür etc. zuschlagen, zuknallen; et. auf den Tisch etc. knallen
slander ['slɑːndə] **1.** Verleumdung f; **2.** verleumden
slang [slæŋ] Slang m; Jargon m
slant [slɑːnt] Schräge f, Neigung f
slap [slæp] **1.** Klaps m, Schlag

m; **2.** e-n Klaps geben; schlagen; klatschen
slash [slæʃ] **1.** Hieb m; Schnitt(wunde f) m; Schlitz m; **2.** aufschlitzen
slate [sleɪt] Schiefer m; Dachziegel m; Schiefertafel f
slaughter ['slɔːtə] **1.** Schlachten n; Blutbad n; **2.** schlachten; niedermetzeln
slave [sleɪv] **1.** Sklav|e m, -in f; **2.** schuften; **slavery** Sklaverei f
sled [sled] Am., **sledge** [sledʒ] Brt. **1.** (a. Rodel-)Schlitten m; **2.** Schlitten fahren, rodeln
sleek [sliːk] glatt, glänzend; geschmeidig; schnittig
sleep [sliːp] **1.** (slept) schlafen; **~ in** ausschlafen; **~ on it** es überschlafen; **2.** Schlaf m; **go to ~** einschlafen; '**~er** Schlafende m, f; Schlafwagen m; Brt. rail. Schwelle f
'**sleeping**| **bag** Schlafsack m; '**~ car** Schlafwagen m; '**~ partner** stiller Teilhaber; '**~ pill** Schlaftablette f
'**sleep**|**less** schlaflos; '**~walker** Schlafwandler m
'**sleepy** schläfrig; verschlafen
sleet [sliːt] Schneeregen m
sleeve [sliːv] Ärmel m; Plattenhülle f; tech. Muffe f
sleigh [sleɪ] Pferdeschlitten m
slender ['slendə] schlank
slept [slept] pret u. pp von **sleep** 1
slice [slaɪs] **1.** Brot etc.: Schei-

be *f*; *Kuchen etc.*: Stück *n*; **2.**
a. ~ **up** in Scheiben *od.* Stücke schneiden

slick [slɪk] *(Öl)*Teppich *m*

slid [slɪd] *pret u. pp von* **slide**

slide [slaɪd] **1. (slid)** gleiten
(lassen); rutschen; schlüpfen; schieben; **2.** Rutschbahn *f*, Rutsche *f*; *phot.*
Dia(positiv) *n*; *Brt.* *(Haar-)*Spange *f*; '~ **rule** Rechenschieber *m*; '~ **tackle** *Fußball*: Grätsche *f*

slight [slaɪt] **1.** leicht; gering(fügig); **2.** beleidigen, kränken

slim [slɪm] **1.** schlank; gering; **2.** *a.* **be** ~**ming** e-e Schlankheitskur machen, abnehmen

slime [slaɪm] Schleim *m*; '**slimy** schleimig

sling [slɪŋ] Schlinge *f*; Tragriemen *m*; *(Stein)*Schleuder *f*; **2. (slung)** schleudern, werfen; auf-, umhängen

slip [slɪp] *v/i* (aus)rutschen; *v/t et. wohin* stecken, schieben; ~ **by** *Zeit*: verstreichen; **2.** *(Flüchtigkeits)*Fehler *m*; Unterrock *m*; *(Kissen)*Bezug *m*; ~ **of paper** Zettel *m*

slipped '**disc** *med.* Bandscheibenvorfall *m*

'**slipper** Hausschuh *m*

'**slippery** glatt, rutschig

'**slip road** *Brt.* (Autobahn-)Auffahrt *f*, (-)Ausfahrt *f*; ~**shod** [ʃɒd]

slit [slɪt] **1.** Schlitz *m*; **2. (slit)**
(auf-, zer)schlitzen

slither ['slɪðə] gleiten, rutschen

slobber ['slɒbə] sabbern

slop [slɒp] *a. pl (Tee)*Rest(e *pl) m*; Schmutzwasser *n*

slope [sləʊp] **1.** (Ab)Hang *m*;
Neigung *f*, Gefälle *n*; **2.** abfallen, sich neigen

sloppy ['slɒpɪ] schlampig

slot [slɒt] Schlitz *m*, (Münz-)Einwurf *m*; *Computer:*
Steckplatz *m*; '~ **machine**
Automat *m*

Slovak ['sləʊvæk] **1.** slowakisch; **2.** Slowak|e *m*, -in *f*;
Slovakia [sləʊ'vækɪə] Slowakei *f*

slovenly ['slʌvnlɪ] schlampig

slow [sləʊ] langsam; *econ.*
schleppend; **be** ~ *Uhr*: nachgehen; ~ **down** langsamer
fahren *od.* gehen *od.* werden;
'~**down** *Am.* Bummelstreik
m; '~ **lane** Kriechspur
f; ~ '**motion** Zeitlupe *f*

slug [slʌg] Nacktschnecke *f*;
'**sluggish** träge; schleppend

sluice [sluːs] Schleuse *f*

slung [slʌŋ] *pret u. pp von*
sling 2

slurred [slɜːd] undeutlich

slush [slʌʃ] Schneematsch *m*

slut [slʌt] Schlampe *f*; Nutte *f*

sly [slaɪ] **1.** gerissen, schlau;
listig; **2. on the** ~ F
(klamm)heimlich

smack [smæk] **1.** Klaps *m*; **2.**
e-n Klaps geben

small [smɔːl] klein; '~ **ad** *Brt.*
Kleinanzeige *f*; ~ '**change**

Kleingeld n; '**~ hours** pl die frühen Morgenstunden pl; **~pox** ['smɔːlpɒks] Pocken pl; '**~ print** das Kleingedruckte; '**~ talk** Small Talk m, n, oberflächliche Konversation

smart [smɑːt] **1.** schick; smart, schlau, clever; **2.** Augen etc.: brennen

smash [smæʃ] v/t zerschlagen (a. fig.); (zer)schmettern; v/i zerspringen

smattering ['smætərɪŋ]: **have a ~ of English** ein paar Brocken Englisch können

smear [smɪə] **1.** Fleck m; med. Abstrich m; **2.** (ein-, ver)schmieren

smell [smel] **1.** Geruch m; Gestank m; Duft m; **2.** (bsd. Brt. **smelt**, bsd. Am. **smelled**) riechen; duften; stinken; '**smelly** stinkend

smelt [smelt] Brt. pret u. pp von smell 2

smile [smaɪl] **1.** Lächeln n; **2.** lächeln

smith [smɪθ] Schmied m

smog [smɒɡ] Smog m

smoke [sməʊk] **1.** Rauch m; **2.** rauchen; räuchern; '**smoker** Raucher(in); rail. Raucher(abteil n) m

smoking ['sməʊkɪŋ] Rauchen n; **no ~** Rauchen verboten

smoky ['sməʊkɪ] rauchig; verräuchert

smooth [smuːð] **1.** glatt; ruhig (a. tech.); **2.** a. **~ out** glätten; glatt streichen

smother ['smʌðə] ersticken

smo(u)lder ['sməʊldə] glimmen, schwelen

smudge [smʌdʒ] **1.** Fleck m; **2.** (be-, ver)schmieren

smug [smʌɡ] selbstgefällig

smuggle ['smʌɡl] schmuggeln; '**smuggler** Schmuggler(in)

smut [smʌt] Schmutz m; Ruß m; '**smutty** fig. schmutzig

snack [snæk] Imbiss m; '**~ bar** Imbissstube f

snail [sneɪl] Schnecke f

snake [sneɪk] Schlange f

snap [snæp] (zer)brechen, (-)reißen; schnauzen; phot. knipsen; a. **~ shut** zuschnappen (lassen); **~ at** schnappen nach; j-n anschnauzen; **~ one's fingers** mit den Fingern schnippen; '**snappish** bissig; schnippisch; '**~shot** Schnappschuss m

snare [sneə] Schlinge f, Falle f

snarl [snɑːl] wütend knurren

snatch [snætʃ] schnappen, packen, an sich reißen

sneak [sniːk] schleichen; F stibitzen; '**sneakers** pl Am. Turnschuhe pl

sneer [snɪə] **1.** höhnisches Grinsen; höhnische Bemerkung; **2.** höhnisch grinsen; spotten

sneeze [sniːz] niesen

sniff [snɪf] schnüffeln, schnuppern; schniefen

snobbish ['snɒbɪʃ] versnobt

solemn

snoop [snuːp]: ~ *around*, ~ *about* F herumschnüffeln

snooty ['snuːtɪ] F hochnäsig

snooze [snuːz] ein Nickerchen machen

snore [snɔː] schnarchen

snorkel ['snɔːkl] **1.** Schnorchel *m*; **2.** schnorcheln

snort [snɔːt] schnauben

snout [snaʊt] Schnauze *f*, *Schwein*: Rüssel *m*

snow [snəʊ] **1.** Schnee *m*; **2.** schneien; **⁓ball** Schneeball *m*; **⁓bound** eingeschneit; **⁓ chains** *pl* Schneeketten *pl*; **⁓drift** Schneewehe *f*; **⁓drop** Schneeglöckchen *n*; **⁓fall** Schneefall *m*; **⁓flake** Schneeflocke *f*; **⁓storm** Schneesturm *m*

'snowy schneeweiß; verschneit

snub [snʌb] brüskieren, vor den Kopf stoßen; **⁓nosed** stupsnasig

snug [snʌg] behaglich

snuggle ['snʌgl]: ~ *up to s.o.* sich an j-n kuscheln

so [səʊ] so; deshalb; ... – ~ *am I* ich auch; ~ *far* bisher

soak [səʊk] einweichen; durchnässen; ~ *up* aufsaugen

soap [səʊp] Seife *f*; **'soapy** seifig

soar [sɔː] (hoch) aufsteigen

sob [sɒb] schluchzen

sober ['səʊbə] **1.** nüchtern; **2.** ~ *up* nüchtern machen *od.* werden

so-called so genannt

soccer ['sɒkə] *Spiel*: Fußball *m*

sociable ['səʊʃəbl] gesellig

social ['səʊʃl] sozial; gesellig; **~ in'surance** Sozialversicherung *f*

socialism ['səʊʃəlɪzəm] Sozialismus *m*; **'socialist 1.** Sozialist(in); **2.** sozialistisch

social se'curity *Brt.* Sozialhilfe *f*; *be on* ~ Sozialhilfe beziehen; **'~ worker** Sozialarbeiter(in)

society [sə'saɪətɪ] Gesellschaft *f*; Verein *m*

sock [sɒk] Socke *f*

socket ['sɒkɪt] *electr.* Steckdose *f*; *(Augen)*Höhle *f*

soft [sɒft] weich; sanft; leise; gedämpft; *Job etc.*: leicht, angenehm; **~ drink** alkoholfreies Getränk; **⁓en** ['sɒfn] weich werden *od.* machen; dämpfen; mildern; **'⁓ware** *Computer:* Software *f*

soggy ['sɒgɪ] aufgeweicht; matschig

soil [sɔɪl] Boden *m*, Erde *f*

solar ['səʊlə] Sonnen...; ~ **'energy** Solar-, Sonnenenergie *f*; ~ **'panel** Sonnenkollektor *m*

sold [səʊld] *pret u. pp von* **sell**

solder ['səʊldə] (ver)löten

soldier ['səʊldʒə] Soldat *m*

sole¹ [səʊl] **1.** Sohle *f*; **2.** besohlen

sole² [səʊl] Seezunge *f*

sole³ [səʊl] einzig, alleinig

solemn ['sɒləm] feierlich; ernst

solicitor [sə'lısıtə] Rechtsanwalt *m*, -anwältin *f*

solid ['sɒlɪd] fest; massiv; stabil; voll, ganz; *fig.* gründlich, solid(e)

solidarity [sɒlɪ'dærətɪ] Solidarität *f*

solidify [sə'lɪdɪfaɪ] fest werden

solitary ['sɒlɪtərɪ] einsam; einzeln; **solitude** ['sɒlɪtjuːd] Einsamkeit *f*

soluble ['sɒljʊbl] löslich

solution [sə'luːʃn] Lösung *f*

solve [sɒlv] lösen

sombre *Brt.*, **somber** *Am.* ['sɒmbə] düster, trüb(e)

some [sʌm] (irgend)ein; *vor pl*: einige, ein paar; manche; etwas; **~body** ['sʌmbədɪ] jemand; **~day** eines Tages; '**~how** irgendwie; '**~one** jemand

somersault ['sʌməsɔːlt] Purzelbaum *m*; Salto *m*

'**some**|**thing** etwas; '**~time** irgendwann; '**~times** manchmal; '**~what** ein wenig; '**~where** irgendwo(hin)

son [sʌn] Sohn *m*

song [sɒŋ] Lied *n*

sonic ['sɒnɪk] Schall-

'**son-in-law** Schwiegersohn *m*

soon [suːn] bald; **as ~ as possible** so bald wie möglich; '**~er** eher, früher

soot [sʊt] Ruß *m*

soothe [suːð] beruhigen, beschwichtigen; lindern

sooty ['sʊtɪ] rußig

sophisticated [sə'fɪstɪkeɪtɪd] kultiviert, anspruchsvoll; intellektuell; *tech.* hoch entwickelt

sopping ['sɒpɪŋ] *a.* **~ wet** F klatschnass

sorcerer ['sɔːsərə] Zauberer *m*; '**sorceress** Zauberin *f*, Hexe *f*; '**sorcery** Zauberei *f*

sordid ['sɔːdɪd] schmutzig; schäbig, gemein

sore [sɔː] **1.** entzündet; wund; **~ throat** Halsentzündung *f*; **have a ~ throat** Halsschmerzen haben; **2.** wunde Stelle

sorrow ['sɒrəʊ] Kummer *m*, Leid *n*, Schmerz *m*, Trauer *f*

sorry ['sɒrɪ] traurig; **I'm ~!** es tut mir Leid!; **~!** Verzeihung!, Entschuldigung!

sort [sɔːt] **1.** Art *f*, Sorte *f*; **~ of** ... F irgendwie ...; **2.** sortieren; **~ out** aussortieren; *Problem* lösen, *Frage* klären

sought [sɔːt] *pret u. pp von* **seek**

soul [səʊl] Seele *f*

sound[1] [saʊnd] **1.** Geräusch *n*; Laut *m*; *phys.* Schall *m*; Klang *m*; Ton *m*; *v/i* (er)klingen, (-)tönen; klingen, sich anhören; *v/t med.* abklopfen, abhorchen; **~ one's horn** *mot.* hupen

sound[2] [saʊnd] gesund; intakt, in Ordnung; sicher, solid(e), stabil; klug, vernünftig; gründlich; *Schlaf:* fest, tief; tüchtig, gehörig

'**sound barrier** Schallmauer *f*; '**~less** lautlos; '**~proof** schalldicht; '**~track** Tonspur

f; Filmmusik *f*; **'~ wave**
Schallwelle *f*
soup [suːp] Suppe *f*
sour [saʊə] sauer; *fig.* mürrisch
source [sɔːs] Quelle *f*, *fig. a.*
Ursache *f*, Ursprung *m*
south [saʊθ] **1.** *su* Süd(en *m*);
2. *adj* südlich, Süd...; **3.**
nach Süden, südwärts;
southern [ˈsʌðən] südlich,
Süd...
South 'Pole Südpol *m*
'southward(s) südlich, nach
Süden
souvenir [suːvəˈnɪə] (Reise)Andenken *n*, Souvenir *n*
sovereign [ˈsɒvrɪn] souverän;
~ty [ˈsʌvrəntɪ] Souveränität *f*
Soviet [ˈsəʊvɪət] sowjetisch,
Sowjet...
sow¹ [saʊ] (**sowed, sown** *od.*
sowed) (aus)säen
sow² [saʊ] Sau *f*
sown [səʊn] *pp von* **sow¹**
spa [spaː] Heilbad *n*; Kurort *m*
space [speɪs] **1.** Platz *m*,
Raum *m*; Weltraum *m*; Zwischenraum *m*, Lücke *f*; Zeitraum *m*; **2.** *a.* **~ out** Zwischenraum *od.* Abstand lassen zwischen; **'~ bar** Leertaste *f*; **'~craft** (*pl* -*craft*)
Raumfahrzeug *n*; **'~lab**
Raumlabor *n*; **'~ship** Raumschiff *n*; **'~ shuttle** Raumfähre *f*; **'~ station** Raumstation *f*; **'~suit** Raumanzug *m*
spacious [ˈspeɪʃəs] geräumig
spade [speɪd] Spaten *m*; Kar-

ten: Pik *n*, Grün *n*; → **heart**
Spain [speɪn] Spanien *n*
span [spæn] **1.** Spannweite *f*;
Spanne *f*; **2.** überspannen
Spaniard [ˈspænjəd] Spanier(in); **'Spanish** spanisch
spank [spæŋk] versohlen
spanner [ˈspænə] *Brt.*
Schraubenschlüssel *m*
spare [speə] **1.** *j-n, et.* entbehren; *Geld, Zeit etc.* übrig haben; **2.** Ersatz..., Reserve...,
3. Ersatz-, Reservereifen *m*;
Brt. → **'part** Ersatzteil *n*; **~
'room** Gästezimmer *n*
sparing [ˈspeərɪŋ] sparsam
spark [spaːk] **1.** Funke(n) *m*;
2. Funken sprühen; **'~ing
plug** *Brt. mot.* Zündkerze *f*
sparkle [ˈspaːkl] **1.** funkeln,
blitzen; *Getränke:* perlen; **2.**
Funkeln *n*, Blitzen *n*; **'sparkling** funkelnd, blitzend; *fig.*
(geist)sprühend; **'~ wine**
Schaumwein *m*; Sekt *m*
'spark plug *mot.* Zündkerze *f*
sparrow [ˈspærəʊ] Spatz *m*
sparse [spaːs] spärlich, dünn
spasm [ˈspæzəm] Krampf *m*
spat [spæt] *pret u. pp von*
spit²
spatter [ˈspætə] (be)spritzen
spawn [spɔːn] **1.** Laich *m*; **2.**
laichen
speak [spiːk] (**spoke, spoken**) *v/i* sprechen, reden (**to**
mit); *v/t Sprache* sprechen;
'~er Sprecher(in), Redner(in)
spear [spɪə] Speer *m*

special ['speʃl] **1.** besonder, speziell; Spezial...; Sonder...; **2.** Sonderausgabe *f*; *TV etc.*; Sondersendung *f*; Sonderbus *m*, -zug *m*; *Am. econ.* F Sonderangebot *n*; **~ist** ['speʃəlɪst] Spezialist (-in); Fachmann *m*; *med.* Facharzt *m*, -ärztin *f*; **~ity** [speʃɪ'ælətɪ] Spezialität *f*; Spezialgebiet *n*; **~ize** ['speʃəlaɪz] sich spezialisieren (*in* auf); **'specially** besonders; extra; **'specialty** *bsd. Am.* → **speciality**

species ['spi:ʃi:z] (*pl* **species**) Art *f*, Spezies *f*

specific [spɪ'sɪfɪk] bestimmt, speziell; genau, präzis

specify ['spesɪfaɪ] genau angeben *od.* beschreiben

specimen ['spesɪmən] Probe *f*, Muster *n*; Exemplar *n*

speck [spek] kleiner Fleck

speckled ['spekld] gefleckt, gesprenkelt

spectacle ['spektəkl] Schauspiel *n*; Anblick *m*

spectacular [spek'tækjʊlə] spektakulär, sensationell

spectator [spek'teɪtə] Zuschauer(in)

speculate ['spekjʊleɪt] Vermutungen anstellen; *econ.* spekulieren

sped [sped] *pret u. pp von* **speed** 2

speech [spi:tʃ] Rede *f*, Ansprache *f*; Sprechvermögen *n*, Ausdrucksweise; Sprache *f*;

'~less sprachlos

speed [spi:d] **1.** Geschwindigkeit *f*, Tempo *n*, Schnelligkeit *f*; *mot.* Gang *m*; *phot.* Lichtempfindlichkeit *f*; **2.** (**sped**, *a.* **speeded**) rasen; *be* **~ing** *mot.* zu schnell fahren; **~** *by* Zeit: wie im Fluge vergehen; **~** *up* beschleunigen; schneller machen *od.* werden; **'~boat** Rennboot *n*; **'~ing** *mot.* zu schnelles Fahren, Geschwindigkeitsüberschreitung *f*; **'~ limit** *mot.* Geschwindigkeitsbeschränkung *f*, Tempolimit *n*

speedometer [spɪ'dɒmɪtə] Tachometer *m, n*

'speed trap *mot.* Radarfalle *f*

'speedy schnell

spell¹ [spel] (**spelt** *od. bsd. Am.* **spelled**) buchstabieren; (richtig) schreiben

spell² [spel] Weile *f*; (*Husten- etc.*)Anfall *m*; *a* **~** *of fine weather* e-e Schönwetterperiode; *hot* **~** Hitzewelle *f*

spell³ [spel] Zauber *m* (*a. fig.*); **'~bound** (wie) gebannt

'spelling Buchstabieren *n*; Rechtschreibung *f*

spelt [spelt] *pret u. pp von* **spell¹**

spend [spend] (**spent**) Geld ausgeben, Zeit verbringen

spent [spent] **1.** *pret u. pp von* **spend**; **2.** verbraucht

sperm [spɜ:m] Sperma *n*

SPF [es pi: 'ef] *Sun Protection*

Factor Sonnenschutzfaktor *m*

sphere [sfɪə] Kugel *f; fig.* Sphäre *f*, Bereich *m*, Gebiet *n*

spice [spaɪs] **1.** Gewürz *n; fig.* Würze *f;* **2.** würzen; **'spicy** würzig; *fig.* pikant

spider ['spaɪdə] Spinne *f*

spike [spaɪk] Spitze *f;* Dorn *m;* Stachel *m; pl* Spikes *pl*

spill [spɪl] (**spilt** *od. bsd. Am.* **spilled**) aus-, verschütten

spilt [spɪlt] *pret u. pp von* **spill**

spin [spɪn] **1.** (**spun**) (sich) drehen; schleudern; spinnen; **2.** (schnelle) Drehung; Schleudern *n;* F Spritztour *f*

spinach ['spɪnɪdʒ] Spinat *m*

spinal ['spaɪnl] Rückgrat...; ~ **'column** Wirbelsäule *f;* ~ **'cord** Rückenmark *n*

spin-'dry Wäsche schleudern; ~**er** (Wäsche)Schleuder *f*

spine [spaɪn] *anat.* Rückgrat *n;* Stachel *m*

spiral ['spaɪərəl] Spirale *f;* ~ **'staircase** Wendeltreppe *f*

spire ['spaɪə] (*Kirch*)Turmspitze *f*

spirit ['spɪrɪt] Geist *m;* Schwung *m*, Elan *m;* Stimmung *f; pl* Spirituosen *pl;* **'~ed** temperamentvoll, lebhaft; energisch, beherzt

spiritual ['spɪrɪtʃʊəl] **1.** geistig; geistlich; **2.** *mus.* Spiritual *n*, *m*

spit¹ [spɪt] **1.** Speichel *m*, Spucke *f;* **2.** (**spat** *od. Am. a.* **spit**) (aus)spucken; fauchen

spit² [spɪt] (Brat)Spieß *m*

spite [spaɪt] **1.** Bosheit *f; in ~ of* trotz; **2.** *j-n* ärgern; **'~ful** gehässig, boshaft

splash [splæʃ] **1.** Spritzer *m;* Platschen *n;* **2.** (be)spritzen; klatschen; plan(t)schen

spleen [spliːn] *anat.* Milz *f*

splendid ['splendɪd] großartig, prächtig; **splendo(u)r** Glanz *m*, Pracht *f*

splint [splɪnt] *med.* Schiene *f*

splinter ['splɪntə] **1.** Splitter *m;* **2.** (zer)splittern

split [splɪt] **1.** Spalt *m*, Riss *m; fig.* Spaltung *f;* **2.** (**split**) *v/t* (zer)spalten; zerreißen; *a. ~ up* aufteilen; *v/i* sich spalten; zerreißen; sich teilen; *a. ~ up* sich trennen; **'splitting** Kopfschmerz: heftig, rasend

splutter ['splʌtə] stottern (*a.* Motor); Worte hervorstoßen

spoil [spɔɪl] (**spoiled** *od.* **spoilt**) verderben; verwöhnen; *Kind a.* verziehen; **'~sport** F Spielverderber(in)

spoilt [spɔɪlt] *pret u. pp von* **spoil**

spoke¹ [spəʊk] Speiche *f*

spoke² [spəʊk] *pret*, **spoken** *pp von* **speak**

'spokes|man (*pl -men*) Sprecher *m;* **'~woman** (*pl -women*) Sprecherin *f*

sponge [spʌndʒ] **1.** Schwamm *m;* **2.** *a. ~ down* (mit e-m Schwamm) abwaschen; **'~ bag** Brt. Kulturbeutel *m;* **'~ cake** Biskuitkuchen *m*

sponsor ['spɒnsə] **1.** Sponsor(in); Bürg|e *m*, -in *f*; **2.** sponsern; bürgen für

spontaneous [spɒn'teɪnjəs] spontan

spoon [spu:n] Löffel *m*

spore [spɔ:] *bot.* Spore *f*

sport [spɔ:t] **1.** Sport(art *f*) *m*; *pl* Sport *m*; **2.** protzen mit

sports|man ['spɔ:tsmən] (*pl -men*) Sportler *m*; '**~wear** Sportkleidung *f*; '**~woman** (*pl -women*) Sportlerin *f*

spot [spɒt] **1.** Ort *m*, Platz *m*, Stelle *f*; Fleck *m*; Tupfen *m*; Pickel *m*; (Werbe)Spot *m*; **2.** entdecken, sehen; **~ check** Stichprobe *f*; '**~less** makellos (sauber); '**~light** *thea.* Scheinwerfer(licht *n*) *m*

'**spotted** getüpfelt; fleckig

'**spotty** pick(e)lig

spout [spaʊt] **1.** Tülle *f*, Schnauze *f*; (*Wasser- etc.*) Strahl *m*; **2.** (heraus)spritzen

sprain [spreɪn] **1.** Verstauchung *f*; **2.** sich *et.* verstauchen

sprang [spræŋ] *pret von* **spring**[1]

sprawl [sprɔ:l] *a.* **~ out** ausgestreckt liegen *od.* sitzen

spray [spreɪ] **1.** Gischt *m*, *f*; Spray *m*, *n*; **2.** (be)sprühen; spritzen; sprayen; '**~er** Sprüh-, Spraydose *f*

spread [spred] **1.** (**spread**) (sich) aus- *od.* verbreiten; (sich) ausdehnen; *Butter etc.* streichen; **2.** Aus-, Verbrei-

tung *f*; Spannweite *f*; (*Brot*)Aufstrich *m*

spree [spri:]: **go on a shopping/spending** ~ groß einkaufen gehen

sprig [sprɪg] kleiner Zweig

spring[1] [sprɪŋ] (**sprang** *od. Am.* **sprung**, **sprung**) springen

spring[2] [sprɪŋ] Frühling *m*

spring[3] [sprɪŋ] Quelle *f*

spring[4] [sprɪŋ] (Sprung)Feder *f*; '**~board** Sprungbrett *n*

'**spring-clean** *Brt.*, '**~-cleaning** *Am.* gründlicher Hausputz, Frühjahrsputz *m*; '**~time** Frühling *m*

sprinkle ['sprɪŋkl] (be)streuen; (be)sprengen; '**sprinkler** (*Rasen*)Sprenger *m*; Sprinkler *m*, Berieselungsanlage *f*

sprout [spraʊt] **1.** sprießen; keimen; sich *e-n* Bart wachsen lassen; **2.** Spross *m*; (*Brussels*) **~s** *pl* Rosenkohl *m*

spruce [spru:s] adrett

sprung [sprʌŋ] *pret u. pp von* **spring**[1]

spun [spʌn] *pret u. pp von* **spin**[1]

spur [spɜ:] **1.** Sporn *m*, *pl* Sporen *pl*; **2.** *a.* **~ on** anspornen

spy [spaɪ] **1.** Spion(in); **2.** spionieren; **~ on** *j-m* nachspionieren; *j-n* bespitzeln

squabble ['skwɒbl] (sich) streiten

squad [skwɒd] (*Überfall-etc.*)Kommando *n*

stalk

squalid ['skwɒlɪd] schmutzig, verwahrlost, -kommen

squander ['skwɒndə] verschwenden

square [skweə] **1.** quadratisch, Quadrat...; viereckig; rechtwink(e)lig; gerecht, fair; **2.** Quadrat *n*; Vieıeck *n*; öffentlicher Platz; *Brettspiel*: Feld *n*; **3.** quadratisch machen; *Zahl* ins Quadrat erheben; *Schulden* begleichen; *Schultern* straffen; in Einklang bringen *od.* stehen; ~ **'root** *math.* Quadratwurzel *f*

squash [skwɒʃ] **1.** zerdrücken, -quetschen; **2.** Gedränge *n*; *Sport*: Squash *n*

squat [skwɒt] **1.** untersetzt; **2.** hocken, kauern; *Haus* besetzen; **'squatter** Hausbesetzer(in)

squawk [skwɔːk] kreischen

squeak [skwiːk] *Maus*: piepsen; *Tür etc.*: quietschen

squeal [skwiːl] kreischen

squeamish ['skwiːmɪʃ] empfindlich, zartbesaitet

squeeze [skwiːz] drücken; auspressen, -quetschen; sich zwängen *od.* quetschen; **'squeezer** (Frucht)Presse *f*

squid [skwɪd] Tintenfisch *m*

squint [skwɪnt] blinzeln

squirm [skwɜːm] sich winden

squirrel ['skwɪrəl] Eichhörnchen *n*

squirt [skwɜːt] spritzen

St *Saint* St., Sankt

stab [stæb] **1.** (nieder)stechen; **2.** Stich *m*

stability [stə'bɪlətɪ] Stabilität *f*; Beständigkeit *f*; **stabilize** ['steɪbəlaɪz] (sich) stabilisieren

stable¹ ['steɪbl] stabil, fest; *Person*: ausgeglichen

stable² ['steɪbl] Stall *m*

stack [stæk] **1.** Stapel *m*; **2.** stapeln

stadium ['steɪdjəm] (*pl* **-diums, -dia** [-djə]) Stadion *n*

staff [stɑːf] Mitarbeiter(stab *m*) *pl*; Personal *n*, Belegschaft *f*; Lehrkörper *m*

stag [stæg] Hirsch *m*

stage [steɪdʒ] **1.** Bühne *f*; Stadium *n*; Phase *f*; Etappe *f*; *Bus etc.*: Teilstrecke *f*, Fahrzone *f*; (*Raketen*)Stufe *f*; **2.** aufführen; inszenieren

stagger ['stægə] (sch)wanken, taumeln; **'~ing** unglaublich

stain [steɪn] **1.** Fleck *m*; *fig.* Makel *m*; **2.** beflecken; Flecken bekommen; **~ed- -'glass window** farbiges Glasfenster; **~less** rostfrei

stair [steə] Stufe *f*; *pl* Treppe *f*; **~case, ~way** Treppe(nhaus *n*) *f*

stake¹ [steɪk] Pfahl *m*

stake² [steɪk] (Spiel)Einsatz *m*; **be at ~** auf dem Spiel stehen

stale [steɪl] *Brot etc.*: alt(backen); schal, abgestanden

stalk [stɔːk] Stängel *m*, Stiel *m*

stall [stɔ:l] **1.** *im Stall:* Box *f*;
(Verkaufs)Stand *m*, (Markt-)
Bude *f*; *pl Brt. thea.* Parkett
n; **2.** *v/t Motor* abwürgen; *v/i
Motor:* absterben

stallion ['stæljən] Hengst *m*

stalwart ['stɔ:lwət] treu, loyal

stamina ['stæminə] Ausdauer
f, Durchhaltevermögen *n*

stammer ['stæmə] **1.** stottern,
stammeln; **2.** Stottern *n*

stamp [stæmp] **1.** Stempel *m*;
(Brief)Marke *f*; **2.** stampfen;
aufstampfen (mit); tram-
peln; stempeln; frankieren

stand [stænd] **1.** (**stood**) stehen; stellen; aushalten,
(v)ertragen; sich *et.* gefallen
lassen; ~ (**still**) still stehen; ~
back zurücktreten; ~ **by** da-
nebenstehen; zu *j-m* halten;
zu *et.* stehen; ~ **for** bedeuten;
~ **out** *fig.* sich abheben; ~ **up**
aufstehen; ~ **up for** eintreten
für; **2.** (*Obst-, Messe- etc.*)
Stand *m*; (*Noten- etc.*)Stän-
der *m*; *Sport etc.*: Tribüne *f*;
Am. jur. Zeugenstand *m*

standard ['stændəd] Niveau
n; Standard *m*, Norm *f*;
Maßstab *m*; Standarte *f*;
Normal...; Durchschnitts...;
~ **of living** Lebensstandard
m; '**~ize** normen

standby (*pl* **-bys**) Reserve *f*;
be on ~ in Bereitschaft stehen

standing ['stændiŋ] **1.** stehend; *fig.* ständig; **2.** Stellung *f*, Rang *m*, Ruf *m*;

Dauer *f*; ~ **'order** *Bank*:
Dauerauftrag *m*; '~ **room**
Stehplätze *pl*

standoffish [stænd'ɒfiʃ] *F*
hochnäsig; '**~point** Standpunkt *m*; '**~still** Stillstand *m*

stank [stæŋk] *pret von* **stink** 2

staple ['steipl] Heftklammer
f; Haupterzeugnis *n*; '**stapler** (Draht)Hefter *m*

star [stɑ:] **1.** Stern *m*; *Person:*
Star *m*; **2.** ~ **ring** ... mit ... in
der Hauptrolle

starboard ['stɑ:bəd] Steuer-
bord *n*

starch [stɑ:tʃ] **1.** (*Kartoffel-
etc., Wäsche*)Stärke *f*; **2.**
stärken

stare [steə] **1.** starrer Blick; **2.**
(~ **at** an)starren

stark [stɑ:k]: ~ **naked** splitter-
nackt

starling ['stɑ:liŋ] *zo.* Star *m*

start [stɑ:t] **1.** beginnen, anfangen; aufbrechen; *Zug:*
abfahren; *Boot:* ablegen;
aviat. abfliegen, starten;
Sport: starten; *Motor:* anspringen; zs.-fahren; *et.* in
Gang setzen, *tech.* anlassen,
starten; **2.** Beginn *m*, Anfang
m; Start *m*; Aufbruch *m*; Abfahrt *f*; *aviat.* Abflug *m*; Abfahren *n*, Zs.-fahren *n*; '**~er**
Sport: Starter(in); *mot.* An-
lasser *m*; *Brt.* F Vorspeise *f*

startle ['stɑ:tl] erschrecken

starvation [stɑ:'veiʃn] (Ver-)
Hungern *n*; Hungertod *m*;
starve [stɑ:v] (ver)hungern

(lassen); **I'm starving** F ich komme um vor Hunger

state [steɪt] **1.** Zustand m; Stand m; Staat m; **2.** staatlich, Staats...; **3.** et. angeben; **'2 Department** Am. Außenministerium n; **'~ly** würdevoll; prächtig; **'~ment** Erklärung f; Angabe f; jur. Aussage f; (Bank-, Konto)Auszug m

static ['stætɪk] statisch

station ['steɪʃn] **1.** Bahnhof m; Station f; (Polizei)Revier n; (Feuer)Wache f; TV, Rundfunk: Sender m; **2.** aufstellen; mil. stationieren

stationary ['steɪʃnərɪ] stehend

stationer ['steɪʃnə] Schreibwarenhändler(in); **'stationer's (shop)** Schreibwarengeschäft n; **'stationery** Schreibwaren pl; Briefpapier n

'station wagon Am. mot. Kombiwagen m

statistics [stə'tɪstɪks] pl Statistik(en pl) f

statue ['stætjuː] Statue f

status ['steɪtəs] Stellung f, Status m; (marital) ~ Familienstand m; **~ line** Computer: Statuszeile f

statute ['stætjuːt] Statut n, Satzung f; Gesetz n

staunch [stɔːntʃ] treu, zuverlässig

stay [steɪ] **1.** bleiben; sich aufhalten, wohnen; **~ away** wegbleiben; sich fern halten;

~ **up** aufbleiben; **2.** Aufenthalt m

steadfast ['stedfɑːst] treu, zuverlässig; Blick: unverwandt

steady ['stedɪ] **1.** fest; stabil; Hand: ruhig, Nerven: gut; gleichmäßig; **2.** (sich) festigen; (sich) beruhigen; **3.** Am. F feste Freundin, fester Freund

steak [steɪk] Steak n

steal [stiːl] (stole, stolen) stehlen; sich stehlen

stealthy ['stelθɪ] heimlich, verstohlen

steam [stiːm] **1.** Dampf m; Dampf...; **2.** dampfen; gastr. dünsten, dämpfen; ~ **up** Glas etc.: beschlagen; **'~er** Dampfer m; **'~ iron** Dampfbügeleisen n; **'~ship** Dampfer m, Dampfschiff n

steel [stiːl] Stahl m; **'~works** sg Stahlwerk n

steep¹ [stiːp] steil; Preise etc.: happig, gepfeffert

steep² [stiːp] einweichen

steeple ['stiːpl] Kirchturm m

steer [stɪə] steuern, lenken; **'~ing** Steuerung f; **'~ing wheel** Steuer-, Lenkrad n

stem [stem] **1.** Stiel m; Stängel m; ling. Stamm m; **2.** ~ **from** stammen od. herrühren von

stench [stentʃ] Gestank m

stencil ['stensl] Schablone f

step [step] **1.** Schritt m; Stufe f; Sprosse f; **2.** gehen; treten; ~ **up** Produktion etc. steigern; **step...** [step] in Zssgn Stief...

'**stepping stone** *fig.* Sprungbrett *n*

stereo ['steriəʊ] Stereo *n*

sterile ['sterail] unfruchtbar; steril; **sterilize** ['sterilaiz] sterilisieren

stern¹ [stɜːn] streng

stern² [stɜːn] *naut.* Heck *n*

stew [stjuː] **1.** schmoren; dünsten; **2.** Eintopf *m*

steward ['stjʊəd] Steward *m*; '.**ess** Stewardess *f*

stick¹ [stik] (dünner) Zweig; Stock *m*; (*Besen- etc.*)Stiel *m*; Stange *f*; Stift *m*; Stäbchen *n*

stick² [stik] (**stuck**) stechen; stecken; F stellen; kleben (bleiben); stecken bleiben; klemmen; haften; ~ **out** ab-, hervorstehen; *et.* aus- *od.* vorstrecken; ~ **to** bei j-m *od. et.* bleiben; '**~er** Aufkleber *m*; '**~ing plaster** Heftpflaster *n*

'**sticky** klebrig (**with** von); *Lage:* F heikel, unangenehm

stiff [stif] steif; schwierig; '**~en** steif werden

stifle ['staifl] ersticken; *fig.* unterdrücken

still [stil] **1.** *adj* still; **2.** *adv* (immer) noch

stimulant ['stimjʊlənt] Anregungsmittel *n*; *fig.* Ansporn *m*

stimulate ['stimjʊleit] anregen; **stimulus** ['stimjʊləs] (*pl* **-li** [-lai]) Reiz *m*; *fig.* Anreiz *m*, Ansporn *m* (**to** für)

sting [stiŋ] **1.** Stich *m*; Stachel

m; **2.** (**stung**) stechen; brennen

stingy ['stindʒi] knaus(e)rig

stink [stiŋk] **1.** Gestank *m*; **2.** (**stank** *od.* **stunk, stunk**) stinken

stipulate ['stipjʊleit] zur Bedingung machen; festsetzen

stir [stɜː] **1.** (um)rühren; (sich) rühren *od.* bewegen; *fig. j-n* aufwühlen; **2.** **cause/create a** ~ für Aufsehen sorgen

stirrup ['stirəp] Steigbügel *m*

stitch [stitʃ] **1.** Stich *m*; Masche *f*; Seitenstechen *n*; **2.** nähen; heften

stock [stɒk] **1.** Vorrat *m*; *a.* **live~** Viehbestand *m*; *gastr.* Brühe *f*; Herkunft *f*; *econ. pl:* Aktien *pl*; Wertpapiere *pl*; **in** (**out of**) ~ (nicht) vorrätig; **take** ~ Inventur machen; *fig.* Bilanz ziehen; **2.** gängig, Standard...; **3.** Waren führen, vorrätig haben; **be well ~ed with** gut versorgt sein mit; '**~breeder** Viehzüchter *m*; '**~broker** Börsenmakler *m*; '**~ corporation** *Am.* Aktiengesellschaft *f*; '**~ exchange** Börse *f*; '**~ holder** *bsd. Am.* Aktionär(in)

stocking ['stɒkiŋ] Strumpf *m*

'**stock market** Börse *f*

stocky ['stɒki] stämmig

stole [stəʊl] *pret*, '**stolen** *pp* von **steal**

stomach ['stʌmək] **1.** Magen *m*; Bauch *m*; **2.** vertragen *fig.*); '**~ache** Magenschmerzen *pl*; **Bauchweh** *n*

stone [stəʊn] **1.** Stein *m*; (Obst)Stein *m*, (-)Kern *m*; (*pl* **stone[s]**) (*Abk.* **st**) *brit.* Gewichtseinheit (= 6,35kg); **2.** entsteinen, -kernen

stood [stʊd] *pret u. pp von* **stand** 1

stool [stuːl] Schemel *m*, Hocker *m*; *med.* Stuhl(gang) *m*

stoop [stuːp] sich bücken; gebeugt gehen

stop [stɒp] **1.** *v/t* aufhören mit; an-, aufhalten, stoppen; *et.* verhindern; *j-n* abhalten (**from** von); (Zahlungen etc. einstellen; *Zahn* plombieren; *Blutung* stillen; *v/i* (an)halten, stehen bleiben, stoppen; F bleiben; **~ off** kurz Halt machen; **~ over** die Fahrt unterbrechen; *aviat.* zwischenlanden; **2.** Halt *m*; Station *f*, Haltestelle *f*; *mst* **full ~ ling.** Punkt *m*; '**~lights** *pl mot.* Bremslichter *pl*; '**~over** Zwischenstation *f*; *aviat.* Zwischenlandung *f*

'**stopper** Stöpsel *m*

storage ['stɔːrɪdʒ] Lagerung *f*; Lagergeld *n*

store [stɔː] **1.** (ein)lagern; einen Vorrat von ... anlegen; *Computer:* (ab)speichern, sichern; **2.** Kauf-, Warenhaus *n*; *Am.* Laden *m*, Geschäft *n*; Vorrat *m*; Lager(halle *f*, -haus *n*) *n*; '**~house** Lager-

haus *n*; '**~keeper** *Am.* Ladenbesitzer(in); '**~room** Lagerraum *m*

storey ['stɔːrɪ] *Brt.* Stock (-werk *n*) *m*

stork [stɔːk] Storch *m*

storm [stɔːm] **1.** Sturm *m*; Gewitter *n*; **2.** stürmen; toben; '**stormy** stürmisch

story[1] ['stɔːrɪ] Geschichte *f*; Erzählung *f*

story[2] ['stɔːrɪ] *Am.* → **storey**

stout [staʊt] **1.** korpulent, vollschlank; **2.** Starkbier *n*

stove [stəʊv] Ofen *m*, Herd *m*

stow [stəʊ] *a.* **~ away** verstauen; '**~away** blinder Passagier

straight [streɪt] **1.** *adj* gerade; *Haar:* glatt; offen, ehrlich; *Whisky etc.:* pur; **2.** *adv* gerade(aus); direkt, geradewegs; **~ ahead**, **~ on** geradeaus; **~a'way** sofort; '**~en** gerade machen *od.* werden; (gerade) richten; **~ out** in Ordnung bringen; '**~for-ward** ehrlich; einfach

strain [streɪn] **1.** *v/t* spannen; überanstrengen; *Muskel etc.* zerren; *fig.* strapazieren; überfordern; durchseihen, filtern; abgießen; *v/i* sich anstrengen; **2.** Spannung *f*; Belastung *f*; *med.* Zerrung *f*; Überanstrengung *f*; '**~er** Sieb *n*

strait [streɪt] **1.** (*in Eigennamen oft* **~s** *pl*) Meerenge *f*, Straße *f*; *pl* Notlage *f*

strand [strænd] Strang *m*; Faden *m*; (*Haar*)Strähne *f*

strange [streɪndʒ] fremd; seltsam, merkwürdig; **'stranger** Fremde *m*, *f*

strangle ['stræŋgl] erwürgen

strap [stræp] **1.** Riemen *m*, Gurt *m*, Band *n*; *Kleid*: Träger *m*; **2.** festschnallen, anschnallen

strategic [strə'tiːdʒɪk] strategisch; **strategy** ['strætɪdʒɪ] Strategie *f*

straw [strɔː] Stroh *n*; Strohhalm *m*; '**~berry** Erdbeere *f*

stray [streɪ] **1.** sich verirren; (herum)streunen; **2.** verirrt; streunend; vereinzelt

streak [striːk] **1.** Streifen *m*; Strähne *f*; **2.** streifen; flitzen; **'streaky** streifig; *Speck*: durchwachsen

stream [striːm] **1.** Bach *m*; Strom *m*, Strömung *f*; **2.** strömen; flattern; '**~er** Wimpel *m*; Luftschlange *f*

street [striːt] Straße *f*; '**~car** *Am.* Straßenbahn *f*

strength [streŋθ] Kraft *f*; Stärke *f* (*a. fig.*); '**~en** (ver)stärken; stärker werden

strenuous ['strenjʊəs] anstrengend; unermüdlich

stress [stres] **1.** Belastung *f*, Stress *m*; Betonung *f*; Nachdruck *m*; **2.** betonen; *be* **~ed** gestresst sein; '**~ful** stressig

stretch [stretʃ] **1.** (sich) strecken; (sich) dehnen; spannen; sich erstrecken; **2.**

Strecke *f*; Zeit(raum *m*) *f*; '**~er** Trage *f*

strict [strɪkt] streng; genau

stridden ['strɪdn] *pp von* **stride** 1

stride [straɪd] **1.** (**strode**, **stridden**) schreiten; **2.** großer Schritt

strike [straɪk] **1.** (**struck**) schlagen; stoßen gegen; treffen; *Streichholz* anzünden; stoßen auf (*Öl etc.*); *Blitz*: einschlagen (in); *Zelt* abbrechen; *Uhr*: schlagen; *j-m* einfallen *od.* in den Sinn kommen; *j-m* auffallen; *econ.* streiken; **~ out** (aus)streichen; **2.** *econ.* Streik *m*; (*Öl etc.*)Fund *m*; *mil.* Angriff *m*; '**striker** *econ.* Streikende *m*, *f*; *Fußball*: Stürmer(in)

striking ['straɪkɪŋ] auffallend, apart

string [strɪŋ] **1.** Schnur *f*, Bindfaden *m*; Band *n*; Faden *m*, Draht *m*; Reihe *f*, Kette *f*; Saite *f*; *the* **~s** *pl* die Streichinstrumente *pl*; die Streicher *pl*; **2.** (**strung**) bespannen, besaiten; *Perlen* aufreihen; **~ed 'instrument** Saiteninstrument *n*

strip [strɪp] **1.** (sich) ausziehen; abziehen, abreißen; **2.** Streifen *m*

stripe [straɪp] Streifen *m*; **striped** gestreift

strode [strəʊd] *pret von* **stride** 1

stroke [strəʊk] **1.** streichen

über; streicheln; **2.** Schlag *m*;
tech. Hub *m*; (*Schwimm*)Zug
m; *med.* Schlag(anfall) *m*; *a ~
of luck* ein glücklicher Zufall
stroll [strəʊl] **1.** bummeln,
spazieren; **2.** Bummel *m*,
Spaziergang *m*; '**~er** *Am.*
Sportwagen *m* (*für Kinder*)
strong [strɒŋ] stark; kräftig;
fest; '**~box** (Stahl)Kassette *f*;
'**~ room** Tresor(raum) *m*
struck [strʌk] *pret u. pp von*
strike 1
structure ['strʌktʃə] Struktur
f; Bau *m*, Konstruktion *f*
struggle ['strʌgl] **1.** kämpfen;
sich abmühen; sich winden,
zappeln; **2.** Kampf *m*
strum [strʌm] klimpern auf
strung [strʌŋ] *pret u. pp von*
string 2
strut[1] [strʌt] stolzieren
strut[2] [strʌt] Strebe *f*, Stütze *f*
stub [stʌb] **1.** (*Bleistift-, Zigaretten*)Stummel *m*; Kon-
trollabschnitt *m*; **2. ~ out** *Zigarette* ausdrücken
stubble ['stʌbl] Stoppeln *pl*
stubborn ['stʌbən] eigensinnig; stur; hartnäckig
stuck [stʌk] *pret u. pp von*
stick[2]
stud [stʌd] Beschlagnagel *m*;
Kragenknopf *m*; *an Schu-
hen:* Stollen *m*; Ohrstecker *m*
student ['stju:dnt] Stu-
dent(in); *Am.* Schüler(in)
studio ['stju:dɪəʊ] Atelier *n*;
Studio *n*; Einzimmerappar-
tement *n*; '**~ couch** Schlaf-

couch *f*
studious ['stju:djəs] fleißig
study ['stʌdɪ] **1.** Studium *n*;
Arbeitszimmer *n*; Studie *f*,
Untersuchung *f*; **2.** studieren; untersuchen; prüfen
stuff [stʌf] **1.** F Zeug *n*; Sachen
pl; **2.** (aus)stopfen, (voll)
stopfen; füllen; ~ *o.s.* F sich
voll stopfen; '**~ing** Füllung *f*;
'**stuffy** stickig; spießig
stumble ['stʌmbl] stolpern
stump [stʌmp] Stumpf *m*;
Stummel *m*
stun [stʌn] betäuben
stung [stʌŋ] *pret u. pp von*
sting 2
stunk [stʌŋk] *pret u. pp von*
stink 2
stunning ['stʌnɪŋ] toll, fantas-
tisch; unglaublich
stupid ['stju:pɪd] dumm; **~ity**
[stju:'pɪdətɪ] Dummheit *f*
stupor ['stju:pə] Betäubung *f*
sturdy ['stɜːdɪ] robust, kräftig
stutter ['stʌtə] **1.** stottern; **2.**
Stottern *n*
sty[1] [staɪ] Schweinestall *m*
sty[2], **stye** [staɪ] Gerstenkorn *n*
style [staɪl] **1.** Stil *m*; Mode *f*;
2. entwerfen; '**stylish** stil-
voll; elegant
stylus ['staɪləs] *Plattenspieler:*
Nadel *f*
styrofoam® ['staɪərəfəʊm]
Am. Styropor® *n*
subconscious [sʌb'kɒnʃəs]:
the ~ das Unterbewusstsein
subdivision ['sʌbdɪvɪʒn] Un-
terteilung *f*; Unterabteilung *f*

subdue [səb'dju:] überwältigen; **sub'dued** Licht: gedämpft; Person: still, ruhig

subject 1. ['sʌbdʒɪkt] Thema n; ped., univ. Fach n; Untertan(in); Staatsangehörige m, f; gr. Subjekt n, Satzgegenstand m; **2.** ['sʌbdʒɪkt]: be ~ to anfällig sein für; neigen zu; unterliegen (dat); abhängen von; **3.** [səb'dʒekt]: ~ to e-r Sache aussetzen

sublet [sʌb'let] unter-, weitervermieten

sublime [sə'blaɪm] großartig

submarine [sʌbmə'ri:n] **1.** Unterseeboot n, U-Boot n

submerge [səb'mɜ:dʒ] (ein-, unter)tauchen

submission [səb'mɪʃn] Unterwerfung f; Einreichung f; **sub'missive** unterwürfig

submit [səb'mɪt]: ~ (to) Gesuch etc. einreichen (dat od. bei); sich fügen (dat od. in)

subordinate [sə'bɔ:dnət] **1.** Untergebene m, f; **2.** untergeordnet

subscribe [səb'skraɪb] spenden; ~ to Zeitung abonnieren; **sub'scriber** Abonnent(in); tel. Teilnehmer(in)

subscription [səb'skrɪpʃn] Abonnement n; (Mitglieds-) Beitrag m; Spende f

subside [səb'saɪd] sich senken; sinken; Wind: sich legen

subsidiary [səb'sɪdjərɪ] **1.** untergeordnet, Neben...; **2.** econ. Tochtergesellschaft f

subsidize ['sʌbsɪdaɪz] subventionieren

subsist [səb'sɪst] leben (on von); **~ence** Existenz f

substance ['sʌbstəns] Substanz f, Stoff m; das Wesentliche

substantial [səb'stænʃl] beträchtlich; kräftig, solide; Mahlzeit etc.: reichlich

substitute ['sʌbstɪtju:t] **1.** Ersatz m; Stellvertreter(in), Vertretung f; Sport: Auswechselspieler(in); Ersatzspieler(in); **2.** ~ s.th. for s.th. et. durch et. ersetzen; ~ for einspringen für, j-n vertreten; **substi'tution** Ersatz m

subtitle ['sʌbtaɪtl] Untertitel m

subtle ['sʌtl] Unterschied etc.: fein; raffiniert; scharfsinnig

subtract [səb'trækt] abziehen, subtrahieren (from von)

suburb ['sʌbɜ:b] Vorort m, -stadt f; **suburban** [sə'bɜ:bən] vorstädtisch, Vorort..., Vorstadt...

subway ['sʌbweɪ] Unterführung f; Am. U-Bahn f

succeed [sək'si:d] Erfolg haben; gelingen; (nach)folgen

success [sək'ses] Erfolg m; **~ful** erfolgreich; **~ion** [-'seʃn] (Auf-einander)Folge f; in ~ nacheinander; **~ive** aufeinanderfolgend; **~or** Nachfolger(in)

such [sʌtʃ] solch; so, derartig; ~ a so ein(e)

suck [sʌk] saugen; lutschen (an); **~er** F Trottel m

sudden ['sʌdn], '**ly** plötzlich

suds [sʌdz] *pl* Seifenschaum *m*

sue [sju:] (ver)klagen

suede [sweɪd] Wildleder *n*

suet ['sʊɪt] Talg *m*

suffer ['sʌfə] (er)leiden

sufficient [sə'fɪʃnt] genügend, genug, ausreichend

suffix ['sʌfɪks] Nachsilbe *f*

suffocate ['sʌfəkeɪt] ersticken

sugar ['ʃʊgə] 1. Zucker *m*; 2. zuckern

suggest [sə'dʒest] vorschlagen, anregen; hinweisen auf; schließen lassen auf; andeuten; **~ion** Vorschlag *m*, Anregung *f*; Hinweis *m*; Andeutung *f*; Unterstellung *f*; **~ive** zweideutig; anzüglich

suicide ['sʊɪsaɪd] Selbstmord *m*

suit [su:t] 1. Anzug *m*; Kostüm *n*; Kartenspiel: Farbe *f*; *jur.* Prozess *m*; 2. *Termin etc.*: *j-m* passen; *j-m* stehen, *j-n* kleiden; **~ yourself** mach, was du willst; '**~able** passend, geeignet; '**~case** Koffer *m*

suite [swi:t] Zimmerflucht *f*, Suite *f*; (*Möbel*)Garnitur *f*

sulfur *Am.* → **sulphur**

sulk [sʌlk] schmollen; '**sulky** schmollend

sullen ['sʌlən] mürrisch

sulphur ['sʌlfə] Schwefel *m*

sultry ['sʌltrɪ] schwül

sum [sʌm] 1. Summe *f*; Betrag *m*; Rechenaufgabe *f*; *do* **~s**

rechnen; 2. **~ up** zs.-fassen; *j-n, et.* abschätzen

summarize ['sʌmərɪz] zs.-fassen; '**summary** (kurze) Inhaltsangabe, Zs.-fassung *f*

summer ['sʌmə] Sommer *m*

summit ['sʌmɪt] Gipfel *m*

summon ['sʌmən] zitieren; einberufen; *jur.* vorladen; **~ up** Mut *etc.* zs.-nehmen; '**summons** *jur.* Vorladung *f*

sun [sʌn] Sonne *f*; '**~bathe** sonnenbaden, sich sonnen; '**~beam** Sonnenstrahl *m*; '**~burn** Sonnenbrand *m*

sundae ['sʌndeɪ] Eisbecher *m* (mit Früchten *etc.*)

Sunday ['sʌndɪ] Sonntag *m*

'**sundial** Sonnenuhr *f*

sung [sʌŋ] *pp* von **sing**

'**sunglasses** *pl* Sonnenbrille *f*

sunk [sʌŋk] *pret u. pp* von **sink** 1; '**~en** versunken; eingefallen

'**sunny** sonnig

'**sun|rise** Sonnenaufgang *m*; '**~roof** Dachterrasse *f*; *mot.* Schiebedach *n*; '**~set** Sonnenuntergang *m*; '**~shade** Sonnenschirm *m*; '**~shine** Sonnenschein *m*; '**~stroke** Sonnenstich *m*; '**~tan** Bräune *f*

super ['su:pə] F super, spitze

super... ['su:pə] Über..., über...

superb [su:'pɜ:b] hervorragend, ausgezeichnet

supercilious [su:pə'sɪlɪəs] hochmütig, -näsig

superficial [su:pə'fiʃl] oberflächlich

superhuman [su:pə'hju:mən] übermenschlich

superintendent [su:pərin-'tendənt] Aufsicht f, Aufsichtsbeamt|e m, -in f; Brt. Kriminalrat m

superior [su:'pɪərɪə] **1.** ranghöher; besser; überlegen; hervorragend; **2.** Vorgesetzte m, f

super|market ['su:pəma:kɪt] Supermarkt m; ~'natural übernatürlich; ~'sonic Überschall...

superstition [su:pə'stɪʃn] Aberglaube m; **super'stitious** abergläubisch

supervise ['su:pəvaɪz] beaufsichtigen, überwachen; **'supervisor** Aufsicht f

supper ['sʌpə] Abendessen n; → lord

supple ['sʌpl] geschmeidig

supplement 1. ['sʌplɪmənt] Ergänzung f; Nachtrag m; (Zeitungs- etc.)Beilage f; **2.** ['sʌplɪment] ergänzen; ~**ary** [sʌplɪ'mentərɪ] zusätzlich

supplier [sə'plaɪə] Lieferant(in); **supply** [sə'plaɪ] **1.** liefern; versorgen; **2.** Lieferung f; Versorgung f; econ. Angebot n; mst pl Vorrat m

support [sə'pɔ:t] **1.** Stütze f; tech. Träger m; fig. Unterstützung f; **2.** tragen, (ab)stützen; unterstützen; Familie unterhalten

suppose [sə'pəʊz] annehmen, vermuten; be ~d to ... sollen; **sup'posed** angeblich

suppress [sə'pres] unterdrücken; ~**ion** Unterdrückung f

suppurate ['sʌpjʊəreɪt] eitern

supremacy [su:'preməsɪ] Vormachtstellung f

supreme [su:'pri:m] höchst, oberst; höchst, größt

surcharge ['sɜ:tʃɑ:dʒ] Zuschlag m; Nachgebühr f

sure [ʃɔ:] sicher; gewiss; make ~ that sich (davon) überzeugen, dass; ~ly bsd. Am. klar!; ~ly then, doch

surety ['ʃɔ:rətɪ] Bürg|e m, -in f; Bürgschaft f, Sicherheit f

surf [sɜ:f] **1.** surfen; ~ the net Computer: im Internet surfen; **2.** Brandung f

surface ['sɜ:fɪs] **1.** Oberfläche f; **2.** auftauchen (a. fig.)

surf|board ['sɜ:fbɔ:d] Surfbrett n; ~**er** Surfer(in), Wellenreiter(in); ~**ing** Surfen n, Wellenreiten n

surge [sɜ:dʒ] **1.** Woge f; **2.** drängen; a. ~ up Zorn etc.: aufwallen

surgeon ['sɜ:dʒən] Chirurg(in); **'surgery** Chirurgie f; Operation f; Brt. (Arzt-) Praxis f; Brt. Sprechzimmer n; Brt. Sprechstunde f; **'surgery hours** pl Sprechstunden pl; **'surgical** chirurgisch

surly ['sɜ:lɪ] mürrisch

surname ['sɜ:neɪm] Familien-, Nachname m

surpass [sɜːˈpɑːs] übertreffen

surplus ['sɜːpləs] **1.** Überschuss *m*; **2.** überschüssig

surprise [səˈpraɪz] **1.** Überraschung *f*; **2.** überraschen

surrender [səˈrendə] sich ergeben, kapitulieren

surrogate ['sʌrəgeɪt] Ersatz *m*; ~ **'mother** Leihmutter *f*

surround [səˈraʊnd] umgeben; umstellen; **~ing** umliegend; **~ings** *pl* Umgebung *f*

survey 1. [səˈveɪ] (sich) *et.* betrachten; begutachten; *Land* vermessen; **2.** ['sɜːveɪ] Umfrage *f*; Begutachtung *f*; Vermessung *f*

survival [səˈvaɪvl] Überleben *n*; **survive** [səˈvaɪv] überleben; erhalten bleiben; **sur'vivor** Überlebende *m*, *f*

susceptible [səˈseptəbl]: ~ **to** empfänglich für; anfällig für

suspect 1. [səˈspekt] verdächtigen; vermuten; anzweifeln; **2.** ['sʌspekt] Verdächtige *m*, *f*; **3.** ['sʌspekt] verdächtig

suspend [səˈspend] *Verkauf, Zahlungen etc.* (vorübergehend) einstellen; *Urteil etc.* aussetzen; *j-n* suspendieren; *Sport:* *j-n* sperren; **~er** Strumpfhalter *m*, Straps *m*; Sockenhalter *m*; *pl Am.* Hosenträger *pl*

suspense [səˈspens] Spannung *f*

suspension [səˈspenʃn] (vorübergehende) Einstellung; Suspendierung *f*; *Sport:*

Sperre *f*; *mot.* Aufhängung *f*; ~ **bridge** Hängebrücke *f*

suspicion [səˈspɪʃn] Verdacht *m*; Misstrauen *n*; **sus'picious** verdächtig; argwöhnisch, misstrauisch

sustain [səˈsteɪn] *Interesse etc.* aufrechterhalten; *j-n* stärken; *jur.* *e-m Einspruch etc.* stattgeben

swab [swɒb] *med.*: Tupfer *m*; Abstrich *m*

swagger ['swægə] stolzieren

swallow¹ ['swɒləʊ] schlucken

swallow² ['swɒləʊ] Schwalbe *f*

swam [swæm] *pret von* **swim 1**

swamp [swɒmp] **1.** Sumpf *m*; **2.** überschwemmen (*a. fig.*)

swan [swɒn] Schwan *m*

swap [swɒp] (ein)tauschen

swarm [swɔːm] **1.** Schwarm *m*; **2.** wimmeln (**with** von)

sway [sweɪ] sich wiegen; schaukeln; schwanken

swear [sweə] (**swore, sworn**) schwören; fluchen; ~ **s.o. in** *j-n* vereidigen

sweat [swet] **1.** Schweiß *m*; **2.** (**sweated,** *Am. a.* **sweat**) schwitzen; **~er** Pullover *m*; **'sweaty** verschwitzt

Swede [swiːd] Schwede *m*, **-in** *f*; **Sweden** ['swiːdn] Schweden *n*; **'Swedish** Schwedisch

sweep [swiːp] **1.** (**swept**) fegen (*a. fig.*), kehren; *Person:* rauschen; **2.** Schwung *m*; Fegen *n*, Kehren *n*; Schorn-

steinfeger(in); '**~er** (*Straßen*)Kehrer(in); Kehrma-
schine *f*; *Fußball*: Libero *m*
sweet [swɪt] **1.** süß; niedlich;
lieb, reizend; **2.** *Brt.* Bonbon
m, n; *Brt.* Nachtisch *m*; *pl*
Süßigkeiten *pl*; '**~en** süßen;
'**~heart** Schatz *m*, Liebste *m,
f*; **~ pea** Gartenwicke *f*
swell [swel] (**swelled, swollen** *od.* **swelled**) *Zahl etc.*
anwachsen lassen; *a.* ~ *out
Segel:* (sich) blähen; *a.* ~ *up
med.* (an)schwellen; '**~ing**
med. Schwellung *f*
sweltering ['sweltərɪŋ] drückend, schwül
swept [swept] *pret u. pp von*
sweep 1
swerve [swɜːv] zur Seite
schwenken
swift [swɪft] schnell, rasch
swim [swɪm] **1.** (**swam,
swum**) (durch)schwimmen;
go ~ming schwimmen gehen; **my head was ~ming**
mir drehte sich alles; **2.**
Schwimmen *n*; **go for a ~**
schwimmen gehen; '**swim-
mer** Schwimmer(in)
'**swimming** Schwimmen *n*; '**~
costume** Badeanzug *m*; '**~
pool** Swimmingpool *m*,
Schwimmbecken *n*; '**~
trunks** *pl* Badehose *f*
'**swimsuit** Badeanzug *m*
swindle ['swɪndl] betrügen
(*out of* um)
swine [swaɪn] *contp.* Schwein
n

swing [swɪŋ] **1.** (**swung**) hin
u. her schwingen, schaukeln;
2. Schwingen *n*; Schwung *m*;
Schaukel *f*; *fig.* Umschwung *m*
swirl [swɜːl] **1.** (herum)wir-
beln; **2.** Wirbel *m*
Swiss [swɪs] **1.** schweizerisch,
Schweizer...; **2.** Schwei-
zer(in); **the ~** *pl* die Schweizer *pl*
switch [swɪtʃ] **1.** *electr.* Schalter *m*; *Am. rail.* Weiche *f*;
Umstellung *f*, Wechsel *m*;
Gerte *f*; **2.** *electr.* (um)schal-
ten; *Am. rail.* rangieren;
wechseln; ~ *off* ab-, ausschalten; ~ *on* an-, einschalten;
'**~board** *electr.* Schalttafel *f*;
(Telefon)Zentrale *f*
Switzerland ['swɪtsələnd] die
Schweiz
swivel ['swɪvl] (sich) drehen
swollen ['swəʊlən] *pp von*
swell
swoon [swuːn] obs. ohnmächtig
swoop [swuːp] *pret u. pp von*
swim 1 *od.*: ~ down
Raubvogel: herabstoßen
sword [sɔːd] Schwert *n*
swore [swɔː] *pret*, **sworn**
[swɔːn] *pp von* **swear**
swum [swʌm] *pp von* **swim** 1
swung [swʌŋ] *pret u. pp von*
swing 1
syllable ['sɪləbl] Silbe *f*
syllabus ['sɪləbəs] (*pl* -**buses**,
-**bi** [-baɪ]) Lehrplan *m*
symbol ['sɪmbl] Symbol *n*; **~ic**
[sɪm'bɒlɪk] symbolisch; '**~ize**
['sɪmbəlaɪz] symbolisieren
symmetrical [sɪ'metrɪkl]
symmetrisch; **symmetry**
['sɪmətrɪ] Symmetrie *f*

sympathetic [sɪmpə'θetɪk] mitfühlend; **sympathize** ['sɪmpəθaɪz] mitfühlen; sympathisieren; **sympathy** ['sɪmpəθɪ] Mitgefühl *n*; Verständnis *n*; *bei Tod:* Beileid *n*

symphony ['sɪmfənɪ] Sinfonie *f*

symptom ['sɪmptəm] Symptom *n*

synchronize ['sɪŋkrənaɪz]

aufeinander abstimmen; synchronisieren

synonym ['sɪnənɪm] Synonym *n*; **~ous** [sɪ'nɒnɪməs] synonym, gleichbedeutend

synthetic [sɪn'θetɪk] synthetisch, Kunst...

syringe ['sɪrɪndʒ] Spritze *f*

syrup ['sɪrəp] Sirup *m*

system ['sɪstəm] System *n*; Organismus *m*; **~atic** [sɪstə-'mætɪk] systematisch

T

tab [tæb] Aufhänger *m*, Schlaufe *f*; Etikett *n*

table ['teɪbl] Tisch *m*; Tabelle *f*; **'~cloth** Tischdecke *f*; **'~spoon** Eßlöffel *m*

tablet ['tæblɪt] Tablette *f*

tabloid ['tæblɔɪd] Boulevardblatt *n*, -zeitung *f*

taboo [tə'buː] **1.** tabu; **2.** Tabu *n*

tacit ['tæsɪt] stillschweigend

tack [tæk] **1.** Stift *m*, Reiß-, Heftzwecke *f*; Heftstich *m*; **2.** heften

tackle ['tækl] **1.** *(Angel)*Gerät *n*; Flaschenzug *m*; *Fußball etc.:* Angriff *m*; **2.** (an)packen, in Angriff nehmen; *Fußball etc.:* angreifen

tact [tækt] Takt *m*, Feingefühl *n*; **'~ful** taktvoll

tactics ['tæktɪks] *pl, sg* Taktik *f*; **'tactless** taktlos

tadpole ['tædpəʊl] Kaulquappe *f*

tag [tæg] **1.** Etikett *n*, Schildchen *n*; **2.** auszeichnen

tail [teɪl] **1.** Schwanz *m*; hinterer Teil, Schluss *m*; **2.** F *j-n* beschatten; **'~back** Rückstau *m*; **~'coat** Frack *m*; **'~light** Rück-, Schlusslicht *n*

tailor ['teɪlə] Schneider *m*; **~'made** maßgeschneidert

'tail' pipe *Am.* Auspuffrohr *n*; **'~wind** Rückenwind *m*

tainted ['teɪntɪd] *bsd. Am.* Fleisch, Milch: verdorben

take [teɪk] *(took, taken)* nehmen; an-, ein-, ent-, entgegen-, heraus-, hin-, mit-, wegnehmen; fassen, ergreifen; fangen; (hin-, weg)bringen; halten *(for* für); auffassen; annehmen; ertragen, aushalten; fassen, Platz haben für; *Speisen* zu sich nehmen; *Platz* einnehmen; *Fahrt, Spaziergang, Ferien* machen; *Zug, Bus etc.* nehmen; *Temperatur* messen; *phot. Aufnahme* machen; *Prüfung* machen; *Notiz* machen; *Gelegenheit, Maßnahmen* ergreifen; *Eid* ablegen; *Rat* annehmen; *Zeit, Geduld* erfordern, brauchen; *Zeit* dauern; *Zeitung* beziehen; ~ *after s.o.* j-m ähneln; ~ *down* abreißen; notieren, aufschreiben; ~ *in Gast* (bei sich) aufnehmen; *et.* kürzer od. enger machen; *fig.* verstehen, erfassen; *j-n* reinlegen; ~ *off* ab-, wegnehmen; *Hut etc.* abnehmen; *Kleidungsstück* ablegen, ausziehen; *e-n Tag etc.* Urlaub machen; *aviat.* starten; ~ *on* einstellen; übernehmen; ~ *out* heraus-, *j-n* ausführen; *Versicherung* abschließen; ~ *over Amt, Aufgabe etc.* übernehmen; ~ *to Gefallen* finden an; ~ *up* auf-, hochheben; aufnehmen; sich befassen mit; *Idee* aufgreifen; *Platz* einnehmen; *Zeit etc.* in Anspruch nehmen

'taken *pp von* **take**

'takeoff *aviat.* Start *m*

takings ['teɪkɪŋz] *pl econ.* Einnahmen *pl*

tale [teɪl] Erzählung *f;* Geschichte *f*

talent ['tælənt] Talent *n,* Begabung *f;* **~ed** begabt

talk [tɔːk] **1.** sprechen, reden, sich unterhalten; ~ *s.o. into*

s.th. j-n zu et. überreden; ~ *s.th. over* et. besprechen; **2.** Gespräch *n;* Unterhaltung *f;* Unterredung *f;* Gerede *n;* Vortrag *m;* **~ative** ['tɔːkətɪv] gesprächig, geschwätzig

tall [tɔːl] *Person:* groß; hoch

tallow ['tæləʊ] Talg *m*

talon ['tælən] *Vogel:* Klaue *f*

tame [teɪm] **1.** zahm; *fig.* lahm, fad(e); **2.** zähmen

tamper ['tæmpə]: ~ *with* sich zu schaffen machen an

tampon ['tæmpən] Tampon *m*

tan [tæn] **1.** (Sonnen)Bräune *f;* **2.** bräunen; braun werden

tangerine [tændʒə'riːn] Mandarine *f*

tangle ['tæŋgl] **1.** Gewirr *n;* Durcheinander *n;* **2.** (sich) verwirren *od.* verheddern; durcheinander bringen

tank [tæŋk] *mot. etc.* Tank *m;* *mil.* Panzer *m*

tankard ['tæŋkəd] Humpen *m*

tanker ['tæŋkə] Tanker *m;* Tankschiff *n;* Tankwagen *m*

tanned [tænd] braun (gebrannt)

tantrum ['tæntrəm]: *have/ throw a* ~ e-n Wutanfall kriegen

tap¹ [tæp] **1.** *tech.* Hahn *m;* **2.** *Naturschätze* erschließen; *Vorräte* angreifen; *Telefon* abhören

tap² [tæp] **1.** klopfen mit; antippen; **2.** (leichtes) Klopfen; '~ *dance* Stepptanz *m*

tape [teɪp] schmales Band;

Kleb(e)streifen *m*; *Sport*: Zielband *n* (Magnet-, Video-, Ton)Band *n*; '~ **measure** Maßband *n*

taper ['teipə]: ~ **off** spitz zulaufen

'**tape| recorder** Tonbandgerät *n*; '~ **recording** Tonbandaufnahme *f*

tapestry ['tæpistri] Gobelin *m*, Wandteppich *m*

'**tapeworm** Bandwurm *m*

tar [tɑː] 1. Teer *m*; 2. teeren

target ['tɑːgit] Ziel *n*; Schieß-, Zielscheibe *f* (*a. fig.*)

tariff ['tærif] Zoll(tarif) *m*; *bsd. Brt. im Hotel*: Preisliste *f*

tarmac ['tɑːmæk] Asphalt *m*; *aviat.* Rollfeld *n*, -bahn *f*

tarnish ['tɑːniʃ] *Metall*: anlaufen; *Ansehen* beflecken

tarpaulin [tɑːˈpɔːlin] Plane *f*

tart [tɑːt] Obsttorte *f*, -kuchen *m*; F Nutte *f*

tartan ['tɑːtən] Schottenstoff *m*; Schottenmuster *n*

tartar ['tɑːtə] Zahnstein *m*

task [tɑːsk] Aufgabe *f*; '~ **force** Sondereinheit *f*

tassel ['tæsl] Quaste *f*

taste [teist] 1. Geschmack *m*; 2. schmecken; kosten, probieren; '~**ful** *fig.* geschmackvoll; '~**less** geschmacklos

tasty ['teisti] schmackhaft

tattered ['tætəd] zerlumpt; zerfetzt

tattoo [tə'tuː] 1. Tätowierung *f*; *mil.* Zapfenstreich *m*; 2. (ein)tätowieren

taught [tɔːt] *pret u. pp von* **teach**

taunt [tɔːnt] 1. Stichelei *f*; 2. verhöhnen, -spotten

Taurus ['tɔːrəs] *astr.* Stier *m*

taut [tɔːt] straff; angespannt

tax [tæks] 1. Steuer *f*; Abgabe *f*; 2. besteuern; *j-s Geduld etc.* strapazieren; '~**ation** [tæk'seiʃn] Besteuerung *f*

taxi ['tæksi] 1. Taxi *n*, Taxe *f*; 2. *aviat.* rollen; '~ **driver** Taxifahrer(in); '~**meter** Taxameter *m*, -xi *f*; '~ **rank**, '~ **stand** Taxistand *m*

'**tax|payer** Steuerzahler(in); '~ **return** Steuererklärung *f*

T-bar ['tiːbɑː] *a.* ~ **lift** Schlepplift *m*

tea [tiː] Tee *m*; '~**bag** Teebeutel *m*; '~ **break** Teepause *f*

teach [tiːtʃ] (*taught*) lehren, unterrichten (in *dat*); *j-m et.* beibringen; '~**er** Lehrer(in)

'**teacup** Teetasse *f*

team [tiːm] Team *n*, (Arbeits)Gruppe *f*; *Sport*: Team *n*, Mannschaft *f*; '~**ster** ['tiːmstə] *Am.* Lkw-Fahrer *m*; '~**work** Zs.-arbeit *f*, Teamwork *n*

'**teapot** Teekanne *f*

tear[1] [tiə] Träne *f*

tear[2] [teə] 1. (*tore, torn*) *v/t* (sich *et.*) zerreißen; *v/i* (zer)reißen; *entzwei*; 2. Riss *m*

'**tearful** tränenreich; weinend

'**tearoom** Teestube *f*

tease [tiːz] necken, hänseln; ärgern, reizen

'**teaspoon** Teelöffel *m*

teat [ti:t] *zo.* Zitze *f*; *Brt.*
Saugflasche: Sauger *m*

'**tea towel** Geschirrtuch *n*

technical ['teknɪkl] technisch; Fach...; **technician**
[tek'nɪʃn] Techniker(in)

technique [tek'ni:k] Technik
f, Verfahren *n*

technology [tek'nɒlədʒɪ]
Technologie *f*, Technik *f*

tedious ['ti:djəs] langweilig

teenage(d) ['ti:neidʒ(d)] im
Teenageralter; für Teenager;
'**teenager** Teenager *m*

teens [ti:nz] *pl* Teenageralter *n*

teeth [ti:θ] *pl von* **tooth**

teethe [ti:ð] zahnen

teetotal(l)er [ti:'təʊtlə] Absti-
nenzler(in)

telecast ['telɪkɑ:st] Fern-
sehsendung *f*

telecommunications [telɪ-
kəmju:nɪ'keɪʃnz] Telekom-
munikation *f*, Fernmeldewesen *n*

telegram ['telɪgræm] Telegramm *n*

telegraph ['telɪgrɑ:f] telegrafieren; **~ic** [telɪ'græfɪk] tele-
grafisch

telephone ['telɪfəʊn] **1.** Telefon *n*, Fernsprecher *m*; **2.** telefonieren; anrufen; '**~
booth** *Am.*, '**~ box** *Brt.* Telefonzelle *f*; '**~ call** Telefongespräch *n*, Anruf *m*; '**~ directory** Telefonbuch *n*; '**~ exchange** Fernsprechamt *n*; '**~
number** Telefonnummer *f*

teleprinter ['telɪprɪntə] Fern-
schreiber *m*

telescope ['telɪskəʊp] Tele-
skop *n*, Fernrohr *n*

teletext ['telɪtekst] Videotext
m

televise ['telɪvaɪz] im Fernsehen übertragen

television ['telɪvɪʒn] Fernsehen *n*; **on** **~** im Fernsehen;
watch **~** fernsehen; '**~ (set)**
Fernsehapparat *m*

telex ['teleks] **1.** Telex *n*,
Fernschreiben *n*; **2.** telexen

tell [tel] (**told**) sagen; erzäh-
len; *Namen etc.* nennen; *j-m*
sagen, befehlen (**to do** zu
tun); **~ on s.o.** j-n verpetzen;
'**~er** *bsd. Am.* (Bank)Kassie-
rer(in); '**~tale** verräterisch

temper ['tempə] Temperament *n*, Wesen *n*; Laune *f*,
Stimmung *f*; **keep one's ~**
sich beherrschen; **lose one's
~** die Beherrschung verlieren

temperament ['tempərə-
mənt] Temperament *n*

temperate ['tempərət] *Klima*,
Zone: gemäßigt

temperature ['temprətʃə]
Temperatur *f*; Fieber *n*

temple[1] ['templ] Tempel *m*

temple[2] ['templ] Schläfe *f*

temporary ['tempərərɪ] vorübergehend; provisorisch

tempt [tempt] in Versuchung
führen; verführen; verleiten;
~ation [temp'teɪʃn] Versuchung *f*; '**~ing** verführerisch;
verlockend

ten [ten] zehn

tenacious [tɪˈneɪʃəs] zäh, hartnäckig

tenant [ˈtenənt] Mieter(in); Pächter(in)

tend [tend] tendieren, neigen (*to* zu); '**~ency** Tendenz *f*; Neigung *f*

tender[1] [ˈtendə] zart, weich; empfindlich; sanft, zärtlich

tender[2] [ˈtendə] *econ.* **1.** Angebot *n*; **2.** ein Angebot machen

'tenderloin Filet *n*

tendon [ˈtendən] Sehne *f*

tendril [ˈtendrɪl] Ranke *f*

tenement [ˈtenəmənt] Miets-haus *n*, *contp.* Mietskaserne *f*

tennis [ˈtenɪs] Tennis *n*; '**~ court** Tennisplatz *m*; '**~ player** Tennisspieler(in)

tense [tens] gespannt, straff; *Muskeln, Lage etc.*: (an)ge-spannt; verkrampft, nervös; **tension** [ˈtenʃn] Spannung *f*; (An)Gespanntheit *f*

tent [tent] Zelt *n*

tentacle [ˈtentəkl] *zo.*: Fang-arm *m*; Fühler *m*

tentative [ˈtentətɪv] vorläufig; vorsichtig, zögernd, zaghaft

tenterhooks [ˈtentəhʊks]: *be on* **~** wie auf glühenden Kohlen sitzen

tenth [tenθ] **1.** zehnt; **2.** Zehn-tel *n*; '**~ly** zehntens

tepid [ˈtepɪd] lau(warm)

term [tɜːm] **1.** Zeit(raum *m*) *f*, Dauer *f*; *Vertrag*: Laufzeit *f*; *bsd.* Brt. *ped.*, *univ.* Trimes-

ter *n*, *Am.* Semester *n*; Aus-druck *m*, Bezeichnung *f*; *pl* Bedingungen *pl*; **~** *of office* Amtszeit *f*; *be on good/bad* **~s** *with s.o.* gut/nicht gut mit j-m auskommen; **2.** nennen, bezeichnen als

terminal [ˈtɜːmɪnl] **1.** Endsta-tion *f*; *aviat.* Terminal *m*, *n*, (Flughafen)Abfertigungsge-bäude *n*; *Computer*: Termi-nal *n*; **2.** *med.* unheilbar

terminus [ˈtɜːmɪnəs] (*pl* **-ni** [-naɪ], **-nuses**) Endstation *f*

terrace [ˈterəs] Terrasse *f*; Häuserreihe *f*; '**~d house** *bsd.* Brt. Reihenhaus *n*

terrible [ˈterəbl] schrecklich

terrific [təˈrɪfɪk] *F* toll, fantas-tisch; irre

terrify [ˈterɪfaɪ] j-m schreckli-che Angst einjagen

territory [ˈterətərɪ] Territori-um *n*, (a. Hoheits-, Staats)Gebiet *n*

terror [ˈterə] Entsetzen *n*; Ter-ror *m*; '**~ism** Terrorismus *m*; '**~ist** Terrorist(in); '**~ize** ter-rorisieren

test [test] **1.** Test *m*, Prüfung *f*; Probe *f*; Klassenarbeit *f*; **2.** testen, prüfen; probieren

testament [ˈtestəmənt] Testa-ment *n*

testicle [ˈtestɪkl] Hoden *m*

testify [ˈtestɪfaɪ] *jur.* aussagen

testimonial [testɪˈməʊnjəl] Referenz *f*, Zeugnis *n*; **testi-mony** [ˈtestɪmənɪ] *jur.* Aus-sage *f*; Beweis *m*

'test| tube Reagenzglas n; '~-tube baby Retortenbaby n

testy ['testɪ] gereizt

text [tekst] Text m; Wortlaut m; '~book Lehrbuch n

textile ['tekstaɪl] Stoff m; Textil...; pl Textilien pl

texture ['tekstʃə] Beschaffenheit f; Struktur f

than [ðæn, ðən] als

thank [θæŋk] 1. danken; (no), ~ you (nein), danke; 2. pl Dank m; ~s to auch dat; 3. int: ~s danke (schön)!; '~ful dankbar; '~fully zum Glück; '~less undankbar

'Thanksgiving (Day) Am. Erntedankfest n

that [ðæt, ðət] 1. pron u. adj (pl those [ðəʊz]) jene(r, -s) das; ~ is (to say) das heißt; 2. adv F so, dermaßen; ~ much so viel; 3. relative pron (pl that) der, die, das; 4. cj dass

thatched [θætʃt] Stroh..., strohgedeckt

thaw [θɔː] 1. Tauwetter n; 2. (auf)tauen

the [ðə; vor Vokalen: ðɪ, betont ðiː] 1. der, die, das, pl die; 2. adv: ~ ... ~ je ... desto; ~ sooner ~ better je eher, desto besser

theatre Brt., theater Am. ['θɪətə] Theater n; Brt. Operationssaal m

theft [θeft] Diebstahl m

their [ðeə] pl ihr(e); theirs [ðeəz] ihre(r, -s)

them [ðem, ðəm] sie (acc pl); ihnen (dat)

theme [θiːm] Thema n

themselves [ðəmˈselvz] sie (acc pl) selbst; sich (selbst)

then [ðen] 1. adv dann; da; damals; by ~ bis dahin; 2. adj damalig

theology [θɪˈɒlədʒɪ] Theologie f

theoretical [θɪəˈretɪkl] theoretisch; theory ['θɪərɪ] Theorie f

therapeutic [θerəˈpjuːtɪk] therapeutisch; therapist ['θerəpɪst] Therapeut(in); therapy ['θerəpɪ] Therapie f

there [ðeə] da, dort; da-, dorthin; ~ is es gibt, es ist, pl ~ are es sind; ~ you are hier (, bitte); ~! na also!; ~a'bout(s) so ungefähr; ~fore ['ðeəfɔː] darum, deshalb

thermometer [θəˈmɒmɪtə] Thermometer n

thermos® ['θɜːmɒs] a. ~ flask® Thermosflasche® f

these [ðiːz] pl von this

thesis ['θiːsɪs] (pl -ses [-siːz]) These f; Dissertation f

they [ðeɪ] sie pl; man

thick [θɪk] dick; dicht; '~en dick(er) werden; dichter werden; Soße etc. eindicken, binden

thicket ['θɪkɪt] Dickicht n

thick|set untersetzt; ~-'skinned dickfellig

thief [θiːf] (pl thieves [θiːvz]) Dieb(in)

thigh [θaɪ] (Ober)Schenkel *m*

thimble [ˈθɪmbl] Fingerhut *m*

thin [θɪn] **1.** dünn; mager; schwach; spärlich; **2.** verdünnen; dünner werden

thing [θɪŋ] Ding *n*; Sache *f*

think [θɪŋk] (**thought**) *v/i* denken; nachdenken; *v/t* denken, meinen, glauben; halten für; ~ *of* denken an; sich erinnern an; sich *et.* ausdenken; halten von; ~ *s.th. over* sich *et.* überlegen; *et.* überdenken; ~ *up* sich *et.* ausdenken; '~ **tank** Sachverständigenstab *m*, Denkfabrik *f*

third [θɜːd] **1.** dritt; **2.** Drittel *n*; '~**ly** drittens

third| 'party insurance Haftpflichtversicherung *f*; ~**'rate** drittklassig

thirst [θɜːst] Durst *m*; '**thirsty** durstig; *be* ~ Durst haben

thirteen [θɜːˈtiːn] dreizehn; **thirteenth** [θɜːˈtiːnθ] dreizehnt; **thirtieth** [ˈθɜːtɪɪθ] dreißigst; **thirty** [ˈθɜːtɪ] dreißig

this [ðɪs] (*pl* **these** [ðiːz]) diese(r, -s); dies, das

thistle [ˈθɪsl] Distel *f*

thorn [θɔːn] Dorn *m*; '**thorny** dornig; *fig.* schwierig, heikel

thorough [ˈθʌrə] gründlich; '~**bred** *zo.* Vollblüter *m*; '~**fare** Durchgangsstraße *f*; *no* ~! Durchfahrt verboten!

those [ðəʊz] *pl von* **that**

though [ðəʊ] **1.** *cj* obwohl; *as* ~ als ob; **2.** *adv* trotzdem

thought [θɔːt] **1.** *pret u. pp von* **think**; **2.** Gedanke *m*; Überlegung *f*; '~**ful** nachdenklich; rücksichtsvoll; '~**less** gedankenlos; rücksichtslos

thousand [ˈθaʊznd] tausend; **thousandth** [ˈθaʊznθ] **1.** tausendst; **2.** Tausendstel *n*

thrash [θræʃ] verdreschen, -prügeln; ~ *about*, ~ *around* um sich schlagen; sich *im Bett* hin u. her werfen; *Fische:* zappeln; '~**ing** Tracht *f* Prügel

thread [θred] **1.** Faden *m*; *tech.* Gewinde *n*; **2.** einfädeln; '~**bare** fadenscheinig

threat [θret] Drohung *f*; Bedrohung *f*; '~**en** (be)drohen; '~**ening** drohend

three [θriː] drei

thresh [θreʃ] dreschen

threshold [ˈθreʃhəʊld] Schwelle *f*

threw [θruː] *pret von* **throw** 1

thrifty [ˈθrɪftɪ] sparsam

thrill [θrɪl] **1.** erregen; begeistern; *be* ~*ed* (freudig) hingerissen sein; **2.** Erregung *f*; Nervenkitzel *m*; '~**er** Thriller *m*, Reißer *m*; '~**ing** spannend, fesselnd, packend

thrive [θraɪv] gedeihen; *fig.* blühen, florieren

throat [θrəʊt] Kehle *f*, Gurgel *f*; Hals *m*

throb [θrɒb] hämmern, pochen, pulsieren

thrombosis [θrɒmˈbəʊsɪs] (*pl* -**ses** [-siːz]) Thrombose *f*

throne [θrəʊn] Thron *m*

throng [θrɒŋ] sich drängen (in)

throttle ['θrɒtl] **1.** erdrosseln; mot., tech. drosseln; ~ **back**, ~ **down** tech. drosseln; Gas wegnehmen; **2.** tech. Drosselklappe *f*

through [θru:] **1.** prp durch; Am. bis (einschließlich); ~ adv durch; **put s.o.** ~ **to** tel. j-n verbinden mit; **3.** adj durchgehend; **be** ~ F fertig sein (**with** mit); ~'**out 1.** prp überall in; zeitlich: während; **2.** adv ganz, überall; die ganze Zeit (über); ~ **traffic** Durchgangsverkehr *m*; ~ **train** durchgehender Zug

throw [θrəʊ] **1.** (**threw**, **thrown**) werfen; würfeln; ~ **off** abwerfen; abschütteln; loswerden; ~ **out** hinauswerfen; wegwerfen; ~ **up** hochwerfen; (sich er)brechen; **2.** Wurf *m*; Weg werf...; Einweg...; '~-**in** Fußball: Einwurf *m*

thrown [θrəʊn] pp von throw 1

thru Am. → through

thrush [θrʌʃ] Drossel *f*

thrust [θrʌst] **1.** (**thrust**) stoßen; **2.** Stoß *m*; phys. Schub(kraft *f*) *m*

thruway ['θru:weɪ] Am. Schnellstraße *f*

thud [θʌd] **1.** dumpf (auf-)schlagen, plumpsen; **2.** dumpfes Geräusch, Plumps *m*

thumb [θʌm] **1.** Daumen *m*; **2.** ~ **a lift** per Anhalter fahren; ~ **through a book** ein Buch durchblättern; '~-**tack** Am. Reißzwecke *f*

thump [θʌmp] **1.** dumpfes Geräusch, Plumps *m*; **2.** schlagen; hämmern, pochen

thunder ['θʌndə] **1.** Donner *m*; **2.** donnern; '~-**storm** Gewitter *n*; '~-**struck** wie vom Donner gerührt

Thursday ['θɜ:zdɪ] Donnerstag *m*

thus [ðʌs] so; folglich, somit

thyroid (gland) ['θaɪrɔɪd-] Schilddrüse *f*

tick [tɪk] **1.** Ticken *n*; (Vermerk)Häkchen *n*; **2.** ticken; ~ **off** ab-, anhaken

ticket ['tɪkɪt] (Eintritts-, Theater- etc.)Karte *f*; Fahrkarte *f*, -schein *m*; Flugschein *m*, Ticket *n*; (Preis- etc.)Schild *n*, Etikett *n*; (Gepäck-, Parketc.)Schein *m*; (Lotterie)Los *n*; Strafzettel *m*; '~-**cancel(l)ing machine** (Fahrschein)Entwerter *m*; '~ **machine** Fahrkartenautomat *m*; '~ **office** Fahrkartenschalter *m*

tickle ['tɪkl] kitzeln; '**ticklish** kitz(e)lig (a. fig.)

tide [taɪd] Gezeiten pl; Flut *f*; **high** ~ Flut *f*; **low** ~ Ebbe *f*

tidy ['taɪdɪ] ordentlich, sauber; ~ **up** aufräumen

tie [taɪ] **1.** (an-, fest-, fig. ver)binden; **2.** Krawatte *f*,

Schlips *m*; Band *n*; *Sport:*
Unentschieden *n*; *Am.* rail.
Schwelle *f*; *mst pl fig.* Bande
pl

tier [tɪə] (Sitz)Reihe *f*; Lage *f*,
Schicht *f*; *fig.* Stufe *f*

tiger [ˈtaɪɡə] Tiger *m*

tight [taɪt] **1.** *adj* eng; knapp;
straff; fest; **~** F knick(e)rig; F
blau; **2.** *adv* fest; **~en** fest-,
anziehen; *Gürtel* enger
schnallen; **~** *up* verschärfen;
~'fisted F knick(e)rig

tights [taɪts] *pl* Trikot *n*; *bsd.*
Brt. Strumpfhose *f*

tile [taɪl] **1.** (Dach)Ziegel *m*;
Kachel *f*, Fliese *f*; **2.** (mit
Ziegeln) decken; kacheln,
fliesen

till[1] [tɪl] → *until*

till[2] [tɪl] (Laden)Kasse *f*

tilt [tɪlt] kippen; (sich) neigen

timber [ˈtɪmbə] *bsd. Brt.*
(Bau-, Nutz)Holz *n*

time [taɪm] **1.** Zeit *f*; Uhrzeit
f; *mus.* Takt *m*; Mal *n*; *~ is up*
die Zeit ist um *od.* abgelau-
fen; *for the ~ being* vorläufig; *have a good ~* sich gut
unterhalten *od.* amüsieren;
what's the ~? wie spät ist
es?; *the first ~* das erste Mal;
four ~s viermal; *~ after ~*,
~ and ~ again immer wieder;
all the ~ ständig, immer; *at*
any ~, *at all ~s* jederzeit; *at*
the same ~ gleichzeitig; *in ~*
rechtzeitig; *in no ~* im Nu;
on ~ pünktlich; **2.** zeitlich
abstimmen; timen (*a. Sport*);

(ab)stoppen, messen; *~*
card *Am.* Stechkarte *f*; *~*
clock Stechuhr *f*; *~* **lag** Zeit-
differenz *f*; *~* **less** zeitlos;
immer während; *~* **limit**
Frist *f*; *~* **ly** rechtzeitig; *~* **er**
Schaltuhr *f*; *~* **saving** zeit-
sparend; *~* **sheet** Stechkarte *f*; *~* **signal** Rundfunk:
Zeitzeichen *n*; *~* **switch**
Zeitschalter *m*; *~* **table**
Fahr-, Flugplan *m*; Stun-
denplan *m*; Zeitplan *m*

timid [ˈtɪmɪd] ängstlich;
schüchtern

tin [tɪn] **1.** Blech *n*; Zinn *n*; *bsd.*
Brt. Dose *f*, Büchse *f*; **2.** ein-
dosen; *~* **foil** Alufolie *f*;
Stanniol(papier) *n*

tinge [tɪndʒ] **1.** Tönung *f*;
fig. Anflug *m*, Spur *f*; **2.** tönen

tingle [ˈtɪŋɡl] prickeln, krib-
beln

tinkle [ˈtɪŋkl] klirren, klingen,
klingeln

tinned [tɪnd] *Brt.* Dosen...,
Büchsen...; *~* **fruit** *Brt.*
Obstkonserven *pl*

'tin opener *Brt.* Dosen-,
Büchsenöffner *m*

tinsel [ˈtɪnsl] Lametta *n*; Flit-
ter *m*

tint [tɪnt] **1.** (Farb)Ton *m*, Tönung *f*; **2.** tönen

tiny [ˈtaɪnɪ] winzig

tip[1] [tɪp] Spitze *f*; Zigarette:
Filter *m*

tip[2] [tɪp] **1.** Trinkgeld *n*; **2.** j-m
ein Trinkgeld geben

tip³ [tɪp] **1.** Tipp *m*; **2.** ~ *off j-m e-n* Tipp *od.* Wink geben

tip⁴ [tɪp]: ~ *over*, ~ *up* umkippen

tipped Zigarette: mit Filter

tipsy ['tɪpsɪ] F beschwipst

tiptoe ['tɪptəʊ] **1.** auf Zehenspitzen gehen; **2. on** ~ auf Zehenspitzen

tire¹ ['taɪə] *Am.* → **tyre**

tire² ['taɪə] ermüden; müde werden *od.* machen; '**tired** müde; erschöpft; *be* ~ *of et.* satt haben; '~**less** unermüdlich; '~**some** lästig

tiring ['taɪərɪŋ] ermüdend; anstrengend

tissue ['tɪʃuː] *biol.* Gewebe *n*; Papiertaschentuch *n*; → '~ **paper** Seidenpapier *n*

tit¹ [tɪt] Meise *f*

tit² [tɪt] *sl.* Titte *f*

titbit ['tɪtbɪt] Leckerbissen *m*

title ['taɪtl] Titel *m*; Überschrift *f*; '~ **page** Titelseite *f*

to [tʊ, tə, tuː] **1.** *prp* zu; nach; an; bis; *Uhrzeit*: vor; ~ *me etc.* mir *etc.*; **2.** *im inf* zu; um zu; **3.** *adv* zu, geschlossen; *pull* ~ *Tür* zuziehen; *come* ~ (wieder) zu sich kommen; ~ *and fro* hin u. her, auf u. ab

toad [təʊd] Kröte *f*; '~**stool** Giftpilz *m*

toast [təʊst] **1.** Toast *m*; Trinkspruch *m*; **2.** toasten, rösten; *fig.* triumphieren

tobacco [tə'bækəʊ] Tabak *m*; **tobacconist** [tə'bækənɪst]

Tabak(waren)händler(in); ~'**s** (**shop**) Tabakladen *m*

toboggan [tə'bɒgən] **1.** (Rodel)Schlitten *m*; **2.** rodeln

today [tə'deɪ] heute

toddle ['tɒdl] *bsd. Kleinkind*: auf wack(e)ligen *od.* unsicheren Beinen gehen; '**toddler** Kleinkind *n*

toe [təʊ] Zehe *f*; (*Schuhetc.*)Spitze *f*; '~**nail** Zehennagel *m*

toffee ['tɒfɪ] Sahnebonbon *m*, *n*, Toffee *n*

together [tə'geðə] zusammen; gleichzeitig

toil [tɔɪl] sich plagen

toilet ['tɔɪlɪt] Toilette *f*; '~ **paper** Toilettenpapier *n*; → '~ **roll** Rolle *f* Toilettenpapier

token ['təʊkən] Zeichen *n*; (*Spiel- etc.*)Marke *f*

told [təʊld] *pret u. pp* von **tell**

tolerable ['tɒlərəbl] erträglich; leidlich; '**tolerance** Toleranz *f*; '**tolerant** tolerant (*of* gegenüber); '**tolerate** ['tɒləreɪt] dulden; ertragen

toll¹ [təʊl] Straßenbenutzungsgebür *f*, Maut *f*

toll² [təʊl] *Glocke*: läuten

'**toll|gate** Schlagbaum *m*; '~ **road** gebührenpflichtige Straße, Mautstraße *f*

tomato [tə'mɑːtəʊ] (*pl* -*toes*) Tomate *f*

tomb [tuːm] Grab(mal) *n*; '~**stone** Grabstein *m*

tomcat ['tɒmkæt] Kater *m*

tomorrow [tə'mɒrəʊ] morgen; *the day after* ~ übermorgen

ton [tʌn] *Gewicht:* Tonne *f*

tone [təʊn] Ton *m*, Klang *m*

tongs [tɒŋz] *pl* (*a. a pair of* ~) e-e) Zange

tongue [tʌŋ] Zunge *f*; Sprache *f*; (Schuh)Lasche *f*

tonic [ˈtɒnɪk] Stärkungsmittel *n*; Tonic *m*

tonight [təˈnaɪt] heute Abend; heute Nacht

tonsil [ˈtɒnsl] *anat.* Mandel *f*;

tonsillitis [tɒnsɪˈlaɪtɪs] Mandelentzündung *f*, Angina *f*

too [tuː] zu; zu, sehr; *nachgestellt:* auch

took [tʊk] *pret von* **take**

tool [tuːl] Werkzeug *n*

tooth [tuːθ] (*pl* **teeth** [tiːθ]) Zahn *m*; '~**ache** Zahnschmerzen *pl*; '~**brush** Zahnbürste *f*; '~**less** zahnlos; '~**paste** Zahnpasta *f*, -creme *f*; '~**pick** Zahnstocher *m*

top [tɒp] **1.** oberer Teil; Oberteil *n*, -seite *f*, (*Tisch- etc.*)Oberfläche *f*, Spitze *f* (*a. fig.*); Gipfel *m* (*a. fig.*); Wipfel *m* (*Baum*)Krone *f*; Kopfende *n*, oberes Ende; Deckel *m*, Verschluss *m*; *mot.* höchster Gang; *Spielzeug:* Kreisel *m*; *on* ~ oben(auf); *(d)a(rauf); on ~ of* (oben) auf; **2.** oberst; höchst, Höchst...; Spitzen...; ~ *secret* streng geheim; **3.** bedecken; übertreffen; ~ *up* nach-

füllen; nachschenken

topic [ˈtɒpɪk] Thema *n*; '~**al** aktuell

topple [ˈtɒpl] *mst* ~ *over* umkippen

topsy-turvy [tɒpsɪˈtɜːvɪ] F in e-r heillosen Unordnung

torch [tɔːtʃ] Taschenlampe *f*; Fackel *f*

tore [tɔː] *pret von* **tear**[2]

torment **1.** [ˈtɔːment] Qual *f*; **2.** [tɔːˈment] quälen, plagen

torn [tɔːn] *pp von* **tear**[2]

tornado [tɔːˈneɪdəʊ] (*pl -does, -dos*) Wirbelsturm *m*

torrent [ˈtɒrənt] reißender Strom; *fig.* Schwall *m*; **torrential** [təˈrenʃl] sintflutartig

tortoise [ˈtɔːtəs] (Land-) Schildkröte *f*

torture [ˈtɔːtʃə] **1.** Folter *f*; *fig.* Qual *f*; **2.** foltern; quälen

toss [tɒs] werfen; ~ *about* (sich) hin u. her werfen; ~ *up* hochwerfen; ~ *a coin* e-e Münze werfen

total [ˈtəʊtl] **1.** völlig, absolut; total; ganz, gesamt, Gesamt...; **2.** Gesamtbetrag *m*, -menge *f*; *sich belaufen auf*; ~ *up* zs.-zählen

totter [ˈtɒtə] (sch)wanken

touch [tʌtʃ] **1.** (sich) berühren; anrühren; anfassen; *fig.* rühren; ~ *down aviat.* aufsetzen; ~ *up* aus-, verbessern; **2.** Berührung *f*; Tastsinn *m*, -gefühl *n*; Spur *f*; *mus.* Anschlag *m*; *get in* ~ *with s.o.* sich mit j-m in Verbindung

setzen; **~-and-'go:** *it was* ~ es stand auf des Messers Schneide; **'~down** *aviat.* Aufsetzen *n*; **'~ing** rührend; **'~line** *Fußball:* Seitenlinie *f*
'touchy empfindlich; heikel
tough [tʌf] zäh; hart; grob
tour [tuə] **1.** Tour *f*; (Rund)Reise *f*, (-)Fahrt *f*; Rundgang *m*; Tournee *f*; **2.** bereisen, reisen durch
tourist ['tuərɪst] Tourist(in); Touristen...; **'~ class** *aviat.*, *naut.* Touristenklasse *f*; **~ industry** Tourismusgeschäft *n*; **~ infor'mation office, '~ office** Verkehrsverein *m*; **~ season** Reisesaison *f*, -zeit *f*
tournament ['tɔːnəmənt] Turnier *n*
tousled ['tauzld] zerzaust
tow [təu] **1.** *give s.o. a* ~ j-n abschleppen; *take in* ~ → **2.** (ab)schleppen
toward(s) [tə'wɔːd(z)] auf ... zu, in Richtung, *zeitlich:* gegen; *j-m, et.* gegenüber; *als Beitrag:* zu
towel ['tauəl] Handtuch *n*
tower ['tauə] **1.** Turm *m*; **2.** ~ *over* überragen
town [taun] Stadt *f*; **~ 'centre** *Brt.* Innenstadt *f*, City *f*; **~ 'council** *Amt:* Stadtrat *m*; **'~ council(l)or** Stadtrat *m*, -rätin *f*; **~ 'hall** Rathaus *n*
'towrope Abschleppseil *n*
toxic ['tɒksɪk] giftig; **~ 'waste** Giftmüll *m*; **~ waste 'dump** Giftmülldeponie *f*

toy [tɔɪ] **1.** Spielzeug *n*; *pl* Spielsachen *pl*, -zeug *n*, -waren *pl*; Spielzeug...; Zwerg...; **2.** ~ *with* spielen mit
trace [treɪs] **1.** ausfindig machen, aufspüren, *et.* finden; durchpausen; **2.** Spur *f*
track [træk] **1.** Spur *f*; Fährte *f*; *rail.* Gleis *n*; Pfad *m*; (Aschen)Bahn *f*; **2.** verfolgen; ~ *down* aufspüren; **'~ event** *Sport:* Laufdisziplin *f*; **'~suit** Trainingsanzug *m*
tractor ['træktə] Traktor *m*
trade [treɪd] **1.** Handel *m*; Branche *f*, Gewerbe *f*; (*bsd.* Handwerks)Beruf *m*; **2.** Handel treiben, handeln (*in* mit); **'~mark** Warenzeichen *n*; **'trader** Händler *m*
'tradesman (*pl -men*) (Einzel)Händler *m*; Lieferant *m*
trade(s) 'union (*Abk.* **TU**) Gewerkschaft *f*
tradition [trə'dɪʃn] Tradition *f*; **~al** traditionell
traffic ['træfɪk] **1.** Verkehr *m*; (*bsd.* illegaler) Handel; **2.** (*bsd.* illegal) handeln (*in* mit); **'~ circle** *Am.* Kreisverkehr *m*; **'~ island** Verkehrsinsel *f*; **'~ jam** Verkehrsstau *m*; **'~ light(s** *pl*) Verkehrsampel *f*; **'~ sign** Verkehrszeichen *n*, -schild *n*; **'~ warden** *mot.* Parküberwacher *m*, Politesse *f*
tragedy ['trædʒədɪ] Tragödie *f*; **'tragic** tragisch
trail [treɪl] **1.** verfolgen; hinter

sich herziehen; schleifen; sich schleppen; *Sport:* zurückliegen (hinter); *bot.* sich ranken; **2.** Fährte *f*, Spur *f*; Pfad *m*; '**~er** *mot.*: Anhänger *m*; *Am.* Wohnwagen *m*; *Film, TV:* Vorschau *f*

train¹ [treɪn] Zug *m*; Schleppe *f*; *fig.* Reihe *f*

train² [treɪn] ausbilden, schulen; trainieren; *Tier* abrichten; ausgebildet werden; **trainee** [treɪ'iː] Auszubildende *m, f*; Trainer Ausbilder(in); Trainer(in); *Brt.* Turnschuh *m*; '**training** Ausbildung *f*, Schulung *f*; Abrichten *n*; Training *n*

trait [treɪ] (Charakter)Zug *m*

traitor ['treɪtə] Verräter *m*

'**tram(car)** [træm-] Straßenbahn(wagen *m*) *f*

tramp [træmp] **1.** Landstreicher(in), Tramp *m*; **2.** trampeln; (durch)wandern

trample ['træmpl] (zer)trampeln

tranquil ['træŋkwɪl] ruhig, friedlich; **tran'quil(l)ity** Ruhe *f*, Frieden *m*; '**tranquil(l)ize** beruhigen; '**tranquil(l)izer** Beruhigungsmittel *n*

transact [træn'zækt] abwickeln; **~ion** Geschäft *n*, Transaktion *f*

transatlantic [trænzət'læntɪk] transatlantisch, Übersee...

transcript ['trænskrɪpt] Abschrift *f*

transfer 1. [træns'fɜː] *j-n* versetzen (**to** nach); *Betrieb etc.* verlegen; *Geld* überweisen; transferieren; **2.** ['trænsfɜː] Versetzung *f*; Verlegung *f*; *econ.* Überweisung *f*; Transfer *m*; *bsd. Am.* Umsteigefahrschein *m*; **~able** [træns-'fɜːrəbl] übertragbar

transform [træns'fɔːm] umwandeln; **~ation** [trænsfə-'meɪʃn] Umwandlung *f*

transfusion [træns'fjuːzn] (Blut)Transfusion *f*

transistor [træn'sɪstə] Transistor *m*; Transistorradio *n*

transit ['trænsɪt] Durchgangs-, Transitverkehr *m*; **in** ~ auf dem Transport

translate [træns'leɪt] übersetzen; **trans'lation** Übersetzung *f*; **trans'lator** Übersetzer(in)

translucent [trænz'luːsnt] lichtdurchlässig

transmission [trænz'mɪʃn] Übermittlung *f*; Übertragung *f*; *mot.* Getriebe *n*; **transmit** [trænz'mɪt] übertragen

transparent [træns'pærənt] durchsichtig

transpire [træn'spaɪə] schwitzen; passieren

transplant 1. [træns'plɑːnt] um-, verpflanzen; *med.* verpflanzen; **2.** ['trænsplɑːnt] Transplantation *f*, Verpflanzung *f*; Transplantat *n*

transport 1. ['trænspɔːt]

Transport *m*, Beförderung *f*; Beförderungs-, Verkehrsmittel *n*; **public** ~ öffentliche Verkehrsmittel *pl*; **2.** [træn'spɔːt] transportieren, befördern; **~ation** [trænspɔː'teɪʃn] *bsd. Am.* Transport *m*, Beförderung *f*

trap [træp] **1.** Falle *f (a. fig.)*; *sl.* Klappe *f*, Schnauze *f*; **2.** (in *od.* mit e-r Falle) fangen

trash [træʃ] Schund *m*, Mist *m*; Quatsch *m*; *Am.* Abfall *m*; **~can** Abfall-, Mülleimer *m*; **'trashy** Schund...

travel ['trævl] **1.** reisen; fahren; *Strecke* zurücklegen; **2.** *das* Reisen; *pl* Reisen *pl*; **~ agency** Reisebüro *n*

'travel(l)er Reisende *m*, *f*; **~'s cheque** *(Am. check)* Reisescheck *m*

'travelsick reisekrank

trawler ['trɔːlə] Fischdampfer *m*, Trawler *m*

tray [treɪ] Tablett *n*; Ablage(korb) *f*

treacherous ['tretʃərəs] verräterisch; tückisch; **'treachery** Verrat *m*

treacle ['triːkl] *Brt.* Sirup *m*

tread [tred] **1.** *(trod, trodden)* treten; **2.** *Reifen:* Profil *n*

treason ['triːzn] Landesverrat *m*

treasure ['treʒə] **1.** Schatz *m*; **2.** sehr schätzen; **'treasurer** Schatzmeister(in)

Treasury ['treʒəri] *Brt.*, '~

Department *Am.* Finanzministerium *n*

treat [triːt] **1.** behandeln; umgehen mit; ~ *s.o. to s.th.* j-m et. spendieren; **2.** (besondere) Freude, Überraschung *f*; *it's my* ~, ich lade dich dazu ein; **'~ment** Behandlung *f*

treaty ['triːtɪ] Vertrag *m*

treble ['trebl] **1.** dreifach; **2.** (sich) verdreifachen

tree [triː] Baum *m*

trefoil ['trefɔɪl] Klee *m*

trellis ['trelɪs] Spalier *n*

tremble ['trembl] zittern

tremendous [trɪ'mendəs] gewaltig, enorm; F klasse, toll

tremor ['tremə] Zittern *n*; Beben *n*

trench [trentʃ] Graben *m*

trend [trend] Tendenz *f*, Trend *m*; **'trendy** modern; *be* ~ als schick gelten, in sein

trespass ['trespəs]: *no* ~*ing* Betreten verboten; **'~er:** ~ *will be prosecuted* Betreten bei Strafe verboten!

trestle ['tresl] *bsd. Brt.* Bock *m*, Gestell *n*

trial ['traɪəl] *jur.* Prozess *m*, Verhandlung *f*; Probe *f*; *on* ~ auf *od.* zur Probe

triangle ['traɪæŋgl] Dreieck *n*; **triangular** [traɪ'æŋgjʊlə] dreieckig

tribe [traɪb] (Volks)Stamm *m*

tribunal [traɪ'bjuːnl] Gericht(shof *m*) *n*

tributary ['trɪbjʊtəri] Nebenfluss *m*

trick [trɪk] **1.** Trick *m*; (*Karten- etc.*)Kunststück *n*; Streich *m*; **play a ~ on s.o.** j-m e-n Streich spielen; **2.** überlisten

trickle ['trɪkl] tröpfeln; rieseln

trickster ['trɪkstə] Betrüger(in); **'tricky** schwierig; heikel; durchtrieben

tricycle ['traɪsɪkl] Dreirad *n*

trifle ['traɪfl] Kleinigkeit *f*, Lappalie *f*; **'trifling** geringfügig, unbedeutend

trigger ['trɪgə] **1.** *Gewehr:* Abzug *m*; **2.** *a.* **~ off** auslösen

trim [trɪm] **1.** schneiden; stutzen; trimmen; beschneiden; *Kleid etc.* schmücken; **2.** adrett, gepflegt; schmuck; **in good ~** F gut in Form; **'trimmings** *pl* Besatz *m*; Zubehör *n*; *gastr.* Beilagen *pl*

trinket ['trɪŋkɪt] (*bsd.* billiges) Schmuckstück

trip [trɪp] **1.** (kurze) Reise; Ausflug *m*, Trip *m*; Stolpern *n*; *sl. unter Drogen:* Trip *m*; **2.** stolpern; *a.* **~ up** j-m ein Bein stellen

tripe [traɪp] *gastr.* Kutteln *pl*

triple ['trɪpl] dreifach; **~ jump** *Sport:* Dreisprung *m*

triplets ['trɪplɪts] *pl* Drillinge *pl*

tripod ['traɪpɒd] Stativ *n*

trite [traɪt] abgedroschen, banal

triumph ['traɪəmf] **1.** Triumph *m*; **2.** triumphieren;

~ant [traɪ'ʌmfənt] triumphierend

trivial ['trɪvɪəl] unbedeutend; trivial, alltäglich

trod [trɒd] *pret*, **'trodden** *pp* von **tread** 1

trolley ['trɒlɪ] *bsd. Brt.:* Einkaufs- *od.* Gepäckwagen *m*; Kofferkuli *m*; (*Tee-, Servier*)Wagen *m*; **shopping ~** Einkaufsroller *m*

troop [tru:p] **1.** Schar *f*, Haufe(n) *m*; *pl mil.* Truppen *pl*; **2.** (*herein- etc.*)strömen

trophy ['trəʊfɪ] Trophäe *f*

tropic ['trɒpɪk] *astr.*, *geogr.* Wendekreis *m*; *pl* Tropen (*die*); **~al** tropisch

trot [trɒt] **1.** Trab *m*; **2.** traben

trouble ['trʌbl] **1.** Schwierigkeiten *pl*, Ärger *m*; Mühe *f*; *pol.* Unruhe *f*; *med.* Beschwerden *pl*; **be in ~** in Schwierigkeiten sein; **get in to ~** Ärger *od.* Schwierigkeiten bekommen; *j-n* in Schwierigkeiten bringen; **2.** beunruhigen; belästigen, stören; **~-'free** problemlos; **'~maker** Unruhestifter(in); **'~some** lästig

trough [trɒf] Trog *m*

trousers ['traʊzəz] *pl* Hose *f*; **'trouser suit** *Brt.* Hosenanzug *m*

trout [traʊt] Forelle *f*

truant ['tru:ənt] Schulschwänzer(in); **play ~** (die Schule) schwänzen

truce [truːs] Waffenstillstand *m*

truck [trʌk] Last(kraft)wagen *m*; *Brt.* (offener) Güterwagen; '~**driver**, '~**er** *bsd. Am.* Lastwagenfahrer *m*; Fernfahrer *m*

'**truck farm** *Am.* Gemüse- u. Obstgärtnerei *f*

trudge [trʌdʒ] stapfen

true [truː] wahr; echt, wirklich; genau; treu

truly ['truːlɪ] wirklich; *Geschäftsbrief:* **Yours** ~ Hochachtungsvoll

trumpet ['trʌmpɪt] Trompete *f*

truncheon ['trʌntʃən] *bsd. Brt.* Gummiknüppel *m*

trunk [trʌŋk] (Baum)Stamm *m*; *Am. mot.* Kofferraum *m*; Schrankkoffer *m*; *Elefant:* Rüssel *m*; *anat.* Rumpf *m*; *pl* (Bade)Hose *f*; '~**road** *Brt.* Fernstraße *f*

trust [trʌst] **1.** Vertrauen *n*; *jur.* Treuhand *f*; Treuhandvermögen *n*; *econ.* Trust *m*, Konzern *m*; **2.** (ver)trauen; sich verlassen auf

trustee [trʌs'tiː] *jur.* Treuhänder(in); Sachwalter(in)

'**trust|ful**, '~**ing** vertrauensvoll; '~**worthy** vertrauenswürdig

truth [truːθ] (*pl* **truths** [truːðz, truːθs]) Wahrheit *f*; '~**ful** wahr(heitsliebend)

try [traɪ] **1.** versuchen; (aus)probieren; *jur. j-m* den Prozeß machen; *jur.* verhandeln

(über); *Geduld etc.* auf e-e harte Probe stellen; ~ **on** anprobieren; ~ **out** ausprobieren; **2.** Versuch *m*; **have a** ~ e-n Versuch machen; '~**ing** anstrengend

TU [tiː 'juː] **trade(s) union** Gewerkschaft *f*

tub [tʌb] Bottich *m*, Zuber *m*; *für Eis, Margarine etc.:* Becher *m*; F (Bade)Wanne *f*

tube [tjuːb] Röhre *f* (*a. anat.*); Rohr *n*; Tube *f*; Schlauch *m*; **the** ~ die (Londoner) U-Bahn; **the** ~ *Am.* F die Glotze; '~**less** schlauchlos

tuberculosis [tjuːbɜːkju-'ləʊsɪs] Tuberkulose *f*

tuck [tʌk] stecken; ~ **away** weg-, verstecken; ~ **in**, ~ **up** (warm) zudecken

Tuesday ['tjuːzdɪ] Dienstag *m*

tuft [tʌft] Büschel *n*

tug [tʌg] **1.** Zug *m*, Ruck *m*; **2.** ziehen, zerren; ~**of**'**war** Tauziehen *n*

tuition [tjuː'ɪʃn] Unterricht *m*; *Am.* Unterrichtsgebühren *pl*

tulip ['tjuːlɪp] Tulpe *f*

tumble ['tʌmbl] **1.** fallen, stürzen, purzeln; **2.** Sturz *m*; '~**down** baufällig; '~**dryer** *Brt.* Wäschetrockner *m*

tummy ['tʌmɪ] F Bäuchlein *n*

tumo(u)r ['tjuːmə] Tumor *m*

tumult ['tjuːmʌlt] Tumult *m*; **tumultuous** [tjuː'mʌltjʊəs] tumultartig; stürmisch

tuna ['tuːnə] Thunfisch *m*

tune [tjuːn] **1.** Melodie *f*;

turtle

of ~ verstimmt; **2.** ~ **in** *Radio etc.* einstellen; *a.* ~ **up** *mus.* stimmen; *Motor* tunen; **'~ful** melodisch

tunnel ['tʌnl] Tunnel *m*

turbine ['tɜːbɪn] Turbine *f*

turbot ['tɜːbət] Steinbutt *m*

turbulent ['tɜːbjʊlənt] stürmisch, turbulent

tureen [təˈriːn] Terrine *f*

turf [tɜːf] (*pl* **turfs, turves** [tɜːvz]) Rasen *m*; Sode *f*; *the* ~ die (Pferde)Rennbahn; der (Pferde)Rennsport

Turk [tɜːk] Türke *m*, -in *f*

Turkey ['tɜːkɪ] die Türkei

turkey ['tɜːkɪ] Truthahn *m*, -henne *f*, Puter *m*, Pute *f*

Turkish ['tɜːkɪʃ] türkisch

turmoil ['tɜːmɔɪl] Aufruhr *m*

turn [tɜːn] **1.** (sich) (um-, herum)drehen; wenden; umblättern; zukehren, -wenden; lenken, richten; *tech.* formen, drechseln; (sich) verwandeln; sich (ab-, hin-, zu)wenden; ab-, einbiegen; *Straße:* e-e Biegung machen; *grau etc.* werden; *Laub:* sich verfärben; *Milch:* sauer werden; *Wetter:* umschlagen; ~ **left/right** (sich) nach links/ rechts wenden; *mot.* links/ rechts abbiegen; ~ **away** (sich) abwenden; abweisen; ~ **back** umkehren; *j-n* zurückschicken; *Uhr* zurückstellen; ~ **down** Kragen umschlagen; *Decke* zurückschlagen; *Gas* kleiner stellen;

Radio leiser stellen; ablehnen; ~ **in** zurückgeben; F ins Bett gehen; ~ **off** *Wasser, Gas* abdrehen; *Licht, Radio etc.* ausschalten, -machen; abbiegen; ~ **on** *Gas, Wasser etc.* aufdrehen; *Gerät* anstellen; *Licht, Radio* anmachen, einschalten; ~ **out** hinauswerfen; abdrehen, ausschalten, -machen; *et.* produzieren; *gut etc.* ausfallen od. ausgehen; sich herausstellen; ~ **round** sich umdrehen; ~ **to** sich zuwenden; sich an *j-n* wenden; ~ **up** Kragen hochschlagen; *Gas, Radio* aufdrehen; auftauchen; **2.** (Um-) Drehung *f*; Biegung *f*, Kurve *f*, Kehre *f*; Abzweigung *f*; *fig.* Wende *f*; **it's my** ~ ich bin an der Reihe; **by** ~**s** abwechselnd; **take** ~**s** sich abwechseln

'turning Brt. Abzweigung *f*; **'~ point** *fig.* Wendepunkt *m*

turnip ['tɜːnɪp] Rübe *f*

'turn|out Besucher(zahl *f*) *pl*; F Aufmachung *f*; Wahlbeteiligung *f*; **'~over** *econ.* Umsatz *m*; **~pike** ['tɜːnpaɪk] *Am.*, **~pike 'road** *Am.* gebührenpflichtige Schnellstraße; **~stile** ['tɜːnstaɪl] Drehkreuz *m*; **~table** Plattenteller *m*; **'~up** Brt. Hosenaufschlag *m*

turquoise ['tɜːkwɔɪz] Türkis *m*

turret ['tʌrɪt] Türmchen *n*

turtle ['tɜːtl] (See)Schildkröte

f; '**neck** *bsd. Am.* Rollkragen(pullover) *m*

turves [tɜ:vz] *pl von* **turf**

tusk [tʌsk] Stoßzahn *m*

tutor ['tju:tə] Privat-, Hauslehrer(in); Tutor(in)

tutorial [tju:'tɔ:rɪəl] Tutorenkurs *m*

tuxedo [tʌk'si:dəʊ] *Am.* Smoking *m*

TV [ti:'vi:] TV *n*, Fernsehen *n*; Fernseher *m*, Fernsehapparat *m*; **on** ~ im Fernsehen; **watch** ~ fernsehen

twang [twæŋ] Näseln *n*

tweezers ['twi:zəz] *pl* (*a. a pair of* ~ e-e) Pinzette

twelfth [twelfθ] zwölft

twelve [twelv] zwölf

twentieth ['twentɪɪθ] zwanzigst; **twenty** ['twentɪ] zwanzig

twice [twaɪs] zweimal

twig [twɪg] (dünner) Zweig

twilight ['twaɪlaɪt] Zwielicht *n*; Dämmerung *f*

twin [twɪn] Zwilling *m*; *pl* Zwillinge *pl*; Zwillings...; Doppel...; ~ **beds** *pl* zwei Einzelbetten *pl*

twinge [twɪndʒ] stechender Schmerz, Stechen *n*

twinkle ['twɪŋkl] glitzern, funkeln

twin 'town *Brt.* Partnerstadt *f*

twirl [twɜ:l] **1.** (herum)wirbeln; **2.** Wirbel *m*

twist [twɪst] **1.** (sich) drehen *od.* winden; wickeln; ~ **one's ankle** (mit dem Fuß) umknicken; ~ **off** *Deckel* abschrauben; **2.** Drehung *f*; Biegung *f*

twitch [twɪtʃ] **1.** zucken (mit); **2.** Zucken *n*, Zuckung *f*

twitter ['twɪtə] zwitschern

two [tu:] zwei; **cut in** ~ in zwei Teile schneiden; ~**'piece** zweiteilig; '**~stroke** *mot.* Zweitakt...; ~**way 'traffic** Gegenverkehr *m*

type [taɪp] **1.** Typ *m*; Art *f*; Sorte *f*; *print.* Type *f*, Buchstabe *m*; **2.** mit der Maschine schreiben, tippen; Maschine schreiben; '**~writer** Schreibmaschine *f*; '**~written** maschine(n)geschrieben

typhoid ['taɪfɔɪd], ~ **fever** Typhus *m*

typhoon [taɪ'fu:n] Taifun *m*

typhus ['taɪfəs] Flecktyphus *m*

typical ['tɪpɪkl] typisch

typist ['taɪpɪst] Schreibkraft *f*

tyrannical [tɪ'rænɪkl] tyrannisch; **tyrannize** ['tɪrənaɪz] tyrannisieren; **tyranny** ['tɪrənɪ] Tyrannei *f*

tyrant ['taɪərənt] Tyrann(in)

tyre [taɪə] *bsd. Brt.* Reifen *m*

U

udder ['ʌdə] Euter *n*

ugly ['ʌglɪ] hässlich; schlimm

UK [ju:'keɪ] *United Kingdom* das Vereinigte Königreich (*England, Schottland, Wales u. Nordirland*)

ulcer ['ʌlsə] Geschwür *n*

ultimate ['ʌltɪmət] letzt; höchst; **~ly** letztlich

ultimatum [ʌltɪ'meɪtəm] Ultimatum *n*

ultra|sonic [ʌltrə'sɒnɪk] Ultraschall...; '**~sound** Ultraschall *m*; **~'violet** ultraviolett

umbilical cord [ʌmbɪlɪkəl 'kɔːd] Nabelschnur *f*

umbrella [ʌm'brelə] (Regen-)Schirm *m*

umpire ['ʌmpaɪə] Schiedsrichter(in)

UN [ju:'en] *United Nations pl* UN *f*, Vereinte Nationen *pl*

un|abashed [ʌnə'bæʃt] unverfroren; **~abated** [ʌnə'beɪtɪd] unvermindert; **~'able** unfähig, außerstande; **~ac'ceptable** unannehmbar

unanimous [juː'nænɪməs] einmütig; einstimmig

un|ap'proachable unnahbar; **~'armed** unbewaffnet; **~at'tached** ungebunden, frei; **~at'tended** unbeaufsichtigt; **~'authorized** unberechtigt; unbefugt; **~a'void-**

~able unvermeidlich

unaware [ʌnə'weə]: *be ~ of et.* nicht bemerken, sich *e-r Sache* nicht bewusst sein; **~s** [ʌnə'weəz]: *catch od. take s.o. ~* j-n überraschen

un|'balanced unausgeglichen, labil; **~'bearable** unerträglich; **~be'lievable** unglaublich; **~'bias(s)ed** unvoreingenommen; **~'born** ungeboren; **~'button** aufknöpfen; **~called-for** F unnötig; **~'canny** unheimlich; **~'ceasing** unaufhörlich; **~'certain** unsicher, ungewiss; unbeständig; **~'checked** ungehindert

uncle ['ʌŋkl] Onkel *m*

un|'comfortable unbehaglich; unbequem; **~'common** ungewöhnlich; **~'compromising** kompromisslos; **~con'ditional** bedingungslos; **~'conscious** bewusstlos; unbewusst; **~con'trollable** unkontrollierbar; **~'cover** aufdecken; **~'daunted** [ʌn'dɔːntɪd] unerschrocken; **~de'cided** unentschlossen; unentschieden, offen; **~de'niable** [ʌndɪ'naɪəbl] unbestreitbar

under ['ʌndə] **1.** *prp* unter; **2.** *adv* unten; darunter; **~age** minderjährig; **~bid** (*-bid*)

unterbieten; '~**carriage**
aviat. Fahrwerk n; ~'**cover**
geheim; ~**cover 'agent** verdeckter Ermittler; ~'**cut**
(-**cut**) unterbieten; ~**de'veloped** unterentwickelt;
'~**dog** Benachteiligte m, f;
~'**done** nicht gar; nicht
durchgebraten; ~'**estimate**
unterschätzen; ~**ex'posed**
phot. unterbelichtet; ~'**go**
(-**went**, -**gone**) durchmachen; sich unterziehen;
~'**ground** adv unterirdisch,
unter der Erde; '~**ground 1.**
adj unterirdisch; fig. Untergrund...; **2.** bsd. Brt. Untergrundbahn f, U-Bahn f;
'~**growth** Unterholz n;
~**line** unterstreichen;
~**neath** [ʌndə'niːθ] **1.** prp unter; **2.** adv darunter; ~'**nourished** unternährt; '~**pants**
pl Unterhose f; ~'**pass** Unterführung f; ~'**privileged**
benachteiligt; ~'**rate** unterschätzen; ~'**shirt** Am. Unterhemd n; ~'**size**(d) zu klein;
~'**staffed** (personell) unterbesetzt; ~**stand** (-**stood**)
verstehen; erfahren od. gehört haben (**that** dass);
~'**standable** verständlich;
~'**standing 1.** verständnisvoll; **2.** Verständnis n; Abmachung f; ~'**statement**
Understatement n, Untertreibung f; ~'**take** (-**took**,
-**taken**) übernehmen; sich
verpflichten; '~**taker** Brt.

Leichenbestatter m; Bestattungsinstitut n; ~**taking** Unternehmen n; ~'**value** unterschätzen; ~'**water** Unterwasser...; unter Wasser; '~**wear** Unterwäsche f;
'~**weight** Untergewicht n

un|de'**served** unverdient;
~**de'sirable** unerwünscht;
~**de'veloped** unentwickelt;
unerschlossen; ~**di'sputed**
unbestritten; ~'**do** (-**did**,
-**done**) aufmachen, öffnen;
ungeschehen machen; ~'**doubted** unbestritten; ~**ly**
zweifellos, ohne (jeden)
Zweifel; ~'**dress** (sich) ausziehen; ~'**earth** ausgraben,
fig. a. ausfindig machen,
aufstöbern; ~'**easy** unbehaglich; unruhig; unsicher;
~'**educated** ungebildet;
unem'**ployed 1.** arbeitslos; **2.**
the ~ pl die Arbeitslosen pl
unem'**ployment** Arbeitslosigkeit f; ~ **benefit** Brt.,
~ **compensation** Am. Arbeitslosengeld n

un|'**ending** endlos; ~'**equal**
ungleich; **be** ~ **to** e-r Aufgabe
etc. nicht gewachsen sein;
~'**erring** unfehlbar; ~'**even**
uneben; ungleich(mäßig);
Zahl: ungerade; ~**e'ventful**
ereignislos; ~**ex'pected** unerwartet; ~'**failing** unerschöpflich; ~'**fair**
unfair; ~'**faithful** untreu (**to**
dat); ~**fa'miliar** unbekannt;
nicht vertraut; ~'**fasten** auf-

machen, öffnen; **~'favo(u)rable** ungünstig; **~'feeling** gefühl-, herzlos; **~'finished** unvollendet; unerledigt; **~'fit** nicht fit, nicht in Form; ungeeignet, untauglich; **~'fold** auseinander falten; sich entfalten; **~'foreseen** unvorhergesehen; **~for'gettable** unvergesslich; **~'fortunate** unglücklich; bedauerlich; **~ly** leider; **~'founded** unbegründet; **~'friendly** unfreundlich; **~'furnished** unmöbliert; **~'grateful** undankbar; **~'guarded** unbedacht, unüberlegt; **~'happy** unglücklich; **~'harmed** unversehrt; **~'healthy** ungesund; nicht gesund; **~'heard-of** noch nie da gewesen; **~'hoped-for** unverhofft; **~'hurt** unverletzt

unification [juːnɪfɪˈkeɪʃn] Vereinigung f

uniform [ˈjuːnɪfɔːm] **1.** Uniform f; **2.** gleichmäßig; einheitlich

unify [ˈjuːnɪfaɪ] verein(ig)en

un|i'maginable unvorstellbar; **~i'maginative** einfallslos; **~im'portant** unwichtig; **~in'habitable** unbewohnbar; **~in'habited** unbewohnt; **~in'jured** unverletzt; **~in'telligible** unverständlich; **~in'tentional** unabsichtlich; **~inter'rupted** ununterbrochen

union [ˈjuːnjən] Vereinigung f; Union f; Gewerkschaft f; **~ist** Gewerkschaftler(in)

unique [juːˈniːk] einzigartig, einmalig

unit [ˈjuːnɪt] Einheit f

unite [juːˈnaɪt] (sich) vereinigen; verbinden; **u'nited** vereint, vereinigt; → **UK**; **UN(O)**; **US(A)**

unity [ˈjuːnətɪ] Einheit f

universal [juːnɪˈvɜːsl] allgemein; Universal...

universe [ˈjuːnɪvɜːs] (Welt-)All n, Universum n

university [juːnɪˈvɜːsətɪ] Universität f

un|'just ungerecht; **~kempt** [ʌnˈkempt] ungepflegt; **~'kind** unfreundlich; lieblos; **~'known** unbekannt; **~'leaded** [ʌnˈledɪd] Benzin: bleifrei

unless [ənˈles] wenn ... nicht, es sei denn

un|'like anders als; im Gegensatz zu; **~ly** unwahrscheinlich; **~'limited** unbegrenzt; **~'load** ab-, aus-, entladen; **~'lock** aufschließen; **~'lucky** unglücklich; **be** ~ Pech haben; **~'manned** unbemannt; **~'married** unverheiratet; ledig; **~mis'takable** unverkennbar; **~'moved** ungerührt; **~'natural** unnatürlich; **~'necessary** unnötig; **~'noticed** unbemerkt

UNO [ˈjuːnəʊ] *United Nations Organization* UNO f, Organisation *f* der Vereinten Nationen

un|ob'trusive unauffällig, bescheiden; ~**'occupied** *Platz:* frei; *Haus:* unbewohnt; ~**of'ficial** nichtamtlich, inoffiziell; ~**'pack** auspacken; ~**'paid** unbezahlt; ~**'pleasant** unangenehm, unerfreulich; unfreundlich; ~**'plug** den Stecker (*gen*) herausziehen; ~**precedented** [ʌnˈpresidentid] beispiellos, noch nie da gewesen; ~**pre'dictable** unvorhersehbar; *Person:* unberechenbar; ~**pretentious** [ʌnprɪˈtenʃəs] bescheiden, schlicht; ~**'qualified** unqualifiziert, ungeeignet; uneingeschränkt; ~**'questionable** unbestritten; ~**'real** unwirklich; ~**rea'listic** unrealistisch; ~**'reasonable** unvernünftig; übertrieben, unzumutbar; ~**re'liable** unzuverlässig; ~**'rest** *pol.* Unruhen *pl*; ~**re'strained** hemmungslos, ungezügelt; ~**'roll** ent-, aufrollen; ~**'ruly** [ʌnˈruːlɪ] ungebärdig; widerspenstig; ~**'said** unausgesprochen; **'~satis'factory** unbefriedigend; unzulänglich; ~**'savo(u)ry** unerfreulich, widerlich; ~**'screw** ab-, los-, aufschrauben; ~**'scrupulous** skrupellos; ~**'settled** *Frage:* ungeklärt, offen; *Lage etc.:* unsicher; *Wetter:* unbeständig;

~**'sightly** hässlich; ~**'skilled** ungelernt; ~**'sociable** ungesellig; ~**'social: work ~ hours** außerhalb der normalen Arbeitszeit arbeiten; ~**so'phisticated** einfach, unkompliziert; ~**'sound** nicht intakt *od.* in Ordnung; nicht stichhaltig; ~**'speakable** unbeschreiblich, entsetzlich; ~**'stable** unsicher, schwankend; labil; ~**'steady** wack(e)lig, unsicher, schwankend; ~**'stuck: come ~** abgehen, sich lösen; ~**'suitable** unpassend, ungeeignet; ~**su'specting** nichts ahnend, ahnungslos; ~**'swerving** unbeirrbar; ~**'thinkable** unvorstellbar; ~**'tie** aufknoten, *Knoten etc.* lösen; losbinden

until [ənˈtɪl] bis; *not* ~ erst; erst wenn, nicht bevor

un|'timely vorzeitig; ungelegen, unpassend; ~**'tiring** unermüdlich; ~**'told** unermesslich; ~**'touched** unberührt; ~**'true** unwahr; ~**'used** 1. [ʌnˈjuːzd] unbenutzt, ungebraucht; 2. [ʌnˈjuːst] *be ~ to* s.th. et. nicht gewohnt sein; ~**'usual** ungewöhnlich; ~**'veil** enthüllen; ~**'willing** widerwillig; *be ~ to do* s.th. et. nicht tun wollen; ~**'wind** (-*wound*) abwickeln; *fig.* abschalten, sich entspannen; ~**'wrap** auspacken, -wickeln **up** [ʌp] 1. *adv* (her-, hin)auf, aufwärts, nach oben, hoch, in die Höhe; oben; ~ **to** bis (zu); **be** ~ **to** et. vorhaben; *e-r Sache* gewachsen sein; *it's* ~ **to you** das liegt bei dir; **2.** *prp* herauf, hinauf; oben auf; **3.** *adj* nach oben gerichtet, Aufwärts...; auf(gestanden) *Sonne:* aufgegangen; *Preise:* gestiegen; *Zeit:* abgelaufen, um; ~ **and about** F wieder auf den Beinen; *what's* ~? F was ist los?; **4.** *su* ~**s and downs** *pl* Höhen u. Tiefen *pl*

'**up**|**bringing** Erziehung *f*; ~**date** auf den neuesten Stand bringen, aktualisieren; ~'**grade** *j-n* befördern; nachbessern, aktualisieren; ~**heaval** [ʌp'hi:vl] Umwälzung *f*; ~'**hill** bergauf; bergauf führend; *fig.* mühsam; ~**holster** [ʌp'həʊlstə] *Möbel* polstern; ~'**holstery** Polsterung *f*; ~'**keep** Unterhalt(skosten *pl*) *m*; Instandhaltung(skosten *pl*) *f*

upon [ə'pɒn] → **on**

upper ['ʌpə] ober, Ober...; ~ '**class** Oberschicht *f*; ~'**most** oberst; an erster Stelle

'**up**|**right** aufrecht; *fig.* rechtschaffen; ~'**rising** Aufstand *m*; ~'**roar** Aufruhr *m*; ~'**set** (-set) umkippen, umstoßen, umwerfen; *Plan etc.* durcheinander bringen, stören; *fig. j-n* aus der Fassung bringen; *the fish has* ~ *me od. my stomach* ich habe mir an

dem Fisch den Magen verdorben; **be** ~ aus der Fassung *od.* durcheinander sein; '~**shot** Ergebnis *n*; ~**side** '**down** verkehrt herum; *fig.* drunter u. drüber; **turn** ~ umdrehen, *a. fig.* auf den Kopf stellen; ~'**stairs** (nach) oben; '~**stream** stromaufwärts; '~**take** F: **be quick /** *slow on the* ~ schnell begreifen/schwer von Begriff sein;

~**to**-'**date** modern; aktuell, auf dem neuesten Stand *od.* dem Laufenden; '~**ward(s)** aufwärts; nach oben

uranium [jʊ'reɪnɪəm] Uran *n*

urban ['ɜːbən] städtisch, Stadt...

urge [ɜːdʒ] **1.** drängen; ~ **on** antreiben; **2.** Drang *m*, Verlangen *n*

urgent ['ɜːdʒənt] dringend; **be** ~ *a.* eilen

urinate ['jʊərɪneɪt] urinieren; **urine** ['jʊərɪn] Urin *m*

urn [ɜːn] Urne *f*

US [ju:'es] *United States* Vereinigte Staaten *pl*

USA [ju:es'eɪ] *United States of America die* USA *pl*, Vereinigte Staaten *pl* von Amerika

usage ['ju:zɪdʒ] Sprachgebrauch *m*; Verwendung *f*, Gebrauch *m*; Behandlung *f*

use 1. [ju:z] benutzen, gebrauchen, an-, verwenden; ~ **up** auf-, verbrauchen; **2.**

[ju:s] Benutzung *f*, Gebrauch *m*, Verwendung *f*; Nutzen *m*, Zweck *m*; **be of ~** nützlich sein; **it's no ~** es ist zwecklos

used¹ [ju:st]: **be ~ to s.th.** an et. gewöhnt sein; **get ~ to s.th.** sich an et. gewöhnen

used² [ju:zd] gebraucht; ~ **'car** Gebrauchtwagen *m*

use|ful [ju:sful] nützlich; **'~less** nutz-, zwecklos

user [ju:zə] Benutzer(in); Anwender(in); ~**'friendly** benutzerfreundlich

usher [ʌʃə] **1.** Platzanweiser *m*; **2. ~ in** (hinein)führen

usherette [ʌʃə'ret] Platzanweiserin *f*

usual [ju:ʒl] gewöhnlich, üblich; **~ly** [ju:ʒəlɪ] (für) gewöhnlich, normalerweise

utensil [ju:'tensl] Gerät *n*

uterus [ju:tərəs] (*pl* -**ri** [-raɪ], -**ruses**) Gebärmutter *f*

utility [ju:'tɪlətɪ] Nutzen *m*;

utilize [ju:təlaɪz] nutzen

utmost [ʌtməʊst] äußerst

utter [ʌtə] total, völlig; **~ly** äußerst, total, völlig

U-turn [ju:tɜːn] *mot.* Wende *f*; *fig.* F Kehrtwendung *f*

UV [ju: 'vi:] *ultraviolet* ultraviolett

V

vacancy [veɪkənsɪ] freie *od.* offene Stelle; Leere *f*; **vacancies** Zimmer frei; **no vacancies** belegt; **vacant** leer stehend, unbewohnt; (*Sitz-)Platz:* frei; *Stelle:* frei, offen; *Blick etc.* leer; **~ Toilette:** frei

vacation [və'keɪʃn] *bsd. Brt.* Semester- *od.* Gerichtsferien *pl*; *bsd. Am.* Urlaub *m*, Ferien *pl*; **~er** *Am.* Urlauber(in)

vaccinate [væksɪneɪt] impfen; **vacci'nation** (Schutz-)Impfung *f*; **vaccine** [væksi:n] Impfstoff *m*

vacuum [vækjʊəm] Vakuum *n*; **'~ bottle** *Am.* Thermosflasche® *f*; **'~ cleaner** Staubsauger *m*; **'~ flask** *Brt.* Thermosflasche® *f*; **'~-packed** vakuumverpackt

vagaries [veɪgərɪz] *pl* Wetter *etc.:* Launen *pl*

vagina [və'dʒaɪnə] *anat.* Vagina *f*, Scheide *f*

vague [veɪg] vage, verschwommen; unklar

vain [veɪn] eitel; vergeblich; *in* ~ vergebens, vergeblich

valerian [və'lɪərɪən] Baldrian *m*

valet [vælɪt] (Kammer)Diener *m*

valiant [vælɪənt] tapfer

valid [vælɪd] gültig; stichhaltig, triftig

valley [vælɪ] Tal *n*

valuable [væljʊəbl] **1.** wert-

veneer

voll; *Zeit:* kostbar; **2.** *pl* Wertsachen *pl*

valuation ['vælju'eɪʃn] Schätzung *f*; Schätzwert *m*

value ['vælju:] **1.** Wert *m*; Nutzen *m*; **2.** schätzen, veranschlagen; *fig.* schätzen, achten; **~added 'tax** *(Abk. VAT)* Mehrwertsteuer *f*; '**~less** wertlos

valve [vælv] Ventil *n*; *(Herz-etc.)*Klappe *f*

van [væn] Lieferwagen *m*; *Brt. rail.* Güterwagen *m*

vandalism ['vændəlɪzəm] Vandalismus *m*

vanilla [və'nɪlə] Vanille *f*

vanish ['vænɪʃ] verschwinden

vanity ['vænətɪ] Eitelkeit *f*; '**~ case** Kosmetiktäschchen *n*

'**vantage point** ['vɑ:ntɪdʒ-] Aussichtspunkt *m*

vapo(u)r ['veɪpə] Dampf *m*; Dunst *m*; '**~trail** *aviat.* Kondensstreifen *m*

variable ['veərɪəbl] variabel, veränderlich; wechselhaft; regulierbar

variation [veərɪ'eɪʃn] Abweichung *f*; Schwankung *f*; Variation *f*

varicose veins ['værɪkəʊs 'veɪnz] *pl* Krampfadern *pl*

varied ['veərɪd] unterschiedlich; abwechslungsreich

variety [və'raɪətɪ] Abwechslung *f*; Vielfalt *f*; *econ.* Auswahl *f*, Sortiment *n* *(of* an); *bot.*, *zo.* Art *f*; Varietee *n*

various ['veərɪəs] verschie-

den; mehrere,verschiedene

varnish ['vɑ:nɪʃ] **1.** Firnis *m*; Lack *m*; Glasur *f*; **2.** firnissen, lackieren, glasieren

vary ['veərɪ] (sich) (ver)ändern; variieren; *Preise:* schwanken; abweichen

vase [vɑ:z] Vase *f*

vast [vɑ:st] gewaltig, riesig; weit, ausgedehnt

vat [væt] Fass *n*, Bottich *m*

VAT [vi: eɪ 'ti:, væt] **value-added tax** MwSt., Mehrwertsteuer *f*

vault¹ [vɔ:lt] (Keller)Gewölbe *n*; Gruft *f*; Tresorraum *m*

vault² [vɔ:lt] **1.** Sprung *m*; **2.** *a.* **~ over** springen über

VCR [vi: si: 'ɑ:] *video cassette recorder* bsd. Am. Videorekorder *m*, -gerät *n*

veal [vi:l] Kalbfleisch *n*; **roast ~** Kalbsbraten *m*

vegetable ['vedʒtəbl] Gemüse(sorte *f*) *n*; *pl* Gemüse *n*

vegetarian [vedʒɪ'teərɪən] **1.** Vegetarier(in); **2.** vegetarisch

vehicle ['vɪəkl] Fahrzeug *n*

veil [veɪl] **1.** Schleier *m*; **2.** verschleiern

vein [veɪn] Ader *f*

velocity [vɪ'lɒsətɪ] Geschwindigkeit *f*

velvet ['velvɪt] Samt *m*

'**vending machine** ['vendɪŋ-] (Verkaufs)Automat *m*

vendor ['vendɔ:] *(Zeitungs-etc.)*Verkäufer(in)

veneer [və'nɪə] Furnier *n*

venereal disease [vəˈniərɪəl
dɪˈziːz] *med.* Geschlechts-
krankheit *f*

venetian blind [vəniːʃn
ˈblaɪnd] Jalousie *f*

vengeance [ˈvendʒəns] Rache *f*; **with a ~** F wie verrückt

venison [ˈvenɪzn] Wildbret *n*

venom [ˈvenəm] Gift *n*;
Gift *n*, Gehässigkeit *f*; '**~ous**
zo. giftig; giftig, gehässig

vent [vent] **1.** (Abzugs)Öff-
nung *f*; *Kleid:* Schlitz *m*; **2.**
Wut etc. abreagieren (**on** an)

ventilate [ˈventɪleɪt] (be)lüf-
ten; **venti**'**lation** Lüftung *f*;
'**ventilator** Ventilator *m*

ventriloquist [venˈtrɪləkwɪst]
Bauchredner *m*

venture [ˈventʃə] *econ.* Unternehmen *n*, Projekt *n*

verb [vɜːb] Verb *n*, Zeitwort
n; '**~al** mündlich; wörtlich;
verbal

verdict [ˈvɜːdɪkt] Urteil *n*

verge [vɜːdʒ] **1.** Rand *m*;
Straße: Seitenstreifen *m*; **be
on the ~ of** kurz vor ... stehen; den *Tränen, der Verzweiflung* nahe sein; **2. ~ on**
fig. grenzen an

verify [ˈverɪfaɪ] bestätigen;
nachweisen; (über)prüfen

vermicelli [vɜːmɪˈselɪ] Faden-
nudeln *pl*

vermin [ˈvɜːmɪn] Ungeziefer *n*

vernacular [vəˈnækjʊlə] Dialekt *m*, Mundart *f*

versatile [ˈvɜːsətaɪl] vielseitig; vielseitig verwendbar

verse [vɜːs] Versdichtung *f*;
Vers *m*; Strophe *f*

versed [vɜːst]: **be (well) ~ in**
beschlagen *od.* bewandert
sein in

version [ˈvɜːʃn] Version *f*;
Ausführung *f*; Darstellung *f*;
Übersetzung *f*

versus [ˈvɜːsəs] (*Abk.* **vs.**)
jur., Sport: gegen

vertebra [ˈvɜːtɪbrə] (*pl* **-brae**
[-briː]) *anat.* Wirbel *m*

vertebrate [ˈvɜːtɪbreɪt] Wir-
beltier *n*

vertical [ˈvɜːtɪkl] vertikal,
senkrecht

vertigo [ˈvɜːtɪɡəʊ] Schwin-
del(gefühl *n*) *m*

very [ˈverɪ] **1.** *adv* sehr; *vor
sup:* aller...; **the ~ best** das
Allerbeste; **2.** *adj:* **the ~ thing**
genau das Richtige; **the ~
thought of** der bloße Gedanke an

vessel [ˈvesl] *anat., bot.* Gefäß *n*

vest [vest] Unterhemd *n*; *Am.*
Weste *f*

vestry [ˈvestrɪ] *rel.* Sakristei *f*

vet [vet] Tierarzt *m*, -ärztin *f*

veteran [ˈvetərən] Veteran *m*

veterinarian [vetərɪˈneərɪən]
Am. Tierarzt *m*, -ärztin *f*

'**veterinary surgeon** [ˈvetərɪ-
nərɪ-] *Brt.* → **vet**

veto [ˈviːtəʊ] **1.** (*pl* **-toes**) Veto
n; **2.** sein Veto einlegen ge-
gen

via [ˈvaɪə] über, via

vibrate [vaɪˈbreɪt] vibrieren

viral

zittern; schwingen; **vi'bration** Vibrieren *n*, Zittern *n*; Schwingung *f*

vicar ['vɪkə] Pfarrer *m*; '**~age** Pfarrhaus *n*

vice¹ [vaɪs] Laster *n*

vice² [vaɪs] Schraubstock *m*

vice... [vaɪs] Vize...

vice versa [vaɪs(ɪ) 'vɜːsə]: *and* ~ und umgekehrt

vicinity [vɪ'sɪnətɪ] Nähe *f*, Nachbarschaft *f*

vicious ['vɪʃəs] bösartig; boshaft, gemein

victim ['vɪktɪm] Opfer *n*

victorious [vɪk'tɔːrɪəs] siegreich; **victory** ['vɪktərɪ] Sieg *m*

video ['vɪdɪəʊ] **1.** (*pl* **-os**) Video *n*; Videokassette *f*; F Videoband *n*; *bsd. Brt.* Videorekorder *m*, -gerät *n*; Video...; *on* ~ auf Video; **2.** *bsd. Brt.* auf Video aufnehmen, aufzeichnen; '**~ camera** Videokamera *f*; '**~ cas'sette** Videokassette *f*; **~ cas'sette recorder** → *video recorder*; '**~ clip** Videoclip *m*; '**~ game** Videospiel *n*; '**~ recorder** Videorekorder *m*, -gerät *n*; '**~ recording** Videoaufnahme *f*, -aufzeichnung *f*; '**~tape 1.** Videokassette *f*; Videoband *n*; **2.** → *video 2*

view [vjuː] **1.** Sicht *f*; Aussicht *f*, (Aus)Blick *m*; Ansicht *f*, Meinung *f*; *in* ~ *of* angesichts; *be on* ~ zu besichtigen

sein; **2.** ansehen, besichtigen; betrachten; Fernsehzuschauer(in); '**~er** Fernsehschauer(in); '**~finder** *phot.* Sucher *m*; '**~point** Gesichts-, Standpunkt *m*

vigorous ['vɪɡərəs] energisch; kräftig; **vigo(u)r** ['vɪɡə] Kraft *f*, Energie *f*

village ['vɪlɪdʒ] Dorf *n*; '**villager** Dorfbewohner(in)

villain ['vɪlən] Schurke *m*; *Brt.* F Ganove *m*

vindictive [vɪn'dɪktɪv] rachsüchtig; nachtragend

vine [vaɪn] (Wein)Rebe *f*; Kletterpflanze *f*

vinegar ['vɪnɪɡə] Essig *m*

vineyard ['vɪnjəd] Weinberg *m*

vintage ['vɪntɪdʒ] **1.** *Wein:* Jahrgang *m*; **2.** edel, erlesen; hervorragend

violate ['vaɪəleɪt] *Vertrag* verletzen, *a. Versprechen* brechen; *Gesetz etc.* übertreten; **vio'lation** Verletzung *f*, Bruch *m*, Übertretung *f*

violence ['vaɪələns] Gewalt(tätigkeit) *f*; Heftigkeit *f*; **'violent** gewalttätig, brutal; gewaltsam; heftig

violet ['vaɪələt] **1.** Veilchen *n*; **2.** violett

violin [vaɪə'lɪn] Violine *f*, Geige *f*; **~ist** Geiger(in)

VIP [viː aɪ 'piː]: *very important person* VIP *m, f* (*prominente Persönlichkeit*)

viper ['vaɪpə] Viper *f*

viral ['vaɪərəl] Virus...

virgin ['vɜːdʒɪn] **1.** Jungfrau f; **2.** jungfräulich, unberührt; **~ity** [vəˈdʒɪnəti] Jungfräulichkeit f

Virgo ['vɜːgəʊ] (pl **-gos**) astr. Jungfrau f

virile ['vɪraɪl] männlich; potent; **virility** [vɪˈrɪlətɪ] Männlichkeit f; Potenz f

virtual ['vɜːtʃʊəl] eigentlich; **~ly** praktisch, so gut wie; **reˈality** virtuelle Realität (mit dem Computer erzeugte künstliche Welt etc.)

virtue ['vɜːtjuː] Tugend f; Vorzug m; **virtuous** ['vɜːtʃʊəs] tugendhaft

virulent ['vɪrʊlənt] med. (akut u.) bösartig; Gift: stark

virus ['vaɪərəs] Virus n, m

visa ['viːzə] Visum n

vise [vaɪs] Am. Schraubstock m

visibility [vɪzəˈbɪlətɪ] Sicht (-verhältnisse pl, -weite) f

visible ['vɪzəbl] sichtbar

vision ['vɪʒn] Sehkraft f; fig. Weitblick m; Vision f

visit ['vɪzɪt] **1.** besuchen; besichtigen; **2.** Besuch m; Besichtigung f; **pay s.o. a** ~ j-n besuchen; **~ing hours** pl Krankenhaus: Besuchszeit f; **~or** Besucher(in), Gast m

visor ['vaɪzə] Visier n; (Mützen)Schirm m; mot. Sonnenblende f

visual ['vɪzʊəl] Seh...; visuell; **~ aids** pl Anschauungsmaterial n, Lehrmittel pl; **~**

disˈplay unit Bildschirm-, Datensichtgerät n; **~ize** sich et. vorstellen

vital ['vaɪtl] lebenswichtig; unbedingt notwendig; vital; **~ity** [vaɪˈtælətɪ] Vitalität f

vitamin ['vɪtəmɪn] Vitamin n

vivacious [vɪˈveɪʃəs] lebhaft

vivid ['vɪvɪd] lebhaft, lebendig; Farben: leuchtend

vocabulary [vəʊˈkæbjʊlərɪ] Vokabular n, Wortschatz m; Wörterverzeichnis n

vocal ['vəʊkl] Stimm...; mus. Vokal..., Gesang(s)...; **~ cords** pl Stimmbänder pl

vocation [vəʊˈkeɪʃn] Berufung f; Begabung f (**for** für)

vogue [vəʊg] Mode f

voice [vɔɪs] **1.** Stimme f; **2.** Bedenken etc. äußern

void [vɔɪd] jur. ungültig

volatile ['vɒlətaɪl] chem. flüchtig; Person: leicht aufbrausend; Lage: explosiv

volcano [vɒlˈkeɪnəʊ] (pl **-noes**, **-nos**) Vulkan m

volley ['vɒlɪ] Salve f; (Stein- etc.)Hagel m; fig. Schwall m; Tennis: Volley m, Flugball m; **~ball** Volleyball m

volt [vəʊlt] electr. Volt n; **~age** electr. Spannung f

volume ['vɒljuːm] Buch: Band m; Volumen n, Rauminhalt m; Umfang m, Ausmaß n; Lautstärke f

voluntary ['vɒləntərɪ] freiwillig; unbezahlt

volunteer [vɒlənˈtɪə] **1.** Hilfe-

walk

etc. anbieten; sich freiwillig melden (*for* zu); **2.** Freiwillige *m, f;* freiwilliger Helfer

voluptuous [və'lʌptʃʊəs] sinnlich; üppig

vomit ['vɒmɪt] *v/t* erbrechen; *v/i* sich übergeben

voracious [və'reɪʃəs] gefräßig; unersättlich

vote [vəʊt] **1.** (Wahl)Stimme *f;* Abstimmung *f,* Wahl *f;* Wahlergebnis *n;* Stimmzettel *m;* Wahlrecht *n;* **2.** wählen; ~ *for/against* stimmen für/gegen; ~ *on* abstimmen

über; **'voter** Wähler(in)

vouch [vaʊtʃ]: ~ *for* (sich ver)bürgen für; **'~er** Gutschein *m,* Kupon *m*

vow [vaʊ] **1.** Gelöbnis *n; rel.* Gelübde *n;* **2.** schwören

vowel ['vaʊəl] Vokal *m,* Selbstlaut *m*

voyage ['vɔɪdʒ] Seereise *f*

vs. *Am. versus* (= *against*) *bsd. Sport, jur.:* gegen

vulgar ['vʌlgə] gewöhnlich, vulgär

vulnerable ['vʌlnərəbl] verwundbar; *fig.* verletzlich

vulture ['vʌltʃə] Geier *m*

W

wad [wɒd] (*Watte- etc.*) Bausch *m; Banknoten:* Bündel *n; Papier:* Stoß *m*

waddle ['wɒdl] watscheln

wade [weɪd] (*durch*)waten

wafer ['weɪfə] (*Eis- etc.*)Wafel *f;* Oblate *f; rel.* Hostie *f*

waffle ['wɒfl] Waffel *f*

wag [wæg] wedeln (mit)

wage¹ [weɪdʒ] *mst pl* Lohn *m*

wage² [weɪdʒ] *Krieg* führen

'wage| earner Lohnempfänger(in); **'~ freeze** Lohnstopp *m;* **'~ packet** Lohntüte *f;* **'~ rise** Lohnerhöhung *f*

waggle ['wægl] wackeln (mit)

wagon ['wægən] *Brt. a.* **waggon** Wagen *m; Brt. rail.* (offener) Güterwagen

wail [weɪl] jammern; heulen

waist [weɪst] Taille *f;* **~coat** ['weɪskəʊt] *bsd. Brt.* Weste *f;* **'~line** Taille *f*

wait [weɪt] **1.** warten (*for* auf); erwarten; ~ *on s.o.* j-n bedienen; **2.** Wartezeit *f;* **'~er** Kellner *m,* Ober *m*

'waiting Warten *n; no ~ mot.* auf Schild: Halt(e)verbot *n;* **'~ room** Wartezimmer *n; rail.* Wartesaal *m*

waitress ['weɪtrɪs] Kellnerin *f*

wake¹ [weɪk] (**woke** *od.* **waked, woken** *od.* **waked**) *a.* ~ *up* aufwachen; (auf)wecken

wake² [weɪk] Kielwasser *n; follow in the ~ of fig.* folgen auf

walk [wɔːk] **1.** gehen; zu Fuß

gehen, laufen; spazieren gehen; wandern; *j-n* begleiten, bringen; *Hund* ausführen; **~ out** streiken; **~ out on s.o.** j-n verlassen, j-n im Stich lassen; 2. Spaziergang *m*; Wanderung *f*; (Spazier)Weg *m*; '**~er** Spaziergänger(in); Wanderer *m*, Wand(r)erin *f*

'**walking** *distance*: *be within* ~ leicht zu Fuß zu erreichen sein; '~ *shoes pl* Wanderschuhe *pl*

'**walkout** Auszug *m*; Streik *m*

wall [wɔːl] Wand *f*; Mauer *f*

wallet ['wɔlit] Brieftasche *f*

'**wall|flower** *fig.* F Mauerblümchen *n*; '~**paper** 1. Tapete *f*; 2. tapezieren; **~-to-wall** '**carpet(ing)** Spannteppich *m*, Teppichboden *m*

walnut ['wɔːlnʌt] Walnuss(baum *m*) *f*

walrus ['wɔːlrəs] Walross *n*

waltz [wɔːls] 1. Walzer *m*; 2. Walzer tanzen

wander ['wɒndə] (herum)wandern; *fig.* abschweifen

wane [weɪn] *Mond*: abnehmen; *Macht etc.*: schwinden

want [wɒnt] 1. wollen; brauchen; *j-n* verlangen, sprechen wollen; nicht haben; ~ Mangel *m* (**of** an *dat*); *for* ~ *of* in Ermangelung (*gen*), mangels; '~ *ad bsd. Am.* Kleinanzeige *f*; '~ed gesucht

wanton ['wɒntən] mutwillig

war [wɔː] Krieg *m*

warble ['wɔːbl] trillern

ward [wɔːd] 1. *Krankenhaus*: Station *f*; (Stadt)Bezirk *m*; *jur.* Mündel *n*; 2. **~ off** abwehren; '~**en** Aufseher(in); *Brt.* Heimleiter(in); '~**er** *Brt.* Gefängnis: Aufsichtsbeamt(er) *m*, -in *f*

wardrobe ['wɔːdrəub] Kleiderschrank *m*; *Kleidung*: Garderobe *f*

ware [weə] *in Zssgn* (*Glasetc.*)Waren *pl*; '~**house** Lagerhaus *n*

warfare ['wɔːfeə] Krieg *m*

warm [wɔːm] 1. warm; *fig.* herzlich; 2. *a.* ~ *up* (auf-, an-, er)wärmen; sich erwärmen, warm *od.* wärmer werden; **~'hearted** warmherzig

warmth [wɔːmθ] Wärme *f*

'**warm-up** *Sport*: Aufwärmen *n*

warn [wɔːn] warnen (*against*, *of* vor); '~**ing** Warnung *f*; *without* ~ ohne Vorwarnung

warp [wɔːp] *Holz*: sich verziehen *od.* werfen

warrant ['wɒrənt] 1. (Haft-, Durchsuchungs- *etc.*)Befehl *m*; 2. *et.* rechtfertigen

warranty ['wɒrənti] *econ.* Garantie(erklärung) *f*

wart [wɔːt] Warze *f*

wary ['weəri] vorsichtig

was [wɒz, wəz] ich, er, sie, es war; ich, er, sie, es wurde

wash [wɒʃ] 1. (sich) waschen;

wax

~ **up** Brt. Geschirr spülen, abwaschen; **2.** Wäsche f; **have a** ~ sich waschen; **'~able** (ab)waschbar; **'~basin** Brt., **'~bowl** Am. Waschbecken n; **'~cloth** Am. Waschlappen m; **'~er** tech. Unterlegscheibe f; Am. Waschmaschine f; → **dishwasher**

'washing Wäsche f (a. Textilien) Wasch...; ~ **machine** Waschmaschine f; **~ powder** Waschpulver n; **~'up** Brt. F Abwasch f; **do the** ~ den Abwasch machen

'washroom Am. Toilette f

wasp [wɒsp] Wespe f

waste [weist] **1.** Verwendung f; Abfall m; Müll m; **hazardous** ~, **special toxic** ~ Sondermüll m; **special** ~ **dump** Sondermülldeponie f; **2.** verschwenden, -geuden-; **~ away** Person: immer schwächer werden; **3.** überschüssig; Abfall...; Land: öde; **~ disposal** Abfall-, Müllbeseitigung f; Entsorgung f; **~ disposal site** Deponie f; **'~ful** verschwenderisch; **~ gas** Abgas n; ~ **'paper** Abfallpapier n; Altpapier n; **~'paper basket** Papierkorb m; **~ pipe** Abflussrohr n

watch [wɒtʃ] **1.** zusehen, zuschauen; beobachten; sich etc. ansehen; Obt geben auf; ~ **for** warten auf; ~ **out** F aufpassen; ~ **out!** Vorsicht!, pass auf!; ~ **out for** Ausschau

halten nach; ~ **TV** fernsehen; **2.** (Armband-, Taschen)Uhr f; Wache f; **'~dog** Wachhund m; **'~ful** wachsam; **'~maker** Uhrmacher(in)

water ['wɔːtə] **1.** Wasser n; **2.** v/t gießen; bewässern; Rasen etc. sprengen; Vieh tränken; ~ **down** abschwächen; v/i Augen: tränen; **make s.o.'s mouth** ~ j-m den Mund wäss(e)rig machen; **'~colo(u)r** Aquarell(malerei) f/n; Wasserfarbe f; **'~course** Wasserlauf m; **'~cress** Brunnenkresse f; **'~fall** Wasserfall m; **'~hole** Wasserloch n; **'~ing can** Gießkanne f; **~ level** Wasserstand(slinie f) m; **~ lily** Seerose f; **'~mark** Wasserzeichen n; **'~proof 1.** wasserdicht; **2.** Brt. Regenmantel m; **'~shed** Wasserscheide f; **'~side** Ufer n; **'~tight** wasserdicht, fig. a. hieb- u. stichfest; **'~way** Wasserstraße f; **'~works** oft sg Wasserwerk n

'watery wäss(e)rig

watt [wɒt] electr. Watt n

wave [weiv] **1.** Welle f; Winken n; **2.** schwenken; winken (mit); Haar: (sich) wellen; wehen; ~ **to s.o.**, **~ at s.o.** j-m zuwinken; Länge phys. Wellenlänge f (a. fig.)

waver ['weivə] flackern; schwanken

wavy ['weivi] wellig, gewellt

wax[1] [wæks] **1.** Wachs n;

Ohrenschmalz *n*; **2.** wachsen, bohnern

wax² [wæks] *Mond*: zunehmen

way [weɪ] Weg *m*; Richtung *f*; Weg *m*, Entfernung *f*, Strecke *f*; Art *f*, Weise *f*, Methode *f*; **this ~** hierher; hier entlang; **the other ~ round** umgekehrt; **by the ~** übrigens; **by ~ of** örtlich: über; statt; **in a ~** in gewisser Weise; **give ~** nachgeben; *Brt. mot.* die Vorfahrt lassen (**to** *dat*); abgelöst werden; **get one's (own) ~** s-n Willen durchsetzen; **lead the ~** vorangehen; **lose one's ~** sich verlaufen *od.* verirren; **make ~** Platz machen (**for** für); **~ back** Rückweg *m*; **~ in** Eingang *m*; **~ of life** Lebensart *f*, -weise *f*; **~ out** Ausgang *m*; *fig.* Ausweg *m*; **'~ward** eigensinnig

we [wiː, wɪ] wir

weak [wiːk] schwach; *Getränk*: dünn; **'~en** schwächen; schwächer werden (*a. fig.*); *fig.* nachgeben; **'~ling** Schwächling *m*; **'~ness** Schwäche *f*

wealth [welθ] Reichtum *m*; *fig.* Fülle *f*; **'wealthy** reich

wean [wiːn] entwöhnen

weapon ['wepən] Waffe *f*

wear [weə] **1.** (**wore, worn**) *v/t* am Körper tragen, *Kleidungsstück* anhaben, *Hut etc. a.* aufhaben; abnutzen, abtragen; *v/i* sich abnutzen,

verschleißen; sich *gut etc.* halten; **~ away** (sich) abtragen *od.* abschleifen; **~ down** *Absätze*: (sich) ablaufen; *Reifen*: (sich) abfahren; *fig. j-n* zermürben; **~ off** *Schmerz etc.*: nachlassen; **~ out** (sich) abnutzen *od.* abtragen; *fig. j-n* erschöpfen; **2.** *oft in Zssgn* Kleidung *f; a.* **~ and tear** Abnutzung *f*, Verschleiß *m*

weary ['wɪərɪ] müde, erschöpft

weasel ['wiːzl] Wiesel *n*

weather ['weðə] Wetter *n*; Witterung *f*; **'~ chart** Wetterkarte *f*; **'~ forecast** Wetterbericht *m*, -vorhersage *f*

weave [wiːv] (**wove, woven**) weben; flechten

web [web] Netz *n*; *zo.* Schwimmhaut *f*

wedding ['wedɪŋ] Hochzeit *f*; Hochzeits...; **'~ ring** Ehe-, Trauring *m*

wedge [wedʒ] **1.** Keil *m*; **2.** verkeilen, festklemmen; **~ in** einkeilen, -zwängen

Wednesday ['wenzdɪ] Mittwoch *m*

wee [wiː] F winzig; **a ~ bit** *f* ein kleines bisschen

weed [wiːd] **1.** Unkraut *n*; **2.** jäten; **'~ killer** Unkrautvertilgungsmittel *n*

week [wiːk] Woche *f*; **'~day** Wochentag *m*; **'~end** Wochenende *n*; **'~ly** wöchentlich; Wochen...

weep [wiːp] (**wept**) weinen; **~ing 'willow** Trauerweide f

weigh [weɪ] wiegen; fig. abwägen; **~ down** niederdrücken; **~ on** j-s. lasten auf

weight [weɪt] Gewicht n; fig. Last f; fig. Bedeutung f; **'~less** schwerelos; **'~lessness** Schwerelosigkeit f; **'~lifting** Gewichtheben n; **'weighty** schwer; fig. schwerwiegend

weir [wɪə] Wehr n

weird [wɪəd] unheimlich; F sonderbar

welcome ['welkəm] **1.** int **~ home!** willkommen zu Hause (östr., Schweiz: a. zuhause)!; **2.** begrüßen (a. fig.), willkommen heißen; **3.** adj willkommen; **you're ~** bsd. Am. nichts zu danken, keine Ursache, bitte sehr; **4.** Empfang m, Willkommen n

weld [weld] schweißen

welfare ['welfeə] Wohl(ergehen) n; Fürsorge f; Am. Sozialhilfe f; **be on ~** Sozialhilfe beziehen; **~ state** Wohlfahrtsstaat m; **~ work** Sozialarbeit f; **~ worker** Sozialarbeiter(in)

well¹ [wel] **1.** adv gut; **as ~** auch; **as ~ as** sowohl ... als auch; nicht nur ..., sondern auch; **2.** adj gesund; **feel ~** sich wohl fühlen; **get ~ soon!** gute Besserung!; **3.** int nun, also; **very ~ then** also gut

well² [wel] Brunnen m; (Öl-)

Quelle f; (Aufzugs- etc.) Schacht m

well-'balanced ausgeglichen; ausgewogen; **~'being** Wohl(befinden) n; **~'done** gastr. durchgebraten; **~-'earned** wohlverdient

wellingtons ['welɪŋtənz] pl Gummistiefel pl

well-'known (wohl) bekannt; **~'mannered** mit guten Manieren; **~'off** wohlhabend; **~'read** [wel'red] belesen; **~'timed** (zeitlich) günstig, im richtigen Augenblick; **~-to-'do** wohlhabend; **~'worn** abgetragen; fig. abgedroschen

went [went] pret von **go** 1

wept [wept] pret u. pp von **weep**

were [wɜː] du warst, Sie waren, wir, sie waren, ihr wart

west [west] **1.** su West(en m); **2.** adj westlich, West...; **3.** adv nach Westen, westwärts; **western** ['westən] **1.** westlich, West...; **2.** Film: Western m; **'westward(s)** westlich, nach Westen

wet [wet] **1.** nass, feucht; **2.** Nässe f, Feuchtigkeit f; **3.** (**wet** od. **wetted**) nass machen, anfeuchten

whale [weɪl] Wal m

wharf [wɔːf] (pl **wharfs**, **wharves** [wɔːvz]) Kai m

what [wɒt] **1.** pron was; **~ about ...?** wie wär's mit ...?; **~ for?** wozu?; **so ~?** na und?; **2.** adj was für ein(e), wel-

che(r, -s); **~'ever 1.** *pron* was
(auch immer); egal, was; **2.**
adj welche(r, -s) ... auch (immer)

wheat [wiːt] Weizen *m*

wheel [wiːl] **1.** Rad *n*; **2.** Steuer(rad) *n*; **2.** schieben; '**~barrow** Schubkarren *m*; '**~chair** Rollstuhl *m*; '**~ clamp** *mot.* Parkkralle *f*

whelp [welp] *fig.* Appetit anregen

when [wen] wann; wenn; als; *since* ~? seit wann?; **~'ever** jedes Mal, wenn; ~ wann (auch) immer

where [weə] wo; wohin; ~ ... *from?* woher?; **~abouts 1.** [weərə'bauts] wo etwa; **2.** ['weərəbauts] *sg, pl* Verbleib *m*; Aufenthalt(sort) *m*; **~as** während, wohingegen; **~up'on** worauf(hin)

wherever [weər'evə] wo(hin) auch (immer); ganz gleich, wo(hin)

whet [wet] *fig.* Appetit anregen

whether ['weðə] ob

which [wɪtʃ] welche(r, -s); der, die, das; was; **~'ever** welche(r, -s) auch (immer); ganz gleich, welche(r, -s)

whiff [wɪf] Hauch *m*, leichter Geruch *od.* Duft (*of* von)

while [waɪl] **1.** während; **2.** Weile *f*; *for a* ~ e-e Zeit lang; **3.** **~ away** sich *die Zeit* vertreiben

whim [wɪm] Laune *f*

whimper ['wɪmpə] wimmern

whimsical ['wɪmzɪkl] wunderlich; launisch

whine [waɪn] **1.** jammern; winseln; jaulen; **2.** Gejammer *n*; Winseln *n*, Jaulen *n*

whinny ['wɪnɪ] wiehern

whip [wɪp] **1.** Peitsche *f*; **2.** peitschen; verprügeln; *Sahne etc.* schlagen; flitzen;

whipped 'cream Schlagsahne *f*; **'~ping** Prügel *pl*

whirl [wɜːl] **1.** wirbeln, sich drehen; **2.** Wirbel *m*; **~pool** Strudel *m*; Whirlpool *m*; '**~wind** Wirbelsturm *m*

whirr [wɜː] *a.* **whir** schwirren

whisk [wɪsk] **1.** schnelle Bewegung; *gastr.* Schneebesen *m*; **2.** *Eiweiß etc.* schlagen; **~ away**, ~ **off** schnell verschwinden lassen

whisker ['wɪskə] *zo.* Bart-, Schnurrhaar *n*; *pl* Backenbart *m*

whisper ['wɪspə] **1.** flüstern; **2.** Flüstern *n*

whistle ['wɪsl] **1.** Pfeife *f*; Pfiff *m*; **2.** pfeifen

white [waɪt] **1.** weiß; **2.** Weiße(n); Weiße *m, f*; **~ 'coffee** Milchkaffee *m*; '**~'collar worker** (Büro)Angestellte *m, f*; **~ 'lie** F Notlüge *f*; **~ 'whiten** weiß machen *od.* werden; '**~wash 1.** Tünche *f*; **2.** tünchen, anstreichen; *fig.* beschönigen

Whitsun ['wɪtsn] Pfingsten *n od. pl*; Pfingst...

whizz [wɪz] *a.* **whiz 1.** F **~by,** ~

win

past vorbeizischen, -düsen; **2.** F As *n*, Kanone *f (at in)*; '**~kid** F Senkrechtstarter(in)

who [hu:] wer; wen; wem; der, die, das

whodun(n)it [hu:'dʌnɪt] F Krimi *m*

whoever [hu:'evə] wer *od.* wen *od.* wem auch (immer); jeder, der

whole [həʊl] **1.** ganz; **2.** *das* Ganze; **on the ~** im Großen u. Ganzen; '**~food** Vollwertkost *f*; **~'hearted** uneingeschränkt; '**~meal** Vollkorn...; **~ bread** Vollkornbrot *n*; '**~sale** Großhandel *m*; **~ dealer** od. '**~saler** Großhändler *m*; '**~some** gesund; '**~ wheat** → **wholemeal**

wholly ['həʊlɪ] völlig

whom [hu:m] wen; wem; den, die, das

'**whooping cough** ['hu:pɪŋ-] Keuchhusten *m*

whore [hɔ:] Hure *f*

whose [hu:z] wessen; dessen; deren

why [waɪ] warum, weshalb; *that's* ~ deshalb

wick [wɪk] Docht *m*

wicked ['wɪkɪd] böse; schlecht; gemein

wicker ['wɪkə] Korb...

wicket ['wɪkɪt] *Kricket:* Tor *n*

wide [waɪd] breit; weit (offen); *fig.* umfangreich, vielfältig; **~'angle** *phot.* Weitwinkel...; **~a'wake** hellwach; *fig.* aufgeweckt, wach; '**~ly** weit; '**~widen** verbreitern; (sich) erweitern; breiter werden; **~ open** weit geöffnet; '**~spread** weit verbreitet

widow ['wɪdəʊ] Witwe *f*; '**~ed** verwitwet; '**~er** Witwer *m*

width [wɪdθ] Breite *f*

wield [wi:ld] *Einfluss etc.* ausüben

wife [waɪf] (*pl* **wives** [waɪvz]) (Ehe)Frau *f*, Gattin *f*

wig [wɪg] Perücke *f*

wild [waɪld] wild; stürmisch; außer sich (**with** vor); **be ~ about** (ganz) verrückt sein nach; '**~cat** Wildkatze *f*; **~cat strike** wilder Streik

wilderness ['wɪldənɪs] Wildnis *f*; *fig.* Wüste *f*

'**wildfire: spread like ~** sich wie ein Lauffeuer verbreiten; '**~life** Tier- u. Pflanzenwelt *f*

wilful ['wɪlfʊl], *Am.* **willful** eigensinnig; vorsätzlich

will¹ [wɪl] *v/aux* (*pret* **would**) ich, du will(st) *etc.*; ich, du werde, wirst *etc.*

will² [wɪl] Wille *m*; Testament *n*

'**willing** bereit (**to do** zu tun); (bereit)willig

willow ['wɪləʊ] *bot.* Weide *f*

'**willpower** Willenskraft *f*

willy-nilly [wɪlɪ'nɪlɪ] wohl oder übel

wilt [wɪlt] verwelken, welk werden

wily ['waɪlɪ] gerissen, listig

win [wɪn] **1.** (**won**) gewinnen;

siegen; **2.** *bsd. Sport:* Sieg *m*

wince [wɪns] (zs.-)zucken

winch [wɪntʃ] *tech.* Winde *f*

wind[1] [wɪnd] Wind *m*; Blähungen *pl*

wind[2] [waɪnd] **(wound)** sich winden *od.* schlängeln; wickeln; kurbeln; ~ **up** Uhr aufziehen

winding [ˈwaɪndɪŋ] gewunden; ~ **stairs** *pl* Wendeltreppe *f*

wind instrument [ˈwɪnd-] Blasinstrument *n*

windlass [ˈwɪndləs] *tech.* Winde *f*

windmill [ˈwɪnmɪl] Windmühle *f*

window [ˈwɪndəʊ] Fenster *n*; Schaufenster *n*; Schalter *m*; '~ **box** Blumenkasten *m*; '~ **pane** Fensterscheibe *f*; '~ **shade** *Am.* Rouleau *n*, Rollo *n*, Jalousie *f*; '~ **shop: go** ~**ping** e-n Schaufensterbummel machen; '~ **sill** Fensterbank *f*, -brett *n*

'**wind**|**pipe** [ˈwɪnd-] Luftröhre *f*; '~**screen** *Brt. mot.* Windschutzscheibe *f*; '~**screen wiper** *Brt. mot.* Scheibenwischer *m*; '~**shield** *Am. mot.* Windschutzscheibe *f*; '~ **shield wiper** *Am. mot.* Scheibenwischer *m*

windy [ˈwɪndɪ] windig

wine [waɪn] Wein *m*

wing [wɪŋ] Flügel *m*; *Brt. mot.* Kotflügel *m*; *aviat.* Tragflä-

che *f*; '~**er** *Sport:* Außen-, Flügelstürmer(in)

wink [wɪŋk] **1.** zwinkern; **2.** Zwinkern *n*

winner [ˈwɪnə] Gewinner(in), *bsd. Sport:* Sieger(in)

winning [ˈwɪnɪŋ] **1.** *fig.* gewinnend; **2.** *pl (Spiel)*Gewinn *m*

winter [ˈwɪntə] **1.** Winter *m*; **2.** überwintern; ~ '**sports** *pl* Wintersport *m*

wintry [ˈwɪntrɪ] winterlich; *fig.* frostig

wipe [waɪp] (ab-, auf)wischen; (ab)trocknen; tilgen; ~ **off** ab-, wegwischen; tilgen; ~ **out** auswischen; auslöschen, -rotten; ~ **up** aufwischen

wire [ˈwaɪə] **1.** Draht *m*; *electr.* Leitung *f*; *Am.* Telegramm *n*; **2.** *Am.* telegrafieren; '~**less** drahtlos, Funk...

wire netting [waɪəˈnetɪŋ] Maschendraht *m*

wiry [ˈwaɪərɪ] drahtig

wisdom [ˈwɪzdəm] Weisheit *f*, Klugheit *f*; ~ **tooth** *(pl* **-teeth)** Weisheitszahn *m*

wise [waɪz] weise, klug; '~ **crack** F witzige Bemerkung; '~ **guy** F Klugscheißer *m*

wish [wɪʃ] **1.** wünschen; wollen; ~ **s.o. well** j-m Gute wünschen; ~ **for s.th.** sich et. wünschen; **2.** Wunsch *m*, **best** ~**es** alles Gute; *Briefschluss:* Herzliche Grüße; ~**ful** '**thinking** Wunschdenken *n*

wishy-washy [ˈwɪʃɪwɒʃɪ]

lasch, soso, farblos; *Vorstellungen*: *a.* verschwommen

wistful ['wɪstful] wehmütig

wit [wɪt] Geist *m*, Witz *m*; *a. pl* Verstand *m*; **be at one's ~'s end** mit s-r Weisheit am Ende sein

witch [wɪtʃ] Hexe *f*; **'~craft** Hexerei *f*

with [wɪð] mit; bei

with'draw (-drew, -drawn) Geld abheben; *Truppen etc.* abziehen; (sich) zurückziehen

wither ['wɪðə] (ver)welken *od.* verdorren (lassen)

with'hold (-held) zurückhalten; vorenthalten

with|in [wɪð'ɪn] innerhalb; **~call/reach** in Ruf-/Reichweite; **~out** [wɪð'aʊt] ohne

withstand (-stood) *Beanspruchung etc.* aushalten; *Angriff etc.* standhalten

witness ['wɪtnɪs] **1.** Zeug|e *m*, -in *f*; **2.** Zeuge sein von *et.*; *et.* bezeugen; beglaubigen; '~ **box** *Brt.*, '~ **stand** *Am.* Zeugenstand *m*

witticism ['wɪtɪsɪzəm] geistreiche *od.* witzige Bemerkung; '**witty** geistreich, witzig

wives [waɪvz] *pl von* **wife**

wizard ['wɪzəd] Zauberer *m*; Genie *n*

wobble ['wɒbl] wackeln; *Körperfett etc.*: schwabbeln; schwanken

woke [wəʊk] *pret,* '**woken** *pp von* **wake**

wolf [wʊlf] **1.** (*pl* **wolves** [wʊlvz]) Wolf *m*; **2.** *a.* **~ down** F hinunterschlingen

wolves [wʊlvz] *pl von* **wolf** 1

woman ['wʊmən] (*pl* **women** ['wɪmɪn]) Frau *f*; **~ 'doctor** Ärztin *f*; '**~ly** fraulich, weiblich

womb [wuːm] Gebärmutter *f*

women ['wɪmɪn] *pl von* **woman**

women's 'refuge *Brt.*, ~ 'shelter *Am.* Frauenhaus *n*

won [wʌn] *pret u. pp von* **win**

wonder ['wʌndə] **1.** gern wissen mögen, sich fragen, überlegen; sich wundern, erstaunt sein (*about* über); **2.** Staunen *n*, Verwunderung *f*; Wunder *n*; '**~ful** wunderbar

won't [wəʊnt] *für* **will not**

wood [wʊd] Holz *n*; *a.* Wald *m*, Gehölz *n*; '~**cut** Holzschnitt *m*; '~**cutter** Holzfäller *m*; '~**ed** bewaldet; '~**en** hölzern (*a. fig.*), aus Holz, Holz...; '~**pecker** ['wʊdpekə] Specht *m*; ~**wind** ['wʊdwɪnd] *the* ~ *sg od. pl* die Holzblasinstrumente *pl*; die Holzbläser *pl*; '~**work** Holzarbeit *f*

'**woody** waldig; holzig

wool [wʊl] Wolle *f*; **wool(l)en 1.** wollen, Woll...; **2.** *pl* Wollsachen *pl*, -kleidung *f*; **wool(l)y** wollig, Woll...; *fig.* wirr

Worcester sauce [wʊstə 'sɔːs] Worcestersoße *f*

word [wɜːd] **1.** Wort *n*; Nachricht *f*; Versprechen *n*; *pl* (*Lied*)Text *m*; *have a* ~ *with s.o.* kurz mit j-m sprechen; **2.** *et.* ausdrücken, *Text* abfassen, formulieren; '~**ing** Wortlaut *m*; '~ **processing** Textverarbeitung *f*; '~ **processor** Textverarbeitungsgerät *n*

wore [wɔː] *pret von* **wear** 1

work [wɜːk] **1.** Arbeit *f*; *v/i* arbeiten; *tech.* funktionieren, gehen; wirken; ~ *to rule* Brt. Dienst nach Vorschrift tun; *v/t et.* bearbeiten; *Maschine etc.* bedienen, *et.* betätigen; *Teig* bewirken; ~ *off Gefühle* abreagieren; ~ *out v/t* ausrechnen; *Plan etc.* ausarbeiten; *v/i* klappen; *fig.* aufgehen; *Sport:* trainieren; ~ *up sich Appetit etc.* holen; *Begeisterung, Mut etc.* aufbringen; *be* ~*ed up* aufgeregt *od.* nervös sein (*about* wegen); **2.** Arbeit *f*; Werk *n*; ~*s pl* Werk *n*, Getriebe *n*; ~*s sg mst in Zssgn* Werk *n*, Fabrik *f*; *at* ~ bei der Arbeit; *be out of* ~ arbeitslos sein; '~**aholic** [wɜːkə'hɒlɪk] F Arbeitssüchtige *m*, *f*; '~**day** Arbeitstag *m*; Werktag *m*; *on* ~*s* werktags; '~**er** Arbeiter(in) *m*, *f*

'**working** Arbeits...; *have a* ~ *knowledge of* ein bisschen

was verstehen von; ~ '**day** → **workday**; ~ '**hours** *pl* Arbeitszeit *f*

'**workman** (*pl* -**men**) Handwerker *m*; '~**like** fachmännisch; '~**ship** fachmännische Arbeit

work| of 'art Kunstwerk *n*; '~**out** Sport: Training *n*; '~ **permit** Arbeitserlaubnis *f*; '~**place** Arbeitsplatz *m*

'**works council** Betriebsrat *m* (*einzelner:* **member of the** ~)

'**work|shop** Werkstatt *f*; Seminar: Workshop *m*; '~**station** Bildschirmarbeitsplatz *m*; '~**to-'rule** Brt. Dienst *m* nach Vorschrift

world [wɜːld] Welt *f*; '~**ly** weltlich; irdisch; ~ '**power** Weltmacht *f*; ~ '**war** Weltkrieg *m*; ~'**wide** weltweit

worm [wɜːm] Wurm *m*; '~-**eaten** wurmstichig; '~-**eye 'view** Froschperspektive *f*

worn [wɔːn] *pp von* **wear** 1; ~'**out** abgenutzt, abgetragen; erschöpft

worried ['wʌrɪd] besorgt, beunruhigt

worry ['wʌrɪ] **1.** *j-n* beunruhigen, *j-m* Sorgen machen; sich Sorgen machen; *don't* ~ keine Angst!; keine Sorge!; **2.** Sorge *f*; '~**ing** beunruhigend

worse [wɜːs] (*comp von* **bad**) schlechter, schlimmer; ~ *luck!* F (so ein) Pech!; '**wors-**

en schlechter machen *od.* werden, (sich) verschlechtern

worship ['wɜːʃɪp] **1.** Verehrung *f*; Gottesdienst *m*; **2.** verehren, anbeten; zum Gottesdienst gehen

worst [wɜːst] **1.** *adj* (*sup von* **bad**) schlechtest, schlimmst; **2.** *adv* (*sup von* **badly**) am schlechtesten, am schlimmsten; **3.** *su* der ~ der, die, das Schlechteste *od.* Schlimmste; **at (the)** ~ schlimmstenfalls

worsted ['wʊstɪd] Kammgarn *n*

worth [wɜːθ] **1.** wert; ~ *reading* lesenswert; ~ *seeing* sehenswert; **2.** Wert *m*; ~*less* wertlos; ~*while* lohnend; **be** ~ sich lohnen

worthy ['wɜːðɪ] würdig

would [wʊd] *pret von* **will** [^1]; ~ *you like ...?* möchten Sie ...?

wound[^1] [waʊnd] *pret u. pp von* **wind**[^2]

wound[^2] [wuːnd] **1.** Wunde *f*, Verletzung *f*; **2.** verwunden, -letzen (*a. fig.*)

wove [wəʊv] *pret*, **woven** *pp von* **weave**

wow [waʊ] *int* F wow!, Mensch!, toll!

wrap [ræp] wickeln; *a.* ~ *up* einwickeln, -packen; **'wrapper** Verpackung *f*; (Schutz-) Umschlag *m*; **'wrapping** Verpackung *f*; **wrapping paper** Geschenkpapier *n*

wreath [riːθ] Kranz *m*

wreck [rek] **1.** Wrack *n* (*a. fig.*); *nervous* ~ Nervenbündel *n*; **2.** Pläne *etc.* zunichte machen; zerstören; **be** ~*ed* zerschellen; Schiffbruch erleiden; ~*age* Trümmer *pl* (*a. fig.*), Wrack(teile *pl*) *n*; **'wrecking company** *Am.* Abbruchfirma *f*; ~ **service** *Am.* *mot.* Abschleppdienst *m*

wren [ren] Zaunkönig *m*

wrench [rentʃ] **1.** *sich das Knie etc.* verrenken; ~ *s.th. away from s.o.* j-m *et.* entwinden; ~ *o.s. away from* sich losreißen; **2.** Ruck *m*; *med.* Verrenkung *f*; *Am.* Schraubenschlüssel *m*

wrestle ['resl] ringen; **'wrestling** Ringen *n*

wretch [retʃ] Schuft *m*; *poor* ~ armer Teufel; ~*ed* elend; scheußlich; verdammt, -flixt

wriggle ['rɪgl] sich winden, zappeln; sich schlängeln

wring [rɪŋ] (*wrung*) (~ *out* aus)wringen; *Hände* ringen

wrinkle ['rɪŋkl] **1.** Falte *f*, Runzel *f*; Knitterfalte *f*; **2.** runzeln; *Nase* rümpfen; faltig *od.* runz(e)lig werden; knittern

wrist [rɪst] Handgelenk *n*; ~*watch* Armbanduhr *f*

write [raɪt] (*wrote*, *written*) schreiben; ~ *down* auf-, niederschreiben; ~ *in* *econ. et.* abschreiben; ~ *out* Scheck *etc.* ausstellen; ~ **protection**

Computer: Schreibschutz *m*
'**writer** Schreiber(in), Verfasser(in); Schriftsteller(in)
writhe [raɪð] sich krümmen
writing ['raɪtɪŋ] Schreiben *n*; (Hand)Schrift *f*; *in* ~ schriftlich; '~ **desk** Schreibtisch *m*; '~ **paper** Briefpapier *n*
written ['rɪtn] **1.** *pp von* **write**; **2.** *adj* schriftlich
wrong [rɒŋ] **1.** falsch, verkehrt; unrecht; *be* ~ falsch sein, nicht stimmen; Unrecht haben; *Uhr*: falsch gehen; *what's* ~ *with you?* was ist los mit dir?; *go* ~ kaputtgehen; e-n Fehler machen; *fig.* schief gehen; **2.** Unrecht

n; '~**ful** unrechtmäßig; '~**ly** falsch; zu Unrecht
wrote [rəʊt] *pret von* **write**
wrought| '**iron** [rɔːt-] Schmiedeeisen *n*; ~**'iron** schmiedeeisern
wrung [rʌŋ] *pret u. pp von* **wring**
WWF [dʌbljuː dʌbljuː 'ef] *World Wide Fund for Nature* WWF *m* (*internationale Umweltstiftung*)
WYSIWYG ['wɪzɪwɪɡ] *What You See Is What You Get Computer*: was du (*auf dem Bildschirm*) siehst, bekommst du (*auch ausgedruckt etc.*)

X

xenophobia [zenə'fəʊbjə] Ausländerfeindlichkeit *f*
XL [eks 'el] *extra large (size)* extragroß
Xmas ['krɪsməs, 'eksməs] F

→ *Christmas*
X-ray ['eksreɪ] **1.** Röntgenstrahl *m*; Röntgenaufnahme *f*; **2.** röntgen

Y

yacht [jɒt] Jacht *f*; *Sport*: (Segel)Boot *n*
yap [jæp] kläffen
yard[1] [jɑːd] (*Abk.* **yd**) Yard *n* (*91,44 cm*)
yard[2] [jɑːd] Hof *m*
yarn [jɑːn] Garn *n*
yawn [jɔːn] **1.** gähnen; **2.** Gähnen *n*

year [jɪə, jɜː] Jahr *n*; '~**ly** jährlich
yearn [jɜːn] sich sehnen (*for* nach)
yeast [jiːst] Hefe *f*
yell [jel] **1.** *a.* ~ *out* schreien, brüllen; ~ *at s.o.* j-n anschreien *od.* anbrüllen; **2.** Schrei *m*

yellow ['jeləʊ] gelb; ♀ **'Pages**® *pl tel.* die gelben Seiten *pl*, Branchenverzeichnis *n*; ~ **'press** Sensationspresse *f*

yelp [jelp] (auf)jaulen

yes [jes] **1.** ja; doch; **2.** Ja *n*

yesterday ['jestədɪ] gestern; ~ **afternoon/morning** gestern Nachmittag/Morgen; *the* **day before** ~ vorgestern

yet [jet] **1.** *adv fragend:* schon; noch; *as* ~ bis jetzt, bisher; *not* ~ noch nicht; **2.** *cj* aber, doch

yew [ju:] Eibe *f*

yield [ji:ld] **1.** *v/t Früchte* tragen, hervorbringen; *Gewinn* abwerfen; *Resultat etc.* ergeben, liefern; *v/i nachgeben*; *to Am. mot. j-m* die Vorfahrt lassen; **2.** Ertrag *m*

yoghurt, yogurt ['jɒgət] Joghurt *m, n*

yolk [jəʊk] (Ei)Dotter *m, n*, Eigelb *n*

you [ju:, jʊ] du ihr, Sie; dir, euch, Ihnen; dich, euch, Sie; man

young [jʌŋ] **1.** jung; **2.** *zo.* Junge *pl*

your [jɔ:] dein(e); *pl* euer, eure; Ihr(e)

yours [jɔːz] deine(r, -s); *pl* euer, eure(s); Ihre(r, -s)

your'self (*pl -selves* -selvz) *verstärkend:* selbst; *reflexiv:* dir, sich; sich; *by* ~ allein

youth [ju:θ] (*pl youths* [ju:ðz]) Jugend *f*; Jugendliche *m*; '~ful jugendlich; '~ club Jugendklub *m* '~ hostel Jugendherberge *f*

yuppie, yuppy ['jʌpɪ] *young upwardly-mobile od. urban professional* Yuppie *m*

Z

zap [zæp] F *TV* zappen, umschalten

zeal [zi:l] Eifer *m*; **~ous** ['zeləs] eifrig

zebra ['zi:brə, 'zebrə] Zebra *n*; ~ **'crossing** Zebrastreifen *m*

zenith ['zeniθ] Zenit *m*, *fig. a.* Höhepunkt *m*

zero ['zɪərəʊ] (*pl -ros, -roes*) Null *f*; Nullpunkt *m*; ~ **'growth** *econ.* Nullwachstum *n*; ~ **'interest: have** ~ *in*

s.th. F null Bock auf et. haben; ~ **'option** *pol.* Nulllösung *f*

zest [zest] Begeisterung *f*

zigzag ['zɪgzæg] Zickzack *n*; *m*

zinc [zɪŋk] Zink *n*

zip [zɪp] **1.** Reißverschluss *m*; **2.** ~ *up* den Reißverschluss zumachen; '~ **code** *Am.* Postleitzahl *f*

'zipper *bsd. Am.* Reißverschluss *m*

zodiac ['zəʊdɪæk] Tierkreis

*m; **sign of the** ~ Tierkreiszeichen n*

zone [zəʊn] Zone *f*

zoo [zuː] Zoo *m*

zoological [zəʊəˈlɒdʒɪkl] zoologisch; **zoology** [zəʊˈɒlədʒɪ] Zoologie *f*

zoom [zuːm] **1.** F *Preise etc.:* in die Höhe schnellen; *phot.* zoomen; ~ *by*, ~ *past* F vorbeisausen, -düsen; ~ *in on phot. et.* heranholen; **2.** *a.* ~ *lens phot.* Zoom(objektiv) *n*

Deutsch-Englisches Wörterverzeichnis

A

Aal *m* eel

Aas *n* carrion; F beast

ab *prp u. adv örtlich:* from; *zeitlich:* from ... (on); *fort, weg:* off; **~ und zu** now and then; **von jetzt ~** from now on; **... ist ~** ... has come off

Abart *f* variety

Abbau *m mining; Verringerung:* reduction; *Vorurteile etc.:* overcoming; *biol. etc.* decomposition; **2bar:** *biologisch* ~ biodegradable; **2en** *mine; fig.* reduce; *Vorurteile etc.:* overcome*****

ab|beißen bite***** off; **~bekommen** get***** off; *s-n Teil od. et.* ~ get***** one's share; *et. ~fig.* get***** hurt *od.* damaged; **~bestellen** *Zeitung (Waren):* cancel one's subscription (order) for; **~biegen** turn (off); **nach rechts** (links) ~ turn right (left)

abbild|en show*****, depict; **2ung** *f* picture, illustration

ab|blenden *mot.* dip (*Am.* dim) the headlights; **2blendlicht** *n* dipped (*Am.* dimmed) headlights *pl;* **~brechen** break***** off (*a. fig.*); *Gebäude:* pull down, demolish; *Zelt,*

Lager: strike*****; **~bremsen** slow down; **~brennen** burn***** down; **~bringen:** *j-n* **~von** talk s.o. out of (doing) *s.th.;* **~bröckeln** crumble away; **2bruch** *m* breaking off; *Haus etc.:* demolition; **~buchen** debit (*von* to); **~bürsten** brush (off)

Abc *n* ABC, alphabet

ab|danken resign; *Herrscher:* abdicate; **~decken** uncover; *zudecken:* cover (up); **~dichten** make***** tight, insulate; **~drehen** *v/t* turn off; *v/i* change (one's) course

Abdruck *m* print, mark; **2en** print

abdrücken fire

Abend *m* evening; **am ~ →** **abends; heute ~** tonight; **morgen (gestern) ~** tomorrow (last) night; **~brot** *n*, **~essen** *n* supper, dinner; **~kleid** *n* evening dress (*Am.* gown); **~kurs** *m* evening classes *pl;* **~land** *n* West, Occident; **~mahl** *n rel.* the (Holy) Communion, *the* Lord's Supper; **2s** in the evening, at night; **montags ~** (on) Monday evenings

Abenteuer *n* adventure;

2lich adventurous; *fig.* fantastic; *riskant*: risky

aber but; *oder* ~ or else

Aber|glaube *m* superstition; **2gläubisch** superstitious

abfahr|en leave*, depart, start (*alle*: **nach** for); *Schutt etc.*: remove; **2t** *f* departure; *Ski*: descent; **2tslauf** *m* downhill skiing (*Rennen*: race); **2tszeit** *f* departure (time)

Abfall *m* rubbish, refuse, *Am.* garbage, trash; *Industrie2*: waste; **~beseitigung** *f* waste disposal; **~eimer** *m* → **Mülleimer**

abfallen fall* off; *fig. a.* fall* *od.* break* away (*von* from); *Gelände*: slope (down)

abfällig derogatory; ~ **reden von** run* *s.o.* down

Abfallprodukt *n* waste product

ab|fälschen *Ball*: deflect; **~fangen** catch*, intercept; *mot., aviat.* right; **~färben** *Farbe etc.*: run*; *Stoff: a.* bleed*; ~ **auf** *fig.* rub off on; **~fassen** write*, compose; **~fertigen** dispatch; *Zoll*: clear; *Kunden*: serve; *Flug-, Hotelgast*: check in; **~feuern** fire (off); *Rakete*: launch

abfind|en pay* off; *Partner*: buy* out; *entschädigen*: compensate; *sich* ~ *mit* put* up with; **2ung** *f* compensation

ab|fliegen leave*, depart; → **starten**; **~fließen** flow off

Abflug *m* departure; → **Start**

Abfluss *m* tech. drain; **~rohr** *n* waste pipe, drainpipe

abführ|en lead* away; **~end**, **2mittel** *n* laxative

abfüllen *in Flaschen*: bottle; *in Dosen*: can

Abgabe *f* Sport: pass; *Gebühr*: rate; *Zoll*: duty; *e-r Arbeit*: handing in

Abgang *m* school-leaving, *Am.* graduation; *ohne Abschluss*: dropping out; *thea.* exit

Abgas *n* waste gas; **~e** *pl* emission(s *pl*); *mot.* exhaust fumes *pl*; **~frei** emission-free; **~(sonder)untersuchung** *f* exhaust emission test, *Am.* emissions test

abgearbeitet worn out

abgeben leave* (*bei* with); *Gepäck*: *a.* deposit, *Am.* check; *Arbeit*: hand in; *Ball*: pass; *Wärme etc.*: give* off, emit; *j-m et.* ~ *von* share s.th. with s.o.; *sich* ~ *mit* concern o.s. (*j-m*: associate) with

abgehen leave*; *Post, Ware*: get* off; *Weg*: branch off; *Knopf etc.*: come* off; ~ *von Schule*: leave*; *Plan*: drop; *Meinung*: change; *gut* ~ *fig.* pass off well

abge|hetzt, **~kämpft** exhausted, worn out; **~legen** remote, distant; **~macht**: ~! it's a deal!; **~magert** emacia-

ted; **~neigt: e-r Sache ~
sein** be* averse to s.th.; **ich
wäre nicht ~, das zu tun** I
wouldn't mind doing that;
~nutzt worn

Abgeordnete m, f representative, member of parliament, _Am. mst_ congress(wo)man

abge|packt prepacked; **~
schlossen** completed; **~e
Wohnung** self-contained flat
(_Am._ apartment); **~sehen:
von** apart from; **~spannt**
worn out; **~standen** stale;
~storben dead; _Glied:. a._
numb; **~stumpft** insensitive;
~tragen, ~wetzt worn

abgewöhnen: j-m et. ~
break* (_od._ cure) s.o. of s.th.;
sich das Rauchen etc. **~**
give* up smoking etc.

Abgrund m abyss, chasm

ab|hacken chop (_od._ cut*)
off; **~haken** tick (_Am._ check)
off; **~halten** _Versammlung_
etc.: hold*; **j-n ~ von** keep*
s.o. from (doing) s.th.

abhanden: ~ kommen get*
lost

Abhandlung f treatise

Abhang m slope, incline

abhängen _Bild_ etc.: take*
down; _rail._ etc. uncouple;
gastr. hang*; F _j-n:_ shake*
off; **~ von** depend on

abhängig: ~ von dependent
on; **2keit** f dependence (**von**
on)

ab|härten harden (**sich** o.s.)

(gegen to); **~hauen** cut* _od._
chop off; F make* off (**mit**
with), run* (away) (with);
hau ab! _sl._ get lost!; beat it!;
scram!; **~heben** lift (_od._
take*) off; _Geld:_ (with-)
draw*; _Hörer:_ answer the
phone; _Hörer:_ pick up; _Karten:_ cut* off; _aviat._ take* off;
Rakete: lift off; **sich ~ von**
stand* out from; _fig. a._ contrast with; **~heften** file
(away); **~hetzen: sich ~**
wear* o.s. out

Abhilfe f remedy

ab|holen pick up; **j-n von der
Bahn ~** meet* s.o. at the station; **~holzen** _Gebiet:_ deforest; **~horchen** _med._ sound,
auscultate

abhör|en _tel._ listen in on, tap;
Schule: quiz, test _s.o._ orally;
2gerät n bug(ging device)

Abitur n school-leaving exam

ab|kaufen buy* _s.th._ from
_s.o._ (_a. fig. Geschichte_);
~klingen _Schmerz_ etc.: ease
off; **~klopfen** _Staub_ etc.:
knock off; _med._ sound;
~knicken snap off; _verbiegen:_ bend*; **~kochen** boil

Abkommen n agreement

abkommen: ~ von get* off,
aufgeben: give* up; **vom
Weg ~** lose* one's way; **vom
Thema ~** stray from the
point

ab|koppeln uncouple; **~krat-
zen** scrape off; F _sterben:_
kick the bucket; **~kühlen**

cool down (*a. fig. u. sich* ~)
abkürz|en shorten; *Wort
etc.*: abbreviate; *den Weg* ~
take* a short cut; **2ung** *f* abbreviation; short cut

abladen unload; → *Schutt*

Ablage *f* place to put s.th.;
Bord: shelf; *econ.* filing; *Akten*: files *pl*

ab|lagern *Holz*: season;
Wein etc.: mature; *geol. etc.*:
deposit; *sich* ~ settle, be* deposited; **~lassen** *Wasser*:
drain (off); *Dampf*: let* off
(*a. fig.*); *vom Preis*: take*
s.th. off

Ablauf *m Verlauf*: course;
Vorgang: process; *Programm2*: order of events;
Frist etc.: expiration; → *Abfluss*; **2en** *Wasser etc.*: run*
(*od.* flow, *Badewasser*: a.
drain) off; *Frist, Pass*: expire; *Uhr*: run* down; *verlaufen*: go*; *Schuhe*: wear*
out; *Absätze*: wear* down

ab|lecken lick (off); **~legen**
v/t Kleidung: take* off; *Akten*: file; *Gewohnheit etc.*:
give* up; *Eid, Prüfung*:
take*; *v/i* take* one's coat
off; *Schiff*: put* out, sail

Ableger *m* shoot

ablehn|en refuse; *höflich*: decline; *Antrag*: turn down;
parl. reject; *mißbilligen*: disapprove of; *Bewerber*: turn
down; **~end** negative; **2ung**
f refusal; rejection; disapproval

ableiten derive (*von* from)

ablenk|en divert (*von* from);
2ung *f* diversion

ab|lesen *Gerät*: read*; **~liefern** deliver (*bei* to); hand in
(to)

ablös|en *entfernen*: remove,
take* off; *j-n*: take* over
from; *bsd. mil. etc.* relieve;
ersetzen: replace; *sich* ~
take* turns; **2ung** *f* relief

abmach|en take* off, remove; *vereinbaren*: arrange,
agree (on); *regeln*: settle;
2ung *f* agreement, arrangement; settlement

ab|melden *Auto etc.*: cancel
the registration of; *von der
Schule*: give* notice of *s.o.'s*
withdrawal (from school);
sich ~ *bei Behörde*: give* notice of change of address;
vom Dienst: report off duty;
Hotel: check out; **~messen**
measure; **~montieren** take*
off (*Gerüst etc.*: down);
~mühen: *sich* ~ slave away;
sich ~ *mit* struggle with;
~nagen gnaw (off)

Abnahme *f* decrease; *an Gewicht*: loss; *econ.* purchase

abnehm|en *v/i* decrease, diminish; lose* weight; *durch
Diät*: be* slimming; *Mond*:
wane; *v/t* take* off, remove;
Hörer: pick up; *med. Bein
etc*: amputate, take* off;
econ. buy*; *j-m et.* ~ **~wegnehmen**: take* s.th. (away) from
s.o.; **2er** *m econ.* buyer

Abneigung f dislike (**gegen** of, for); *starke:* aversion (to)

abnutz|en wear* out (a. *sich* ~); **2ung** f wear

Abonn|ement n subscription; **~ent(in)** subscriber; **2ieren** subscribe to

Abordnung f delegation

ab|pfeifen stop the game; *beenden:* blow* the final whistle; **2pfiff** m final whistle; **~plagen:** *sich* ~ toil; struggle (*mit* with); **~prallen** rebound, bounce (off); *Geschoss:* ricochet; **~putzen** clean; wipe off; **~rasieren** shave off; **~raten:** *j-m von et.* ~ advise (od. warn) s.o. against (doing) s.th.; **~räumen** clear away; *Tisch:* clear; **~reagieren** s-n *Ärger etc.:* work off (**an** on); *sich* ~ F let* off steam

abrechn|en *Summe:* deduct; *Spesen:* claim; *mit j-m* ~ settle accounts (*fig.* get* even) with s.o.; **2ung** f settlement; F *fig.* showdown

abreiben rub off (*Körper:* down); *polieren:* polish

Abreise f departure (**nach** for); **2n** leave* (**nach** for)

ab|reißen v/t tear* (od. pull) off (*Gebäude:* down); *v/i Knopf etc.:* come* off; **~richten** train; *Pferd: a.* break*(in); **~riegeln** block (*durch Polizei: a.* cordon) off; **~rollen** unroll (a. *fig.*); **~rücken** move away; *mil.* march off

Abruf m: **auf** ~ on call; **2en** call away; *Daten:* recall, read* back

abrunden round (off)

abrüst|en disarm; **2ung** f disarmament

ABS *mot.* **Antiblockiersystem** anti-lock (od. anti-skid) braking system

Absa|ge f cancellation; *Ablehnung:* refusal; **2gen** call off; *v/t a.* cancel

absägen saw* off; F *j-n:* oust

Absatz m *Schuh:* heel; *print.* paragraph; *econ.* sales pl

ab|schaffen abolish, do* away with; **~schalten** v/t switch (od. turn) off; *v/i* F relax, switch off; **~schätzen** estimate; *ermessen: a.* assess; **~schätzig** contemptuous

Abschaum m scum

Abscheu m disgust (**vor** at, for); **~ haben vor** detest, loathe; **2lich** despicable; *Verbrechen: a.* atrocious

ab|schicken → **absenden**; **~schieben** push away; *fig.* get* rid of; *Ausländer:* deport; **~ auf** shove s.th. off on(to) s.o.

Abschied m parting; **~ nehmen (von)** say* goodbye (to); **~sfeier** f farewell party

ab|schießen shoot* off (*aviat.* down); *hunt.* shoot*, kill; *Rakete:* launch; F *fig.* oust; **~schirmen** shield (**gegen** from)

Abschlag m *Sport:* kickout;

econ. down payment; **~en** knock (*Kopf:* cut*) off; *Baum:* cut* down; *Angriff:* beat* off; → **ablehnen**

abschleifen grind* off

Abschlepp|dienst *m* breakdown (*Am.* emergency road) service; **~en** (give* *s.o.* a) tow; *durch Polizei:* tow away; **~seil** *n* towrope; **~wagen** *m* breakdown truck (*od.* lorry), *Am.* tow truck

abschließen lock (up); *beenden:* finish, complete; *Versicherung:* take* out; *Vertrag etc.:* conclude; *e-n Handel ~* strike* a bargain; **~d** concluding; *letzte:* final

Abschluss *m* conclusion; **~prüfung** *f* final examination, finals *pl*; **~zeugnis** *n* school-leaving certificate, *Am.* diploma

ab|schmieren lubricate, grease; **~schnallen** undo*; *Skier:* take* off; *sich ~ un-fasten* one's seatbelt; **~schneiden** cut* (off); *fig.* do*, come* off

Abschnitt *m* section; *Absatz:* paragraph; *Kontrol\s{}:* coupon, slip, stub; *Zeit\s{}:* period; *math.* segment

abschrauben unscrew

abschreck|en deter; **2ung** *f* deterrence; *Mittel:* deterrent

ab|schreiben copy; *mogeln:* crib; *econ.* write* off (*a. fig.* F); **2schrift** *f* copy, duplicate; **~schürfen** graze

Abschuss *m Rakete:* launching; *aviat.* shooting down; *mil., hunt.* kill; **~rampe** *f* launching pad

ab|schüssig sloping; *steil:* steep; **~schütteln** shake* off; **~schwächen** lessen; **~schweifen** digress

absehbar foreseeable; *in ~er (auf ~e) Zeit* in (for) the foreseeable future; **~en** foresee*; *es abgesehen haben auf* be* after; *~ von* refrain from; *beiseite lassen:* leave* aside

abseits away (od. remote) from; *~ stehen Sport:* be* offside; *fig.* be* left out

Abseits *n Sport:* offside; **~falle** *f* offside trap

absend|en send* off, dispatch; *post, bsd. Am.* mail; **2er** *m* sender

absetz|bar: *steuerlich ~* tax deductible; **~en** set* (*od.* put*) down; *Brille, Hut:* take* off; *Fahrgast:* drop; *von Amt:* dismiss; *Film etc.:* take* off; *Herrscher:* depose; *steuerlich:* deduct; *econ.* sell*; *sich ~* → **ablagern**

Absicht *f* intention; **2lich 1.** *adj* intentional; **2.** *adv* on purpose

absolut absolute(ly)

ab|sondern separate; *med.* secrete; *sich ~* cut* o.s. off; **~sorbieren** absorb; **~speichern** *Computer:* save, store

absperr|en lock; → **abrie-**

abweichen

geln; ₂**ung** f barrier; barricade; _polizeiliche:_ cordon
ab|spielen play; _Sport:_ pass; _sich ~_ happen, take* place; ₂**sprache** f agreement; ₂**springen** jump off; _aviat._ jump; _fig._ back out; ₂**sprung** m jump; **~spülen** rinse; ₂ **~ abwaschen**
abstammen|**en** _~ von_ be* descended from; ₂**ung** f descent
Ab|stand m distance; _zeitlich:_ interval; ₂**stauben** dust; F sponge; F **stehlen:** swipe; **~stecher** m sidetrip; ₂**stehen** stick* out; ₂**steigen** get* off (**vom Rad** etc.) one's bike etc.); _Hotel:_ stay (**in** at); _Sport:_ be* relegated; ₂**stellen** put* down; _bei j-m:_ leave*; _Gas etc.:_ turn off; _Auto:_ park; _Missstände:_ remedy; ₂**stempeln** stamp
Abstieg m descent, _fig._ decline; _Sport:_ relegation
abstimm|en vote (**über** on); _aufeinander:_ harmonize; ₂**ung** f vote; _Radio:_ tuning
Abstoß m _Sport:_ goal kick; ₂**en** push off; _fig._ repel; _med._ reject; F get* rid of; _Sport:_ take the goal kick; ₂**end** repulsive
abstreiten deny
Abstrich m _med._ smear; _econ._ cut; **~e machen** _fig._ lower one's sights
Ab|sturz m, ₂**stürzen** fall*; _aviat._ crash; ₂**suchen** search (**nach** for)

absurd absurd
ab|tasten _Radar, TV:_ scan; **~tauen** defrost
Abteil n compartment
abteil|en divide; _arch._ partition off; ₂**ung** f department; ₂**ungsleiter(in)** head of department
abtreib|en _med._ have* an abortion; _Kind:_ abort; ₂**ung** f abortion
abtrennen detach; _Fläche etc.:_ separate; _med._ sever
abtret|en _Absätze:_ wear* down; give* _s.th._ up (**an** to); _pol. a._ cede; _vom Amt:_ resign; ₂**er** m doormat
ab|trocknen dry; _sich die Hände ~_ dry one's hands; _das Geschirr ~_ dry the dishes; **~wägen** weigh (_gegen_ against); **~wälzen**: _et. auf j-n ~_ pass the buck to s.o.; **~wandeln** modify; **~warten** v/t wait for; v/i wait (and see)
abwärts downwards
abwasch|bar wipe-clean; **~en** v/t wash off; v/i do* the dishes, do* the washing-up
Abwasser n sewage, waste water
abwechs|eln alternate; _sich ~ take* turns;_ _~elnd_ by turns; ₂**lung** f change; _zur ~_ for a change
Abwehr f defen|ce, _Am._ -se (a. _Sport_); ₂**en** _Angriff etc.:_ beat* off; _Sport:_ block; **~spieler(in)** _Sport:_ defender
abweichen deviate

abweisen reject, turn down; **~d** unfriendly

ab|wenden turn away (*a. sich ~*); *Unheil etc.*: avert; **~werfen** throw* off; *Bomben*: drop; *Gewinn*: yield

abwert|en devalue; **2ung** *f* devaluation

abwesen|d absent; *fig.* absent-minded; **2heit** *f* absence

ab|wickeln unwind*; *erledigen*: handle; **~wiegen** weigh out; **~wischen** wipe (off); **2wurf** *m* dropping; *Sport*: throw-out; **~würgen** stifle; *mot.* stall; **~zahlen** pay for *s.th.* by instal(l)ments; *ganz*: pay* off; **~zählen** count; *Geld*: count out; **2zahlung** *f* auf ~ on hire purchase, *Am.* on the installment plan

Abzeichen *n* badge

ab|zeichnen copy, draw*; *unterschreiben*: sign, initial; *sich ~* stand* out; *fig.* (*begin*) to show*; **~ziehen** *v/t* take* off; *math.* subtract; *Bett*: strip; *Schlüssel*: take* out; *v/i* go* away; *mil.* withdraw*; *Rauch etc.*: escape; **~zischen** F zoom off

Abzug *m mil.* withdrawal; *Waffe*: trigger; *econ.* deduction; *phot.* print; *Kopie*: copy; *tech.* vent, outlet

abzüglich less, minus

abzweig|en branch off; *Geld*: divert (*für* to); **2ung** *f* junction

ach *int.* oh!; **~ so!** I see; ~

was!, **~ wo!** of course not!

Achse *f* axle; *math. etc.* axis

Achsel *f* shoulder; **die ~n zucken** shrug one's shoulders; **~höhle** *f* armpit

acht eight; *heute in (vor) ~ Tagen* a week from (ago) today

Acht *f*: **~ geben** be* careful; pay* attention (*auf* to); **gib ~!** look (*od.* watch) out!; → **aufpassen**; **außer ~ lassen** disregard; **sich in ~ nehmen** be* careful, watch out (*vor* for)

ach|te, Achtel *n* eighth

achten respect; **~ auf** pay* attention to; *darauf ~, dass* see* to it that

Achter *m Rudern*: eight

Achterbahn *f* roller coaster

achtlos careless

Achtung *f* respect; **~!** look out!; *mil.* attention!; **~, ~!** attention please!; → **Vorsicht**

achtzehn(te) eighteen(th)

achtzig eighty; **~er: die ~ Jahre** the eighties; **~ste** eightieth

ächzen groan (*vor* with)

Acker *m* field; **~bau** *m* agriculture; farming

Adapter *m tech.* adapter

addieren add (up)

Adel *m* aristocracy

Ader *f* vein (*a. min.*)

adieu *int.* good-bye!

Adler *m* eagle

adlig noble; **2e** *m, f* nobleman (-woman)

adoptieren adopt

Adressbuch *n* directory

Adresse *f* address; **2ieren** address (**an** to)

Advent *m* Advent; **~szeit** *f* Christmas season

Aerobic *n* aerobics *pl*

Affäre *f* affair

Affe *m* monkey; *großer:* ape

affektiert affected

Afrika Africa; **~ner(in)**, **2nisch** African

After *m* anus

Agent(in) *f* (*pol.* secret) agent

Agentur *f* agency

Aggres|ion *f* aggression; **2iv** aggressive

aha *int.* I see!

ähneln resemble, look like

ahnen foresee*; *vermuten:* suspect

ähnlich similar (*dat* to), like; *j-m ~ sehen* look like s.o.; **2keit** *f* resemblance; *fig.* similarity

Ahnung *f* presentiment; *schlimme:* foreboding; *Vorstellung:* notion, idea; *keine ~ haben* have* no idea; **2slos** unsuspecting

Ahorn *m* maple (tree)

Ähre *f* ear

Aids *n med.* AIDS, Aids; **~kranke** *m, f* person with AIDS

Akade|mie *f* academy; college; **~miker(in)** university graduate; **2misch** academic

akklimatisieren: *sich ~* become* acclimatized (*a. fig.*)

Akkord¹ *m mus.* chord

Akkord² *m: im ~ econ.* by the piece; **~arbeit** *f* piecework

Akkordeon *n* accordion

Akku *m* storage battery

Akne *f* acne

Akrobat(in) acrobat

Akt *m* act(ion); *thea.* act; *paint., phot.* nude

Akte *f* file; **~n** *pl* files, records; **~ntasche** *f* briefcase

Aktie *f* share, *bsd. Am.* stock; **~ngesellschaft** *f* joint-stock company, *Am.* stock company

Aktion *f* action; *Maßnahme:* measures *pl*; *Hilfs2:* operation; *Werbe2:* campaign, drive

aktiv active; **2ität** *f* activity; **2urlaub** *m* activity holiday

aktuell topical; *heutig:* current; up-to-date

Akustik *f* acoustics *pl* (*Lehre:* sg); **2sch** acoustic

akut urgent; *med.* acute

Akzent *m* accent; *Betonung:* a. stress (a. fig.)

akzeptieren accept

Alarm *m* alarm; **~bereitschaft** *f: in ~* on alert; **2ieren** *Polizei etc.:* call; *warnen:* alert; **2ierend** alarming

albern silly, foolish

Albtraum *m* nightmare

Album *n* album (a. LP)

Algen *pl* algae *pl*

Alibi *n* alibi

Alimente *pl* alimony *sg*

Alkohol *m* alcohol; **2abhän-**

gig: ~ **sein** be* addicted to alcohol; 2**frei** nonalcoholic; ~**e Getränke** soft drinks; ~**iker(in),** 2**isch** alcoholic; 2**süchtig** → 2**abhängig**

all all; ~**es** everything; ~**e (Leute)** everybody; ~**e drei Tage** every three days; **vor** ~**em** above all; ~**es in** ~**em** all in all

All n universe

Allee f avenue

allein alone; **selbst:** by o.s.; ~ **as if; nichts** ~ nothing but **Erziehende** single parent; ~ **stehend** single

allerbeste very best

allererste very first

Allerg|ie f allergy (**gegen** to); 2**isch** allergic (**gegen** to);

aller|hand a good deal (of); **das ist ja** ~**!** that's a bit much!; 2**heiligen** n All Saints' Day; ~**letzte** very last; ~**meiste** (very) most; ~**nächste** very next; ~**neu(e)ste** very latest; ~**seits: Tag** ~**!** hi, everybody!; ~**wenigst** least ... of all

allgemein general; **üblich:** common; **im** 2**en** in general; 2**bildung** f general education; 2**heit** f general public

Alligator m alligator

Alliierte: **die** ~**n** pl the allies pl

alljährlich annual(ly adv)

allmählich gradual(ly adv)

Allradantrieb m all-wheel drive

All|tag m everyday life; 2**täg-lich** everyday

allzu all too; ~ **viel** too much

Alm f alpine pasture

Almosen n alms pl; contp. pittance, handout

Alpen pl Alps pl

Alphabet n alphabet; 2**isch** alphabetical

Alptraum m → **Albtraum**

als zeitlich: when; nach comp.: than; ~ **Kind** as a child; ~ **ob** as if; **nichts** ~ nothing but

also so, therefore; F well; ~ **gut!** all right (then)!

alt old; hist. ancient

Altar m altar

Alte m, f old man (woman) (a. fig.); **die** ~**n** pl the old

Alter n age; hohes: old age; **im** ~ **von** at the age of; **jemand in deinem** ~ s.o. your age

älter older; **e-e** ~**e Dame** an elderly lady

altern grow* old, age

alternativ alternative; pol. ecological, green

Altersheim n old people's home

Altertum n antiquity

Alt|glascontainer m bottle bank, Am. glass recycling bin; ~**lasten** pl residual pollution sg; contaminated soil sg; 2**modisch** old-fashioned; ~**öl** n waste oil; ~**papier** n waste paper

Altstadt f old town; ~**sanierung** f town-cent|re (Am. -er) rehabilitation

Aluminium n alumin(i)um

am at the; Montag etc.: on; ~ **1. Mai** on May 1st; → **Abend, beste** etc.

Amateur(in) amateur

Amboss m anvil

ambu|lant: ~ **behandelt werden** get* outpatient treatment; **2lanz** f outpatients' department; Krankenwagen: ambulance

Ameise f ant

Amerika America, ~**ner(in)**, **2nisch** American

Amnestie f amnesty

Ampel f traffic lights pl

Ampulle f ampoule

amputieren amputate

Amsel f blackbird

Amt n office; Aufgabe: duty; tel. exchange; **2lich** official

Amtszeichen n dialling (Am. dial) tone

Amulett n amulet, charm

amüs|ant entertaining; lustig: amusing; ~**ieren** amuse; **sich** ~ enjoy o.s., have* a good time

an on (a. Licht etc.); Tisch etc.: at; gegen: against; von ... ~ from ... on

Anabolikum n anabolic steroid

Analog... analog(ue) ...

Analphabet(in) illiterate

Analyse f analysis

Ananas f pineapple

Anarchie f anarchy

Anatomie f anatomy

Anbau m agr. cultivation; arch. annex(e), extension; **2en** grow*; arch. add

anbehalten keep* on

anbei enclosed

an|beißen bite* into; Fisch: bite*; fig. take* the bait; ~**beten** adore, worship

Anbetracht: in ~ (dessen, dass) considering (that)

an|bieten offer; ~**binden** Hund: tie up; ~**an** tie to

Anblick m sight

an|brechen v/t Vorräte: break* into; Flasche: open; v/i begin*; Tag: break*; Nacht: fall*; ~**brennen** burn* (a. ~ lassen); ~**bringen** fix (an to); ~**brüllen** roar at

An|dacht f devotion; Morgen2 etc.: prayers pl; **2dächtig** devout; fig. rapt

andauern continue, go* on; ~**d** → dauernd

Andenken n keepsake; Reise2: souvenir (beide: **an** of); **zum** ~ **an** in memory of

andere other; verschieden: different; et. (nichts) ~s s.th. (nothing) else; nichts ~s als nothing but; → **anders**

andererseits on the other hand

ändern change (a. sich ~); Kleid etc.: alter

andernfalls otherwise

anders different(ly); jemand ~ somebody else; ~ werden change; ~**herum** the other way round; F *fig.* queer; **~wo** elsewhere

anderthalb one and a half

Änderung f change; *bsd. kleine, a. Kleid etc.*: alteration

andeut|en hint (at); suggest; **2ung** f hint, suggestion

Andrang m crush; *Nachfrage*: rush

an|drehen *Gas*: turn on; *Licht a.* switch on; F *j-m et.* ~ fob s.th. off on s.o.; **~drohen**: *j-m et.* ~ threaten s.o. with s.th.; **~eignen**: *sich* ~ acquire; *jur.* appropriate

aneinander (of, to *etc.*) each other

Anekdote f anecdote

anekeln disgust, sicken; *es ekelt mich an* it makes me sick

anerkenn|en acknowledge, recognize; *lobend*: appreciate; **2ung** f acknowledg(e)ment, recognition; appreciation

anfahren *v/i* start; *v/t* hit*, run* into; *j-n a.* knock s.o. down; *fig. j-n*: snap at

Anfall m fit, attack; **2en** *v/t* attack; **2en** *v/i* start; *v/t* hit*, run* into; *j-n a.* knock s.o. down; *fig. j-n*: snap at

Anfall m fit, attack; **2en** *v/t* attack, make* for; *v/i a. Arbeit etc*: come up

anfällig susceptible (*für* to); *für Krankheiten a.*: prone (to); *Gesundheit*: delicate

Anfang m beginning, start; **2en** begin*, start; *tun*: do*

Anfänger(in) beginner

anfangs at first; **2buchstabe** m first (*od.* initial) letter;

großer ~ capital letter

an|fassen touch; *ergreifen*: take* (hold of); *mit* ~ lend* (s.o.) a hand (*bei* with); **~fechten** contest; **~fertigen** make*, manufacture; **~feuchten** moisten

anfeuern cheer; **2rungsrufe** *pl* cheers

an|flehen implore; **~fliegen** fly* to

Anflug m *aviat.* approach; *fig.* touch, trace, hint

anfordern request, demand; **2ung** f demand; **~en** *pl* requirements *pl*, qualifications *pl*

Anfrage f inquiry

an|freunden: *sich* ~ make* friends (*mit* with); **~fühlen**: *sich* ~ feel* (*wie* like)

anführen lead*; *täuschen*: fool; *Mar(in)* leader; **2ungszeichen** *pl* quotation marks *pl*, inverted commas *pl*

Angabe f statement; *Hinweis*: indication; F big talk; *Sport*: service; **~en** *pl* information *sg*, data *pl*; *tech.* specifications *pl*

angeb|en give*, state; *zeigen*: indicate; *Preis*: quote; F brag (*mit* with), show* off (with); **2er(in)** F show-off

angeblich alleged(ly *adv*)

angeboren innate, inborn; *med.* congenital

Angebot n offer; **~ und Nachfrage** supply and demand

ange|bracht appropriate; **~**

bunden: *kurz* ~ curt; short; **~heitert** (slightly) drunk

angehen *Licht:* go* on; *betreffen:* concern; *das geht dich nichts an* that's none of your business; **~d** future

angehör|**en** belong to; **2ige** *m, f* relative; member

Angeklagte *m, f* defendant

Angel *f* fishing rod; *Tür2:* hinge

Angelegenheit *f* matter, affair; *m-e* ~ my business

angelehnt: ~ *sein* be* ajar

Angelhaken *m* fishhook

angeln fish

Angel|**rute** *f* fishing rod; **~schein** *m* fishing permit; **~schnur** *f* fishing line

ange|**messen** proper, suitable; *Strafe:* just; *Preis:* reasonable; **~nehm** pleasant; **~I** pleased to meet you; **~nommen** supposing; **~regt** lively; **~sehen** respected; **~spannt** in view of; **~spannt** tense

Angestellte *m, f* employee; *die* **~n** *pl* the staff *pl*

ange|**tan:** ~ *sein* be* taken with; **~wandt** applied; **~wiesen:** ~ *sein auf* be* dependent on

ange|**wöhnen:** *sich et.* ~ get* used to doing s.th.; *sich das Rauchen* ~ start smoking; **2wohnheit** *f* habit

Angina *f* tonsillitis

Angler(in) angler

angreifen attack; *Gesund-*

---

heit: affect; **2er** *m* attacker; *bsd. pol.* aggressor

Angriff *m* attack

Angst *f* fear (*vor* of); ~ *haben* (*vor*) be* afraid (*od.* frightened) (of)

ängst|**igen** frighten, scare; **~lich** fearful, timid

anhaben have* on (*a. Licht;* *Kleid etc.:* *a.* wear*

anhalt|**en** *dauern:* continue; *den Atem* ~ hold* one's breath; **~end** continual; **2er(in)** hitchhiker; *per* **~er fahren** hitchhike

Anhaltspunkt *m* clue

anhand by means of

Anhang *m* appendix

anhäng|**en** add; *rail. etc.* couple up (*an* to); **2er** *m* supporter; *Schmuck:* pendant; *Schild:* label, tag; *mot.* trailer; **2erin** *f* supporter; **~lich** affectionate

an|**häufen** heap up, accumulate (*a. sich* ~); **~heben** lift, raise; **2hieb** *m: auf* ~ on the first try

anhören listen to; *mit* ~ overhear*; *sich* ~ sound

Anim|**ateur(in)** host(ess); **2ieren** encourage; stimulate

Ankauf *m* purchase

Anker *m,* **2n** anchor

Anklage *f* accusation, charge; **2n** accuse (*wegen* of), charge (with)

Anklang *m:* ~ *finden* meet* with approval

an|**kleben** stick* on (*an* to);

~klicken *Computer*: click on; **~klopfen** knock (**an** at); **~knipsen** switch on; **~kommen** arrive; **es kommt (ganz) darauf an** it (all) depends; **es kommt darauf an, dass** what matters is; **es darauf ~ lassen** take* a chance, chance it; **gut ~ (bei)** *fig.* go* down well (with); **~kreuzen** tick, *Am.* check

ankündigen announce

Ankunft *f* arrival

an|lächeln, ~lachen smile at

Anlage *f* arrangement; *Einrichtung*: facility; *Werk*: plant; *tech.* system; (stereo *etc.*) set; *Geld*: investment; *zu Brief*: enclosure; *Talent*: gift; **~n** *pl* park *sg*, gardens *pl*

Anlass *m* occasion; cause

anlas|sen *Licht etc.*: leave* on; *Mantel etc.*: keep* on; *mot.* start; **2ser** *m* starter

anlässlich on the occasion of

Anlauf *m* run-up, *Am.* approach; *fig.* attempt; **2en** *v/i* run* up; *fig.* start; *Metall*: tarnish; *Brille etc.*: steam up; *v/t naut.* call at

anlegen *v/t Schmuck etc.*: put* on; *Gurt*: fasten; *Garten*: lay* out; *Straße*: build*; *Verband*: apply; *Vorräte*: lay* in; *Geld*: invest; *v/i naut.* land; **es auf et. ~** aim at s.th.

Anleger *m econ.* investor; *naut.* landing stage

anlehnen *Tür*: leave* ajar;

(sich) ~an lean* against (*fig.* on)

Anleitung *f* direction, guidance; *tech.* instructions *pl*

Anliegen *n* request

Anlieger *m* resident

an|lügen: *j-n ~* lie to s.o.; **machen** turn on; *anzünden*: light*; *Salat*: dress; F *Frau*: chat *s.o.* up; F *begeistern*: turn *s.o.* on; **~malen** paint; **~maßend** arrogant

Anmel|deformular *n* registration form; → **Antrag**; **2den** announce; *amtlich*: register; *Zollgut*: declare; **sich ~** register; *für Schule etc.*: a. enrol(l); **sich ~ bei** make* an appointment with; **~dung** *f* registration; appointment

anmer|ken: *j-m et. ~* notice s.th. in s.o.; **sich et. (nichts) ~ lassen** (not) let* it show; **2kung** *f* note; *erklärend*: annotation; → **Fußnote**

anmutig graceful

annähen sew* on

annähernd approximate(ly)

Annahme *f* acceptance; *Vermutung*: assumption

annehm|bar acceptable; *Preis*: reasonable; **~en** accept; *vermuten*: suppose; *Kind, Namen*: adopt; *Ball*: take*; *Form etc.*: take* on; **sich gen ~** take* care of; **2lichkeit** *f* convenience

Annonce *f* advertisement

anonym anonymous

Anorak *m* anorak

anord|nen arrange; *befehlen:* order; **2nung** f arrangement; order

an|packen *Problem etc.:* tackle; **~passen** adapt, adjust (*beide* a. **sich ~**) (*dat od.* **an** to); **~passungsfähig** adaptable; **~pflanzen** cultivate, plant; **~preisen** push; **~probieren** try on

Anrainer m *östr.* resident

anrechnen charge; *gutschreiben:* allow

Anrede f address; **2n** address

anregen stimulate; *vorschlagen:* suggest

Anreiz m incentive

anrichten *Speisen:* prepare; *Schaden:* cause; F do*

Anruf m (phone) call; **~beantworter** m answering machine; **2en** call (up), ring* (up), phone (up)

anrühren touch; *Teig:* mix

Ansage f announcement; **2n** announce; **~r(in)** announcer

ansammeln accumulate (*a.* **sich ~**)

Ansatz m start (**zu** of); *erstes Zeichen:* first sign

anschaffen get* (*a.* **sich ~**); **2ung** f purchase, buy

anschauen → **ansehen**; **~lich** graphic, plastic

Anschein m: **allem ~ nach** to all appearances; **2end** apparently

Anschlag m attack, bombing; *Bekanntmachung:* poster, bill, notice; *mus., Sport:* touch; **e-n ~ verüben auf** make * an attempt on s.o.'s life; **~brett** n notice (*Am.* bulletin) board; **2en** v/t *Plakat:* post; *mus.* strike*; *Tasse:* chip; v/i *Hund:* bark; *wirken:* take* effect

anschließen connect; **sich ~** follow; agree with; *j-m:* join s.o.; **~d 1.** *adj* following; **2.** *adv* afterwards

Anschluss m connection; **im ~ an** after, following; **~ finden (bei)** make* friends (with); **~ bekommen** tel. get* through; **~flug** m connecting flight

anschnall|en *Ski etc.:* put* on; **sich ~** fasten one's seat belt, *mot. a.* belt (*od.* buckle) up; **~gurt** m seatbelt

an|schnauzen F snarl at; **~schneiden** cut*; *Thema:* bring* up; **~schrauben** screw on; **~schreiben** write* *s.th.* up on the (black)board; *j-n:* write* to; **~schreien** shout at

Anschrift f address

an|schwellen swell* (*a. fig.*); **~schwemmen** wash ashore

ansehen (have* *od.* take* a) look at; *Spiel etc.:* watch (*alle a.* **sich ~**); **mit ~** watch, witness; **~ als** look upon as; **man sieht ihm an, dass ...** one can see that...

Ansehen n respect, esteem

ansehnlich considerable

ansetzen v/t add (**an** to);

sew* on(to); *Termin:* fix, set*; **Fett** ~ put* on weight; *v/i:* ~ **zu** be* about to

Ansicht *f* sight, view; *Meinung:* opinion, view; *meiner* ~ **nach** in my opinion

Ansichts|karte *f* (picture) postcard; **~sache** *f* matter of opinion

anspann|en, 2ung *f* strain

anspie|len: ~ **auf** hint at; **2ung** *f* hint, allusion

Ansporn *m* incentive; **2en** encourage; spur *s.o.* on

Ansprache *f* address, speech

ansprech|en speak* to, address; *fig.* appeal to; **~end** appealing; **2partner** *m* s.o. to talk to; contact

anspringen *v/t* jump at; *v/i Motor:* start

Anspruch *m* claim (**auf** to); → *beanspruchen*

anspruchs|los modest; *Buch etc.:* lowbrow; *contp.* trivial; **2voll** hard to please; *Buch etc.:* demanding

Anstalt *f* institution; *med.* mental hospital

An|stand *m* decency; **2ständig** decent (*a.* F); **2standshalber** for decency's sake; **2standslos** without further ado

anstarren stare at

anstatt instead of

ansteck|en pin on; *Ring:* put* on; *med.* infect; *sich* ~ *bei* catch* s.th. from *s.o.*; **~end** infectious

(*a. fig.*), *durch Berührung:* contagious; **2ung** *f* infection; contagion

an|stehen queue (up), *Am.* line up, stand* in line; **~steigen** rise*; **~stellen** employ; *TV etc.:* turn on; F *tun:* do*; *Verbotenes:* be* up to; *sich* ~ queue (up), *Am.* line up; F (*make*) a) fuss

Anstieg *m* rise, increase

an|stiften incite; **~stimmen** *Lied:* start singing

Anstoß *m Fußball:* kickoff; *fig.* initiative; ~ **erregen** cause offence (*Am.* -se); ~ **nehmen an** take* offen|ce (*Am.* -se) at; **2en** *v/t* jog, nudge; *v/i* clink glasses; ~ **auf** drink* to

anstößig offensive

anstrahlen illuminate; *fig. j-n:* beam at

anstreichen paint; *Fehler, Textstelle:* mark

anstreng|en: *sich* ~ try (hard), make* an effort, work hard; **~end** strenuous, hard; **2ung** *f* exertion, strain; *Bemühung:* effort

Anteil *m* share (*a. econ.*), part, proportion; ~ **nehmen an** take* an interest in; *mitfühlen:* sympathize with; **~nahme** *f* sympathy; interest

Antenne *f* aerial, *Am.* antenna

Anti|alkoholiker(in) teetotal(l)er; **~babypille** *f* (birth control) pill; **~biotikum** *n*

antibiotic; **~blockiersystem** n mot. anti-lock (od. anti-skid) braking system

antik antique, hist. a. ancient; **2e** f ancient world

Antikörper m antibody

Antiquar|iat n second-hand bookshop; **2sch** second-hand

Antiquitäten pl antiques pl

antisemit|isch anti-Semitic; **2ismus** m anti-Semitism

Antrag m application (Formular: form); parl. motion; **~steller(in)** applicant

an|treffen meet*, find*; **~treiben** tech. drive*, power; zu et.: urge (on); Strandgut: float ashore; **~treten** v/i line up; v/t Amt, Erbe: enter upon; Reise: set* out on

Antrieb m drive (a. fig. Schwung), propulsion; fig. motive, impulse

antun: j-m et. ~ do* s.th. to s.o.; sich et. ~ lay* hands upon o.s.

Antwort f, **2en** answer, reply

anvertrauen: j-m et. ~ (en)trust s.o. with s.th.; Geheimnis: confide s.th. to s.o.

Anwalt → **Rechtsanwalt**

Anwärter(in) candidate

anweis|en zuweisen: assign; anleiten: instruct; order, a. direct, order; **2ung** f instruction; order

anwend|en use; Regel, Arznei: apply; **2ung** f application; use

anwesen|d present; **2heit** f presence

anwidern → **anekeln**

Anzahl f number

anzahl|en pay* on account; **2ung** f down payment

anzapfen tap

Anzeichen n symptom, sign

Anzeige f advertisement; jur. information; Bekanntgabe: announcement; tech. display, scale; **~ erstatten** →**2n** report to the police; Instrument: indicate, show*; Thermometer: read*; **~tafel** f scoreboard

anziehen Kleidung: put* on; Kind etc.: dress; Schraube: tighten; Bremse, Hebel: pull; fig. attract, draw*; sich ~ get* dressed; sich kleiden: dress; **~d** attractive

Anzug m suit

anzüglich suggestive

anzünden light*; Gebäude: set* on fire

apart striking

apathisch apathetic

Apfel m apple; **~mus** n apple sauce; **~saft** m apple juice

Apfelsine f orange

Apfelwein m (Am. hard) cider

Apostroph m apostrophe

Apothe|ke f pharmacy, Brt. mst chemist's, Am. a. drugstore; **~ker(in)** pharmacist, Brt. mst. chemist, Am. a. druggist

Apparat m apparatus; Vor-

richtung: device; _tel._ phone; radio; TV set; camera; **am** ~! speaking!; **am** ~ **bleiben** hold* the line

Appartement n studio

appellieren appeal (**an** to)

Appetit m appetite (**auf** for); **guten** ~! enjoy your meal!; **2lich** appetizing

Applaus m applause

Aprikose f apricot

April m April

Aquaplaning n aquaplaning, _Am._ hydroplaning

Aquarell n water-colo(u)r

Aquarium n aquarium

Äquator m equator

Arab|er(in) Arab; **2isch** Arabian; _Zahl, ling._: Arabic

Arbeit f work, _econ., pol. u. in Zssgn a._ labo(u)r; _Stelle, einzelne_ ~ job; _Produkt_: piece of work; _Schule etc._: test; paper; **2en** work; **~er(in)** worker; **~geber(in)** employer; **~nehmer(in)** employee

Arbeits|amt n employment office, _Brt. a._ job centre; **~erlaubnis** f work permit, _Am. a._ green card; **2los** out of work, unemployed; **~lose** m, f unemployed person; **die** ~**n** pl the unemployed pl; **~losengeld** n, **~losenunterstützung** f unemployment benefit (_Am._ compensation); **~losigkeit** f unemployment; **~platz** m workplace; _Stelle_: job; **~speicher** m _Computer_: main memory; **~süchtige** m,

f workaholic; **~tag** m workday; **2unfähig** unfit for work; _ständig_: disabled; **~zeit** f working hours pl; **gleitende** ~ flexible working hours pl, flexitime, _Am._ flextime; **~zeitverkürzung** f reduction in working hours; **~zimmer** n study

Archäolog|e, ~in arch(a)eologist; **~ie** f arch(a)eology

Archi|tekt(in) architect; **2tektur** f architecture

Archiv n archives pl

Arena f ring; _fig._ arena

Ärger m trouble; _Zorn_: anger; ~ **bekommen** get into trouble; **2lich** angry; _störend_: annoying

ärgern annoy, irritate; **sich** ~ be* (_od._ get*) annoyed

Argument n argument

Arie f aria

arm poor

Arm m arm; _Fluss_: branch

Armaturen pl instruments pl; _Bad etc._: fixtures pl; **~brett** n dashboard

Armband n bracelet; **~uhr** f wristwatch

Armee f army (a. _fig._)

Ärmel m sleeve; **~kanal** m the (English) Channel

ärmlich poor (a. _fig._)

Armreif(en) m bangle

armselig miserable

Armut f poverty

Aroma n flavo(u)r

Arrest m detention

arrogant arrogant

Arsch *m* V arse, *Am.* ass;
~loch *n* V arsehole, *Am.* ass-
hole
Art *f* kind, sort; *biol.* species;
Weise: way; **~enschutz** *m*
protection of endangered
species
Arte|rie *f* artery; **~rienver-**
kalkung *f* arteriosclerosis
artig good, well-behaved
Artikel *m* article
Artist(in) *mst* acrobat
Arznei(mittel *n)* *f* medicine
Arzt *m*, **Ärztin** *f* doctor
ärztlich medical
Arztpraxis *f* (doctor's) sur-
gery
As *n mus.* A flat; → **Ass**
Asbest *m* asbestos
Asche *f* ash(es *pl*); **~nbahn** *f*
cinder track, *mot.* dirt track;
~becher *m* ashtray; **~r-**
mittwoch *m* Ash Wednesday
Asiat|(in), **2isch** Asian
Asien Asia
asozial antisocial
Asphalt *m*, **2ieren** asphalt
Ass *n* ace
Assistent(in) assistant
Assistenz|arzt *m*, **~ärztin** *f*
Brt. houseman, *Am.* intern
Ast *m* branch
Astro|logie *f* astrology; **~**
naut(in) *m* astronaut; **~nomie**
f astronomy
Asyl *n* asylum; **~ant** asylum
seeker; **~antenwohnheim** *n*
asylum-seeker's hostel; **~an-**
tin *f* asylum seeker; **~bewer-**
ber(in) asylum seeker;

~recht *n* right of asylum
Atelier *n* studio
Atem *m* breath; **außer ~** out
of breath; **2beraubend**
breathtaking; **2los** breathless; **~pause** *f* F breather;
~zug *m* breath
Äther *m* ether
Athlet|(in) athlete; **2isch** ath-
letic
Atlas *m* atlas
atmen breathe
Atmosphäre *f* atmosphere
Atmung *f* breathing
Atoll *n* atoll
Atom *n* atom; *in Zssgn* Energie, Forschung, Kraft, Rakete, Reaktor, Waffen etc.: *mst*
nuclear; **2ar** atomic, nuclear; **~bombe** *f* atom(ic)
bomb; **~gegner** *m* anti-nuclear activist; **~kern** *m*
(atomic) nucleus; **~krieg** *m*
nuclear war; **~müll** *m* nuclear waste; **~sperrvertrag**
m nonproliferation treaty;
2waffenfrei nuclear-free
Atten|tat *n* assassination (at-
tempt); *Opfer e-s* **~s werden**
be* assassinated; **~täter(in)**
assassin
Attest *n* certificate
Attrak|tion *f* attraction; **2tiv**
attractive
Attrappe *f* dummy
ätzend corrosive, caustic (*a.
fig.*); *sl.* crappy, *Am.* gross
au *int.* oh!; ouch!
Aubergine *f* aubergine, *Am.
a.* eggplant

auch also, too, as well; *sogar:* even; *ich* ~ so am (do) I, me too; ~ *nicht* not ... either; *was* ~ *(immer)* whatever

auf *prp u. adv räumlich:* on; in; at; *offen:* open; *wach, hoch:* up; ~ *der Welt* in the world; ~ *Deutsch* in German; ~ *und ab* up and down; ~ *sein* be* open; *wach:* be* up; ~ *gehts!* let's go!

aufatmen breathe a sigh of relief

Aufbau *m* building (up); *Gefüge:* structure; **2en** build* (up); construct; ~ *auf fig.* be* based on

auf|bekommen *Tür etc.:* get* open; *Aufgabe:* be* given; **~bereiten** process, treat; **~bewahren** keep*; *Vorrat:* store; **~blasen** blow* up; **~bleiben** stay up; *Tür, Laden:* stay open; **~blenden** *mot.* turn the headlights up; **~blicken** look up; **~blühen** blossom, open; *fig.* blossom out; **~brausen** fly* into a temper; **~brechen** *v/t* break* (*od.* force) open; *v/i* burst* open; *fig.* leave*; **2bruch** *m* departure; **~decken** uncover; **~drängen** force *s.th.* on *s.o.*; *sich* ~ *Gedanke:* suggest itself; *sich j-m* ~ force *o.s.* on *s.o.*; **~drehen** *v/t* turn on; *v/i fig.* open up; **~dringlich** obtrusive; **2druck** *m* imprint

aufeinander on top of each other; one after another; ~ *folgend* successive

Aufenthalt *m* stay; *rail.* stop

Aufenthalts|genehmigung *f* residence permit; **~ort** *m* whereabouts; **~raum** *m* common room; *Hotel:* lounge

Auferstehung *f* resurrection

auf|essen eat* up; **~fahren** *mot.* start up; *fig.* start up; **2fahrt** *f* drive(way); **2fahrunfall** *m* rear-end collision; *Massen2:* pileup; **~fallen** attract attention; *j-m* ~ strike* *s.o.*; **~fallend, ~fällig** striking, conspicuous; *ungewöhnlich:* strange; *Kleider:* flashy; **~fangen** catch*

auffassen understand* (*als* as); **2ung** *f* view; **2ungsgabe** *f* grasp

auffordern ask; *stärker:* tell*; **2ung** *f* request

auffrischen freshen up; *Wissen:* brush up

auf|führen perform, present; *nennen:* list; *sich* ~ behave; **2ung** *f* performance

Aufgabe *f* task, job; *Pflicht:* duty; *math.* problem; *Schule:* exercise; homework; *Verzicht:* giving up

Aufgang *m* way up; staircase

auf|geben give* up (*a. v/i*); *Anzeige:* insert; *Brief:* post, *Am.* mail; *Telegramm:* send*; *Gepäck:* register, *Am.* check; *Bestellung:* place; *Hausaufgabe:* set; **~gehen**

open; *Sonne, Teig etc.*: rise
aufge|legt: zu et. ~ sein feel* like (doing) s.th.; → **gelaunt**; **~grid** excited; nervous; **~schlossen** *fig.* open-minded; **~ für** open to; **~weckt** bright
auf|greifen pick up; **~grund** because of; **~haben** *v/t* have* on, wear*; *Aufgabe*: have* to do; *et. j-n Geschäft*: be* open; **~halten** stop, hold* up; *Augen, Tür*: keep* open; **sich ~** stay
aufhänge|n hang* (up); *j-n*: hang; **2r** *m* tab
auf|heben pick up; *aufbewahren*: keep*; *abschaffen*: abolish; **~heitern** cheer up; **sich ~** clear up; **~hellen** brighten *(a. sich ~)*; **~hetzen** stir *s.o.* up (*gegen* against); **~holen** *v/t Zeit*: make* up for; *v/i* catch* up (*gegen* with); **~hören** stop; *mit et. ~* stop (doing) s.th.; **~kaufen** buy* up; **~klären** clear up *(a. sich ~)*; *j-n ~ über* (*über* about; *sexuell*: F tell* s.o. the facts of life; **~kleben** stick* on; **2kleber** *m* sticker; **~knöpfen** unbutton; **~kommen** come* up; *Mode etc.*: come* into fashion; *Zweifel etc.*: arise*; **~ für** pay* (for); **~laden** load; *electr.* charge
Auflage *f Buch*: edition; *Zeitung*: circulation
auflassen leave* open; *Hut etc.*: keep* on

Auflauf *m* soufflé, pudding
auf|leben come to life again; (*wieder*) **~ lassen** revive; **~legen** *v/t put* on; *v/i tel.* hang* up; **~lehnen: sich ~** (*gegen*) revolt (against); **~lesen** pick up; **~leuchten** flash (up)
auflös|en dissolve *(a. sich ~)*; *Rätsel*: solve; **2ung** *f Rätsel*: solution
aufmach|en open; *sich ~* set* out; **2ung** *f* getup
aufmerksam attentive; *höflich a.*: considerate; *j-n ~ machen auf* call s.o.'s attention to; **2keit** *f* attention; *Geschenk*: little present
aufmuntern cheer up
Aufnahme *f e-r Tätigkeit*: taking up; *Empfang*: reception; *Zulassung*: admission; *phot.* photo(graph); *Ton2*: recording; *Film*: shooting; **~gebühr** *f* admission *(od. entrance)* fee; **~prüfung** *f* entrance exam(ination)
auf|nehmen take* up *(a. Arbeit, Geld)*; *Nahrung*: take* in; *aufheben*: pick up; *erfassen*: take* in; *fassen*: hold*; *empfangen*: receive; *zulassen*: admit; *phot.* take* a picture of; *Band, Platte*: record; *Film*: shoot*; **~passen** pay* attention; **~ auf** take* care of, look after; *pass auf!* look out!

Aufprall *m* impact; **2en: ~ auf** hit*; *mot. a.* crash into

auf|**pumpen** pump up; **~put-schen** pep up; **~räumen** tidy up, clean up (a. fig.)

aufrecht upright (a. fig.); **~erhalten** maintain

auf|**regen** excite; **sich ~** get* upset (*über* about); **~end** exciting; **Qung** f excitement

auf|**reibend** stressful; **~rei-ßen** tear* open; *Tür:* fling* open; *Augen:* wide; F *j-n:* pick up; **~reizend** provocative; **~richten** put* up, raise; **sich ~** stand* up; *im Bett:* sit* up; **~richtig** sincere; *offen:* frank; **~rollen** roll up; **~rücken** move up

Aufruf m appeal (**zu** for); **Qen** call on *s.o.*

auf|**ruhr** m revolt; *Krawall:* riot; **Qrührerisch** rebellious

auf|**runden** round off; **Qrüstung** f (re)armament; **~sagen** say*, recite

Aufsatz m essay; *Schul:* composition; *tech.* top

auf|**saugen** absorb; **~schieben** *fig.* put* off, postpone

Aufschlag m impact; *Geld:* extra charge; *Mantel:* lapel; *Hose:* turnup, Am. cuff; *Tennis:* service, *Art:* serve; **~ Becker** Becker to serve; **Qen** *v/t* open; *Zelt:* pitch; *v/i Tennis:* serve; **auf dem Boden ~** hit* the ground

auf|**schließen** unlock, open; **~schneiden** *v/t* cut* open (*Fleisch:* up); *v/i* F brag, boast

Aufschnitt m (slices *pl* of)

cold meat, *Am.* cold cuts *pl*

auf|**schnüren** untie; *Schuh:* unlace; **~schrauben** unscrew; **~schrecken** *v/t* startle; *v/i* start (up)

aufschrei m (fig. out)cry

aufschrei|**ben** write* down; **~en** cry out, scream

Auf|**schrift** f inscription; **~schub** m delay; *e-r Frist:* respite; **~schwung** m econ. boom; *Turnen:* swing-up

Aufsehen n: **~ erregen** attract attention; *stärker:* cause a sensation; **~ erregend** sensational

Aufseher(in) guard

auf|**sein** = **auf**; **~setzen** put* on; *abfassen:* draw* up; *aviat.* touch down; **sich ~** sit* up

Aufsicht f supervision, control

Aufsichts|**behörde** f government agency (*od.* commission); **~rat** m supervisory board; board of directors)

auf|**spannen** *Schirm:* put* up; **~sparen** save; **~sperren** unlock; **~spielen: sich ~** show* off; **~spießen** spear; *mit Hörnern:* gore; **~springen** jump up; *Tür:* fly* open; *Haut:* chap; **~stampfen** stamp (one's foot)

Auf|**stand** m revolt; **Qständisch** rebellious; **Qständische(r)** rebels *pl*

auf|**stapeln** pile up; **~stecken** *Haar:* put* up; **~stehen** get* up; **~steigen** rise*;

Beruf, *Sport*: be* promoted
aufstell|en set* (*od.* put*) up;
pol. etc.: nominate; *Rechnung*: draw* up; *Rekord*: set* up; **♀ung** *f* nomination; list; *Sport*: line-up

Aufstieg *m* ascent; *fig. a.* rise; *Sport*: promotion
auf|stoßen *v/t* push open; *v/i* belch; **♁stützen**: *sich* ~ lean* (*auf* on); **♁suchen** visit; *Arzt etc.*: see*
auf|tanken fill up; **♁tauchen** appear; *naut.* surface; **♁tauen** thaw; *Speisen*: defrost; **♁teilen** divide (up)

Auftrag *m* order (*a. econ.*); *mil.* mission; *im* ~ *von* on behalf of; **♀en** *Speisen*: serve; *Farbe etc.*: apply; *j-m et.* ~ tell* s.o. to do s.th.; **♁geber(in)** customer, client
auf|trennen undo*; **♁treten** behave, act; *vorkommen*: occur; ~ *als* appear as; **♀treten** *n* appearance; behavio(u)r

Auftrieb *m phys.* buoyancy; *fig.* impetus, stimulus
Auftritt *m* appearance
auf|wachen wake* up; ~ **wachsen** grow* up

Auf|wand *m* cost, expense; *Mühe*: effort; *Luxus*: luxury; **♁wändig** costly
aufwärmen warm up
aufwärts upward(s)
auf|wecken wake* up; ~ **weichen** soften; **♁weisen** show*; **♁wenden** spend* (*für* on)

aufwert|en revalue; *fig.* upgrade; **♀ung** *f* revaluation
auf|wickeln wind* up (*a. sich* ~); *Haar*: put* in curlers; **♁wiegeln** stir up, incite; **♁wiegen** *fig.* make* up for; **♁wirbeln** whirl up; *viel Staub* ~ cause quite a stir; **♁wischen** wipe up; **♁zählen** list, name

aufzeichnen|en *auf Band*: record, tape; *auf Video*: videotape, *bsd. Brt.* video, F tape; *zeichnen*: draw*; **♀ung** *f* recording; **♁en** *pl* notes *pl*
aufziehen draw* (*od.* pull) up; *öffnen*: (pull) open; *Uhr etc.*: wind* (up); *Kind*: bring* up; *j-n* ~ tease s.o.

Aufzug *m* lift, *Am.* elevator; *thea.* act; F getup
aufzwingen: *j-m et.* ~ force s.th. upon s.o.

Augapfel *m* eyeball
Auge *n* eye; *aus den* ~*n verlieren* lose* sight of; *unter vier* ~*n* in private; *et.* ~ *scharf im* ~ *behalten* keep a close (*od.* careful) watch on s.th.

Augen|arzt *m*, **♁ärztin** *f* eye specialist (*od.* F doctor), ophthalmologist; **♁blick** *m* moment; **♀blicklich 1.** *adj* present; *sofortig*: immediate; **2.** *adv* at present; *sofort*: immediately; **♁braue** *f* eyebrow; **♁licht** *n* eyesight; **♁zeuge** *m* eyewitness
August *m* August

Auktion f auction; **~ator(in)** auctioneer

Aula f assembly hall, *Am.* auditorium

aus 1. *prp u. adv räumlich:* mst out of, from; *Material:* of; *Grund:* out of; **~geschaltet** *etc.:* out, off; *zu Ende:* over, finished; *Sport:* out; **ein – aus** *tech.* on – off; **~ sein** be* out (*od.* over); **~ sein auf** be* out for; *j-s Geld:* be* after; **2.** **ℒ** *s:* **der Ball ist im – ℒ** the ball's out of play

aus|arbeiten work out; *entwerfen:* prepare; **~atmen** breathe out; **~bauen** *erweitern:* extend; *fertig stellen:* complete; *Motor etc.:* remove; *verbessern:* improve; **~bessern** mend, repair

Ausbeute f profit; *Ertrag:* yield; **ℒn** exploit (*a. fig.*)

ausbil|den train, instruct; **ℒder(in)** instructor; **ℒdung** f training

ausbleiben fail to come

Ausblick m outlook

aus|brechen break* out; **~ in** burst* into; **~breiten** spread* (out); *Arme etc.:* stretch (out); **sich ~** spread*

Ausbruch m outbreak; *Vulkan:* eruption; *Flucht:* escape, breakout; *Gefühl:* (out)burst

ausbrüten hatch (*a. fig.*)

Ausdauer f perseverance, endurance; **ℒnd** persevering

ausdeh|nen stretch; *fig.* ex-

pand, extend (*alle a.* **sich ~**); **ℒnung** f expansion; extension

aus|denken: sich ~ think* s.th. up, invent; *vorstellen:* imagine; **~drehen** turn off

Ausdruck m expression; *Computer:* printout; **ℒen** *Computer:* print out

ausdrück|en express; *Zigarette:* put* out; **~lich** express, explicit

ausdrucks|los expressionless; **~voll** expressive; **ℒweise** f language, style

Ausdünstung f odo(u)r

auseinander apart; *separate(d):* **~ bringen** separate; **~ gehen** separate, part; *Meinungen:* differ; **~ halten** tell* apart; **~ nehmen** take* apart (*a. fig.*); **~ setzen** place (*od.* seat) apart; **sich ~ setzen mit** deal* with; argue with *s.o.*; **ℒsetzung** f argument; *kriegerische ~* armed conflict

auserlesen choice

aus|fahren *j-n:* take* out; *Waren:* deliver; **ℒfahrt** f drive, ride; *mot.* exit; **~ freihalten!** do not block exit

Ausfall m failure; *Verlust:* loss; **ℒen** fall* out; *nicht stattfinden:* be* cancel(l)ed, be* called off; *tech.* break* down; *Ergebnis:* turn out; **~ lassen** cancel; **die Schule fällt aus** there is no school; **ℒend** insulting

Ausfertigung f drawing up;

in doppelter ~ in two copies

aus|findig: ~ **machen** find*; **~flippen** F freak out

Ausflüchte *pl* excuses *pl*

Ausflug *m* trip, excursion

ausfragen question (*über* about); *indirekt:* pump

Ausfuhr *f* export(ation)

ausführ|en *et.:* carry out; *econ.* export; *darlegen:* explain; *j-n:* take* out; **~lich 1.** *adj* detailed; *umfassend:* comprehensive; **2.** *adv* in detail; **2ung** *f* execution; *e-r Ware:* design, style

ausfüllen fill in (*Am. a.* out)

Ausgabe *f* distribution; *Buch etc.:* edition; *Geld:* expense; *Computer:* output

Ausgang *m* exit, way out; *Ende:* end; *e-r Geschichte:* ending; *Ergebnis:* outcome; **~spunkt** *m* starting point

ausgeben give* out; *Geld:* spend*; (*sich*) ~ *als* pass (o.s.) off as; F e-n ~ buy* *s.o.* a drink

ausge|beult baggy; **~bucht** booked up; **~dehnt** extensive; **~fallen** odd, unusual; **~glichen** (well-)balanced

ausgehen go* out; *Haare:* fall* out; *Geld, Vorräte:* run* out; *enden:* end; *davon* ~, *dass* assume that

ausge|lassen cheerful; **~lastet: voll** ~ **sein** be* fully stretched; **~nommen** except; **~geprägt** marked; **~rechnet:** ~ *er* he of all peo-

ple; ~ *heute* today of all days; **~schlossen** out of the question; **~sprochen** *adv* decidedly; **~sucht** exquisite; *Leute:* select; **~waschen** *bsd.* Jeans: faded; **~wogen** (well-)balanced; **~zeichnet** excellent

ausgiebig thorough; *Mahlzeit:* substantial

ausgießen pour out

Ausgleich *m* compensation; *Sport:* equalizer, *Am.* even score; *den* ~ *erzielen* equalize; **2en** equalize (*a. Sport*); *Am. Sport:* make* the score even; *Verlust:* compensate; *econ.* balance; **2end:** ~ *e Gerechtigkeit* poetic justice

Ausgleichs|tor *n,* **~treffer** *m* equalizer

ausgraben dig* out (*od.* up); **2ungen** *pl* excavations *pl*

ausgrenzen isolate, exclude

Ausguss *m* (kitchen) sink

aus|halten bear*, stand*; **~händigen** hand over

Aushang *m* notice

aus|hängen hang* out, put* up; *Tür:* unhinge; **~harren** hold* out; **~helfen** help out

Aushilfe *f* (temporary) help; **~s...** temporary ...

aus|holen swing* one's arm back; ~ *mit* raise; **~horchen** sound; **~kennen:** *sich* ~ (*in*) know* one's way (around); *fig.* know* all about; **~klopfen** *Pfeife:* knock out; **~kommen** get* by; ~ *mit et.:*

manage with; *j-m*: get* on (*od.* along) with; **2kommen** *n*: **sein ~ haben** make* one's living; **~kundschaften** explore

Auskunft *f* information (desk); *tel.* inquiries *pl*

aus|lachen laugh at; **~laden** unload; *j-n*: disinvite

Auslage *f* (window) display; **~n** *pl* expenses *pl*

Aus|land *n*: **das ~** foreign countries *pl*; **ins** (**im**) **~** abroad

Ausländ|er *m* foreigner; **Gewalt gegen ~** anti-foreigner violence; **~erfeindlichkeit** *f*, **~erhass** *m* hostility to foreigners, xenophobia; **~erin** *f* foreigner; **2isch** foreign

Auslands|gespräch *n* international call; **~korrespondent(in)** foreign correspondent

aus|lassen leave* (*Saum*: let*) out; *Fett*: melt; *j-n*: miss out; **s-e Wut ~ an** take* it out on; **sich ~ über** express o.s. on; **e-n Tanz ~** sit out a dance; **2ungszeichen** *n* apostrophe

auslaufen run* out (*a. Produktion*); *naut.* leave* port

auslegen lay* out; *Boden*: carpet; *Fett*: line; *Schranken*: interpret; *Geld*: advance

ausleihen *verleihen*: lend* (out); *sich ~*: borrow

Ausles|e *f* selection; *fig.* pick, elite; **2en** pick out; select;

Buch: read to the end, finish

ausliefer|n hand over; *pol.* extradite; *econ.* deliver; **2ung** *f* delivery; extradition

aus|löschen put* out; *fig.* wipe out; **~losen** draw* lots for

auslös|en *tech.* release; *Gefangene, Pfand*: redeem; *Alarm, Krieg etc*: trigger off; *Gefühl, Reaktion*: cause; **2er** *m phot.* shutter release; **der ~ sein für** trigger *s.th.*

ausmachen put* out; *Gerät etc.*: turn off; *vereinbaren*: arrange; *Teil*: make* up; *Betrag*: amount to; *regeln*: settle; *sichten*: sight; **macht es dir et. aus**(, **wenn ...**)? do you mind (if ...)?

Ausmaß *n* extent

ausmessen measure

Ausnahme *f* exception; **~zustand** *m* state of emergency

ausnahms|los without exception; **~weise** by way of exception; *diesmal*: for once

aus|nehmen *gastr.* clean; *j-n*: except, exclude; F *betrügerisch*: fleece, F take* *s.o.* to the cleaners; **~nutzen** use, take* advantage of (*a. contp.*); → **ausbeuten**; **~packen** *v/t* unpack; *Geschenk*: unwrap; *v/i* F *reden*: talk, blab; **~pfeifen** boo (at); *thea. a.* boo off the stage; *Sportler*: boo off the park; **~pressen** squeeze (out); **~probieren** try (out)

Auspuff *m* exhaust; **~gase** *pl*

exhaust fumes *pl*; **~rohr** *n* exhaust pipe, *Am.* tail pipe; **~topf** *m* silencer, *Am.* muffler

aus|radieren erase; *fig.* wipe out; **~rangieren** discard; **~rauben** rob; **~räumen** empty, clear; **~rechnen** calculate, work out

Ausrede *f* excuse; **2n** *v/i* finish speaking; **~ lassen** hear* *s.o.* out; *v/t*: **j-m et. ~** talk s.o. out of s.th.

ausreichen be* enough; **~d** sufficient; *Note:* D

Ausreise *f* departure; **2n** *v/i* leave* (the country); **~visum** *n* exit visa

aus|reißen *v/t* pull (*od.* tear*) out; *v/i* F run* away; **~renken** dislocate; **~richten** *erreichen:* accomplish; *Nachricht:* pass on; → **bestellen**; **~rotten** exterminate

Ausruf *m* cry, shout; **2en** *v/i* cry, shout, exclaim; *v/t:* call out; **~ungszeichen** *n* exclamation mark

ausruhen rest (*a.* **sich ~**)

ausrüst|en equip; **2ung** *f* equipment

ausrutschen slip

Aussage *f* statement; *jur.* evidence; *fig.* message; **2n** state, declare; *jur.* testify

aus|schalten switch off; *fig.* eliminate; **~schauen** **~ nach** look out for; → **aussehen**; **~scheiden** *v/i* be* ruled out; *Sport etc.:* drop

out; **~ aus** *Firma etc.:* leave*; *v/t med.* secrete; **~schalten** scold; **~schlafen** sleep* in (*a.* **sich ~**); **s-n Rausch ~** sleep* it off

Ausschlag *m med.* rash; *Zeiger:* deflection; **den ~ geben** decide the issue; **2en** *v/i* *Pferd:* kick; *Zeiger:* deflect; *bot.* sprout, bud; *v/t* *Zahn etc.:* knock out; *ablehnen:* refuse; **2gebend** decisive

ausschließen lock out; *fig.* exclude; *ausstoßen:* expel; *Sport:* disqualify; **~lich** exclusive(ly)

Ausschnitt *m* *Kleid:* neck; *Zeitung:* cutting, *Am.* clipping; *fig.* part; *Buch, Rede:* extract; **mit tiefem ~** low-necked

ausschreiben write* out; *Stelle etc.:* advertise

Ausschreitungen *pl* riot(ing) *sg*

Ausschuss *m* committee, board; *Abfall:* waste

ausschütten pour out; *verschütten:* spill*; *econ.* pay*; **sich ~** (**vor Lachen**) split* one's sides (laughing); **sein Herz ~** pour one's heart out

ausschweifend dissolute

aussehen 1. *v/i* look (**wie**, **nach** like); **2.** **2** *n* looks *pl*, appearance *sg*

aussein → **aus**

außen outside; *nach ~* outward(s); *fig.* outwardly

Außen|bordmotor *m* outboard motor; **~handel** *m* foreign trade; **~minister(in)** foreign minister, *Brt.* Foreign Secretary, *Am.* Secretary of State; **~politik** *f* foreign affairs *pl*; *bestimmte:* foreign policy; **~seite** *f* outside; **~seiter(in)** outsider; **~stelle** *f* branch; *bestimmte:* **~ter** *m Sport:* winger; **~verteidiger** *m Sport:* rechter (linker) **~** right (left) back; **~welt** *f* outside world

außer out of; *neben:* beside(s); *ausgenommen:* except; **~ dass** except that; **aller ~ all** but; **~ sich sein** be* beside o.s.; **~ wenn** unless; **~dem** besides, moreover

äußere exterior, outer, outward

Äußere *n* exterior, outside; (outward) appearance

außer|gewöhnlich unusual; **~halb** outside, out of; *jenseits:* beyond; **~irdisch** extraterrestrial

äußerlich external; outward; *rein ~ fig.* on the surface

äußern express; *sich ~* say* s.th.; *sich ~ zu* give one's opinion on

außer|ordentlich extraordinary; **~planmäßig** unscheduled

äußerst outermost; *fig.* extreme(ly); *bis zum* **2en**

gehen go* to extremes

außerstande unable

Äußerung *f* utterance

aussetzen *v/t Tier etc.:* abandon; *der Sonne, Kritik etc.:* expose to (*a. sich ~*); *Preis etc.:* offer; **et. auszusetzen haben an** find* fault with; *v/i* stop, break* off; *Motor etc.:* fail

Aussicht *f* view (*auf* of); *fig.* chance (*auf* of)

aussichts|los hopeless; **~reich** promising; **2turm** *m* observation tower

Aussiedler *m* resettler

aussitzen *Krise etc.* sit out

aussöhnen → **versöhnen**

aussortieren sort out; **~spannen** *fig.* (take* a) rest, relax; **~sperren** lock out; **~spielen** *v/t Karte:* play; *v/i* lead*

Aus|sprache *f* pronunciation; discussion, debate; *private:* heart-to-heart (talk); **2sprechen** pronounce; *äußern:* express; *sich ~ have* a* heart-to-heart (talk); → **ausreden**; **~spruch** *m* saying

aus|spucken spit* out; **~spülen** rinse

ausstatten fit out, equip, furnish; **2ung** *f* equipment; furnishings *pl*; decor

ausstehen *v/t:* **ich kann ihn (es) nicht ~** I can't stand him (it); *v/i* be* outstanding

aussteig|en get* out (*od.*

off]; *fig.* drop out; **2er(in)**
dropout
ausstell|en exhibit, display;
Rechnung, Scheck: make*
out; *Paß:* issue; **2er** *m* ex-
hibitor; **2ung** *f* exhibition
aussterben die out
Aussteuer *f* trousseau
Ausstieg *m* exit; *fig.* withdrawal (*aus* from)
aus|stopfen stuff; **~stoßen**
eject, emit; *econ.* turn out;
Schrei etc.: give*; *j-n:* expel
ausstrahl|en radiate (*a. fig.*);
senden: broadcast*; **2ung** *f*
broadcast; *fig.* charisma
aus|strecken stretch out; **~**
strömen escape (*aus* from);
~suchen pick, choose*
Austausch *m*, **2en** exchange
(*gegen* for); **~schüler(in)**
exchange pupil (*Am.* student)
austeilen distribute
Auster *f* oyster
austrag|en deliver; *Streit:*
settle; *Wettkampf:* hold*;
2ungsort *m Sport:* venue
Austra|lien Australia;
~lier(in), **2lisch** Australian
aus|treiben *Teufel:* exorcise;
F *j-m et.* **~** cure s.o. of s.th.;
~treten *v/t* tread* (*od.*
stamp) out; *Schuhe:* wear*
out; *v/i entweichen:* escape; F
go* to the toilet (*Am.* bathroom); **~** *aus* leave*; **~trin-**
ken drink* up; *leeren:* empty; **2tritt** *m* leaving; **~trock-**
nen dry up; **~üben** practi|se,

Am. -ce; *Amt:* hold*; *Macht:*
exercise; *Druck:* exert
Ausverkauf *m* sale; **2t** sold
out (*a. thea.*)
Aus|wahl *f* choice, selection;
Sport: representative team;
~wählen choose*, select
Auswander|er *m* emigrant;
2n emigrate; **~ung** *f* emigration
auswärtig out-of-town; *pol.*
foreign
auswärts out of town; **~** *es-*
sen eat* out; **2...** *Spiel etc:*
away ...
auswechseln exchange (*ge-*
gen for); *Rad:* change; *erset-*
zen: replace; *Sport:* substitute; **2spieler(in)** substitute
Ausweg *m* way out
ausweichen make* way (*dat*
for); avoid (*a. fig. j-m*); *e-r*
Frage: evade; *fig.* evasive
Ausweis *m* identity (*od.* ID)
card; **2en** expel; *sich* **~** identify o.s.; **~papiere** *pl* documents *pl*; **~ung** *f* expulsion
aus|weiten expand; **~wen-**
dig by heart; **~werten** evaluate; *nützen:* utilize; **~wi-**
ckeln unwrap; **~wirken**
sich **~** *auf* affect; **2wirkung** *f*
effect; **~wischen** wipe out;
~wringen wring* out; **2-**
wuchs *m* excess; **~wuchten**
balance; **~zahlen** pay* (out);
pay* *s.o.* off; *sich* **~** pay*;
~zählen count (*Boxer:* out);
2zahlung *f* payment
auszeichn|en *Ware:* price;

j-n ~ *mit* award s.th. to s.o.; *sich* ~ distinguish o.s.; **2ung** f pricing; fig. distinction, hono(u)r; *Orden:* decoration; *Preis:* award

ausziehen v/t *Kleidung:* take* off; *j-n:* undress (a. *sich* ~); v/i move out

Auszubildende m, f apprentice, trainee

Auszug m move, removal; *Buch etc.:* excerpt; *Konto2:* statement (of account)

Auto n car, bsd. Am. a. auto(mobile); ~ *fahren* drive*; *mit dem* ~ *fahren* go* by car

Autobahn f motorway, Am. expressway, superhighway; **~dreieck** n interchange; **~gebühr** f toll; **~kreuz** n interchange

Autobiographie f autobiography

Auto|bombe f car bomb; **~bus** m → *Bus;* **~fähre** f car ferry; **~fahrer(in)** motorist, driver; **~fahrt** f drive; **~fried-**

hof m F scrapyard, Am. auto junkyard

Autogramm n autograph

Auto|karte f road map; **~kino** n drive-in (cinema, Am. theater)

Automat m vending machine; *tech.* robot; *Spiel2:* slot machine

Automa|tik f automatic (system od. control); *mot.* automatic transmission; **~tion** f automation; **2tisch** automatic

Auto|mechaniker m car (od. motor, Am. auto) mechanic; **~mobil** n → *Auto;* **~nummer** f licen*ce (Am. -se) number

Autor(in) author

autori|sieren authorize; **~tär** authoritarian; **2tät** f authority

Auto|telefon n car phone; **~vermietung** f car hire (Am. rental) service; **~waschanlage** f car wash; **~werkstatt** f garage, car repair shop

Axt f ax(e)

B

Bach m brook, stream, Am. a. creek

Backbord n port

Backe f cheek

backen bake; *in Fett:* fry

Backenzahn m molar

Bäcker m baker; **~ei** f baker's (shop), bakery; **~in** f baker

Back|form f baking pan (od. tin); **~hähnchen** n fried chicken; **~obst** n dried fruit; **~ofen** m oven; **~pulver** n baking powder; **~stein** m brick

Bad n bath; *im Freien:* swim; bathroom

Bade|anstalt f swimming pool; **~anzug** m swimsuit; **~hose** f (swimming) trunks pl; **~kappe** f bathing cap; **~mantel** m bathrobe; **~meister** m pool attendant

baden v/i have* (od. take*) a bath; *im Freien:* swim*; **~ gehen** go* swimming; v/t bathe; *Baby:* Brt. a. bath

Bade|ort m seaside resort; **~tuch** n bath towel; **~urlaub** m holiday at the seaside; **~wanne** f bath(tub); **~zeug** n swimming things pl; **~zimmer** n bath(room)

Bafög n: **~ erhalten** get* a grant

Bagger m excavator; *naut.* dredge(r); **⅞n** excavate; dredge

Bahn f railway, Am. railroad; *Zug:* train; *Weg, Kurs:* way, path, course; *Sport:* track; **mit der ~** by train (od. rail); **~damm** m railway (Am. railroad) embankment

bahnen: *j-m (e-r Sache) den Weg* **~** clear the way for s.o. (s.th.); *sich e-n Weg* **~** force (od. work) one's way

Bahn|hof m (railway, Am. railroad) station; **~linie** f railway (Am. railroad) line; **~steig** m platform; **~übergang** m level (Am. grade) crossing

Bahre f stretcher

Bakterien pl germs pl, bacteria pl

bald soon; F *beinahe:* almost, nearly; **so ~ wie möglich** as soon as possible; **~ig** speedy; **~e Antwort** early reply

Balken m beam

Balkon m balcony

Ball² m ball; *Tanz⅞: a.* dance

Ballast m ballast; **~stoffe** pl roughage sg

ballen *Faust:* clench

Ballen m bale; *anat.* ball

ballern F bang (away)

Ballett n ballet

Ballon m balloon

Ballungs|raum m, **~zentrum** n conurbation

Bambus m bamboo

banal banal, trite

Banane f banana

Banause m philistine

Band¹ n volume

Band² n band; *Zier⅞:* ribbon; *Meß⅞, Ton⅞, Zieł⅞:* tape; *anat.* ligament; *fig.* tie, link, bond; **auf ~ aufnehmen** tape, record

bandagieren bandage

Bandbreite f range, spectrum

Bande¹ f gang

Bande² f *Billard, Kegeln:* cushion; *Eishockey:* boards pl

bändigen tame (a. fig.); *Kinder, Zorn etc.:* control

Bandit m bandit

Band|maß n measuring tape; **~scheibe** f (intervertebral) disc; **~scheibenvorfall** m slipped disc; **~wurm** m tapeworm

bang(e) afraid; *besorgt:* anxious; *Bange machen* frighten, scare

Bank f bench; *Schul⚑:* desk; *econ.* bank; **~angestellte** m, f bank clerk (*od.* employee); **~automat** m cash dispenser (*od.* F machine), cashpoint

Bankier m banker

Bank|konto n bank(ing) account; **~leitzahl** f bank code (*Am.* A.B.A. *od.* routing number; **~note** f (bank)note, *Am. a.* bill

bankrott bankrupt

Bann m ban; *Zauber:* spell

Banner n banner (*a. fig.*)

bar: (*in*) **~ zahlen** pay (in) cash

Bar f bar; nightclub

Bär m bear

Baracke f hut; *contp.* shack

barfuß barefoot

Bargeld n cash; **⚑los** cashless

barmherzig merciful

Barmixer m barman

Barometer n barometer

Barren m *metall.* ingot; *Turnen:* parallel bars pl

Barriere f barrier

Barrikade f barricade

barsch gruff, brusque

Bart m beard; *Schlüssel⚑:* bit

bärtig bearded

Barzahlung f cash payment

Basar m bazaar

Basis f basis; *mil., arch.* base

Baskenmütze f beret

Bass m bass

Bast m bast; *zo.* velvet

bast|eln v/i make* and repair things o.s.; v/t make*; **⚑ler** m do-it-yourselfer

Batterie f battery

Bau m building (*a. Gebäude*), construction; *Tier⚑:* hole; *im* **~** under construction

Bauarbeit|en pl construction work(s pl); **~er** m construction worker

Bauch m belly (*a. fig.*); *anat.* abdomen; F tummy; **⚑ig** bulbous; **~redner** m ventriloquist; **~schmerzen** pl bellyache sg, stomachache sg; **~tanz** m belly dancing

bauen build*, construct; *Möbel etc.:* a. make*

Bauer¹ m farmer; *Schach:* pawn

Bauer² n, m (bird) cage

Bäuer|in f (woman) farmer; farmer's wife; **⚑lich** rustic

Bauern|haus n farmhouse; **~hof** m farm

bau|fällig dilapidated; **⚑gerüst** n scaffold(ing); **⚑herr**(in) owner; **⚑holz** n timber, *Am. a.* lumber; **⚑jahr** n year of construction; *Auto:* **~ 1996** 1996 model

Baum m tree

Baumarkt m DIY store

baumeln dangle, swing*

Baum|stamm m trunk; *gefällter:* log; **~wolle** f cotton

Bauplatz m building site

Bausch m wad, ball; **⚑en: sich ~** billow

Bau|stein m brick; *Spielzeug*

u. fig.: building block;
~stelle *f* building site; *mot.*
roadworks *pl, Am.* construction zone; **~teil** *n* component
(part); **~unternehmer**
m building contractor; **~werk**
n building

Bay|er(in) 2(e)**risch** Bavarian; **~ern** Bavaria

Bazillus *m* bacillus, germ

beabsichtigen intend, plan

beacht|en pay* attention to;
Regel etc.: observe, follow; ~
Sie, dass note that; *nicht* ~
take* no notice of; disregard, ignore; **~lich** considerable; **2ung** *f* attention; observance; *Berücksichtigung:*
consideration

Beamt|e *m,* **~in** *f* official; *Polizei:* officer; *Staats2:* civil
servant

be|ängstigend alarming;
~anspruchen claim; *Zeit,
Raum etc.:* take* up; *j-n:*
keep* *s.o.* busy; *tech.* stress;
~anstanden object to; **~antragen** apply for; *jur.*
move (for); **~antworten** answer, reply to; **~arbeiten**
work; *Buch:* revise; *Sachgebiet:* work on; *Fall etc.:*
deal* with; *F j-n:* work on;
~aufsichtigen supervise;
Kind: look after; **~auftragen**
commission; anweisen: instruct; ~ *mit* put *s.o.* in
charge of; **2bauen** build*
on; *agr.* cultivate

beben shake*, tremble (*bei-*

de: vor with); *Erde:* quake

Becher *m* cup; *Henke2: a.*
mug

Becken *n* basin; pool; *anat.*
pelvis; *mus.* cymbal(*s pl*)

bedächtig circumspect; *langsam:* measured

bedanken: *sich bei j-m (für
et.)* ~ thank *s.o.* (for *s.th.*)

Bedarf *m* need (*an* of); *econ.*
demand (for); **~shaltestelle**
f request stop

bedauerlich regrettable;
~erweise unfortunately

bedauern *j-n:* feel* sorry for,
pity; *et.:* regret

Bedauern *n* regret (*über* at);
2**swert** pitiable, deplorable

be|decken cover; **~deckt**
Himmel: overcast

bedenken consider

Bedenken *pl* doubts *pl;*
scruples *pl; Einwände:* objections *pl*

bedenklich doubtful; *ernst:*
serious; critical

bedeut|en mean*; **~end** important; *beträchtlich:* considerable; **2ung** *f* meaning;
Wichtigkeit: importance

bedeutungs|los insignificant; **~voll** significant

bedien|en *v/t* serve, wait
on; *tech.* operate, work; *sich*
~ help *o.s.; v/i* serve; *bei
Tisch:* wait (at table); *Karten:* follow suit; **2ung** *f* service; *Person:* waiter, waitress; shop assistant, *bsd.
Am.* clerk; *tech.* operation

Bedingung f condition; *Anforderung:* requirement; **⊆los** unconditional

bedrängen press (hard)

bedrohen threaten; **⭑lich** threatening; **⊆ung** f threat

bedrücken depress, sadden; **⭑d** depressing

Bedürf|nis n need, necessity (*nach* for); **⊆tig** needy, poor

be|eilen: *sich* ⭑ hurry (up); **⭑eindrucken** impress; **⭑einflussen** influence; *nachteilig:* affect; **⭑einträchtigen** affect, impair; **⭑enden** (bring* to) an end, finish; **⭑erben:** *j-n* ⭑ be* s.o.'s heir

beerdig|en bury; **⊆ung** f funeral; **⊆ungsinstitut** n undertakers pl, Am. funeral home (*od.* parlor)

Beere f berry

Beet n bed

befahr|bar passable; **⭑en** drive* on; *naut.* navigate

befangen self-conscious; prejudiced (*a. jur.*)

befassen: *sich* ⭑ *mit* concern o.s. with; *Buch etc.:* deal* with

Befehl m order; command (*über* of); **⊆en** order; command

befestigen fasten (*an* to), fix (to), attach (to); *mil.* fortify

befeuchten moisten, damp

befinden: *sich* ⭑ be* (situated *od.* located)

befolgen follow; *Vorschrift:* *a.* observe; *Gebote:* keep*

beförder|n carry, transport; *beruflich:* promote (*zu* to); **⊆ung** f transport(ation); promotion

be|fragen question, interview; **⭑freien** free; *retten:* rescue; **⭑freunden:** *sich* ⭑ *mit* make* friends with; *fig.* warm to; **⭑freundet** friendly; ⭑ *sein* be* friends

befriedig|en satisfy; *sich selbst* ⭑ masturbate; **⭑end** satisfactory; **⊆ung** f satisfaction

befristet limited (*auf* to)

befugt authorized

Befund m finding(s pl)

befürcht|en, ⊆ung f fear

befürworten advocate

begab|t gifted, talented; **⊆ung** f gift, talent(s pl)

begegn|en meet* (*a. sich* ⭑); **⊆ung** f meeting; *feindliche:* encounter

begehen *feiern:* celebrate; *Tat:* commit; *Fehler:* make*

begehr|en desire; **⭑t** popular, (much) in demand

begeister|n fill with enthusiasm; *sich* ⭑ *für* be* enthusiastic about; **⭑t** enthusiastic; **⊆ung** f enthusiasm

Begier|de f desire (*nach* for); **⊆ig** eager (*nach* for); *contp.* greedy

begießen water; *Braten:* baste; *fig.* F celebrate

Beginn m beginning, start; *zu* ⭑ at the beginning; **⊆en** begin*, start

beglaubig|en certify; **2ung** f certification

begleichen pay*, settle

beglei|ten accompany; **2-ter(in)** companion; **2tung** f company; *Schutz*: escort; *mus.* accompaniment

be|glückwünschen congratulate (*zu* on); **~gnädigen** pardon; **~gnügen**: *sich ~ mit* be* satisfied with; **~graben** bury; **2gräbnis** n funeral; **~greifen** understand*; *erfassen*: grasp; **~greiflich** understandable; **~grenzen** limit, restrict (*auf* to)

Begriff m idea, notion; *Ausdruck*: term; *im ~ sein zu* be* about to

begründen give* reasons for

begrüß|en greet, welcome; **2ung** f greeting, welcome

begünstigen favo(u)r

be|haart hairy; **~haglich** comfortable; cosy

behalten keep* (*für sich* to o.s.); *sich merken*: remember

Behälter m container

behand|eln treat (*a. med.*); *Thema*: deal* with; *umgehen mit*: handle; **2lung** f treatment

beharr|en insist (*auf* on); **~lich** persistent

behaupt|en claim; *fälschlich*: pretend; **2ung** f claim

be|heben remove; **~helfen**: *sich ~ mit* make* do with; *sich ~ ohne* do* without; **~herbergen** accommodate

beherrsch|en rule (over), govern; *Lage, Markt etc.*: control; *Sprache*: have* command of; *sich ~* control o.s.; **2ung** f control; *die ~ verlieren* lose* control

behilflich: *j-m ~ sein* help s.o. (*bei* with)

behinder|n hinder; *Verkehr etc.*: obstruct; **~t** med. handicapped, disabled; **2te** m, f handicapped (*od.* disabled) person; **2ung** f obstruction; *med.* handicap

Behörde f authority

bei *räumlich*: near; at; *zeitlich*: during; *Jim* at Jim's (place); *wohnen ~* stay (*ständig*: live) with; *arbeiten ~* work for; *e-e Stelle ~* a job with; *~ Müller Adresse*: c/o Müller; *ich habe ... ~ mir* I have ... with (*od.* on) me; *~ Licht* by light; *~ Tag* during the day; *~ Nacht* at night; *~ Regen (Gefahr)* in case of rain (danger); *~ der Arbeit* at work; *~ weitem* by far

bei|behalten keep* up, retain; **~bringen** teach*

Beichte f confession; **2n** confess (*a. fig.*)

beide both; *Tennis*: all; *m-e ~n Brüder* my two brothers; *wir ~* the two of us; *betont*: both of us; *keiner von ~n* neither of them

beieinander together

Bei|fahrer m front(-seat) passenger; **~fall** m applause; *fig.*

approval; **2fügen** *e-m Brief:* enclose

beige beige

Bei|geschmack *m* smack (**von** of) (*a. fig.*); **~hilfe** *f* grant, subsidy; *jur.* aiding and abetting

Beil *n* hatchet; *großes:* ax(e)

Beilage *f Zeitung:* supplement; *Essen:* side dish; vegetables *pl*

bei|läufig casual(ly); **~legen** *Streit:* settle; → *beifügen*

Beileid *n* condolences *pl,* sympathy; *herzliches* ~ my deepest sympathy

beiliegend enclosed

beim: ~ *Arzt etc.* at the doctor's *etc.;* ~ *Sprechen* while speaking; ~ *Spielen* at play

beimessen attach (*dat.* to)

Bein *n* leg

beinah(e) almost, nearly

beisammen together; **2sein** *n* get-together

Beischlaf *m* sexual intercourse

Beisein *n* presence

beiseite aside; ~ *schaffen* remove; *jur.* liquidate

beisetz|en bury; **2ung** *f* funeral

Beispiel *n* example; **zum** ~ for example; *sich an j-m ein* ~ *nehmen* take s.o. as an example; **2haft** exemplary; **2los** unprecedented

beißen bite*; *sich* ~ *Farben:* clash; **~d** *Wind, Kritik:* biting; *Geruch:* caustic

Bei|stand *m* assistance; **2stehen** assist, help; **2steuern** contribute (**zu** to)

Beitrag *m* contribution; *Klub etc.:* subscription, *Am.* dues *pl;* **2en** contribute (**zu** to)

beitreten join

Beiwagen *m* sidecar

beizen *Holz:* stain; *Fleisch:* marinade

bejahen answer in the affirmative; **~d** affirmative

bekämpfen fight* (against)

bekannt (well-)known; *vertraut:* familiar; ~ *geben* announce; *j-n* ~ *machen mit* introduce s.o. to

Bekannte *m, f* acquaintance, *mst* friend

bekanntlich as you know; **2machung** *f* announcement; **2schaft** *f* acquaintance

bekenn|en confess; *zugeben:* admit; *sich schuldig* ~ *jur.* plead guilty; **2tnis** *n* confession; *rel.* denomination

beklagen lament; *sich* ~ complain (**über** of, about)

Bekleidung *f* clothing

beklommen uneasy

be|kommen get*; *Brief, Geschenk: a.* receive; *Krankheit etc.: a.* catch*; *Kind:* have*; *j-m* ~ agree with s.o.; **~kräftigen** confirm; **~laden** load

Belag *m* covering; *tech.* coat(ing); *Brot2:* spread; (sandwich) filling

be|langlos irrelevant; **~lasten** load; *fig.* burden; worry;

beschweren: weight; *jur.* incriminate; *Umwelt*: pollute; **j-s Konto ~ mit** charge s.th. to s.o.'s account; **~lästigen** molest; *ärgern*: annoy, pester; **2lästigung** *f* molestation; pestering; **sexuelle ~ 2lastung** *f* sexual harassment; **2lastung** *f* load; *fig.* burden; strain, stress; **~laufen: sich ~ auf** amount to; **~lebt Straße**: busy, crowded

Be|leg *m Beweis*: proof; *econ.* receipt; *Unterlage*: document; **2legen** cover; *Platz etc.*: reserve; *Kurs etc.*: enrol(l) for; *beweisen*: prove; *Brot*: **~ mit** put* s.th. on; **den 1. Platz ~** take* first place; **~legschaft** *f* staff *mst pl*; **2legt** *Hotel etc.*: full; *Stimme*: husky; *Zunge*: coated; **→ besetzt; ~es Brot** sandwich

belehren teach*; inform

beleidi|gen offend, *stärker*: insult; **~gend** offensive, insulting; **2gung** *f* offen|ce (*Am.* -se), insult

beleuch|ten light* (up), illuminate; **2tung** *f* light(ing); illumination

Belgi|en Belgium; **~er(in)**, **2sch** Belgian

belich|ten expose; **2tung** *f* exposure (*a.* **~zeit**); **2tungsmesser** *m* exposure meter

Belieben *n*: **nach ~** at will

beliebig: **jeder 2e** anyone

beliebt popular (**bei** with);

2heit *f* popularity

beliefern supply

bellen bark

belohn|en, **2ung** *f* reward

be|lügen: **j-n ~** lie to s.o.; **~malen** paint; **~mängeln** find* fault with

bemerkbar noticeable; **sich ~ machen** draw* attention to o.s.; *Folgen*: become* apparent

bemerk|en notice; *sagen*: remark; **~enswert** remarkable; **2ung** *f* remark

bemitleiden pity, feel* sorry for; **~swert** pitiable

bemüh|en: sich ~ try (hard); **sich ~ um** *et.*: try to get; *j-n*: try to help; **2ung** *f* effort; **danke für Ihre ~en!** thank you for your trouble

benachbart neighbo(u)ring

benachrichtig|en inform; **2ung** *f* information

benachteilig|en put *s.o.* at a disadvantage; *sozial*: discriminate against; **2ung** *f* disadvantage; discrimination

benehmen 1. *v/refl* **sich ~** behave (o.s.); **2.** **2** *n* behavio(u)r, conduct; manners *pl*

beneiden envy (*j-n um et.* s.o. s.th.); **~swert** enviable

benennen name

Bengel *m* (little) rascal

benommen dazed

benötigen need, require

benutz|en use; *nützen*: make* use of; **2er(in)** user;

∼erfreundlich user-friendly; **∼oberfläche** f *Computer*: user interface; **∼ung** f use

Benzin n petrol, *Am.* gas(oline)

beobacht|en watch; *genau*: observe; **∼er(in)** observer; **∼ung** f observation

bepflanzen plant (*mit* with)

bequem comfortable; *leicht*: easy; *faul*: lazy; **∼lichkeit** f comfort; laziness; **∼en** pl conveniences pl

berat|en *j-n*: advise; *etw*.: discuss; *sich ∼ lassen* ask s.o.'s advice; *sich ∼ mit* consult; **∼er(in)** adviser; consultant; **∼ung** f advice (a. med.); discussion; *Besprechung*: consultation; **∼ungsstelle** f advice cent|re (*Am.* -er)

berauben rob

berechn|en calculate; *econ.* charge; **∼end** calculating; **∼ung** f calculation

berechtig|en entitle; *ermächtigen*: authorize; **∼t** entitled; *Anspruch*: legitimate

Bereich m area; *Umfang*: range; (*Sach*)*Gebiet*: field; **∼ern** enrich; *sich ∼* get* rich (*an* on), F line one's pockets

Bereifung f (set of) tyres (*Am.* tires)

bereinigen settle

bereit ready, prepared

bereit|en *verursachen*: cause; *Freude*: give*; **∼halten** ha-

ve* *s.th.* ready; *sich ∼* stand* by

bereits already

Bereitschaft f readiness; *in ∼ stehen* → **bereitstehen**

Bereitschafts|arzt m, **∼ärztin** f duty doctor; **∼dienst** m: *∼ haben* be* on call

bereit|stehen stand* by, be* on standby; **∼stellen** make* available, provide; **∼willig** willing

bereuen regret; repent (of)

Berg m mountain; *∼e von* heaps (*od.* piles) of; *die Haare standen ihm zu ∼e* his hair stood on end; *∼ab* downhill (*a. fig.*); *∼auf* uphill; **∼bahn** f mountain railway; **∼bau** m mining

bergen rescue; *Tote*: recover; *enthalten*: hold*

Bergführer(in) mountain guide

bergig mountainous

Berg|kette f mountain range; **∼mann** m miner; **∼rutsch** m landslide; **∼schuhe** boots pl; **∼steigen** n mountaineering; **∼steiger(in)** mountaineer

Bergung f recovery; *Rettung*: rescue

Berg|wacht f alpine rescue service; **∼werk** n mine

Bericht m report (*über* on), account (of); **∼en** report; *erzählen*: tell; *j-m et. ∼* report s.o. of s.th.; **∼erstatter(in)** reporter; correspondent

companions were doing. They admired each other's work, but secretly each chef thought that his own dish was the best. Then they looked at what the youngest cook had made. It was a plain brown loaf, deliciously crusty and sweet-smelling.

The other cooks roared with laughter.

'Fancy baking an ordinary loaf for the king!' they said. 'Well, you won't win the prize, that's certain.'

At that moment the king entered the kitchen accompanied by his lords and ladies. He walked between the loaded tables looking, tasting and smelling.

'This roast duck is excellent,' he said, 'and I like the jugged hare. What a marvellous cake! And that pudding is a truly amazing sight.'

cabbages. All night he watched, but there was no sign of the thief. At last, just as the sun was rising, he saw a movement on one of the balconies. A great black and white magpie, with something shining held in its beak, flew from the balcony to the top of a tall pine tree nearby.

'Aha!' cried Jackie triumphantly. 'So you are the mysterious thief, you wicked bird. The stolen jewellery must be in your nest. I shall soon have it safely.'

Jackie began to climb the pine tree until, at the top he found the magpie's nest. There, among pieces of coloured glass and shiny metal which the magpie had collected, he found the Colonel's watch, Mrs Honeybun's diamond ring and the brooch that the magpie had just stolen that morning. Jackie put the precious things in his pocket, tucked the surprised magpie under one arm, and climbed down the tree again.

When Jackie reached the inn, the land-lord thanked him with tears in his eyes and gave him a purseful of money as a reward. The guests praised him and called him a hero. As for the wicked magpie, Jackie could not bear to kill it so it was allowed to go free, and soared away into the clear blue sky.

62

The King's Banquet

Long ago there lived a king who was renowned for his kind heart and his good sense. When his son and heir was born, the king wanted all his people to share in his joy and he planned an enormous banquet to which his subjects would be invited.

He summoned all the chefs in the kingdom to the palace and told them

Suddenly he stopped, and frowned.

'Yes, this is all very well,' he said, 'but all this food is very rich. People will want something simple to eat with it—bread, for instance.'

'Here is a loaf of bread, Your Majesty,' said the youngest chef, and he cut the king a slice from his crusty loaf which was still warm from the oven.

The king ate it, and a beaming smile spread over his face.

'This bread is perfect,' he said. 'Young man, you win the prize!'

The Conceited Turkey

There was once a very cunning marten who boasted that she was a great artist, and one day she suggested that Bernard, the turkey cock, should sit for his portrait.

'That will give me an excuse for getting into the poultry yard,' said the marten to herself. 'I have my eye on the red hen's chicks. What a super tasty dinner they will soon make me!'

The next day she arrived at the hen-house early in the morning with her easel, her canvas, her brushes and her paints.

'Here I am!' she said with a big smile at Bernard. 'My, how fine you look!'

Bernard had washed and polished all his feathers until they gleamed, and he wore a hat on his head, a scarf round his neck, and carried a pair of gloves under one wing. He really looked very funny indeed, and the marten had to turn away quickly so that Bernard would not see her laugh!

The marten started to mix her paints on her palette. She did not really know how to paint and she made a fine mess, mixing red, blue, green and purple paints together and daubing the mixture on the canvas. She was not really looking at what she was doing for she was watching for the red hen's chicks to appear, and her ears were pricked to catch the sound of their cheeping.

'How are you getting on?' asked Bernard.

'Be patient—it is not ready yet,' she told him. Then she set to work to cover the whole canvas with paint, trying desperately to make it look something like Bernard.

There was still no sign of the little chicks, and Bernard began to get impatient.

'Surely you have finished my portrait

by this time!' he cried. 'I am longing to see it!'

At that moment the chicks appeared at the door of the henhouse and, full of curiosity, ran over to the marten and crowded round the easel.

The marten was just about to seize two of them and run off when she heard the furious voice of Bernard the turkey.

'Oh, you wicked creature!' he cried. 'You said you would paint my portrait and all you have done is make a horrid dirty mess!'

'Poor old Bernard!' cried the chicks, cheeping with laughter. 'Serves you right for being vain!'

Then the angry turkey pecked the marten until she ran away, screaming for mercy.

Ping, Pong and Pang

Ping, Pong and Pang were three little mischievous penguins who decided to play truant from school one day in order to go skating.

They built a snowman and hung their school satchels on him. Then they began to skate.

What fun it was! How fast they sped over the ice!

But unfortunately the iceberg on which they had left their satchels split away from the rest of the ice. There was a loud crack and the three little penguins saw their belongings being carried out towards the open sea.

'My satchel!' shouted Ping, Pong and Pang at the same moment.

They dived into the sea and tried to swim after the iceberg, but it was moving too fast for them to catch it.

'Brr! The water is cold!' shivered Ping. 'Let's swim for the shore.'

To their horror they found that they were caught by the current and no matter how hard they tried to swim against it they too were being swept out towards the open sea.

Then those little penguins began to

panic and were really frightened.

'Mummy!' they shouted. 'Help! Daddy! Daddy! Come and rescue us!'

But the cold North Wind blew their words out to sea.

'I can't swim any more,' gasped Pang at last. 'I'm so cold and tired and. . . .'

'Look!' cried Ping. 'Isn't that an island over there? Cheer up, Pang. Just a few more strokes and you will be safe.'

In another minute they reached the island and scrambled ashore. It was a curious island—black, very smooth, and glossy like oil.

The little penguins jumped around to warm themselves and then Pong said, 'We are still a long way from home. How do we get back?'

'I don't know,' said Pang. 'Only think how cross Mummy and Daddy and our teacher will be if we go back home late and without our satchels.'

'Oh dear!' said Ping. 'We *shall* be in trouble.'

At that moment their island began to move.

'It's another iceberg!' shrieked Ping. 'We're being carried out to sea!'

But Pang was looking behind them.

'This is no iceberg and no island either,' he said. 'Look at that great wake of foam it leaves behind as it cuts through the water.'

'We must be riding on the back of a whale!' exclaimed Pong, and he looked very frightened.

The whale swam swiftly out to sea

and soon he had caught up with the little iceberg where the penguins had left their satchels. He waited while the three brothers collected their bags and then, when they were safely on his back once more, he turned and swam towards the shore.

When they were safely on dry land again the three penguins thanked the kind whale for having rescued both themselves and their school bags.

The whale grinned, and said in his deep voice, 'Don't play truant again, little penguins. I might not be there to rescue you another time.' And he swam away, leaving behind him a long wake of foam.

The Frog's Lullaby

In a pond at the edge of a wood there
lived a green frog. When the spring
came the blackbird and the squirrel
and all the animals and birds made
nests for their babies. The frog laid
her eggs in the mud at the bottom
of the pond. Then, one lovely morning
when the sun was shining, she saw a
fine swarm of little tadpoles swimming

easily and gracefully towards her.

She was very proud of them, and when they grew legs and turned into baby frogs she was prouder than ever. When the sun went down and the pond was lit up by moonbeams, she sat her little ones on a broad waterlily leaf and began to sing them a lullaby.

Such a funny croaking sound it was! A nightingale, who was flying past, stopped and said, 'Good gracious! Are you trying to sing? You will give your children nightmares if you make a noise like that! I will sing a lullaby for you.'

The frog was very hurt and upset, but she said nothing and listened while the nightingale sang. His voice was very beautiful indeed, but he put in

80

so many trills and fancy notes that the little frogs opened their eyes wider than ever and hopped about on the waterlily leaf, pushing and shoving each other.

The nightingale was cross.

'Why don't you go to sleep, you naughty little frogs?' he asked.

Then all the little frogs opened their mouths and said together, 'Because we want our mother to sing us a lullaby.'

Then they turned to their mother and begged, 'Oh, mother, please sing to us. You have such a lovely voice and we will go to sleep at once if you sing to us.'

The mother frog almost cried for joy. She sang her croaking lullaby, and the little frogs fell fast asleep.

Tinker the Dog and Zoë the Flea

Zoë the flea lived on Tinker's tail.
Tinker was a stray dog, and together
the two friends roamed through the
streets of the town.

Tinker was very patient; he never
complained when Zoë made him itch
with her biting, and no matter how hot
and dusty he felt in summer he would not
bathe in the river because he knew that

his great friend Zoë might drown.

Zoë was not satisfied, however. She was ambitious and vain, and often she sighed, 'Tinker is very kind and patient with me, but after all he is nothing but a stray dog. I am made for better things. How I would like to live in a soft cushion trimmed with ostrich feathers, or travel through the world perched in the mane of a fine horse!'

One hot day, as Tinker trotted through the town with Zoë sitting on his tail as usual, they passed a magnificent palace. In front of the gate stood a superb horse harnessed to a carriage.

'Oh, how beautiful!' exclaimed the flea, opening her eyes wide. All her legs trembled with excitement and, without any word of thanks or goodbye to her good friend Tinker, she jumped from his tail and hid herself among the long hairs of the horse's tail.

She was only just in time for, as she reached the horse, the coachman cracked his whip and the horse began to trot. Zoë had no time to get a firm hold on the horse's tail and she was soon feeling very miserable.

She felt as though she were on a see-saw, and each time she went down she was afraid that she would lose her grip and fall to the ground, to be trampled under the horse's hooves.

'Oh dear!' she sighed. 'I never guessed that the tail of such a fine horse could be so uncomfortable!'

At last the carriage stopped and Zoë decided to move quickly. She gave a

terrific hop and landed on the top hat worn by the smart gentleman who was just getting out of the carriage. The hat felt very comfortable and she was just about to explore the brim when the gentleman took off his hat and saw her!

'Coachman! Coachman! Come here!' he cried angrily. 'A flea has just hopped on to my hat!'

'How terrible, sir!' the coachman said, jumping down from his seat. He put his head through the window of the carriage and saw poor Zoë, who was shaking with fear by then.

'Ah, you rascal! I'll soon teach you not to trouble people who travel in my coach!' he cried, and he stretched out a large, hairy hand, ready to crush the frightened little flea with his finger.

Poor Zoë did not know what to do, until suddenly she heard a familiar bark. It was her old friend Tinker.

'Oh, Tinker, please save me!' she cried out.

Kind Tinker trotted up to the carriage at once and said, 'Jump quickly, Zoë!'

Zoë jumped just in time and landed on his tail.

Then Zoë begged Tinker's pardon for being so ungrateful and promised that she would never again be so proud and vain. And Tinker readily forgave her.

Bimgobo's Trick

When Bimgobo grew old enough to herd the goats that belonged to the tribe, the Witch Doctor called the boy to him and said, 'Bimgobo, you are now eight years old and, like all members of the tribe, you must learn to make yourself useful. I have decided to give you forty goats to look after. It will be your job to take them out to graze each morning and to bring them safely back to the village each night.'

Bimgobo, who was not very fond of work and who would have liked to continue to play among the huts in the shade of the forest, made a face and replied, 'But lions like to eat goats. Suppose a lion were to attack my herd, how could I chase him off? I am still too little to be able to use a bow or a blowpipe.'

The Witch Doctor thought for a moment and then he took down a big drum from its place on the wall of his hut.

'Here you are,' he said. 'Take this drum. If a lion should come near the herd you must beat the drum loudly and all the warriors of the tribe will come to your rescue with their long spears.'

As Bimgobo couldn't think of any other excuse, he ungraciously took the Witch Doctor's drum, collected his forty goats and led them out to the pasture.

Before long, however, he grew bored with watching the goats and he decided to play a trick on the Witch Doctor and the warriors. So he beat the drum as hard as he could, crying, 'Help! Help! A lion is coming!'

Immediately all the warriors ran from their huts, armed to the teeth, and hurried to the pasture. But when they reached it there was no trace of a lion; only Bimgobo, doubled up with laughter at the trick he had played on them.

The Witch Doctor and the warriors scolded him severely and then, as there

was no lion to be seen, they returned to their huts.

Shortly after this, however, a lion really *did* come out of the forest—a big, fierce and very hungry lion. He scented the goats and glided towards them. Bimgobo saw him coming and beat his drum as hard as he could, shouting, 'Help! Help! A lion is coming!'

The Witch Doctor and the warriors heard the boy's cries and the roll of his drum, but thinking that it was just another of Bimgobo's tricks they took no notice. The lion sprang at the goats and ate them all up.

As for Bimgobo, he climbed a high tree and stayed there for two days and two nights while the lion prowled around at the foot of the tree, waiting patiently for the boy to come down.

At last the warriors came to see why he had not brought the herd home. They killed the lion and rescued Bimgobo, who was so weak with hunger and thirst that he could hardly stand. But he had learned his lesson, and he never played such a foolish trick again.

St Nicholas and the Lemons

Long, long ago lemons did not exist. The lovely trees with their shiny green leaves which today bear lemons, had only oranges then. Very fine oranges they were too, as big as melons and full of sweet juice.

Now one day the good St Nicholas was walking through an orchard of these orange trees. He was feeling very thirsty for the road was long and dusty and the hot midday sun was shining down on him.

Soon he saw a man on a ladder that was propped against one of the trees. The man was half hidden by the leaves and he was picking the oranges.

St Nicholas went up to him and said, 'I am a poor pilgrim and I have a terrible thirst. Would you be very kind and give me one or two of your oranges, and in return I will pray to God that he will give you good harvests.'

The man turned round on his ladder and looked at the dusty, shabby saint standing below. He smiled in a superior way and said, 'Now understand this, pilgrim. I would not give so much as a

pip of my oranges away. How could I make a living if I started to give my fruit away? Now be off before I set my dogs on you.'

St Nicholas bowed his head and replied, 'I thank you, brother. If it is the will of God, I must remain thirsty.'

But when he raised his head he saw to his amazement that the man was no longer on his ladder; he was running away as fast as his legs would carry him, pursued by four fierce dogs. And high up among the leaves of the trees, where the splendid oranges had grown, there now hung only sour yellow lemons.

The Clown's Birthday Cake

Popo was a very funny clown who worked in a circus. He wore an enormous pair of red and white checked trousers, a pair of shoes that were much too big for him, and a black top hat.

Even when he was not in the ring he was fond of playing jokes, but they were not always very kind jokes. Once, when Hans was rehearsing his number with the elephants, and the Volante Brothers were practising their trapeze act, Popo staggered into the ring carrying a dish on which stood a gigantic birthday cake decorated with marzipan fruits, sweets and little candles.

'Listen, my friends!' he shouted at the top of his voice. 'Today is my birthday and I am going to give a party for you all. Come along! I'm inviting everyone in the circus—animals as well as people. Come and have a slice of my cake—it's delicious!'

The jugglers and the animal trainers, the clowns, the bareback riders, the acrobats and the dwarfs all heard what Popo said. They came running from their caravans to the Big Top;

some rode their ponies and some slid
down the ropes from the trapeze.

Everyone pressed round Popo saying,
'Happy birthday, Popo!'

'Why didn't you tell us before?'

'Many happy returns!'

'All the luck in the world!'

Then, with a sly smile, the clown
began cutting the huge cake and handing
it round.

'Thank you for your good wishes,'
he said. 'Here is some cake for you,
and some for you . . . and here is yours.
Enjoy it! Ah, Hans, I have not given
you a piece. Here you are.'

Everyone took big mouthfuls of the
delicious-looking cake. And then . . .
their eyes nearly started out of their
heads, for that cake was filled with

PEPPER! Wicked Popo! What a mean trick to play on his friends!

The poor circus people and their animals were looking quite ill as they tried to spit out their mouthfuls of pepper.

'What a miserable trick to play!' they cried. 'Oh! My mouth feels as if it is on fire! We'll teach you to play jokes like that!'

Popo ran for his life until he reached his caravan. He bolted and barred the door, but he looked through the window and laughed till he cried!

Longtail, Tabby Cat and the Gruyere Cheese

Longtail was a sly and crafty rat and he was also very greedy. He made his home in the cellar underneath Mr Mustard's grocery shop, and he lived very well indeed for Mr Mustard stored all his cheeses in that cellar.

In the morning, as soon as he opened his eyes, Longtail would set to work gnawing his way through one or other

of the large cheeses. He would nibble
his way into the very centre of the cheese
and when he had had enough to eat he
would curl himself round in the centre
of the cheese and sleep until he felt
hungry again.

'This is the way for a rat to live,'
sighed Longtail happily as he slept
and ate and ate and slept.

One day, however, Mr Mustard lit a
candle and climbed down the cellar
stairs to inspect his cheeses. He shone
his torch on to a big Cheshire cheese
and nearly cried out in horror. A little
passage had been hollowed out in the
cheese and in the middle, fast asleep,
lay Longtail the rat!

Mr Mustard hurried upstairs again
and found his tabby cat, who was dozing

in a patch of sunlight on the shop counter. Seizing him by the scruff of the neck, Mr Mustard cried, 'How dare you sleep when my cellar is infested with rats? I have just seen a great big one curled up fast asleep in the middle of a Cheshire cheese!'

Tabby Cat's mouth began to water when he heard this. On tiptoe, his

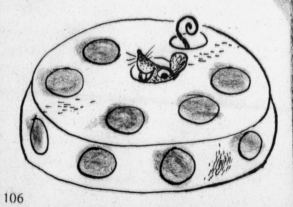

nostrils a-quiver, he crept down the cellar stairs.

Longtail awoke with a jump to find Tabby Cat's big yellow eyes glaring at him. Before he could make any attempt to escape, Tabby Cat scooped him out of the cheese with his paw and tied him up with his striped tail.

'Oh, you wicked thief!' cried Tabby Cat, angrily. 'You have ruined a perfectly good Cheshire cheese. How can my master sell it when you have made all these holes in it?'

Longtail trembled like a leaf, but his fear had not made him lose his cunning, and Tabby Cat's words made the rat think of a way in which he might escape.

'My dear Tabby Cat, you wrong me,'

he said, with a little laugh. 'It was not I who made all these holes in the cheese. I fear you know very little about cheeses, for this is no Cheshire cheese but a Gruyere. Gruyere cheese always has holes; otherwise it would not be a Gruyere cheese. Run and ask your master if this is so.'

The rat sounded so convincing that Tabby Cat half believed him.

'Wait here!' he ordered, untying the rat. 'I will ask my master if what you say is true.' And away he went.

When Mr Mustard heard how Tabby Cat had been tricked, he was very angry indeed. He beat the cat and hurried to the cellar, but the rat had fled!

The Spider's Ointment

There was once a fly who was really very silly. One day she woke up with pains in all her six legs.

'Oh! What has happened to me?' she asked the slug.

'You have rheumatism,' said the slug. 'I do not know of anything which will cure it. You had better go to the old spider. She is a witch and she has special medicines which cure anything.'

Now the fly knew that a spider is a fly's greatest enemy, but the pain in her legs was so bad that she decided to risk a visit to the old spider.

'Who is there?' called the old witch when the fly knocked at her door.

'It is the fly,' said the fly in a timid voice. 'Do you have a medicine which would cure my rheumatism?'

The spider cackled nastily.

'You have come at the right moment, little fly. I have just finished making a most marvellous ointment that will cure you at once. I will let it down to you on one of my ropes. Here you are. Now, smear it on your legs and on your wings.'

The silly fly did as she was told.

In a moment her legs and wings were stuck fast and she could not move.

'I cannot move!' she called to the spider. 'Is this the right ointment?'

'Ha! ha! ha!' cackled the old spider. 'That ointment is a very special glue. I have christened it *Fly Trap!*'

Then the poor fly tried to struggle free, but the glue held her fast. The spider opened her mouth and showed her fearful teeth. But she was in such a hurry to reach her prey that she lost her grip on the rope. She fell to the ground with a bump and split open her head.

Then the fly's friends came up and washed all the glue away. The grateful fly went home with them and vowed never to be so silly again.

The Black Chick and the Crafty Fox

There was once a hen who had twelve beautiful yellow chicks and one little black chick. The hen loved all her chicks equally, but the yellow chicks were very nasty to their small brother. They would not play with him, and if he came near they chased him away with sharp pecks.

'Go away!' they shouted, and pecked

his chest hard. 'We don't want to play with you! We are beautiful golden chicks, but you are an ugly little black chick. Go away! Go away!'

'But the cock is black, and he is very grand,' said the black chick.

'Ha ha! You look more like a blackbird than a chick!' they scoffed.

They preened themselves, and put on grand airs as they walked round the poultry yard, stopping here and there to look for corn or worms, while the little black chick hid himself in the darkest corner of the hen-house and cried bitterly.

Soon, a crafty fox came to live nearby. He watched the poultry-yard for hours, and his mouth watered when he saw the golden chicks. One day, when the mother hen was away, he slipped into the yard and began to talk to the chicks.

'What beautiful creatures you are!' he said in a soft, gentle voice. 'What is your name, little one? And yours? And you at the back there—what are you called?'

And as he talked, the fox stroked their heads with his bushy tail.

'Upon my word, I have never seen more beautiful chicks,' he went on. 'What pretty little things you are. What lovely golden feathers you have. You remind me of a field of golden buttercups shining in the sun. How I should like to take you back to my home so that you could meet my little foxcub. He is an only child, poor

116

little thing, and he gets so lonely.'

The chicks were delighted by all this praise and flattery, and when the sly fox asked them to visit him they danced up and down in excitement.

'I think we should go,' the eldest chick said. 'The fox is so friendly and polite that it would be very rude to refuse his invitation.'

'Oh yes, yes, let us go at once!' cheeped the others. Then they turned to the little black chick and said, 'You stay here. You are so ugly that the fox-cub would be frightened if he saw you.'

The black chick cried bitterly, but the yellow chicks ignored him and set off for the wood with the fox.

An hour passed and then another; at

last the sun disappeared behind the hills and it was night. But the chicks did not return to the hen-house and the mother hen was in despair.

'Oh, I am so unhappy!' she sobbed. 'The fox has taken all my children and he will eat them, every one!'

Very upset to see her so miserable, the little black chick said, 'I am still here, mother. If you will let me go to the wood I may be able to rescue my brothers.'

'Oh no, my little one. The fox would eat you too.'

'I am not frightened, mother. I am black like the night so the fox will not be able to see me.'

So the little black chick bravely set off for the wood and before long he came to the fox's earth by an oak tree.

He heard the sobs of the other chicks and the gruff voice of the fox saying, 'Quiet, you naughty chicks, and keep still! Don't try to escape. I am going to be on guard at the mouth of the earth. I am growing old and my sight is not what it was, but I shall see you easily if you try to slip past me, for your golden feathers show up clearly in the dark.'

The black chick felt his feathers stand on end with fright when he heard the fox come towards him, and his heart thudded like a drum, but he summoned up all his courage, and ran past the fox and down the passage to the earth. When he reached his brothers he spoke gently to them so

120

that they would not cry out and warn the fox. They could not believe their ears when they heard his whisper.

'Is it really you?'

'Did you find your way here alone?'

'But—if you are here why can't we see you?'

Then the black chick said, 'Have you forgotten that I am all black? The night is very dark and that has helped me. Quick, get into a line—I have a plan!'

From under his wing he took a pot of black paint and a brush.

'Now you will find out what it is like to be black,' he said. 'I am going to paint your feathers so that you will look exactly like me. Then you will be able to slip past the fox without his having a chance of seeing you at all.'

So he painted all his brothers black. Then they crept very softly up the passage and passed close by the fox, who never suspected that the chicks were escaping!

From that day on the black chick was the hero of the poultry-yard. His brothers told all the piglets and the lambs about their great adventure and how their brother had rescued them. He was their leader now, and they thought him the most wonderful chick in the world.

Aunt Marianne and the Prince

Today my Aunt Marianne is an old lady with white hair. She lives with us and, when Mummy is busy, she looks after me, gives me my dinner and takes me for walks in the park. I love her more than anyone else in the world, except Mummy and Daddy, of course.

Yesterday, when we were watching the swans on the lake, I asked her all of a sudden, 'Tell me, Aunt Marianne, why did you never marry when you were young?'

She went quite red and her eyes filled with tears. Then she took my hand and told me her story.

'Once upon a time, long long ago, I knew a handsome prince—Prince Azure—who asked me to marry him and live with him in his castle. The wedding day was chosen—a beautiful day in spring—and I was to wear a lovely white embroidered dress.

'On the night before our marriage, Prince Azure climbed a high tower in his castle and said to the moon, "To-morrow morning I am to marry Marianne. Before you set I want you to wake the cock in the barnyard and tell

him to crow twice, as loud as he can."

'"Yes, Prince Azure," said the moon, obediently.

'Then the prince went to the barnyard where he found the cock, and he said, "Tomorrow morning, before she sets, the moon will wake you with her light and order you to crow loudly twice. You must do this in order to waken my faithful servant who will bring me my wedding clothes."

'"Yes, Prince Azure," said the cock, obediently.

'Then Prince Azure went to find his faithful servant and said to him, "When the moon wakes the cock in the morning and the cock crows and wakes you, you must jump out of bed and bring me my wedding clothes. Then you

126

must go down to the kitchen and tell the cook to prepare a magnificent feast."

"Yes, Prince Azure," said the faithful servant, obediently.

'Then Prince Azure went down to the courtyard and ordered his groom to saddle the finest of his horses the following morning and to lower the drawbridge so that he could ride to the church where we were to marry.'

At this point I interrupted my aunt's story to ask, 'But what happened, Aunt Marianne? Why didn't the prince marry you after all?'

'Oh,' replied my aunt, very sadly. 'It was not really his fault. It was Fate. You see, on the morning of our wedding day, when she set, together with all the stars and planets, that foolish

moon quite forgot to wake the cock.
And so the cock, who was a lazy bird
anyway, never crowed and the faithful
servant never brought the wedding
clothes to the prince's bedroom. And the
groom, who was very thoughtless, did not
saddle the horse or lower the drawbridge.
And that is really the end of the story,
my dear. It is quite likely that the
prince is still asleep in his castle,
and so is the cock, the servant, the
groom and the cook. And that is why
I never married and why I am here with
you today, walking in the park.'

It was a beautiful story; but was
it true? However, I loved my Aunt
Marianne too much to ask her any more
questions, and instead I walked along,
staring at the toes of my boots.

128

Golden Horns the Fawn

Golden Horns was born in the forest. He was a pretty, graceful little animal with dainty hooves and a glossy, shining fur coat.

He learned his lessons from King Stag, the head of the herd, who was good and wise. King Stag taught Golden Horns how to feed from the bushes and choose the tenderest shoots; how to

cross the river at the ford; how to jump a ditch and how to recognise the scents of fierce animals.

One morning when Golden Horns was drinking from a forest pool, he saw his reflection for the first time, and on his head were two tiny horns which shone and glittered like gold.

'Can that really be me?' he thought, amazed. 'King Stag told me I would grow horns one day, but he never told me they would be horns of gold!'

He trotted off in great excitement to show his parents his wonderful golden horns.

His mother could hardly believe her eyes.

'I must be dreaming!' she cried. 'But no—it is really true! My little fawn has horns of solid gold. Oh, I am so proud. No other animal has golden horns!'

Soon the news ran through the forest and the squirrels and the bears, the rabbits and the badgers all hurried to the glade to admire the fawn's golden horns, while up above flocks of blackbirds, sparrows, finches and jays chirruped and sang about the wonderful horns.

'How lucky you are, little brother,' said the animals.

'Your horns are truly magnificent!' sang the birds.

By and by King Stag reached the clearing. He looked grave and rather sad when he saw the little horns glinting on the fawn's forehead, and he did not congratulate Golden Horns. Instead he said, 'Why are you rejoicing, you fools?'

'But—but . . .' stammered the bewildered animals. 'Do you not see, Your Majesty, that your pupil has horns of gold?'

'I am not blind,' the old stag answered. 'I am thinking of what will happen when the news of these horns reaches the towns and the villages round about. The huntsmen will load their guns and call their hounds and they will come into the forest to chase our little brother and kill him. They will cut off his head and stuff it and hang it over the mantelpiece in their home so that all their guests may marvel at the golden horns. I tell you, forest people, that in my time I have seen two other animals born in this forest with golden horns, and they were both killed while they were still fawns. A fawn with golden horns never lives long.'

At these words poor Golden Horns began to tremble with fear and crept close to his mother. And in the long silence which followed, the animals heard, far away in the valley below, the calls of the hunters, the baying of hounds and the sound of galloping hooves.

'If we are to save little Golden Horns there is not a moment to lose,' said King Stag, and he beckoned to a beaver who stood near by. 'You are the only one who can save him, Beaver. All you have to do is gnaw off his horns with your extremely strong teeth.'

'Oh please, kind Beaver, do help us,' cried Golden Horns' mother, 'and we shall bless you always!'

The beaver gnawed and gnawed until he was quite exhausted, and at last the beautiful horns lay on the ground.

'It is sad, I know,' King Stag said kindly to Golden Horns, 'but it is better to lose your horns than to lose your life at the hand of the hunters.'

The Coachman's Wig

Many years ago my grandfather was the driver of a stage-coach in the Wild American West.

Those were the days of outlaws, and cattle rustlers and fierce tribes of Red Indians. Grandfather had many good stories to tell of his narrow escapes from bandits who held up the coach, but the most exciting tale is of my grandfather's elegant wig and the Red Indians.

My grandfather was completely bald and a barber from Texas had made him a wig. Now this wig must have been an amazing sight. It was fiery red and glowed like flames.

One day, as my grandfather was driving the coach through Death Canyon, smoking his smelly old pipe and whistling *Oh, Susanna!* with never a care in the world, three Indians caught sight of him, and when they saw that flaming wig they longed to scalp him.

They hid themselves at the narrowest point of the canyon and when my grandfather's coach drew abreast of them they rode out, yelling their fearful war-cries, and quickly surrounded the coach.

their tomahawks glinting in the sun.

Grandfather reined in his horses and sat calmly on his box, waiting to see what the Red Indians would do next.

The eldest of the three, who wore a very fine feathered headdress, pointed his finger at grandfather's wig and then at the tomahawks of the two younger braves.

'Ahug!' he grunted, and Grandfather knew that this meant: 'We will scalp you, paleface, so that I may wear your fine hair in my belt!'

Then Grandfather spoke in the Indian tongue.

'Great Chief,' he said. 'Do not spoil this splendid hair by cutting it. See, I will give it to you!' And he whipped off his wig and, smiling, handed it to

the chief with a low and courtly bow.

The three Indians were terribly frightened and hardly knew where to turn.

'What shall we do?' said the eldest of the band. 'This man must be a wizard.' For the Indians had never seen hair that could be lifted off the head!

'We must kill him and protect our people from his magic,' said the youngest Indian, who was the bravest because this was his first war-party and he had not got much experience.

'And let him call upon the spirits of our ancestors to haunt us for our evil doing,' said the second Indian, who was a bit of a coward. 'Let us spare him and return home in peace.'

While the Indians were arguing

among themselves, Grandfather went on sitting impassively, waiting for them to make up their minds. Calmly he took his pipe from his pocket and began to smoke. The Indians were amazed at his bravery and said to each other:

'See how unafraid he is; he must have powerful magic to help him. Let us escape while we can!' So they turned their horses and galloped away down the trail as fast as they could, until all that could be seen of them was a cloud of dust!

My Grandfather told me later that they must have needed glasses, because he was trembling so much that the whole coach must have been rocking, too.

The Ghost in the Attic

Trevor and Marion were very excited. Their four cousins had come to stay and the eldest cousin, Stephen, had written a play which the children were to act for their family and friends.

Trevor was the king and Marion his queen. Susan was their daughter, the Princess Isabel, and Carol and Michael, who were the youngest, were to play the servants. Stephen had saved the best part for himself; he was to be Prince Goldheart, a knight returning from the Crusades in the Holy Land. He was to arrive at the king's court to ask for the princess's hand in marriage.

'I shall need a sword and a helmet,' said Stephen. 'Can you make them for me, Marion?'

'Yes, I think so,' said Marion. 'They will only be cardboard ones, of course.'

'And I shall make my first entrance on my bicycle,' Stephen went on. He had just been given a magnificent new bicycle for his birthday, and it was the pride of his life.

But the others burst out laughing.

'Are you mad?' cried Trevor. 'A Crusader returning from Jerusalem on a bike? Don't be ridiculous!'

'But it's a beautiful bicycle!' insisted Stephen.

By this time Marion was really annoyed.

'If you would only listen to what your teacher tells you in your history lessons you would know that bicycles hadn't been invented at the time of the Crusades!' she snapped.

Stephen looked sulky.

'It's too bad,' he muttered. 'I would have caused a sensation!'

The girls were in charge of all the costumes and they huddled in a corner and talked in low voices.

'Let's go up to the attic,' said Marion

at last. 'You boys had better start learning your parts. We expect you to be word perfect.'

'What are you going to do in the attic?' asked Stephen.

'And why can't we come with you?' grumbled Michael.

'We are going to see what things we find in grandmother's old trunks that we could use for costumes,' said Marion. 'Come on, girls!'

The three girls climbed the steep stairs to the attic. Marion went first, a candle in her hand.

'Is there no electric light in the attic?' asked Carol, nervously.

'Yes, there is, but I can't think exactly where the switch can be,' said Marion.

'It looks just the place for ghosts,' said Susan in a shaky voice, as they stood at the top of the stairs and watched the candle throw long shadows on the walls.

The attic was full of things that had been thrown out over the years, and a musty smell hung over everything. Great festoons of cobwebs trembled in the draught. They found big trunks with heavy locks, old chairs, boxes, suitcases and even a carton of old-fashioned hats.

'Marion, are you sure there are no ghosts?' said Susan, and her voice was shakier than ever.

Marion tried to smile, but her hand shook and the candle nearly went out. At last she found the switch and the attic was flooded with light. The three girls felt rather silly.

'Now we mustn't waste any more time,' said Marion firmly. 'If we start hunting through these trunks we should find some of grandmother's old dresses.'

She opened the lid of the largest trunk amid a great cloud of dust. The little girls stared in amazement and exclaimed over the splendid clothes.

'Oh! That beautiful shawl! It will be perfect for the queen!'

'No, I want it! It is just the thing for the princess.'

Under the shawl was a beautiful dress trimmed with magnificent lace.

'Now who shall have this dress?'

'Put it on one side. We'll decide about that one later. . . .'

Marion's voice died away as a small muffled sound came from a corner of the attic.

'What is it?' cried Susan, very scared. Carol's face was as white as her hankie, and Marion couldn't speak.

After a moment they heard another sound—a sort of dragging noise. And then came soft footsteps—*pit, pat, pit, pat*.

'Help!' screamed Susan.

For behind the trunk, in the darkest corner of the attic, they could just make out the shape of a top hat. And as they watched, that top hat *moved*!

For a long moment the girls stood rooted to the floor, too scared to move. But at last they took their courage in their hands and fled for the door. They tumbled down the stairs, shrieking and screaming,

'A ghost!'

'The attic is haunted! Oh, help!'

'Help! Help!'

The boys rushed upstairs and the girls told them what had happened. To their fury, the boys shouted with laughter.

'Fancy being frightened by shadows!' they scoffed.

'All right!' said Marion angrily. 'Go up and take a look for yourselves if you don't believe us!'

Trevor and Michael looked at Stephen, who turned rather pale.

'I don't think there will be time,' he said. 'Anne will be calling us to lunch soon.'

Marion turned scornfully away from him and looked at Trevor.

'I . . . well, I think you should have asked mother first before you opened the old trunk,' he said feebly.

'You're just making excuses, both of you!' cried Marion, angrily. 'Why don't you admit it—you are as scared as we are!'

'Scared! Us? Don't be ridiculous!'

'Oh yes, you are! You daren't go into that attic!'

'We're not scared!' shouted the boys.

Just then Anne, the cook, came into the room.

'What a noise you are making,' she said. 'Didn't you hear me calling you? Lunch is ready.'

'Oh, Anne, such a dreadful thing

151

has happened!' said Carol, and the three girls told her their story.

Anne laughed.

'You are pulling my leg,' she chuckled. 'You don't expect me to believe you!'

'That's what we said,' said Trevor eagerly.

'But Anne, we're telling the truth, really we are,' said Marion earnestly.

'We all saw it,' shivered Susan.

'It *was* a top hat and it *did* jump,' added Carol.

'A top hat?' said Anne thoughtfully. 'That would have been the Colonel's.'

'Yes,' replied Marion. 'It is grand-father's. I can remember him wearing it at my eldest sister's wedding and it suited him, too!'

'It is behind a trunk in a corner,' said

Carol, who was still looking white.

Anne shook her head doubtfully. She really could not believe this story; but something had certainly frightened little Carol.

'I think I had better go up to the attic and see for myself,' she said, and she marched firmly up the attic stairs. The girls followed anxiously and waited on the landing.

'Do be careful, Anne.'

'The hat is bewitched.'

'It may cast a spell on you.'

But the cook took no notice. She looked carefully all round the attic.

'Oh, I wish Mummy was here!' said Carol in a voice that trembled.

'You're all right. Think of Anne in there all by herself,' said Marion.

A minute passed . . . then two minutes. The girls waited anxiously. And then suddenly they heard Anne burst out laughing!

'Come here, children!' she called. 'Come here as quick as you can, all of you.'

All six children ran as fast as they could into the attic. They found Anne with the top hat in her hand. The girls' eyes opened as wide as saucers.

'Oh, Anne! Throw the hat away! You know it's bewitched.'

But Anne did not seem at all alarmed. She put her hand inside the hat and drew out a tiny kitten, which was trembling with fright.

'Here is your ghost!' she said. 'He must have got into the attic by the

154

skylight and fallen into the Colonel's hat!'

'Why don't you give the kitten a part in your play?' suggested Anne.

'But what?' said Marion. 'Can you think of anything for him to take on? He can't be a person, and I don't see how we can have a kitten in a play about the Crusades!'

Everyone was silent for a moment or two, thinking. And as usual, when one has to think of ideas, their minds went completely blank.

'This is ghastly,' said Anne. 'Here we are with a super leading character and no part for him to play. There has got to be something he can do!'

'I've got it!' cried Marion at last. 'We could pretend he is a magnificent tiger cub which Prince Goldheart has brought back as a present for his beloved Isabel.'

'Miaow!' said the kitten, and began to wash himself. After all, if he was to be in a play, he must look his best!

The Adventures of Flop

One day, a stray dog named Flop came to a peaceful village. He was dirty and very hungry, and he sniffed round hoping to find a bone or at least a crust of bread. But it was a very tidy village and there was nothing thrown down for a stray dog to eat.

The people he saw looked at him

suspiciously, but Flop was used to this. He lay down in the shade of a vegetable cart, feeling sad.

Before long a crowd of children ran out of school and began playing ball on the green. One boy kicked the ball hard and it soared through the air and landed under the vegetable cart. Flop picked up the ball in his mouth and trotted towards the children, wagging his tail in a friendly way.

'Wuff! Wuff!' he barked.

'Oh!' cried the children. 'That horrid dog has stolen our ball!'

Flop felt hurt. He ran up to them to show that he was bringing the ball back. The children fled in alarm.

'Go away, bad dog!'

'Leave us alone!'

'Leave us to play in peace!'

Then one little boy called Peter, who seemed to be the leader, picked up a sharp stone and threw it at Flop.

'Catch that, then!' he shouted.

Unfortunately Peter was a good shot. The stone hit Flop on the paw. The poor animal dropped the ball and ran away at once, moaning with pain.

His paw was not broken but it was bleeding and very painful. Flop licked it, feeling very unhappy. Why had the children been so unkind?

Then Flop heard the sound of running water. He limped towards it and found himself on the bank of a river. He sat down by the water's edge and dipped his hurt paw in the cool stream.

Suddenly the sound of children's

voices came near and he crept into a clump of reeds where he hid himself and waited to see what would happen.

The voices belonged to some of the boys who had been playing on the green. They came down to the water's edge and, as the day was very hot, they took off their clothes and jumped into the river where they splashed about, laughing and shouting.

Flop cocked an ear and listened from his hiding place. The boys were now seeing how long they could stay under water. They shouted to each other,

'Jackie!'

'John!'

'Peter! Look at me!'

The water was quite warm and the river ran smoothly and gently. But

suddenly there came a cry of fright.

'Help! My legs have caught in the water weed! I can't get free! I'm drowning! Help!'

And Flop saw Peter's fair head disappear under the water.

Horrified, his two friends gazed at each other.

'What can we do?' they cried. 'If we go out there in the middle of the river we shall get caught in the weed like Peter.'

'I'm drowning! Help!' cried Peter.

The other boys began to cry, but they dared not go to the rescue.

Then they saw a little dog, dirty and lame, limping towards the river. He dived in, swam out to midstream and stopped at the spot where Peter had disappeared after his last feeble shout for help.

'Go on! Good dog!' cried the boys.

'Go on, doggie!'

'Rescue him! Save him!'

Flop did not hear their shouts of encouragement. After a long dive he came up to the surface, dizzy and exhausted. But his strong teeth had hold of Peter by his bathing trunks. The boy was saved.

When they reached the bank, Peter was shivering and crying with fright, and he and the dog stretched out on the warm grass together.

'You would have been drowned if the dog hadn't saved you,' John said. 'He is very, very brave.'

'Very brave and very forgiving,' said

Peter shakily, putting his arm round
Flop. 'I hurt you by throwing a stone
at you, and I called you a bad dog.
Yet you risked your life to save me.
You are a super dog. Will you come
home and live with me always?'

'Wuff! Wuff!' barked Flop joyfully,
and he licked his new master's face.

Baptiste's Donkey

Baptiste's donkey was very old. She was lame, going blind, and a trifle deaf as well. When she was young she had drawn Baptiste's vegetable cart into all the villages round about and the housewives had flocked to buy his goods. But nowadays the poor old donkey was too weak to draw the cart and Baptiste had to pull it himself. He could not take it all the way to the villages, of course, so he could only sell to the people who came to the market in the little town, and there was not much money to be made out of them. Soon Baptiste was so poor that he could not even afford to buy hay for his old donkey.

One night he sat in the stable and talked sadly to her. He had to shout because she was so deaf.

'I must make up my mind to part with you,' he said. 'You have been a dear, faithful friend to me for many years, but you can't pull my cart round the villages any more and I am becoming so poor that I can no longer afford to feed you. I shall have to sell you to the pork butcher to be made into sausages, and with the money I shall be able to buy a strong young donkey.'

Then he laid his head against the donkey's shoulder and wept bitterly.

At last he dried his eyes and, taking the last of the hay from the rack, he filled the donkey's manger and said, 'Eat well, old friend. Good night!' And he went hastily out of the stable.

However, next morning when the pork butcher came up from the village to collect the donkey, Baptiste could not bear the thought of her being turned into sausages and he told the butcher that he had changed his mind. He would not sell his donkey after all.

One evening, when he returned home after a long and tiring day's work, he went to the stable and found it empty. Baptiste was not particularly worried;

probably the donkey had gone to find some fresh grass to eat, and she would return at nightfall. Even so, he did not go into the house but stood by the stable door, waiting.

He had been there for about an hour when he saw the butcher coming up the road towards him.

'Good evening, Baptiste,' said the butcher. 'I have come to pay you for your old donkey. I am very glad you decided to sell her to me after all.'

'What do you mean?' cried Baptiste in alarm.

The butcher looked surprised.

'Why, I found your donkey outside my door when I got up this morning. I imagined that you had left her there before I was awake so that I could

make her into sausages straightaway.'

Baptiste burst into tears.

'I see what has happened,' he sobbed.
'My poor, brave donkey gave her life so
that I might buy a young beast to draw
my cart. She knew how poor I was now
that she could no longer work. Oh,
my faithful old friend!'

Meanwhile, in the donkeys' heaven,
Baptiste's donkey was well rewarded for
her brave, unselfish act.

The Prince Who Yawned

Long ago there lived a little prince who, like all boys, loved climbing trees, robbing birds' nests and playing with his bow and arrow. But he was very seldom able to do any of these things for everywhere he went he was followed by a string of people—pages, governesses, doctors and even the Lord High Chamberlain himself.

One day when this poor little prince was sitting in a big armchair listening to some violin music which one of his governesses thought he ought to hear, he felt so bored that he opened his mouth and gave an enormous yawn.

Then the pages, governesses, doctors and the Lord High Chamberlain himself became very anxious and said to each other, anxiously:

'Did you see? The little prince yawned!'

'Perhaps his lunch disagreed with him.'

'I thought he was looking pale.'

'Perhaps he is running a temperature!'

One of the doctors told the prince to stick out his tongue, and when the small boy did so, the doctor tut-tutted in a worried, puzzled sort of a way.

'His Highness has a coated tongue,' he said.

'Take His Highness's temperature!' said another doctor.

Then all the doctors opened their big books on medicine and looked up a Cure for Yawning.

The little prince protested that he was perfectly well, but his governesses put him to bed under a mountain of eiderdowns. Every five minutes a doctor came into the room to take his pulse, examine his eyes or give him a dose of some nasty medicine.

After a while, all these comings and goings began to annoy the prince. He could have fallen asleep quite happily, but how could he do so when

he had to keep opening his eyes to let the doctors examine him?

Not being able to sleep and feeling more bored than ever, the prince yawned again and again without stopping. And, of course, the more he yawned the more the doctors and governesses and pages worried about him.

But by great good fortune, the prince's old nurse, who had looked after him when he was a baby, came up to the castle that afternoon to visit him. She was a country woman and had a great deal of common sense, and when she saw the little prince lying in the enormous bed yawning and yawning, she turned angrily to the doctors.

'Why do you torture this poor child with your medicines and examinations?'

she snapped. 'I know how to cure him much better than any of you do; let him sleep and leave him in peace!'

Then she turned the doctors and their medicines out of the room, sat herself down by the prince's bed and sang him one of her old lullabies. In no time at all he was fast asleep.

The Liar's Soup

There was once a small mountain village where some woodcutters and their families lived. These people were very poor and they seldom ate anything other than a kind of home-made sausage which they cut into slices and ate with hunks of bread.

The children amused themselves by boasting to each other of how many

slices of sausage they could eat.

One day Oswald, who was always showing off, said to his friends, 'Guess what we had for lunch today.'

'That's easy. Sausage and bread,' said the other children.

'Oh no,' said Oswald in a superior voice. 'We had a most delicious kind of

178

soup made of oxtail and vegetables.'

'Soup!' cried the children. 'How lucky you are, Oswald. We haven't had soup for ages. Tell us, how many platefuls did you eat?'

And without thinking, Oswald replied, 'Seven slices.'

Then the children knew that he was lying, and how they teased him! A long sausage is cut into slices certainly, but soup is another thing all together!

The Owl and the Chaffinch

Once upon a time there was an old owl who was rather silly. In the nest next door lived a pretty little chaffinch who was very mischievous and who never let a day go without teasing her elderly neighbour or even playing a trick on her.

She would wait until the owl was sleeping peacefully in her nest, and

then she would creep up to her and shout in her ears, 'Fire!' Fire!'

The owl woke up in a great fright.

Another time the chaffinch told her that her cousin, the barn owl, had fallen ill and was asking for her. In spite of all her aches and pains, the poor old bird flew off to visit her cousin but, when she arrived at his nest, she found him perfectly well and very surprised to see her.

The chaffinch really was a very unkind bird.

Very early one morning a hunter, who had heard about the mischievous chaffinch, put a potful of glue near the entrance to the owl's nest. Then he hid himself in the undergrowth and waited.

Dawn came, and the chaffinch crept

from her own nest towards the owl's, meaning to play another trick on her. But she walked straight into the potful of glue and stuck fast!

'Help! Please help!' she cried.

Now the owl was very kind-hearted and would have come to her neighbour's rescue in spite of everything. But when she heard the chaffinch's cry she thought it was just another of her tricks, and she buried her head in her wing and went to sleep again.

When the hunter heard the chaffinch's cries, however, he knew that she had fallen into his trap. Quickly he climbed the tree, seized the chaffinch in his big hand and popped her into his game bag. And don't you think it served her right?

The Baby Camel

One day a baby camel was left alone in an oasis while his parents went on a journey across the great desert. The way was much too long for Baby Camel to go with them so he lay in the shade of the palm trees, waiting patiently for his parents to return.

Suddenly he heard the sound of singing and he looked up to see that a herd of gazelles had come to the oasis and were singing and dancing in a ring.

The baby camel was delighted to have company. He got to his feet and went shyly towards the newcomers.

'Hello,' he said. 'May I play with you? I know lots of pretty songs.'

But all the gazelles gazed at him scornfully.

'What on earth is this?' said one.

'He looks a cross between a zebra and a donkey,' giggled another.

'What an odd looking creature,' said a third. 'We certainly don't want to play with him.'

'Go away!' said another. 'We don't want to play with an ugly, hunchbacked creature like you!'

185

Tears sprang into the baby camel's eyes at these unkind words. He felt very sad as he went back to his palm tree and lay down again in the shade.

Suddenly, high up in a banana tree, a parrot screamed an alarm.

'Escape at once! Take to your heels! A lion is coming towards this oasis!'

Everyone in the oasis fled away in a great fright. The birds flew off at top speed. The snakes slithered over the hot desert towards the sand dunes. Following close behind came the zebras, the goats, the giraffes and all the animals who usually lived in the shade of the palm trees. The baby camel had been shown the secret hiding-places of the desert by his parents, and, as he also had plenty of water

in his hump, he was not at all afraid
as he trotted after the others. But
the gazelles, who were very foolish,
stayed in the oasis, crying in terror:

'Where can we go?'

'We do not know our way across the
desert!'

'Oh! We shall all be killed!'

The baby camel felt sorry for them.
He trotted back to the oasis.

'You don't deserve any help after
being so horrid to me,' he said, 'but
I will not leave you here to be eaten
by the lion. Come with me.'

The gazelles thanked him again and
again, and then begged his pardon for
having been so rude to him. And the
baby camel forgave them and led them
away to a secret place for safety.

berichtigen correct

Bernstein *m* amber

berüchtigt infamous, notorious (*wegen* for)

berücksichtigen consider

Beruf *m* job, occupation; *Gewerbe*: trade; *bsd. akademischer*: profession

berufen *j-n*: appoint; *sich ~ auf* refer to

beruflich 1. *adj* professional; **2.** *adv* on business

Berufs|... *Sportler etc.*: professional ...; **~ausbildung** *f* vocational (*od.* professional) training; **~berater(in)** *f* careers adviser (*od.* officer); **~beratung** *f* careers guidance (*od.* advice); **~kleidung** *f* work clothes *pl*; **~schule** *f* vocational school; **~tätig** working; **~tätige** *pl* working people *pl*; **~verkehr** *m* rush-hour traffic

Berufung *f* appointment (*zu* to); *unter ~ auf* with reference to; *~ einlegen* appeal

beruhen: *auf* be* based on; *et. auf sich ~ lassen* let* s.th. rest

beruhigen calm (down), *Nerven*: *a.* soothe; *Besorgte*: reassure; *sich ~* calm down; **2ung** *f* calming (down); reassurance, relief; **2ungsmittel** *n* sedative, tranquil(l)izer

berühmt famous

berühren touch; *fig. a.* affect; **2ung** *f* contact, touch

Besatzung *f* crew; *mil.* occu-

pying forces *pl*

beschädig|en damage; **2ung** *f* damage (*gen* to)

beschaffen provide, get*; *Geld*: raise

beschäftig|en employ; keep* busy; *sich ~* occupy o.s.; **2ung** *f* employment; occupation

beschäm|en make* s.o. feel ashamed; **~end** shameful; humiliating; **~t** ashamed

Bescheid *m*: *j-m ~ geben* (*od.* *sagen*) let* s.o. know; *~ bekommen* be* informed; *~ wissen* (*über*) know* (all about)

bescheiden modest; **2heit** *f* modesty

bescheinig|en certify; *Empfang*: acknowledge; **2ung** *f* certification; *Schein*: certificate; *Quittung*: receipt

bescheißen *sl.* cheat, F do

beschenken: *j-n* give* s.o. presents

Bescherung *f* giving out of (Christmas) presents

beschicht|en coat; **~et** coated; **2ung** *f* coat(ing)

be|schießen fire at; *mil.* bombard (*a. phys. mit Neutronen etc.*); **~schimpfen** insult; **~schissen** V lousy, rotten, bloody awful

Beschlag *m* metal fitting(s *pl*); *in ~ nehmen* occupy; *fig.*: monopolize; **2en 1.** *v/i Glas*: steam up; *v/t Pferd*: shoe; **2.** *adj* steamed up; *sehr ~ sein*

Beschlagnahme

356

in be* well up in; **~nahme** f
seizure, confiscation; **2nah-
men** seize, confiscate

beschleunig|en accelerate,
speed* up; **2ung** f accelera-
tion

beschl|ießen decide (on);
Gesetz: pass; *beenden*: conclude; **2uss** m decision

be|schmieren smear, soil;
Wand: cover with graffiti; **~**
schmutzen soil, dirty; **~**
schneiden clip, cut* (*a. fig.*);
Baum: prune; *med.* circum-
cise; **~schönigen** gloss over

beschränk|en limit, restrict;
sich ~ auf confine o.s. to;
2ung f limitation, restriction

beschreib|en describe; *Pa-
pier*: write* on; **2ung** f description; *Bericht*: account

beschriften label; *Brief*: address

beschuldig|en: *j-n e-r Sache*
~ accuse s.o. of (doing) s.th.;
2ung f accusation

beschützen protect

Beschwer|de f complaint;
2en: *sich ~* complain (*über*
about; *bei* to)

be|schwichtigen appease;
calm down; **~schwingt**
buoyant; *mus.* lively; **~**
schwipst tipsy; **~schwören**
et.: swear* to; *j-n*: implore;
~seitigen remove

Besen m broom

besessen obsessed (*von* by)

besetz|en occupy (*a. mil.*);
Stelle: fill; *thea.* cast*; *Kleid*:
trim; *Haus*: squat in; **~t** oc-
cupied; *Platz*: taken; *tel.* engaged, *Am.* busy; *Toilette*:
engaged; **2tzeichen** n tel.
engaged tone (*od.* signal),
Am. busy signal; **2zung** f
thea. cast; *mil.* occupation

besichtig|en visit, see*; *prü-
fend*: inspect; **2ung** f sight-
seeing; visit (to); inspection

besied|eln settle; *bevölkern*:
populate; **~elt: dicht ~**
densely populated; **2lung** f
settlement

besiegen defeat, beat*

Besinnung f consciousness;
zur ~ kommen come* to
one's senses; **2slos** unconscious

Besitz m possession; *Eigentum*: property; **2en** possess,
own; **~er(in)** owner

besohlen (*neu*: re)sole

Besoldung f pay; salary

besonder|e special, particu-
lar; **2heit** f peculiarity

besonders especially; *hauptsächlich*: chiefly, mainly

besonnen level-headed

besorg|en get*, buy*; → *er-
ledigen*

Besorgnis f concern, anxiety; **~ erregend** worrying,
stärker: alarming

besorgt worried, concerned

Besorgung f: **~en machen**
go* shopping

bespitzeln: *j-n* spy on s.o.

besprech|en discuss, talk
s.th. over; *Buch etc.*: review;

Qung f discussion; meeting, conference; review

besser better; *es geht ihm ~* he is better; *~n: sich ~ get* better, improve; *moralisch:* mend one's ways; **Qung** f improvement; *gute ~! get better soon!*

Bestand m (continued) existence; *Vorrat:* stock; *~ haben be* lasting, last

beständig constant, steady; *Wetter:* settled

Bestandteil m part, component; *Zutat:* ingredient

bestärken j-n: encourage

bestätig|en confirm; *bescheinigen:* certify; *Empfang:* acknowledge; *sich ~* prove (to be) true; **Qung** f confirmation; certificate; acknowledg(e)ment

beste best; *der (die, das)* **Q** the best; *sein Qes tun do* one's (level) best; *das Q draus machen make* the best of it

bestech|en bribe; *~lich* corrupt; **Qung** f bribery

Besteck n knife, fork and spoon; *~(e pl)* cutlery

bestehen v/t Prüfung: pass; v/i exist, be*; ~ **auf** insist on; ~ **aus** (*in*) consist of (in); ~ **bleiben** last, survive

be|stehlen rob, steal* from; **~steigen** Berg, Turm: climb (up); Thron: ascend (to)

bestell|en order; *Zimmer etc.:* book; *vor~:* reserve;

Gruß: give*, send*; *Boden:* cultivate; *kann ich et. ~?* can I take a message?; *~ Sie ihm ... tell him ...;* **Qnummer** f order number; **Qschein** m order form; **Qung** f order; booking; reservation

Bestie f beast; *fig. a.* brute

bestimmen determine, decide; *Preis etc.:* fix; *Begriff:* define; *zu ~ haben be* in charge, F be* the boss; *bestimmt für* meant for

bestimmt 1. *adj* certain; *besondere:* special; *festgelegt:* fixed; *energisch:* firm; **2.** *adv* certainly; *ganz ~* definitely; **Bestimmung** f regulation; *Zweck:* purpose; *~sort m* destination

bestraf|en punish; **Qung** f punishment

bestrahl|en med. give* s.o. ray treatment; **Qung** f ray treatment

Bestreb|en n, *~ung f* effort

be|streichen spread*; *~ streiten* deny

bestürzt dismayed

Besuch m visit; *Teilnahme:* attendance; *~ haben have* visitors; **Qen** go and see; *kurz:* call on; *offiziell:* visit; *Ort:* visit; *Theater, Vortrag etc:* go to; *Schule:* a. attend; *~er(in)* visitor, guest; *~szeit* f visiting hours pl

be|tasten touch, feel*; *~tätigen* tech. operate; *Bremse:* apply; *sich ~ be* active

betäub|en stun (*a. fig.*), daze; *med.* an(a)esthetize; **2ung** *f med.* an(a)esthetization; *Zustand:* an(a)esthesia; *fig.* daze, stupor; **2ungsmittel** *n med.* an(a)esthetic

Bete *f*: *Rote* ~ beet(root *Brt.*)

beteilig|en give* *s.o.* a share (*an* in); **sich** ~ (*an*) take* part (in), participate (in); **~t:** ~ *sein an* have* a share in; *Unfall etc:* be* involved in; **2ung** *f* participation; share

beten pray, say* a prayer

beteuern protest

Beton *m* concrete

beton|en stress; *fig. a.* emphasize; **2ung** *f* stress; *fig.* emphasis

Be|tracht: *in ~ ziehen* take* into consideration; **~trachten** look at; ~ *als* look upon (*od.* regard) as; **2trächtlich** considerable

Betrag *m* amount, sum

betragen[1] amount to

betragen[2]: **sich** ~ behave (*o.s.*)

betreffen concern; *betrifft* (*Betr.*) re; *was mich betrifft* as far as I'm concerned; **~d** concerning; *die ~e Person* the person concerned

betreten[1] *v/t* step on; *eintreten:* enter; **2 verboten!** keep off!, no entrance!

betreten[2] embarrassed

betreuen look after

Betrieb *m* business, firm, company; *tech.* operation;

außer ~ out of order; *wir hatten viel* ~ we were very busy

Betriebs|ferien *pl* company holiday *sg*; **~leitung** *f* management; **~rat** *m* works council; **~system** *n* Computer: operating system; **~unfall** *m* industrial accident; **~wirtschaft** *f* business administration

be|trinken: **sich** ~ get* drunk

Be|trug *m* cheating; *jur.* fraud; **2trügen** cheat, swindle; *Ehepartner:* deceive, cheat (on); **~trüger(in)** swindler; fraud

betrunken drunken, *pred* drunk; **2e** *m, f* drunk

Bett *n* bed; *ins ~ gehen* (*bringen*) go* (put*) to bed; **~decke** *f* blanket; quilt

betteln beg (*um* for)

Bett|gestell *n* bedstead; **2lägerig** bedridden; **~laken** *n* sheet

Bettler(in) beggar

Bett|ruhe *f*: ~ *verordnen* tell* *s.o.* to stay in bed; **~vorleger** *m* bedside rug; **~wäsche** *f* bed linen; **~zeug** *n* bedclothes *pl*, bedding

beugen bend* (*a. sich*)

Beule *f* bump; *Auto:* dent

be|unruhigen worry, alarm; **~urlauben** give* *s.o.* leave (*od.* time off); *vom Amt:* suspend; **~urteilen** judge

Beute *f* loot; **~tier** *n*: prey (*a. fig.*); *Opfer:* victim

Beutel m bag; zo. pouch

bevölker|n populate; ²ung f population

bevollmächtig|en authorize; ²te m, f authorized person

bevor before; ~munden patronize; ~stehen be* approaching; Problem: lie* ahead; Gefahr: be* imminent; j-m ~ be* in store for (od. await) s.o.; ~zugen prefer; ~zugt privileged

bewach|en guard; Sport: mark; ²er m Sport: marker

bewaffn|en arm; ²ung f armament; Waffen: arms pl

bewahren keep*; ~ vor protect (od. save) from

bewähr|en: sich ~ prove successful; sich ~ als prove to be; ~t (well-)tried, reliable; Person: experienced; ²ung f jur. (release on) probation

be|waldet wooded, woody; ~wältigen master, manage; ~wandert** (well-)versed

bewässer|n Land etc.: irrigate; ²ung f irrigation

bewegen: (sich) ~ move

Beweg|grund m motive; ²lich movable; Teil: moving; flink: agile; flexibel: flexible

bewegt See: rough; Leben: turbulent, eventful; gerührt: moved, touched

Bewegung f movement (a. pol.); motion (a. phys.); körperliche: exercise; **in ~ setzen** set* in motion; **sich in ~** …

setzen start moving, move off; ²slos motionless

Beweis m proof (**für** of); ²en prove*; ~mittel n, ~stück n (piece of) evidence

bewerb|en: sich ~ um apply for; pol. → **kandidieren**; ²er(in) applicant; Sport: competitor; ²ung f (Schreiben: letter of) application

be|werten rate, judge; econ. value; ~willigen allow; Antrag: grant; ~wirken cause, bring* about

bewirt|en entertain; ~schaften Gut etc.: run; agr. cultivate; ~schaftet Hütte: open (to the public); ²ung f entertaining; Lokal: service

bewohn|en live in; Gebiet: inhabit; ~t Haus: occupied; ²er(in) occupant; Mieter: tenant; e-s Gebiets: inhabitant

bewölk|en: sich ~ cloud over (a. fig.); ~t cloudy, overcast; ²ung f clouds pl

Bewunder|er m admirer; ²n admire (**wegen** for); ²nswert admirable

bewusst conscious; sich gen ~ sein be* aware (od. conscious) of; ~los unconscious; ²sein n consciousness; bei ~ conscious

bezahl|en pay*; Ware etc.: pay* for (a. fig.); ²ung f payment; Lohn: pay

bezaubernd charming

bezeichn|en: call; beschrei-

bend: describe; **~end** characteristic; **2ung** f name
bezeugen testify to
bezieh|en cover; *Bett*: put* clean sheets on; *Haus etc.*: move into; *Ware*: get; *Zeitung*: subscribe to; **et. ~ auf** relate s.th. to; **sich ~ Himmel**: cloud over; **sich ~ auf** refer to; **2ung** f relation (*zu* to *s.th.*); relationship (with *s.o.*); *Hinsicht*: respect; **~en haben** have* connections, F know* the right people; **~ungsweise** respectively; *oder vielmehr*: or rather
Bezirk m district
Be|zug m cover; case, slip; *econ.* purchase; *Zeitung*: subscription (to); *Bezüge pl:* earnings *pl*; **~ nehmen auf** refer to; *in ~ auf* → **2züglich** regarding, concerning
be|zwecken aim at, intend; **~zweifeln** doubt
Bibel f Bible
Biber m beaver
Bibliothek f library; **~ar(in)** librarian
biblisch biblical
bieder upright
bieg|en bend* (*a. sich ~*); *abbiegen*: turn; **~sam** flexible; **2ung** f curve
Biene f bee
Bienen|korb m, **~stock** m behive
Bier n beer; **~deckel** m beer mat, *bsd. Am.* coaster; **~krug** m beer mug

Biest n F beast
bieten offer; *Auktion*: bid*; **sich ~** present itself; **sich et. ~ lassen** put* up with s.th.
Bilanz f balance; *fig.* result
Bild n picture; *gedankliches*: image; *fig.* idea
bilden form (*a. sich ~*); *fig.* educate (*sich* o.s.)
Bild|erbuch n picture book; **2hauer(in)** sculptor; **2lich** *fig.* figurative; **~platte** f videodisc, *Am.* -k; **~röhre** f picture tube
Bildschirm m TV screen; *Computer*: *a.* display, monitor; *Gerät*: VDT, video display terminal; **~arbeitsplatz** m workstation; **~text** m viewdata, *Am.* videotex(t)
Bildung f education; *Vorgang*: formation; **~s...** educational ...
Billard n billiards *sg*
billig cheap, inexpensive
billigen approve of
Billion f trillion
Binde f bandage, *Am.* gauze; *Arm~*: sling; → *Damenbinde*; **~glied** n (connecting) link
Bindehaut f conjunctiva; **~entzündung** f conjunctivitis
binden tie (*an* to); *Buch*: bind*; *gastr.* thicken, bind; **sich ~** commit o.s., tie o.s. down; **2ung** f tie, bond
Bindestrich m hyphen
Bindfaden m string

Bindung f fig. ties pl., bond; Ski2: binding

Binnen|... inland ...; **~markt** m home (od. domestic) market; der EG: single market

Binsenweisheit f truism

Bio..., **2...** Chemie, dynamisch, etc.: bio...

Biographie f biography

Bio|laden m health food shop; **~logie** f biology; **2logisch** biological; agr. organic; **~rhythmus** m biorhythms pl; **~top** n biotope

Birke f birch (tree)

Birne f pear; electr. bulb

bis zeitlich: till, until; räumlich: (up) to, as far as; **~ jetzt** up to now, so far; **von ... ~** from ... to; **~ auf** except; **zwei ~ drei** two or three

Bischof m bishop

bisexuell bisexual

bisher up to now, so far

Biss m bite (a. fig.)

bisschen ein **~** a little, a (little) bit (of)

Bissen m bite

bissig vicious; fig. cutting; Person: snappy; **... ist ~ ...** bites; **Vorsicht, ~er Hund!** beware of the dog!

Bit n Computer: bit

Bitte f request (**um** for)

bitte things: nach Dank: that's all right, not at all; beim Bedienen etc.: here you are; (**wie**) **~?** pardon?

bitten ask (**um** for)

bitter bitter

bläh|en swell* (a. **sich ~**); **2ungen** pl flatulence sg

Blam|age f disgrace; **2ieren** make* s.o. look like a fool; **sich ~** make* a fool of o.s.

blank shining, shiny; F broke

Blanko... blank ...

Blase f bubble; anat. bladder; med. blister

blasen blow*

Blas|instrument n wind instrument; **~kapelle** f brass band

blass pale (**vor** with); **~ werden** turn (od. go*) pale

Blässe f paleness, pallor

Blatt n leaf; Papier2: sheet; Säge: blade; Karten: hand; (news)paper

blättern: ~ in leaf through

Blätterteig m puff pastry

blau blue; F tight; **~er Fleck** bruise; **~es Auge** black eye; **Fahrt ins 2e** unplanned pleasure trip; organisiert: mystery tour; **2beere** f bilberry, Am. blueberry; **2helme** pl blue berets pl

Blech n sheet metal; **~dose** f tin (can), bsd. Am. can; **~schaden** m mot. damage to the bodywork

Blei n lead

bleiben stay, remain; **~ bei** stick* to; **et. ~ lassen** leave* s.th.; stop (doing) s.th.; **lass das ~** stop it!; **2d** lasting

bleich pale (**vor** with); **~en** bleach; **2gesicht** n paleface

blei|ern lead; fig. leaden;

~frei unleaded, lead-free; **2stift** m pencil; **2stiftspitzer** m pencil sharpener

Blende f blind; *phot.* aperture; **(bei)** ~ **8** (at) f-8; **2n** blind, dazzle; **2nd** F great

Blick m look; *flüchtiger:* glance; *Aussicht:* view; **auf den ersten** ~ at first sight; **2en** look; **sich** ~ **lassen** show* one's face

blind blind; *Spiegel etc.:* dull; *Alarm:* false; **~er Passagier** stowaway

Blinddarm m appendix; **~entzündung** f appendicitis; **~operation** f appendectomy

Blinde m, f blind (wo)man

Blinden/hund m guide dog; **~schrift** f braille

Blind/gänger m *mil.* dud; *fig.* F dead loss; **2lings** blindly; **~schleiche** f blindworm

blinken sparkle, shine*; flash (a signal); *mot.* indicate, signal; **2er** m *mot.* indicator, *Am.* turn signal

blinzeln blink (one's eyes)

Blitz m (flash of) lightning; **~ableiter** m lightning conductor; **2en** flash; **es blitzt** it is lightning; **~gerät** n flash; **~lampe** f flashbulb; **~licht** n flash(light); **~lichtaufnahme** f flash shot; **~schlag** m lightning stroke; **2schnell** like a flash; **~würfel** m flashcube

Block m block; *pol.* bloc; *Schreib2:* pad

Blockade f blockade

Block/flöte f recorder; **~haus** n log cabin; **2ieren** block; *mot.* lock; **~schrift** f block letters *pl*

blöd|(e) silly, stupid; **~eln** fool around; **2sinn** m nonsense; **~sinnig** idiotic

blöken bleat

blond blond, fair

bloß 1. *adj* bare; *Auge:* naked; *nichts als:* mere; **2.** *adv* just, only; **~legen** lay* bare; **~stellen** show* *s.o.* up

blühen bloom; *Baum:* blossom; *fig.* flourish

Blume f flower; *Wein:* bouquet; *Bier:* froth

Blumen/händler(in) florist; *Laden:* florist's; **~kohl** m cauliflower; **~strauß** m bunch of flowers; bouquet; **~topf** m flowerpot

Bluse f blouse

Blut n blood; **2arm** an(a)emic; **~bad** n massacre; **~bank** f *med.* blood bank; **~druck** m blood pressure

Blüte f flower; bloom; *Bäume:* blossom; *fig.* height

Blutegel m leech

bluten bleed*

Blütenblatt n petal

Bluter m *med.* h(a)emophiliac

Blut/erguss m haematoma; *blauer Fleck:* bruise; **~gruppe** f blood group; **2ig** bloody; **~kreislauf** m (blood) circulation; **~probe** f blood test; **~spender(in)**

blood donor; 2**stillend** styptic; **~sverwandte** m, f blood relation; **~transfusion** f blood transfusion; **~ung** f bleeding, h(a)emorrhage; **~vergießen** n bloodshed; **~vergiftung** f blood poisoning; **~verlust** m loss of blood; **~wurst** f black pudding, Am. blood sausage

Bö f gust, squall

Bock m buck (a. Turnen); **keinen** (od. null) **~ auf et. haben** sl. have* zero interest in s.th.; 2**ig** obstinate; sulky; **~springen** n leapfrog; **~wurst** f hot sausage

Boden m ground; agr. soil; Gefäß, Meer: bottom; Fuß2: floor; Dach2: attic; 2**los** bottomless; fig. incredible; **~schätze** pl mineral resources pl

Body m bodystocking

Bogen m curve, bend; math. arc; arch. arch; Ski: turn; Papier: sheet

Bohne f bean; **grüne ~n** French (od. runner, Am. string) beans; **~nstange** f beanpole (a. F fig.)

bohnern polish, wax

bohr|**en** drill, bore; 2**er** m drill; 2**insel** f oil rig; 2**maschine** f drill; 2**turm** m derrick

Boje f buoy

Bolzen m bolt

bombardieren bomb; fig. bombard

Bombe f bomb; **~nangriff** m air raid; **~nanschlag** m bomb attack **~nleger** m bomber, bomb planter

Bon m voucher; Kassen2: receipt

Bonbon m, n sweet, Am. candy

Boot n boat; **~ fahren** go* boating

Bord[1] n shelf

Bord[2] m naut., aviat.: **an ~** on board; **über ~** overboard; **von ~ gehen** go* ashore; **~karte** f boarding pass; **~stein** m kerb, Am. curb

borgen → **leihen**

Borke f bark

Börse f stock exchange; **~nbericht** m market report; **~nkurs** m quotation; **~nmakler(in)** stockbroker

Borst|**e** f bristle; 2**ig** bristly

Borte f border; Besatz: lace

bösartig vicious; med. malignant

Böschung f slope, bank

böse bad; evil; zornig: angry, Am. a. mad

bos|**haft** malicious; 2**heit** f malice; malicious act (od. remark)

Botani|**k** f botany; **~ker(in)** botanist; 2**sch** botanical

Bote m, **Botin** f messenger

Botschaft f message; Amt: embassy; **~er(in)** ambassador

Boulevardblatt n tabloid

Bowle f cup; heiße: punch

box|en box; **2en** n boxing; **2er** m boxer; **2kampf** m boxing match, fight

Boykott m, **2ieren** boycott

Branche f line (of business), trade

Branchen|buch n, **~verzeichnis** n classified directory, F yellow pages pl

Brand m fire; **in ~ geraten (stecken)** catch* (set* on) fire; **~stifter** m arsonist; **~stiftung** f arson

Brandung f surf, breakers pl

Brandwunde f burn

braten fry; *im Ofen:* roast

Braten m roast (meat); **~stück:** joint; **~fett** n dripping; **~soße** f gravy

Brat|fisch m fried fish; **~huhn** n roast chicken; **~kartoffeln** pl fried potatoes pl; **~pfanne** f frying pan; **~röhre** f oven; **~wurst** f grilled sausage

Brauch m custom; **2bar** useful; **2en** need; *Zeit:* take*; *ge~:* use; *müssen:* have* to

braue|n brew; **2rei** f brewery

braun brown; (sun)tanned; **~ werden** get* a tan

Bräune f (sun)tan

Brause|e f shower; **2en** f roar; F *flitzen:* zoom; → **duschen**

Braut f bride; *Verlobte:* fiancée

Bräutigam m bridegroom; *Verlobter:* fiancé

Braut|jungfer f bridesmaid; **~kleid** n wedding dress;

~paar n bride and (bride-) groom

brav good, well-behaved

brech|en break*; **er~:** throw* up, *Brt. a.* be* sick; *med.* vomit; **2reiz** m nausea

Brei m pulp, mash; *Kinder2:* pap; **2ig** pulpy, mushy

breit wide; broad (*a. fig.*)

Breite f width, breadth; *geogr.* latitude; **~engrad** n degree of latitude; **~wand** f wide screen

Brems|belag m brake lining; **~e** f brake; *zo.* gadfly; **2en** brake; slow down; **~leuchte** f stop light; **~pedal** n brake pedal; **~spur** f skid marks pl; **~weg** m stopping distance

brenn|bar combustible; **~en** burn*; be* on fire; *fig. Wunde etc.:* sting; **2er** m burner; **2holz** n firewood; **2nessel** f nettle; **2punkt** m focus; **2stoff** m fuel

Brett n board; **~spiel** n board game

Brezel f pretzel

Brief m letter; **~bogen** n sheet of writing paper; **~kasten** m letterbox, *Am.* mailbox; **2lich** by letter; **~marke** f stamp; **~öffner** m paper knife, *Am.* letter opener; **~papier** n stationery; **~tasche** f wallet; **~träger(in)** post(wo)man, *Am.* mailman, mail carrier; **~umschlag** m envelope; **~wahl** f postal vote; **~wechsel** *m* correspondence

Brillant *m* diamond

brillant brilliant

Brille *f* (pair of) glasses *pl*, spectacles *pl*; *Schutz*2: goggles *pl*; toilet seat

bringen bring*; *fort~, hin~:* take*; *verursachen:* cause; **~ zu** *get* s.o.* to do s.th., ma-ke* *s.o.* do s.th.

Brise *f* breeze

Brit|e *m*, **~in** *f* Briton; **die Briten** *pl* the British *pl*; **2isch** British

bröckeln crumble

Brocken *m* piece; *Klumpen:* lump; *~ pl Worte:* scraps *pl*

Brombeere *f* blackberry

Bronchitis *f* bronchitis

Bronze *f* bronze

Brosche *f* brooch, *Am. a.* pin

Broschüre *f* booklet

Brot *n* bread; *belegtes:* sandwich; *ein ~* a loaf of bread; **~aufstrich** *m* spread

Brötchen *n* roll

Bruch *m* break (*a. fig.*), breakage; *med.* hernia; *Knochen*2: fracture; *math.* fraction; *geol.* fault; *Nichteinhalten:* breach; *jur.* violation

brüchig cracked; brittle

Bruch|landung *f* crash landing; **~rechnung** *f* fractions *pl*; **~stück** *n* fragment; **~teil** *m* fraction

Brücke *f* bridge; *Teppich:* rug; **~npfeiler** *m* pier

Bruder *m* brother (*a. rel.*)

brüderlich brotherly

Brühe *f* broth; *F contp.* slop

brüllen roar; *Rind:* bellow

brumm|en growl; *Insekt:* hum, buzz (*a. Motor etc.*); **~ig** grumpy

brünett dark(-haired)

Brunnen *m* well; *Quelle:* spring; *Spring*2: fountain

Brunst *f* rutting season

Brust *f* chest; *weibliche ~:* breast(s *pl*); bosom

brüsten: *sich ~ (mit)* boast (about)

Brust|korb *m* chest; *anat.* thorax; **~schwimmen** *n* breaststroke

Brüstung *f* parapet

Brustwarze *f* nipple

Brut *f* brood (*a. fig.*), hatch

brutal brutal; **2ität** *f* brutality

brüten brood, sit* (on eggs); *~ über* brood over

brutto gross (*a. in Zssgn*)

BSE *vet.* → *Rinderwahn(-sinn)*

Bube *m Karten:* knave, jack

Buch *n* book; *Dreh*2: script

Buche *f* beech

buchen book; *econ.* enter

Bücher|ei *f* library; **~regal** *n* bookshelf; **~schrank** *m* bookcase

Buch|fink *m* chaffinch; **~halter(in)** bookkeeper; **~haltung** *f* bookkeeping; **~händler(in)** bookseller; **~handlung** *f* bookshop, *Am.* bookstore

Büchse *f* box, case; *Blech*2:

can, *Brt. a.* tin; *Gewehr*: rifle; **~nfleisch** *n* canned (*Brt. a.* tinned) meat; **~nöffner** *m* tin (*Am.* can) opener

Buch|stabe *m* letter; **2stabieren** spell*; **2stäblich** literally

Bucht *f* bay; *kleine*: creek

Buchung *f* booking, reservation; *econ.* booking

Buckel *m* hump; hunchback

bücken: *sich* ~ bend* (down)

bucklig hunchbacked; **2e** *m, f* hunchback

Bude *f* stall, booth; F place, pad; F *Studenten2*: digs *pl*

Büfett *n* sideboard; counter, bar; *kaltes (warmes)* ~ cold (hot) buffet (meal)

Büffel *m* buffalo; **2n** cram

Bug *m naut.* bow; *aviat.* nose

Bügel *m* hanger; *Brillen2 etc.*: bow; **~brett** *n* ironing board; **~eisen** *n* iron; **~falte** *f* crease; **2frei** non-iron

bügeln iron, press

Bühne *f* stage; *fig. a.* scene; **~nbild** *n* (stage) set

Bullauge *n* porthole

Bulle *m* bull; F cop(per)

Bummel *m* stroll; **2n** stroll; *trödeln*: dawdle; **~streik** *m* go-slow, *Am.* slowdown; **~zug** *m* slow train

bumsen F bang (*a. V*)

Bund[1] *m* union, federation; *Hosen2 etc.*: (waist)band

Bund[2] *n* *Schlüssel etc.*: bunch

Bündel *n*, **2n** bundle

Bundes|... Federal ...; **~kanz-**

~ler(in) Federal Chancellor; **~land** *n* (federal) state, Land; **~liga** *f* First Division; **~republik** *f* Federal Republic; **~staat** *m* confederation; **~tag** *m* (Lower House of the German Parliament); **~wehr** *f* German Armed Forces *pl*

Bündnis *n* alliance

Bunker *m* air-raid shelter

bunt colo(u)rful (*a. fig.*); (multi)colo(u)red; **2stift** *m* crayon

Burg *f* castle

Bürge *m* guarantor; **2n**: ~ *für jur.* stand* surety for; *garantieren*: guarantee, vouch for

Bürger|(in) citizen; **~krieg** *m* civil war; **2lich** civil; middle-class; *contp.* bourgeois; **~meister(in)** mayor; **~rechte** *pl* civil rights *pl*; **~steig** *m* pavement, *Am.* sidewalk

Büro *n* office; **~angestellte** *m, f* clerk; **~klammer** *f* paper clip; **~kratie** *f* bureaucracy

Bursche *m* fellow, guy

Bürste *f*, **2n** brush

Bus *m* bus; *Reise2*: *a.* coach

Busch *m* bush, shrub

Büschel *n* bunch; *Haar*: tuft

buschig bushy

Busen *m* breasts *pl*

Bus|fahrer *m* bus driver; **~haltestelle** *f* bus stop

Bussard *m* buzzard

Buße *f* penance (*tun* do*); *Geld2*: fine

büßen pay* (*od.* suffer) for *s.th.*; *rel.* repent

Bußgeld n fine, penalty
Büste f bust; **~nhalter** m bra
Butter f butter; **~blume** f but-

tercup; **~brot** n (slice of) bread and butter; **~milch** f buttermilk
Byte n Computer: byte

C

Café n café
Camping n camping; **~bus** m camper; **~platz** m campsite, Am. campground
Catcher(in) (all-in) wrestler
CD(-Platte) f CD, compact disc (Am. disk); **~-ROM** f CD-ROM; **~-Spieler** m CD player
Cello n (violon)cello
Celsius: 5 Grad ~ (abbr. **5°C**) five degrees centigrade (od. Celsius)
Champagner m champagne
Champignon m (field) mushroom
Chance f chance
Chao|s n chaos; **2tisch** chaotic
Charakter m character; **2isieren** characterize; **2istisch** characteristic; **~zug** m trait
charm|ant charming; **2e** m charm
Charter... charter ...
Chauffeur m chauffeur
Chauvi m male chauvinist (pig)
Chef m boss; head; **~arzt** m, **~ärztin** f senior consultant, Am. medical director; **~in** f → Chef

Chem|ie f chemistry; **~ikalien** pl chemicals pl; **~iker(in)** chemist; **2isch** chemical; **~otherapie** f chemotherapy
Chiffre f code, cipher; Anzeige: box (number)
Chines|e m, **~in** f, **2isch** Chinese
Chip m chip; **~s** pl crisps pl, Am. chips pl
Chirurg m surgeon; **~ie** f surgery; **~in** f surgeon; **2isch** surgical
Chlor n chlorine
Cholera f cholera
Cholesterin n cholesterol
Chor m choir (a. arch.); **im ~** in chorus
Christ m Christian; **~entum** n Christianity; **~in** f Christian; **~kind** n: das ~ the infant Jesus; **2lich** Christian
Chrom n chrome
Chron|ik f chronicle; **2isch** chronic; **2ologisch** chronological
Computer m computer; **auf ~ umstellen** computerize; **~ausdruck** m computer printout; **~befehl** m computer command; **2gesteuert**

computer-controlled; **ge-
stützt** computer-aided;
~grafik f computer graphics
pl; **~isieren** computerize;
~spiel n computer game
Conférencier m compère,
Am. master of ceremonies
Control-Taste f Computer:
control key

Corner m östr. corner (kick)
Couch f couch
Coupon m voucher, coupon
Cousin m ɛ̃ f cousin
Creme f cream
Cursor m Computer: cur-
sor
Cyberspace m Computer:
cyberspace, virtual reality

D

da 1. adv there; here; zeitlich:
then; **~ sein** be* there, exist;
ist noch Tee ~? is there any
tea left?; **2.** cj as, since, because
dabei enthalten: included,
with it; gleichzeitig: at the same time; **es ~ lassen** leave*
it at that; **es ist nichts ~** there's no harm in it; **es bleibt ~**
that's final; **und ~ bleibts**
and that's that; **~ sein** be*
there; **et. zu tun** ~ be*
about (od. going) to do s.th.,
be* doing s.th.; **~bleiben**
stick* to it
dableiben stay
Dach n roof; **~boden** m attic;
~gepäckträger m roof rack,
Am. (roof-top) luggage rack;
~kammer f garret; **~rinne** f
gutter
Dachs m badger
Dach|terrasse f roof terrace,
sunroof; **~ziegel** m tile
Dackel m dachshund
dadurch that way; deshalb:

that's why; **~, dass** due to
the fact that, because
dafür for it, for that; anstatt:
instead; im Austausch: in return, in exchange; **~ sein** be*
for (od. in favo[u]r) of it; **er
kann nichts ~** it's not his
fault
dagegen against it; jedoch:
however, on the other hand;
haben Sie et. ~ (, dass)? do
you mind (if)?; **ich habe
nichts ~** I don't mind
daheim at home
daher from there; deshalb:
that's why; bei Verben der
Bewegung: ... along
dahin there; bei Verben der
Bewegung: ... along; bis ~
zeitlich: till then; örtlich: up
to there
dahinten back there
dahinter behind it; **~ kommen** find* out (about it); **~
stecken** be* behind it
dalassen leave* behind
damalig then, of that time

darunter

damals then, at that time; in those days

Dame f lady; *Tanz:* partner; *Karte, Schach:* queen; *Spiel:* draughts, *Am.* checkers

Damen|binde f sanitary towel (*Am.* napkin); **~einzel** n *Tennis:* women's singles pl; **2haft** ladylike

damit 1. *adv* with it; *was meinst du ~?* what do you mean by that?; **2.** *cj* so that

Damm m **→ Staudamm** etc.

dämmer|ig dim; **~n** dawn (a. F *j-m* on s.o.); **ge*** dark; **2ung** f dusk; *Morgen*2: dawn

Dampf m steam, vapo(u)r; **2en** steam

dämpfen soften; *Schall:* muffle; *Stoff, Speisen:* steam; *fig.* dampen; subdue

Dampfer m steamer, steamship

Dampf|kochtopf m pressure cooker; **~maschine** f steam engine

danach after it; *später:* afterwards; *entsprechend:* according to it; *suchen etc.:* for it; *fragen:* about it

Däne m Dane

daneben next to it, beside it; *außerdem:* in addition; *im Vergleich:* beside it, in comparison; *am Ziel vorbei:* off the mark; *ich* missed!

Dän|emark Denmark; **~in** f Dane; **2isch** Danish

Dank m thanks pl; *vielen ~!*

thank you very much, many thanks; *Gott sei ~!* thank God!

dank thanks to

dankbar grateful; *lohnend:* rewarding; **2keit** f gratitude

danke: *~ (schön)* thank you (very much)

danken thank; *nichts zu ~* not at all

dann then; *~ und wann* (every) now and then

daran on it; *sterben, denken:* of it; *glauben:* in it; *leiden:* from it

darauf on (top of) it; *zeitlich:* after (that); *am Tag ~* the day after; *~ ankommen;* **~hin** as a result, then

daraus from it; *was ist ~ geworden?* what has become of it?

darin in it; *gut ~ sein** be* good at it

Darlehen n loan

Darm m bowel(s pl), intestine(s pl); **~grippe** f intestinal flu

darstell|en show*; *thea.* play; *schildern:* describe; **2er(in)** actor (-tress); **2ung** f representation

darüber over (od. above) it; *quer:* across it; *davon:* about it; **~hinaus** in addition

darum (a)round it; *deshalb:* therefore, that's why; *bitten:* for it

darunter under (od. below) it; *dazwischen:* among them;

weniger: less; **was verstehst du ~?** what do you understand by it?

das → **der**

dasein → **da**

Dasein f life, existence

dass that; *damit*: so (that); *ohne ~* without *ger*

dastehen stand* (there)

Datei f Computer: file; **~verwaltung** f file management

Daten pl data pl, a. sg, facts pl; *persönliche*: a. particulars pl; *technische*: a. specifications; **~ausgabe** f output; **~bank** f database; **~fluss** m data flow; **~schutz** m data protection; **~sicherheit** f data security; **~speicher** m data memory (od. storage); **~träger** m data storage medium; **~übertragung** f data transfer; **~verarbeitung** f data processing

datieren date

Dattel f date

Datum n date

Dauer f duration; **für die ~ von** for a period of; **auf die ~** in the long run; **~auftrag** m standing order; **2haft** lasting; *Stoff etc.*: durable; **~karte** f season ticket; **~lauf** m jog(ging); **2n** last, take*; **2nd** continual(ly); **~welle** f perm, *Am.* permanent

Daumen m thumb

Daune f down; **~ndecke** f eiderdown (quilt)

davon (away) from it; *dadurch*: by it; *darüber*: about it; *fort*: away; *in Zssgn mst* off; *von et.*: of it (od. them); **das kommt ~!** there you are!; **~kommen** get* away

davor before it; in front of it; **sich fürchten etc.**: of it

dazu Zweck: for it; *trinken etc.*: with it; *außerdem*: in addition; **~ kommen (, es zu tun)** get* around to (doing) it; **~gehören** belong to it, be* part of it; **~kommen** join s.o.; et.: be* added

dazwischen between (them); *zeitlich*: (in) between; *darunter*: among them; **~kommen: wenn nichts dazwischenkommt** if all goes well

deal|en F push drugs; **2er(in)** drug dealer, F pusher

Debatte f debate

Deck n deck

Decke f blanket; *Zimmer2*: ceiling; *Tisch2*: tablecloth

Deckel m lid, top

decken cover; **sich ~** coincide; → **Tisch**

Deckung f cover

defekt 1. adj defective, faulty; out of order; **2.** 2 m defect, fault

defensiv, **2e** f defensive

defi|nieren define; **2nition** f definition; **2zit** n deficit; *Mangel*: deficiency

Degen m sword; *Fechten*: épée

dehn|bar elastic (a. fig.); **~en** stretch (a. fig.)

Deich m dike
Deichsel f pole, shaft(s pl)
dein your; ~er, ~e, ~(e)s
yours; ~etwegen for your
sake; wegen dir: because of
you
Dekan m dean
Dekor|ateur(in) decorator;
window dresser; ~ation f
(window) display; thea. scenery; 2ieren decorate; Fenster etc.: dress
Delfin m → **Delphin**
delikat delicious; fig. ticklish;
2esse f delicacy; 2essen-
geschäft n delicatessen sg
Delle f dent
Delphin m dolphin
dementieren deny
dem|entsprechend accor-
dingly; ~nach therefore; ~
nächst shortly
Demo f demo
Demokrat|(in) democrat; ~ie
f democracy; 2isch demo-
cratic
demolieren damage
Demonstr|ant(in) demon-
strator; ~ation f demonstration; 2ieren demonstrate
demontieren dismantle
De|mut f humility; 2mütig
humble; ~mütigen humili-
ate; ~mütigung f humilia-
tion
denk|bar conceivable; ~en
think* (an, über of, about);
daran ~ (zu) remember (to);
das kann ich mir ~ I can
imagine; 2fabrik f think

tank; 2mal n monument;
Ehrenmal: memorial; 2zet-
tel m fig. lesson
denn for, because; es sei ~,
dass unless, except
dennoch yet, nevertheless
Denunz|iant(in) informer;
2ieren inform against
Deo(dorant) n deodorant
Deponie f waste disposal site,
dump; 2ren deposit
Depression f depression
deprimieren depress; ~d depressing
der, die, das the; dem pron
that, this; he, she, it; die pl
these, those, they; rel pron
who, which, that
derart so (much), like that;
~ig such ... (as this)
derb coarse; tough, sturdy
dergleichen: und ~ and the
like; nichts ~ nothing of the
kind
der-, die-, dasjenige the
one; diejenigen pl those
dermaßen → **derart**
der-, die-, dasselbe the same; derselbe, dieselbe Person: the same person
deshalb that is why, so, therefore
Desin|fektionsmittel n disin-
fectant; 2fizieren disinfect
Dessert n dessert
destillieren distil(l)
desto → **je**
deswegen → **deshalb**
Detail n detail
Detektiv(in) detective

deuten interpret; *Traum etc.*: read*; **~ auf** point at

deutlich clear, distinct

deutsch German; **auf** 2 in German; 2e *m*, *f* German; 2land Germany

Devise *f* motto; **~n** *pl* foreign currency *sg*

Dezember *m* December

dezent discreet

Dezimal... decimal ...

Dia *n* slide

Diagnose *f* diagnosis

diagonal, 2e *f* diagonal

Dialekt *m* dialect

Dialog *m* dialog(ue)

Diamant *m* diamond

Diaprojektor *m* slide projector

Diät *f* (**auf** a) diet; **~ leben** be* on (*od.* keep* to) a diet

dich you; **~ (selbst)** yourself

dicht dense, thick; **~ an** (*od. bei*) close to

dichte|n compose, write* (poetry); 2r(in) poet(ess); writer; 2ung *f* poetry; (poetic) work; *tech.* seal(ing)

dick thick; *Person*: fat; **~ machen** be* fattening; 2icht *n* thicket; **~köpfig** stubborn; 2milch *f* curd(s *pl*)

Dieb|(in) thief; **~stahl** *m* theft, *jur. mst* larceny

Diele *f* board, plank; *Vorraum*: hall, *Am. a.* hallway

dien|en serve (*j-m* s.o.); 2er *m* servant; 2erin *f* maid; 2st *m* service; *Arbeit*: work; **im** (**außer**) **~** on (off) duty; **~ha**ben be* on duty; **~ habend**, **~ tuend** on duty

Dienstag *m* Tuesday

Dienst|**grad** *m* grade, rank; **~leistung** *f* service; 2lich official; **~mädchen** *n* maid, help; **~stunden** *pl* office hours *pl*

dies, **~er**, **~e**, **~es** this (one); **~e** *pl* these

diesig hazy, misty

dies|**jährig** this year's; **~mal** this time; **~seits** on this side of

Dietrich *m* picklock

Differenz *f* difference

Digital... digital ...

Dikt|**at** *n* dictation; **~ator** *m* dictator; **~atur** *f* dictatorship; 2ieren dictate; **~iergerät** *n* Dictaphone®

DIN *Deutsche Industrie-Norm(en)* German Industrial Standard; **~ A4-Papier** A4 paper

Ding *n* thing; **vor allen ~en** above all; **~s(bums)**, **~sda** 1. **n** what-d'you-call-it; 2. *m*, *f* thingamajig

Dinosaurier *m* dinosaur

Diphtherie *f* diphtheria

Diplom *n* diploma

Diplomat|(in) diplomat; **~ie** *f* diplomacy; 2isch diplomatic (*a. fig.*)

dir (to) you; **~ (selbst)** yourself

direkt direct; *TV*: live; **~ neben** etc. right next to etc.; 2ion *f* management; 2or(in) director, manager; *Schule*:

head|master (-mistress), *Am.* principal; **2übertragung** *f* live broadcast

Dirig|ent(in) conductor; **2ie-ren** *mus.* conduct; direct

Diskette *f* diskette; **~lauf-werk** *n* disk drive

Diskont *m* discount

Disko(thek) *f* disco(theque)

dis|kret discreet; **2kretion** *f* discretion; **~kriminieren** discriminate against; **2kri-minierung** *f* discrimination; **2kussion** *f* discussion; **2-kussionsleiter(in)** chair-(wo)man; **~kutieren** discuss; **~qualifizieren** disqualify

Distanz *f* distance (*a. fig.*); **2ieren:** *sich ~ von* distance o.s. from

Distel *f* thistle

Disziplin *f* discipline; *Sport:* event; **2iert** disciplined

divi|dieren divide (*durch* by); **2sion** *f* division

doch but, however, yet; → *trotzdem; also ~ (noch)* after all; *setz dich ~!* do sit down!; *das stimmt nicht! – ~!* that's not true! - yes, it is!

Docht *m* wick

Dock *n* dock

Dogge *f* Great Dane

Dohle *f* (jack)daw

Doktor *m* doctor('s degree); **~arbeit** *f* (doctoral *od.* PhD) thesis

Dokument *n* document; **~ar-film** *m* documentary

Dolch *m* dagger

dolmetsch|en interpret; **2er(in)** interpreter

Dom *m* cathedral

Dompteur *m* (animal) trainer

Donner *m*, **2n** thunder; **~stag** *m* Thursday; **~wetter:** *~!* F wow!

doof dumb, stupid

Doppel *n* duplicate; *Sport:* doubles *pl*; **~...:** *Bett, Zimmer etc.:* double ...; **~decker** *m* *aviat.* biplane; *Bus:* double-decker; **~gänger(in)** dou-ble; **~haus** *n* pair of semis, *Am.* duplex; **~haushälfte** *f* semi-detached house, F semi; **~pass** *m* *Sport:* one-two; **~punkt** *m* colon; **~stecker** *m* two-way adapter; **2t** double; **~ so viel** twice as much

Dorf *n* village; **~fest** *n* village fete

Dorn *m* thorn (*a. fig.*)

Dorsch *m* cod(fish)

dort (over) there; **~hin** there

Dose *f* can, *Brt. a.* tin; **~nöff-ner** *m* tin (*Am.* can) opener

Dosis *f* dose (*a. fig.*)

Dotter *m, n* yolk

Double *n* *Film, TV:* stunt man; stunt woman

Dozent(in) lecturer

Drache *m* dragon; **~n** *m* kite; *Sport:* hang glider; **~n steigen lassen** fly* a kite; **~nfliegen** *n* hang gliding

Draht *m* wire; **2los** wireless; **~seilbahn** *f* cable railway

Drama n drama; **꜂tisch** dramatic

dran F → **daran; ich bin ~** it's my turn

dräng|eln push, shove; **~en** push, shove; zu et.: press, urge; Zeit: be* pressing; **sich ~** push (and shove); durch et.: force one's way

drankommen: ich komme dran it's my turn; **als erster ~** be* first

drauf F → **darauf; ~ und dran sein** zu be* on the point of doing

draußen outside; outdoors

Dreck m F dirt; filth; fig. a. trash; 2ig dirty; filthy

Dreh|arbeiten pl shooting sg; **~buch** n script; **꜂en** turn; Film: shoot*; **sich ~** turn; schnell: spin*; **sich ~ um** fig. be* about; **~stuhl** m swivel chair; **~tür** f revolving door; **~ung** f turn; rotation; **~zahl** f speed, revolutions pl per minute; **~zahlmesser** m rev(olution) counter, tachometer

drei 1. adj three; **2.** 2 f Note: fair, C; **2eck** n triangle; **~eckig** triangular; **~fach** threefold; triple; **~rad** n tricycle; **꜂Big** thirty; **꜂Bigste** thirtieth; **~zehn(te)** thirteen(th)

dressieren train

Dressman m male model

Drillinge pl triplets pl

drin F → **darin; das ist**

nicht ~! no way!

dringen: ~ auf insist on; **~ aus** escape (Töne: come*) from; **~ durch** (in) penetrate (into); **~d** urgent, pressing; Verdacht: strong

drinnen inside; indoors

dritte third; 2 **Welt** Third World; **2-Welt-Laden** m Third-World shop 2l n third; **~ns** thirdly

Droge f drug

drogen|abhängig addicted to drugs; **~ sein** be* a drug addict; **2missbrauch** m drug abuse; **~süchtig** ~**abhängig;** **2süchtige** m, f drug addict; **2tote** m, f drug victim

Drog|erie f chemist's, Am. drugstore; **~ist(in)** chemist, Am. druggist

drohen threaten, menace

dröhnen roar; resound

Drohung f threat, menace

drollig funny, droll

Droschke f carriage

Drossel f throat; 2n tech. throttle (a. fig.)

drüben over there

Druck m pressure; print. print(ing); **~buchstabe** m block letter; 2en print

drücken v/t press; Knopf: a. push; fig. Preis etc.: bring* down; **sich ~ vor** shirk (doing) s.th.; v/i Schuh: pinch; **~d** oppressive

Drucker m printer (a. Computer); **~ei** f printing office, _Am._ print shop; **~knopf** _m_ press-stud, _Am._ snap fastener; _electr._ push button; **~sache** _f_ printed matter; **~schrift** _f_ block letters _pl_

Drüse _f_ gland

Dschungel _m_ jungle

du you

Dübel _m_, **2n** dowel

ducken: _sich_ ~ crouch

Dudelsack _m_ bagpipes _pl_

Du|**ell** _n_ duel; **~ett** _n_ duet

Duft _m_ scent, fragrance, smell; **2en** smell* (**nach** of); **2end** fragrant; **2ig** filmy, gauzy

duld|**en** tolerate, put* up with; **~sam** tolerant

dumm stupid; **2heit** _f_ stupidity; stupid (_od._ foolish) thing; **2kopf** _m_ fool

dumpf dull; _Ahnung:_ vague

Düne _f_ (sand) dune

Dung _m_ dung, manure

düng|**en** _v/t_ fertilize; **2r** _m_ fertilizer

dunkel dark (_a. fig._); **2heit** _f_ dark(ness); **2kammer** _f_ darkroom

dünn thin; _Kaffee:_ weak

Dunst _m_ haze; _chem._ vapo(u)r

dünsten stew, braise

dunstig hazy, misty

Dur _n_ major (key)

durch through; by _s.o._; _math._ divided by; _gastr._ (well) done; **~aus** absolutely, quite; ~ **nicht** by no means; **~blättern** leaf through

Durchblick _m fig._ grasp of _s.th._; **2en** look through; F get* it; ~ **lassen** give* to understand

durch|**bohren** pierce; _durchlöchern:_ perforate; **~brechen** break* through; break* (in two); **~brennen** _Sicherung:_ blow*; _Reaktor:_ melt* down; F run* away; **~bringen** get* (_Kranke:_ pull) through; **~dacht** (well) thought-out; **~drehen** _v/t_ mince; _v/i Rad:_ spin; F crack up; **~dringen** _v/t_ penetrate; _v/i_ get* through

durcheinander 1. _adj Person:_ confused; _Sache:_ in a mess; **~ bringen** mix up; **2.** **2** _n_ mess, confusion

durch|**fahren** _v/i_ go* through; **2t** _f_ passage; ~ **verboten!** no thoroughfare

Durchfall _m_ diarrh(o)ea; **2en** fall* through; _Prüfling:_ fail; _thea._ be* a flop

durchführ|**bar** practicable, feasible; **~en** carry out, do*

Durchgang _m_ passage; _Sport:_ round; ~ **verboten!** private; **~slager** _n_ transit camp; **~sverkehr** _m_ through traffic

durchgebraten well done

durchgehen get* through; _Pferd:_ bolt; F run* away (**mit** with); **~d** continuous; _Zug:_ through; ~ **geöffnet** open all day

durchgreifen take* drastic measures; **~d** drastic; radical

durch|**halten** _v/t_ keep* up; _v/i_

hold* out; **2hänger** m F: **e-n ~ haben** have* a low; **~kommen** come* (od. get*) through; **~kreuzen** Plan etc.: cross, thwart; **~lassen** let* pass (od. through); **~lässig** permeable (to); undicht: leaky; **~laufen** run* (Schuhe: wear*) through; Schule, Stufen: pass through; **~lauferhitzer** m instant(aneous) water heater; **~lesen** read* (through); **~leuchten** med. X-ray; pol. etc. screen; **~machen** go* through; **die Nacht ~** make* a night of it; **2messer** m diameter; **~nässt** soaked; **~queren** cross

Durchreise f transit (a. inZssgn); **auf der ~ sein** be* passing through; **2n** v/i travel through; v/t tour

durch|reißen tear* (in two); **2sage** f announcement; **~schauen** j-n, etc.: see* through

durchscheinen shine* through; **~d** transparent

Durchschlag m (carbon) copy; **2en** cut* in two; Kugel etc.: go* through; **sich ~** struggle along; **2end** Erfolg: sweeping; **~papier** n carbon paper; **~skraft** f force

durchschneiden cut*

Durchschnitt m (im on an) average; **2lich 1.** adj average; ordinary; **2.** adv on an average

Durchschrift f copy

durch|sehen v/i see* od. look through; v/t look od. go* through; **~setzen** et.: put* (stärker: push) through; **sich ~** get* one's way; be* successful; klar: last; **~sichtig** transparent; klar: clear; **~sickern** seep through; fig. leak out; **~sieben** sift; mit Kugeln: riddle; **~sprechen** discuss, talk s.th. over; **~stehen** go* through; **~streichen** cross out; **~suchen, 2suchung** f search; **2wahl** f direct dial(l)ing; direct number; **~wählen** dial direct; **~weg** without exception; **~wühlen** ransack, rummage through; **2zug** m draught, Am. draft

dürfen be* allowed to; **darf ich (...)?** may I (...)?; **du darfst nicht** you must not

dürftig poor; scanty

dürr dry; Boden etc.: barren, arid; mager: skinny; **2e** f drought

Durst m thirst; **~ haben** be* thirsty (auf for); **2ig** thirsty

Dusche f shower; **2n** have* od. take* a shower

Düse f nozzle, jet; **~nflugzeug** n jet (plane); **~njäger** m jet fighter

düster dark, gloomy

Dutzend n dozen

duzen use the familiar 'du' with s.o.; **sich ~** be* on 'du' terms

Dyna|mik f phys. dynamics

sg; fig. dynamism; **2misch** dynamic; **~mit** *n* dynamite;

~mo *m* dynamo

D-Zug *m* express train

E

Ebbe *f* ebb tide, *Niedrigwasser:* low tide

eben 1. *adj* even; *flach:* flat; *math.* plane; **2.** *adv* just; *genau:* exactly; **so ist es** ~ that's the way it is

Ebene *f* plain; *math.* plane; *fig.* level

ebenfalls as well, too

ebenso *so* ~ **gut** just as well; ~ **viel** just as much; ~ **wenig** just as little *(pl* few)

Eber *m* boar

ebnen level; *fig.* smooth

Echo *n* echo; *fig.* response

echt genuine, real; *wahr:* true; *Dokument:* authentic; F **~ gut** real good

Eck|ball *m* Sport: corner; **~e** *f* corner (*a. Sport*); *Kante:* edge; **2ig** square, angular; **~stoß** *m* Sport: corner kick; **~zahn** *m* canine tooth

edel noble; **2metall** *n* precious metal; **2stein** *m* precious stone; *geschnitten:* gem

EDV *f* **elektronische Datenverarbeitung** EDP, electronic data processing

Efeu *m* ivy

egal F → *gleich; das ist mir* ~ I don't care

Egge *f,* **2n** harrow

Egois|mus *m* ego(t)ism;

~t(in) ego(t)ist; **2tisch** selfish, ego(t)istic(al)

ehe before

Ehe *f* marriage; **~bruch** *m* adultery; **~frau** *f* wife; **2lich** conjugal; *Kind:* legitimate

ehemal|ig former, ex-...; **~s** formerly

Ehe|mann *m* husband; **~paar** *n* married couple

eher sooner; *lieber:* rather; **nicht** ~ **als** not until

Ehering *m* wedding ring

ehrbar respectable

Ehre *f,* **2n** hono(u)r

Ehren|... *Bürger, Doktor, Mitglied etc.:* honorary ...; **2amtlich** honorary; **~gast** *m* guest of hono(u)r; **~runde** *f* lap of hono(u)r; **~tor** *n,* **~treffer** *m* consolation goal; **2tribüne** *f* VIP lounge; **~wort** *n* word of hono(u)r

Ehr|furcht *f* respect (*vor for*); **2fürchtig** respectful; **~geiz** *m* ambition; **2geizig** ambitious

ehrlich honest; F **~!(?)** honestly!(?); **2keit** *f* honesty

Ehrung *f* hono(u)r(ing)

Ei *n* egg; V **~er** *pl* balls *pl*

Eiche *f* oak (tree)

Eichel *f* acorn; *anat.* glans (penis)

eichen *tech.* ga(u)ge

Eichhörnchen *n* squirrel

Eid *m* oath (**ablegen** take*)

Eidechse *f* lizard

eidesstattlich: **~e Erklärung** statutory declaration

Eidotter *m, n* (egg) yolk

Eier|becher *m* eggcup; **~kuchen** *m* pancake; **~stock** *m* ovary; **~schale** *f* eggshell; **~uhr** *f* egg timer

Eifer *m* zeal, eagerness; **~sucht** *f* jealousy; **2süchtig** jealous (**auf** of)

eifrig eager, zealous

Eigelb *n* (egg) yolk

eigen (of one's own); (*über-*) *genau:* particular, F fussy; **~art** *f* peculiarity; **~artig** peculiar; *seltsam:* strange; **~händig** with one's own hands; **2heim** *n* home (of one's own); **~mächtig** arbitrary; **2name** *m* proper noun

Eigenschaft *f* quality; *chem. etc.* property; **~swort** *n* adjective

eigensinnig stubborn

eigentlich actual(ly), real(ly)

Eigen|tor *n* own goal (*a. fig.*); **~tum** *n* property; **~tümer(in)** owner, propriet|or (-ress); **2tümlich** peculiar; **~tumswohnung** *f* owner-occupied flat, *Am.* condominium, F condo; **2willig** wil(l)ful; *fig.* individual

eign|en: sich ~ für be* suited (*od.* fit) for; **2ung** *f* suitability

Eil|bote *m:* **durch ~n** express,

Am. (by) special delivery; **~brief** *m* express (*Am.* special delivery) letter

Eil|e *f* (*in* in a) hurry; **2en** hurry; *et.:* be* urgent; **2ig** hurried, hasty; *dringend:* urgent; **es ~ haben** be* in a hurry; **~zug** *m* semifast train, *Am.* limited

Eimer *m* bucket, pail

ein one; **a, an;** **~ - aus** on - off; **~ander** each other

ein|arbeiten break* *s.o.* in; **sich ~** work o.s. in; **~äschern** *Leiche:* cremate; **~atmen** breathe, inhale

Ein|bahnstraße *f* one-way street; **~band** *m* binding, cover; **~bau** *m* installation, fitting; **~bau...** *Möbel etc.:* built-in ...; **2bauen** build* in, instal(l), fit; **2berufen** call; *mil.* call up, *Am.* draft; **2biegen** turn (*in* into)

einbild|en: sich ~ imagine; **sich et. ~ auf** be* conceited about; **2ung** *f* imagination; *Dünkel:* conceit

ein|binden bind*; *fig.* integrate; **~blenden** fade in

einbrech|en *Dach etc.:* collapse; *Winter:* set* in; **~ in** break* into, burgle; *auf dem Eis:* break* through the ice; **2er** *m* burglar

einbringen bring* in; *Gewinn etc.:* yield; **sich ~** put* a lot of time and energy into it; **das bringt nichts ein** it doesn't pay

Einbruch *m* burglary; *bei ~ der Nacht* at nightfall

ein|bürgern naturalize; *sich ~* come* into use; **~büßen** lose*; **~deutig** clear

eindring|en: *~ in* enter; *mil.* invade; one's way into; **~lich** urgent; **2ling** *m* intruder

Ein|druck *m* impression; **2drücken** break* *od.* push in; **2drucksvoll** impressive

ein|eiig *Zwillinge:* identical; **~inhalb** one and a half

einer, ~e, ~(e)s one

einerlei of the same kind; → **gleich;** **2** *n*: *das ewige (tägliche)* ~ the same old (daily) rut

einerseits on the one hand

einfach 1. *adj* simple; *leicht: a.* easy; *Fahrkarte:* single, *Am.* one-way; **2.** *adv* simply, just; **2heit** *f* simplicity

einfädeln thread; *fig.* arrange; *sich ~* get* in lane

einfahr|en *v/i* come* (*Zug:* a. pull) in; *v/t mot.* break* in; *Ernte:* bring* in; **2t** *f* entrance, way in; *mot.* drive(-way)

Einfall *m* idea; *mil.* invasion; **2en** fall* in, collapse; ~ *j-m* ~ occur to s.o., come* to s.o.'s mind

Einfamilienhaus *n* single-family home

ein|farbig self-coloured, *Am.* solid-color(ed); **~fassen** border; **~fetten** grease

Einfluss *m* influence; **2reich** influential

ein|förmig uniform; **~frieren** freeze*; **~fügen** insert

Einfuhr *f* import(ation); **2führen** introduce; *ins Amt:* instal(l); *econ.* import; **~rung** *f* introduction

Eingabe *f* petition; *Computer:* input; **~taste** *f* enter (*od.* return) key

Ein|gang *m* entrance; *econ.* arrival; *Brief:* receipt; **2geben** *med.* administer (to *s.o.*); *Daten:* feed*, enter

einge|bildet imaginary; *dünkelhaft:* conceited; **2borene** *m, f* native; **~fallen** sunken, hollow

eingehen *v/i* come* in, arrive; *Stoff:* shrink*; *bot., zo.* die; ~ *auf* agree to; *Details:* go* into; *j-n:* listen *od.* take to; *v/t Risiko:* take*; *Wette:* make*; **~d** thorough(ly)

einge|macht preserved, pickled; **~meinden** incorporate; **~nommen:** ~ *sein von* be* taken with; *von sich* ~ *sein* be* full of o.s.; **~schrieben** registered

Eingeweide *pl* intestines *pl*, bowels *pl*

eingewöhnen: *sich ~ in* settle in, get* used to

ein|gießen pour; **~gleisig** single-track; **~gliedern** integrate (*in* into); **~greifen** step in, interfere; *in Gespräch:* join in

Eingriff *m* intervention, interference; *med.* operation

ein|halten *v/t* keep*; *v/i* stop; **~hängen** *tel.* hang* up

einheimisch native; *econ.* domestic; **2e** *m, f* local, native

Einheit *f* unit; *pol. etc.* unity; **2lich** *adj* homogeneous; **~s...** *Preis etc.*: standard ...

einholen catch* up with; *Zeitverlust:* make* up for; *Segel, Fahne:* strike*

einig united; **~ sein** agree; **(sich) nicht ~ sein** differ

einige some, several

einigen unite; **sich ~** come* to an agreement

einigermaßen fairly, reasonably; *leidlich:* quite (*od.* fairly) well; not too bad

einiges some(thing); quite a lot

Einig|keit *f* unity; agreement; **~ung** *f* agreement; *pol.* unification

einkalkulieren take* into account, allow for

Einkauf *m* purchase; **2en** buy*, purchase; **~ gehen** go* shopping; **~s...** *Tasche, Zentrum etc.*: shopping ...; **~bummel** *m* shopping tour (*od.* spree); **~spreis** *m* purchase price; **~swagen** *m* (supermarket) trolley, *Am.* grocery cart; **~szentrum** *n* shopping cent|re (*Am.* -er), *Am. a.* shopping mall

ein|kehren stop (off) (*in* at); **~kleiden** clothe; **~klemmen** jam

Einkommen *n* income; **~steuer** *f* income tax

Einkünfte *pl* income *sg*

einlad|en *j-n:* invite; *Güter etc.:* load; **~end** inviting; **2ung** *f* invitation

Einlage *f econ.* deposit; investment; *Schuh2:* insole; *thea. etc.* interlude

einlassen let* in, admit; **sich ~ mit (auf)** get* involved with (in)

ein|laufen *v/i Sport:* come* on (*ins Ziel:* in); *Zug:* pull in; *Schiff:* enter port; *Stoff:* shrink* (*Wasser:* run* in; **sich ~** warm up; **~leben:** **sich ~** settle in; **~legen** put* in (*a. Gang, gutes Wort*); *Haare:* set*; *gastr.* pickle

einleit|en start; introduce; *med.* induce; **2ung** *f* introduction

ein|leuchten make* sense; **~liefern:** **~ in(s)** take* to; **~lösen** *Scheck:* cash; **~machen** preserve; pickle; *Marmelade:* make*

einmal once; one day; **auf ~** all at once; **nicht ~** not even; **→ noch**, **2eins** *n* multiplication table; **~ig** *fig.* unique; F fabulous

einmischen: **sich ~** meddle, interfere

Einmündung *f* junction

Ein|nahme *f* taking; **~n** *pl*

receipts *pl*; **2nehmen** take* (*a. mil.*); *Geld:* earn, make*; **2nehmend** engaging

ein|ordnen put* in its place; *Akten:* file; *sich ~ mot.* get* in lane; **~packen** pack (up); *einwickeln:* wrap up; **~parken** park; **~pflanzen** (*med., fig.* im)plant; **~planen** plan (*Zeit etc.:* allow) for; **~prägen:** *j-m et. ~* impress s.th. on s.o.; *sich et. ~* memorize s.th.; **~rahmen** frame; **~reiben** rub (*s.th.* in); **~reichen** hand (*od.* send*) in

Einreise *f* entry; **~visum** *n* entry visa

einrenken *med.* set*; *fig.* straighten out

einricht|en furnish; *gründen:* establish; *ermöglichen:* arrange; *sich ~* furnish one's home; *sich ~ auf* prepare for; **2ung** *f* furnishings *pl*; *tech.* installation(s *pl*); facilities *pl*; *öffentliche:* institution, facility

eins one; one thing; **2** *f Note:* excellent, A

einsam lonely; solitary; **2keit** *f* loneliness; solitude

einsammeln collect

Einsatz *m tech.* insertion; *Spiel:* stake(s *pl*); *Eifer:* effort(s *pl*); *Verwendung:* use; *Risiko:* risk

ein|schalten switch (*od.* turn) on; *j-n:* call in; *sich ~* step in; **~schätzen** judge,

rate; **~schenken** pour (out); **~schicken** send* in; **~schlafen** fall* asleep, go* to sleep (*a. Glied*); **~schläfern** lull (*Tier:* put*) to sleep; **~schlagen** *v/t* knock in (*Zähne:* out); *zerbrechen:* break*, smash; *Weg:* take*; *v/i Blitz, Geschoss:* strike*; *fig.* be* a success; **~schließen** lock in (*od.* up); *umgeben:* enclose; *mil.* surround; *fig.* include; **~schließlich** including; **~schmelzen** melt down; **~schneidend** *fig.* drastic; **2schnitt** *m* cut; *fig.* break

einschränk|en restrict, reduce, cut* down on (*a. Rauchen etc.*); *sich ~* economize; **2ung** *f* restriction; *ohne ~* without reservation

Einschreiben *n* registered letter; **2** → **eintragen**; *sich ~* enrol(l)

ein|schreiten intervene, step in; take* (legal) measures; **~schüchtern** intimidate; **~schweißen** shrink-wrap; **~sehen** see*, realize; **~seitig** one-sided; *pol.* unilateral; **~senden** send* in; **2sendeschluß** *m* closing date (for entries); **~setzen** *v/t* put* in, insert; *ernennen:* appoint; *Mittel:* use; *Geld:* stake; *Leben:* risk; *sich ~* try hard; *sich ~ für* support; *v/i* set* in, start

Einsicht *f* insight; realization; **2ig** reasonable

einsilbig monosyllabic; *fig.* taciturn

ein|sparen save, economize on; **~sperren** lock (*Tier:* shut*) up; **~springen** fill in (*für* for)

Einspritz... fuel-injection ...

Einspruch *m* objection (*a. jur.*), protest

einspurig single-lane

einst *once*; *künftig:* one day

Ein|stand *m Tennis:* deuce; **2stecken** pocket (*a. fig.*); *electr.* plug in; *Brief:* post, *Am. a.* mail; *hinnehmen:* take*; **2steigen** get* in; *Bus, Zug, aviat.:* get* on, board

einstell|en *j-n:* engage, employ, hire; *aufgeben:* give* up; *beenden:* stop; *tech.* adjust (*auf* to); *Radio:* tune in (to); *opt.* focus (on); **sich ~** appear; **sich ~ auf** adjust to; *vorsorglich:* be* prepared for; **2ung** *f* employment; *Haltung:* attitude; *tech.* adjustment; *opt., phot.* focus(sing); *Film:* take

Einstieg *m* entrance, way in; **~sdroge** *f* gateway drug

ein|stimmig unanimous, **~stöckig** one-storey(ed) (*Am.* -storied)

einstudieren *thea.* rehearse

einstuf|en class, rate; **2ung** *f* classification; **2ungsprüfung** *f* placement test

Ein|sturz *m*, **2stürzen** collapse

einstweilen for the time being

eintauschen exchange (*gegen* for)

einteil|en divide (*in* into); *Zeit:* organize; **~ig** one-piece; **2ung** *f* division; organization

eintönig monotonous

Eintopf *m* stew

Eintracht *f* harmony

eintragen enter; *amtlich:* register (*a. sich ~*)

einträglich profitable

ein|treffen arrive; happen; *sich erfüllen:* come* true; **~treten** enter; happen; **~ in** join; **~ für** support

Eintritt *m* entry; *Zutritt, Gebühr:* admission; **~ frei!** admission free; **~ verboten!** keep out!; **~sgeld** *n* admission (fee); **~skarte** *f* ticket

einver|standen *sein* agree (*mit* to); **~!** agreed!; **2ständnis** *n* agreement

Einwand *m* objection

Einwander|er *m* immigrant; **2n** immigrate; **~ung** *f* immigration

einwandfrei perfect

Einweg|... *Flasche etc.:* non-returnable; *Spritze, Besteck etc.:* disposable, throwaway; **~spiegel** *m* two-way mirror

ein|weichen soak; **~weihen** inaugurate, *Am.* dedicate; **~ in** let* *s.o.* in on *s.th.*; **~weisen:** **~ in** send* to; *Arbeit:*

instruct in; **~wenden** object (*gegen* at); **~werfen** throw* in (*a. Wort*; *Sport a. v/i*); *Fenster:* break*; *Brief:* post, *Am. a.* mail; *Münze:* insert

einwickeln wrap (up)

einwilli|gen, **2gung** *f* consent (*in* to)

einwirken: **~ auf** act (up)on; *j-n:* work on

Einwohner|(in) inhabitant; **~meldeamt** *n* registration office

Einwurf *m Sport:* throw-in; *Schlitz:* slot; *fig.* objection

Einzahl *f* singular; **2en** pay* in; **~ung** *f* payment, deposit

einzäunen fence in

Einzel *n Tennis:* singles *sg*; **~gänger(in)** loner; **~handel** *m* retail; **~haus** *n* detached house; **~heit** *f* detail

einzeln single; *getrennt:* separate(ly); *Schuh etc.:* odd

Einzelne: der ~ the individual; *jeder* **~** every single person; *im* **~n** in detail

Einzelzimmer *n* single room

einziehen *v/i* move in; *v/t* draw* in; *bsd. tech.* retract; *Kopf:* duck; *Segel, Fahne:* strike*; *mil.* call up, *Am. a.* draft; *Besitz:* confiscate

einzig only; *kein* **~es Auto** not a single car; **~ und allein** entirely

einzigartig unique

Einzige: der~, die ~ the only person; *das* **~** the only thing; *ein* **~r** just one person; *kein*

~r not a single one

Einzug *m* moving in; entry

Einzugsermächtigung *f* direct debit

Eis *n* ice; ice cream; **~bahn** *f* skating rink; **~bär** *m* polar bear; **~becher** *m* sundae; **~berg** *m* iceberg; **~café** *n*, **~diele** *f* ice-cream parlo(u)r

Eisen *n* iron

Eisenbahn *f* railway, *Am.* railroad; **~er** *m* railwayman, *Am.* railroad man; **~wagen** *m* coach

Eisen|erz *n* iron ore; **~waren** *pl* hardware *sg*

eisern iron (*a. fig.*), of iron

eis|gekühlt iced; **2hockey** *n* (*Brt.* ice) hockey; **~ig** icy (*a. fig.*); **~kalt** icecold; **2kunstlauf** *m* figure skating; **2kunstläufer(in)** figure skater; **2revue** *f* ice show; **2salat** *m* iceberg lettuce; **2würfel** *m* ice cube; **2zapfen** *m* icicle

eitel vain; **2keit** *f* vanity

Eit|er *m* pus; **2ern** fester; **~rig** purulent, festering

Eiweiß *n* white of egg; *biol.* protein

Ekel 1. *m* disgust (*vor* at), nausea (at); **~ erregend** → **ekelhaft; 2.** *n* F beast; **2haft** sickening, disgusting, nauseating; **2n: sich ~ vor** find *s.th.*, *s.o.* disgusting

Ekzem *n* eczema

elastisch elastic, flexible

Elch *m* elk; *Nordamer.* **~:** moose

Elefant m elephant

elegant elegant, smart

Elektri|ker(in) electrician; **2sch** electric(al)

Elektrizität f electricity; **~s-werk** n power station

Elektrogerät n electric appliance

Elektron|en... electron(ic) ...; **~ik** f electronics sg; **2isch** electronic

Elektro|rasierer m electric razor; **~technik** f electrical engineering; **~techniker(in)** electrical engineer

Element n element

Elend n misery; **2** miserable; **~sviertel** n slum(s pl)

elf 1. eleven; **2.** **2** f Sport: team

Elfenbein n ivory

Elfmeter m penalty (kick); **~punkt** m penalty spot; **~schießen** n penalty shoot-out

elfte eleventh

Ellbogen m elbow

Elster f magpie

elterlich parental

Eltern pl parents pl; **~haus** n one's parents' house; home; **~teil** m parent

Email n, **~le** f enamel

Emanzi|e f F women's libber; **~ipation** f emancipation; **2ipiert** emancipated

Emigrant(in) emigrant; politischer: émigré

Empfang m reception (a. Radio); Erhalt: receipt; **2en** receive; welcome

Empfäng|er m receiver (a. Radio); post. addressee; **2-lich** susceptible (**für** to); **~nisverhütung** f contraception, birth control

Empfangs|bestätigung f receipt; **~chef** m, **~dame** f receptionist

empfehl|en recommend; **~enswert** recommendable; ratsam: advisable; **2ung** f recommendation

empfind|en feel*; **~lich** sensitive (**gegen** to); leicht gekränkt: touchy; **~e Stelle** sore spot; **~sam** sensitive; **2ung** f sensation; seelisch: feeling

empör|end shocking; **~t** indignant, shocked; **2ung** f indignation

emsig busy

Ende n end; Film etc.: ending; **am ~** at the end; schließlich: in the end, eventually; **~ Mai** at the end of May; zu ~ over; Zeit: up; **zu ~ gehen** come* to an end; **2n** (come* to an) end; finish

End|ergebnis n final result; **2gültig** final; **~lagerung** f final disposal; **2lich** finally, at last; **2los** endless; **~runde** f, **~spiel** n final(s pl); **~station** f terminus; **~summe** f (sum) total; **~verbraucher** m end user

Energie f energy; **~sparen** n conservation of energy; **~versorgung** f power supply

energisch energetic; *streng:* strict, firm

eng narrow; *Kleidung:* tight; *vertraut:* close; *beengt:* cramped

Engel *m* angel

England England; **~länder** *m* Englishman; **die ~** *pl* the English *pl;* **~länderin** *f* Englishwoman

englisch English; **auf ~** 2 in English

Engpass *m* bottleneck

engstirnig narrow-minded

Enkel *m* grandchild; grandson; **~in** *f* granddaughter

enorm enormous

Ensemble *n thea.* company; *Besetzung:* cast

entbehren do* without; *erübrigen:* spare; *vermissen:* miss

entbinden give* birth; *fig.* relieve *s.o.* (*von* of); *entbunden werden von* give* birth to; 2**ung** *f* delivery

entdecken discover, find*; 2**er** *m* discoverer; 2**ung** *f* discovery

Ente *f* duck; F *fig.* hoax

enteignen expropriate; **~erben** disinherit; **~fallen** be* cancel(l)ed (*a.* dropped); *j-m:* slip *s.o.*'s memory; **~falten** unfold (*a.* also ~); *fig. Fähigkeiten, sich:* develop

entfernen remove; *sich ~* leave*; **~t** distant (*a. fig.*); 2**ung** *f* distance; removal; 2**ungsmesser** *m phot.* range

finder

entfliehen flee*, escape; **~fremden** estrange (*dat* from); **~frosten** *mot.* demist, *Am.* defrost

entführen kidnap; *Flugzeug etc.:* hijack; 2**er** *m* kidnap(p)er; hijacker; 2**ung** *f* kidnap(p)ing; hijacking

entgegen contrary to; *Richtung:* toward(s); **~gehen** go* to meet; **~gesetzt** opposite; **~kommen** come* to meet; *fig.* meet* *s.o.* halfway; **~kommend** obliging, kind, helpful; **~nehmen** accept, receive; **~sehen** await; *freudig:* look forward to

entgegnen reply; **~gehen** escape; *sich ~ lassen* miss; **~giften** decontaminate; **~gleisen** be* derailed

enthalten contain, hold*; *sich ~* abstain (*gen* from); **~sam** abstinent

enthüllen uncover; *Denkmal:* unveil; *fig.* reveal

enthusiastisch enthusiastic

entkleiden (*sich*) ~ undress, strip; **~kommen** escape; get* away; **~laden** unload; *sich ~ electr.* discharge

entlang along; **~.... fahren, gehen etc.:** ... along

entlassen dismiss; *Patient:* discharge (*a. mil.*); *Häftling:* release; 2**ung** *f* dismissal; discharge; release

entlasten relieve; *jur.* exonerate; *den Verkehr ~* ease the traffic load; **~legen** remote; **~lüften** ventilate; **~mutigen** discourage; **~nehmen** take* (*dat from*); ~ as *fig.* gather from; **~reißen** snatch (away) (*dat* from); **~rinnen** escape (*dat* from)

enтrüst|en: *sich* ~ get* indignant (*über* at s.th., with s.o.); **~et** indignant, shokked; **2ung** *f* indignation

entschädig|en compensate; **2ung** *f* compensation

entscheid|en: (*sich*) ~ decide; **~end** decisive; *kritisch:* crucial; **2ung** *f* decision

ent|schließen: *sich* ~ decide, make* up one's mind; **~schlossen** determined; **2schluss** *m* decision

entschlüsseln decipher, decode

entschuldig|en excuse; *sich* ~ apologize (*bei* to); *absagen:* excuse o.s.; **~Sie** (*bitte*)! excuse me!; **2ung** *f* excuse (*a. Schreiben*); apology; *um* ~ *bitten* apologize (*j-n* to s.o.); **~!** excuse me!; *tut mir leid:* (I'm) sorry!

Entsetz|en *n* horror; **2lich** horrible, terrible

entsorg|en dispose of; **2ung** *f* (waste) disposal

entspann|en: *sich* ~ relax; *pol.* ease (up); **2ung** *f* relaxation; *pol.* détente

entsprech|en correspond to; *e-r Beschreibung:* answer to; *Anforderungen etc.:* meet*;

~end corresponding (to); *passend:* appropriate; **2ung** *f* equivalent

entspringen *Fluss:* rise*

entsteh|en come* into being; *auftreten:* arise*; *allmählich:* emerge, develop; **~aus** originate from; ~ *durch* be* caused by; **2ung** *f* origin

entstellen disfigure; *fig.* distort

enttäusch|en disappoint; **2ung** *f* disappointment

entweder: ~ ... *oder* either ... or

ent|weichen escape; **~werfen** design; *Schriftstück:* draw* up

entwert|en lower the value of; *Fahrschein etc.:* cancel; **2ung** *f* devaluation; cancellation

entwick|eln: (*sich*) ~ develop (*zu* into); **2lung** *f* development; **2lungshelfer(in)** development aid worker (*od.* volunteer); *Brt.* VSO worker; *Am.* Peace Corps worker; **2lungsland** *n* developing country

ent|wirren disentangle; **~wischen** get* away

entzieh|en take* away (*dat* from); *Führerschein, Lizenz:* revoke; **2ungskur** *f* detoxification (treatment)

entziffern decipher

entzück|end delightful; **~t** delighted (*von* at, with)

entzünd|en: *sich* ~ catch*

fire; *med.* become* inflamed; **~et** inflamed; **2ung** f inflammation

Epidemie f epidemic

Epoche f epoch

er he; *Sache:* it

Erbanlage f genes pl, genetic code

Er|barmen n pity, mercy; **2bärmlich** pitiful; *elend:* miserable; **2barmungslos** merciless, relentless

erbaue|n build*, construct; **2r** m builder, constructor

Erbe 1. m heir; **2.** n inheritance, heritage; **2n** inherit

erbeuten capture

Erbfaktor m gene

Erbin f heiress

erbittert fierce, furious

erblich hereditary

erblinden go* blind

Erbschaft f inheritance

Erbse f pea

Erd|apfel m österr. potato; **~beben** n earthquake; **~beere** f strawberry; **~boden** m earth, ground; **~e** f earth, *Bodenart:* ground, soil; **2en** *electr.* earth, *Am.* ground; **~gas** n natural gas; **~geschoss** n, **~geschoß** n österr. ground (*Am.* a. first) floor; **~kugel** f globe; **~kunde** f geography; **~nuss** f peanut; **~öl** n (crude) oil, petroleum

erdrosseln strangle

erdrücken crush (to death); **~d** *fig.* overwhelming

Erd|rutsch m landslide (a.

pol.); **~teil** m continent

erdulden suffer, endure

ereig|nen: *sich* ~ happen; **2nis** n event; **~nisreich** eventful

Erektion f erection

erfahr|en 1. v/t learn*, hear*; *erleben:* experience; **2.** *adj* experienced; **2ung** f experience

erfassen seize; *begreifen:* grasp; *amtlich:* register; *Daten:* collect

erfind|en invent; **2er(in)** inventor; **~erisch** inventive; **2ung** f invention

Erfolg m success; *Folge:* result; ~ **haben** be* successful, succeed; ~ **versprechend** promising; **~los** unsuccessful; **2reich** successful

erforder|lich necessary; **~n** require, demand

erforschen explore

erfreu|en please; **~lich** pleasing; **~licherweise** fortunately; **~t** pleased

erfrieren freeze* (to death); *Pflanze:* be* killed by frost; **erfrorene Zehen** frostbitten toes; **2ung** f frostbite

erfrisch|en refresh; **~end** refreshing; **2ung** f refreshment

er|füllen fulfil(l); *halten:* keep*; *Zweck:* serve; *Erwartung:* meet*; ~ **mit** fill with; *sich* ~ come* true; **~gänzen** complement (*sich* each other); *hinzutun:* supplement, add; **~geben** amount to; *sich* ~

surrender; → *entstehen*; *sich ~ aus* result from

Ergebnis *n* result (*a. Sport*), outcome; **2los** *f* fruitless

ergehen: *so erging es mir auch* the same thing happened to me; *et. über sich ~ lassen* (grin and) bear it

ergiebig productive, rich

ergreifen seize, grasp, take* hold of; *Gelegenheit, Maßnahme*: take*; *Beruf*: take* up; *fig.* move, touch

ergriffen moved

er|halten get*, receive; *bewahren*: preserve, keep*; *unterstützen*: support; *schützen*: protect; *gut ~ in* good condition; **~hältlich** obtainable, available

erhängen (*sich*) ~ hang* (o.s.)

erheb|en raise; *sich ~ rise*; **~lich** considerable, *2ung* *f* survey; *geogr.* elevation

Erheiterung *f* amusement

er|hitzen heat; **~hoffen** hope for

erhöh|en raise; *fig. a.* increase; *2ung* *f fig.* increase

erhol|en: *sich ~ recover*; *entspannen*: relax; **~sam** restful; *2ung* *f* recovery; rest, relaxation; *2ungsheim* *n* rest home

erinner|n: *j-n ~ (an)* remind s.o. (of); *sich ~ (an)* remember; *2ung* *f* memory (*an* of); → *Andenken*

erkält|en: *sich ~* catch* (a)

cold; *erkältet sein* have* a cold; *2ung* *f* cold

erkennen recognize

erkennt|lich: *sich ~ zeigen* show* (*s.o.*) one's gratitude; *2nis* *f* realization; **~se** *pl* findings *pl*

Erker *m* bay

erklär|en explain (*j-m* s.o.); *verkünden*: declare; *2ung* *f* explanation; declaration; *e-e ~ abgeben* make* a statement

erkranken fall* ill; *~ an* get*

erkundig|en: *sich ~* inquire (*nach* about *s.th.*, after *s.o.*); *2ungen* *pl* inquiries *pl*

erlassen *Verordnung*: issue; *j-m et.*: release *s.o.* from

erlaub|en allow, permit; *sich ~ zu* take* the liberty of *doing*; dare to; → *gönnen*; *2nis* *f* permission

erläutern explain

erleb|en experience; see*; *Schlimmes*: go* through; *das ~ wir nicht mehr* we won't live to see that; *2nis* *n* experience; adventure

erledigen take* care of; *Problem*: settle; F *j-n*: finish

erleichter|n make* *s.th.* easier; *~t* relieved; *2ung* *f* relief

er|leiden suffer; **~lernen** learn*; **~lesen** choice

Erlös *m* proceeds *pl*

erloschen extinct

erlös|en deliver (*von* from); *2er* *m* Saviour; *2ung* *f rel.* salvation; *fig.* relief

er|mächtigen authorize; **~mahnen** admonish; *verwarnen*: warn, caution; **2mahnung** *f* admonition; warning, caution (*Brt. a. Sport*)

ermäßig|en reduce; **2ung** *f* reduction

ermessen 1. *v/t* assess, judge; **2.** **2** *n* discretion

ermitt|eln find* out; *bestimmen*: determine; *jur.* investigate; **2lung** *f* finding, **~en** *pl* investigations *pl*

ermöglichen make* possible

ermord|en murder; *bsd. pol.* assassinate; **2ung** *f* murder (*gen* of); assassination (of)

ermüd|en tire; **~end** tiring; **2ung** *f* fatigue

er|muntern, **~mutigen** encourage; **2mutigung** *f* encouragement

ernähr|en feed*; *Familie*: support; *sich ~ von* live on; **2ung** *f* nutrition, diet

ernenn|en appoint; **2ung** *f* appointment

erneuern renew

ernst 1. *adj* serious; **~ nehmen** take* seriously; **2.** **2** *m* seriousness; *im ~* (?) seriously (?); **~haft**, **~lich** serious(ly)

Ernte *f* harvest; *Ertrag*: crop(s *pl*); **~dankfest** *n* harvest festival, *Am.* Thanksgiving; **2n** harvest, reap (*a. fig.*)

Erober|er *m* conqueror; **2n** conquer; **~ung** *f* conquest

eröffn|en open; **2ung** *f* opening

erotisch erotic

erpress|en blackmail; *Summe*: extort; **2er(in)** blackmailer; **2ung** *f* blackmail

erraten guess

erreg|en excite; *verursachen*: cause; **2er** *m* germ, virus; **2ung** *f* excitement

er|reichen reach; *Zug etc.*: catch*; *fig.* achieve; **~richten** set* up, erect; *fig.* establish; **~röten** blush

Errungenschaft *f* achievement; *F* acquisition

Ersatz *m* replacement; substitute (*a. Person*); **~... Reifen**, *Teil etc.*: spare ...; **~spieler(in)** substitute

erschein|en 1. *v/t* appear; **2.** **2** *n* appearance; **2ung** *f* appearance; *Geist*: apparition; *Natur2 etc.*: phenomenon

er|schießen shoot* (dead); **~schlagen** kill; **~schließen** develop

erschöp|ft exhausted; **2fung** *f* exhaustion

erschrecken *v/t* frighten, scare; *v/i* be* frightened

erschütter|n shake*; *fig. a.* move; **2ung** *f* *fig.* shock

erschweren make* (more) difficult

erschwinglich affordable

ersetz|bar replaceable; **~en** replace (*durch* by); *Auslagen*: reimburse, refund

erspar|en save; *j-m et.*: spare *s.o. s.th.*; **~nisse** *pl* savings *pl*

erst first; *nicht früher als*: not

till (*od.* before); *nur, nicht mehr od. später als:* only

erstarr|en stiffen; *fig.* freeze*; ~t stiff, numb

erstatten *Geld:* reimburse, refund; → *Anzeige*

Erstaun|en *n* astonishment; **2lich** astonishing, amazing; **2t** astonished

erstbeste first; any old

Erstbesteigung *f* first ascent

erste first; *er war 2r* he was (*od.* came) first; *als 2s am Morgen* first thing in the morning; *fürs 2* for the time being

erstechen stab (to death)

erstens first(ly)

ersticken suffocate, choke

erstklassig first-class

er|strecken: *sich ~* extend, stretch; *sich ~ über zeitlich:* cover (a period of); **~suchen** request; **~tappen** catch*, surprise; **~teilen** give*

Ertrag *m* yield; *Einnahmen:* proceeds *pl*, returns *pl;* **2en** bear*, endure, stand*

erträglich tolerable

er|tränken, ~trinken drown; **~übrigen** spare; *sich ~* be* unnecessary; **~wachen** wake* (up)

erwachsen adult; **2e** *m, f* adult; *nur für* adults only; **2enbildung** *f* adult education

er|wägen consider; **~wähnen** mention; **~wärmen** warm (*a. sich ~;* *für* to); **2-**

~wärmung *f* warming up; **~ der Erdatmosphäre** global warming

erwart|en expect; *Kind:* be* expecting; *warten auf:* wait for; **2ung** *f* expectation

er|weisen *Dienst, Gefallen:* do*; *sich ~ als* prove to be; **~weitern:** (*sich*) *~* enlarge, extend; *bsd. econ.* expand

erwerb|en acquire; **2ung** *f* acquisition

erwidern reply; *Besuch, Gruß, Liebe:* return

erwischen catch*, get*

erwünscht desirable

erwürgen strangle

Erz *n* ore

erzähl|en tell*; narrate; **2er(in)** narrator; **2ung** *f* story, tale

Erz|bischof *m* archbishop; **~engel** *m* archangel

erzeug|en produce; **2er** *m* producer; **2nis** *n* product

erzie|hen bring* up (*zu* to be); *geistig:* educate; **2-her(in)** educator; teacher; nursery-school teacher; **2-hung** *f* upbringing; education

erzielen achieve; *Treffer, Punkte etc.:* score

es it; *Baby, Tier: a.* he; she

Esche *f* ash (tree)

Esel *m* donkey, ass (*a.* F *contp.*); **~sohr** *n fig.* dog-ear

Eskimo *m* Eskimo

essbar eatable, edible

essen eat*; *zu Abend ~*

have* supper (*feiner:* dinner); ~ *gehen* eat* out; → *Mittag*

Essen n food; *Mahlzeit:* meal; *Gericht:* dish

Essig m vinegar; ~*gurke* f (pickled) gherkin, *Am.* pickle

Ess|löffel m tablespoon; ~*tisch* m dining table; ~*zimmer** n dining room

Etage f floor, stor(e)y; ~*nbett* n bunk bed

Etat m budget

Etikett n label; (price) tag

Etui n case

etwa *zirka:* about; *in Fragen:* perhaps, by any chance; *zum Beispiel:* for example; *nicht ~*, *dass*) not that

etwas 1. *indef pron* something; *fragend:* anything; **2.** *adj* some; **3.** *adv* a little; somewhat

EU *Europäische Union* EC, European Community

euch you; ~ (*selbst*) yourselves

euer, ~*(e)re* your

Eule f owl

Eurocheque m Eurocheque

Euro|pa Europe; ~*pa...* *Meister, Parlament, etc.:* European ...; ~*päer(in),* ♀*päisch* European

Euter n udder

evangelisch Protestant; *lutherisch:* Lutheran

eventuell possibly

ewig eternal; F constant(ly); *auf ~* for ever; ♀*keit* f eternity

exakt exact, precise

Examen n exam(ination)

Exemplar n specimen; *Buch etc.:* copy

Exil n exile

Existenz f existence; ~*kampf* m struggle for survival

existieren exist; *leben:* live (*von* on)

Expedition f expedition

Experiment n, ♀*ieren* experiment

explo|dieren explode (*a. fig.*); ♀*sion* f explosion

Export m export(ation); *Bier:* lager; ♀*ieren* export

extra 1. *adj u. adv* extra; *speziell:* special(ly); F *absichtlich:* on purpose; **2.** ♀ n *Zubehör:* (optional) extra

extrem extreme

F

Fabel f fable; ♀*haft* fabulous

Fabrik f factory; ~*at* n make; *Erzeugnis:* product

Fach n compartment, shelf; *in Wand etc.:* box, pigeonhole;

ped., univ. subject; *Gebiet:* line, (special) field; ~*arbeiter(in)* skilled worker; ~*arzt* m, ~*ärztin* f specialist (*für* in)

Fächer m fan

Fach|geschäft n specialist shop (od. store); **~kenntnisse** pl specialized knowledge sg; **~mann** m expert; **~werkhaus** m half-timbered house

Fackel f torch

fad(e) tasteless; fig. dull

Faden m thread (a. fig.)

fähig capable, able; **2keit** f (cap)ability; talent; skill

fahnd|en, 2ung f search (**nach** for)

Fahne f flag; **F-e-e ~ haben** reek of alcohol

Fahrbahn f road; Spur: lane

Fähre f ferry(boat)

fahren v/i go* (**mit dem Auto, Bus** etc. by car, bus etc.); in od. auf e-m Fahrzeug: ride*; Auto ~: drive*; v/t drive*; Zweirad: ride*

Fahrer|(in) driver; **~flucht** f hit-and-run offen|ce (Am. -se)

Fahr|gast m passenger; **~geld** n fare; **~gemeinschaft** f car pool; **~gestell** n mot. chassis; **~karte** f ticket; **kartenautomat** m ticket machine; **~kartenschalter** m ticket office; **2lässig** reckless; **~lehrer(in)** driving instructor; **~plan** m timetable, Am. a. schedule; **2planmäßig 1.** adj scheduled; **2.** adv according to schedule; **~preis** m fare; **~prüfung** f driving test; **~rad** n bicycle, F bike; **~radweg** m cycle path; **~schein** m ticket; **~schein-**

entwerter m ticket-cancel(l)ing machine; **~schule** f driving school; **~schüler(in)** learner(-driver), Am. student driver; **~stuhl** m lift, Am. elevator; **~stunde** f driving lesson

Fahrt f ride, mot. a. drive; Reise: trip (a. Ausflug), journey; **in voller ~** at full speed

Fährte f track (a. fig.)

Fahrtenschreiber m tachograph

Fahr|werk n aviat. landing gear; **~zeug** n vehicle

Fakultät f univ. faculty

Falke m hawk (a. pol.), falcon

Fall m fall; gr., jur., med. case; **auf jeden ~** in any case; **auf keinen ~** on no account; **für den ~ ...** in case ...

Falle f trap

fallen fall*, drop; mil. be* killed (in action); **~ lassen** drop (a. fig. j-n, Pläne etc.)

fällen Baum: fell, cut* down; Urteil: pass

fällig due; Geld: a. payable

Fallrückzieher m Fußball: overhead kick

falls if, in case

Fallschirm m parachute

falsch wrong; unecht: false; gefälscht: forged; **~ gehen** Uhr: be* wrong; **~ verbunden** sorry, wrong number

fälschen forge, fake; Geld: counterfeit

Falschgeld n counterfeit money

Fälschung f forgery, fake; counterfeit; **2sicher** forgery-proof

Falt|e f fold; **Knitter2, Runzel:** wrinkle; *Rock etc.:* pleat; **Bügel2:** crease; **2en** fold; **2ig** wrinkled

familiär informal, personal; **~e Probleme** family problems

Familie f family; **~nname** m family name, surname, *Am. a.* last name; **~nstand** m marital status

Fanati|ker(in) f, **2sch** fanatic

Fang m catch; **2en** catch*; **sich (wieder) ~** recover o.s.

Fantas|ie f imagination; *Trugbild:* fantasy; **2ieren** *med.* be* delirious; F talk nonsense; **2tisch** fantastic

Farb|e f colo(u)r; **Mal2:** paint; *Gesichts2:* complex- ion; *Bräune:* tan; *Karten:* suit; **2echt** colo(u)rfast

färben dye; *ab~:* bleed*; **sich rot ~** turn red

Farb|fernseher m colo(u)r TV set; **~film** m colo(u)r film; **2ig** colo(u)red; *Glas:* stained; *fig.* colo(u)rful; **2los** colo(u)rless; **~stift** m → **Buntstift**; **~ton** m shade

Farn m, **~kraut** n fern

Fasan m pheasant

Fasching m → **Karneval**

Faschismus m fascism

Fas|er f fib|re, *Am. -er*; *Holz:* grain; **2ern** fray (out)

Fass n barrel; **~bier** n

draught (*Am.* draft) beer

Fassade f facade, front

fassen grasp, take* hold of, seize; *Verbrecher:* catch*; *enthalten:* hold*; *Schmuck:* set*; *fig.* grasp, under- stand*; *sich ~* compose o.s.; *nicht zu ~* incredible

Fassung f *Schmuck:* setting; *Brille:* frame; *electr.* socket; *Version:* version; **aus der ~ ver- lieren** lose* one's compo- sure; **aus der ~ bringen** put* out; **2slos** stunned

fast almost, nearly

fast|en fast; **2enzeit** f Lent; **2nacht** f → **Karneval**

fauchen hiss (*a.* F *fig.*)

faul rotten, bad; *Person:* lazy; *Ausrede:* lame; F *verdächtig:* fishy; **~en** rot, decay

faulenze|n laze, loaf; **2r(in)** f lazybones; *contp.* loafer

Faulheit f laziness

Fäulnis f rottenness, decay

Faust f fist; **~handschuh** m mitt(en); **~regel** f rule of thumb; **~schlag** m punch

Favorit(in) f favo(u)rite

Fax n fax; fax machine; **2en** fax

FCKW *Fluorchlorkohlen- wasserstoff* chlorofluoro- carbon, CFC

Feber *östr.* → **Februar** m February

fechten fence

Feder f feather; *Schreib2:* nib; *tech.* spring; **~ball** m badminton; *Ball:* shuttlecock; **~bett** n duvet, continental quilt; **~gewicht** n featherweight; **2n** be* springy; **~ung** f suspension

Fee f fairy

fegen sweep* (a. fig.)

fehlen be* missing; Schule etc.: be* absent; ermangeln: be* lacking; **sie fehlt uns** we miss her; **was fehlt Ihnen?** what's wrong with you?

Fehler m mistake; Schuld, Mangel: fault (a. Tennis); tech. a. defect, flaw; Computer: error; **2frei** faultless, perfect; **2haft** full of mistakes; tech. faulty; **~meldung** f Computer: error message

Fehl|ernährung f malnutrition; **~geburt** f miscarriage; **~schlag** m failure; **2schlagen** fail; **~start** m false start; **~zündung** f backfire (a. **~ haben**)

Feier f celebration; party; **~abend** m end of a day's work; closing time; evening (at home); **~ machen** quit* work; **nach ~** after work; **2lich** solemn; **2n** celebrate; **~tag** m holiday

feig(e) cowardly, F yellow

Feige f fig

Feig|heit f cowardice; **~ling** m coward

Feile f, **2n** file

feilschen haggle (**um** over)

fein fine; Gehör etc.: keen; zart: delicate; vornehm: dis-

tinguished, F posh

Feind|(in) enemy; **2lich** hostile; mil. enemy ...; **~schaft** f hostility; **2selig** hostile

fein|fühlig sensitive; **2heit** f fineness; delicacy; **2kostgeschäft** n delicatessen sg; **2schmecker(in)** gourmet

Feld n field; Schach: square; **~webel** m sergeant; **~weg** m (field) path; **~zug** m campaign (a. fig.)

Felge f (wheel) rim

Fell n coat; abgezogenes: skin; Pelz: fur

Fels|(en) m rock; **~block** m, **~brocken** m boulder, (piece of) rock; **2ig** rocky

feminin feminine; **2ismus** m feminism; **2ist(in)**, **~istisch** feminist

Fenster n window; **~bank** f, **~brett** n windowsill; **~laden** m shutter; **~platz** m window seat; **~putzer** m window cleaner; **~rahmen** m window frame; **~scheibe** f windowpane

Ferien pl holiday(s pl), Am. vacation sg; **~ haben** be* on holiday (Am. vacation); **~haus** n holiday (Am. vacation) home; **~lager** n summer camp; **~wohnung** f holiday flat, Am. vacation rental

Ferkel n piglet; F fig. pig

fern far(away), distant (a. Zukunft); **~ halten** keep* away (**von** from); **2amt** n telephone exchange; **2bedie-**

nung f remote control, *Am.* F zapper

Ferne f (*aus der* from a) distance; **2r** in addition

Fern|fahrer(in) long-distance lorry driver, *Am.* trucker; **2gespräch** n long-distance call; **~gesteuert** remote-controlled; *Rakete:* guided; **2glas** n binoculars pl; **2heizung** f district heating; **2kopierer** m fax machine; **~kurs** m correspondence course; **2lenkung** f remote control; **2licht** n mot. main (*Am.* high) beam; **2meldewesen** n telecommunications pl; **2rohr** n tel-escope; **2schreiben** n, **2schreiber** m telex

Fernseh|en n (*im* on) television; **2en** watch television; **~er** m TV set; television viewer; **~sendung** f TV programm(e)

Fernsprech... → Telefon...; **~amt** n telephone exchange

Fernverkehr m long-distance traffic

Ferse f heel

fertig finished; *bereit:* ready; **~ bringen** manage; **~machen** finish (a. *fig. j-n*); *für et.:* get* ready (a. *sich ~*); **2gericht** n ready meal; **~haus** n prefabricated house, F prefab; **2keit** f skill

fesch smart, neat

Fessel f anat. ankle; **~n** pl bonds pl (a. *fig.*); **2n** bind*,

tie (up); *fig.* fascinate

fest firm (a. *fig.*); *nicht flüssig:* solid; *Schlaf:* sound

Fest n festival (a. *rel.*); *Feier:* celebration; party; *im Freien:* fete, fête

fest|binden fasten, tie (*an* to); **~halten** hold* on to (a. *sich ~ an*); **~** *an* fig. stick* to; **2land** n mainland; *europäisches:* continent; **~legen** fix; **sich ~ auf** commit o.s. to; **~lich** festive; **~machen** fix, fasten; *naut.* moor (*alle:* an to); **2nahme** f, **~nehmen** arrest; **2platte** f *Computer:* hard disk; **~setzen** fix, set*; **~sitzen** be* stuck, be* stranded; **2speicher** m *Computer:* read-only memory, ROM; **2spiele** pl festival sg; **~stehen** be* certain (*Termin etc.:* fixed); **~stellen** find* (out); see*; notice; *ermitteln:* determine

Festung f fortress

Festzug m procession

fett fat (a. *fig.*); *gastr.* fatty; *print.* bold; **~ gedruckt** bold, in bold print

Fett n fat; grease (a. *tech.*); **2arm** low-fat, low in fat; **~fleck** m grease spot; **2ig** greasy

Fetzen m shred; *Lumpen:* rag; *Papier:* scrap

feucht damp, moist; *Luft:* humid; **2igkeit** f moisture; dampness; *Luft:* humidity

Feuer n fire (a. *fig.*); **hast du**

~? have you got a light?; **~alarm** m fire alarm; **~bestattung** f cremation; **2fest** fireproof; **2gefährlich** (in-)flammable; **~leiter** f fire escape; **~löscher** m fire extinguisher; **~melder** m fire alarm; **2n** fire; **~wehr** f fire brigade (Am. a. department); Löschzug: fire engine (Am. truck); **~wehrmann** m fireman, fire fighter; **~werk** n fireworks pl; **~werkskörper** m firework; kleiner: firecracker; **~zeug** n lighter

Fiberglas n fibreglass, Am. fiberglass

Fichte f spruce, F pine; **~nnadel** f pine needle

ficken V fuck

Fieber n temperature, fever; **~ haben** have* a temperature; **~thermometer** n clinical (Am. fever) thermometer

fies mean, nasty

Figur f figure

Filet n fil(l)et

Filiale f branch

Film m film; Spiel2: a. picture, bsd. Am. movie; **~e-n einlegen** load a camera; **~aufnahme** f filming, shooting; Einstellung: take, shot; **2en** film, shoot*; **~kamera** f film (Am. motion-picture) camera; **~schauspieler(in)** film (bsd. Am. movie) act|or (-ress); **~star** m film (Am. movie) star; **~verleih**

m film distributors pl

Filter m, tech. n filter (a. in Zssgn Papier, Zigarette etc.); **2kaffee** m filter coffee; **2n** filter

Filz|schreiber m, **~stift** m felt-tip(ped) pen, felt tip, felt pen

Finale n finale; Sport: final(s pl)

Finanz|amt n Inland (Am. Internal) Revenue; **~en** pl finances pl; **2iell** financial; **2ieren** finance; **~minister** m minister of finance, Brt. Chancellor of the Exchequer, Am. Secretary of the Treasury

find|en find*; meinen: think*, believe; **wie ~ Sie ...?** how do you like ...?; **2erlohn** m finder's reward

Finger m finger; **~abdruck** m fingerprint; **~hut** m thimble; bot. foxglove; **~spitze** f fingertip

Fink m finch

Finn|e m, **~in** f Finn; **2isch** Finnish; **~land** Finland

finster dark; düster: gloomy; Miene: grim; fragwürdig: shady; **2nis** f darkness

Firma f firm, company

firmen rel. confirm

First m arch. ridge

Fisch m fish; **~e** pl astr. Pisces sg; **~dampfer** m trawler; **2en** fish; **~er** m fisherman; **~er... Boot, Dorf etc.:** fishing ...; **~fang** m fishing; **~gräte**

fishbone; **~händler** m fish dealer, bsd. Brt. fishmonger; **~stäbchen** n fish finger, bsd. Am. fish stick

fit fit; *sich ~ halten* keep fit; **2nesscenter** n fitness center, fitness cent|re (Am. -er), gym

FKK nudism

flach flat; *seicht*: shallow

Fläche f surface; *geom.* area; *weite ~*: expanse

Flachland n lowland, plain

flackern flicker

Flagge f flag

Flamme f flame (a. Herd)

Flanell m flannel

Flanke f flank; *Sport*: cross

Flasche f bottle; *~nbier* n bottled beer; **~nöffner** m bottle opener; **~npfand** n deposit; **~nzug** m pulley

flatter|haft flighty, fickle; **~n** flutter; *Räder*: wobble

Flaum m down, fluff, fuzz

flauschig fluffy

Flaute f *naut.* calm; *econ.* slack period

Flechte f *bot.*, *med.* lichen; **2n** plait; *Korb, Kranz*: weave*

Fleck m spot (a. Stelle), stain; *kleiner*: speck; **~entferner** m stain remover; **2ig** spotted; *schmutzig*: a. stained

Fledermaus f bat

Flegel m lout, boor

flehen beg (um for)

Fleisch n meat; *lebendes*: flesh (a. fig.); **~brühe** f consommé; **~er** m butcher; **~erei** f butcher's (shop); **~hau-**

er m östr. butcher; **2ig** fleshy; *bot.* pulpy; **~konserven** pl canned (Brt. a. tinned) meat sg

Fleiß m hard work, diligence, industry; **2ig** hard-working, diligent, industrious

fletschen *Zähne*: bare

Flick|en m patch; **2en** mend, repair; *notdürftig*: patch (up); **~werk** n patch-up job

Flieder m lilac

Fliege f fly; *Krawatte*: bow tie

fliegen fly*; F *fallen*: fall*; *fig.* be* kicked out; → *Luft*

Fliegen|fenster n fly screen; **~gewicht** n flyweight; **~klatsche** f flyswatter; **~pilz** m fly agaric

Flieger m *mil.* aircraftman; F plane

fliehen flee*, run* away (*beide: vor* from)

Fliese f, **2n** tile

Fließ|band n assembly line; *Förderband*: conveyor belt; **2en** flow; **2end** flowing; *Wasser*: running; *Sprache*: fluent; *unbestimmt*: fluid

flimmern flicker

flink quick, nimble, brisk

Flinte f shotgun; F gun

Flipper|(automat) m pinball machine; **2n** play pinball

Flirt m flirtation; **2en** flirt

Flitterwochen pl honeymoon sg

flitzen flit, whiz(z)

Flock|e f flake; **2ig** fluffy

Floh m flea; ~**markt** m flea market

Floppy f Computer: floppy (disk), diskette

Floß n raft, float

Flosse f fin; Robbe: flipper

Flöte f flute; → **Blockflöte**

flott brisk; beschwingt: lively; schick: smart

Flotte f fleet; 2n**stützpunkt** m naval base

flottmachen set* afloat; F get* s.th. going again

Fluch m curse; Wort: swearword; 2en swear*, curse

Flucht f flight (vor from); escape (aus from)

flüchten flee* (nach, zu to); run* away; entkommen: escape

Fluchthelfer(in) escape agent

flüchtig fugitive; kurz: fleeting; oberflächlich: superficial; nachlässig: careless; 2**keitsfehler** m slip

Flüchtling m refugee; ~**slager** n refugee camp

Flug m flight; ~**ball** m Tennis: volley; ~**blatt** n leaflet

Flügel m wing (a. Sport); Mühle: sail; mus. grand piano

Fluggast m (air) passenger

flügge (full[y]) fledged

Fluggesellschaft f airline; ~**hafen** m airport; ~**linie** f airline; air route; ~**lotse** m air traffic controller; ~**plan** m flight schedule; ~**platz** m airfield; großer: airport;

~**schein** m (air) ticket; ~**schreiber** m black box; ~**sicherung** f air traffic control; ~**steig** m gate; ~**verkehr** m air traffic; ~**zeit** f flying time

Flugzeug n plane, aircraft; ~**absturz** m plane crash; ~**entführung** f hijacking, skyjacking; ~**träger** m aircraft carrier

Fluor n fluorine; Wirkstoff: fluoride; ~**chlorkohlenwasserstoff** m chlorofluorocarbon, CFC

Flur m hall; Gang: corridor

Fluss m river; Fließen: flow; 2**abwärts** downstream; 2**aufwärts** upstream; ~**bett** n river bed

flüssig liquid; Metall: melted; Sprache, Stil: fluent; 2**keit** f liquid; fluency; 2**kristallanzeige** f liquid crystal display

flüstern whisper

Flut f flood (a. fig.); → **Hochwasser**; ~**licht** n floodlights pl; ~**welle** f tidal wave

Fohlen n foal; männliches: colt; weibliches: filly

Föhn m foehn, warm dry wind; hairdryer; 2**en** blow-dry

Folge f result, consequence; Wirkung: effect; Serie: series; Teil: sequel, episode; in (rascher) ~ in (quick) succession; 2**en** follow; gehorchen: obey; **daraus folgt** it follows from this; **wie folgt**

as follows; 2end following; 2ern conclude (*aus* from); ~erung *f* conclusion; 2lich therefore

Folie *f* foil; *Projektor*: transparency; → **Frischhaltefolie**

Folter *f*, 2n torture

Fön® *m* hairdryer

Fonds *m* fund(s *pl*)

fönen blow-dry

Fontäne *f* jet, spout

Förderband *n* conveyor belt

fordern demand; *jur. a.* claim (*a. Tote*); *Preis*: ask

fördern promote; *unterstützen*: support; *tech.* mine

Forderung *f* demand; *Anspruch*: claim; *econ.* charge

Forelle *f* trout

Form *f* form, shape; *Sport: a.* condition; *tech.* mo(u)ld

Format *n* size; *Buch etc.*: format; 2ieren *Computer*: format; ~ierung *f* formatting

Form|el *f* formula; 2ell formal; 2en shape, form; *Ton, Charakter etc*: mo(u)ld

förmlich formal

formlos shapeless; *zwanglos*: informal

Formul|ar *n* form, blank; 2ieren formulate; *ausdrücken*: express; ~ierung *f* formulation; expression

forsch get up and go; brisk

forsch|en do* ~ research (work); ~ *nach* search for; 2er(in) researcher, (research) scientist; *Entdecker*:

explorer; 2ung *f* research (work)

Förster(in) forester

Forstwirtschaft *f* forestry

fort away, off; *nicht da*: gone; ~bewegen: *sich* ~ move; 2-bildung *f* further education; *berufliche*: further training; ~fahren leave*; *mot. a.* drive* off; *fig.* continue; ~führen continue; ~gehen go* away, leave*; ~ge-schritten advanced; ~lau-fend continuous; ~pflan-zen: *sich* ~ reproduce; 2pflanzung *f* reproduction; ~schreiten progress; 2-schritt *m* progress; ~schritt-lich progressive; ~setzen continue; 2setzung *f* continuation; *TV etc.*: sequel; ~ folgt to be continued

Foto *n* photo(graph), picture; *auf dem* ~ in the photo; *ein* ~ *machen (von)* take a photo (of); ~album *n* photo album; ~apparat *m* camera; ~graf *m* photographer; ~grafie *f* photography; *Bild*: → **Foto**; 2grafieren take* a photo (*od.* picture) of; ~grafin *f* photographer; ~kopie *f* photocopy; ~modell *n* model; ~termin *m* photo session

Foul *n Sport*: foul

Foyer *n* foyer, lobby

Fracht *f* freight, load; *naut.*, *aviat. a.* cargo; *Gebühr*: carriage, *Am.* freight; ~er *m* freighter

Frack m tails pl

Frage f question; *j-m e-e ~ stellen* ash s.o. a question; → infrage; **~bogen** m question(n)aire; **2n** ask (*nach* for); *sich ~* wonder; **~zeichen** n question mark

frag|lich doubtful; *betreffend:* in question; **~würdig** dubious, F shady

frankieren stamp

Franse f fringe

Franz|ose m French|man (-woman); **2ösisch** French

Frau f woman; *Ehe2:* wife; ~ **X** Mrs (*od. bsd. im Berufsleben* Ms) X

Frauen|arzt m, **~ärztin** f gyn(a)ecologist; **~bewegung:** *die ~* women's lib(eration); **2feindlich** anti-women; **~haus** n women's refuge (*Am.* shelter)

Fräulein n Miss

frech impudent, F cheeky, *Am. a.* fresh; **2heit** f impudence, F cheek, nerve

frei free (*von* from, of); *nicht besetzt:* vacant; *beruflich:* freelance; *ein ~er Tag* a day off; *im 2en* outdoors

Frei|bad n outdoor swimming pool; **2bekommen** get* a day etc. off; **2geben** release; give* s.o. a day etc. off; **2gebig** generous; **~gepäck** n free luggage; **2haben** have* a day etc. off; **~hafen** m free port; **2halten** *Straße*

etc.: keep* clear; *Platz:* save; *j-n:* treat s.o. (to s.th.); **~handel** m free trade; **~handelszone** f free trade area; **~heit** f freedom, liberty; **~heitsstrafe** f prison sentence; **~karte** f free ticket; **2lassen** release, set* free; **~lassung** f release

freilich indeed, of course

Frei|licht... open-air ...; **2machen** *Post:* prepay*, stamp; *sich ~* undress; *sich ~ von* free o.s. from; **~maurer** m Freemason; **2sprechen** acquit; *rel.* absolve (*von* from); **~spruch** m acquittal; **2stehen** *Sport:* be* unmarked; *es steht dir frei zu* you're free to; **2stellen** exempt (*von* from); *j-m et.:* leave* s.th. to s.o.; **~stoß** m free kick; **~tag** m Friday; **~wild** n fair game; **2willig** voluntary; **~willige** m, f volunteer

Freizeit f free (*od.* leisure) time; **~beschäftigung** f leisure-time activity; **~kleidung** f leisurewear; **~park** m amusement park

fremd strange; *~artig:* foreign; **2e** m, f stranger; *Ausländer(in):* foreigner

Fremden|führer(in) guide; **~legion** f Foreign Legion; **~verkehr** m tourism; **~verkehrsbüro** n tourist office; **~zimmer** n (guest) room

fremd|gehen be* unfaithful (to one's wife *etc.*); **~körper**

m foreign body; **⊊sprache** *f* foreign language; **⊊sprachenkorrespondentin** *f* foreign language correspondent; **⊊sprachensekretärin** *f* bilingual secretary; **⊊wort** *n* foreign word

Frequenz *f* frequency

fressen eat*, feed* on; *verschlingen*: devour

Freud|**e** *f* joy; *Vergnügen*: pleasure; **~ haben an** enjoy; **⊊estrahlend** radiant (with joy); **⊊ig** joyful; *Ereignis*: happy

freuen: *sich* **~** be* glad, be* pleased (*über* about); *sich* **~ auf** look forward to

Freund *m* friend; boyfriend; **~in** *f* friend; girlfriend; **⊊lich** friendly; *angenehm*: pleasant; *Raum*: cheerful; **~schaft** *f* friendship; **~schaftsspiel** *n* friendly

Frieden *m* peace; **~sbewegung** *f* peace movement

Fried|**hof** *m* cemetery; **⊊lich** peaceful

frieren freeze*; *ich friere* I'm cold (*stärker*: freezing)

frisch fresh; *Wäsche*: clean; **~ gestrichen!** wet paint!; **⊊e** *f* freshness; **⊊haltefolie** *f* clingfilm, *Am.* plastic wrap

Friseu|**r** *m* hairdresser; *Herren*: *a.* barber; *Salon*: hairdresser's (shop), *für Herren a.* barbershop; **~se** *f* hairdresser

frisieren do* *s.o.*'s (*sich*

one's) hair

Frist *f* (fixed) period of time; *Termin*: deadline; **⊊los** without notice

Frisur *f* hairstyle, haircut

Fritten *pl* F chips *pl*, *Am.* fries *pl*

froh glad (*über* about)

fröhlich cheerful, happy

fromm religious, pious

Fronleichnam *m* Corpus Christi

Front *f* front; *in* **~** *liegen* be* ahead

frontal head-on; **⊊zusammenstoß** *m* head-on collision

Frontantrieb *m* front-wheel drive

Frosch *m* frog; **~perspektive** *f* worm's eye view; **~schenkel** *pl* frog's legs *pl*

Frost *m* frost

frost|**ig** frosty (*a. fig.*); **⊊schutz(mittel** *n*) *m* antifreeze

Frott|**ee** *n*, *m* terry(cloth); **⊊ieren** rub down

Frucht *f* fruit; **⊊bar** fertile; **~barkeit** *f* fertility; **~saft** *m* fruit juice

früh early; *zu* **~** *kommen* be* early; *heute* **~** this morning; **⊊aufsteher** *m* early riser, F early bird; **~er** in former times; *ich war* **~** *...* I used to be ...; **~ere** *ehemalige*: former; **~estens** at the earliest; **⊊geburt** *f* premature birth; premature baby; **⊊jahr** *n* spring; **2jahrsputz** m spring cleaning; **2ling** m spring; **~morgens** early in the morning; **~reif** precocious

Frühstück n (**zum** for) breakfast; **2en** (have*) breakfast

Frust m frustration; **2riert** frustrated

Fuchs m fox; Pferd: sorrel

Fuchsschwanz m Werkzeug: handsaw

Fuge f joint; mus. fugue

fügen: sich ~ (in) submit (to); **fühl|bar** noticeable; **~en: (sich) ~** feel*; **2er** m feeler

führen v/t lead*; bringen: take*; Betrieb etc.: run*, manage; Waren: sell*, deal* in; Bücher: keep*; **~ durch** show* s.o. round; **sich ~** conduct o.s.; v/i lead* (**zu** to); **~d** leading, prominent

Führer m leader (a. pol.); Fremden2: guide; Buch: guide(-book); **~schein** m mot. driving licence, Am. driver's license

Führung f leadership; econ. management; Besichtigung: (conducted) tour; **gute ~** good conduct; **in ~ gehen (sein)** take* (be* in) the lead; **2squalitäten** pl leadership qualities pl; **~szeugnis** n certificate of (good) conduct

Fülle f wealth, abundance; Gedränge: crush; Haar, Wein: body; **2en** fill; Kissen, gastr.: stuff; **~er** m fountain

pen; **~ung** f filling (a. Zahn); gastr. stuffing

fummeln fumble, fiddle

Fund m find, discovery

Fundament n foundation(s pl); fig. a. basis; **~alist(in)** fundamentalist

Fund|büro n lost-property office, Am. lost and found (office); **~gegenstand** m found article; **~grube** f (gold)mine

fünf five; Note: fail; poor; **2kampf** m pentathlon; **2linge** pl quintuplets pl; **~te, 2tel** n fifth; **~tens** fifthly, in the fifth place; **~zehn(te)** fifteen(th); **~zig** fifty; **~zigste** fiftieth

Funk m radio; **~amateur** m radio ham

Funke m spark; fig. a. glimmer; **2ln** sparkle, glitter; Stern: a. twinkle

funk|en radio, send out; **2er(in)** radio operator; **2gerät** n transmitter; **2haus** n broadcasting studios pl; **2signal** n radio signal; **2spruch** m radio message; **2streife** f (radio) patrol car; **2telefon** n cellular phone

Funktion f function; offical; **~är(in)** functionary, official; **2ieren** work; **~staste** f function key

Funk|turm m radio tower; **~verkehr** m radio communication(s pl)

für for; zugunsten: a. in favo(u)r of; **Tag ~ Tag** day after day; **Wort ~ Wort** word by word; *was ~ ...?* what kind of ...?

Furche *f*, **2n** furrow

Furcht *f* fear, dread; *aus ~ vor* for fear of; **2bar** terrible, awful

fürcht|en fear (*um* for); *sich ~* be* scared (*od.* afraid) of); *ich fürchte, ...* I'm afraid ...; **~erlich** → **furchtbar**

furchtlos fearless

füreinander for each other

Fürsorge *f* care; *öffentliche ~* public welfare (work); *von der ~ leben* be* on social security (*Am.* on welfare); **~r(in)** social (*od.* welfare) worker

Fürst *m* prince; **~entum** *n* principality; **~in** *f* princess

Furt *f* ford

Furunkel *m* boil, furuncle

Fuß *m* foot; *zu ~* on (*Am. a.* by) foot; *zu ~ gehen* walk; *e-e Stunde zu ~* an hour's walk; **~abstreifer** *m* doormat

Fußball *m* football, *bsd. Am.* soccer; *Ball:* football, soccer ball; **~platz** football pitch;

~rowdy *m* football hooligan; **~spiel** *n* football match; *Am.* soccer game; **~spieler(in)** *f* football (*bsd. Am.* soccer) player

Fuß|boden *m* floor; **~bremse** *f mot.* footbrake

Fußgänger|(in) pedestrian; **~überführung** *f* (pedestrian) overpass; **~übergang** *m* pedestrian crossing; **~unterführung** *f* (pedestrian) underpass, *Brt. a.* subway; **~zone** *f* pedestrian precinct, *Am.* (pedestrian *od.* shopping) mall

Fuß|gelenk *n* ankle; **~note** *f* footnote; **~pflege** *f* pedicure; **~pfleger(in)** pedicurist, *bsd. Brt.* chiropodist; **~sohle** *f* sole (of the foot); **~spur** *f* footprint; **~tritt** *m* kick; **~weg** *m* footpath

Futter[1] *n agr.* feed; *Heu etc.:* fodder; *dog etc.* food

Futter[2] *n Mantel2, tech:* lining

Futteral *n* case; *Hülle:* cover

füttern[1] feed*

füttern[2] *Kleid etc.:* line

Fütterung *f* feeding (time)

G

Gabe *f* gift (*a. Talent*); *med.* dose; *milde ~* alms *pl*

Gabel *f* fork; *tel.* cradle; **2n** *sich ~* fork; **~stapler** *m* forklift truck

gaff|en F gawk, gawp, *Am.*

bsd. bei Unfall: rubberneck; **2er(in)** F gawker, *Am. bsd. bei Unfall:* rubbernecker

Gage *f* fee

gähnen yawn

Galerie *f* gallery

Galgen *m* gallows *sg*; **~humor** *m* gallows humo(u)r

Galle *f* bile; *Organ:* → **~nblase** *f* gall bladder; **~nstein** *m* gallstone

Galopp *m*, **2ieren** gallop

gammeln F bum around; **2ler(in)** loafer, bum

Gämse *f* chamois

Gang *m* walk; **~art:** *a.* gait, way *s.o.* walks; *Pferd:* pace; *Durch2:* passage; *Kirche, aviat. etc.:* aisle; → **Flur:** *m* gear; *gastr., Verlauf:* course; **in ~ bringen** get* *s.th.* going, start *s.th.;* **in ~ kommen** get* started; **im ~e sein** be* (going) on, be* in progress; **in vollem ~(e)** in full swing

gängig current; *Ware:* sal(e)able

Gangschaltung *f* gears *pl;* *Hebel:* gear stick

Gans *f* goose

Gänse|blümchen *n* daisy; **~braten** *m* roast goose; **~haut** *f fig.* gooseflesh; **dabei kriege ich e-e** ~ it gives me the creeps; **~rich** *m* gander

ganz 1. *adj* whole; *Heil: a.* undamaged; **den ~en Tag** all day; **sein ~es Geld** all his money; **2.** *adv* wholly, completely; *sehr:* very; *ziemlich:* quite, rather; **~ und gar nicht** not at all; → **groß**

gänzlich complete(ly)

Ganztagsbeschäftigung *f* full-time job

gar *Speisen:* done; **~ nicht(s)**

not(hing) at all; → **ganz**

Garage *f* garage

Garantie *f*, **2ren** guarantee

Garde *f* guard; *mil.* Guards *pl*

Garderobe *f* clothes *pl*, wardrobe; *Am.* cloakroom, *Am.* checkroom; *thea.* dressing room; *Flur2:* coat rack

Gardine *f* curtain

gären ferment, work

Garn *n* yarn; thread

Garnele *f* shrimp, prawn

garnieren garnish

Garnison *f* garrison

Garnitur *f* set; *Möbel: a.* suite

Garten *m* garden; **~architekt(in)** landscape gardener

Gärtner|(in) gardener; **~ei** *f* market (*Am.* truck) garden

Gas *n* gas; **~geben** accelerate; **~hahn** *m* gas tap (*Am.* valve); **~heizung** *f* gas heating; **~herd** *m* gas cooker (*od.* stove); **~leitung** *f* gas pipe; **~pedal** *n* accelerator

Gasse *f* lane, alley

Gast *m* guest; visitor; *im Lokal:* customer; **~arbeiter(in)** foreign worker; **~rolle** *f thea.* guest part

Gästezimmer *n* guest room; spare (bed)room

gast|freundlich hospitable; **2freundschaft** *f* hospitality; **2geber(in)** host(ess); **2haus** *n*, **2hof** *m* restaurant; hotel; *Land2:* inn; **~lich** hospitable; **2spiel** *n thea.* (guest) performance; concert; **2stätte** *f* restaurant; **2stube**

f taproom; restaurant; **2-wirt(in)** land|lord (-lady); **2wirtschaft** *f* restaurant

Gas|werk *n* gasworks *sg, pl*; **~zähler** *m* gas meter

Gatt|e *m* husband; **~in** *f* wife;

Gattung *f* type, class, sort; *biol.* genus; *Art*: species

GAU *m* MCA, maximum credible accident, *Am.* worst-case scenario

Gaumen *m* palate (*a. fig.*)

Gauner(in) swindler, crook

Gazelle *f* gazelle

Gebäck *n* pastry; → **Keks**

gebär|en give* birth to; **2-mutter** *f* uterus, womb

Gebäude *n* building

geben give*; *Karten*: deal*; **sich ~** behave; *nachlassen*: pass; **get* better; *es gibt* there is, there are; *was gibt es?* what is it?; *zum Essen etc.*: what's for lunch etc.?; *TV etc.*: what's on?

Gebet *n* prayer

Gebiet *n* area; *bsd. pol.* territory; *fig.* field

gebildet educated

Gebirg|e *n* mountains *pl*; **2ig** mountainous

Gebiss *n* (set of) teeth; *künstliches*: (set of) false teeth, dentures *pl*

geboren born; **~er Deutscher** German by birth; **~e Smith** née Smith

geborgen safe, secure

Gebot *n rel.* commandment; *Vorschrift*: rule; *Erfordernis*:

necessity; *Auktion*: bid

Gebrauch *m* use; **2en** use; *ich könnte ... ~* I could do with ...

gebräuchlich common

Gebrauchs|anweisung *f* instructions *pl*; **~grafik** *f* commercial art; **~grafiker(in)** commercial artist

gebraucht used; *econ. a.* second-hand; **2wagen** *m* used car; **2wagenhändler** *m* used car dealer

gebrechlich frail, infirm

Ge|brüder *pl* brothers *pl*; **~brüll** *n* roaring

Gebühr *f* charge, fee; *Abgabe*: dues *pl*, rate(s *pl*); *Post*: postage; *Maut*: toll; **2end** due, proper; **2enfrei** free of charge; **2enpflichtig** subject to charge(s)

Geburt *f* birth; **~enkontrolle** *f*, **~enregelung** *f* birth control

gebürtig: **~er Italiener** Italian by birth

Geburts|datum *n* date of birth; **~jahr** *n* year of birth; **~ort** *m* birthplace; **~tag** *m* birthday; **~ haben**; **~urkunde** *f* birth certificate

Gebüsch *n* bushes *pl*

Gedächtnis *n* memory; **~lücke** *f* lapse of memory

Gedanke *m* thought; idea; *sich ~n machen über* think* about; be* worried about; **2nlos** thoughtless; **~nstrich** *m* dash

Ge|därme bowels pl, intestines pl; **~deck** n cover; → **Menü**; **2deihen** thrive*, prosper

gedenk|en (gen) remember; ~ **zu** intend to; **2feier** f commemoration; **2stätte** f memorial

Gedicht n poem

Gedränge n crowd, crush

gedrungen stocky, thickset

Geduld f patience; *Ge*: **sich ~ wait**; be* patient; **2ig** patient

ge|ehrt hono(u)red; *Brief:* **Sehr ~er Herr N.!** Dear Mr N.; **~eignet** suitable, fit

Gefahr f danger; *auf eigene ~* at one's own risk

gefähr|den endanger; risk; **~lich** dangerous

Gefährt|e m, **~in** f companion

Gefälle n slope, incline; *fig.* difference(s pl)

Gefallen¹ m favo(u)r

Gefallen² *an*: ~ **finden an** take* pleasure in s.th.; take* (a fancy) to s.o.

gefallen please; *es gefällt mir (nicht)* I (don't) like it; *(wie) gefällt dir ...?* (how) do you like ...?; *sich ~ lassen* put* up with

gefällig pleasant; obliging, kind; **2keit** f kindness; *Gefallen:* favo(u)r

gefangen captive; imprisoned; ~ **nehmen** take* prisoner; *fig.* captivate; **2e** m, f prisoner; *Sträfling:* convict;

2schaft f captivity, imprisonment

Gefängnis n prison, jail; **~strafe** f prison sentence

Gefäß n vessel (*a. anat.*)

gefasst composed; ~ **auf** prepared for

Ge|fecht n mil. combat, action; **2federt**: *gut ~* well sprung; **2fieder** n plumage, feathers pl; **~flügel** n poultry; **2fragt** in demand, popular; **2fräßig** voracious

gefrier|en freeze*; **2fach** n freezing compartment; **2fleisch** n frozen meat; **~getrocknet** freeze-dried; **2punkt** m freezing point; **2schrank** m, **2truhe** f freezer

Gefüg|e n structure; **2ig** compliant

Gefühl n feeling; *Sinn:* a. sense; *bsd. kurzes:* sensation; **~sregung**: a. emotion; **2los** insensible; *taub:* numb; *herzlos:* unfeeling, heartless; **~voll** (full of) feeling; emotional; *sanft:* gentle; *a. contp.:* sentimental

gegen against; *Mittel:* for; *ungefähr:* about, around; *für:* (in return) for; *verglichen mit:* compared with

Gegen... *Angriff, Argument etc.:* counter...

Gegend f region, area

gegen|einander against each other; *Verkehr:* **2fahrbahn** f opposite lane; **2gewicht** n counterweight; **2gift** n antidote; **2leistung** f quid pro quo; *als* ~ in return; **2licht** n back light; *bei* (*od. im*) ~ against the light; **2maßnahme** f countermeasure; **2mittel** n antidote; **2satz** m contrast; *Gegenteil*: opposite; *im* ~ *zu* in contrast to (*od.* with); *im Widerspruch*: in opposition to; **~sätzlich** contrary, opposite; **2seite** f opposite side; **~seitig 1.** adj mutual; **2.** adv each other; **2spieler(in)** opponent; **2stand** m object; *Thema*: subject (matter); **2stück** n counterpart; **2teil** n opposite; *im* ~ on the contrary

gegenüber opposite; *fig.* to, towards; compared with; **~stehen** be* faced with, face; **~stellen** confront with; compare with *s.th.*

Gegen|verkehr m oncoming traffic; **~wart** f present (time); *Anwesenheit*: presence; *gr.* present (tense); **2wärtig** (at) present; **~wind** m head wind

Gegner|(in) opponent; *Feind*: enemy; **2isch** opposing; *mil.* enemy

Gehacktes n → *Hackfleisch*

Gehalt¹ m content

Gehalt² n salary; **~serhöhung** f (pay) rise, *Am.* raise

gehässig malicious, spiteful

Gehäuse n case, casing; *zo.* shell; *Kern*2: core

geheim secret; **2agent(in)** secret agent; **2dienst** m secret service; **2nis** n secret; mystery; **~nisvoll** mysterious; **2nummer** f tel. ex-directory (*Am.* unlisted) number

gehemmt inhibited, self-conscious

gehen go*; *zu Fuß*: walk; *weg*: leave*; *funktionieren*: work; *Ware*: sell*; *dauern*: take*, last; *möglich sein*: be* possible; ~ *um* be* about, concern; *wie geht es Ihnen?* how are you? *mir geht es gut* I'm fine; *es geht nichts über* there's nothing like; *sich* ~ *lassen* let* o.s. go

geheuer: *nicht* (*ganz*) ~ eerie, creepy; *verdächtig*: fishy

Gehilf|e m, **~in** f assistant

Gehirn n brain(s) m; **~erschütterung** f concussion

Gehör n hearing; ear

gehorchen obey

gehör|en belong (*dat, zu* to); *es gehört sich* (*nicht*) it's proper *od.* right (not done); **~ig 1.** adj due, proper; F good; **2.** adv F thoroughly

gehorsam 1. adj. obedient; **2.** 2 m obedience

Geh|steig m, **~weg** m pavement, *Am.* sidewalk

Geier m vulture

Geige f violin, F fiddle; **~r(in)** violinist

Geigerzähler m Geiger counter

geil randy, V horny; *sl.* magic, *Am.* awesome

Geisel *f* hostage; **~nehmer** *m* hostage-taker

Geiß(bock) → **Ziege(nbock)**

Geißel *f* scourge (*a. fig.*)

Geist *m* spirit; *Sinn, Gemüt, Verstand:* mind; *Witz:* wit; *Gespenst:* ghost; **~erfahrer** *m* wrong-way driver

geistes|abwesend absent-minded; **2gegenwart** *f* presence of mind; **~gegenwärtig** alert; *schlagfertig:* quick-witted; **~gestört** mentally disturbed; **~krank** insane, mentally ill; **2zustand** *m* state of mind

geistig mental; *Fähigkeiten etc.:* intellectual; **~ behindert** mentally handicapped

geist|lich religious, spiritual; **2licher** *m* clergyman; priest; *protestantisch:* minister; **~los** trivial, silly; **~reich** witty, clever

Geiz *m* stinginess; **~hals** *m* skinflint, miser; **2ig** stingy

ge|konnt masterly, skil(l)ful; **2lächter** *n* laughter; **~laden** loaded; *electr.* charged; F furious; **~ haben** be* drunk; **~lähmt** paraly|sed, *Am.* -zed

Gelände *n* country, ground; *Bau2 etc.:* site; **auf dem** (*Betriebs- etc.*) **~** on the premises; **~... Lauf** *etc.:* cross-country ...

Geländer *n* banister(s *pl*)

~stange: handrail; *Balkon, Brücke:* parapet

gelassen calm, cool

Gelatine *f* gelatin(e)

ge|läufig common; *vertraut:* familiar; **~launt: gut** (**schlecht**) **~ sein** be* in a good (bad) mood

gelb yellow; **~lich** yellowish; **2sucht** *f* jaundice

Geld *n* money; **~anlage** *f* investment; **~automat** *m* cash dispenser (F machine), *Am.* automatic teller machine, ATM; **~beutel** *m* purse; **~buße** *f* fine; **~schein** *m* (bank)note, *Am.* bill; **~schrank** *m* safe; **~strafe** *f* fine; **~stück** *n* coin; **~wäsche** *f* money laundering; **~wechsel** *m* exchange of money

Gelee *n, m* jelly

gelegen situated; *passend:* convenient; **~ kommen** suit

Gelegenheit *f* occasion; *günstige:* opportunity; **~sarbeit** *f* odd job; **~skauf** *m* bargain

gelegentlich occasional(ly)

gelehr|ig docile; **~t** learned; **2te** *m, f* scholar

Gelenk *n* joint; **2ig** flexible (*a. tech.*), supple

gelernt skilled, trained

Geliebte 1. *f* mistress; **2.** *m* lover

gelinde: ~ gesagt to put it mildly

gelingen succeed, be* successful; *geraten*: turn out (well); **es gelang mir, et. zu tun** I succeeded in doing (managed to do) s.th.

gellend shrill, piercing
geloben vow, promise
gelt|en be* valid; *Sport*: count; *Mittel etc.*: be* allowed; *für* apply to; *j-m* ~ be* meant for s.o.; ~ *als* be* regarded as; ~ *lassen* accept; *nicht viel* ~ not count for much; ~**end** *Recht etc.*: established; ~ **machen** assert; 2**ung** *f*: ~ **haben** be* valid; **zur** ~ **kommen** show* to advantage
Gelübde *n* vow
gelungen successful
gemächlich leisurely
Gemälde *n* painting, picture; ~**galerie** *f* art (*od.* picture) gallery
gemäß according to; ~**igt** moderate; *meteor.* temperate
gemein mean; ~ **haben** (**mit**) have* in common (with)
Gemeinde *f* pol. municipality; *Gemeinschaft*: community; *rel.* parish; *in der Kirche*: congregation; ~**rat** *m* local council; *Person*: local council(l)or
Gemein|heit *f* mean thing (to do *od.* say); *F* dirty trick; 2**sam** 1. *adj* common; joint; 2. *adv* together; ~**schaft** *f* community
Gemetzel *n* massacre
Gemisch *n* mixture; 2**t** mixed

(*a. Gefühle etc.*)
Gemse *f* → **Gämse**
Gemurmel *n* murmur
Gemüse *n* vegetable(*s pl*); ~**händler(in)** greengrocer. *Am.* retailer of fruit and vegetables
Gemüt *n* mind; ~**sart**: nature; 2**lich** comfortable, snug, cosy; **mach es dir** ~ make yourself at home; ~**lichkeit** *f* cosiness; cosy (*od.* relaxed) atmosphere; ~**sbewegung** *f* emotion; ~**szustand** *m* state of mind
Gen *n* gene
genau exact(ly), precise(ly); *sorgfältig*: careful(ly); *zuhören etc.*: closely; ~ **genommen** strictly speaking; 2**igkeit** *f* accuracy, precision
genehmig|en permit; *amtlich*: *a.* approve; *F sich* ~ treat o.s. to s.th.; 2**ung** *f* permission; *Schein*: permit
geneigt inclined (**zu** to)
General *m* general; ~**direktor(in)** general manager; ~**konsul** *m* consul general; ~**konsulat** *n* consulate general; ~**probe** *f* dress rehearsal; ~**sekretär(in)** secretary-general; ~**streik** *m* general strike; ~**vertreter(in)** general agent
Generation *f* generation
Generator *m* generator
genes|en recover (**von** from); 2**ung** *f* recovery
Genetik *f* genetics *sg*; 2**sch**

genetic; ~**er Fingerabdruck** genetic fingerprint

genial brilliant

Genick n (back of the) neck

Genie n genius

genieren: sich ~ feel* (od. be*) embarrassed

genieß|bar edible; drinkable; ~**en** enjoy (et. zu tun doing s.th.); 2**er(in)** gourmet; bon vivant

Genmanipulation f genetic engineering

genormt standardized

Genoss|e m pol. comrade; ~**enschaft** f cooperative (society); ~**in** f pol. comrade

Gentechnik f genetic engineering

genug enough, sufficient

genüg|en be* enough; **das genügt** that will do; ~**end** → **genug**; ~**sam** modest

Genugtuung f satisfaction

Genus n gr. gender

Genuss m pleasure; von Nahrung: consumption; **ein** ~ a real treat

Geo|graphie f geography; ~**logie** f geology; ~**metrie** f geometry

Gepäck n luggage, Am. a. baggage; ~**ablage** f luggage rack; ~**annahme** f luggage counter; aviat. check-in counter; ~**aufbewahrung** f left-luggage office, Am. baggage room; ~**ausgabe** f aviat. luggage (Am. baggage) claim (area); rail. → **Ge-**

päckaufbewahrung; ~**kontrolle** f luggage check; ~**schein** m luggage ticket; Am. baggage check (receipt); ~**stück** n piece of luggage; ~**träger** m porter; am Rad etc.: rack; ~**wagen** m luggage van, Am. baggage car

gepflegt well-groomed, neat

Ge|plapper n babbling; ~**polter** n rumble; ~**quassel** n blabber

gerade 1. adj straight (a. fig.); Zahl etc.: even; direkt: direct; Haltung: upright, erect; **2.** adv just (a. ~ **noch**); **nicht** ~ not exactly; **ich wollte** ~ I was just about to; **warum** ~ **ich?** why me of all people?

Gerade f (straight) line; Boxen: jab; 2**aus** straight ahead; 2**wegs** straight, directly; 2**zu** simply, downright

Gerät n device, F gadget; Haushalts2 etc.: appliance; TV etc.: set; Mess2: instrument; Werkzeug: tool; Turnen: apparatus; Ausrüstung: equipment, gear; tools pl; (kitchen) utensils pl

geraten turn out (**gut** well); ~**an** come* across; ~ **in** get* into; 2**ewohl** n: **aufs** ~ at random

geräumig spacious

Geräusch n sound, noise; 2**-los 1.** adj noiseless; **2.** adv without a sound

gerben tan

gerecht just, fair; **~ werden** do* justice to; **2igkeit** f justice, fairness

Gerede n talk; gossip

gereizt irritable

Gericht n dish; jur. court; **2lich** judicial, legal

Gerichts|**hof** m law court; *Oberster* **~** Supreme Court; **~medizin** f forensic medicine; **~saal** m courtroom; **~verhandlung** f (court) hearing; *Straf2*: trial; **~vollzieher** m bailiff, Am. marshal

gering little, small; *unbedeutend*: → **~fügig** slight, minor; *Betrag, Vergehen*: petty; **~schätzig** contemptuous; **~ste** least

gerinnen coagulate; *Milch*: a. curdle; *Blut*: a. clot

Gerippe n skeleton

gerissen cunning, clever

gern(e) willingly, gladly; **~ haben** like, be* fond of; *et.* **(sehr) ~ tun** like (love) doing s.th.; **geschehen!** not at all

Geröll n scree

Gerste f barley; **~nkorn** n med. sty(e)

Geruch m smell; *bsd. unangenehmer*: odo(u)r; *Duft*: scent; **2los** odo(u)rless

Gerücht n rumo(u)r

gerührt touched, moved

Gerümpel n lumber, junk

Gerüst n scaffold(ing)

gesamt whole, entire, all; *Summe etc.*: total; *vollstän-*

dig: complete; **2ausgabe** f complete edition; **2heit** f whole, totality; **2schule** f comprehensive school

Gesandt|**e(r)** envoy; **~schaft** f legation, mission

Gesang m singing; *Lied*: song; **~buch** n hymn book; **~verein** m choral society

Gesäß n bottom

Geschäft n business; *Laden*: shop, Am. store; *gutes etc.*: deal, bargain; **2ig** busy, active; **2lich 1.** adj business ...; **2.** adv on business

Geschäfts|... business ...; **~frau** f businesswoman; **~führer(in)** manager; **~mann** m businessman; **~ordnung** f rules pl of procedure; *parl.* standing orders pl; **~partner(in)** partner; **~räume** pl business premises pl; **~reise** f business trip; **~schluss** m closing-time; *nach ~ a.* after business hours

geschehen 1. happen, occur, take* place; *es geschieht ihm recht* it serves him right; **2.** 2 n events pl

gescheit clever, bright

Geschenk n present, gift; **~packung** f gift box

Geschichte f story; *Wissenschaft*: history; *Sache*: business, affair; **2lich** historical

Geschick n fate, destiny; → **~lichkeit** f skill; **2t** skil(l)ful

geschieden divorced

Geschirr n dishes pl; Porzellan: china; kitchen utensils pl, pots and pans; Pferde2: harness; **~spüler** m dishwasher; **~tuch** n tea (Am. dish) towel

Geschlecht n sex; Gattung: kind, species; Familie: family; gr. gender; **2lich** sexual

Geschlechts|krankheit f venereal disease; **~teile** pl genitals pl; **~verkehr** m (sexual) intercourse

ge|schliffen cut; fig. polished; **~schlossen** closed; **~e Gesellschaft** private party

Geschmack m taste (a. fig.); Aroma: flavo(u)r; **2los** tasteless; **~ssache** f matter of taste; **2voll** tasteful, in good taste

geschmeidig supple, lithe

Geschöpf n creature

Geschoss n, **Geschoß** n östr. projectile, missile; Stockwerk: stor(e)y, floor

Geschrei n shouting; Angst2: screams pl; Baby: crying; fig. fuss

Geschütz n gun, cannon

Geschwader n naut. squadron; aviat. wing, Am. group

Geschwätz n babble; Klatsch: gossip; Unsinn: nonsense; **2ig** talkative

geschweige: **~** (**denn**) let alone

Geschwindigkeit f speed; **~sbegrenzung** f speed lim-

it; **~überschreitung** f speeding

Geschwister pl brother(s pl) and sister(s pl)

geschwollen swollen; fig. pompous, bombastic

Geschworene m, f member of a jury; **die ~n** pl the jury sg, pl

Geschwulst f growth, tumo(u)r

Geschwür n ulcer

Geselchte n östr. smoked meat

Gesell|e m journeyman, skilled worker; F fellow; **2ig** social; **~in** f trained woman hairdresser etc., journeywoman

Gesellschaft f society; econ., Umgang: company; party; j-m ~ **leisten** keep* s.o. company; **2lich** social

Gesellschafts|... Kritik etc.: social ...; **2fähig** socially acceptable, decent; **~reise** f package (od. conducted) tour; **~spiel** n parlo(u)r game

Gesetz n law; **~buch** n code (of law); **~entwurf** m bill; **~geber** m legislator; **~gebung** f legislation; **2lich** legal; rechtmäßig: lawful; **~geschützt** patented, registered

gesetzt staid; Alter: mature; **~ den Fall ...** supposing ...

gesetzwidrig illegal

Gesicht n face; **~sausdruck**

m (facial) expression, look; **~farbe** *f* complexion; **~spunkt** *m* point of view, aspect; **~züge** *pl* features *pl*

Gesindel *n* riffraff *sg, pl*

Gesinnung *f* mind; *Haltung:* attitude; *pol.* convictions *pl*

gespannt tense (*a. fig.*); *neugierig:* curious; **~ sein auf** be* anxious to see; **~ sein, ob (wie)** wonder if (how)

Gespenst *n* ghost; **2isch** ghostly, F spooky

Gespräch *n* talk (*a. pol.*), conversation; *tel.* call; **2ig** talkative

Gestalt *f* shape (**annehmen** take*), form; *Figur, Person:* figure; **2en** arrange; *entwerfen:* design; *sich ... ~* turn out to be ...; **~ung** *f* arrangement; design; *Raum2:* decoration

geständig: **~ sein** confess; **2nis** *n* confession

Gestank *m* stench, stink

gestatten allow, permit

Geste *f* gesture

gestehen confess

Ge|stein *n* rock, stone; **~stell** *n* stand, base; *Regal:* shelves *pl*; *Rahmen:* frame

gestern yesterday; **~ Abend** last night

gestreift striped

gestrig yesterday's

Gestrüpp *n* undergrowth

Gestüt *n* stud farm

Gesuch *n* application; **2t** wanted (**wegen** for)

gesund healthy; (**wieder**) **~ werden** get* well (again); **~er Menschenverstand** common sense; **2heit** *f* health; **~!** bless you!

Gesundheits|amt *n* Public Health Office (*Am.* Department); **~gründe** *pl:* **aus ~** for health reasons; **2schädlich** injurious to health; *ungesund:* unhealthy; **~zeugnis** *n* health certificate; **~zustand** *m* state of health

Getränk *n* drink, beverage; **~eautomat** *m* drinks machine

Getreide *n* grain, cereals *pl*

Getriebe *n* (**automatisches** automatic) transmission

getrost safely

Ge|tue *n* fuss; **~tümmel** *n* turmoil

Gewächs *n* plant; *med.* growth

gewachsen: *j-m* **~ sein** be* a match for s.o.; *e-r Sache* **~ sein** be* equal to s.th.

Gewächshaus *n* greenhouse, hothouse

gewagt daring; *Witz:* risqué

Gewähr *f:* **~ übernehmen (für)** guarantee; **2en** grant, allow; **2leisten** guarantee

Gewahrsam *m:* **in ~ nehmen** take* in safekeeping (*j-n:* into custody)

Gewalt *f* force, violence; *Macht:* power; *Beherrschung:* control; **mit ~** by force; **2ig** powerful, mighty;

riesig: enormous; **2los** nonviolent; **2losigkeit** f nonviolence; **2sam 1.** *adj* violent; **2.** *adv* by force; ~ **öffnen** force open; **2tätig** violent

Gewand n robe, gown; *rel.* vestment

gewandt nimble; *geschickt*: skil(l)ful; *fig.* clever

Ge|wässer n body of water; ~ *pl* waters *pl*; **~webe** n fabric; *biol.* tissue; **~wehr** n gun; **~weih** n antlers *pl*, horns *pl*

Gewerb|e n trade, business; **2lich** commercial, industrial; **2smäßig** professional

Gewerkschaft f (trade) union, *Am.* labor union; **~(l)er(in)** trade (*Am.* labor) unionist; **2lich** trade (*Am.* labor) union ...; *sich ~ organisieren* unionize

Gewicht n weight (*a. fig.*); **~heben** n weight lifting; **2ig** weighty

gewillt willing, ready

Ge|wimmel n throng; **~winde** n thread

Gewinn m profit; *Ertrag*: gain(s *pl*); *Lotterie*: prize; *Spiel2*: winnings *pl*; ~ **bringend** profitable; **2en** win*; *fig.* gain; **~er(in)** winner

gewiss certain(ly)

Gewissen n conscience; **2-haft** conscientious; **2los** unscrupulous; **~sbisse** *pl* pangs *pl* (*od.* pricks *pl*) of conscience

gewissermaßen to a certain

extent, more or less

Gewissheit f certainty

Gewitter n thunderstorm

gewöhnen: *sich ~ an* get* used to

Gewohnheit f habit

gewöhnlich common, ordinary, usual; *unfein*: vulgar; *wie ~* as usual; (*für*) ~ usually

gewohnt usual; ~ *sein* be* used to (*doing*) s.th.

Gewölbe n vault

gewunden winding

Gewürz n spice; **~gurke** f → **Essiggurke**

Gezeiten *pl* tide(s *pl*)

geziert affected

Gezwitscher n chirp(ing), twitter(ing)

gezwungen forced, unnatural

Gicht f gout

Giebel m gable

Gier f greed; **2ig** greedy

gieß|en pour; *tech.* cast*; *Blumen*: water; *es gießt* it's pouring; **~erei** f foundry; **~kanne** f watering can

Gift n poison; *zo. a.* venom (*a. fig.*); **2ig** poisonous; venomous (*a. fig.*); *vergiftet*: poisoned; *chem., med.* toxic; **~müll** m toxic waste; **~müll-deponie** f toxic waste dump; **~pilz** m poisonous mushroom, toadstool; **~schlange** f venomous snake; **~zahn** m poisonous fang

Gipfel m summit, top; *Spitze*:

peak; F limit; **~konferenz** f summit (meeting)

Gips m plaster (of Paris); **in ~** med. in plaster, in a (plaster) cast; **~abdruck** m, **~verband** m plaster cast

Giraffe f giraffe

Girlande f garland

Girokonto n current (Am. checking) account

Gischt m, f (sea) spray

Gitarre f guitar; **~ spielen** play the guitar

Gitter n lattice; Fenster: grating, grille; **hinter ~n** behind bars

Glanz m shine, gloss, lust|re, Am. -er; fig. glamo(u)r

glänzen shine*; **~d** shiny, glossy; fig. brilliant, excellent

Glas n glass; **~er(in)** glazier

glas|ieren glaze; Kuchen: ice, frost; **~ig** glassy; **2scheibe** f (glass) pane; **2ur** f glaze; Kuchen: icing

glatt smooth (a. fig.); rutschig: slippery; Sieg: clear; Lüge etc.: downright; **~rasiert** clean-shaven

Glätte f slipperiness

Glatteis n (black, Am. glare) ice; icy roads pl

glätten smooth

Glatze f bald head; **e-e ~ haben** be* bald

Glaube m belief, bsd. rel. faith (beide: **an** in); **2n** believe; meinen: a. think*; annehmen: a. suppose; **~ns-**

bekenntnis n creed

glaubhaft credible

Gläubiger m creditor

glaubwürdig credible

gleich 1. adj same; Rechte, Lohn etc.: equal; **~ bleibend** constant, steady; **zur ~en Zeit** at the same time; **es ist mir ~** it doesn't make any difference to me; **(ist)** math. equals, is; **2.** adv alike, equally; sofort: at once, right away; **~ groß (alt)** of the same size (age); **~ nach (neben)** right after (next to); **gegenüber** just opposite; **es ist ~ 5** it's almost 5 o'clock; **~altrig** (of) the same age; **~berechtigt** having equal rights; **2berechtigung** f equal rights pl; **~en** be* (a. look) like; **~falls** also, likewise; danke, **~!** (thanks,) the same to you!; **2gewicht** n balance (a. fig.); **~gültig** indifferent (**gegen** to); **das ist mir ~** I don't care; **2gültigkeit** f indifference; **2heit** f equality; **~mäßig** regular; Verteilung: equal; **~namig** of the same name; **2strom** m direct current, DC; **2ung** f math. equation; **~wertig** equally good; **~er Gegner** s.o.'s match; **~zeitig** simultaneous(ly), at the same time

Gleis n rails pl, track(s pl), line; Bahnsteig: platform, Am. a. gate

gleit|en glide, slide*; **~end:**

~e **Arbeitszeit** flexible working hours *pl*, *Brt. a.* flexitime, *Am. a.* flextime; **2flug** *m* glide; **2schirm** *m* paraglider; **2schirmfliegen** *n* paragliding

Gletscher *m* glacier; ~**spalte** *f* crevasse

Glied *n anat.* limb; *Penis:* penis; *tech., fig.* link; **2ern** structure; divide (**in** into)

glimmen smo(u)lder

glimpflich: ~ **davonkommen** get* off lightly

glitschig slippery

glitzern glitter, sparkle

glob|al global; **2us** *m* globe

Glocke *f* bell; ~**nspiel** *n* chimes *pl*; ~**nturm** *m* bell tower, belfry

glotzen gawk, gawp

Glück *n* (good) luck, fortune; *Gefühl:* happiness; ~ **haben** be* lucky; *viel* ~*!* good luck!; *zum* ~ fortunately

Glucke *f* sitting hen

glücken → **gelingen**

gluckern gurgle

glücklich happy; *vom Glück begünstigt:* lucky, fortunate; ~**erweise** fortunately

glucksen gurgle; F chuckle

Glück|sspiel *n* game of chance; gambling; **2strahlend** radiant; *wunsch* *m* congratulations *pl* (**zu** on); **herzlichen** ~! congratulations!; happy birthday!

Glüh|birne *f* light bulb; **2en** glow; **2end** glowing; *Eisen:*

red-hot; *fig.* ardent; ~ **heiß** blazing hot; ~**wein** *m* mulled wine; ~**würmchen** *n* glow-worm

Glut *f* (glowing) fire; embers *pl*; *Hitze:* blazing heat; *fig.* ardo(u)r

GmbH *f* **Gesellschaft mit beschränkter Haftung** limited(-liability) company, *Am.* close corporation

Gnade *f* mercy; *rel.* grace; *Gunst:* favo(u)r; ~**ngesuch** *n* petition for mercy

gnädig merciful; *gütig:* gracious; ~*e Frau* madam

Goal *n östr.* goal

Gold *n* gold; ~**barren** *m* gold bar (*od.* ingot); **2en** gold(en *fig.*); ~**fisch** *m* goldfish; **2ig** *fig.* sweet, cute; ~**schmied(in)** goldsmith; ~**stück** *n* gold coin; *fig.* gem

Golf¹ *m geogr.* gulf

Golf² *n* golf; ~**platz** *m* golf course; ~**schläger** *m* golf club; ~**spieler(in)** golfer

Gondel *f* gondola; *Lift:* cabin; ~**bahn** *f* cable railway

gönne|n: j-m et. ~ not grudge s.o. s.th.; *sich et.* ~ allow o.s. s.th., treat o.s. to s.th.; ~**rhaft** patronizing

Gorilla *m* gorilla (*a. fig.*)

Gosse *f* gutter (*a. fig.*)

Gott *m* God; ~**heit:** god; ~ *sei Dank(!)* thank God(!); *um* ~**s willen!** for heaven's sake!

Gottes|dienst *m* service; ~**lästerung** *f* blasphemy

Gött|in f goddess; **2lich** divine

Götze m, **~nbild** n idol

Gouverneur m governor

Grab n grave; **~mal:** tomb

Graben m ditch; mil. trench

graben dig*; Tier: a. burrow

Grab|gewölbe n vault, tomb;
~mal n tomb; Ehrenmal:
monument; **~schrift** f epitaph; **~stein** n gravestone,
tombstone

Grad m degree; mil. etc. rank,
grade; **15 ~ Kälte** 15 degrees
below zero; **2uell** in degree;
gradweise: gradual(ly)

Graf m count; Brt.: earl

Graffiti pl graffiti sg

Graf|ik f graphic arts pl;
Druck: print; tech. etc.
graph, diagram; **~iker(in)**
graphic artist; **~ikkarte** f
Computer: graphics card
(od. board)

Gräfin f countess

grafisch graphic

Grafschaft f county

Gramm n gram

Grammatik f grammar;
2sch grammatical

Granate f mil. shell

Granit m granite

Graphik f → **Grafik**

Gras n grass; **2en** v/i graze

grässlich hideous, atrocious

Grat m ridge, crest

Gräte f (fish)bone

gratis free (of charge)

Grätsche f straddle; Fußball:
slide tackle

gratulieren congratulate (zu

on); **zum Geburtstag ~** wish
s.o. happy birthday

grau grey, bsd. Am. gray

grauen: 1. v/i **mir graut vor**
I dread (the thought of); **2. 2**
n horror; **~haft** horrific; F
horrible, terrible

Graupel f sleet

grausam cruel; **2keit** f cruelty

**graus|en → grauen; ~ig →
grauenhaft**

gravieren engrave

graziös graceful

greif|bar at hand; fig. tangible;
~en seize, grab, take* hold
of; fig. Maßnahmen etc.:
take effect; **~ nach** reach for;
~ zu resort to; **um sich ~**
spread*

Greis(in) (very) old (wo)man

grell glaring; Ton: shrill

Grenze f border; Linie:
boundary; fig. limit; **2n: ~
an** border on; fig. ~ verge
on; **2nlos** boundless

Grenzübergang m border
crossing-point, checkpoint

Griech|e m Greek; **~enland**
Greece; **~in, 2isch** Greek

griesgrämig grumpy

Grieß m semolina

Griff m grip, grasp; Tür2,
Messer2 etc.: handle

Grill m grill; bsd. draußen:
barbecue

Grille f zo. cricket

grill|en grill, barbecue; **2fest**
n barbecue

Grimasse f grimace; **~n
schneiden** pull faces

grimmig grim

grinsen 1. v/i grin (*über* at); *höhnisch:* sneer (at); **2.** ♀ n grin; sneer

Grippe f flu, influenza

grob coarse (*a. fig. derb*); *Fehler etc.:* gross; *frech:* rude; *ungefähr:* rough(ly)

grölen bawl

grollen *Donner:* rumble

Groschen m ten-pfennig piece; *östr.* groschen; *fig.* penny

groß big; *bsd. Umfang, Zahl:* large; *hoch (gewachsen):* tall; *erwachsen:* grown-up; *fig. bedeutend:* great (*a. Freude, Schmerz etc.*); *Buchstabe:* capital; **~es Geld** paper money; F big money; **im ♀en (und) Ganzen** on the whole; **~artig** great, F a. terrific; **♀aufnahme** f close-up

Größe f size; *Körper♀:* height; *bsd. math.* quantity; *Bedeutung:* greatness; *Person:* celebrity; star

Großeltern pl grandparents pl; **~familie** f extended family; **~handel** m wholesale (trade); **~händler** m wholesaler; **~macht** f Great Power; **~markt** m wholesale market; hypermarket; **~mutter** f grandmother; **~raumflugzeug** n wide-bodied aircraft; **~schreibung** f capitalization; **♀spurig** arrogant; **~stadt** f big city

größtenteils mostly, mainly

Groß|vater m grandfather; **~wild** n big game; **♀ziehen** raise, rear; *Kind:* a. bring* up; **♀zügig** generous, liberal (*a. Erziehung*); *Planung etc.:* on a large scale

grotesk grotesque

Grotte f grotto

Grübchen n dimple

Grube f pit; *Bergwerk:* mine

grübeln ponder, muse (*über* on, over)

Gruft f tomb, vault

grün green (*a. fig. u. pol.*); → **Grüne, ♀anlage** f park

Grund m reason; *Boden:* ground; *agr. a.* soil; *Meer etc.:* bottom; **aus diesem ~(e)** for this reason; **im ~(e)** actually, basically; → **aufgrund;** **~...** Ausbildung, Regel, Wissen etc.: mst basic ...; **~begriffe** pl basics pl, fundamentals pl; **~besitz** m land(ed property); **~besitzer(in)** landowner; **~buch** n land register (*Am.* record)

gründe|n found (*a. Familie*), establish; **♀r(in)** founder

Grund|fläche f math. base; *arch.:* (surface) area; **~gebühr** f basic charge; **~gedanke** m basic idea; **~gesetz** n constitution; **~lage** f foundation; basis; **♀legend** fundamental, basic

gründlich thorough(ly)

Grund|linie f Tennis: base line; **♀los** unfounded; **~mauer** f foundation

Gründonnerstag m Maundy Thursday

Grund|riss m ground plan; **~satz** m principle; **Ssätzlich** fundamental; ~ **dagegen** against it on principle; **~schule** f primary school, Am. elementary (od. grade) school; **~stein** m foundation stone; **~stück** n plot of land); (building) site; premises pl; **~stücksmakler(in)** (Am. real) estate agent

Gründung f foundation

grund|verschieden entirely different; **Swasser** n ground water

Grüne m, f pol. Green

grunzen grunt

Gruppe f group; **Sieren** group; **sich** ~ form groups

Grusel... Film etc.: horror...; **Sig** eerie, creepy; **Sn: es gruselt mich** it gives me the creeps

Gruß m greeting(s pl); mil. salute

Grüße pl: **viele** ~ **an** ... give my regards (herzlicher: love) to ...; **mit freundlichen ~n** yours sincerely; **herzliche** ~ best wishes; love; **Sn** greet, say* hello (to); mil. salute; **grüß dich!** hello!, hi!; **er läßt Sie** ~ he sends* his regards

gucken look; F TV watch

Gulasch n goulash

gültig valid, good (a. Sport); **Skeit** f validity

Gummi 1. m, n rubber (a. in Zssgn Ball, Sohle etc.); **2.** m F Kondom: rubber; **~band** n rubber band; **~bärchen** n Brt. jelly baby

gummiert gummed

Gummi|knüppel m truncheon, Am. a. billy (club); **~stiefel** pl wellingtons pl, wellington (Am. rubber) boots pl

günstig favo(u)rable; passend: convenient; Preis: reasonable; **im ~sten Fall** at best

Gurgel f throat; **Sn** gargle; Wasser: gurgle

Gurke f cucumber; Gewürz**S**: pickle(d gherkin)

Gurt m belt; HalteS, TrageS: strap

Gürtel m belt; **~reifen** m radial tyre (Am. tire)

GUS Gemeinschaft unabhängiger Staaten CIS, Commonwealth of Independent States

Guss m downpour; tech. casting; gastr. icing; **~eisen** n cast iron

gut 1. adj good; Wetter: a. fine; **ganz** ~ not bad; **also** ~! all right (then!); **schon** ~! never mind!; **(wieder)** ~ **werden** be* all right; ~ **in et.** good at (doing) s.th.; **2.** adv well; aussehen, klingen, schmecken etc.: good; **~ aussehend** good-looking; ~ **gehen** go* (off) well, work out well; **wenn alles** ~ **geht** if nothing goes wrong; **mir**

geht es ~ I'm (*bsd. finanziell*: doing) fine; ~ **gelaunt** cheerful; → **gelaunt**; ~ **gemeint** well-meant; **machs** ~! take care (of yourself)!; ~ **tun** do* *s.o.* good

Gut *n* estate; *econ.* goods *pl*

Gut|achten *n* (expert) opinion; ~**achter(in)** expert

gutartig good-natured; *med.* benign

Gute *n* good; ~**s tun** do* good; **alles** ~! good luck!

Güte *f* kindness; *econ.* quality; **meine** ~ good gracious!

Güter *pl* goods *pl*; ~**bahnhof** *m* goods station, *Am.* freight depot; ~**wagen** *m* (goods) waggon, *Am.* freight car;

~**zug** *m* goods (*Am.* freight) train

gut|gläubig credulous; ~**haben: du hast (noch)** ... **gut** I (still) owe you ...; **2haben** *n* credit (balance)

gut|machen make* up for, repay*; ~**mütig** good-natured

Gut|schein *m* coupon, voucher; ~**schrift** *f* credit (slip)

Guts|haus *n* manor house; ~**hof** *m* estate, manor

Gymnasium *n* (German) secondary school, *Brt. etwa* grammar school, *Am. etwa* high school

Gymnastik *f* exercises *pl*; *Turnen*: gymnastics *pl*

Gynäkolog|e *m*, ~**in** *f* gyn(a)ecologist

H

Haar *n* hair; **sich die** ~**e schneiden lassen** have* one's hair cut; **um ein** ~ by a hair's breadth; ~**bürste** *f* hairbrush; ~**festiger** *m* setting lotion; ~**ig** hairy; *fig. a.* ticklish; *in Zssgn*: ...-haired; ~**klemme** *f* hair clip, *Am.* bobby pin; ~**nadel** *f* hairpin; ~**nadelkurve** *f* hairpin bend (*Am.* curve); ~**schnitt** *m* haircut; ~**spalterei** *f* hairsplitting; **2sträubend** hair-raising; ~**trockner** *m* hairdryer; ~**wäsche** *f* hair-wash, *beim Friseur*: shampoo;

~**waschmittel** *n* shampoo; ~**wasser** *n* hair tonic

haben have* (got); **er hat Geburtstag** it's his birthday; **welche Farbe hat** ...? what colo(u)r is ...?; → **Durst, Hunger** *etc.*

Haben *n econ.* credit (side)

habgierig greedy

Habicht *m* hawk

Hacke¹ *f Ferse*: heel

Hacke|e² *f* hoe; **2en** chop (*a. Fleisch*), hack; ~**er** *m Computer*: hacker; ~**fleisch** *n* minced (*Am.* ground) meat

Hafen *m* harbo(u)r, port;

~arbeiter m docker; **~stadt** f (sea)port

Hafer m oats pl; **~brei** m porridge; **~flocken** pl rolled oats pl; **~schleim** m gruel

Haft f imprisonment; **in ~** under arrest, under; **jur.** liable; **2en** stick*, adhere (**an** to); **~ für** answer for, be* liable for

Häftling m prisoner

Haft|pflichtversicherung f liability (**mot.** third-party) insurance; **~ung** f liability

Hagel m hail (a. fig.); **~korn** n hailstone; **2n** hail (a. fig.)

hager lean, gaunt

Hahn m cock; **Haus2:** a. rooster; **Wasser2:** tap, Am. a. faucet; → **Gashahn**

Hähnchen n chicken

Hai(fisch) m shark

häkeln crochet

Haken m hook; **Zeichen:** tick, Am. check; **fig.** snag, catch; **~kreuz** n swastika

halb half; **e-e ~e Stunde** half an hour; **~ elf** half past ten, 10.30; **2finale** n semifinal; **~ieren** halve; **2insel** f peninsula; **2kreis** m semicircle; **2kugel** f hemisphere; **2laut** **1.** adj low, subdued; **2.** adv in an undertone; **2leiter** m semiconductor; **2mond** m half moon, crescent; **2pension** f half board, Am. room plus one main meal; **2schuh** m (low) shoe

halbtags: **~ arbeiten** work

half-days, have* a part-time job; **2kraft** f part-time worker, part-timer

halb|wegs more or less; **leidlich:** tolerably; **2wertzeit** f **phys.** half-life; **2wüchsige** m, f adolescent, teenager; **2zeit** f **Sport:** first, second half; **Pause:** half-time

Hälfte f half; **die ~ von** half of

Halfter 1. m, n **Pferde2:** halter; **2.** n, f **Pistolen2:** holster

Halle f hall; **Hotel:** foyer, lobby; **in der ~** **Sport:** indoors

hallen resound, reverberate

Hallenbad n indoor swimming pool

Halm m blade; **Getreide:** stalk, stem; **Stroh2:** straw

hallo hello!; **Gruß:** a. hi!

Hals m neck; **Kehle:** throat; **~band** n **Hunde2:** collar; **~entzündung** f sore throat; **~kette** f necklace; **~ Nasen-Ohren-Arzt** m ear nose and throat specialist; **~schlagader** f carotid; **~schmerzen** pl: **~ haben** have* a sore throat; **~tuch** n scarf

Halt m hold; **Stütze:** support; **Stopp:** stop; **~ machen** stop

halt! int stop!; **mil.** halt!

haltbar durable; **Lebensmittel:** not perishable; **fig. Argument:** tenable; **~ bis** best-before; **2keitsdatum** n best-by (od. best-before, sell-by, Am. expiration) date

halten v/t hold* Tier, Wort etc.: keep*; Rede: make*;

für regard as; *irrtümlich:* (mis)take* for; *viel* (**wenig**) **~ von** think* highly (little) of; *sich* **~** keep*; *Wetter etc.:* last; *v/i* hold*, last; *an~:* stop; **~ zu** stand* by

Halter *m* owner

Halte|stelle *f* stop; **~verbot** *n* no stopping (area)

Haltung *f* posture; *fig.* attitude (**zu** towards)

hämisch malicious

Hammel *m* wether; **~fleisch** *n* mutton

Hammer *m* hammer

hämmern hammer

Hampelmann *m* jumping jack; *contp.* wimp

Hamster *m* hamster; **2n** hoard

Hand *f* hand; *von* (**mit der**) **~** by hand; *sich die* **~** *geben* shake* hands (with s.o.); *Hände hoch!* hands up!; *e-e* **~ voll** ... a handful of ...; **~arbeit** *f* manual labo(u)r; needlework; *es ist* **~** it's handmade; **~ball** *m* handball; **~bremse** *f* handbrake; **~buch** *n* manual, handbook

Händedruck *m* handshake

Handel *m* commerce; **~sver- kehr:** trade; *abgeschlossener:* transaction, deal; **~ treiben** trade (**mit** with s.o.); *feilschen:* bargain (**um** for); **~ von** deal* with, be* about

Handels|abkommen *n* trade agreement; **~bilanz** *f* bal-

ance of trade; **~kammer** *f* chamber of commerce; **~schule** *f* commercial school; **~ware** *f* merchandise

Hand|feger *m* handbrush; **~fläche** *f* palm; **~gelenk** *n* wrist; **~gemenge** *n* scuffle; **~gepäck** *n* hand luggage; **~granate** *f* hand grenade; **~griff** *m* am *Koffer, Messer etc.:* handle; movement; *mit ein paar* **~en** in no time; **2- haben** handle, manage

Händler(in) *m* dealer, trader

handlich handy

Handlung *f* act(ion); *Film, Buch:* story, plot, action; **~sreisende** *m, f* sales representative; **~sweise** *f* conduct

Hand|schellen *pl* handcuffs *pl;* **~schrift** *f* hand(writing); *hist.* manuscript; **2schriftlich** handwritten; **~schuh** *m* glove; **~spiel** *n* Fußball: handball; **~tasche** *f* handbag; **~tuch** *n* towel; **~werk** *n* (handi)craft, trade; **~werker** *m* workman; *künstlerischer:* craftsman; **~werkszeug** *n* tools *pl*

Handy *n* mobile phone

Hanf *m* hemp

Hang *m* slope; *fig.* inclination (**zu** to), tendency (to)

Hänge|brücke *f* suspension bridge; **~matte** *f* hammock

hängen hang* (**an** on); **~ an** *fig.* be* fond of; *stärker:* be* devoted to; **~ bleiben** get* stuck (a. fig.); ~ **bleiben an** get* caught in

hänseln tease (*wegen* about)

Happen m morsel, bite

Hardware f Computer: hardware

Harfe f harp

Harke f, **2n** rake

harmlos harmless

Harmon|ie f harmony; **2ieren** harmonize; **2isch** harmonious

Harn m urine; **~blase** f (urinary) bladder

Harpun|e f, **2ieren** harpoon

hart hard, F a. tough; Sport: rough; *streng:* severe; ~ **gekocht** Ei: hard-boiled

Härte f hardness; roughness; severity

Hart|faserplatte f hardboard, Am. fiberboard; **2herzig** hardhearted; **2näckig** stubborn

Harz n resin

Haschisch n hashish, sl. pot

Hase m hare

Haselnuss f hazelnut

Hasenscharte f harelip

Hass m hatred, hate

hassen hate

hässlich ugly; fig. a. nasty

hastig hasty, hurried

Haube f bonnet; Schwestern2: cap; mot. bonnet, Am. hood

Hauch m breath; Duft: whiff; fig. touch; **2en** breathe

hauen hit*; tech. hew*; **sich** ~ have* a fight, fight*

Haufen m heap, pile; F fig. crowd; **ein** ~ F loads of

häuf|en pile up, accumulate; (*beide a. sich* ~); **sich** ~ fig. increase; **~ig** frequent(ly)

Haupt n head; fig. a. leader; **~...** in Zssgn mst main ...; **~bahnhof** m main (od. central) station; **~darsteller(in)** lead(ing actor od. actress); **~figur** f main character; **~film** m feature (film); **~gewinn** m first prize

Häuptling m chief(tain)

Haupt|mann m captain; **~menü** n Computer: main menu; **~quartier** n headquarters pl; **~rolle** f lead(ing part); spiele die ~ fig. play the ~; **~sache** f main thing; **2sächlich** main(ly), chief(ly); gr. a. main clause; **~satz** m gr. main clause; **~sendezeit** f peak viewing hours pl, peak time, Am. prime time; **~speicher** m Computer: main memory; **~stadt** f capital; **~straße** f main street; → **~verkehrsstraße** f main road; **~verkehrszeit** f rush hour

Haus n house; nach ~ home; zu ~ at home; **~angestellte** m, f domestic (servant); **~apotheke** f medicine cabinet; **~arbeit** f housework; univ. paper; **~arzt** m. family doctor; **~aufgaben** pl homework sg; **s-e** ~ **machen** do* one's homework; **~besetzer(in)** squatter; **~besitzer(in)** house owner;

→ **Vermieter(in)**; **~flur** m
hall; **~frau** f housewife;
~halt m household; pol.
budget; **~hälterin** f house-
keeper; **~haltsplan** m budget; **~haltsgerät** n household appliance; **~herr(in)**
head (lady) of the house; →
Gastgeber(in)

hausiere|n peddle, hawk;
2r(in) pedlar, hawker

häuslich domestic

Haus|meister(in) caretaker,
Am. janitor; **~ordnung** f
house rules pl; **~putz** m
spring-clean(ing); **~schlüs-
sel** m front-door key; **~
schuh** m slipper; **~suchung**
f house search; **~tier** n domestic animal; **~tür** f front
door; **~wirt(in)** land(lord)
(-lady); **~wirtschaft** f house-
keeping; Lehre: domestic
science, Am. home econom-
ics sg

Haut|skin; ~arzt m, **~ärztin** f
dermatologist; **~farbe** f col-
o(u)r (of one's skin); Teint:
complexion; **2farben** flesh-
colo(u)red; Make-up: skin-
-colo(u)red

Hebamme f midwife

Hebebühne f (car) hoist

Hebel m lever

heben lift, raise (a. fig.);
heave; **sich ~** rise*, go* up

hebräisch Hebrew

Hecht m pike

hechten dive*

Heck n naut. stern; aviat.

tail; mot. rear (a. in Zssgn)

Hecke f hedge

Heer n army; fig. a. host

Hefe f yeast

Heft n notebook; Schul2: Brt.
a. exercise book; **~chen:**
booklet; Ausgabe: issue,
number; **2en** fasten, fix (an
to); tech. staple, tack; **~er** m
stapler; Ordner: file

heftig violent, fierce; stark:
hard; Schmerz: severe

Heft|klammer f staple;
~pflaster n (sticking) plaster, Am. bandage, Band-
-Aid®

Heide¹ m heathen

Heide² f heath(land); **~kraut**
n heather, heath

Heidelbeere f → **Blaubeere**

heidnisch heathen

heikel delicate, tricky

heil safe, unhurt; Sache: undamaged, whole

Heil|anstalt f sanatorium;
Nerven2: mental hospital;
2bar curable; **2en** v/t cure;
v/i heal (up)

heilig holy; geweiht: sacred
(a. fig.); **2abend** m Christmas Eve; **2e** m, f saint; **2tum**
n sanctuary, shrine

Heil|mittel n remedy; **~prak-
tiker(in)** nonmedical practitioner

heim home

Heim n home (a. in Zssgn
Spiel etc.); **~arbeit** f out-
work, Am. homework

Heimat f home; home country; home town; **2los** homeless

Heim|computer m home computer; **2isch** home, domestic; bot., zo., etc.: native; **sich ~ fühlen** feel* at home; **2kehren, 2kommen** return home; **2lich** secret(ly); **~reise** f journey home; **2tückisch** insidious (a. Krankheit); Mord etc.: treacherous; **~weg** m way home; **~weh** n homesickness; **~haben** be* homesick; **~werker** m do-it-yourselfer

Heirat f marriage; **2en** marry, get* married (to); **~santrag** m proposal; **~surkunde** f marriage certificate

heiser hoarse; **2keit** f hoarseness

heiß hot (a. fig. u. F); **mir ist ~** I am (od. feel) hot

heißen be* called; bedeuten: mean*; **wie ~ Sie?** what's your name? **wie heißt das?** what do you call this? **es heißt im Text:** it says; **das heißt** that is

heiter cheerful; Film etc.: humorous; meteor. fair; **2keit** f Belustigung: amusement

heiz|en heat; Zer m naut., rail.: stoker; **2kissen** n heating pad; **2körper** m radiator; **2öl** n fuel oil; **2platte** f hot plate; **2ung** f heating

hektisch hectic

Held m hero; **2enhaft** heroic; **~in** f heroine

helfen help (bei with); j-m ~ help s.o., lend s.o. a hand; ~ **gegen** be* good for; **er weiß sich zu ~** he can manage; **es hilft nichts** it's no use

Helfer(in) helper, assistant

hell light (a. Farbe); Licht etc.: bright; Klang, Stimme: clear; Kleid etc.: light-colo(u)red; Bier: pale; fig. bright, clever; ~ **blau** etc.: light ...; **~blond** very fair; **2seher(in)** clairvoyant(e)

Helm m helmet

Hemd n shirt

hemm|en check, stop; → **gehemmt; 2ung** f Scheu: inhibition; Skrupel: scruple; **~ungslos** unrestrained; unscrupulous

Hengst m stallion

Henkel m handle

Henne f hen

Henker m executioner

her: von ... ~ from; fig. from the point of view of; ~ **damit!** give it to me!; **das ist lange ~** that was a long time ago; **hinter** j-m, et.. ~ **sein** be* after s.o., s.th.; F **damit ist es nicht weit ~** that's no great shakes

herab down; **~lassend** condescending; **~sehen:** ~ **auf** look down upon; **~setzen** reduce; fig. disparage

heran: ~ **an** up to; **~kommen:** ~ **an** come* up to; **die Dinge an sich ~ lassen** wait and see; **~wachsen** grow*

(up) (*zu* into); ♀**wachsende**
m, f adolescent
herauf up (here); upstairs;
~beschwören call up; *ver-*
ursachen: provoke; **~ziehen**
v/t pull up; *v/i* come* up
heraus out; *fig.* **aus ... ~** out
of ...; **~bekommen** *Fleck*
etc.: get* out; *Geld*: get*
back; *fig.* find* out; **~brin-**
gen bring* out; *fig.* **~fin-**
den find* out, discover;
~fordern challenge; *et.*: provoke, ask for it; ♀**forderung**
f challenge; provocation;
~geben give* back; *Wechsel-*
fern: give* up, surrender;
Buch: publish; *Geld*: give*
change (*auf* for); ♀**geber(in)**
publisher; *Zeitung*: editor;
~holen get* out (*aus* of);
~kommen come* out; *~ aus*
get* out of; *groß ~* make* it
(big); **~nehmen** take* out;
sich et. ~ take* liberties;
~stellen: *sich ~* *als* turn out
(*od.* prove*) to be; **~stre-**
cken stick* out; **~ziehen**
pull out
herb tart; *Wein*: dry; *fig. Ver-*
lust etc.: bitter; *Kritik etc.*:
harsh; *Gesicht etc.*: austere
Herberge *f* hostel
Herbst *m* autumn, *Am. a.* fall
Herd *m* cooker, *Am.* stove
Herde *f* herd; *Schaf♀, Gänse♀*
etc.: flock
herein in (here); **~!** come in!;
~fallen *fig.* be* taken in;
~legen *fig.* take* in, fool

her|fallen: *~ über* attack;
♀**gang** *m*: *den ~ schildern*
give* an account of what
happened; ♀**gabe** give* up;
sich ~ zu lend* o.s. to
Hering *m* herring
her|kommen come* (here);
♀**kunft** *f* origin
Heroin *n* heroin
Herr *m* gentleman; *Besitzer,*
Gebieter: master; *rel.* the
Lord; *~ Brown* Mr Brown;
m-e ~en gentlemen
Herren... in *Zssgn* men's ...;
♀**los** ownerless
herrichten get* *s.th.* ready
Herrin *f* mistress
herrisch imperious
herrlich marvel(l)ous
Herrschaft *f* rule, power,
control (*a. fig.*) (*über* over);
m-e ~en! ladies and gentlemen
herrsche|n rule; *es herrschte*
... there was ...; ♀**r(in)**
ruler; sovereign, monarch
her|rühren: *~ von* come*
from; **~stellen** make*, produce, manufacture; *fig.* establish; ♀**stellung** *f* manufacture, production
herüber over (here), across
herum (a)round; **~führen**
show* *s.o.* (a)round; **~kom-**
men get* around (*um et.*
s.th.); **~kriegen**: *~ zu* get*
s.o. to do *s.th.*; **~lungern**
hang* around; **~reichen**
pass (*od.* hand) round; **~trei-**
ben: *sich ~* knock about

herunter down; downstairs; **~gekommen** *Haus etc.*: run-down; *Person*: down-at-heel, scruffy; **~holen** get* down; **~kommen** come* down(stairs); *fig.* get* run-down

hervor out of, out from; **~bringen** bring* out, produce (*a. fig.*); *Wort*: utter; **~gehen**: ~ *aus* follow from; **~heben** stress, emphasize; **~ragend** *fig.* outstanding; **~rufen** cause, bring* about; **~stechend** *fig.* striking

Herz *n* heart (*a. fig.*); *Karten*: heart(s *pl*); **~anfall** *m* heart attack; **~enslust** *f*: *nach* ~ to one's heart's content; **~fehler** *m* heart defect; 2**haft** hearty; *nicht süß*: savo(u)ry; **~infarkt** *m* cardiac infarct(ion), *F mst* coronary; **~klopfen** *n med.* palpitation; *er hatte* ~ (*vor*) his heart was thumping (with); 2**krank** suffering from a heart disease; 2**lich** cordial, hearty; **~lichkeit** *f* cordiality; 2**los** heartless

Herzog *m* duke; **~in** *f* duchess; **~tum** *n* duchy

Herz|schlag *m* heartbeat; *med.* heart failure; **~schrittmacher** *m* pacemaker; **~verpflanzung** *f* heart transplant

Hetze *f* rush; *pol.* agitation; 2**n** *v/i* rush; agitate; *v/t* chase; *fig.* rush; ~ *auf Hund*

etc.: set* on *s.o.*

Heu *n* hay

Heuch|elei *f* hypocrisy; 2**eln** feign; **~ler(in)** hypocrite; 2**lerisch** hypocritical

heuer *östr.* this year

heulen howl; *weinen*: bawl

Heu|schnupfen *m* hay fever; **~schrecke** *f* grasshopper; *Afrika etc.*: locust

heute today; ~ *Abend* this evening, tonight; ~ *früh*, ~ *Morgen* this morning; ~ *in acht Tagen* a week from now; ~ *vor acht Tagen* a week ago today; 2**ig** today's; *gegenwärtig*: present; **~zutage** nowadays, these days

Hexe *f* witch; **~nschuss** *m* lumbago; **~rei** *f* witchcraft

Hieb *m* blow, stroke

hier here; **~entlang!** this way!

hier|auf on this; *zeitlich*: after that, then; **~aus** from this; **~bei** here, in this case; while doing this; 2**durch** by this, hereby; **~für** for this; **~her** (over) here, this way; *bis* ~ so far; **~in** in this; **~mit** with this; **~nach** after this; *demzufolge*: according to this; **~über** about this (subject); **~von** of (*od.* from) this

hierzu for this (purpose); *dazu*: to this; **~lande** in this country, here

hiesig local

Hi-Fi-Anlage *f* hi-fi, stereo

Hilfe *f* help; *Beistand*: aid (*a. econ.*); relief (*für* to); **erste** ~

first aid; ~! help!; ~ruf m cry for help

hilflos helpless

Hilfs|arbeiter(in) unskilled worker; 2bedürftig needy; 2bereit helpful, ready to help; ~mittel n aid; tech. a. device; ~organisation f relief organization

Himbeere f raspberry

Himmel m sky; rel., fig. heaven; 2blau sky-blue; ~fahrt f Ascension (Day); ~srichtung f direction

himmlisch heavenly

hin in; bis ~ zu as far as; auf j-s ... ~ at s.o.'s ...; ~ und her to and fro, back and forth; ~ und wieder now and then; ~ und zurück there and back; Fahrkarte: return (ticket), Am. round trip

hinab → hinunter

hinauf up (there); upstairs; die ... ~ up the ...; ~gehen go* up; fig. a. rise*; ~steigen climb up

hinaus out; aus ... ~ out of ...; ~gehen go* out(side); ~ über go* beyond; ~laufen: ~ auf come* to (an. amount to); ~schieben fig. put* off, postpone; ~werfen throw* out (aus of); ~zögern put* off

Hin|blick m: im ~ auf with regard to; 2bringen take* there

hinder|lich: j-m ~ sein be* in s.o.'s way; ~n hinder; ~ an

prevent from ger; 2nis n obstacle

hindurch through; ... ~ throughout ...

hinein in; ~gehen go* in(side); ~ in passen: go* into; ~steigern: sich ~ get* all worked up (in over)

hinfahr|en go* (j-n take* s.o.) there; 2t: auf der ~ on the way there

hin|fallen fall* (down); ~führen lead* (od. take*) there; 2gabe f devotion; ~geben: sich ~ e-r Aufgabe: devote o.s. to; Hoffnungen etc: cherish; e-m Mann: give* o.s. to; ~gehen go* (there); Zeit: pass; ~halten hold* out; j-n: stall, put* off

hinken limp

hin|legen lay* (od. put*) down; sich ~ lie* down; ~nehmen ertragen: put* up with; 2reise f → Hinfahrt; ~richten execute; 2richtung f execution; ~setzen put* (down); sich ~ sit* down; ~sichtlich with regard to; ~spiel n Sport: first leg; ~stellen put* (down); sich ~ stand* (up); ~ als make* s.o., s.th. out to be

hinten at (Auto etc.: in) the back; von ~ from behind

hinter behind

Hinter|... Achse, Eingang, Rad etc.: rear ...; ~bein n hind leg; ~bliebene m, f surviving dependant; die *trauernden* ~n the bereaved

hinter|e *rear, back;* **~einander** one after the other; **dreimal** ~ three times in a row; **2gedanke** *m* ulterior motive; **~gehen** deceive; **2grund** *m* background; **2halt** *m* ambush; **~her** behind, after; *zeitlich:* afterwards; **~kopf** *m* back of the head; **~lassen** leave*;* **~legen** deposit; **2n** *m* F bottom, behind, backside; **2teil** *n* back (part); F → *Hintern;* **2treppe** *f* back stairs *pl;* **2tür** *f* back door

hinüber over, across; ~ *sein* F have* had it

hinunter down; downstairs; **den** ... ~ down the ...; **~schlucken** swallow

Hinweg *m* way there

hinweg: *über* ... ~ over ...; **~kommen:** ~ *über* get* over; **~setzen:** *sich* ~ *über* ignore

Hin|weis *m* hint; *Zeichen:* indication, clue; *Verweis:* reference; **2weisen:** ~ *auf* point at (*od.* to); *j-n* ~ *auf* draw* (*od.* call) s.o.'s attention to; **2werfen** throw* down; *fig. Arbeit:* give up, chuck in; **~ziehen:** *sich* ~ stretch (*bis zu* to); *zeitlich:* drag on

hinzu in addition; **~fügen** add; **~kommen** be* added; **~ziehen** *Arzt etc.:* call in

Hirn *n* brain; **~gespinst** *n* fantasy; **2verbrannt** F crazy,

crackpot

Hirsch *m* stag; *Gattung:* (red) deer; *gastr.* venison; **~kuh** *f* hind

Hirt(e) *m* herdsman; *Schaf2, fig.:* shepherd

hissen hoist

historisch historic(al)

Hitliste *f* charts *pl; auf der* ~ in the charts

Hitze *f* heat (*a. zo.*); **2ebeständig** heat-resistant; **~ewelle** *f* heat wave; **2ig** hot-tempered; *Debatte:* heated; **~kopf** *m* hothead; **~schlag** *m* heatstroke

HIV-negativ HIV-negative; **~positiv** HIV-positive; **Positive** *m, f* HIV carrier

H-Milch *f* long-life milk

Hobby *n* hobby; **~...** *in Zssgn Fotograf, Gärtner, Maler etc.:* amateur ...

Hobel *m,* **2n** plane

hoch high; *Baum, Gebäude:* tall; *Strafe:* heavy, severe; *Alter:* great; *Schnee:* deep; ~ *oben* high up; *math.* ~ *zwei* squared

Hoch *n meteor.* high (*a. fig.*); **~achtung** *f* respect; **2achtungsvoll** *Brief:* Yours sincerely; **~betrieb** *m* rush; **~deutsch** standard (*od.* High) German; **~druck** *m* high pressure; **~ebene** *f* plateau; **~form** *f: in* ~ in top form; **~gebirge** *n* high mountains *pl;* **~geschwindigkeits...** high-speed ...; **~haus** *n* high-

-rise, tower block; **~konjunktur** f boom; **~mut** m arrogance; **2mütig** arrogant; **~ofen** m blast furnace; **~rechnung** f projection; *bei Wahlen:* computer prediction; **~saison** f peak season; **~schulausbildung** f higher education; **~schule** f university; college; academy; **~sommer** m midsummer; **~spannung** f high tension (*a. fig.*) (*od.* voltage); **~sprung** m high jump

höchst 1. *adj* highest; *äußerst:* extreme; **2.** *adv* highly, most, extremely

Hochstapler(in) impostor

höchst|ens at (the) most, at best; **2form** f top form; **2geschwindigkeit** f (*mit at*) top speed; **zulässige ~** speed limit; **2leistung** f top performance; **~wahrscheinlich** most likely

Hoch|technologie f high tech(nology); **~verrat** m high treason; **~wasser** n high tide; *Überschwemmung:* flood; **2wertig** high-grade; **~zahl** f exponent

Hochzeit f wedding; *Trauung: a.* marriage; **~s...** *Geschenk, Kleid, Tag etc.:* wedding...; **~sreise** f honeymoon

hocke|n squat; **2r** m stool

Höcker m *Kamel:* hump

Hoden m testicle

Hof m yard; *agr.* farm; *Fürsten2, Innen2:* court

hoff|en hope (*auf* for); **~entlich** I hope, let's hope, hopefully; *als Antwort:* I hope so; **~ nicht** I hope not; **2nung** f hope; **~nungslos** hopeless

höflich polite, courteous (*zu* to); **2keit** f politeness

Höhe f height; *aviat., geogr.* altitude; *An2:* hill; *e-r Summe, Strafe etc.:* amount; *Niveau:* level; *Ausmaß:* extent; *mus.* pitch; **in die ~** up

Hoheitsgebiet n territory

Höhen|luft f mountain air; **~messer** m altimeter; **~sonne** f sunlamp, sunray lamp; **~zug** m mountain range

Höhepunkt m climax

hohl hollow (*a. fig.*)

Höhle f cave; *zo.* hollow

Hohl|maß n measure of capacity; **~raum** m hollow, cavity

Hohn m derision, scorn

höhnisch sneering

holen (go* and) get*, fetch, go* for; *rufen:* call; **~ lassen** send* for; *sich ~ Krankheit etc.:* catch*, get*

Holland Holland, *the* Netherlands

Holländ|er(in) Dutch|man (-woman); **2isch** Dutch

Höll|e f hell; **2isch** *fig.* dreadful, hellish

holper|ig bumpy; *Sprache:* clumsy; **~n** jolt, bump

Holunder m elder

Holz n wood; Nutz2: timber, Am. a. lumber

hölzern wooden

Holz|fäller m logger; **2ig** woody; **~kohle** f charcoal; **~schnitt** m woodcut; **~schuh** m clog; **~wolle** f wood shavings pl; **~wurm** m woodworm

homosexuell homosexual

Honig m honey

Honorar n fee

Hopfen m hops pl; bot. hop

Hör|apparat m hearing aid; **2bar** audible

horchen listen (**auf** to); heimlich: eavesdrop

Horde f horde, mob

hör|en hear*; an~, Radio, Musik etc.: listen to (a. **~auf**); gehorchen: obey, listen; **~ von** hear* from s.o.; **er hört schwer** his hearing is bad; **2er** m listener; tel. receiver; **2erin** f listener; **2gerät** n hearing aid

Horizont m (**am** on the) horizon; **2al** horizontal

Horn n horn; mus. (French) horn; **~haut** f horny skin; Auge: cornea

Hornisse f hornet

Horoskop n horoscope

Hör|saal m lecture hall; **~spiel** n radio play; **~weite** f: **in ~** within earshot

Hose f (pair of) trousers pl (Am. pants pl); sportliche:

slacks pl; kurze: shorts pl

Hosen|anzug m trouser (Am. pants) suit; **~schlitz** m fly; **~tasche** f trouser pocket; **~träger** pl (pair of) braces pl od. Am. suspenders pl

Hospital n hospital

Hostess f hostess

Hostie f rel. host

Hotel n hotel; **~direktor(in)** hotel manager; **~zimmer** n hotel room

Hubraum m cubic capacity

hübsch pretty, nice(-looking); Geschenk: nice

Hubschrauber m helicopter

Huf m hoof; **~eisen** n horseshoe

Hüft|e f hip; **~gelenk** n hip-joint; **~halter** m girdle

Hügel m hill; **2ig** hilly

Huhn n chicken; Henne: hen

Hühner|auge n corn; **~brühe** f chicken broth; **~stall** m henhouse

Hülle f cover(ing), wrap(ping); Schutz2, Buch2: jacket; Platten2; Brt. a. sleeve; **in ~ und Fülle** in abundance; **2n** wrap, cover

Hülse f case; bot. pod; **~nfrüchte** pl pulse sg

human humane, decent

Hummel f bumble-bee

Hummer m lobster

Humor m humo(u)r; **keinen ~ haben** have* no sense of humo(u)r; **2voll** humorous

humpeln limp, hobble

Hund m dog; F bastard

Hunde|hütte f kennel, Am. doghouse; **~kuchen** m dog biscuit; **~leine** f lead, leash; **~marke** f dog tag; 2**müde** dog-tired

hundert a (od. one) hundred; 2**jahrfeier** f centenary, Am. a. centennial; **~ste, 2stel** n hundredth

Hündin f bitch

Hundstage m/pl dogdays pl

Hüne m giant

Hunger m hunger; **~ bekommen (haben)** get* (be*) hungry; 2**n** go* hungry, starve; **~snot** f famine

hungrig hungry (**auf** for)

Hupe f horn; 2**n** hoot, honk

hüpfen hop, skip; Ball: bounce

Hürde f hurdle

Hure f whore, prostitute

hurra! hooray!

huschen flit, dart

husten cough

Husten m cough; **~saft** m cough syrup

Hut m hat

hüten guard; Schafe etc.: herd; Kind, Haus: look after; **sich ~ vor** beware of; **sich ~, zu** be* careful not to do s.th.

Hütte f hut; Häuschen: cabin; Berg2 etc.: lodge

Hydrant m hydrant

hydraulisch hydraulic

Hygien|e f hygiene; 2**isch** hygienic(ally)

Hymne f hymn

Hypno|se f hypnosis; 2**tisieren** hypnotize

Hypothek f mortgage

Hypothese f hypothesis

Hysteri|e f hysteria; 2**sch** hysterical

I

ich I; **~ selbst** (I) myself; **~ bins** it's me

ideal 1. adj. 2. 2 n ideal

Idee f idea; **e-e ~** fig. a bit

identi|fizieren identify (**sich** o.s.); **~sch** identical; 2**tät** f identity

Ideologie f ideology

Idiot|(in) idiot; 2**isch** idiotic

Idol n idol

Igel m hedgehog

ignorieren ignore

ihm (to) him; (to) it

ihn him; it

ihnen pl (to) them; **Ihnen** sg, pl (to) you

ihr 1. pers pron you; (to) her; **2.** poss pron her; pl their; **3.** 2 sg, pl your; pl their; **~etwegen** for her (pl their) sake; because of her (pl them)

Ikone f icon

illegal illegal

Illustr|ation f illustration; 2**ieren** illustrate; **~ierte** f magazine

Imbiss m snack; ~**stube** f snack bar

immatrikulieren: sich ~ enrol(l), register

immer always; ~ **mehr** more and more; ~ **noch** still; ~ **wieder** again and again; **für** ~ for ever, for good; **wer** (**was** etc.) (**auch**) ~ whoever, what(so)ever etc.; ~**hin** after all; ~**zu** all the time

Immobilien pl real estate sg; ~**makler(in)** (Am. real) estate agent

immun immune; ~ **machen** immunize (**gegen** against); **2ität** f immunity; **2schwäche** f immunodeficiency

impf|en vaccinate; ~**schein** m certificate of vaccination; **2stoff** m vaccine; **2ung** f vaccination

imponieren: j-m ~ impress s.o.

Import m import(ation); ~**eur** m importer; **2ieren** import

impotent impotent

imprägnieren waterproof

improvisieren improvise

impulsiv impulsive

imstande capable of

in räumlich: in, at; innerhalb: within, inside; wohin? into, in, to; zeitlich: in, at, during; within; ~ **der** (**die**) **Schule** at (to) school; ~**s Bett** (**Kino** etc.) to bed (the cinema etc.); **gut** ~ good at; F ~ **sein** be in

inbegriffen included

indem while, as; daduch, dass: by doing s.th.

Ind|ien India; ~**er(in)** Indian; ~**ianer(in)** (American) Indian

indirekt indirect

indisch Indian

individu|ell, 2um n individual

Indiz n indication, sign; ~**ien** pl, ~**beweis** m circumstantial evidence

Industrialisierung f industrialization

Industrie f industry; ~... Arbeiter, Gelände, Staat etc. industrial

ineinander in(to) one another; ~ **verliebt** in love with each other

Infektion f infection; ~**s-krankheit** f infectious disease

infizieren infect

Inflation f inflation

infolge as a result of; ~**dessen** consequently

Inform|atik f computer science; ~**atiker(in)** computer scientist; ~**ation** f information (a. ~**en** pl); **2ieren** inform

infrage: ~ **kommen** be* a possibility; Person: be* considered (**für** for)

Infrastruktur f infrastructure

Ingenieur(in) engineer

Ingwer m ginger

Inhaber(in) owner, proprietor (-ress); Pass, Amt etc.: holder

Inhalt m contents pl; Raum♀: volume; Sinn: meaning; **~sangabe** f summary; **~sverzeichnis** n table of contents

Initiative f initiative; **die ~ ergreifen** take* the initiative

inklusive including

In|land n home; Landesinnere: inland; **♀ländisch** home ..., domestic

Inlett n ticking

innen inside; im Haus: a. indoors; **nach ~** inwards

Innen|architekt(in) interior designer; **~minister** m minister of the interior, Brt. Home Secretary, Am. Secretary of the Interior; **~politik** f domestic politics; **~seite** f: **auf der ~** (on the) inside; **~stadt** f town (od. city) cent|re (Am. -er), Am. a. downtown

inner inner; med., pol. internal; **♀e** n interior; **♀eien** pl offal sg; Fisch: guts pl; **~halb** within; **~lich** internal; **~ste** innermost, fig. a. inmost

inoffiziell unofficial

Insass|e m, **~in** f passenger; Gefängnis etc.: inmate

Inschrift f inscription

Insekt n insect

Insel f island

Inser|at n advertisement, F ad; **♀ieren** advertise

insgesamt altogether

insofern: ~ **als** in so far as

Inspektion f inspection

Install|ateur(in) plumber; fit-

ter; **♀ieren** instal(l)

instand: ~ **halten** keep* in good condition, maintain

Instinkt m instinct

Institut n institute; **~ion** f institution

Instrument n instrument

Inszenierung f production, staging (a. fig.)

intellektuell, ♀e m, f intellectual, F highbrow

intelligen|t intelligent; **♀z** f intelligence

Intendant(in) director

intensiv intensive; Geruch etc.: strong; **♀kurs** m crash course; **♀station** f intensive care unit

Intercity m intercity train

interess|ant interesting; **♀e** n interest (**an, für** in); **♀ent(in)** econ. prospect; **~ieren** interest (**für** in); **sich ~ für** be* interested in

Internat n boarding school

international international

interpretieren interpret

Interview n, **♀en** interview

intim intimate

intolerant intolerant

Invalide m, f invalid

Invasion f invasion

invest|ieren invest; **♀ition** f investment

inwie|fern in what way; **~weit** to what extent

inzwischen meanwhile

irdisch earthly; worldly

Ire m Irishman; **die ~n** pl the Irish pl

irgend|ein(e) some(one); any(one); **~etwas** something; anything; **~jemand** someone, somebody; anyone, anybody; **~wann** sometime (or other); **~wie** somehow; F kind (*od.* sort) of; **~wo** somewhere; anywhere

Ir|in f Irishwoman; *sie ist ~* she's Irish; **2isch** Irish; **~land** Ireland

Iron|ie f irony; **2isch** ironic(ally)

irre 1. mad, insane; F *toll:* magic, *Am.* awesome; **2.** **2** m, f mad|man (-woman), lunatic; **~führen** mislead*; **~machen** confuse; **~n** umher~: wander, stray; *sich ~* be*

wrong (*od.* mistaken); *sich ~ in* get* *s.th.* wrong; **2nanstalt** f mental hospital

irritieren *reizen:* irritate; *verwirren:* confuse

Irrsinn m madness; **2ig** insane, mad; F → *irre*

Irr|tum m error, mistake; *im ~ sein* be* mistaken; **2tümlich(erweise)** by mistake

Ischias m sciatica

Islam m Islam

Isol|ation f isolation; *tech.* insulation; **~ierband** n insulating tape; **2ieren** isolate; *tech.* insulate

Isra|el Israel; **~eli** m, f, **2e-lisch** Israeli

Itali|en Italy; **~ener(in)**, **2e-nisch** Italian

J

ja yes; *wenn ~* if so

Jacht f yacht

Jacke f jacket; *längere:* coat; **~tt** n jacket, coat

Jagd f hunt(ing); *Brt. a.* shoot(ing); *Verfolgung:* chase; **~flugzeug** n fighter (plane); **~hund** m hound; **~revier** n hunting ground; **~schein** m hunting licen|ce (*Am.* -se)

jagen hunt; *rasen:* race, dash; *verfolgen:* chase; **~ aus** drive* out of

Jäger m hunter; *aviat.* fighter

Jaguar m jaguar

jäh sudden; *steil:* steep

Jahr n year; *im ~e ...* in (the year) ...; *mit 18 ~en* at the age of eighteen; *im 20 ~ altes Auto* a 20-year-old car; **2elang 1.** *adj* (many) years of experience *etc;* **2.** *adv* for (many) years

Jahres- ... *Bericht etc.:* annual ...; **~tag** m anniversary; **~zahl** f date, year; **~zeit** f season, time of the year

Jahr|gang m age group; *Schule:* year, *Am. a.* class; *Wein:* vintage; **~hundert** n century

...jährig in Zssgn: ...-year-old, of ... (years)

jährlich yearly, annual(ly); adv a. every year

Jahr|markt m fair; **~zehnt** n decade

jähzornig hot-tempered

Jalousie f (venetian) blind

Jammer m misery; **es ist ein ~** it's a shame

jämmerlich miserable

jammern moan (über about), complain (about)

Janker m östr. jacket

Jänner östr. → **Januar** m January

Japan Japan; **~er(in)**, **Ωisch** Japanese

jäten weed (a. Unkraut ~)

Jauche f liquid manure

jauchzen shout for joy

jaulen howl, yowl

Jause f östr. snack

jawohl yes, sir!; (that's) right

je ever; pro: per; **~ zwei** two each; **~ nach** ... according to ...; **~ nachdem(, wie** it depends (on how); **~ ...**, **desto** ... the ... the ...

Jeans pl, a. f (pair of) jeans pl; **~...** Anzug, Farbe, Jacke etc: denim ...

jed|er, **~e**, **~es** every; **~** Beliebige: any; **~** Einzelne: each; von zweien: either; **jedes Mal** every time; **jeden zweiten Tag** every other day; **~enfalls** in any case, anyway; **~ermann** everyone, every-

body; **~erzeit** always, (at) any time

jedoch however, yet

jemals ever

jemand someone, somebody; anyone, anybody

jene, **~r**, **~s** that (one); **jene** pl those pl

jenseits 1. prp beyond (a. fig.); **2.** Ω n hereafter

jetzige present; existing

jetzt now, at present; **bis ~** so far; **erst ~** only now; **von ~ an** from now on

jeweils at a time; je: each

Jockei m jockey

Jod n iodine

Joga m, n yoga

jogg|en 1. v/i jog; **2.** Ωen n jogging; Ωer(in) jogger

Joghurt m, n yog(h)urt

Johannisbeere f: **rote ~** redcurrant; **schwarze ~** blackcurrant

Joule n joule

Journalist(in) journalist

jubeln cheer, shout for joy

Jubiläum n anniversary

juck|en, **Ωreiz** m itch

Jude m Jewish person; **er ist ~** he is Jewish

Jüd|in f Jewish woman (od. girl); **sie ist ~** she is Jewish; **Ωisch** Jewish

Judo n judo

Jugend f youth; **die ~** young people pl; **~amt** n youth welfare office; **Ωfrei** Film: U-certificate, Am. G-rated; **nicht ~** for adults only, Am.

X-rated; **~herberge** f youth hostel; **~kriminalität** f juvenile delinquency; **2lich** youthful, young; **~liche** m, f young person, m a. youth; **~** pl young people pl; **~stil** m Art Nouveau; **~zentrum** n youth cent|re (Am. -er)

Juli m July

jung young

Junge¹ m boy, F kid

Junge² n young; Hund: puppy; Katze: kitten; Raubtier: cub; **~** pl young pl

jungenhaft boyish

jünger younger; zeitlich näher: (more) recent

Jünger(in) disciple

Jung|fer f: alte **~** old maid; **~frau** f virgin; astr. Virgo; **~geselle** m bachelor; **~gesellin** f bachelor girl

jüngste youngest; Ereignisse: latest; in **~r Zeit** lately, recently; das **2 Gericht, der 2 Tag** the Last Judg(e)ment, Doomsday

Juni m June

junior 1. adj, **2.** 2 m junior

Jur|a: **~ studieren** study (the) law; **~ist(in)** lawyer; law student; **2istisch** legal

Jury f jury

Justiz f (administration of) justice; **~minister** m minister of justice; Brt. Lord Chancellor, Am. Attorney General; **~ministerium** n ministry of justice; Am. Department of Justice

Juwel|en pl jewel(le)ry sg; **~ier(in)** jewel(l)er

Jux m joke

K

Kabel n cable; **~fernsehen** n cable TV

Kabeljau m cod(fish)

Kabine f cabin; Sport: dressing (od. locker) room; Umkleide2 etc.: cubicle

Kabinett n pol. cabinet

Kabriolett n convertible

Kachel f, **2n** tile; **~ofen** m tiled stove

Kadaver m carcass

Käfer m beetle, Am. a. bug

Kaffee m coffee; **~kanne** f coffeepot; **~maschine** f cof-

fee maker; **~mühle** f coffee grinder

Käfig m cage

kahl bare; Mensch: bald

Kahn m boat; Last2: barge

Kai m quay, wharf

Kaiser|(in) emp|eror (-ress); **~reich** n empire; **~schnitt** m c(a)esarean

Kajüte f cabin

Kakao m cocoa; bot. cacao

Kaktee f, **~us** m cactus

Kalb n calf; **~fleisch** n veal; **~sbraten** m roast veal;

~sschnitzel n veal cutlet; *paniertes*: escalope (of veal)

Kalender m calendar

Kalk m lime; *med.* calcium; *geol.* → **~stein** m limestone

Kalorie f calorie; **2narm, 2reduziert** low-calorie, low in calories; **2reich** high-calory, high in calories, rich

kalt cold; *mir ist ~* I'm cold; **~blütig** 1. *adj* cold-blooded; 2. *adv* in cold blood

Kälte f cold(ness *fig.*); → **Grad**; **~welle** f cold wave

Kamee f cameo

Kamel n camel

Kamera f camera

Kamerad m companion, F mate; *mil.* comrade; **~schaft** f comradship

Kamera|mann m cameraman; **~recorder** m camcorder

Kamille f camomile

Kamin m fireplace; *am ~* by the fire(side); → **Schornstein**; **~sims** m, n mantelpiece

Kamm m comb; *zo. a.* crest

kämmen comb

Kammer f (small) room; **~musik** f chamber music

Kampagne f campaign

Kampf m fight (*a. fig.*); *mil. a.* combat; *Schlacht*: battle

kämpfe|n fight*, struggle; **2r(in)** fighter

Kampf|richter(in) judge; **~sport** m Judo, Karate etc: martial arts *pl*

Kanad|a Canada; **~ier(in), 2isch** Canadian

Kanal m canal; *natürlicher*: channel (*a.* TV, *tech., fig.*); *Abwasser*2: sewer, drain; **~isation** f sewerage; *Fluß*: canalization; **2isieren** provide with a sewerage (system); *Fluß*: canalize; *fig.* channel; **~tunnel** m Channel tunnel, F Chunnel

Kanarienvogel m canary

Kandid|at(in) candidate; **2ieren** stand* (*Am.* run*) for election; **~ für ...** stand* for...

Känguru n kangaroo

Kaninchen n rabbit

Kanister m (fuel) can

Kanne f Kaffee2, Tee2: pot; Milch2 etc.: can

Kanon m mus. canon, round

Kanone f cannon, gun (*a.* F Waffe); *fig.* ace, crack

Kante f edge

Kantine f canteen, *Am.* cafeteria

Kanu n canoe

Kanzel f pulpit; *aviat.* cockpit

Kanzler(in) chancellor

Kap n cape, headland

Kapazität f capacity; *fig.* authority

Kapelle f chapel; *mus.* band

kapieren F get* (it); *kapiert?* got it?

Kapital n capital; **~anlage** f investment; **~ismus** m capitalism; **~ist(in), 2istisch** capitalist; **~verbrechen** n capital crime

Kapitän m captain (a. Sport)

Kapitel n chapter; F story

kapitulieren surrender

Kaplan m curate

Kappe f cap; tech. a. top

Kapsel f capsule; case

kaputt broken; Lift etc.: out of order; erschöpft: worn out; ruiniert: ruined; **~gehen** break*; mot. etc. break* down; Ehe etc.: break* up; Mensch: crack (up); **~machen** break*, wreck, ruin

Kapuze f hood; rel. cowl

Karaffe f decanter, carafe

Karate n karate

Karawane f caravan

Kardinal m cardinal; **~zahl** f cardinal number

Karfiol m östr. cauliflower

Karfreitag m Good Friday

kariert checked; Papier: squared

Karies f (dental) caries

Karikatur f Porträt, fig.: caricature; cartoon

Karneval m carnival

Karo n square, check; Karten: diamonds pl

Karosserie f mot. body

Karotte f carrot

Karpfen m carp

Karre f, **~n** m cart

Karriere f career

Karte f card; **gelbe (rote)** ~ Sport: yellow (red) card; ~n **spielen** play cards; → **Fahr-, Land-, Speisekarte** etc.

Kartei f card index; **~karte** f index (od. file) card

Karten|spiel n card game; pack (Am. a. deck) of cards; **~telefon** n cardphone

Kartoffel f potato; **~brei** m mashed potatoes pl

Karton m cardboard box, carton; → **Pappe**

Karussell n merry-go-round

Karwoche f Holy Week

Käse m cheese; F nonsense; **~kuchen** m cheesecake

Kaserne f barracks sg, pl

Kasino n casino; cafeteria; mil. (officers') mess

Kasperletheater n Punch and Judy show

Kasse f Kaufhaus etc.: cash desk, Am. cashier('s stand); Bank: cashier's counter; Supermarkt: checkout; Laden2: till; Registrier2: cash register; thea. etc. box-office

Kassen|arzt m, **~ärztin** f panel doctor; **~patient(in)** health plan patient; Brt. NHS patient, Am. medicaid patient; **~schlager** m box-office hit; **~zettel** m sales slip (Am. check)

Kassette f box, case; mus., TV, phot. cassette; in... Rekorder etc.: cassette ...

kassieren collect, take* (the money); **darf ich jetzt ~?** do you mind if I give you the bill now?; **Kassier(in)** f(m) Bank: a. teller; Beiträge etc.: collector

Kastanie f chestnut

Kasten m box (a. F TV); case; Getränke2: crate

Katalog m catalog(ue)

Katalysator m catalyst; *mot.* catalytic converter

Katastrophe f disaster; ~**ngebiet** n disaster (*Am.* distressed) area

Kategorie f category

Kater m tomcat; F hangover

Kathedrale f cathedral

Katholi|k(in), 2**sch** Catholic

Katze f cat; *junge:* kitten

Kauderwelsch n gibberish

kauen chew

kauern crouch, squat

Kauf m purchase; *guter* ~ bargain; *in* ~ *nehmen* put* up with; 2**en** buy*, purchase

Käufer(in) buyer; customer

Kauf|frau f businesswoman; ~**haus** n department store; ~**kraft** f purchasing power

käuflich for sale; *fig.* venal

Kaufmann m businessman; *Händler:* trader; shopkeeper, *Am.* storekeeper; grocer

Kaugummi m chewing gum

kaum hardly

Kaution f security; *jur.* bail

Kauz m tawny owl; F *komischer* ~ strange customer

Kavalier m gentleman

Kaviar m caviar(e)

Kegel m cone; *Figur:* pin; ~**bahn** f skittle alley; bowling alley; 2**förmig** conic(al); 2**n** play (at) skittles (*od.* ninepins); bowl, go* bowling

Kehl|e f throat; ~**kopf** m larynx

Kehre f (sharp) bend

kehr|en sweep*; *wenden:* turn; 2**schaufel** f dustpan

keifen nag

Keil m wedge

Keiler m wild boar

Keilriemen m V-belt

Keim m germ; *bot.* bud; 2**en** *Samen:* germinate; *sprießen:* sprout; 2**frei** sterile

kein: ~**e**(e) no, not any; ~**e**(r) no one, nobody, none (*a.* ~**es**); ~**er von beiden** neither (of the two); ~**er von uns** none of us; ~**esfalls,** ~**eswegs** by no means; ~**mal** not once

Keks m, n biscuit, *Am.* cookie

Kelch m cup; *rel.* chalice

Kelle f ladle; *tech.* trowel

Keller m cellar; *bewohnt:* basement (*a.* 2**geschoss**)

Kellner(in) waiter (-ress)

keltern *Trauben:* press

kennen know*; ~ **lernen** get* to know (*sich* each other); *j-n: a.* meet*

Kenn|er(in) expert; *Kunst*2, *Wein*2: connoisseur; ~**tnis** f knowledge; ~**wort** n password; ~**zeichen** n mark, sign; *mot.* registration (*Am.* license) number; 2**zeichnen** mark; *fig.* characterize

kentern capsize

Keramik f ceramics *pl*, pottery

Kerbe f notch

Kerl m fellow, guy

Kern m *Obst:* pip, seed; *Kirsch*2 *etc.:* stone; *Nuss:*

kernel; *tech.* core (*a. Reaktor*2); *phys.* nucleus (*a. Atom*2); *fig.* core, heart; **~...** Energie, Kraftwerk, Reaktor, Waffen etc.: nuclear ...; **2gesund** (as) fit as a fiddle; **~kraft** *f* nuclear power; **kraftgegner(in)** anti-nuclear activist; **~kraftwerk** *n* nuclear power station; **~spaltung** *f* nuclear fission; **~zeit** *f* Arbeitszeit: core time

Kerze *f* candle; *mot.* spark(ing) plug

Kessel *m* kettle, *tech.* boiler

Kette *f* chain; Hals2: necklace; **~n...** Laden, Raucher, Reaktion etc.: chain ...

keuch|en pant, gasp; **2husten** *m* whooping cough

Keule *f* club; Fleisch: leg

Kfz-|Brief *m* vehicle registration document (*Am.* certificate); **~Steuer** *f* road (*Am.* automobile) tax; **~Versicherung** *f* car insurance

kichern giggle; spöttisch: snigger

Kiefer[1] *m* jaw(bone)

Kiefer[2] *f* bot. pine(tree)

Kiel *m* naut. keel

Kieme *f* gill

Kies *m* gravel; **~el** *m* pebble

Kilo|(gramm) *n* kilogram; **~meter** *m* kilomet|re, *Am.* -er; **~watt** *n* kilowatt

Kind *n* child, F kid; baby

Kinder|arzt *m*, **~ärztin** *f* p(a)ediatrician; **~bett** *n* cot, *Am.* crib; **~garten** *m* kinder-

garten, nursery school; **~gärtnerin** *f* → **Erzieher(in)**; **~geld** *n* child benefit; **~hort** *m* after-school care cent|re (*Am.* -er); **~krippe** *f* crèche, day nursery, *Am.* day-care center; **~lähmung** *f* polio(myelitis); **2los** childless; **~mädchen** *n* nanny; **~wagen** *m* pram, *Am.* baby carriage; **~zimmer** *n* children's room

Kindesmisshandlung *f* child abuse

Kind|heit *f* childhood; **2isch** childish; **2lich** childlike

Kinn *n* chin

Kino *n* cinema, F *the* pictures *pl*, *Am.* motion pictures *pl*, F *the* movies *pl*; Gebäude: cinema, *bsd. Am.* movie theater

Kip|pe *f* butt, *bsd. Am.* stub; → **Müllkippe**; **2pen** *v/i* tip over; *v/t* tilt

Kirch|e *f* church; **~enlied** *n* hymn; **~enstuhl** *m* pew; **~gänger(in)** *f* churchgoer; **2lich** church..., ecclesiastical(ly); **~turm** *m* steeple; Spitze: spire; ohne Spitze: church tower

Kirsche *f* cherry

Kissen *n* cushion; Kopf2: pillow

Kiste *f* box; Obst2: case; Truhe: chest; Latten2: crate

Kitsch *m* trash, kitsch

Kitt *m* Glaser2: putty; für Kacheln etc: cement

Kittel m overall, Am. work coat; Arzt& etc: (white) coat

kitten putty; cement

kitz|eln tickle; **~lig** ticklish

kläffen yap, yelp

klaffend gaping

Klage f complaint; Weh&: lament; jur. action, (law)suit; &n complain; jur. go* to court; **gegen j-n ~** sue s.o.

Kläger(in) jur. plaintiff

kläglich miserable

klamm Finger etc.: numb

Klammer f clamp, cramp; Haar&: clip; Zahn&: brace; math., print. bracket(s pl); **→ Büro-, Wäscheklammer;** &n clip, attach (**an** to); **sich ~ an** cling* to (a. fig.)

Klang m sound; ring(ing)

Klapp... Bett, Rad, Sitz, Stuhl, Tisch etc.: folding ...

Klappe f flap; Deckel: fold; anat. valve; mot. tail|board, Am. -gate; F Mund: trap; &n v/t fold; **nach hinten ~** fold back; v/i clap, clack; fig. work, go off well

Klapper f rattle; &n clatter, rattle (**mit et.** s.th.); **~schlange** f rattlesnake

Klapp|fahrrad n folding bicycle; **~messer** n jackknife

Klaps m smack

klar clear; offensichtlich: a. obvious; **~ zu(m) ...** ready for ...; **ist dir ~, dass ...?** do you realize that ...?; **alles ~(?)** everything o.k.(?)

Klär|anlage f sewage plant;

&en clear up, clarify; Wasser: purify; Sport: clear; **sich ~ Sache:** be* settled

klar|machen: j-m et. ~ make* s.th. clear to s.o.; **sich et. ~** realize s.th.; **~stellen** get* s.th. straight

Klasse f class; Schul&: a. form, Am. grade

klasse adj., int. F great, fantastic

Klassen|arbeit f (classroom) test; **~nlehrer(in)** form teacher, form master (mistress); **~nzimmer** n classroom

Klass|ik f classical period; &isch classical (a. mus.); fig. Beispiel etc: classic

Klatsch m gossip; **~base** f (old) gossip; &en clap; F schlagen, werfen: slap; **ins** Wasser: splash; F gossip; **Beifall ~** applaud

klauben östr. pick; gather

Klaue f claw; F Schrift: scrawl; &n F pinch, steal*

Klavier n piano

Kleb|eband n adhesive tape; &en v/t glue, paste, stick*; v/i stick*, cling* (**an** to); &rig sticky; **~stoff** m glue; **~estreifen** m adhesive tape

Klecks m blotch; kleiner: blob

Klee(blatt n) m clover(leaf)

Kleid n dress; **~er** pl clothes pl; &en dress (a. fig.)

Kleider|bügel m (coat) hanger; **~bürste** f clothes brush;

~haken m (coat) hook od. peg; **~schrank** m wardrobe
Kleidung f clothes pl
Kleie f bran
klein small, bsd. F little (a. Bruder, Finger etc.); von Wuchs: short; **et. ~ schneiden** chop s.th. up; **2...** Bus etc.: mini...; **2anzeige** f small (od. classified, Am. want) ad; **2bildkamera** f 35 mm camera; **2familie** f nuclear family; **2geld** n (small) change; **2igkeit** f trifle; Geschenk: little something; zu essen: snack; **e-e ~ leicht:** nothing, child's play; **2kind** n infant; **~laut** subdued; **~lich** narrow-minded; geizig: stingy; **2st...** mst micro...; **2stadt** f small town; **~städtisch** smalltown, provincial; **2wagen** m small car, F runabout, Am. subcompact
Kleister m, **2n** paste
Klemme f tech. clamp; electr. terminal; → Haarklemme; **in der ~** in a jam; **2n** jam, squeeze; Tür etc.: be* stuck; **sich ~** jam one's finger etc.
Klempner(in) plumber
Klette f bur(r); fig. leech
klettern climb (a. ~ auf)
Klient(in) client
Klima n climate; **~anlage** f air-conditioning
klimpern jingle, chink; F tinkle (away) (auf at)

Klingel f bell; **~knopf** m bell-push; **2n** ring* (the bell)
klingen sound; ring*
Klinik f hospital, clinic
Klinke f (door) handle
Klippe f cliff, rock
klirren clink, tinkle; Fenster, Kette etc.: rattle; Schwerter, Teller: clatter
Klischee n fig. cliché
Klo n loo, Am. john
klobig bulky, clumsy
klopfen knock; Herz: beat*; heftig: throb; auf die Schulter etc.: tap; freundlich: pat; **es klopft** there's a knock at the door
Klops m meatball
Klosett n lavatory, toilet
Kloß m dumpling; fig. lump
Kloster n monastery; Nonnen2: convent
Klotz m block; Holz: a. log
Klub m club
Kluft f fig. gap, chasm
klug clever, intelligent
Klumpen m lump; Erd2 etc.: clod; **~fuß** m clubfoot
knabbern nibble, gnaw
Knäckebrot n crispbread
knack(en crack (a. fig. u. F); **2punkt** m sticking point
Knall m bang; Peitsche: crack; Korken: pop; **e-n ~ haben** be* nuts; **~bonbon** m, n cracker; **2en** bang; crack; pop
knapp scarce; kurz: brief; spärlich: scanty, meagre, Am. -er; Mehrheit, Sieg etc.:

narrow; *eng*: tight; ~ **an** ... short of ...; *j-n* ~ **halten** keep* s.o. short; ~ **werden** run* short

knarren creak

knattern crackle; *mot.* roar

Knäuel *m*, *n* ball; tangle

Knauf *m* knob

knautsch|en crumple; **²zone** *f* crumple zone

Knebel *m*, **²n** gag

kneif|en pinch; F chicken out; **²zange** *f* pincers *pl*

Kneipe *f* pub, *Am.* saloon

kneten knead; mo(u)ld

Knick *m* fold, crease; *Kurve*: bend; **²en** fold, crease; bend*; *brechen*: break*

Knie *n* knee; **²n** kneel*; ~ **kehle** *f* hollow of the knee; ~**scheibe** *f* kneecap; ~**strumpf** *m* knee-(length) sock

knipsen punch; *phot.* take* a picture (of)

Knirps *m* shrimp

knirschen crunch; *mit den Zähnen* ~ grind* one's teeth

knistern crackle; *Papier etc.*: rustle

knittern crumple, crease

Knoblauch *m* garlic

Knöchel *m* *Fuß²*: ankle; *Finger²*: knuckle

Knoch|en *m* bone; ~**enbruch** *m* fracture; **²ig** bony

Knödel *m* dumpling

Knolle *f* tuber; *Zwiebel*: bulb

Knopf *m*, **knöpfen** button

Knopfloch *n* buttonhole

Knorpel *m* gristle; *anat.* cartilage

Knospe *f*, **²n** bud

Knoten *m* knot; *med.* lump; **²** (make* a) knot (in); ~**punkt** *m* junction

Knüller *m* (smash) hit

knüpfen tie; *Teppich*: weave*

Knüppel *m* stick (a. *Steuer²* etc.), cudgel; ~**schaltung** *f* *mot.* floor shift

knurren growl, snarl; *fig.* grumble; *Magen*: rumble

knusprig crisp, crunchy

Koch *m* cook; chef; ~**buch** *n* cookery book, *bsd. Am.* cookbook; **²en** *v/t* cook; *Eier, Wasser, Wäsche*: boil; *Kaffee, Tee etc.*: make*; *v/i* (do* the) cook(ing); *Flüssiges*: boil (*fig. vor Wut* with rage); ~**er** *m* cooker

Köchin *f* cook

Koch|nische *f* kitchenette; ~**platte** *f* hotplate; ~**topf** *m* pot, saucepan

Kode *m* code

Köder *m*, **²n** bait

kodier|en (en)code; **²ung** *f* (en)coding

Koffein *n* caffeine; **²frei** decaffeinated

Koffer *m* (suit)case; ~**radio** *n* portable radio; ~**raum** *m* *mot.* boot, *Am.* trunk

Kohl *m* cabbage

Kohle *f* coal; *phot.* carbon; ~**hydrat** *n* carbohydrate; ~**dioxyd** *n* carbon dioxide;

~nsäure f carbonic acid; im Getränk: fizz; **~nstoff** m carbon: **~nwasserstoff** m hydrocarbon

Koje f berth, bunk

Kokain n cocaine

Kokosnuss f coconut

Koks m coke (a. sl. Kokain)

Kolben m Gewehr♀: butt; tech. piston

Kolik f colic

Kolleg|e m, **~in** f colleague

Kolonie f colony

Kolonne f column; Wagen♀: convoy

Kombi m estate car, bsd. Am. station wagon; **~nation** f combination; Mode: set; aviat. flying suit; Fußball etc.: combined move; **♀nieren** v/t combine; v/i reason

Komfort m luxury; Ausstattung: (modern) conveniences pl; **♀abel** luxurious

Komi|k f humo(u)r; comic effect; **~ker(in)** f comedian; f Beruf: comedienne; **♀sch** funny; fig. a. strange; Oper etc.: comic

Komitee n committee

Komma n comma; **sechs ~ vier** six point four

Kommand|ant m commander; **♀ieren, ~o** n command

kommen come*; an~: arrive; gelangen: get; **zur Schule ~** start school; **ins Gefängnis ~** go* to jail; **~ lassen** send* for; j-n: a. call; **~ auf** think* of; remember; **zu et. ~**

come* by s.th.; get* around to (doing) s.th.; **zu sich ~** come* round od. to; **du kommst** it's your turn

Komment|ar m comment(ary TV etc.); **♀ieren** comment on

Kommiss|ar(in) Polizei: superintendent, Am. captain; **~ion** f commission; Ausschuss: a. committee

Kommode f chest of drawers, Am. a. bureau

Kommunis|mus m communism; **~t(in), ♀tisch** communist

Komödie f comedy

Kompaktanlage f music centre (Am. -er), Am. stereo system

Kompanie f company

Komparativ m comparative

Kompass m compass

kompatibel compatible

komplett complete

komplex, ♀ m complex

Kompliment n compliment

Komplize, ~in f accomplice

komplizier|en complicate; **~t** complicated, complex

kompo|nieren compose; **♀nist(in)** composer

Kompost m compost; **~haufen** m compost heap

Kompott n stewed fruit

Kompromiss m compromise

kondens|ieren condense; **♀milch** f condensed milk

Kondition f condition; **♀al, ~al** m conditional

Konditor|(in) confectioner; **~ei** f confectionery (a. **~waren**); café

kondolieren: *j-m* ~ express one's condolences to s.o.

Kondom n, m condom

Konfekt n sweets pl, *Am.* candy; chocolates pl

Konferenz f conference

Konfession f denomination

Konfirmation f confirmation

Konfitüre f jam

Konflikt m conflict

konfrontieren confront

Kongress m congress

König m king; **~in** f queen; **2lich** royal; **~reich** n kingdom

Konjuga|tion f gr. conjugation; **2ieren** gr. conjugate

Konjunkt|ion f gr. conjunction; **~iv** m subjunctive; **~ur** f economic situation

Konkurr|ent(in) competitor, rival; **~enz** f competition; **die ~** one's competitor(s pl); **2enzfähig** competitive; **2ieren** compete

Konkurs m bankruptcy

können can*, be* able to, know* how to; *Sprache:* know*, speak*; *kann ich ...?* can *od.* may I ...?; *ich kann nicht mehr* I can't go on; I can't eat any more; *es kann sein* it may be

konsequen|t consistent; **2z** f consistency; *Folge:* consequence

konservativ conservative

Konserven pl canned (*Brt. a.* tinned) food(s pl); **~büchse** f, **~dose** f can, *Brt. a.* tin

konservier|en preserve; **2ungsstoff** m preservative

Konsonant m consonant

konstru|ieren construct; *entwerfen:* design; **2ktion** f construction

Konsul|(in) consul; **~at** n consulate

Konsum m consumption; *econ.* cooperative (store); **~gesellschaft** f consumer society

Kontakt m contact; **~ aufnehmen (haben)** get* (be*) in touch; **2arm** unsociable; **2freudig** sociable; **~linsen** pl contact lenses pl; **~person** f contact

Konter m counter(attack); **~... Attacke, Revolution etc:** counter...; **2n** v/t counter; *Fußball:* counterattack

Kontinent m continent

Konto n account; **~auszug** m statement of account; **~stand** m balance (of an account)

kontra against, versus; → **pro**

Kontrast m contrast

Kontroll|e f control; *Aufsicht:* a. supervision; *Prüfung:* a. check(up); **~eur(in)** (ticket) inspector; **~gang** m round; **~gerät** n monitor; **2ieren** check (*j-n:* up on s.o.); *beherrschen, überwachen:* control

Konversation f conversation

Konzentr|ation f concentration; **~ationslager** n concentration camp; **Qieren** concentrate (a. sich ~)

Konzert n concert; Musikstück: concerto; **~saal** m concert hall, auditorium

Konzession f concession; jur. licen|ce, Am. -se

Kopf m head (a. fig.); **~ball** m header; **~balltor** n headed goal; **~ende** n head, top; **~hörer** m headphones pl; **~kissen** n pillow; **~salat** m lettuce; **~schmerzen** pl headache sg; **~sprung** m header; **~tuch** n (head)scarf; **Qüber** head first

Kopie f copy

kopier|en copy; **Qer** m, **Qerät** n copier; **Qladen** m copy shop (od. cent|re, Am. -er)

Kopilot(in) copilot

koppeln couple

Koralle f coral

Korb m basket; j-m e-n ~ geben F fig. turn s.o. down; ~ Möbel etc.: wicker

Kord m corduroy; **~el** f cord

Kork(|en) m cork; **~enzieher** m corkscrew

Korn n grain (a. phot., tech.)

körnig grainy; ...-grained

Körper m body; **~bau** m physique; **Qbehindert** physically handicapped, disabled; **~geruch** m body odo(u)r, BO; **Qlich** physical; **~pflege**

f hygiene; **~teil** m part of the body

korrekt correct; **Qur** f correction; print. proof(reading)

Korrespond|ent(in) correspondent; **~enz** f correspondence; **Qieren** correspond

korrigieren correct

Korsett n corset

Kosename m pet name

Kosmet|ik f beauty culture; Mittel: cosmetics pl; **~ikerin** f beautician; **~ikkoffer** m vanity case; **~iksalon** m beauty parlo(u)r (od. salon); **Qisch** cosmetic(ally)

Kost f food, diet; Verpflegung: board; **Qbar** precious, valuable; **~barkeit** f precious object

kosten[1] cost*; Zeit, Mühe a.: take*; wie viel kostet ...? how much is ...?

kosten[2] taste, try

Kosten pl cost(s pl); Un2: expenses pl; **Qlos** free (of charge), get for nothing

köstlich delicious; fig. priceless; sich ~ amüsieren have* a very good time

Kost|probe f sample; **Qspielig** expensive, costly

Kostüm n (woman's) suit; thea. etc. costume

K.-o.-System n Sport: knockout system

Kot m excrement

Kotelett n chop, cutlet; **~en** pl sideburns pl

Köter m mutt, cur

Kotflügel m mudguard, Am. fender

Krabbe f shrimp; prawn

krabbeln crawl

Krach m crash (a. fig., pol.); Lärm: noise; Streit: quarrel; **2en** crack (a. Schuss), crash (a. prallen)

krächzen croak

Kraft f strength, force (a. fig., pol.), power (a. phys.); **in ~ treten** come* into force; **~brühe** f consommée; **~fahrer(in)** f motorist; **~fahrzeug** n motor vehicle; Zssgn → Kfz..., Auto...

kräftig strong (a. fig.); Essen: substantial; F tüchtig: good

kraft|los weak; **2stoff** m fuel; **2werk** n power station

Kragen m collar

Krähe f, **2n** crow*

Kralle f claw (a. fig.)

Kram m stuff, junk; **2en** rummage (around)

Krampf m cramp; stärker: spasm; F fig. fuss; **~ader** f varicose vein

Kran m crane

Kranich m crane

krank ill (nur pred), sick (a. fig.); **~ werden** fall ill; **2e** m, f sick person, patient; **die ~n** the sick

kränken hurt*, offend

Kranken|geld n sickpay; **~haus** n hospital; **~kasse** f health insurance; **~pfleger** m male nurse; **~schein** m health insurance certificate;

~schwester f nurse; **~versicherung** f health insurance; **~wagen** m ambulance; **~zimmer** n sickroom

krank|haft morbid; **2heit** f illness; bestimmte: disease

kränk|lich sickly; **2ung** f insult, offen|ce, Am. -se

Kranz m wreath; fig. ring

krass crass, gross

Krater m crater

kratz|en (sich) ~ scratch (o.s.); **2er** m scratch (a. F)

kraulen scratch (gently); Sport: crawl

kraus curly, frizzy

Kraut n herb; Kohl: cabbage; sauerkraut

Krawall m riot

Krawatte f (neck)tie

Krebs m Fluss2: crayfish; Taschen2: crab; med. cancer; astr. Cancer

Kredit m credit; → Darlehen; **~hai** m F loan shark; **~karte** f credit card

Kreide f chalk

Kreis m circle (a. fig.); pol. district; **~bahn** f orbit

kreischen screech; vor Vergnügen: squeal

kreis|en (move in a) circle, revolve, rotate; Blut: circulate; **~förmig** circular; **2lauf** m circulation; biol., fig. cycle; **2laufstörungen** pl circulatory trouble sg; **2verkehr** m roundabout, Am. traffic circle

Krempe f brim

Kren m östr. horseradish

Krepp m crepe (a. in Zssgn)

Kreuz n cross; crucifix; anat. (small of the) back; Karten: club(s pl)

kreuz|en v/t cross (a. sich ~); v/i mar. cruise; **2fahrt** f cruise; **~igen** crucify; **2otter** f adder; **2schmerzen** pl backache sg; **2ung** f crossing, junction; biol., fig. cross; **2verhör** n: ins ~ nehmen cross-examine; **2worträtsel** n crossword (puzzle); **2zug** m crusade

kriech|en creep*, crawl (a. contp.); **2spur** f slow lane

Krieg m war

kriegen get*; catch*

Kriegs|dienstverweigerer m conscientious objector; **~gefangene** m prisoner of war; **~gefangenschaft** f captivity; **~schiff** n warship; **~verbrechen** n war crime

Kriminal|beamte m, **~beamtin** f (plain-clothes) detective; **~film** m (crime) thriller; **~ität** f crime; **~polizei** f criminal investigation department (Am. division); **~roman** m detective novel

kriminell, **2e** m, f criminal

Krippe f crib, manger; → Kinderkrippe

Krise f crisis

Kristall m, ~ n crystal

Kriterium n criterion

Kriti|k f criticism; thea. etc. review; **~ker(in)** critic; **2sch**

critical; **2sieren** criticize

kritzeln scrawl, scribble

Krokodil n crocodile

Krone f, **krönen** crown

Kron|enkorken m crown cap; **~leuchter** m chandelier

Krönung f coronation

Kropf m goit|re, Am. -er

Kröte f toad

Krücke f crutch

Krug m jug, pitcher; mug

Krümel m crumb

krumm crooked (a. fig.), bent

krümm|en bend*; crook (a. Finger); **2ung** f bend; curve; math., geogr., med. curvature

Krüppel m cripple

Kruste f crust

Kruzifix n crucifix

Kubik... cubic ...

Küche f kitchen; gastr. cuisine, cooking

Kuchen m cake

Küchenschrank m (kitchen) cupboard

Kuckuck m cuckoo

Kufe f runner; aviat. skid

Kugel f ball; Gewehr etc.: bullet; math., geogr. sphere; Sport: shot; **~lager** n ball bearing; **~schreiber** m ballpoint (pen), Brt. a. biro®; **2sicher** bulletproof; **~stoßen** n shot put

Kuh f cow

kühl cool (a. fig.); **2box** f cold box; cool, chill; **2en** cool, chill; **2er** m mot. radiator; **2erhaube** f bonnet, Am. hood;

2**schrank** *m* refrigerator; 2**truhe** *f* freezer
kühn bold, daring
Kuhstall *m* cowshed
Küken *n* chick (*a.* F *fig.*)
Kuli *m* F → **Kugelschreiber**
Kulisse *f thea.* scenery; *fig.* background; **hinter den** ~**n** backstage (*a. fig.*)
kultivieren cultivate
Kultur *f* culture (*a. biol.*), civilization; ~**beutel** *m* toilet bag (*Am.* kit); 2**ell** cultural
Kümmel *m* caraway
Kummer *m* grief, sorrow
kümmer|lich miserable; *dürftig:* poor; ~**n** concern; *sich* ~ *um* look after, take* care of
Kumpel *m* miner; F pal
Kunde *m* customer; ~**ndienst** *m* service (department)
Kundgebung *f pol.* rally
kündig|en cancel; *j-m:* give* *s.o.* notice; 2**ung** *f* (*Frist:* period of) notice
Kund|in *f* customer; ~**schaft** *f* customers *pl*
Kunst *f* art; *Fertigkeit: a.* skill; ~**dünger** *m* artificial fertilizer; ~**faser** *f* man-made (*od.* synthetic) fib|re (*Am.* -er); ~**gewerbe** *f* arts and crafts *pl*
Künstler|(in) artist; 2**isch** artistic
künstlich artificial; ~ *hergestellt:* synthetic, man-made
Kunst|stoff *m* synthetic (material), plastic; ~**stück** *n*

trick; ~**werk** *n* work of art
Kupfer *n* copper; ~**stich** *m* copperplate
Kuppe *f* (hill)top; (finger)tip
Kupp|el *f* dome; ~**elei** *f* procuring; 2**eln** couple; *mot.* operate the clutch; ~**lung** *f* coupling; *mot.* clutch
Kur *f* cure
Kür *f Eislauf:* free skating; *Turnen:* free exercises *pl*
Kurbel *f*, 2**n** crank; ~**welle** *f* crankshaft
Kürbis *m* pumpkin
Kur|gast *m* visitor; 2**ieren** cure; ~**ort** *m* health resort
Kurs *m* course; *Börse:* price; *Wechsel*2: (exchange) rate; ~**buch** *n* railway (*Am.* railroad) timetable
kursieren circulate
Kurswagen *m* through carriage
Kurve *f* curve; 2**nreich** winding; F *Frau:* curvaceous
kurz short; *zeitlich: a.* brief; ~**e Hose** shorts *pl*; *sich* ~ *fassen* be* brief; ~ (*gesagt*) in short; *vor* ~**em** a short time ago
Kurzarbeit *f* short time, *Am.* reduced (working) hours *pl*
Kürze *f* shortness; *in* ~ shortly; 2**n** shorten (*um* by); *Buch etc.:* abridge; *Ausgaben:* cut*, reduce
kurz|erhand without hesitation; ~**fristig 1.** *adj* short-term; **2.** *adv* at short notice; 2**geschichte** *f* short story

kürzlich recently
Kurz|schluss *m* short circuit;
~schrift *f* shorthand; **2sichtig** shortsighted, *bsd. Am.*
nearsighted; **~waren** *pl*
haberdashery *sg, Am.* notions *pl*; **~welle** *f* short wave
Kusine *f* cousin

Kuss *m*, **küssen** kiss (*a. sich ~*)
Küste *f* coast, shore
Küster(in) *m/f* verger, sexton
Kutsche *f* coach, carriage; **~r**
m coachman
Kutte *f* cowl
Kutter *m* cutter

L

Labor *n* lab(oratory);
~ant(in) laboratory technician
Lache *f* pool, puddle
lächeln, **2** *n* smile
lachen laugh; **2** *n* laugh(ter)
lächerlich ridiculous
Lachs *m* salmon
Lack *m* varnish; *Farb2:* lacquer; *mot.* paint(work); **2ieren** varnish; *mot., Nägel:*
paint
Ladegerät *n* battery charger
laden load; *electr.* charge;
Computer: boot (up)
Laden *m* shop, *Am.* store;
Fenster: shutter; **~dieb(in)**
shoplifter; **~diebstahl** *m*
shoplifting; **~schluß** *m* closing time; **~tisch** *m* counter
Ladung *f* load, freight; *mar.,*
aviat. cargo; *electr.* charge
Lage *f* situation, position;
Schicht: layer; **in der ~ sein**
zu be* able to
Lager *n* camp; *econ.* stock
(*auf* in); *tech.* bearing; *geol.*
deposit; **~feuer** *n* campfire;

~haus *n* warehouse; **2n** *v/i*
camp; *econ.* be* stored; *ab~:*
age; *v/t* store, keep* *in a*
place; **2ung** *f* storage
lahm lame; **~en** be* lame (*auf*
in)
lähm|en paraly|se, *Am.* -ze;
2ung *f* paralysis
Laib *m* loaf
Laie *m* layman; amateur
Laken *n* sheet
Lakritze *f* liquorice
lallen speak* drunkenly
Lamm *n* lamb
Lampe *f* lamp; **~nschirm** *m*
lampshade
Land *n Fest2:* land (*a. ~besitz*); *pol.* country; *Bundes2:*
state; *Land;* **an ~** ashore; **auf**
dem ~(e) in the country; →
hierzulande; **~ebahn** *f* runway; **2en** land
Länderspiel *n* international
match (*od.* game)
Landes|... *Grenze etc.:* national ...; **~innere** *n* interior
Land|karte *f* map; **~kreis** *m*
district

ländlich rural; *derb*: rustic

Land|schaft f countryside; landscape (*a. paint.*); *schöne*: scenery; **~smann** m **~smännin** f (fellow) country|man (-woman); **~straße** f (secondary od. country) road; **~streicher(in)** tramp; **~tag** m Land parliament

Landung f landing; **~ssteg** m gangway

Land|weg m: *auf dem ~(e)* by land; **~wirt(in)** farmer; **~wirtschaft** f agriculture, farming; **2wirtschaftlich** agricultural

lang long; *Person*: tall; **~e** (for a) long (time)

Länge f length; *geogr.* longitude

langen → **genügen, reichen**; *mir langts* I've had enough

Langeweile f boredom

lang|fristig long-term; **~jährig** ... of many years, (many) years of ...; **2lauf** m cross-country skiing

länglich longish, oblong

längs along(side)

lang|sam slow; **2schläfer(in)** late riser; **2spielplatte** f LP

längst long ago od. before

Langstrecken... long-distance ...; *aviat.*, *mil.* long-range ...

langweil|en bore; *sich ~* be* bored; **~ig** boring, dull; **~e Person** bore

Langwelle f long wave

Lappalie f trifle

Lappen m rag, cloth

läppisch ridiculous

Lärche f larch

Lärm m noise

Larve f mask; *zo.* larva

Lasche f flap; tongue

Laser m laser; **~drucker** m laser printer; **~technik** f laser technology

lassen let*; *an e-m Ort, in e-m Zustand*: leave*; *unter~*: stop; *veran~*: make*; *et. tun od. machen* ~ have* s.th. done od. made

lässig casual; careless

Last f load; burden; *Gewicht*: weight; *zur ~ fallen* be* a burden to *s.o.*; **2en**: ~ *auf* weigh (up)on

Laster n vice

läst|ern: ~ *über* run* down; **~ig** troublesome

Lastwagen m truck, *Brt. a.* lorry

Latein n, **2isch** Latin

Laterne f lantern; streetlight; **~npfahl** m lamppost

Latte f lath; *Zaun*: pale; *Sport*: (cross)bar

Lätzchen n bib, feeder

Laub n foliage, leaves *pl*; **~baum** m deciduous tree

Laube f arbo(u)r, bower

Laub|frosch m tree frog; **~säge** f fretsaw

Lauch m leek

lauern lurk, lie* in wait

Lauf m run; *Bahn*, *Ver*2:

course; *Gewehr*: barrel; ~**bahn** *f* career

laufen run*; *gehen*: walk; ~**lassen** let* *s.o.* go (*straffrei*: off) ~**d** continuously; *regelmäßig*: regularly

Läufer *m* runner (*a. Teppich*); *Schach*: bishop

Lauf|masche *f* ladder, *Am.* run; ~**werk** *n* drive

Lauge *f* lye; *Seifen*~: suds *pl*

Laun|e *f*: ... ~ **haben** be* in a ... mood; ~**isch** moody

Laus *f* louse

Lausch|angriff *m* bugging operation; ~**en** listen (*dat* to); *heimlich*: *a.* eavesdrop; ~**ig** snug, cosy

laut 1. *adj* loud; noisy; **2.** *adv* aloud, loud(ly); **3.** *prp* according to; **4.** ♀ *m* sound; ~**en** be*; *Satz*: read*

läuten ring*; **es läutet** the bell is ringing

lauter nothing but

laut|los soundless; ~**sprecher** *m* loudspeaker; ♀**stärke** *f* volume

lauwarm lukewarm

Lava *f* lava

Lavendel *m* lavender

Lawine *f* avalanche

leben 1. *v/i* live (**von** on); be* alive; **2.** ♀ *n* life; **am** ~ alive; **ums** ~ **kommen** lose* one's life; ~**dig** living, alive; *fig.* lively

Lebens|bedingungen *pl* living conditions *pl*; ~**gefahr** *f* mortal danger; **unter** ~ at the risk of one's life; ♀**gefährlich** dangerous (to life); ~**gefährte** *m* partner, common-law husband; ~**gefährtin** *f* partner, common-law wife; ~**haltungskosten** *pl* cost *sg* of living; ♀**länglich** for life; ~**lauf** *m* personal record, curriculum vitae; ♀**lustig** fond of life; ~**mittel** *pl* food *sg*; ~**mittelgeschäft** *n* grocer's, *Am.* grocery store; ~**standard** *m* standard of living; ~**unterhalt** *m* livelihood; **s-n** ~ **verdienen** earn one's living; ~**versicherung** *f* life insurance; ♀**wichtig** vital, essential; ~**zeichen** *n* sign of life

Leber *f* liver; ~**fleck** *m* mole

Lebewesen *n* living being

leb|haft lively; *Verkehr*: heavy; ♀**kuchen** *m* gingerbread; ~**los** lifeless

Leck *n*, ♀**en¹** leak

lecken¹ lick (*a.* ~ **an**)

lecker delicious, F yummy; ♀**bissen** *m* delicacy, treat

Leder *n* leather

ledig single, unmarried

leer empty; *Haus etc.*: *a.* vacant; *Seite etc.*: blank; *Batterie*: dead; ♀**e** *f* emptiness; ~**en** empty (*a. sich* ~); ♀**lauf** *m* neutral; ♀**ung** *f* *post.* collection, *Am.* mail pick-up

legal legal, lawful

legen lay* (*a. Ei*); place, put*; *Haare*: set*; *sich* ~ lie* down; *fig.* calm down

Legende f legend

Lehm m loam; *Ton*: clay

Lehne f back(rest); arm(rest); **2en lean*** (*a. sich ~*), rest (*an, gegen* against); **~stuhl** m armchair

Lehrbuch n textbook

Lehre f science; theory; *rel., pol.* teachings *pl*; *Ausbildung*: apprenticeship; *Warnung*: lesson; **2n teach***, instruct; **~r(in)** teacher, instructor

Lehr|gang m course; **~ling** m apprentice; **2reich** instructive; **~stelle** f apprenticeship; **~tochter** f *Schweiz*: (female) apprentice

Leib m body; *anat.* abdomen; **~gericht** n favo(u)rite dish; **~wache** f, **~wächter** m bodyguard

Leiche f (dead) body, corpse; **~nhalle** f mortuary; **~nschauhaus** n morgue

leicht light (*a. fig.*); *einfach*: easy; **2athlet(in)** athlete; **2athletik** f track and field events *pl*; **2sinn** m carelessness; **~sinnig** careless

Leid n grief, sorrow; **es (er) tut mir ~** I'm sorry (for him)

leid: **ich bin es ~ zu ...** I'm tired of *doing s.th.*; **~en** suffer (*an* from); **ich kann ... nicht ~** I can('t) stand ...; **2en** n suffering; *med.* complaint

Leidenschaft f passion; **2lich** passionate

leider unfortunately

Leih|bücherei f public library; **2en j-m:** lend*; *sich ~*: borrow; → *mieten*; **~gebühr** f rental (fee); **~haus** n pawnshop; **~mutter** f surrogate mother; **~wagen** m hire (*Am.* rented) car

Leim m, **2en** glue

Leine f line; → **Hundeleine**

Leinen n linen; **~tuch** n sheet; **~wand** f paint. canvas; *Kino*: screen

leise quiet; *Stimme*: a. low; **~r stellen** turn down

Leiste f ledge; *anat.* groin

leisten do*, work; *Dienst, Hilfe*: render; *vollbringen*: achieve; **ich kann mir ... (nicht) ~** I can('t) afford ...

Leistung f performance; achievement; *tech. a.* output; *Dienst2*: service; *Sozial2*: benefit

Leit|artikel m editorial; **2en** lead*, guide; conduct (*a. phys., mus.*); *Betrieb etc.*: run*, manage

Leiter f ladder (*a. fig.*)

Leiter(in) m leader; conductor (*a. mus., phys.*); *Firma, Amt*: head, manager; chairperson

Leitplanke f crash barrier, *Am.* guardrail

Leitung f management, direction; *Vorsitz*: chairmanship; *tech.*, *tel.* line; *Haupt2*: main(s *pl*); pipe(s *pl*); cable(s *pl*); **~srohr** n pipe; **~swasser** n tap water

Lekt|ion f lesson; **~üre** f reading (matter); ped. reader

Lende f loin

lenk|en steer, drive*; fig. direct; Kind: guide; **2er** m handlebar; **2rad** n steering wheel; **2ung** f steering (system)

Leopard m leopard

Lerche f lark

lernen learn*; study

lesbisch lesbian

Lese|buch n reader; **2n** read*; Wein: harvest; **2n** reader; **~rlich** legible; **~zeichen** n bookmark

letzte last; neueste: latest

Leucht|anzeige f luminous (od. LED) display; **~e** f light, lamp; **2en** shine*; schimmern: gleam; **2end** shining, bright; → **~er** m candlestick; Kronleuchter: **~farbe** f luminous paint; **~reklame** f neon sign(s pl); **~turm** m lighthouse; **~ziffer** f luminous digit

leugnen deny

Leute pl people pl; F folks pl

Lexikon n dictionary; encyclop(a)edia

Libelle f dragonfly

liberal liberal

Libero m sweeper, libero

Licht n light; **~bild** n photo(graph); Dia: slide; **2empfindlich** phot. sensitive; **~empfindlichkeit** f phot. speed

lichten Wald: clear; den An-

ker ~ weigh anchor; **sich** ~ get* thin(ner)

Licht|hupe f: die ~ benutzen flash one's lights (at s.o.); **~jahr** n light year; **~maschine** f generator; **~schalter** m light switch; **~schutzfaktor** m sun protection factor; **~strahl** m ray (od. beam) of light

Lichtung f clearing

Lid n (eye)lid; **~schatten** m eye shadow

lieb dear; nett: nice, kind

Liebe f, **2n** love

liebenswürdig kind

lieber rather, sooner; ~ haben prefer, like better

Liebes|brief m love letter; **~paar** n lovers pl

liebevoll loving, affectionate

Lieb|haber m lover (a. fig.); **~haberei** f hobby; **2lich** sweet (a. Wein); **~ling** m darling (a. Anrede); bsd. Kind, Tier: pet; **~lings-...** favo(u)rite ...; **2los** unkind; nachlässig: careless(ly)

Lied n song

liederlich slovenly, sloppy

Liedermacher(in) singer-songwriter

Liefer|ant(in) supplier; **2bar** available; **2n** deliver; supply; **~schein** m receipt (for delivery); **~ung** f delivery; supply; **~wagen** m (delivery) van

Liege f couch; (camp) bed

liegen lie*; Haus etc.: be*

(situated); **~ nach** face; *es liegt daran, dass* it's because; *es liegt mir viel (nichts) daran* it means a lot (doesn't mean much) to me; *j-m ~* appeal to s.o.; **~ bleiben** stay in bed; *Sache:* be* left behind; **~ lassen** leave* (behind)

Liege|stuhl *m* deck chair; **~stütz** *m* press-up, *Am.* push-up; **~wagen** *m* couchette

Lift *m* lift, *Am.* elevator

Liga *f* league

Likör *m* liqueur

lila purple, violet

Lilie *f* lily

Limonade *f* lemonade

Limousine *f* saloon car, *Am.* sedan

Linde *f* lime tree, linden

lindern relieve, ease

Lineal *n* ruler

Linie *f* line; *fig.* figure; **~nflug** *m* scheduled flight; **~nrichter(in)** linesman (-woman)

link|e left (*a. pol.*); **Qe¹** *f pol.* left; **Qe²** *m, f* leftist; **~s** (on the *od.* to the) left; **Qaußen** *m Sport:* outside left, left winger; **Qshänder(in)** lefthander; **Qradikale** *m, f* leftwing extremist

Linse *f bot.* lentil; *opt.* lens

Lippe *f* lip; **~nstift** *m* lipstick

lispeln (have* a) lisp

List *f* cunning; trick

Liste *f* list; *Namen:* roll

listig cunning, sly

Liter *m, n* lit|re, *Am.* -er

litera|risch literary; **Qtur** *f* literature

Lizenz *f* licen|ce, *Am.* -se

Lob *n,* **Qen** praise; **Qenswert** praiseworthy

Loch *n* hole; **Qen, ~er** *m* punch; **~karte** *f* punch(ed) card

Locke *f* curl; **~n haben** have curly hair; **Qn¹** curl (*a. sich ~*)

locken² lure, entice

Lockenwickler *m* curler

locker loose; *fig.* relaxed; **~n** loosen (*a. sich ~*), slacken; *Griff, fig.:* relax

lockig curly, curled

Löffel *m* spoon

Loge *f thea.* box; *Bund:* lodge

logisch logical

Lohn *m* wages *pl,* pay; *fig.* reward; **Qen: sich ~ be*** worth it, pay*; **~erhöhung** *f* (pay) rise, *Am.* raise; **~steuer** *f* income tax; **~stopp** *m* wage freeze

Loipe *f* (cross-country) course

Lokal *n* restaurant, pub *etc.*; **~... mst** local ...

Lokomotiv|e *f* engine; **~führer** *m* train driver, *Am.* engineer

Lorbeer *m* laurel; *gastr.* bay leaf

Los *n* lot (*a. fig.*); (lottery) ticket; **~e ziehen** draw* lots

los off; *fig.* loose; *was ist ~?* what's the matter?; **~ sein** be* rid of; **~!** hurry up!; let's go!; **~binden** untie

Lösch|blatt n blotting paper; **₂en** extinguish, put* out; *Schrift, tech.:* erase; *Durst:* quench; *mar.* unload; *Computer:* erase, delete

lose loose (*a. fig.*)

Lösegeld n ransom

losen draw* lots (**um** for)

lösen undo*; *lockern:* loosen; *Bremse etc.:* release; *Problem etc.:* solve; *Karte:* buy*; **→ ab-, auflösen**

los|fahren leave*; drive* off; **~gehen** leave*; start, begin*; **~ auf** go* for *s.o.*; **~lassen** let* go

löslich soluble

los|machen release; loosen; **~reißen** tear* off

Lösung f solution (*a. fig.*); **~smittel** n solvent

loswerden get* rid of

Lot n plumb (line)

löten solder

Lotse m, **₂n** pilot

Lott|erie f lottery; **~o** n lotto

Löwe m lion; *ast.* Leo; **~enzahn** m dandelion; **~in** f lioness

Luchs m lynx

Lücke f gap; **₂nhaft** incomplete; **₂nlos** complete

Luft f air; (*frische*) **~ schöpfen** get* a breath of fresh air; **in die ~ sprengen (fliegen)** blow* up; **~angriff** m air raid; **~aufnahme** f aerial photograph (*od.* view); **~ballon** m balloon; **~blase** f

air bubble; **~brücke** f airlift; **₂dicht** airtight; **~druck** m air pressure

lüften air, ventilate

Luft|fahrt f aviation; **~kissenfahrzeug** n hovercraft; **₂krank** airsick; **~kurort** m health resort; **₂leer:** **~er Raum** vacuum; **~linie** f: **50 km** ≈ 50 km as the crow flies; **~loch** n air vent (*aviat.* pocket); **~matratze** f air mattress; **~post** f air mail; **~pumpe** f bicycle pump; **~röhre** f windpipe

Lüftung f ventilation

Luft|veränderung f change of air; **~verschmutzung** f air pollution; **~waffe** f air force; **~zug** m draught, *Am.* draft

Lüg|e f, **₂en** lie; **~ner(in)** f liar

Luke f hatch; *Dach:* skylight

Lumpen m rag

Lunge f lungs *pl*; **~nentzündung** f pneumonia

Lupe f magnifying glass

Lust f desire; *contp.* lust; **~ haben zu** *od.* **auf** feel* like (doing) *s.th.*

lustig funny; *fröhlich:* cheerful; **sich ~ machen über** make* fun of; **₂spiel** n comedy

lutsch|en suck (*a. ~ an*); **₂er** m lollipop

luxuriös luxurious

Luxus m, **~artikel** m luxury; **~hotel** n luxury hotel

Lymphdrüse f lymph gland

Lyrik f poetry

M

machbar feasible

machen *tun, erledigen:* do*; *herstellen, verursachen:* make*; *Prüfung:* take*; *bestehen:* pass; *Betrag etc.:* be*, amount to; **wie viel macht das?** how much is it?; **das macht 5 Pfund** that'll be 5 pounds; **(das) macht nichts** it doesn't matter; **sich et. (nichts) ~ aus** (not) care about; *(nicht) mögen:* (not) care for; **mach schon!** hurry up!; → **lassen**

Macho *m* macho

Macht *f* power *(a. Staat)*

mächtig powerful, mighty *(a. F sehr)*; *riesig:* huge

macht|los powerless; **2missbrauch** *m* abuse of power

Mädchen *n* girl; *Dienst2:* maid; **~name** *m* girl's name; *Frau:* maiden name

Made *f* maggot; *Obst2:* worm; **2ig** wormeaten

Magazin *n* magazine

Magen *m* stomach; **~beschwerden** *pl* stomach trouble *sg*; **~geschwür** *n* ulcer; **~schmerzen** *pl* stomachache *sg*

mager lean *(a. Fleisch)*, thin, skinny; *low-fat, low-calorie;* *fig.* meag|re, *Am.* -er

Mag|ie *f*, **2isch** magic

Magnet *m* magnet; **~... Band**

etc.: magnetic ...; **2isch** magnetic

mähen cut*, mow*; reap

mahlen grind*

Mahlzeit *f* meal

Mähne *f* mane

Mahnung *f econ.* reminder

Mai *m* May; **~glöckchen** *n* lily of the valley; **~käfer** *m* cockchafer

Mais *m* maize, *Am.* corn

Majestät *f* majesty

Major *m* major

makellos immaculate

Makler(in) *(Am.* real) estate agent; *Börsen2:* broker

Mal *n* time; *Zeichen:* mark; **zum ersten (letzten) ~** for the first (last) time

mal times; multiplied by

male|n paint; **2r(in)** painter; **2rei** *f* painting; **~risch** picturesque

Malz *n* malt

Mama *f* → **Mutti**

man you, one; they *pl*

manch, ~er, ~e, ~es *mst* some *pl*; many *pl*; **~mal** sometimes

Mandant(in) client

Mandarine *f* tangerine

Mandel *f bot.* almond; *anat.* tonsil; **~entzündung** *f* tonsillitis

Manege *f* (circus) ring

Mangel *m* lack **(an** of); *tech.*

fault; *med.* deficiency; 2**haft** poor, unsatisfactory; ~**ware** *f:* ~ *sein* be* scarce

Manieren *pl* manners *pl*

Mann *m* man; *Ehe*2: husband

Männchen *n* zo. male

Manndeckung *f Sport:* man-to-man marking

Mannequin *n* model

männlich masculine (*a. gr.*); *biol.* male

Mannschaft *f* team; *naut.*, *aviat.* crew

Manöver *n,* 2**rieren** manoeuvre, *Am.* maneuver

Mansarde *f* attic (room)

Manschette *f* cuff; ~**knopf** *m* cuff link

Mantel *m* coat; *tech.* jacket

Manuskript *n* manuscript

Mappe *f* portfolio; → *Aktentasche*

Marathonlauf *m* marathon (race)

Märchen *n* fairy tale

Marder *m* marten

Margarine *f* margarine

Marienkäfer *m* ladybird, *Am.* lady bug

Marille *f östr.* apricot

Marine *f* navy; 2**blau** navy blue

Marionette *f* puppet

Mark[1] *f Geld:* mark

Mark[2] *n anat.* marrow

Marke *f econ.* brand; *Fabrikat:* make; *post. etc.* stamp

markier|**en** mark; *fig.* act; 2**stift** *m* marker

Markise *f* awning

Markt *m* market

Marmelade *f* jam; *Orangen*2: marmalade

Marmor *m* marble

Marsch *m* march (*a. mus.*); ~**flugkörper** *m* cruise missile; 2**ieren** march

Märtyrer(in) martyr

März *m* March

Marzipan *n* marzipan

Masche *f* mesh; *Strick*2: stitch; F *fig.* trick

Maschi|ne *f* machine; *Motor:* engine; *aviat.* plane; ~**schreiben** type; 2**nell** mechanical; ~**nengewehr** *n* machinegun; 2**nenlesbar** *Computer:* machine-readable; ~**nenpistole** *f* submachine gun

Masern *pl* measles *pl*

Maserung *f Holz etc.:* grain

Mask|**e** *f* mask; 2**ieren:** *sich* ~ *put*4 on a mask

Maß[1] *n* measure; *Grad:* extent; ~**e** *pl* measurements *pl*

Maß[2] *f* l*it*|**re** (*Am.* -er) of beer

Massaker *n* massacre

Masse *f* mass; *Substanz:* substance; **e-e** ~ F loads of; ~**karambolage** *f* pile-up; ~**produktion** *f* mass production

Masseu|r *m* masseur; ~**rin** *f,* ~**se** *f* masseuse

massieren massage

mäßig, ~**en** moderate

massiv solid; *fig.* massive

maßlos immoderate; 2**nahme** *f* measure, step; 2**stab** *m* scale; *fig.* standard; **~voll** moderate

Mast *m* mast; *Stange:* pole

mästen fatten; F stuff

Material *n* material(s *pl tech.*); **2istisch** materialistic

Materie *f* matter

Mathematik *f* mathematics *sg;* **~er(in)** mathematician

Matratze *f* mattress

Matrose *m* sailor, seaman

Matsch *m* mud; slush

matt weak; *Farbe etc.:* dull, pale; *phot.* frosted; *Schach:* checkmate

Matte *f* mat

Mattscheibe *f* screen

Matura *f östr.* → *Abitur*

Mauer *f* wall

Maul *n* mouth; **~korb** *m* muzzle; **~tier** *n* mule; **~wurf** *m* mole

Maurer(in) bricklayer

Maus *f* mouse (*a. Computer*); **~efalle** *f* mousetrap

maxim|al, **2um** *n* maximum

Mayonnaise *f* mayonnaise

Mechani|k *f* mechanics *sg; tech.* mechanism; **~ker(in)** mechanic; **2sch** mechanical; **~smus** *m* mechanism

meckern bleat; F grumble

Medaille *f* medal

Medien *pl* (mass) media *pl*

Medi|kament *n* medicine, drug; **~zin** *f* medicine; **2zinisch** medical

Meer *n* sea, ocean; **~enge** *f* straits *pl;* **~esspiegel** *m* sea level; **~rettich** *m* horserad-

ish; **~schweinchen** *n* guinea pig

Megabyte *n* megabyte

Mehl *n* flour; *grobes:* meal

mehr more; *übrig:* left; **~ere** several; **~fach** repeated(ly); **2heit** *f* majority; **~mals** several times; **2weg...** returnable ...; reusable ...; **2wertsteuer** *f* value-added tax, VAT; **2zahl** *f* majority; *gr.* plural

meiden avoid

Meile *f* mile

mein my; **~e(r)**, **~s** mine

Meineid *m* perjury

meinen think*, believe; *äußern:* say*; *sagen wollen, sprechen von:* mean*

meinetwegen for my sake; *wegen mir:* because of me; **~!** I don't mind

Meinung *f* opinion; *meiner ~ nach* in my opinion; **~sforscher(in)** (opinion) pollster; **~sforschung** *f* opinion research; **~sumfrage** *f* opinion poll; **~sverschiedenheit** *f* disagreement

Meise *f* titmouse

Meißel *m*, **2n** chisel

meist most(ly); *am ~en* most (of all); **~ens** mostly

Meister|(in) master; *Sport:* champion; **~schaft** *f* championship; **~werk** *n* masterpiece

melancholisch melancholy

Melanom *n med.* melanoma

meld|en report; *Funk etc.: a.* announce; *sich ~* report (*bei* to); *amtlich:* register (with); *Schule:* raise one's hand; answer the telephone; *Teilnahme:* enter (*zu* for); **2ung** *f* report; announcement; registration; entry

melken milk

Melodie *f* melody, tune

Melone *f* melon; *Hut:* bowler (hat), *Am.* derby

Menge *f* quantity, amount; *Menschen2:* crowd; *math.* set; **e-e ~** lots of

Mensa *f* cafeteria

Mensch *m* human being; person; *der ~* man(kind); *die ~en* *pl* people *pl;* mankind *sg;* **kein ~** nobody

Menschen|affe *m* ape; **~leben** *n* human life; **2leer** deserted; **~menge** *f* crowd; **~rechte** *pl* human rights *pl;* **~verstand** *m* → **gesund**

Menschheit *f* mankind

menschlich human; *fig.* humane; **2keit** *f* humanity

Menstruation *f* menstruation

Menü *n* set meal, *mittags* a. set lunch *etc;* *Computer:* menu

merk|en notice; *sich ~* remember; **2mal** *n* feature; **~würdig** strange, odd

Messe *f* fair; *rel.* mass

messen measure

Messer *n* knife

Messgerät *n* measuring instrument, meter

Messing *n* brass

Metall *n* metal

Metastase *f* med. metastasis

Meter *m, n* met|re, *Am.* -er; **~maß** *n* tape measure

Methode *f* method, way

Metzger(ei *f*) *m* butcher('s)

Meuterei *f* mutiny

mich me; *~* (*selbst*) myself

Miene *f* look, expression

mies rotten, lousy

Miet|e *f* rent; **2en** rent; *Brt. Auto:* hire; **~er(in)** tenant; *Unter2:* lodger; **~shaus** *n* block of flats, *Am.* apartment building (*od.* house); **~vertrag** *m* lease; **~wagen** *m* hire (*Am.* rented) car; **~wohnung** *f* (rented) flat, *Am.* apartment

Mikro|chip *m* microchip; **~computer** *m* microcomputer; **~phon** *m* microphone, F mike; **~prozessor** *m* microprocessor; **~skop** *n* microscope; **~welle** *f* microwave (*a. Gerät*)

Milch *f* milk; **~glas** *n* frosted glass; **2ig** milky; **~kaffee** *m* coffee with milk; **~reis** *m* rice pudding; **~straße** *f* Milky Way; **~zahn** *m* milk (*Am.* baby) tooth

mild mild; **~ern** lessen, soften

Milieu *n* environment

Militär *n* the military *pl*

Milli|arde *f* billion; **~meter** *m, n* millimet|re, *Am.* -er; **~on** *f* million; **~onär(in)** millionaire(ss)

Milz f spleen

Minder|heit f minority; **2jäh-rig** under age

minderwertig inferior; *econ.* of inferior quality; **2keits-komplex** m inferiority complex

mindest least; **2...** minimum ...; **~ens** at least; **2haltbar-keitsdatum** n best-by (*od.* best-before, sell-by, *Am.* expiration) date

Mine f mine; *Bleistift:* lead; *Ersatz2:* refill

Mineral n mineral; **~öl** n mineral oil; **~wasser** n mineral water

Minirock m miniskirt

Minister(in) minister, secretary; **~ium** n ministry, department, *Brit. a.* office

minus minus; below zero

Minute f minute

mir (to) me

misch|en mix; *Tee etc.:* blend; *Karten:* shuffle; **2ling** m *Hund:* mongrel; **2ma-schine** f (cement) mixer; **2pult** n mixer; **2ung** f mixture; blend

miss|achten disregard, ignore; **2bildung** f deformity; **~billigen** disapprove of; **2brauch** m, **~brauchen** abuse; **2erfolg** m failure; **2geschick** n mishap; **2hand-lung** f ill-treatment; *jur.* assault and battery

Mission f mission; **~ar(in)** missionary

miss|lingen, **~raten** fail; turn out badly; **2stand** m bad state of affairs; grievance; **2trauen** n distrust, suspicion; **~trauisch** suspicious; **2verständnis** n misunderstanding; **~verstehen** misunderstand*

Mist m manure; F trash

Mistel f mistletoe

Misthaufen m manure heap

mit with; **~** *der Bahn etc.* by train *etc.*; **→** *Jahr;* **2arbeit** f cooperation; **2arbeiter(in)** colleague; employee; *pl* staff *pl;* **~bringen** bring* (with one); **2bürger(in)** fellow citizen; **~einander** with each other; together; **2esser** m *med.* blackhead; **~fahren:** *mit j-m* **~** go* with s.o.; j-n **~** *lassen* give* s.o. a lift; **2fahrzentrale** f car pool(ing) service; **~fühlend** sympathetic; **~geben** give* *s.o. s.th.* (to take along); **2gefühl** n sympathy; **~ge-hen:** *mit j-m* **~** go* with s.o.

Mitglied n member; **~schaft** f membership

Mit|inhaber(in) copartner; **2kommen** come* along; *Schritt halten:* keep* up (*mit* with)

Mitleid n pity (*a.* **~** *haben mit*); **2ig** compassionate

mit|machen v/i join in; v/t take* part in; **~erleben:** go* through; **2mensch** m fellow human being; **~nehmen**

take* (along) (with one); *im Auto:* give* *s.o.* a lift; *fig.* put* *s.o.* under stress; **~schreiben** take* notes; take* *s.th.* down; **2schüler(in)** fellow student; **~spielen** join in by; **~ in be*** *od.* appear in

Mittag *m* noon, midday; *heute* **~** at noon today; (*et.*) *zu* **~ essen** have* (s.th. for) lunch; **~essen** *n* (*zum* for) lunch; **2s** at noon; **~spause** *f* lunch break

Mitte *f* middle; cent|re, *Am.* -er

mitteil|en inform *s.o.* of *s.th.*; **2ung** *f* message, information

Mittel *n* means, way; remedy (*gegen* for); *Durchschnitt:* average; **~** *pl* means *pl*; **~alter** *n* Middle Ages *pl*; **2alterlich** medi(a)eval; **~feld** *n Fußball:* midfield; **~feldspieler** *m* midfielder; **2groß** of medium height; medium-sized; **~klassewagen** *m* middle-sized car; **~linie** *f Sport:* halfway line; **2los** without means; **2mäßig** average; **~punkt** *m* cent|re, *Am.* -er; **~streifen** *m* mot. central reservation, *Am.* median strip; **2s** *prp* cent|re (*Am.* -er) forward; **~weg** *m* middle course; **~welle** *f* medium wave, AM

mitten: ~ in (*auf, unter*) in the middle of

Mitternacht *f* midnight
mittlere middle; average
Mittwoch *m* Wednesday
mix|en mix; **2er** *m* mixer
Möbel *pl* furniture *sg;* **~stück** *n* piece of furniture; **~wagen** *m* furniture (*Am.* moving) van

Mobiltelefon *n* mobile phone
möblieren furnish
Mode *f* fashion
Modell *n* model
Modem *m, n* modem
Modenschau *f* fashion show
Moder|ator(in) *TV* presenter, host, anchorman (-woman); **2ieren** present, host

moderig musty, mo(u)ldy
modern modern; fashionable; **~isieren** modernize

Modeschmuck *m* costume jewel(le)ry
modisch fashionable
Modul *n* module
Mofa *n* moped
mogeln cheat
mögen like; *lieber* **~** like better, prefer; *nicht* **~** dislike; *ich möchte* I'd like; *ich möchte lieber* I'd rather

möglich possible; *alle* **~en ...** all sorts of ...; → *bald;* **~erweise** possibly; **2keit** *f* possibility; **~st** if possible; as ... as possible

Mohammedaner(in) Muslim
Mohn *m* poppy (seeds *pl*)
Möhre *f,* **Mohrrübe** *f* carrot
Molkerei *f* dairy

Moll 464

Moll n minor (key)

mollig snug, cosy; *rundlich:* chubby, plump

Moment m (im at the) moment; **2an 1.** adj present; **2.** adv at the moment

Monarchie f monarchy

Monat m month; **2lich** monthly; **~skarte** f (monthly) season ticket

Mönch m monk

Mond m moon; **~fähre** f lunar module; **~finsternis** f lunar eclipse; **~schein** m moonlight

Monitor m monitor

Mono|log m monolog(ue); **2ton** monotonous

Montag m Monday

Mont|age f assembly; **~eur(in)** fitter; mechanic; **2ieren** assemble; *anbringen:* fit

Moor n bog; moor(land)

Moos n moss

Moped n moped

Moral f morals pl; *Lehre:* moral; *mil. etc.* morale; **2isch** moral

Morast m morass; **2ig** muddy

Mord m murder (**an of**)

Mörder(in) murder|er (-ess)

morgen tomorrow; **~ früh** tomorrow morning

Morgen m morning; *Maß:* acre; **am ~ →** *morgens;* **~rock** m dressing gown; **2s** (**früh** early) in the morning

morgig tomorrow's

Morphium n morphine

morsch rotten, decayed

Mörtel m mortar

Mosaik n mosaic

Moschee f mosque

Moskito m mosquito

Moslem m, **2isch** Muslim

Most m grape juice; *Apfel2:* cider

Motiv n motive; *paint., mus.* motif; **2ieren** motivate

Motor m motor, engine; **~boot** n motor boat; **~haube** f bonnet, *Am.* hood; **~rad** n motorcycle; **~radfahrer(in)** motorcyclist, biker; **~roller** m (motor) scooter; **~schaden** m engine trouble

Motte f moth

Mountainbike n mountain bike

Möwe f (sea)gull

Mücke f mosquito, midge

müde tired; *matt:* weary

Muffel m sourpuss; **2ig** musty; F grumpy

Mühe f trouble; *Anstrengung:* effort; **j-m ~ machen** give* s.o. trouble; *sich ~ geben* try hard; **2los** without difficulty; **2voll** laborious

Mühle f mill

mühsam laborious

Mulde f hollow, depression

Mull m gauze

Müll m refuse, rubbish, *Am. a.* garbage; **~abfuhr** f refuse (*Am.* garbage) collection; **~beseitigung** f waste disposal; **~beutel** m dustbin liner, *Am.* garbage bag; **~de-**

ponie f dump; **~eimer** m dustbin, Am. garbage can

Müller(in) miller

Müll|halde f, **~kippe** f dump; **~schlucker** m refuse (Am. garbage) chute

multiplizieren multiply (**mit** by)

Mund m mouth; **halt den ~!** shut* up!; **~art** f dialect

münden: ~ in Fluss: flow into; Straße: lead* into

Mund|geruch m bad breath; **~harmonika** f harmonica

mündlich verbal; Prüfung etc.: oral

Mundstück n mouthpiece; Zigarette: tip

Mündung f mouth; Feuerwaffe: muzzle

Mundwasser n mouthwash

Munition f ammunition

Münster n cathedral

munter wach: awake; lebhaft: lively

Münz|e f coin; Gedenk2: medal; **~fernsprecher** m pay phone; **~tank(automat)** m coin-operated (petrol, Am. gas) pump; **~wechsler** m change machine

mürbe tender; Gebäck: crisp; brüchig: brittle

murmel|n murmur; **2tier** n marmot

murren grumble

mürrisch sullen, grumpy

Mus n mush; stewed fruit

Muschel f mussel; Schale:

shell; tel. earpiece

Museum n museum

Musik f music; **2alisch** musical; **~automat** m, **~box** f jukebox; **~er(in)** musician; **~instrument** n musical instrument

Muskat m, **~nuss** f nutmeg

Muskel m muscle; **~kater** m aching muscles pl; **~zerrung** f pulled muscle

muskulös muscular

Müsli n muesli; **~riegel** m cereal bar

Muße f leisure

müssen must*, have* (got) to; F have* to go to the toilet; **müsste** should; ought to

Muster n pattern; Probe: sample; Vorbild: model (a. in Zssgn); **2n** eye s.o.; size s.o. up; mil. **gemustert werden** have* one's medical

Mut m courage; **~machen** encourage s.o.; **2ig** courageous; **2maßlich** presumed

Mutter f mother; tech. nut

mütterlich motherly

Mutter|mal n birthmark; **~sprache** f mother tongue; **~sprachler(in)** native speaker

Mutti f mum(my), Am. mom(my)

mutwillig wilful, wanton

Mütze f cap

mysteriös mysterious

Mythologie f mythology

N

Nabe f hub

Nabel m navel; **~schnur** f umbilical cord

nach after; *Richtung:* to, towards, for; *gemäß:* according to, by; **~ und ~** gradually

nachahmen imitate, copy; *fälschen:* counterfeit

Nachbar(in) neighbo(u)r; **~schaft** f neighbo(u)rhood

nachdem after, when; **je ~ wie** depending on how

nach|denken think* (*über* about); **~denklich** thoughtful; **2druck** m emphasis; *print.* reprint; **~drücklich** emphatic; *raten etc.:* strongly; **~eifern** emulate

nacheinander one after the other, in turns

nacherzähl|en retell*; **2ung** f reproduction

Nachfolger(in) successor

nachforsch|en investigate; **2ung** f investigation

Nachfrage f inquiry; *econ.* demand; **~n** inquire, ask

nach|fühlen: *j-m et.* **~** understand* how s.o. feels; **~füllen** refill; **~geben** give* way; *fig.* give in; **2gebühr** f surcharge; **~gehen** follow; *e-m Fall:* investigate; *Uhr:* be* slow; **~giebig** yielding, soft; **~haltig** lasting

nachhause *östr. u. Schweiz:* home

nachher afterwards

Nachhilfe f coaching

nachholen make* up for

Nachkomme m descendant; **~n** pl jur. issue sg; **2n** follow; *fig.* comply with

Nachkriegs... postwar ...

Nachlass m econ. reduction, discount; *jur.* estate

nach|lassen decrease, diminish; *Schmerz etc.:* wear* off; **~lässig** careless, negligent; **~laufen** run* after (*a. fig.*); **~lesen** look up; **~machen** → *nachahmen*

Nachmittag m afternoon; *am ~* **2s** in the afternoon

Nach|nahme f cash on delivery; **~name** m surname, last name; **~porto** n surcharge; **2prüfen** check; **2rechnen** check

Nachricht f news sg; *Botschaft:* message; **~en** pl TV, Radio: news sg; **~ensatellit** m communications satellite; **~ensprecher(in)** newscaster, bsd. Brt. newsreader

Nachruf m obituary

Nach|saison f off-(peak) season; **2schlagen** look up; **~schub** m supplies pl; **2sehen** v/i (*have* a) look; **~ob** (*go* and) see* if; v/t check

Wort etc.: look up; **2senden**
send* on, forward; **2sichtig**
indulgent; **~silbe** *f* suffix;
2sitzen: **~müssen** be* kept
in; **~spiel** *n* sequel; **~spiel-
zeit** *f Sport:* injury time;
2sprechen: *j-m ~* say* (*od.*
repeat) *s.th.* after s.o.
nächst|beste first; **~e** next;
nächstliegend: nearest (*a.
Verwandte*)
Nacht *f* night; *bei ~* at ~; *des
nachts;* **~dienst** *m* night
duty
Nachteil *m* disadvantage
Nachthemd *n* nightdress,
Am. nightgown; *Männer2:*
nightshirt
Nachtigall *f* nightingale
Nachtisch *m* dessert
Nachtlokal *n* nightclub
nachträglich additional; *später:* later; *Wünsche:* belated
nacht|s at night, in (*od.* dur-
ing) the night; **2schicht** *f*
night shift; **2tisch** *m* bedside
table; **2wächter** *m* (night)
watchman
nach|wachsen grow* again;
2weis *m* proof; **~weisen**
prove*; **2welt** *f* posterity;
2wirkung *f* after-effect; **2-
wort** *n* epilog(ue); **~zahlen**
pay* extra; **~zählen** count
(again); check; **2zahlung** *f*
additional payment

Nacken *m* (nape of the) neck
nackt naked; *bloß, fig.:* bare
Nadel *f* needle; *Steck2,
Haar2* etc.: pin; **~baum** *m*
conifer(ous tree)
Nagel *m* nail; **~lack** *m* nail-
polish; **~lackentferner** *m*
nail polish remover
nage|n gnaw (*an* at); **2tier** *n*
rodent
nah near, close (*bei* to)
Nähe *f* proximity; *Umgebung:* vicinity; *in der ~* close
by; *mit gen:* near
nahe → nah; *~ gehen* affect
deeply; *~ legen* suggest; *~
liegen* be* obvious
nähen sew*; *Kleid:* make*
Näher|es *n* details *pl*; **2n:**
sich ~ approach
Näh|garn *n* thread; **~ma-
schine** *f* sewing machine;
~nadel *f* needle
nahr|haft nutritious, nourish-
ing; **2ung** *f* food, nourish-
ment; **2ungsmittel** *pl* food
sg, foodstuffs *pl*
Nährwert *m* nutritional value
Naht *f* seam; *med.* suture
Nahverkehr *m* local traffic
Nähzeug *n* sewing kit
naiv naive
Nam|e *m* name; **~enstag** *m*
name-day; **2entlich** by
name; *fig.* in particular
nämlich that is (to say)
Napf *m* bowl, basin
Narbe *f* scar
Narkose *f: in ~* under an
an(a)esthetic

Narr *m*, **2en** fool
Narzisse *f mst* daffodil
nasal nasal
naschen: gern ~ have* a sweet tooth
Nase *f* nose; **~bluten** *n* nosebleed; **~nloch** *n* nostril; **~nspitze** *f* tip of the nose
Nashorn *n* rhinoceros, F rhino
nass wet
Nässe *f* wet(ness)
nasskalt damp and cold
Nation *f* nation
national national; **2hymne** *f* national anthem; **2ität** *f* nationality; **2mannschaft** *f* national team; **2park** *m* national park; **2sozialismus** *m* National Socialism; **2spieler** *m* international (player)
Natron *n* baking soda
Natter *f* adder, viper
Natur *f* nature; **~ereignis** *n* natural phenomenon; **~gesetz** *n* law of nature; **2getreu** true to life; **~katastrophe** *f* natural disaster
natürlich 1. *adj* natural; **2.** *adv* naturally, of course
Natur·schätze *pl* natural resources *pl*; **~schutz** *m* nature conservation; **unter ~ stehen** be* protected; **~schützer(in)** conservationist; **~schutzgebiet** *n* nature reserve; **~wissenschaft** *f* (natural) science; **~wissen-schaftler(in)** (natural) scientist
Nazi *m* Nazi
Nebel *m* fog; *leichter:* mist; **~(schluss)leuchte** *f* (rear) fog lamp
neben beside, next to; *außer:* besides; *verglichen mit:* compared with; **~an** next door; **~bei** in addition, at the same time; *übrigens:* by the way; **2beschäftigung** *f* sideline; **~einander** next (door) to each other; **2fach** *n* subsidiary subject, *Am.* minor; **2fluss** *m* tributary; **2gebäude** *n* adjoining building; *Anbau:* annex(e); **2kosten** *pl* extras *pl*; **2produkt** *n* by-product; **2rolle** *f* minor part; **~sächlich** unimportant; **2satz** *m* subordinate clause; **2straße** *f* side street; minor road; **2tisch** *m* next table; **2wirkung** *f* side effect; **2zimmer** *n* adjoining room
neblig foggy; misty
neck|en tease; **~isch** saucy
Neffe *m* nephew
negativ negative
nehmen take* (*a. sich ~*)
Neid *m* envy; **2isch** envious
neig|en: (sich) ~ bend*, incline; **~ zu** tend to (*do*) *s.th.*; **2ung** *f* inclination; *fig. a.* tendency
nein no
Nelke *f* carnation; *Gewürz:* clove
nennen name, call; mention;

sich ... ~ be* called ...; **~s-wert** worth mentioning

Neon n neon (a. in Zssgn)

Nerv m nerve; **j-m auf die ~en gehen** get* on s.o.'s nerves; **2en** be* a pain (in the neck)

Nerven|arzt m, **~ärztin** f neurologist; **~klinik** f mental hospital; **~system** n nervous system; **~zusammenbruch** m nervous breakdown

nerv|ös nervous; **2osität** f nervousness

Nerz m mink (a. Mantel)

Nest n nest; contp. dump

nett nice; **so ~ sein zu ...** be* kind enough to ...

netto net (a. in Zssgn)

Netz n net; fig. network (a. tel.); electr. power, Brt. a. mains sg, pl; **~anschluss** m mains supply; **~haut** f retina; **~karte** f (rail etc.) pass

neu new; zeitlich: modern; **~(e)ste** latest; **von ~em** anew, afresh; **was gibt es 2es?** what's new?; **~artig** novel; **2bau** n new building; **2erung** f innovation; **~geboren** newborn; **2gier** f curiosity; **~gierig** curious, F nosy; **2heit** f novelty; **2igkeit** f (piece of) news; **2jahr** n New Year('s Day); **~lich** the other day; **2mond** m new moon

neun nine; **~te, 2tel** n ninth; **~zehn(te)** nineteen(th); **~zig** ninety; **~zigste** ninetieth

Neurose f neurosis

neutr|al neutral; **2alität** f neutrality; **2on** (en ...) n neutron (...); **2um** n gr. neuter

Neuzeit f modern history

nicht not; **~ mehr** not any more, no longer

Nicht... Mitglied, Raucher, Schwimmer etc.: non...

Nichte f niece

nichts nothing; **~ sagend** meaningless

nick|en nod; **2erchen** n nap

nie never; **fast ~** hardly ever

nieder adj low; adv down; **~geschlagen** depressed; **2-kunft** f childbirth; **2lage** f defeat; **~lassen: sich ~** settle (down); econ. set* up; **2lassung** f establishment; Filiale: branch; **~legen** lay* down; Amt: resign (from); **2schlag** m rain(fall); radioaktiver: fallout; Boxen: knockdown; **~schlagen** knock (Aufstand: put*) down; **2ung** f lowland(s pl)

niedlich pretty, sweet, cute

niedrig low (a. fig.)

niemals never, at no time

niemand nobody, no one

2sland n no-man's-land

Niere f kidney

niesel|n, 2regen m drizzle

niesen sneeze

Niete f Los: blank; fig. failure; tech. rivet

Nilpferd n hippopotamus

nippen sip (an at)

nirgends nowhere

Nische f niche, recess

nisten nest

Niveau n level; fig. a. standard

noch still (a. ~ *immer*); ~ *ein* another, one more; ~ *einmal* once more od. again; ~ *etwas?* anything else?; ~ *nicht(s)* not(hing) yet; ~ *nie* never before; ~ *größer etc.* even bigger etc.; ~*mals* once more od. again

Nomade m nomad

nominieren nominate

Nonne f nun

Nord(en) m north

nördlich north(ern); *Wind, Kurs:* northerly

Nord|ost(en m) northeast; ~*pol* m North Pole; ~*west(en** m) northwest

nörgeln carp, nag

Norm f standard, norm

normal normal; 2... *tech.* standard ...; *Verbraucher etc.:* average ...; 2*benzin* n regular petrol (*Am.* gas); ~*erweise* normally

Norwege|n Norway; ~*er(in)*, 2*isch* Norwegian

Not f need; *Elend:* misery; *in* ~ in need (od. trouble); ~ *leidend* needy

Notar(in) notary (public)

Not|arzt m doctor on call; *mot.* (emergency) ambulance; ~*aufnahme* f casualty, *Am.* emergency room; ~*ausgang* m emergency exit; ~*bremse* f emergency

brake; 2*dürftig* scanty; ~*reparieren* patch up

Note f note; *Zensur:* mark, grade; ~*n lesen* read* music

Not|fall m emergency; 2*falls* if necessary

notieren make* a note of

nötig necessary; ~ *haben* need

Notiz f note, memo; ~*buch* n notebook

not|landen make* an emergency landing; 2*ruf* m tel. emergency call; 2*rufsäule* f emergency phone, *Am.* call box; 2*rutsche* f aviat. (emergency) escape chute; 2*signal* n distress signal; 2*standsgebiet* n disaster (*Am.* distressed) area; 2*wehr* f self-defence; *Am.* -se; ~*wendig* necessary; 2*zucht* f rape

Novelle f novella

November m November

Nu m: *im* ~ in no time

nüchtern sober; *sachlich:* matter-of-fact

Nudel f noodle

null 1. *adj* zero; *tel.* 0 [ɔʊ]; *Sport:* nil, nothing; *Tennis:* love; *Fehler:* zero; **2.** 2 f → *null*; *contp. a* nobody; *gleich* ~ nil; 2*diät* f no-calorie (od. starvation) diet; 2*punkt* m zero; 2*tarif* m: *zum* ~ free

numerieren → **nummerieren**

Nummer f number; *Zeitung etc.: a.* issue; *Größe:* size; 2*ieren* number; ~*nschild* n *mot.* number (*Am.* license) plate

nun now; *also, na:* well; **~?** well?; **was ~?** now what?

nur only, just; *bloß:* merely; **~ noch** only

Nuss *f* nut; **~knacker** *m* nutcracker; **~schale** *f* nutshell

Nüstern *pl* nostrils *pl*

Nutte *f* tart, *Am. a.* hooker

Nutzen *m* use; *Gewinn:* profit, gain; *Vorteil:* advantage; **2 → nützen**

nütz|en *v/i* be* of use; **es nützt nichts (zu)** it's no use (*ger*); *v/t* (make*) use (of), take* advantage of; **~lich** useful; advantageous

nutzlos useless, (of) no use

Nylon *n* nylon

O

o *int.* oh!; **~ weh!** oh dear!

Oase *f* oasis

ob whether, if; **als ~** as if

Obdach *n* shelter; **~lose** *m, f* homeless person

O-Beine *pl:* **~ haben** be* bow-legged

oben above; up; at the top; upstairs; **siehe ~** see above; **die ~ erwähnte ...** the above-mentioned ...; **~ ohne** topless; **~auf** on (the) top; *fig.* feeling great

Ober *m* waiter; **~arm** *m* upper arm; **~arzt** *m*, **~ärztin** *f* assistant medical director; **~befehlshaber** *m* commander in chief; **2e** upper, top; **~fläche** *f* surface; **~flächlich** superficial; **2halb** above; **~haus** *n Brt. parl.* House of Lords; **~hemd** *n* shirt; **~kellner(in)** head wait|er (-ress); **~kiefer** *m* upper jaw; **~körper** *m* upper part of the body; **~lippe** *f* upper lip

Obers *n östr.* cream

Ober|schenkel *m* thigh; **~schule** *f → Gymnasium**

Ober|st *m* colonel; **2ste** top; highest; **~teil** *n* top; **~weite** *f* bust size

obgleich (al)though

Obhut *f* care

Objekt *n* object (*a. gr.*); **~iv** *n phot.* lens; **2iv** objective

Obst *n* fruit; **~garten** *m* orchard; **~salat** *m* fruit salad; **~torte** *f* fruit flan

obszön obscene, filthy

obwohl (al)though

Ochse *m* ox; **~nschwanzsuppe** *f* oxtail soup

öd(e) deserted, desolate

oder or; **~ aber** or else

Ofen *m* stove; *Back2:* oven

offen open; *Stelle:* vacant; *fig.* frank; **~ gesagt** frankly (speaking); **~ lassen** leave* open (*a. fig.*); **~ stehen** be* open (*a. fig.:* **j-m** to s.o.)

offen|bar obvious(ly); *an-*

scheinend: apparent(ly); **~ sichtlich → offenbar**

offensiv offensive

öffentlich public; *auftreten etc.:* in public; **2keit** *f* the public

offiziell official

Offizier *m* officer

öffn|en open (*a.* **sich ~**); **2er** *m* opener; **2ung** *f* opening; **2ungszeiten** *pl* opening hours *pl*

oft often, frequently

öfter several times; often

oh *int.* o(h)!

ohne without; **~hin** anyhow

Ohn|macht *f med.* unconsciousness; **in ~ fallen** faint; **2mächtig** helpless; *med.* unconscious; **~ werden** faint

Ohr *n* ear

Öhr *n* eye

Ohren|arzt *m,* **~ärztin** *f* ear nose and throat doctor; **2-betäubend** deafening; **~schmerzen** *pl* earache *sg*

Ohr|feige *f* slap in the face; **~läppchen** *n* ear lobe; **~ring** *m* earring

Öko|logie *f* ecology; **2logisch** ecological; **~system** *n* ecosystem

Oktober *m* October

Öl *n* oil; **2en** oil; *tech. a.* lubricate; **~gemälde** *n* oil painting; **~heizung** *f* oil heating; **2ig** oily; **~pest** *f* oil pollution

oliv, *ue* **2e** *f* olive

Öl|quelle *f* oil well; **~teppich** *m* oil slick; **~unfall** *m* oil spill

Olymp|ia..., **2isch** Olympic; *Olympische Spiele pl* Olympic Games *pl*

Oma *f* Grandma

Omnibus *m* → *Bus*

Onkel *m* uncle

Opa *m* Grandpa

Oper *f* opera; opera house

Operation *f* operation; **~-saal** *m* operating theatre (*Am.* room)

Operette *f* operetta

operieren: *j-n* **~** operate on s.o.; *sich* **~** *lassen* have* an operation

Opfer *n* sacrifice; *Mensch, Tier:* victim; **2n** sacrifice

Opposition *f* opposition

Optiker(in) *m* optician

Optimist *m* optimist; **2isch** optimistic

Option *f* option

Orange *f* orange; **~nmarmelade** *f* marmalade

Orchester *n* orchestra

Orchidee *f* orchid

Orden *m* order (*a. rel.*); medal, decoration

ordentlich tidy, neat; *richtig:* proper; → *anständig*

ordinär vulgar

ordn|en put* in order; arrange; **2er** *m* file; *Helfer:* attendant; **2ung** *f* order; class; *in* **~** all right, *Am.* alright; *in* **~** *bringen* put* right; repair, fix

Organ *n* organ; F voice; **~empfänger(in)** organ recipient; **~isation** *f* organization; 2isch organic; 2isieren organize (a. sich ~); F get*; ~ismus m organism; ~spender(in) organ donor

Orgasmus m orgasm

Orgel f organ

orientalisch oriental

orientier|en j-n: inform; sich ~ orient o.s.; 2ung f orientation; die ~ verlieren lose* one's bearings; 2ungssinn m sense of direction

Origin|al n, 2al original; 2ell original; Idee etc.: ingenious; witty

Orkan m hurricane

Ort m place; → Ortschaft; vor ~ fig. on the spot

Orthopäd|e m, ~in f ortho-p(a)edic doctor

örtlich local

Ortschaft f place, village

Orts|gespräch n local call; ~kenntnis f: ~se haben know* one's way around; ~zeit f local time

Öse f eye; Schuh: eyelet

Ost(en m) east

Oster|ei n Easter egg; ~glocke f daffodil; ~hase m Easter bunny; ~n n Easter

Österreich Austria; ~er(in), 2isch Austrian

östlich eastern; Wind etc.: easterly; ~ von east of

Otter¹ m otter

Otter² f adder, viper

Ouvertüre f overture

oval, 2 n oval

Oxid n oxide; 2ieren oxidize

Ozean m ocean, sea

Ozon|loch n ozone hole; ~schicht f ozone layer; ~werte pl ozone levels pl

P

Paar n pair; Ehe2 etc.: couple

paar: ein ~ a few, some; ein ~ Mal a few times; ~en: (sich) ~ mate; ~weise in pairs

Pacht f, 2en lease

Pächter(in) leaseholder

Päckchen n small parcel; → Packung

pack|en pack; ergreifen: grab, seize; fig. grip, thrill; 2papier n brown paper; 2ung f package, box; kleinere, a. Zigaretten2: packet, Am. a. pack

pädagogisch educational

Paddel n paddle; ~boot n canoe; 2n paddle, canoe

Paket n package; post. parcel; ~karte f (parcel) mailing form, Am. parcel post slip

Palast m palace

Palm|e f palm (tree); ~sonntag m Palm Sunday

Pampelmuse f grapefruit

paniert breaded

Panne f breakdown; fig. mishap; ~ndienst m, ~nhilfe f

breakdown (*Am.* emergency road) service

Panter *m*, **Panther** *m* panther

Pantoffel *m* slipper

Panzer *m* armo(u)r; *mil.* tank; *zo.* shell; **~schrank** *m* safe; **~wagen** *m* armo(u)red car

Papa *m* dad(dy), pa

Papagei *m* parrot

Papier *n* paper; **~e** *pl* papers *pl*, documents *pl*; *Ausweis*~e: identification *sg*; **~geschäft** *n* stationer's (shop, *Am.* store); **~korb** *m* waste-paper (*Am.* waste) basket

Pappe *f* cardboard

Pappel *f* poplar

Papp|karton *m*, **~schachtel** *f* cardboard box, carton

Paprika 1. *f* **~schote**: pepper; **2.** *m Gewürz*: paprika

Papst *m* pope

Parade *f* parade; *Fußball*: save

Paradeiser *m östr.* tomato

Paradies *n* paradise

Paragraph *m jur.* article, section; *print.* paragraph

parallel, **2e** *f* parallel

Parfüm *n* perfume; **2iert** perfumed

Park *m* park; **2en**, **2en verboten!** no parking!

Parkett *n* parquet; *thea.* stalls *pl*, *Am.* orchestra

Park|gebühr *f* parking fee; **~(hoch)haus** *n* multi-storey carpark, *Am.* parking garage; **~kralle** *f* wheel clamp;

~lücke *f* parking space; **~platz** *m* parking space; *Anlage*: car park, *Am.* parking lot; **~scheibe** *f* parking dis|c (*Am.* -k); **~uhr** *f* parking meter; **~verbot** *n* no parking

Parlament *n* parliament

Parodie *f* parody, takeoff

Partei *f* party; **2isch** partial; **2los** independent

Parterre *n* ground floor

Partie *f Spiel*: game; *Teil*: part, passage (*a. mus.*)

Partisan(in) partisan, guerrilla

Partizip *n* participle

Partner|(in) partner; **~schaft** *f* partnership

Pass *m* passport; *Sport, geogr.*: pass

Passage *f* passage

Passagier(in) passenger

Passant(in) passerby

Passbild *n* passport photo

passen fit; *zusagen*: suit (*j-m* s.o.), be* convenient; **~ zu** go* with, match; **~d** suitable; matching

passieren *v/i* happen; *v/t* pass (through)

passiv, **2** *n* passive

Paste *f* paste

Pastete *f* pie

Pate *m* godfather; godchild; **~nkind** *n* godchild

Patent 1. *n* patent; **2. 2** *adj Person*, *Lösung etc*: clever

Patient(in) patient

Patin *f* godmother

Patriot(in) patriot

Patrone f cartridge

Patsche f: *in der ~ sitzen* be* in a jam

patzig rude, *Am. a.* fresh

Pauke f kettledrum

Pauschal|e f lump sum; **~rei-se** f package tour; **~urlaub** m package holiday; **~urteil** n sweeping statement

Pause f break, *Am. Schul♀:* recess; *thea. etc.* interval, *Am.* intermission; *Sprech♀:* pause; **♀nlos** uninterrupted, nonstop

Pavian m baboon

Pavillon m pavilion

Pazifist|(in), **♀isch** pacifist

PC *Personalcomputer* PC, personal computer; **~-Be-nutzer** PC user

Pech n pitch; *fig.* bad luck

Pedal n pedal

pedantisch pedantic

peinlich embarrassing; **~ ge-nau** meticulous

Peitsche f, **♀n** whip

Pell|e f skin; **♀en** peel; **~kar-toffeln** pl potatoes pl (boiled) in their jackets

Pelz m fur; **♀gefüttert** fur-lined; **~mantel** m fur coat

Pendel n pendulum; **♀eln** swing*; *Bus etc.:* shuttle; *Person:* commute; **~eltür** f swing door; **~elverkehr** m shuttle service; **~ler** m commuter

penetrant obtrusive

Penis m penis

Pension f (old-age) pension; boarding-house; **~är(in)** old-age pensioner; **♀ieren:** *sich ~lassen* retire; **♀iert** retired

per *pro:* per; *durch:* by

perfekt perfect; **♀** n gr. present perfect

Periode f period (*a. med.*)

Perle f pearl; *Glas♀:* bead; **♀n** sparkle, bubble

Perlmutt n mother-of-pearl

Person f person; *für zwei ~en* for two

Personal n staff, personnel; **~abteilung** f personnel department; **~ausweis** m identity card; **~chef(in)** staff manager; **~computer** m personal computer; **~ien** pl particulars pl, personal data pl

Personen|(kraft)wagen m (motor)car, *Am. a.* auto(mobile); **~zug** m passenger train; local train

persönlich personal(ly); **♀-keit** f personality

Perücke f wig

Pessimist|(in) pessimist; **♀isch** pessimistic

Pest f plague; **~izid** n pesticide

Petersilie f parsley

Petroleum n kerosene

Pfad m path; **~finder** m boy scout; **~finderin** f girl guide (*Am.* scout)

Pfahl m stake, post; pole

Pfand n security; *Sache:* pawn; *Flaschen♀:* deposit

pfänden seize, attach

Pfandflasche f returnable bottle

Pfanne f pan; **~kuchen** m pancake

Pfarrer m priest; *Protestant:* minister; *evangelischer:* pastor; **~in** f (woman) pastor

Pfau m peacock

Pfeffer m pepper; **~kuchen** m gingerbread; **~minze** f peppermint; **2n** pepper; **~streuer** m pepper pot

Pfeife f whistle; *Tabak2, Orgel2:* pipe; **2n** whistle

Pfeil m arrow; **~ u. Bogen** bow and arrow

Pfeiler m pillar

Pferd n horse; **zu ~e** on horseback; **~erennen** n horse race; **~eschwanz** m *Frisur:* ponytail; **~estall** m stable; **~estärke** f horsepower

Pfiff m whistle

Pfifferling m chanterelle

pfiffig clever

Pfingst|en n Whitsun; **~montag** m Whit Monday; **~rose** f peony; **~sonntag** m Whit Sunday

Pfirsich m peach

Pflanze f, **2n** plant; **~nfett** n vegetable fat *od.* oil

Pflaster n (sticking) plaster, *Am.* Band-Aid®, bandage; *Straßen2:* pavement; *Am.* pave; **~stein** m paving stone

Pflaume f plum; *Back2:* prune

Pflege f care; *med.* nursing; *fig.* cultivation; **~... Eltern,**

Kind etc.: foster-...; **~heim** n nursing home; **2leicht** easy-care, wash-and-wear; **2n** care for; *med. a.* nurse; *fig.* cultivate; **sie pflegte zu sagen** she used to say; **~r** m male nurse; **~rin** f nurse

Pflicht f duty; *Sport:* compulsory event(s pl); **~fach** n compulsory subject; **~versicherung** f compulsory insurance

Pflock m peg

pflücken pick, gather

Pflug m plough, *Am.* plow

pflügen plough, *Am.* plow

Pforte f gate, door

Pförtner(in) gatekeeper; doorkeeper

Pfosten m (*Sport:* goal)post

Pfote f paw

Pfropfen m stopper; cork; *Watte etc.:* plug; *med.* clot

pfui ugh!; *Sport etc.:* boo!

Pfund n pound

pfuschen bungle

Pfütze f puddle, pool

Phantasie *etc* → **Fantasie** *etc*

Phantombild n identikit (*Am.* composite) picture

Phase f phase, stage

Philosoph|(in) philosopher; **~ie** f philosophy

phlegmatisch phlegmatic

phonetisch phonetic

Phosph|at n phosphate; **~or** m phosphorus

Photo *etc* → **Foto** *etc*

Physik f physics sg; **2alisch**

physical; **~er(in)** physicist
physisch physical
Pianist(in) pianist
Pick|el m med. pimple;
2(e)lig pimpled, pimply
picken peck, pick
Picknick n picnic
piep|(s)en chirp; electr.
bleep; **2ser** m F bleeper, Am.
beeper
Pik n spade(s) pl
pikant spicy, piquant (a. fig.)
Pilger(in) pilgrim
Pille f pill
Pilot pilot; **~...** Film, Projekt
etc: pilot ...
Pilz m mushroom; biol., med.
fungus
pingelig fussy
Pinguin m penguin
pinkeln (have* a) pee
Pinsel m brush
Pinzette f tweezers pl
Pionier m pioneer; mil. engi-
neer
Pirat(in) pirate
Piste f course; aviat. runway
Pistole f pistol, gun
**Pkw, PKW Personenkraft-
wagen** (motor)car, Am. a.
auto(mobile)
Plage f trouble; Insekten2
etc.: plague; 2n v1. plague,
bother; **sich ~** toil, drudge
Plakat n poster, placard
Plakette f plaque, badge
Plan m plan; Absicht: a. in-
tention
Plane f awning, tarpaulin
planen (make*) plan(s) for

Planet m planet
Planke f plank, board
plan|los without plan; ziellos:
aimless; **~mäßig 1.** adj systematic; rail. etc: scheduled;
2. adv as planned
Plansch|becken n paddling
pool; 2en splash, paddle
Plantage f plantation
plappern chatter, prattle
plärren bawl; Radio: blare
Plastik¹ f sculpture
Plastik² n plastic; **~...** Becher,
Geld, Tüte etc: plastic ...
plastisch Chirurgie: plastic;
Beschreibung etc.: graphic,
vivid
Platin n platinum
plätschern ripple, splash
platt flat; fig. flabbergasted
Platte f plate; Stein: slab;
Schall2: record; **kalte ~** cold
meats (Am. cuts)
plätten iron, press
Platten|spieler m record
player; **~teller** m turntable
Platt|form f platform; **~fuß** m
flat foot; mot. flat (tyre Brt.)
Platz m place; spot; Raum:
room, space; Lage, Bau2:
site; Sitz: seat; öffentlicher:
square, runder: circus; **~
nehmen** take* a seat; **~an-
weiser(in)** usher(ette)
Plätzchen n → **Keks**
platz|en burst* (a. fig.); ex-
plode; F fig. come* to nothing; **2karte** f seat reservation; **2regen** m downpour;
2verweis m: e-n ~ erhalten

be* sent off; **&wunde** f cut

Plauder|ei f, **&n** chat

pleite F broke; **total ~** stone broke

Pleite f F bankruptcy; flop; **~ machen** go* bankrupt, F go* bust

Plombe f seal; Zahn&: filling; **&ieren** seal; fill

plötzlich sudden(ly)

plump clumsy

plündern plunder, loot

Plural m plural

plus plus

Plus n plus; **im ~** econ. in the black

Pneu m Schweiz: tyre, Am. tire

Po m bottom, behind

Pöbel m mob, rabble

pochen Herz etc.: throb; **~ auf** fig. insist on

Pocken pl smallpox sg; **~impfung** f smallpox vaccination

Podium n podium, platform

poetisch poetic(al)

Pokal m Sport: cup; **~endspiel** n cup final; **~spiel** n cup tie

Pol m pole; **&ar** polar

Pole m Pole; **~n** Poland

Police f (insurance) policy

polieren polish

Polin f Pole, Polish woman

Politi|k f politics sg, pl; bestimmte: policy; **~ker(in)** politician; **&sch** political

Politur f polish

Polizei f police pl; **~beamte** m, **~beamtin** f police officer;

~revier n police station; **~streife** f police patrol; **~stunde** f closing time

Polizist(in) m police(wo)man

polnisch Polish

Polster n pad; Kissen: cushion; **~möbel** pl upholstered furniture sg; **&n** upholster, stuff; wattieren: pad

Polter|abend m eve-of-the-wedding party; **&n** rumble

Pommes frites pl chips pl, Am. French fries pl

Pony¹ n pony

Pony² m Frisur: fringe, Am. bangs pl

Pop... Gruppe, Konzert, Musik etc: pop ...

Popo m F bottom, backside

populär popular

Por|e f pore; **&ös** porous

Porree m leek

Portemonnaie n purse

Portier m porter

Portion f portion, share; bei Tisch: helping, serving

Portmonee n → **Portemonnaie**

Porto n postage; **&frei** postage paid

Porträt n portrait

Portug|al Portugal; **~ies|e** m, **~in** f, **&isch** Portuguese

Porzellan n china

Posaune f trombone

Position f position

positiv positive

Post f post, bsd. Am. mail; **~sachen**: mail, letters pl; **~amt** n post office; **~anweisung** f money order; **~beamte** m, **~beamtin** f post-office (Am. postal) clerk; **~bote** m, **~botin** f ▶ **Briefträger(in)**

Posten m post; *Stelle:* a. job; *mil.* sentry; *econ.* item; *Waren:* lot

Post|**fach** n (PO) box; **~karte** f postcard; **~kutsche** f stagecoach; **2lagernd** poste restante, Am. general delivery; **~leitzahl** f postcode, Am. zip code; **~scheck** m (post office) giro cheque, Am. postal check; **~scheckkonto** n (post office) giro account, Am. postal check account; **~sparbuch** n post office (Am. postal) savings book; **~stempel** m postmark; **2wendend** by return of post; Am. by return mail

Pracht f splendo(u)r
prächtig splendid
Prädikat n gr. predicate
prahlen brag, boast
Prakti|**kant(in)** trainee, Am. a. intern; **~ken** pl practices pl; **~kum** n practical training (period), Am. a. internship
praktisch practical; useful, handy; **~er Arzt** general practitioner
Praline f chocolate
prall tight; *drall:* plump; *Sonne:* blazing; **~en** bounce; **~ gegen** hit*
Prämie f premium; bonus
Präposition f preposition
Präsens n present (tense)

Präservativ n condom
Präsident(in) president
prasseln *Feuer:* crackle; **~ gegen** beat* against
Praxis f practice; *med.* **~räume:** surgery, Am. doctor's office
predig|**en** preach; **2er(in)** preacher; **2t** f sermon
Preis m price; *erster etc.:* prize; *Film etc.:* award; **~ausschreiben** n competition
Preiselbeere f cranberry
Preis|**erhöhung** f rise (od. increase) in price(s); **2gekrönt** prize-winning; **~nachlass** m discount; **~schild** n price tag; **~stopp** m price freeze; **2wert** inexpensive
Prellung f contusion, bruise
Premiere f first night
Premierminister(in) prime minister
Presse f press; *Saft2:* squeezer; **~...** *Agentur, Konferenz etc:* press ...
pressen press
Pressetribüne f press box
prickeln, **2n** tingle
Priester(in) priest(ess)
prima great, super
primitiv primitive
Prinz m prince; **~essin** f princess
Prinzip n (**im** in) principle
Prise f: **e-e ~** a pinch of
privat private; **2...** *Leben, Schule etc.:* private ...
Privileg n privilege

pro per; **das ~ und Kontra** the pros and cons *pl*

Probe *f* trial, test; *Muster:* sample; *thea.* rehearsal; **auf die ~ stellen** put* to the test; **~fahrt** *f* test drive; **~flug** *m* test flight; **2n** *thea.* rehearse

probieren try; *kosten: a.* taste

Problem *n* problem

Produkt *n* product; **~ion** *f* production; *Menge: a.* output; **2iv** productive

produzieren produce

Professor(in) professor

Profi *m* pro(fessional)

Profil *n* profile; *Reifen:* tread; **2ieren: sich ~** distinguish o.s

Profit *m*, **2ieren** profit (**von** from)

Programm *n* program(me); *Computer:* program; *TV Kanal:* channel; **~fehler** *m* *Computer:* program error; **2ieren** program; **~ierer(in)** program(m)er

Projekt *n* project; **~or** *m* projector

Prolog *m* prolog(ue)

Promillegrenze *f* (blood) alcohol limit

prominen|t prominent; **2z** *f* notables *pl*, VIPs *pl*

prompt prompt, quick

Pronomen *n* pronoun

Propeller *m* propeller

prophezeien prophesy, predict

Prosa *f* prose

Prospekt *m* brochure

prost cheers!

Prostituierte *f* prostitute

Protest *m* protest; **~ant(in)**, **2antisch** Protestant; **2ieren** protest

Prothese *f* artificial limb; *Zahn2:* denture(s *pl*)

Protokoll *n* record, minutes *pl*; *pol.* protocol

protz|en show off (**mit et.** s.th.); **2ig** showy

Proviant *m* provisions *pl*

Provinz *f* province

Provis|ion *f* commission; **2orisch** provisional

provozieren provoke

Prozent *n* per cent; **~satz** *m* percentage

Prozess *m* *jur.* lawsuit; *Straf2:* trial; *chem. etc.* process

prozessieren go* to law

Prozession *f* procession

Prozessor *m* *Computer:* processor

prüde prudish

prüf|en examine, test; *kontrollieren:* check; **2er(in)** examiner; *tech.* tester; **2ung** *f* exam(ination); test

Prügel *pl:* **~ bekommen** get* a beating *sg*; **2n** beat*, clobber; *sich ~* (have* a) fight

pst s(s)h!; *hallo:* psst!

Psychi|ater(in) psychiatrist; **2sch** mental

Psycho|analyse *f* psychoanalysis; **~loge** *m* psychologist; **~logie** *f* psychology; **~login** *f* psychologist; **2lo-**

gisch psychological; **~terror** m psychological warfare

Pubertät f puberty

Publikum n audience; *Sport:* spectators pl

Pudding m pudding

Pudel m poodle

Puder m powder; **~dose** f compact; **~n** powder (*sich* o.s.); **~zucker** m powdered sugar

Puff m F whorehouse

Pull|i m (light) sweater; **~over** m sweater, pullover

Puls m pulse (rate); **~ader** f artery

Pult n desk

Pulver n powder

pummelig chubby

Pumpe f, **~n** pump

Punkt m point (a. fig.); *Tupfen:* dot; *Satzzeichen:* full stop, *Am.* period; *Stelle:*

spot, place; **~ zehn Uhr** 10 (o'clock) sharp

pünktlich punctual

Pupille f pupil

Puppe f doll (a. F fig.); *thea.* puppet; *zo.* chrysalis, pupa

pur pure; *Whisky:* straight

Püree n purée, mash

purpurrot crimson

Purzel|baum m somersault; **~n** tumble

Pustel f pustule

pusten blow*; *keuchen:* puff

Pute f turkey (hen); **~r** m turkey (cock)

Putz m plaster(ing); **~en** v/t clean; *wischen:* wipe; **sich die Nase (Zähne)** ~ blow* (brush) one's nose (teeth); v/i do* the cleaning; **~frau** f cleaning woman

Puzzle n jigsaw (puzzle)

Pyramide f pyramid

Q

Quacksalber m quack

Quadrat n, **~...** *Meter, Wurzel etc.,* **2isch** square (...)

quaken quack; *Frosch:* croak

Qual f pain, torment, agony

quälen torment; *Tier etc.:* be* cruel to; F pester; **sich ~** struggle

Qualifi|kation f qualification; **2ieren: (sich)** ~ qualify

Qualität f quality

Qualle f jellyfish

Qualm m (thick) smoke; **~en**

smoke

qualvoll very painful; *Schmerz:* agonizing

Quantität f quantity

Quarantäne f quarantine

Quark m cottage cheese; curd(s pl)

Quartal n quarter

Quartett n quartet(te)

Quartier n accommodation

Quarz m quartz (a. in *Zssgn*)

Quatsch m nonsense; **2en** chat; *contp.* babble

Quecksilber n mercury

Quelle f spring; source (a. fig.); **2n** pour, stream

quer across (a. ~ über); **2flöte** f flute; **2latte** f Sport: crossbar; **2schnitt** m cross-section; **~schnittsgelähmt** paraplegic; **2straße** f intersecting road

quetsch|en squeeze; med. bruise; **2ung** f bruise

quiek(s)en squeak, squeal

quietschen squeak; Person: squeal; Reifen: screech, squeal; Tür: creak

quitt quits, even

quitt|ieren give* a receipt for; **den Dienst ~** resign; **2ung** f receipt

Quote f quota; share; **~nregelung** f quota system

R

Rabatt m discount

Rabbi(ner) m rabbi

Rabe m raven

Rache f revenge, vengeance

Rachen m throat

rächen revenge (sich o.s.)

Rad n wheel; Fahr2: bike; **~fahren** cycle, ride* a bicycle (F bike), F bike

Radar m, n radar; **2falle** f speed trap; **~kontrolle** f radar speed check; **~schirm** m radar screen

radfahre|n → Rad; **2r(in)** cyclist, biker

radier|en erase; **2gummi** m eraser; **2ung** f etching

Radieschen n (red) radish

radikal radical

Radio n (im on the) radio; **2aktiv** radioactive; **~rekorder** m radiocassette recorder; **~wecker** m clock radio

Radius m radius

Rad|kappe f hubcap, **~ren-**

nen n cycle race; **~tour** f bicycle tour; **~weg** m cycle path (od. track)

raffiniert refined; fig. clever, cunning

ragen tower (up), rise*

Rahm m cream

Rahmen 1. m, 2. 2 v/t frame

Rakete f rocket; mil. a. missile; **~nabwehr...** antiballistic ...

rammen ram; mot. a. hit*

Rampe f ramp

Ramsch m junk, trash

Rand m edge, border; Seite: margin; Glas, Hut: brim; Teller, Brille: rim; fig. brink

randalier|en (run*) riot; **2er** m hooligan, rioter

Randgruppe f fringe group

Rang m rank (a. mil.)

rangieren rail. shunt, Am. switch; fig. rank

Ranke f tendril; **2n: sich ~** creep*, climb

Ranzen *m* satchel

ranzig rancid, rank

Rappe *m* black horse

rar rare, scarce

rasch quick, swift; prompt

rascheln rustle

rasen race, speed*; *toben:* rage (*a.* Sturm), be* furious; **~d** raging; *Tempo:* breakneck; *Kopfschmerz:* splitting; **~ werden (machen)** go* (drive*) mad

Rasen *m* lawn; **~mäher** *m* lawn mower; **~platz** *m* Tennis: grass court

Raser *m* speed(st)er; **~ei** *f* frenzy; *mot.* reckless driving

Rasier|..., *Creme, Pinsel, Seife etc.:* shaving ...; **~apparat** *m* (safety) razor; electric razor; **~en** shave (*a.* sich); **~klinge** *f* razor blade; **~messer** *n* razor; **~wasser** *n* aftershave

Rasse *f* race; *zo.* breed

rasseln rattle

Rassen|**trennung** *f* (racial) segregation; **~unruhen** *pl* race riots *pl*

Rassis|**mus** *m* racism; **~t(in)**, **2tisch** racist

Rast *f* rest, stop; **2en** rest, stop, take* a break; **2los** restless; **~platz** *m* mot. lay-by, *Am.* rest area; **~stätte** *f* mot. service area

Rasur *f* shave

Rat *m* (*ein* a piece of) advice; *pol.* council

Rate *f* instal(l)ment; rate; *in ~n* by instal(l)ments

raten advise; guess (*a.* er~); *Rätsel:* solve

Ratenzahlung *f* → *Abzahlung*

Rat|**geber(in)** adviser; *Buch:* guide; **~haus** *n* town (*Am.* a. city) hall

Ration *f* ration; **2alisieren** rationalize, *Am.* reorganize; **2ieren** ration

rat|**los** at a loss; **~sam** advisable

Rätsel *n* puzzle; *frage:* riddle; *fig. a.* mystery; **2haft** puzzling; mysterious

Ratte *f* rat

rattern rattle, clatter

rau rough, rugged; *Klima, Stimme:* a. harsh; *Haut etc.:* chapped

Raub *m* robbery; *Beute:* loot; *Opfer:* prey; **2en** rob; *j-n:* kidnap

Räuber(in) robber

Raub|**mord** *m* murder with robbery; **~tier** *n* beast of prey; **~überfall** *m* holdup; armed robbery; **~vogel** *m* bird of prey

Rauch *m* smoke; **2en** smoke; **2 verboten** no smoking; **~er(in)** smoker (*a.* rail.)

Räucher|... *Lachs etc.:* smoked ...; **2n** smoke

rauchig smoky

rauh → *rau*

Raum *m* room; *Welt2:* space; *Gebiet:* area; **~anzug** *m* spacesuit; **~deckung** *f* Sport: positional marking

räumen leave*; evacuate;
Straße, Lager: clear; ~ in
put* s.th. (away) in

Raum|fahrt f space flight;
~fahrt... space ...; ~inhalt m
volume; ~kapsel f space
capsule

räumlich three-dimensional

Raumschiff n spacecraft; be-
mannt: a. spaceship

Raupe f caterpillar (a. tech.)

Raureif m hoarfrost

Rausch m intoxication; e-n ~
haben be* drunk; 2en rush;
fig. sweep*

Rauschgift n drug(s pl);
~handel m drug traf-
fic(king); ~händler(in) drug
trafficker, sl. pusher; ~süch-
tige m, f drug addict

räuspern: sich ~ clear one's
throat

Razzia f raid

Reag|enzglas n test tube; 2ie-
ren react (auf to)

Reaktor m reactor

real real; ~istisch realistic;
2ität f reality; 2schule f
secondary school

Rebe f vine

Rebell m rebel; 2ieren rebel,
revolt, rise*

Rebhuhn n partridge

Rechen m, 2 rake

Rechen|aufgabe f sum,
problem; ~fehler m error,
miscalculation; ~schaft f: ~
ablegen über account for;
zur ~ ziehen call to account;
~schieber m slide rule

Rechnen 1. n arithmetic; 2. 2
v/i u. v/t calculate; Aufgabe:
do*; ~ mit expect; count on
s.o.

Rechner m calculator; computer; 2abhängig Comput-
er: on-line; 2unabhängig
off-line

Rechnung f calculation; bill,
Am. Lokal: check; econ. invoice

recht 1. adj Hand, Winkel etc:
right; richtig: a. correct; ~e
Seite right(-hand) side; 2.
adv right(ly), correctly; ziemlich: rather, quite; erst ~ all
the more

Recht n right (auf to); jur.
law; fig. justice; ~ haben be*
right

Recht|e f right (hand); pol.
the right (wing); ~eck n rectangle; 2eckig rectangular;
2fertigen justify; ~ferti-
gung f justification; 2lich
legal; 2mäßig legal, lawful;
legitimate

rechts on the right; pol.
right-wing, right(ist); nach ~
to the right

Rechtsan|walt m, ~wältin f
lawyer, Am. a. attorney

Rechtsaußen m Sport: out-
side right, right winger

Rechtschreibung f spelling

Rechts|händer(in): ~ sein
be* right-handed; 2radikal
extreme right-wing;
schutzversicherung f legal
costs insurance; ~verkehr m

driving on the right; **2widrig** illegal

recht|wink(e)lig rightangled; **~zeitig** in time (**zu** for)

Reck n horizontal bar

recken stretch (**sich** o.s.)

Recyclingpapier n recycled paper

Redakt|eur(in) editor; **~ion** f editorial staff, editors pl

Rede f speech (**halten** make*); **2gewandt** eloquent; **2n** talk, speak*; **~ns-art** f saying

redlich honest, upright

Red|ner(in) speaker; **2selig** talkative

reduzieren reduce

Reeder|(in) shipowner; **~ei** f shipping company

reell Preis etc.: fair; echt: real; Firma: solid

reflektieren reflect

Reform f reform; **~haus** n health food shop (Am. store); **2ieren** reform

Regal n shelves pl

rege active, lively; busy

Regel f rule; med. period; **2mäßig** regular; **2n** regulate; erledigen: take* care of; **~ung** f regulation; e-r Sache: settlement

regen: (**sich**) **~** move, stir

Regen m rain; **~bogen** m rainbow; **~mantel** m raincoat; **~schauer** m shower; **~schirm** m umbrella; **~tag** m rainy day; **~tropfen** m raindrop; **~wald** m rain forest;

~wasser n rainwater; **~wetter** n rainy weather; **~wurm** m earthworm; **~zeit** f rainy season

Regie f direction

regier|en reign; govern; **2ung** f government, Am. a. administration; Monarchie: reign

Regimekritiker(in) dissident

Region f region

Regisseur(in) director

registrieren register, record; fig. note

regne|n rain; **~risch** rainy

regulieren regulate, adjust; steuern: control

regungslos motionless

Reh n deer, roe; weiblich: doe; gastr. venison; **~bock** m (roe)buck; **~kitz** n fawn

Reib|e f, **~eisen** n grater; **2en** rub; gastr. grate; **~ung** f friction

reich rich (**an** in), wealthy

Reich n empire, kingdom (a. rel., zo.); fig. world; **das Dritte ~** the Third Reich

reichen reach (**bis** to; **nach** [out] for); zu-: a. hand, pass; genügen: be* enough; **das reicht** that will do

reich|haltig rich; **~lich** plenty (of); ziemlich: rather; **2tum** m wealth (**an** of); **2weite** f reach; mil. range

Reif¹ m (hoar)frost

Reif² m bracelet; ring

reif ripe; bsd. fig. mature; **2e**

f ripeness; maturity; **~en** ripen, mature

Reifen *m* hoop; *mot. etc.* tyre, *Am.* tire; **~panne** *f* puncture, *Am. a.* flat

Reihe *f* line, row (*a. Sitz2*); *Anzahl*: number; *Serie*: series; *der ~ nach* in turn; *ich bin an der ~* it's my turn; **~nfolge** *f* order; **~nhaus** *n* terrace(d) (*Am.* row) house

Reiher *m* heron

Reim *m* rhyme; **~en:** (*sich*) **~** rhyme

rein pure; *sauber*: clean; *Gewissen, Haut*: clear; **2fall** *m* flop; **~igen** (*chemisch*: dry-)clean; **2igung** *f* (*chemische*: dry) cleaning; *Betrieb*: (dry) cleaners *pl*; **~rassig** pureblooded; *Tier*: thoroughbred

Reis *m* rice

Reise *f* trip; journey; *naut.* voyage; *Rund2*: tour; **~andenken** *n* souvenir; **~büro** *n* travel agency; **~führer** *m* guide(book); **~gesellschaft** *f* tourist party, *Am.* tour group; **~leiter(in** *f*) courier, *Am.* tour guide; **2n** travel; *durch ... ~* tour ...; **~nde** *m, f* travel(l)er; **~pass** *m* passport; **~scheck** *m* travel(l)er's cheque (*Am.* check); **~tasche** *f* travel(l)ing bag; **~ziel** *n* destination

reiß|en tear*; *Witze*: crack; **~end** torrential; **2verschluss** *m* zip(per *Am.*);

2zwecke *f* drawing pin, *Am.* thumbtack

Reit|... Schule, Stiefel etc.: riding ...; **2en** ride*; **~er(in** *f*) rider, horse|man (-woman); **~hose** *f* (riding) breeches *pl*

Reiz *m* appeal, attraction; *med. etc.* stimulus; **2bar** irritable; **2en** irritate (*a. med.*); provoke; *anziehen*: appeal to; *Karten*: bid; **2end** delightful; *nett*: kind; **2voll** attractive

Reklam|ation *f* complaint; **~e** *f* advertising; *Anzeige*: advertisement, F ad

Rekord *m* record

Rekrut(in *f*) recruit

Rektor(in *f*) *Schule*: head|master (-mistress), *Am.* principal; *univ.* vice-chancellor, principal

relativ relative

Religi|on *f* religion; **2ös** religious

Reliquie *f* relic

Reling *f* rail

Renn|bahn *f* racecourse; **2en** run*; **~en** *n* race; **~fahrer(in** *f*) racing driver; racing cyclist; **~läufer(in** *f*) ski racer; **~pferd** *n* racehorse; **~rad** *n* racing bicycle; **~sport** *m* racing; **~stall** *m* racing stable; **~wagen** *m* racing car

renovieren *Haus*: renovate; *Zimmer*: redecorate

rentabel profitable

Rente *f* (old-age) pension

Rentier *n* reindeer

Rentner(in) (old-age) pensioner, senior citizen

Reparatur f repair; **~werkstatt** f workshop, repair shop; mot. garage

reparieren repair, F fix

Report|age f report; **~er(in)** reporter

Reptil n reptile

Republik f republic; **~aner(in)**, **2anisch** republican

Reserve f reserve; **~rad** n spare wheel; **~tank** m reserve tank

reservier|en reserve (a. **~ lassen**); freihalten: keep*, save; **~t** reserved (a. fig.)

Residenz f residence

resignieren give* up

Respekt m, **2ieren** respect

Rest m rest; **~e** pl remains pl; Essen: leftovers pl

Restaurant n restaurant

restaurieren restore

rest|lich remaining; **~los** entirely, completely

Retortenbaby n test-tube baby

rette|n save (vor from); rescue (aus from); **2r(in)** rescuer

Rettung f rescue

Rettungs|boot n lifeboat; **~mannschaft** f rescue party; **~ring** m life belt (Am. preserver)

Reue f repentance, remorse

revanchieren: sich **~ bei** pay* s.o. back

Revision f jur. appeal

Revolution f revolution; **2är, ~är(in)** f revolutionary

Revolver m revolver

Rezept n med. prescription; gastr., fig. recipe

Rezeption f reception desk

Rhabarber m rhubarb

Rheuma n rheumatism

Rhinozeros n rhinoceros, F rhino; F twit, nitwit

Rhythmus m rhythm

Ribisel f östr. currant

richten fix; get* s.th. ready; **~ auf** direct to; Waffe, Kamera: point at; **(sich) ~ an** address (o.s.) to; **sich ~ nach** go* by, act according to; abhängen von: depend on

Richter(in) judge

richtig right; correct; echt: real; **~ gehen** Uhr: be* right; **~ stellen** put* right; **~ nett** etc. really nice etc.; **das 2e** the right thing (to do)

Richtlinien f guidelines pl

Richtung f direction

riechen smell* (nach of)

Riegel m bolt, bar (a. Schokolade etc.)

Riemen m strap; Gürtel, tech.: belt; Ruder: oar

Riese m giant

rieseln trickle, run*; Schnee: fall softly

riesig huge, gigantic

Riff n reef

Rille f groove

Rind n cow; **~er** pl cattle pl

Rinde f bark; Käse: rind; Brot: crust

Rind|erbraten *m* roast beef; **~erwahn(sinn)** *m vet.* mad cow disease; **~fleisch** *n* beef

Ring *m* ring; *fig. a.* circle

Ringel|natter *f* grass snake; **~spiel** *n* östr. merry-go-round

ring|en wrestle; *fig. a.* struggle; *Hände:* wring*; **2en** *n* wrestling; **2er(in)** wrestler; **~kampf** *m* wrestling match; **2richter** *m* referee; **~straße** *f* ring road, *Am.* beltway

Rinne *f* groove, channel; **2en** run*, flow*; **~sal** *n Flüsschen:* rivulet; *Flüssigkeit:* trickle; **~stein** *m* gutter

Rippe *f* rib; **~nbruch** *m* broken (*od.* fractured) rib (*pl*); **~fellentzündung** *f* pleurisy

Risiko *n* risk; **2kant** risky; **2kieren** risk

Riss *m* tear; *Sprung:* crack; *Haut:* chap

rissig cracked; chapped

Ritt *m* ride; **~er** *m* knight

Ritze *f* chink; **2n** scratch

Rival|e *m*, **~in** *f* rival

Robbe *f* seal; **2n** crawl

Robe *f* robe; gown

Roboter *m* robot

robust robust, sturdy

röcheln moan; *et.:* gasp

Rock *m* skirt

Rodel|bahn *f* toboggan run; **2n** toboggan; **~schlitten** *m* sled(ge), toboggan

roden clear; pull up

Rogen *m* roe

Roggen *m* rye

roh raw; *grob:* rough; *fig.* brutal; **2kost** *f* raw vegetables and fruit *pl*; **2öl** *n* crude (oil)

Rohr *n* tube, pipe; → **Schilf**

Röhre *f* tube (*a. Am.* TV), pipe; *Brt.* TV *etc.* valve

Rohstoff *m* raw material

Rollbahn *f* taxiway; *Start-, Landebahn:* runway

Roll|e *f* roll; *tech. a.* roller; *thea.* part, role; *Garn etc.:* reel; **2en** roll; *aviat.* taxi; **~er** *m* scooter

Roll|feld *n* → **Rollbahn;** **~kragen** *m* polo neck, *Am.* turtleneck; **~kragenpullover** *m* polo-neck (*Am.* turtleneck) jumper; **~laden** *m* rolling shutter; **~schuh** *m* roller skate; **~stuhl** *m* wheelchair; **~treppe** *f* escalator

Roman *m* novel

romantisch romantic

Röm|er(in), **2isch** Roman

röntgen, **2bild** *n* X-ray; **2strahlen** *pl* X-rays *pl*

rosa pink

Rose *f* rose; **~nkohl** *m* Brussels sprouts *pl*; **~nkranz** *m* rosary

rosig rosy

Rosine *f* raisin, currant

Rost *m* rust; *tech.* grate; *Brat2:* grill; **2en** rust

rösten roast; *Brot:* toast

rost|frei rustproof, stainless; **~ig** rusty; **2schutzmittel** *n* anti-rust agent

rot red; ~ **werden** blush; **~blond** sandy(-haired)
Röteln pl German measles sg
röten: (**sich**) ~
Rothaarige m, f redhead
rotieren rotate, revolve
Rot|kehlchen n robin; **~kohl** m red cabbage; **~stift** m red pencil; **~wein** m red wine; **~wild** n (red) deer
Roulade f roulade, roll
Route f route
Routine f routine
Rübe f turnip; (sugar) beet
Rubin m ruby
Ruck m jerk, jolt, start
Rück|antwortschein m reply coupon; **~blick** m review (**auf** of)
rücken move; shift; **näher** ~ (**be***) approach(ing)
Rücken m back; **~lehne** f back(rest); **~mark** n spinal cord; **~schwimmen** n backstroke; **~wind** m tailwind; **~wirbel** m dorsal vertebra
Rück|erstattung f refund; **~fahrkarte** f return (ticket), Am. round-trip ticket; **~fahrt** f return trip; **auf der** ~ on the way back; **~fällig:** ~ **werden** relapse; **~flug** m return flight; **~gängig:** ~ **machen** cancel; **~grat** n spine, backbone; **~halt** m support; **~hand**(**schlag** m) f Tennis: backhand; **~kehr** f return; **~licht** n taillight; **~porto** n return postage; **~reise** f → **Rückfahrt**

Rucksack m rucksack, Am. a. backpack; **~tourismus** m backpacking; **~tourist** m backpacker
Rück|schlag m setback; **~schritt** m step back(ward); **~seite** f back, reverse; **~sicht** f consideration; ~ **nehmen auf** show* consideration for; **~sichtslos** inconsiderate (**gegen** of); skrupellos: ruthless; Fahren etc.: reckless; **~sichtsvoll** considerate; **~sitz** m back seat; **~spiegel** m rearview mirror; **~spiel** n return match od. game; **~stand** m arrears pl; chem. residue; **~ständig** backward; **~stelltaste** f backspace key; **~tritt** m resignation; **~trittbremse** f backpedal (Am. coaster) brake; **~wärts** backward(s); **~wärtsgang** m reverse (gear); **~weg** m way back; **~wirkend** retroactive; **~zahlung** f repayment; **~zug** m retreat
Rudel n pack; Rehe: herd
Ruder n rudder; Riemen: oar; **~boot** n rowing boat, Am. rowboat; **~n** row
Ruf m call (a. fig.); cry, shout; Ansehen: reputation; **~en** call; cry, shout; ~ **lassen** send* for
Rüge f reproof, reproach
Ruhe f quiet, calm; Gemüts**~**: calm(ness); Erholung: rest (a. phys.); **in ~ lassen** leave*

alone; **2los** restless; **2n** rest (*auf* on); **~pause** *f* break; **~stand** *m* retirement; **~störung** *f* disturbance (of the peace); **~tag** *m*: **Montag** ~ closed on Mondays

ruhig quiet; calm

Ruhm *m* fame; *mil.* glory

Rühr|eier *pl* scrambled eggs *pl*; **2en** stir (*a. gastr.*), move (*beide a.* **sich** ~); *fig. a.* touch, effect; **2end** touching, moving; **~ung** *f* emotion

Ruin *m* ruin

Ruin|e *f* ruin(s *pl*); **2ieren** ruin (**sich** o.s.)

rülpsen belch

Rum *m* rum

Rummel *m* bustle; *Reklame etc.*: ballyhoo; **~platz** *m* fairground, *Am. a.* amusement park

rumpeln rumble

Rumpf *m anat.* trunk; *naut.* hull; *aviat.* fuselage

rümpfen *Nase*: turn up

rund 1. adj. 2. adv about; **~ um** around; **2blick** *m* panorama; **2e** *f* round; *Rennen*: lap; **2fahrt** *f* tour

Rundfunk *m* (**im** on the) radio; *Gesellschaft*: broadcast-

ing corporation; **~hörer** *m* listener; *pl a.* (radio) audience *sg*; **~sender** *m* radio station; **~sendung** *f* broadcast

Rund|gang *m* tour (*durch* of); **2herum** all (a)round; **2lich** plump; **~reise** *f* tour (*durch* round); **~schreiben** *n* circular (letter)

Runzel *f* wrinkle; **2(e)lig** wrinkled; **2eln → Stirn**

rupfen pluck

Rüsche *f* frill, ruffle

Ruß *m* soot

Russe *m* Russian

Rüssel *m Elefant*: trunk; *Schwein*: snout

Russ|in *f*, **2isch** Russian

rüsten arm (*zum Krieg* for war); **sich** ~ prepare, get* ready (*zu, für* for)

rüstig vigorous, fit

Rüstung *f* armo(u)r; *mil.* armament; **~s...** *Kontrolle, Wettlauf*: arms ...

Rute *f* rod; *Gerte*: switch

Rutsch|bahn *f*, **~e** *f Kinder*2: slide; *Transport*2: chute; **2en** slide*, slip (*a. aus*); *mot. etc.* skid; **2ig** slippery

rütteln *v/t* shake*; *v/i* jolt; **~ an** rattle at

S

Saal *m* hall; **...2** *a.* ... room

Saat *f Säen*: sowing; *junge* ~: crop(s *pl*)

Säbel *m* sab|re, *Am.* -er

Sabotage *f* sabotage

Sach|bearbeiter(in) person

responsible (**für** for); ⚫**dienlich** relevant

Sach|e f thing; _Angelegenheit:_ matter; _gute etc.:_ cause; **~n** pl things pl; clothes pl; ⚫**gerecht** proper; **~kenntnis** f expert knowledge; ⚫**kundig** expert; ⚫**lich** matter-of-fact, businesslike; objective

sächlich gr. neuter

Sach|register n (subject) index; **~schaden** m damage to property

sacht(e) softly; F easy

Sach|verhalt m facts pl (of the case); **~verständige** m, f expert (witness jur.)

Sack m sack, bag; **~gasse** f blind alley, cul-de-sac, dead end (street) (_alle a. fig._)

säen sow (_a. fig._)

Safari f safari

Saft m juice; ⚫**ig** juicy

Sage f legend, myth

Säge f saw; **~mehl** n sawdust

sagen say*; _mitteilen:_ tell*

sägen saw*

sagenhaft legendary; F fabulous, incredible

Sahne f cream

Saison f season

Saite f string, chord; **~ninstrument** n string(ed) instrument

Sakko m, n sport(s) coat

Salat m salad; _Kopf⚫:_ lettuce; **~soße** f salad dressing

Salbe f ointment, salve

Salmiak m, n ammonium chloride

salopp casual

Salto m somersault

Salz n, ⚫**en** salt; ⚫**ig** salty; **~kartoffeln** f/pl boiled potatoes pl; **~säure** f hydrochloric acid; **~streuer** m saltcellar, Am. salt shaker; **~wasser** n salt water

Same(n) m seed; _biol._ sperm, semen

samm|eln collect; ⚫**ler(in)** collector; ⚫**lung** f collection

Samstag m Saturday

samt (along) with

Samt m velvet

sämtlich: **~e** pl all the; _Werke:_ the complete

Sanatorium n sanatorium

Sand m sand

Sandale f sandal

Sand|bank f sandbank; ⚫**ig** sandy; **~papier** n sandpaper

sanft gentle, soft

Sänger(in) singer

sanitär sanitary

Sanitäter(in) m ambulance (_od._ first-aid) (wo)man, Am. paramedic; mil. medic

Sankt Saint, abbr. St.

Sard|elle f anchovy; **~ine** f sardine

Sarg m coffin, Am. a. casket

Satellit m satellite; **~enschüssel** f satellite dish

Satire f satire

satt F full (up); _sich_ **~** _essen_ eat* one's fill; _ich bin_ **~** I've had enough; **~ haben** be* fed up with

Sattel m, ⚫**n** saddle

sättigend filling

Satz m sentence, clause; *Sprung*: leap; *Tennis, Werkzeug etc.*: set; *econ.* rate; *mus.* movement; **~ung** f statute; **~zeichen** n punctuation mark

Sau f sow; **2...** F damn ...

sauber clean; *ordentlich*: neat, tidy; **~1** *ironisch*: great!; **~ machen** clean (up); **2keit** f clean(li)ness

sauer sour; acid; *Gurke*: pickled; *wütend*: mad; *saurer Regen* acid rain; **2kraut** n sauerkraut; **2stoff** m oxygen; **2teig** m leaven

saufen drink*; F booze

Säufer(in) drunkard

saugen suck (**an et.** [at] s.th.)

säug|en suckle, nurse; **2etier** n mammal; **2ling** m baby

Säule f column, pillar

Saum m hem(line); seam

Sauna f sauna

Säure f acid

sausen rush, dash; *Ohren*: ring*; *Wind*: howl

Saxofon n, **Saxophon** n saxophone

S-Bahn f suburban fast train

scann|en *Computer*: scan; **2er** m scanner

Schabe f cockroach; **2n** scrape

schäbig shabby

Schach n chess; **~ (und matt)!** check(mate)!; **~brett** n chessboard; **~figur** f chess-man; **2matt:** **~ setzen** checkmate; **~spiel** n (game of) chess

Schacht m shaft

Schachtel f box; pack(et)

schade a pity, F too bad; *wie ~!* what a pity!

Schädel m skull; **~bruch** m fracture of the skull

schaden (do*) damage (to), harm, hurt*

Schaden m damage (**an** to); *körperlicher*: injury; **~ersatz** m damages pl; **~freude** f: **~empfinden** gloat; **2froh** gloating(ly)

schadhaft defective

schäd|igen damage, harm; **~lich** harmful, injurious

Schädling m pest; **~sbekämpfung** f pest control; **~sbekämpfungsmittel** n pesticide

Schadstoff m harmful (*od.* noxious) substance, pollutant; **2arm** *Auto*: low-emission, F clean; **~ausstoß** m noxious emission

Schaf n sheep; **~bock** m ram

Schäfer|(in) m shepherd(ess); **~hund** m sheepdog; *deutscher*: Alsatian, *bsd. Am.* German shepherd (dog)

schaffen create (a. er~); cause; *bewältigen*: manage; *bringen*: take*; *arbeiten*: work; **es ~** make* it

Schaffner(in) conduct|or (-ress), *Brt. rail.* guard

Schaft m shaft; *Gewehr*:

stock; *Stiefel*: leg; **~stiefel** *pl* high boots *pl*

schal stale, flat; *fig. a.* empty

Schal *m* scarf

Schale *f* bowl, dish; *Ei, Nuß etc.*: shell; *Obst, Kartoffel*: peel, skin; **~n** *pl* Kartoffeln: peelings *pl*

schälen peel, skin; *sich ~ Haut*: peel (*od.* come*) off

Schall *m* sound; **2dämpfer** *m* silencer, *mot. Am.* muffler; **2dicht** soundproof; **2en** sound; *klingen, dröhnen*: ring* (out); **~mauer** *f* sound barrier; **~platte** *f* record

schalt|en switch, turn; *mot.* change gear; **2er** *m* switch; *rail.* ticket office; *Post, Bank*: counter; **2hebel** *m* gear (*tech.*, *aviat.* control) lever; **2jahr** *m* leap year; **2tafel** *f* switchboard, control panel

Scham *f* shame (*a. ~gefühl*); **schämen**: *sich ~* be* (*od.* feel*) ashamed (*wegen* of)

schamlos shameless

Schande *f* disgrace

schändlich disgraceful

Schanze *f* ski-jump

Schar *f* group, crowd; *Gänse etc.*: flock; **2en**: *sich ~ um* gather round

scharf sharp (*a. fig.*); ~ *gewürzt*: hot; *Munition*: live; F hot; → *geil*; ~ *auf* crazy about; *j-n*: *a.* hot on

Schärfe *f* sharpness; *Härte*: severity; **2n** sharpen

Scharf|schütze *m* sharp-

shooter; sniper; **~sinn** *m* acumen

Scharlach *m med.* scarlet fever; **2rot** scarlet

Scharnier *n* hinge

Schärpe *f* sash

scharren scrape, scratch

Schaschlik *m, n* (shish) kebab

Schatt|en *m* shadow; *im ~* in the shade; **~ierung** *f* shade; **2ig** shady

Schatz *m* treasure; *fig.* darling

schätz|en estimate (*auf* at); reckon; *zu ~ wissen* appreciate; **2ung** *f* estimate; **~ungsweise** roughly

Schau *f* show; exhibition

Schauder *m*, **2n** shudder

schauen look (*auf* at)

Schauer *m* shower; → *Schauder*; **2lich** dreadful, horrible

Schaufel *f* shovel; *Kehr2*: dustpan; **2n** shovel; dig*

Schaufenster *n* shop window; **~bummel** *m*: *e-n ~ machen* go* window-shopping

Schaukel *f* swing; **2n** swing*; *Boot*: rock; **~pferd** *n* rocking horse; **~stuhl** *m* rocking chair

Schaum *m* foam; *Bier*: froth; *Seife*: lather

schäumen foam (*a. fig.*); *Wein*: sparkle

Schaum|gummi *m* foam rubber; **2ig** foamy, frothy

Schauplatz *m* scene

Schauspiel *n* spectacle; *thea.*

play; **~er(in)** act|or (-ress)

Scheck m che|que, Am. -ck; **~karte** f cheque (Am. check cashing) card

Scheibe f disc, Am., EDV disk; Brot etc.: slice; Fenster: pane; Schieß2: target; **~nbremse** f dis|c (Am. -k) brake; **~nwischer** m windscreen (Am. windshield) wiper

Scheid|e f sheath; anat. vagina; **2en** divorce; **sich ~ lassen** get* a divorce; **von j-m:** divorce s.o.; **~ung** f divorce

Schein m certificate; Formular: form, Am. blank; Geld2: note, Am. a. bill; Licht2: light; fig. appearance; **2bar** seeming, apparent; **2en** shine*; fig. seem, appear, look; **2heilig** hypocritical; **~werfer** m searchlight; mot. headlight; thea. spotlight

Scheiß|... damn ..., fucking ...; **~e** f, **2en** shit*

Scheitel m parting, Am. part

scheitern fail, go* wrong

Schellfisch m haddock

Schelm m rascal, **2isch** impish

schelten scold

Schema n pattern

Schemel m stool

Schenkel m Ober2: thigh; Unter2: shank; math. leg

schenken give* (zu for)

Scherbe f, **~n** m (broken) piece, fragment

Schere f scissors pl; große:

shears pl; zo. claw; **2n** shear*, clip, cut* (a. Haare)

Schereien pl trouble sg

Scherz m, **2en** joke; **2haft** joking(ly)

scheu shy; **2 f** shyness; **en** v/i shy (vor at); v/t shun, avoid; **sich ~ zu** be* afraid of doing s.th.

scheuer|n scrub; wund ~: chafe; **2tuch** n floor cloth

Scheune f barn

Scheusal n monster

scheußlich horrible

Schicht f layer; Farb2 etc.: coat; dünne: film; Arbeits2: shift; pol. class; **2en** pile up

schick smart, chic, stylish

schicken send*

Schick|eria f smart set, beautiful people pl, trendies pl; **~imicki** m f trendy

Schicksal n fate, destiny

Schiebe|dach n mot. sunroof; **~fenster** n sash window; **2n** push, shove; **~tür** f sliding door

Schiebung f put-up job

Schiedsrichter(in) referee (a. Fußball), umpire (a. Tennis)

schief crooked; schräg: sloping, Turm: leaning; fig. Bild etc.: false; **~ gehen** go* wrong

Schiefer m slate; **~tafel** f slate

schielen squint

Schienbein n shin(bone)

Schiene f rail; med. splint; fig. (beaten) track; **2n** splint

schier sheer, pure; ~ **unmöglich** next to impossible

schieß|en shoot* (a. fig.), fire; Tor: score; **2erei** f gunfight; **2scheibe** f target; **2stand** m rifle range

Schiff n ship, boat; **2bar** navigable; **2bruch** m shipwreck; ~ **erleiden be*** shipwrecked; fig. fail; **2brüchig** shipwrecked; **2fahrt** f navigation

Schikan|e f harassment; **2ieren** harass; Schüler, Angestellte: pick on

Schild 1. n sign; Namens2 etc.: plate; **2.** m shield; **~drüse** f thyroid gland

schilder|n describe; **2ung** f description

Schildkröte f turtle; Land2: Brt. tortoise

Schilf(rohr) n reed

schillern be* iridescent

Schimmel m white horse; Pilz: mo(u)ld; **2(e)lig** mo(u)ldy; **2(e)lig** mo(u)ldy

Schimmer m, **2n** glimmer

Schimpanse m chimpanzee

schimpf|en scold, tell* s.o. off; **2wort** n swearword

Schindel f shingle

Schinken m ham

Schiri m Sport F ref

Schirm m umbrella; Sonnen2: sunshade; Schutz, Bild2: screen; Mütze: peak; **~mütze** f peaked cap

Schlacht f battle (bei of); **2en** slaughter, butcher; **~feld** n battlefield; **~schiff** n battle-

ship

Schlacke f cinder, slag

Schlaf m sleep; **~anzug** m pyjamas pl, Am. pajamas pl

Schläfe f temple

schlafen sleep*; ~ **gehen, sich ~ legen** go* to bed

schlaff slack; Muskeln: flabby; kraftlos: limp

Schlaf|gelegenheit f sleeping accommodation; **2los** sleepless; **~losigkeit** f med. insomnia; **~mittel** n sleeping pill(s pl)

schläfrig sleepy, drowsy

Schlaf|saal m dormitory; **~sack** m sleeping bag; **~tablette** f sleeping pill; **~wagen** m sleeping car; **~zimmer** n bedroom

Schlag m blow (a. fig.); mit der Hand: slap; Faust2: punch; Uhr, Blitz, Tennis: stroke; electr. shock; Herz, Puls: beat; med. ~anfall: stroke; Schläge pl beating sg; **~ader** f artery; **~anfall** m stroke; **~baum** m barrier; **~bohrer** m percussion drill; **2en** hit*, beat* (a. besiegen, Eier etc); strike* (a. Blitz, Uhr[zeit]); knock (zu Boden down); Sahne: whip; Herz: beat; **sich ~ fight*** (um over); → **fällen; ~er** m hit; (pop) song

Schläger m bat; Person: tough; → **Golf-, Tennisschläger**; **~ei** f fight

schlag|fertig quick-witted;

2obers n östr. → **2sahne** f whipped cream; **2wort** n catchword; **2zeile** f headline; **2zeug** n drums pl; **2zeuger(in)** drummer, percussionist

Schlamm m mud

Schlampe f slut; **2en** do* a slovenly (od. sloppy) job; **~erei** f mess; slovenly (od. sloppy) job; **2ig** slovenly, sloppy, Arbeit etc.: a. slipshod

Schlange f zo. snake; Menschen2: queue, Am. line; **~ stehen** queue (Am. line) up

schlängeln: sich ~ wriggle; wind one's way out. o.s

schlank slim; **2heitskur** f: e-e ~ machen be* (od. go*) on a (slimming) diet

schlau clever; listig: sly

Schlauch m tube; Spritz2: hose; ~boot n rubber dinghy; life raft; **2en** wear* s.o. out

Schlaufe f loop

schlecht bad; ~ gelaunt grumpy, in a bad mood; ~ werden verderben: go* bad; → übel

schleichen creep*, sneak

Schleier m veil (a. fig.)

Schleife f bow; Fluss, tech., Computer: loop

schleifen drag; schärfen: grind*, sharpen; Holz: sand; Glas, Steine: cut*

Schleim m slime; med. mucus; **~haut** f mucous membrane; **2ig** slimy (a. fig. contp.), mucous

schlemm|en feast; **2er(in)** gourmet

schlendern stroll, saunter

schlenkern dangle, swing*

schlepp|en drag (a. sich ~); naut., mot. tow; **2er** m tug; mot. tractor; **2lift** m T-bar (od. drag) lift, ski tow

Schleuder f sling, catapult; Waffe: Am. slingshot; Trocken2: spin drier; **2n** v/t fling*, hurl; Wäsche: spin-dry; v/i mot. skid; **~sitz** m ejection seat

schleunigst at once

Schleuse f sluice; Kanal: lock

schlicht plain, simple; **~en** settle; arbitrate; **~er(in)** mediator

schließ|en shut*, close (beide a. sich ~); für immer: close down; (be)enden: finish; Frieden: make*; ~ aus conclude from; **2fach** n rail. etc. (luggage) locker; Bank: safe-deposit box; **~lich** finally; immerhin: after all

schlimm bad; furchtbar: awful; **~er** worse; am **~sten** (the) worst

Schling|e f loop, noose (a. Galgen2); med. sling; **2en** wind*; binden: tie; Speise: roll; **~pflanze** f creeper, climber

Schlips m (neck)tie

Schlitten m sled(ge); Rodel2: toboggan; Pferde2: sleigh; **~fahrt** f sleigh ride

Schlittschuh m ice-skate (a. ~ laufen); **~läufer(in)** ice-skater

Schlitz m slit; *Einwurf* ℒ: slot; *Hose*: fly; ℒen slit*, slash

Schloss n lock; *Bau*: castle, palace

Schlosser(in) mechanic, fitter; locksmith

schlottern shake* (*vor* with)

Schlucht f ravine, canyon

schluchzen sob

Schluck m swallow, draught; ~auf m, ~en m the hiccups pl; ℒen swallow

Schlummer m slumber

schlüpf|en slip (*in* into; *aus* out of), slide*; ℒer m briefs pl; *Damen* ℒ, *Kinder* ℒ: a. panties pl; ~rig slippery

schlurfen shuffle (along)

schlürfen slurp

Schluss m end; *Ab* ℒ, *~folgerung*: conclusion

Schlüssel m key; ~bein n collarbone; ~bund m, n bunch of keys; ℒoch n keyhole

Schluss|folgerung f conclusion; ~licht n taillight; *fig.* tail-ender; ℒpfiff m Sport: final whistle; ~verkauf m (end-of-season) sale

schmächtig slight, thin

schmackhaft tasty

schmal narrow; *Figur*: thin, slender; ℒspur... *fig.* small-time ...

Schmalz n lard; *fig.* schmaltz; ℒig schmaltzy

Schmarren m östr. gastr. pancake; F trash

schmatzen eat* noisily, smack one's lips

schmecken taste (*nach* of); **schmeckt es?** do you like it?

Schmeich|elei f flattery; ℒelhaft flattering; ℒeln flatter; ~ler(in) flatterer

schmeißen throw*, chuck; *Tür*: slam

schmelzen melt* (*a. fig.*)

Schmerz m pain (*a. ~en* pl), anhaltender: ache; *fig.* grief, sorrow; ℒen hurt* (*a. fig.*), ache; ~ensgeld n punitive damages pl; ℒhaft, ~lich painful; ℒlos painless; ~mittel n painkiller; ~stillend pain-relieving

Schmetter|ling m butterfly; ℒn smash (*a. Tennis*)

Schmied m (black)smith; ~e f forge, smithy; ~eeisen n wrought iron; ℒen forge; *Pläne*: make*

schmiegen: *sich ~ an* snuggle up to

schmier|en tech. grease, lubricate; *Butter etc.*: spread*; *schreiben*: scrawl ~ig greasy; dirty; *fig.* filthy

Schminke f make-up; ℒn make* (*sich* o.s.) up

Schmirgelpapier n emery paper

schmollen sulk, pout

Schmor|braten m pot roast; ℒen braise, stew

Schmuck m jewel(le)ry; *Zierde*: decoration

schmücken decorate

schmuddelig grubby

Schmugg|el m smuggling;

2eln smuggle; **~ler(in)** smuggler

schmunzeln smile (to o.s.)

Schmutz m dirt, filth; **2ig** dirty, filthy

Schnabel m bill, beak

Schnalle f buckle; **2n** buckle; F et. ~ get* it

schnappen catch*; **sich ~** snatch; **nach Luft ~** gasp for air; **2schuss** m snapshot

Schnaps m hard liquor

schnarchen snore

schnattern cackle; chatter

schnauben snort; **(sich) die Nase ~** blow* one's nose

schnaufen pant, puff

Schnauz|bart m m(o)ustache; **~e** f snout, muzzle; sl. trap, kisser; **die ~ halten** keep* one's trap shut

Schnecke f snail; **Nackt2:** slug; **~nhaus** n snail shell

Schnee m snow (a. sl. Kokain); **~ballschlacht** f snowball fight; **2bedeckt** Berg: snowcapped; **~flocke** f snowflake; **~gestöber** n snow flurry; **~glöckchen** n snowdrop; **~ketten** pl mot. snow chains pl; **~mann** m snowman; **~matsch** m slush; **~mobil** n snowmobile; **~pflug** m snowplough, Am. -plow; **~regen** m sleet; **~sturm** m snowstorm, blizzard; **~wehe** f snowdrift; **2weiß** snowwhite

Schneid|e f edge; **2en** cut* (a. mot.); schnitzen, tranchie-ren: carve; Ball: slice; **2end** Kälte: piercing; **~r** m tailor; **~erin** f dressmaker; **~ezahn** m incisor

schneien snow

Schneise f firebreak, lane

schnell fast, quick; **(mach) ~!** hurry up!; **2gaststätte** f fast food restaurant; **2hefter** m folder; **2igkeit** f speed; **2imbiss** m snackbar; **2kochtopf** m pressure cooker; **2straße** f motorway, Am. expressway; **2zug** m fast train

schnippisch pert, saucy

Schnitt m cut; Durch2: average; Film: editing; **~blumen** pl cut flowers pl; **~e** f slice; (open) sandwich; **~lauch** m chives pl; **~muster** n pattern; **~punkt** m (point of) intersection; **~stelle** f Computer: interface; **~wunde** f cut

Schnitzel 1. n cutlet; **Wiener ~** Wiener schnitzel; **2.** n, m chip; Papier2: scrap

schnitzen carve, cut*

schnodderig brash, snotty

Schnorchel m, **2n** snorkel

Schnörkel m flourish

schnorren sponge, cadge

schnüffeln sniff; fig. snoop

Schnuller m dummy, Am. pacifier

Schnulze f tearjerker

Schnupfen m cold

schnuppern sniff*

Schnur f string, cord; **2los** tel. cordless

Schnürlsamt m östr. corduroy

Schnurr|bart m m(o)ustache; **2en** purr

Schnür|schuh m laced shoe; **~senkel** m shoelace

Schock m, **2ieren** shock

Schokolade f chocolate

Scholle f Erd2: clod; Eis2: (ice) floe; zo. plaice

schon already; jemals: ever; sogar: even; **hast du ~ ...?** have you ... yet?; **~ gut!** never mind!

schön beautiful; gut, nett: nice; Wetter: fine; **~ warm** nice and warm; **ganz ~ ...** pretty ...

schonen go* easy on; Kräfte etc.: save; j-s Leben: spare; **sich ~** take* it easy

Schönheit f beauty

Schonzeit f close season

schöpf|en scoop, ladle; fig. → **Luft, Verdacht** etc.; **2er** m creator; **~erisch** creative; **2ung** f creation

Schorf m scab

Schornstein m chimney; naut., rail. funnel; **~feger** m chimneysweep(er)

Schoß m lap; Leib: womb

Schote f pod, husk, shell

Schotte m Scot(sman); **die ~n** pl the Scots pl

Schotter m gravel

Schott|in f Scot(swoman); **2isch** Scottish; Produkt: Scotch; **~land** Scotland

schräg slanting, sloping

Schramme f, **2n** scratch

Schrank m cupboard; Kleider2: wardrobe; Am. Wand2: closet

Schranke f barrier (a. fig.)

Schraube f, **2n** screw; **~n-schlüssel** m spanner, wrench; **~nzieher** m screwdriver

Schreck m fright, shock; e-n ~ **einjagen** scare; **~en** m terror; Gräuel: horror; **2-haft** jumpy; **2lich** awful, terrible

Schrei m cry; lauter: shout, yell; Angst2: scream

schreiben write*; tippen: type; recht.: spell*

Schreib|en n letter; **2faul: ~ sein** be* a poor correspondent; **~fehler** m spelling mistake; **~heft** n → **Heft**; **~ma-schine** f typewriter; **~pa-pier** n writing paper; **~schutz** m Computer: write (od. file) protection; **~tisch** m desk; **~ung** f spelling; **~waren** pl stationery sg; **~wa-rengeschäft** n stationer's; **~zentrale** f typing pool

schreien cry; lauter: shout, yell; angstvoll: scream

Schreiner m → **Tischler**

Schrift f (hand)writing; ~art: script; print. typeface; **2lich 1. adj** written; **2. adv** in writing; **~steller(in)** m writer, author; **~verkehr** m, **~wech-sel** m correspondence

schrill shrill, piercing

Schritt m step (a. fig.); **~ fah-**

ren! dead slow; **~macher** *m* Sport, med.: pacemaker; *Am.* pacesetter

schroff jagged; *steil:* steep; *fig.* gruff; *krass:* sharp

Schrot *m, n* coarse meal; *hunt.* (small) shot; **~flinte** *f* shotgun

Schrott *m* scrap metal; **~haufen** *m* scrapheap (*a. fig*); **~platz** *m* scrapyard

schrubben scrub, scour

schrumpfen shrink*

Schub|fach *n* drawer; **~karren** *m* wheelbarrow; **~kraft** *f* thrust; **~lade** *f* drawer

schüchtern shy

Schuft *m* contp. bastard; **2en** work like a dog

Schuh *m* shoe; **~anzieher** *m* shoehorn; **~creme** *f* shoe polish; **~geschäft** *n* shoe shop (*Am.* store); **~größe** *f:* **~ 9** (a) size 9 (shoe); **~macher(in)** shoemaker

Schul|bildung *f* education; **~buch** *n* textbook

Schuld *f* guilt; *Geld*₂: debt; *die* **~ geben** blame; *es ist (nicht) meine* **~** it is(n't) my fault; **~en haben** be* in debt; **2en** owe; **2ig** *bsd. jur.* guilty (*an of*); responsible (*for*); *j-m et.* **~ sein** owe s. o. s. th.; **~ige** *m, f* offender; person *etc.* responsible; *to blame*; **2los** innocent

Schule *f* (*auf od. in der* at) school; *höhere* **~** secondary school; **2n** train

Schüler(in)   school|boy (-girl), *bsd. Brt.* pupil, *Am. mst* student

Schul|fernsehen *n* educational TV; **2frei:** **~er Tag** (school) holiday; *heute ist* **~** there's no school today; **~freund(in)** schoolmate; **~funk** *m* schools programmes *pl*; **~hof** *m* schoolyard, playground; **~mappe** *f* schoolbag; **2pflichtig:** **~es Kind** schoolage child; **~schwänzer(in)** truant; **~stunde** *f* lesson, class, period; **~tasche** *f* schoolbag

Schulter *f* shoulder; **~blatt** *n* shoulder blade; **~tasche** *f* shoulder bag

Schulung *f* training

schummeln F cheat

Schund *m* trash, junk

Schuppe *f* zo. scale; **~n** *pl* *Kopf*₂n: dandruff *sg*

Schuppen *m* shed

Schurke *m* villain

Schürze *f* apron

Schuss *m* shot; *Spritzer:* dash; *Ski:* schuss

Schüssel *f* bowl, dish (*a. TV*)

Schuss|waffe *f* firearm; **~wunde** *f* gunshot wound

Schuster *m* shoemaker

Schutt *m* rubble, debris; **~abladen verboten!** no dumping!; **~abladeplatz** *m* dump

Schüttel|frost *m* shivering fit; **2n** shake†

schütten pour (*a.* F regnen)

Schutz *m* protection; *Zu-*

flucht: shelter; **~blech** *n* mudguard, *Am.* fender

Schütz|e *m astr.* Sagittarius; *Tor*2: scorer; **guter ~** good shot; **2en** protect; shelter

Schutz|engel *m* guardian angel; **~geld** *n* protection (money); **~gelderpressung** *f* protection racket; **~heilige** *m, f* patron (saint); **~impfung** *f* inoculation; *Pocken:* vaccination; **~los** unprotected; *wehrlos:* defen|celess, *Am.* -seless; **~umschlag** *m* (dust) jacket

schwach weak; *unzulänglich:* poor; *leise:* faint

Schwäch|e *f* weakness; **2en** weaken; **2lich** weakly; *zart:* delicate, frail

schwach|sinnig feeblemind-ed; *F* idiotic; **~strom** *m* low-voltage current

Schwager *m* brother-in-law

Schwägerin *f* sister-in-law

Schwalbe *f* swallow; *Fußball:* dive

Schwall *m* gush (*a. fig.*)

Schwamm *m* sponge; **~erl** *m östr.* mushroom

Schwan *m* swan

schwanger pregnant; **2-schaft** *f* pregnancy; **2-schaftsabbruch** *m* abortion

schwanken sway (*a. fig. innerlich*); *torkeln:* stagger; **~ zwischen ... und** vary from ... to

Schwanz *m* tail; *V sl.* cock

schwänzen: die Schule ~

play truant (*bsd. Am.* F hook[e]y), skip school

Schwarm *m* swarm; *Fische:* shoal; *F dream; Idol:* idol

schwärmen swarm; *erzäh-len:* rave; **~ für** be* mad about

Schwarte *f* rind; *F Buch:* tome

schwarz black; **~es Brett** notice (*Am.* bulletin) board; **2arbeit** *f* moonlighting; **~brot** *n* rye bread; **2fahrer(in)** fare dodger; **2seher(in)** pessimist; *TV-* licen|ce (*Am.* -se) dodger; **2weiß...** *Film etc.:* black-and-white ...

schwatzen, schwätzen chat; *Schule:* talk

Schwebe|bahn *f* cableway; **2n** be* suspended; *Vogel, aviat.:* hover (*a. fig.*); *gleiten:* glide; *fig. in Gefahr:* be*

Schwed|e *m* Swede; **~in** *f* Sweden; **2isch** Swedish

Schwefel *m* sul|phur, *Am.* -fur

Schweif *m* tail (*a. ast.*)

schweig|en be* silent; **2en** *n* silence; **~end** silent; **~sam** quiet, reticent

Schwein *n* pig (*a. fig.*); *contp.* swine, bastard; **~ haben** be* lucky

Schweine|braten *m* roast pork; **~fleisch** *n* pork; **~rei** *f* mess; *Gemeinheit:* dirty trick; *Schande:* crying shame; **~stall** *m* pigsty (*a. fig.*)

Schweiß m sweat, perspiration; 2en tech. weld
Schweiz: die ~ Switzerland
Schweizer|(in), 2isch Swiss
schwelen smo(u)lder
schwelgen: ~ in revel in
Schwelle f threshold; 2en swell*; **~ung** f swelling
schwenken swing*; Hut: wave; spülen: rinse
schwer heavy; schwierig: difficult, hard (a. Arbeit); Wein etc.: strong; ernst: serious; **10 Kilo** ~ weigh 10 kilos; **~ arbeiten** work hard; **~verdaulich** indigestible, heavy; **~ verständlich** difficult to understand; **~ verwundet** seriously wounded; 2behinderte m, f disabled person; **~fällig** clumsy; 2gewicht n heavyweight; **~hörig** hard of hearing, 2kraft f gravity; 2punkt m cent|re (Am. -er) of gravity; fig. emphasis
Schwert n sword
schwerwiegend serious, grave
Schwester f sister; Nonne: a. nun; Kranken2: nurse
Schwieger... Eltern, Mutter, Sohn etc.: ...-in-law
schwielig horny
schwierig difficult, hard; 2keit f difficulty, trouble; **~en bekommen** get* into trouble
Schwimm|bad n (Hallen2: indoor) swimming pool; 2en swim*; Gegenstand: float;

ins Schwimmen kommen start floundering; **~er(in)** swimmer; **~flosse** f flipper; Am. swimfin; **~gürtel** m swimming belt; **~haut** f web; **~weste** f life jacket
Schwindel m dizziness; Betrug: swindle; Ulk: hoax; **~anfall** m dizzy spell; 2n fib, lie
Schwindler(in) swindler; **~lig** dizzy; **mir ist ~** I feel dizzy
Schwinge f wing; 2n swing*; phys. oscillate
Schwips m: **e-n ~ haben** be* tipsy
schwitzen sweat, perspire
schwören swear*
schwul gay; contp. queer
schwül sultry, close
Schwung m swing; fig. verve, F pep; Energie: drive; 2voll full of life
Schwur m oath; **~gericht** n etwa: jury court
sechs six; 2eck n hexagon; **~eckig** hexagonal; **~te, 2tel** n sixth; **~tens** sixthly, in the sixth place
sech|zehn(te) sixteen(th); **~zig** sixty; **~zigste** sixtieth
See¹ m lake
See² f sea, ocean; **an der ~** at the seaside; **~bad** n seaside resort; **~gang** m: **starker ~** heavy sea; **~hund** m seal; 2krank seasick
Seele f soul; 2isch mental
See|macht f sea power; **~mann** m seaman, sailor; **~meile** f nautical mile; **~not**

f distress (at sea); **~reise** *f* voyage, cruise; **~streitkräfte** *pl* naval forces *pl*; **~zunge** *f* (Brt. Dover) sole

Segel *n* sail; **~boot** *n* sailing boat, Am. sailboat; **~fliegen** *n* gliding; **~flugzeug** *n* glider; **2n** sail; **~schiff** *n* sailing ship; **~tuch** *n* canvas

Segen *m* blessing (a. fig.)

Segler(in) yachts(wo)man

segnen bless

sehen see*; blicken: look; sich an~: watch; **~nach** look after; **~swert** worth seeing; **2swürdigkeit** *f* sight

Sehne *f* sinew; Bogen: string

sehnen: *sich ~ nach* long for

sehn|lich(st) Wunsch: dearest; **2sucht** *f*, **~süchtig** longing, yearning

sehr very; mit vb: (very) much, greatly

seicht shallow (a. fig.)

Seid|e *f* silk; **~enpapier** *n* tissue (paper); **2ig** silky

Seife *f* soap; **~nblase** *f* soap bubble; **~noper** *f* TV soap opera; **~nschaum** *m* lather

Seil *n* rope; **~bahn** *f* cableway

sein¹ his; her; its

sein² be*; existieren: a. exist

seinerzeit in those days

seit mit Zeitpunkt: since; mit Zeitraum: for; **~ 1990** since 1990; **~ 2 Jahren** for two years; **~ langem** for a long time; **~dem 1.** adv since then; (ever) since; **2.** cj since

Seite *f* side; Buch: page

Seiten... Straße etc.: side ...; **~stechen** *n* stitch (in one's side); **~wechsel** *m* change of ends; **~wind** *m* crosswind

seit|lich side ..., at the side(s); **~wärts** sideways

Sekretär *m* secretary; Möbel: bureau; **~in** *f* secretary

Sekt *m* champagne

Sekt|e *f* sect; **~or** *m* sector

Sekunde *f* second

selbe same

selbst 1. pron: ich ~ (I) myself; mach es ~ do it yourself; **~ gemacht** homemade; von ~ by itself, automatically; **2.** adv even

Selbst|bedienung *f* self-service; **~beherrschung** *f* self-control; **2bewusst** self-confident; **~gespräch** *n* monolog(ue); **~ mit sich** talk to o.s.; **~kostenpreis** *m*: zum ~ at cost (price); **2los** unselfish; **~mord** *m* suicide; **2sicher** self-confident; **2ständig** independent; **~ständigkeit** *f* independence; **2süchtig** selfish; **2tätig** automatic; **2verständlich** of course, naturally; **für ~ halten** take* s.th. for granted; **~verständlichkeit** *f* a matter of course; **~verteidigung** *f* self-defen|ce, Am. -se; **~vertrauen** *n* self-confidence; **~verwaltung** *f* self-government, autonomy

selchen bsd. östr. smoke

selig *rel.* blessed; *verstorben:* late; *fig.* overjoyed

Sellerie *m, f* celery

selten 1. *adj* rare; **2.** *adv* rarely, seldom; **2heit** *f* rarity

seltsam strange, F funny

Semester *n* term

Semikolon *n* semicolon

Seminar *n univ.* department; *Übung:* seminar; *Priester2:* seminary; *Schulung:* workshop

Semmel *f* roll

Senat *m* senate

send|en send*; *Radio etc.:* broadcast*, transmit; *TV a.* televise; **2er** *m* transmitter; radio (*od.* TV) station; **2ung** *f* broadcast, program(me); *econ.* consignment, shipment

Senf *m* mustard

Senior 1. *m* senior; **~en** *pl* senior citizens *pl*; **2.** **2** *adj nach Namen:* senior; **2enpass** *m* senior citizen's rail pass

senk|en lower; *Kopf: a.* bow; *reduzieren: a.* reduce, cut; *sich* ~ drop, go* (*od.* come*) down; **~recht** vertical

Sensation *f* sensation

Sense *f* scythe

sensibel sensitive

sentimental sentimental

September *m* September

Serie *f* series; *Satz:* set; **2nmäßig** *mot. Ausstattung:* standard; *a.* **herstellen** mass-produce; **~nproduk-**

tion *f* mass-production

Serum *n* serum

Service¹ *n* service, set

Service² *m* service

servieren serve

Serviette *f* serviette, napkin

Servus: ~/ hi!; bye!

Sessel *m* armchair, easy chair; **~lift** *m* chair lift

setzen put*, set* (*a. print., agr., Segel,* place; *sich* ~ sit* down; *Bodensatz:* settle; *sich* ~ *auf* (*in*) get* on (into); ~ *auf* wetten: bet* on

Seuche *f* epidemic

seufze|n, 2er *m* sigh

Sex *m* sex; **~ismus** *m* sexism; **2istisch** sexist; **~ual...** sex ...; **2uell** sexual

sich oneself; *sg* himself, herself, itself; *pl* themselves; *sg* yourself, *pl* yourselves; *einander:* each other

Sichel *f* sickle

sicher safe, secure (*vor* from); *gewiss:* certain, sure; *selbst~:* confident; **2heit** *f* *bsd. persönliche:* safety; *bsd. öffentliche:* security (*a. pol., mil.*); *Gewissheit:* certainty

Sicherheits|... security ...; *bsd. tech.* safety ...; **~gurt** *m* seat (*od.* safety) belt; **~nadel** *f* safety pin

sicher|n secure (*sich o.s.*); *Computer:* save, store; **~stellen** secure; **2ung** *f* safeguard; *tech.* safety device (*Waffe:* catch); *electr.* fuse; **~ungskopie** *f* *Computer:*

Skonto

backup; **e-e ~ machen** back up

Sicht f visibility; **Aus**2: view; **in ~ kommen** come* into view; **2bar** visible; **2lich** obvious(ly); **~vermerk** m visa; **~weite** f: **in (außer) ~** within (out of) view

sickern trickle, ooze, seep

sie she; pl they; 2 sg, pl you

Sieb n sieve; Tee: strainer

sieben[1] sieve, sift

sieben[2] seven; **~te, 2tel** n seventh; **~zehn(te)** seventeen(th); **~zig** seventy; **2zigste** seventieth

siedeln settle

siede|n boil; **2punkt** m boiling point

Sied|**ler(in)** settler; **~lung** f settlement; **Wohn**2: housing development

Sieg m victory; Sport: a. win

Siegel n seal; privat: signet

sieg|**en** win*; **2er(in)** winner

siehe: **~ oben (unten)** see above (below)

siezen: **sich ~** be* on 'Sie' terms

Signal n, **2isieren** signal

Silbe f syllable

Silber n, **2n** silver

Silhouette f silhouette; Stadt: a. skyline

Silikon n silicone

Silvester n New Year's Eve

Sinfonie f symphony

singen sing*

Singular m singular

Singvogel m songbird

sinken sink*; econ. fall*

Sinn m sense; Bedeutung: a. meaning; **im ~ haben** have* in mind; **(keinen)** **~ ergeben** (not) make* sense; **es hat keinen ~** it's no use; **~esorgan** n sense organ

sinn|**lich** sensual; Wahrnehmung: sensory; **~los** senseless; useless

Sippe f family, clan

Sirup m syrup

Sitte f custom, habit; **~n** pl morals pl; manners pl

sittlich moral

Situation f situation

Sitz m seat; Kleid: fit; **~blockade** f sit-down demonstration (F demo), sit-in

sitzen sit*; sein: be*; passen: fit*; **~ bleiben** remain seated; Schule: have* to repeat a year

Sitz|**platz** m seat; **~streik** m sit-down (strike); **~ung** f session; meeting

Skala f scale; fig. range

Skandal m scandal

Skelett n skeleton

skeptisch sceptical

Ski m ski (a. **~ laufen** od. **fahren**); **~fahrer(in)**, **~läufer(in)** skier; **~lift** m ski lift; **~piste** f ski run; **~schuh** m ski boot; **~springen** n ski jumping; **~springer** m ski jumper

Skizze f, **2ieren** sketch

Sklav|**e, ~in** f slave

Skonto m, n (cash) discount

Skorpion m scorpion; *astr.* Scorpio

Skrupel m scruple; **2los** unscrupulous

Skulptur f sculpture

Slalom m slalom

Slip m → **Schlüpfer**

Smoking m dinner jacket, *Am.* tuxedo

so so, thus; like this (*od.* that); **~ ein** such a; **ein ~ genannter ...** a so-called ...; (**nicht**) **~ ... wie** (not) as ... as; **~ viel wie** as much as; **doppelt ~ viel** twice as much; **~ weit** so far; **ich bin ~ weit** I'm ready; **es ist ~ weit** it's time; **~bald** as soon as

Socke f sock

Sockel m base; *Statue, fig.:* pedestal

Sodbrennen n heartburn

soeben just (now)

sofort at once, immediately; **2bildkamera** f instant camera

Software f software

Sog m suction; *aviat., fig.* wake

sogar even

Sohle f sole; *Tal:* bottom

Sohn m son

solange as long as

Solar|... Energie, Zelle etc.: solar ...; **~ium** n solarium

solch such

Sold m pay; **~at(in)** soldier

Söldner m mercenary

solid(e) solid; *fig. a.* sound

Solist(in) soloist

Soll n *econ.* debit (side); *Plan2:* target; **~ und Haben** debit and credit

sollen be* to; be* supposed to; **soll ich ...?** shall I ...? **du solltest** you should; *stärker:* you ought to

Sommer m summer; **~ferien** pl summer holidays pl (*Am.* vacation *sg*); **2lich** summer(y); **~sprossen** pl freckles pl; **~zeit** f summertime; daylight saving time

Sonde f probe (*a. med.*)

Sonder|... Angebot, Ausgabe, Zug etc.: special ...; **2bar** strange, F funny; **~ling** m strange (*od.* odd) sort

Sondermüll m hazardous (*od.* special, toxic) waste; **~deponie** f special waste dump

sondern but; **nicht nur ..., ~ auch** not only ... but also

Sonnabend m Saturday

Sonne f sun

sonnen: *sich* **~** sunbathe

Sonnen|aufgang m sunrise; **~bad** n sunbath; **~bank** f sunbed; **~brand** m sunburn; **~brille** f sunglasses *pl*; **~energie** f solar energy; **~finsternis** f solar eclipse; **~kollektor** m solar panel; **~licht** n sunlight; **~schein** m sunshine; **~schirm** m sunshade; **~schutz** m *Mittel:* suntan lotion; **~stich** m sunstroke; **~strahl** m sunbeam; **~system** n solar system; **~uhr** f sundial; **~untergang** m sunset

sonnig sunny

Sonntag m Sunday

sonst otherwise, *mit pron*: else; *normalerweise*: normally; **wer** *etc.* **~?** who etc. else?; **~ noch** et.? anything else?; **wie** ~ as usual; **~ nichts** nothing else

Sorge f worry, problem; *Ärger*: trouble; *Für*~: care; *sich* **~n machen** (um) worry (about); **keine** ~! don't worry!; **2n:** ~ **für** care for, take* care of; *dafür* ~, *dass* see (to it) that; *sich* ~ *um* worry about

sorg|fältig careful; **~los** carefree; *nachlässig*: careless

Sort|e f sort, kind, type; **2ieren** sort, arrange; **~iment** n assortment

Soße f sauce; *Braten*~: gravy

souverän *pol.* sovereign

so|viel as far as; ~ **so; ~weit** as far as; → **so; sowie** as well as; *sobald*: as soon as; **~wieso** anyway

Sowjet m, **2isch** Soviet

sowohl: ~ ... **als** (**auch**) both ... and, ... as well as

sozial social; **2...** *Arbeiter(in), Demokrat(in) etc.*: social ...; **2abgaben** pl social security contributions pl; **2hilfe** f social security; **2ismus** m socialism; **2ist(in)** f, **~istisch** socialist; **2staat** m welfare state; **2versiche-**

rung f social insurance; **2wohnung** f council flat, *Am.* public housing unit

sozusagen so to speak

Spalt m crack, gap; **~e** f → **Spalt**; *print.* column; **2en:** (*sich*) ~ split*

Späne pl shavings pl

Spange f clasp; *Zahn*~: brace

Spani|en n Spain; **~er(in)** Spaniard; **2sch** Spanish

Spann m instep; **~e** f span; **2en** stretch; *Bogen*: draw*; be* (too) tight; **2end** exciting, thrilling; **~ung** f tension (*a. tech.*, *pol.*); *electr.* voltage; *fig.* suspense; **~weite** f spread

Spar|buch n savings book; **2en** save; economize (on); *er*2: spare; **~er(in)** saver

Spargel m asparagus

Spar|kasse f savings bank; **~konto** n savings account

spärlich scanty; sparse

sparsam economical

Spaß m fun; *Scherz*: joke; **es macht** ~ it's fun; **~vogel** m joker

spät late; **zu ~ kommen** be* late; **wie ~ ist es?** what time is it?

Spaten m spade

spätestens at the latest

Spatz m sparrow

spazieren: **2fahren** go* (*j-n*: take*) for a ride; *Baby*: take* out; ~ **gehen** go* for a walk

Spazier|fahrt f drive, ride;

~gang m walk; **e-n ~ machen** go* for a walk; **~gänger(in)** walker, stroller

Specht m woodpecker

Speck m bacon

Spedition f shipping agency; **Möbel~:** removal (Am. moving) firm

Speer m spear; Sport: javelin

Speiche f spoke

Speichel m spittle, saliva, F spit

Speicher m storehouse; Wasser~: reservoir; Boden: attic; Computer: memory; **~dichte** f storage density; **~einheit** f storage device; **~funktion** f memory function; **~kapazität** f memory capacity; **2n** store (up); **~ung** f storage

speien spit*; fig. spew

Speise f food; Gericht: dish; **~eis** n ice cream; **~kammer** f larder, pantry; **~karte** f menu; **2n** v/i dine; v/t feed*; **~röhre** f gullet; **~saal** m dining room; **~wagen** m dining car, diner

spekulieren speculate

Spende f gift; donation; **2n** give* (a. Blut); donate

Spengler m plumber

Sperling m sparrow

Sperr|e f barrier; rail. a. gate; Verbot: ban (on); Sport: suspension; **2en** close; Strom etc.: cut* off*; Scheck: stop; Sport: suspend; **~ in** lock (up) in; **~holz** n plywood; **~ig** bulky; **~stunde**

f (legal) closing time

Spesen pl expenses pl

speziali|sieren: sich ~ specialize (auf in); **2st(in)** specialist; **2tät** f special(i)ty

speziell special, particular

Spiegel m mirror; **~bild** n reflection; **~ei** n fried egg; **2n** reflect; glänzen: shine*; **sich ~** be* reflected

Spiel n game; Wett2: a match; das ~en, ~weise: play; Glücks2: gambling; **auf dem ~ stehen** be* at stake; **aufs ~ setzen** risk; **~automat** m slot machine; **~bank** f casino; **2en** play; gamble; **gegen X ~** play X; **2end** fig. easily; **~er(in)** player; gambler; **~feld** n (playing) field; **~film** m feature film; **~halle** f amusement arcade, game room; **~kamerad(in)** playmate; **~karte** f playing card; **~marke** f chip; **~plan** m program(me); **~platz** m playground; **~raum** m scope; **~regel** f rule; **~sachen** f toys pl; **~verderber(in)** spoilsport; **~waren** pl toys pl; **~zeug** n toy(s pl)

Spieß m spear, pike; Brat2: spit; Fleisch2: skewer

Spinat m spinach

Spind m, n locker

Spinn|e f spider; **2en** spin*; F fig. be* nuts; talk nonsense; **~webe** f cobweb

Spion m spy; **~age** f espionage; **2ieren** spy

Spirale f spiral

Spirituosen pl spirits pl

Spital n hospital

spitz pointed; Winkel: acute; Zunge: sharp; **2e** f point; Finger2 etc.: tip; Turm: spire; Berg etc.: peak, top; Gewebe: lace; fig. head; F toll: super; **an der ~** at the top; **~en** point, sharpen; **~findig** quibbling; **2name** m nickname

Splitter m, **2n** splinter

sponsern, **2or(in)** sponsor

Sport m sports pl, sport (a. ~art); Fach: physical education; **(viel) ~ treiben** do* (a lot of) sports; **~...** Nachrichten, Verein, Wagen etc.: mst sports ...; **~kleidung** f sportswear; **~ler(in)** athlete; **2lich** athletic; fair: fair; Kleidung: casual; **~platz** m sports grounds pl; **~tauchen** n scuba diving; **~wagen** m sports car; für Kinder: pushchair, Am. stroller

Spott m mockery; Hohn: derision; **2billig** dirt cheap; **2en** mock (**über** at); make* fun (of)

spöttisch mocking(ly)

Sprach|e f language; Sprechen: speech; Sprechweise: a. talk; **~labor** n language laboratory; **2los** speechless

Spray m, n spray; **~dose** f spray can

Sprech|anlage f intercom; an der Haustür: entryphone;

2en speak*; talk; **~er(in)** speaker; TV etc. announcer; Vertreter(in): spokesperson; **~stunde** f office hours pl; Arzt: consulting (od. surgery) hours pl; **~stundenhilfe** f receptionist; **~zimmer** n consulting room

spreizen spread* (out)

spreng|en blow* up; Wasser: sprinkle; Rasen: water; fig. break* up; **2stoff** m explosive; **2ung** f blasting; blowing up

sprenkeln speckle, spot

Sprichwort n proverb

sprießen sprout

Spring|brunnen m fountain; **2en** jump, leap*; Ball: bounce; Schwimmen: dive*; Glas: crack; zer~: break*; **~reiten** n show jumping; **~seil** n skipping rope

Spritze f syringe; Injektion: shot, injection; **2n** splash; sprühen: spray; med. inject; Fett: spatter; Blut: gush; **~r** m splash; gastr. dash

spröde brittle (a. fig.)

Spross m shoot, sprout

Sprosse f rung, step

Spruch m saying, words pl

Sprudel m mineral water; **2n** bubble (a. fig.)

Sprüh|dose f aerosol (can); **2en** spray; Funken: throw* out; **~regen** m drizzle

Sprung m jump, leap; Schwimmen: dive; Riss: crack; **~brett** n springboard *(a. fig.)*; *Schwimmen:* a. diving board; *~schanze* f ski jump

Spucke f spit(tle); **2n** spit* **spuken:** ~ *in* haunt *s.th.*; *in ... spukt es ...* is haunted

Spule f spool, reel; *electr.* coil **Spüle** f (kitchen) sink; **2en** rinse; wash up (the dishes); *W.C.:* flush the toilet; **~maschine** f dishwasher; **~mittel** n (liquid) detergent

Spur f trace *(a. fig.)*; *mehrere:* track(s pl); *Fahr2:* lane; *Tonband:* track

spüren feel*; sense

Staat m state; government; **2lich** state; *Einrichtung:* a. public

Staats|angehörigkeit f nationality, citizenship; **~anwalt** m, **~anwältin** f (public) prosecutor, *Am.* district attorney; **~bürger(in)** citizen; **~dienst** m civil service; **~mann** m statesman; **~oberhaupt** n head of (the) state

Stab m rod, bar; *mil., Team:* staff; *mus., Staffel2:* baton; *~hochsprung:* pole; **~hochsprung** m pole vault

stabil stable; *robust:* solid

Stachel m spine, prick; *Insekt:* sting; **~beere** f gooseberry; **~draht** m barbed wire; **2ig** prickly

Stadion n stadium

Stadium n stage, phase

Stadt f town; city; **~gebiet** n urban area; **~gespräch** n

fig. talk of the town

städtisch municipal

Stadt|mensch m city person, F townie; **~mitte** f town *(od.* city) cent|er *(Am. -er)*; **~plan** m city map; **~rand** m outskirts pl; **~rat** m town *(Am.* city) council; *Person:* town *(Am.* city) council(l)or; **~rundfahrt** f sightseeing tour; **~streicher(in)** city vagrant; **~teil** m, **~viertel** n district, area, quarter

Staffel f relay race *od.* team; *mil.* squadron; **~ei** f easel

Stahl m steel

Stall m stable; cowshed

Stamm m stem *(a. gr.)*; *Baum2:* trunk; *Volks2:* tribe; **~baum** m family tree; *zo.* pedigree; **2en** stem*; *~ aus* come* *(zeitlich:* date) from; **~gast** m regular

stämmig stocky, sturdy

Stammkunde m regular (customer)

stampfen v/t mash; v/i stamp (one's foot)

Stand m standing position; *Verkaufs2:* stand, stall; *Niveau:* level; *sozialer:* status; class; profession; *Sport:* score; → *außerstande, imstande, instand, zustande;* **~bild** n statue

Ständer m stand; rack

Standesamt n registry office, *Am.* marriage license bureau; **2lich:** *~e Trauung* civil marriage

stand|haft steadfast; **~halten** withstand*, resist

ständig constant(ly); *Adresse etc.*: permanent

Stand|licht *n* sidelights *pl*, *Am.* parking lights *pl*; **~ort** *m* position; **~pauke** *f* F lecture; **~punkt** *m* point of view; **~spur** *f* hard shoulder, *Am.* shoulder; **~uhr** *f* grandfather clock

Stange *f* pole; *Metall*≗: rod, bar; *Zigaretten*: carton

Stängel *m* stalk, stem

Stanniol *n* tin foil

Stanze *f*, **≗n** punch

Stapel *m* pile, stack; **≗n** pile (up), stack

stapfen trudge, plod

Star *m* zo. starling; *med.* cataract; *Film etc.*: star

stark strong; *mächtig, leistungs~*: *a.* powerful; *Raucher, Verkehr*: heavy; *Schmerz*: severe; F super

Stärke *f* strength, power; *chem.* starch; **≗n** strengthen (*a. fig.*); *Wäsche*: starch

Starkstrom *m* heavy current

Stärkung *f* strengthening; *Imbiss*: refreshment

starr stiff; *unbeweglich*: rigid; **~er Blick** (fixed) stare; **~en** stare (**auf** at); **~köpfig** stubborn

Start *m* start (*a. fig.*); *aviat.* takeoff; *Rakete*: liftoff, launch(ing); **~bahn** *f* runway; **~bereit** ready to start (*aviat.* for takeoff); **≗en** *v/i* start; *aviat.* take* (*Rakete*:

lift) off; *v/t* start; *Rakete*: launch

Station *f* station; *Kranken*≗: ward; *fig.* stage

Statistik *f* statistics *pl*

Stativ *n* tripod

statt instead of; **~ zu** instead of *ger*; **~dessen** instead

Stätte *f* place; scene

stattfinden take* place

stattlich imposing; *Summe etc.*: handsome

Statue *f* statue

Statuszeile *f Computer*: status line

Stau *m* traffic jam

Staub *m* dust (*a.* **~ wischen**)

Staubecken *n* reservoir

staub|en make* dust; **~ig** dusty; **≗sauger** *m* vacuum cleaner; **≗tuch** *n* duster

Stau|damm *m* dam; **≗en** dam up; **sich ~** *som. etc.* be* stacked up; *med.* congest

staunen be* astonished (*od.* amazed) (**über** at)

Staupe *f* distemper

Stausee *m* reservoir

stech|en prick; (**sich** one's finger *etc.*); *Insekten*: sting*; *Mücke etc.*: bite*; *mit Messer*: stab; **~end** *Blick*: piercing; *Schmerz*: stabbing; **~uhr** *f* time clock

Steckdose *f* (wall) socket

stecken *v/t* stick* put*; **~ an** pin to; *v/i sein*: be*; *festsitzen*: stick*, be* stuck; **~bleiben** get* stuck; **≗pferd** *n* hobbyhorse; *fig.* hobby

Steck|er *m* plug; **~nadel** *f* pin; **~platz** *m Computer:* slot

Steg *m* footbridge

stehen stand*; *sein:* be*; **hier steht, dass** it says here that; **es steht ihr** she looks good in it; **wie steht es?** what's the score?; **wie stehts mit ...?** what about ...?; **~ bleiben** stop; come* to a standstill; **~ lassen** leave* (*Schirm:* behind; *Essen:* untouched)

Stehlampe *f* standard (*Am.* floor) lamp

stehlen steal*

Stehplatz *m* standing room

steif stiff (**vor** with)

Steig|bügel *m* stirrup; **2en** climb (*a. aviat.*); *hoch~, zunehmen:* rise*, go* up; → **einsteigen** *etc.*; **2ern:** (*improve:*) **~ increase**; *verbessern:* improve; **~ung** *f* gradient; *Hang:* slope

steil steep

Stein *m* stone; **~bock** *m* ibex; *astr.* Capricorn; **~butt** *m* turbot; **~bruch** *m* quarry; **2ig** stony; **~kohle** *f* hard coal; **~zeit** *f* Stone Age

Stelle *f* place; *Fleck:* spot; *Punkt:* point; *Arbeits2:* job; *Behörde:* authority; **freie ~** vacancy; **ich an deiner ~** if I were you

stellen put*, place; set* (*a. Uhr, fig.*); *leiser etc.:* turn; *Frage:* ask; **sich ~** (go*) and stand*; *fig.* give* o.s. up

Stellen|angebot *n* job offer; **"~e"** *Zeitungsrubrik:* vacancies *pl*, situations vacant *pl*; **~anzeige** *f* job ad(vertisement), employment ad

Stellung *f* position; *Stelle:* job; **~nahme** *f* opinion, comment; **2slos** unemployed

Stellvertreter(in) representative; *amtlich:* deputy

stemmen lift; **sich ~ gegen** press against; *fig.* resist

Stempel *m* stamp; *Post2:* postmark; *bot.* pistil; **2n** stamp

Stengel *m* → **Stängel**

Steno|graphie *f* shorthand; **2graphieren** take* *s.th.* down in shorthand; **~typistin** *f* shorthand typist

Steppdecke *f* quilt

Stepptanz *m* tap dancing

Sterbe|hilfe *f* euthanasia, mercy killing; **~klinik** *f* hospice; **2n** die (**an** of); **2lich** mortal

Stereo(...) *n* stereo (...)

steril sterile; **~isieren** sterilize

Stern *m* star (*a. fig.*); **~enbanner** *n* Star-Spangled Banner, Stars and Stripes *pl*; **~schnuppe** *f* shooting star; **~warte** *f* observatory

stet|ig constant; *gleichmäßig:* steady; **~s** always

Steuer¹ *n* (steering) wheel; *naut.* helm, rudder

Steuer² *f* tax; **~berater(in)** tax adviser; **~bord** *n* starboard; **~erklärung** *f* tax return; 2**frei** tax-free; *Waren*: duty-free; ~**knüppel** m joystick (*a. Computer*); ~**mann** m *naut.* helmsman; *Rudern*: cox(swain); 2**n** steer; *mot. a.* drive*; *tech.*, *fig.* control; ~**rad** m steering wheel; ~**ruder** n helm, rudder; ~**ung** f steering; *tech.* control; ~**zahler** m taxpayer

Stich m prick; *Bienen*2: sting; *Mücken*2: bite; *Messer*2: stab; *Nähen*: stitch; *Karten*: trick; *Grafik*: engraving; *im* ~ *lassen* let* *s.o.* down; *verlassen*: abandon, desert; ~**probe** f spot check; ~**tag** m cutoff date; *letzter Termin*: deadline; ~**wahl** f runoff; ~**wort** n *thea.* cue; *Lexikon*: entry, *Brt. a.* headword; ~**e** pl notes pl; ~**wortverzeichnis** n index

stick|en embroider; ~**ig** stuffy; 2**stoff** m nitrogen

Stiefel m boot

Stief|... *Mutter etc.*: step...; ~**mütterchen** n pansy

Stiege f östr. → **Treppe**

Stiel m handle; *Glas, Pfeife, Blume*: stem

Stier m bull; *astr.* Taurus; ~**kampf** m bullfight

Stift m pen; *Blei*2: pencil; *tech.* pin; 2**en** found; *spenden*: donate

Stil m style

still quiet, silent; *unbewegt*: still; *sei(d)* ~! be quiet!; 2**e** f silence, quiet(ness); ~**en**

Baby: nurse, breastfeed*; *Schmerz*: relieve; *Hunger, Neugier*: satisfy; *Durst*: quench; *Blutung*: stop; ~**halten** keep* quiet; ~**legen** close down; ~**schweigend** *fig.* tacit; 2**stand** m standstill, stop

Stimm|band n vocal cord; 2**berechtigt** entitled to vote; ~**e** f voice; *pol.* vote; 2**en** v/i be* true *od.* right *od.* correct (*a. Summe*); *pol.* vote; v/t tune; *Stimmung*: put in the mood; 2**recht** n right to vote; ~**ung** f mood; atmosphere; ~**zettel** m ballot

stinken stink* (*nach* of)

Stipendium n scholarship

Stirn f forehead; *die* ~ *runzeln* frown; ~**höhle** f sinus

stöbern rummage (about)

stochern: ~ *in* *Feuer*: poke; *Zähnen*: pick; *Essen*: pick at

Stock m stick; ~**werk**: floor, stor(e)y; *im ersten* ~ on the first (*Am.* second) floor

stock|en stop (short); *zögern*: falter; *Verkehr*: be* jammed; 2**werk** n stor(e)y, floor

Stoff m material; *Gewebe*: fabric, textile; *Tuch*: cloth; *chem. etc.* substance; *Thema, Lern*2: subject (matter); ~**tier** n stuffed animal; ~**wechsel** m metabolism

stöhnen groan, moan

stolpern stumble, trip

stolz proud

Stolz m pride

stopfen v/t stuff, fill (*a. Pfeife*); *Socke, Loch*: darn,

mend; v/i Essen: be* filling (*med.* constipating)
Stoppel f stubble
stopp|en stop; Zeit: time; **℥schild** n stop sign; **℥uhr** f stopwatch
Stöpsel m stopper, plug
Storch m stork
stör|en disturb, bother; be* in the way; **℥fall** m Kernkraft: accident
störrisch stubborn
Störung f disturbance; trouble (a. tech.): breakdown; TV etc. interference
Stoß m push, shove; Schlag: blow, knock; Anprall: impact; Schwimm℥: stroke; Erschütterung: shock; Wagen: jolt; Stapel: pile; **℥dämpfer** m shock absorber; **℥en** push, shove; knock, strike*; ~ **an** od. **gegen** bump (od. run*) into (od. against); **sich ~ an** knock one's head against; ~ **auf** come* across; Probleme etc.: meet* with; Öl etc.: strike*; **℥stange** f bumper; **℥zeit** f rush hour, peak hours pl
stottern stutter
Straf|anstalt f prison; **℥bar** punishable, criminal; **℥e** f punishment; jur., Sport, fig.: penalty; Geld℥: fine; **℥en** punish
straff tight; fig. strict
Straf|porto n surcharge; ~ **raum** m penalty area; **℥zettel** m ticket

Strahl m ray (a. fig.); Licht: a. beam; Blitz: flash; Wasser etc.: jet; **℥en** radiate; Sonne: shine*; phys. be* radioactive; fig. beam; **~ung** f radiation, rays pl
Strähne f strand
stramm tight
strampeln kick; fig. pedal
Strand m (am on the) beach; **℥en** strand; fig. fail; **~korb** m roofed wicker beach chair
Strang m rope; anat. cord
Strapaz|e f strain, exertion; **℥ieren** wear* out; **℥ierfähig** durable
Straße f road; e-r Stadt etc.: street; Meerenge: strait(s pl.)
Straßen|arbeiten pl roadworks pl; **~bahn** f tram(car), Am. streetcar; **~café** n pavement (Am. sidewalk) café; **~karte** f road map; **~sperre** f roadblock; **~verkehrsordnung** f traffic regulations pl, Brt. Highway Code
sträuben Federn: ruffle (up); **sich ~ Haare:** stand* on end; **sich ~ gegen** resist, fight
Strauch m shrub, bush
Strauß m zo. ostrich; Blumen: bunch, bouquet
streben: ~ nach strive* for
Strecke f distance; Route: route; anat. line; **℥n** stretch (**sich** o.s.), extend
Streich m trick, prank; j-m e-n ~ **spielen** play a trick on s.o.; **℥eln** stroke, caress; **℥en** paint; schmieren: spread*;

aus~: cross out; *absagen*: cancel; *über et. ~ run* one's hand over s.th.; **~ durch** roam; **~holz** *n* match

Streife *f* patrol(man); **2n berühren**: touch, brush (against); *Kugel*: graze; *Thema*: touch on; *~ durch* roam; **~n** *m* stripe; *Teil*: strip; **~wagen** *m* patrol car

Streik *m* strike; **2en** (*go* od. *be* on) strike*

Streit *m* quarrel, argument, fight; *pol. etc.* dispute; **2en**: (**sich**) **~** quarrel, argue, fight* (*um* for); **~kräfte** *pl* (armed) forces *pl*

streng strict, severe (*a. Kritik, Strafe, Winter*)

Stress *m* (*im* under) stress

stress|en cause stress; *put* *s.o.* under stress; **~ig** stressful

streuen scatter; *Weg*: grit

Strich *m* stroke; *Linie*: line; **auf den ~ gehen** walk the streets; **~kode** *m* bar code

Strick *m* rope; **2en** knit*; **~jacke** *f* cardigan; **~nadel** *f* knitting needle; **~waren** *pl* knitwear *sg*; **~zeug** *n* knitting

Striemen *m* welt, weal

Stroh *n* straw; **~dach** *n* thatched roof; **~halm** *m* straw

Strom *m* (large) river; *electr.* current; *fig.* stream

strömen stream, flow, run*; *Regen, Menschen*: pour

Strom|kreis *m* circuit; **~**

schnelle *f* rapid

Strömung *f* current

Strophe *f* stanza, verse

Strudel *m* whirlpool, eddy

Struktur *f* structure

Strumpf *m* stocking; **~hose** *f* tights *pl*, pantie-hose

struppig shaggy

Stück *n* piece; *Teil*: a. part; *Zucker*: lump; *thea.* play

Student(in)

Stud|ie *f* study; **2ieren** study, *be** a student (*of*); **~ium** *n* studies *pl*; studying *law etc*

Stufe *f* step; *Stadium, Raketen*2: stage

Stuhl *m* chair; *med.* stool (specimen); **~gang** *m* (bowel) movement

stumm dumb, mute

Stummel *m* stump (*a. med.*), stub (*a. Zigarren*2)

Stummfilm *m* silent film

Stümper *m* bungler

Stumpf *m* stump (*a. med.*)

stumpf blunt, dull (*a. fig.*); **~sinnig** dull

Stunde *f* hour; *Unterricht*: lesson, class

Stunden|kilometer *pl* kilomet|res (*Am.* -ers) per hour; **2lang 1.** *adv* for hours; **2.** *adj* hours of ...; **~lohn** *m* hourly wage; **~plan** *m* timetable, *Am.* schedule; **2weise** by the hour

stündlich hourly, every hour

Stupsnase *f* snub nose

stur pigheaded

Sturm *m* storm; *mil.* assault

stürm|en storm; *Sport:* attack; *fig.* rush; **2er(in)** forward; **~isch** stormy (*a. fig*)

Sturmspitze *f Sport:* spearhead

Sturz *m* fall (*a. fig.*); *Regierung etc.:* overthrow

stürzen fall*; *eilen:* rush; *Regierung:* overthrow*

Sturzhelm *m* crash helmet

Stute *f* mare

Stütze *f* support; *fig. a.* help

stutzen *v/t* trim; clip; *v/i* stop short; (*begin** to) wonder

stützen support (*a. fig.*); **sich ~ auf** lean* on

stutzig: **~ machen** make* suspicious; → **stutzen**

Stützpunkt *m* base

Styropor® *n* polystyrene, *Am.* styrofoam®

Subjekt *n gr.* subject; *contp.* character; **2iv** subjective

Sub|stantiv *n* noun; **~stanz** *f* substance; **2trahieren** subtract

Suche *f* search (*nach* for); *auf der ~ nach* in search of; **2n** look (*intensiv:* search) for; **~r** *m phot.* viewfinder

Sucht *f* addiction

süchtig: ~ sein be* addicted to *drugs etc.*; **2e** *m, f* addict

Süd|(en *m*) south; **~früchte** *pl* tropical fruits *pl*; **2lich** south(ern); *Wind etc.:* southerly; **~ost(en** *m*) southeast; **~pol** *m* South Pole; **~west(en** *m*) southwest

süffig pleasant (to drink)

Sülze *f* jellied meat

Summe *f* sum (*a. fig.*), (sum) total; *Betrag:* amount

summen buzz, hum

Sumpf *m* swamp, bog; **~...** *Pflanze etc.: mst* marsh ...; **2ig** swampy, marshy

Sünde *f* sin; **~nbock** scapegoat; **~r(in)** sinner

Super *n Benzin: Brt.* four-star (petrol), *Am.* premium (gasoline); **~lativ** *m* superlative; **~markt** *m* supermarket

Suppe *f* soup; **~nschüssel** *f* tureen

Surf|brett *n* sailboard; *Wellenreiten:* surfboard; **2en** windsurf; surf; **~er(in)** windsurfer; surfer

süß sweet (*a. fig.*); **~en** sweeten; **2igkeiten** *pl* sweets; **2speise** *f* sweet; **2stoff** *m* sweetener; **2wasser** *n* fresh water

Symbol *n* symbol; **2isch** symbolic(al)

symmetrisch symmetric(al)

sympathisch nice, likable; *er ist mir ~* I like him

Symphonie *f* symphony

Symptom *n* symptom

Synagoge *f* synagogue

synchronisieren synchronize; *Film etc.:* dub

synthetisch synthetic

System *n* system; **2atisch** systematic, methodical; **~fehler** *m Computer:* system error

Szene *f* scene

T

Tabak m tobacco

Tabelle f table; **~nkalkulation** f Computer: spreadsheet

Tablett n tray

Tablette f tablet, pill

Tabulator m tabulator

Tachometer m speedometer

Tadel m reproof, rebuke; **2los** faultless; excellent; **2n** criticize; förmlich: reprove

Tafel f (black)board; → **Anschlagbrett**; Schild: sign; Gedenk2 etc.: plaque; Schokolade: bar

täfel|n panel; **2ung** f panel(l)ing

Tag m day; am **~e** during the day; guten **~!** hello!; beim Vorstellen: a. how do you do?; → **heute**

Tage|buch n diary; **2lang** for days; **2n** hold* a meeting

Tages|anbruch m (bei) at) dawn; **~ausflug** m day trip; **~licht** n daylight; **~lichtprojektor** m overhead projector; **~mutter** f childminder; **~rückfahrkarte** f day return; **~stätte** f (day) nursery, day-care cent|re (Am. -er); **~suppe** f soup of the day; **~zeit** f time of day; **~zeitung** f daily (paper)

täglich daily

tagsüber during the day

Tagung f conference

Taille f waist

Takt m mus. time; Einzel2: bar; mot. stroke; **~gefühl:** tact

Taktik f tactics sg, pl

takt|los tactless; **2stock** m baton; **~voll** tactful

Tal n valley

Talent n talent, gift

Talisman m charm

Talk|master m chat-show host; **~show** f chat (Am. talk) show

Tampon m tampon

Tang m seaweed

Tank m tank; **2en** get* (some) petrol (Am. gas), fill up; **~er** m tanker; **~stelle** f petrol (Am. gas) station; **~wart** m petrol (Am. gas) station attendant

Tanne f fir (tree); **~nzapfen** m fir cone

Tante f aunt; **~-Emma-Laden** m F corner shop, Am. mom-and-pop store

Tanz m, **2en** dance

Tänzer(in) dancer

Tape|te f, **2zieren** wallpaper

tapfer brave; courageous

Tarif m rate(s pl); **~verhandlungen** pl wage negotiations pl

tarn|en camouflage; fig. disguise; **2ung** f camouflage

Tasche

Tasche f bag; pocket

Taschen|buch n paperback; **~dieb(in)** pickpocket; **~geld** n pocket money; **~lampe** f torch, Am. flashlight; **~messer** n pocket knife; **~rechner** m pocket calculator; **~tuch** n handkerchief, F hankie; **~uhr** f pocket watch

Tasse f cup (*Tee* of tea)

Tast|atur f keyboard; **~e** f key; **2en** grope (*nach* for); **sich ~** feel* (*od.* grope) one's way; **~entelefon** n push-button phone

Tat f act, deed; *Handeln*: action; *Straf2*: offen|ce, Am. -se; crime; **2enlos** inactive

Täter(in) culprit, offender

tätig active; busy; **2keit** f activity; occupation, job

tat|kräftig active; **2ort** m scene of the crime

tätowier|en, **2ung** f tattoo

Tat|sache f fact; **2sächlich** actual(ly), real(ly)

tätscheln pat

Tatze f paw

Tau¹ n rope

Tau² m dew

taub deaf; *Finger*: numb

Taube f pigeon; *poet.* dove

taubstumm deaf and dumb; **2e** m, f deaf mute

tauch|en be* under; *Sport*: skin-dive; *U-Boot*: submerge; **~ in** dip into; **2er(in)** (*Sport*) skin diver; **2sport** m skin diving

tauen thaw, melt

Tauf|e f baptism, christening; **2en** baptize, christen

taug|en be* good (*zu* for); **nichts ~** be* no good; **~lich** fit (for service)

taumeln reel, stagger

Tausch m exchange; **2en** exchange (*gegen* for), F swap

täusch|en mislead*; **sich ~** be* mistaken; **~end** striking; **2ung** f deception

tausend(ste) thousand(th)

Tauwetter n thaw

Taxi n taxi, cab; **~stand** m taxi rank (*Am.* stand)

Technik f technology; *Verfahren*: technique (*a.* Sport, Kunst); **~er(in)** technician

technisch technical; technological; **~e Hochschule** college *etc.* of technology

Technologie f technology

Tee m tea; **~kanne** f teapot; **~löffel** m teaspoon

Teer m, **2en** tar

Teesieb n tea strainer

Teich m pond

Teig m dough; **2waren** pl pasta sg

Teil m, n part; *An2*: portion, share; **zum ~** partly, in part; **2bar** divisible; **~chen** n particle; **2en** divide; share (*a. sich et. ~*); **2haben** share (*an* in); **~haber** m partner; **~kaskoversicherung** f partial coverage insurance; **~nahme** f participation; *An2*: sympathy; **2nahmslos** apathetic; **2nehmen: ~ an**

take* part in, participate in; ~**nehmer(in)** participant; **2s** partly; ~**ung** f division; **2weise** partly; **2**

Teilzeit|arbeit f part-time employment; ~**beschäftigte** m, f part-time employee, F part-timer

Teint m complexion

Telefax n → **Fax**

Telefon n (tele)phone; ~**buch** n phone book, telephone directory; ~**gespräch** n (tele)phone call; **2ieren** (tele)phone; **2isch** by (tele)phone; ~**ist(in)** (tele)phone operator; ~**karte** f phonecard; ~**nummer** f (tele)phone number; ~**zelle** f (tele)phone box (Am. booth), call box; ~**zentrale** f (telephone) exchange

tele|grafieren telegraph; **2gramm** n telegram; **2kommunikation** f telecommunications pl; **2objektiv** n telephoto lens; **2text** m teletext

Telex n, **2en** telex

Teller m plate

Tempel m temple

Temperament n temper(ament); Schwung: life, F pep; **2voll** full of life

Temperatur f (messen take* s.o.'s) temperature

Tempo n speed; mus. time; ~**-30-Zone** 30 kmph zone; ~**limit** n speed limit

Tendenz f tendency, trend

Tennis n tennis; ~**platz** m ten-

nis court; ~**schläger** m (tennis) racket

Teppich m carpet; ~**boden** m (wall-to-wall) carpeting

Termin m date; Arzt: appointment; Frist: deadline

Terminal n Computer: terminal

Terrasse f terrace

Terror m terror; ~**anschlag** m terrorist attack; **2isieren** terrorize; ~**ismus** m terrorism

Tesafilm® m sellotape®, Am. scotch tape®

Testament n (last) will; rel. Testament

Test m test; ~**bild** n TV: test card; **2en** test; ~**pilot** m test pilot

teuer expensive; wie ~ ist es? how much is it?

Teufel m devil

Text m text; Lied: words pl

Textilien pl textiles pl

Textverarbeitung f word processing; ~**ssystem** n word processor

Theater n theat|re, Am. -er; F fig. fuss; ~**besucher** m theatregoer, Am. theatergoer; ~**kasse** f box office; ~**stück** n play

Theke f bar, counter

Thema n subject, topic; bsd. mus. theme

Theologie f theology

theor|etisch theoretical(ly); **2ie** f theory

Therapie f therapy

Therm|al... thermal; **~ometer** n thermometer; **~osflasche**® f thermos® (flask), flask

Thrombose f thrombosis

Thron m throne

Thunfisch m tuna (fish)

Tick m kink; med. tic; **Len** tick

tief deep (a. fig.); niedrig: low (a. Ausschnitt)

Tief n meteor. low (a. fig.); **~e** f depth (a. fig.); **~enschärfe** f depth of focus; **Lgekühlt** deep-frozen; **~kühlfach** n freezing compartment; **~kühlkost** f frozen foods pl; **~kühltruhe** f deep-freeze, freezer

Tier n animal; **~arzt** m, **~ärztin** f vet; **~freund(in)** animal lover; **~kreis** m astr. zodiac; **~kreiszeichen** n sign of the zodiac; **~quälerei** f cruelty to animals; **~schutzverein** m society for the prevention of cruelty to animals

Tiger m tiger; **~in** f tigress

tilgen econ. pay* off

Tinte f ink; **~nfisch** m squid

Tipp m tip; Wink: a. hint

tipp|en tap; schreiben: type; raten: guess; play Lotto etc.; **Toto:** do* the pools; **Lfehler** m typing error

Tisch m table; **den ~ decken** set* (Brt. a. lay*) the table; **~decke** f tablecloth; **~ler(in)** cabinetmaker, carpenter, bsd. Brt. a. joiner; **~tennis** n table tennis

Titel m title; **~bild** n cover

(picture); **~blatt** n, **~seite** f title page, e-r Zeitschrift a. front cover

Toast m, Len toast; **~er** m toaster

toben rage; Kinder: romp

Tochter f daughter

Tod m death; **~... müde, sicher** etc.: dead ...

Todes|anzeige f obituary (notice); **~opfer** n casualty; **~strafe** f capital punishment; death penalty

tödlich fatal; deadly

Toilette f toilet (a. **~n...**), Am. mst bathroom

tolerant tolerant

toll super, great

tollen romp

Tollpatsch m F clumsy oaf; **Lig** clumsy, oafish

Tollwut f rabies

Tomate f tomato

Ton¹ m clay

Ton² m sound; mus., fig. tone; Farb2: a. shade; Note: note; Betonung: stress; **~abnehmer** m pickup; **Langebend** dominant; **~art** f key; **~band** n tape; **~bandgerät** n tape recorder

tönen v/i sound, ring*; v/t tint (a. Haar); dunkel: shade

Ton|fall m tone (of voice); accent; **~film** m sound film

Tonne f ton; Fass: barrel

Topf m pot

Topfen m östr. curd(s pl)

Töpfer|(in) potter; **~ei** f pottery (a. **~waren**)

Tor n gate; *Fußball etc.:* goal

Torhüter m → **Torwart**

Torf m peat

torkeln reel, stagger

Tor|latte f crossbar; **~linie** f goal line; **~mann** m → **~wart**; **~pfosten** m goalpost; **~raum** m goalmouth; **~schütze(nkönig)** m (top) scorer

Torte f gateau, layer cake

Torwart m goalkeeper, F goalie

tosend thunderous

tot dead (a. fig.); **~er Punkt** fig. deadlock; low point

total total; complete; **2schaden** m write-off, Am. total loss

Tote m, f dead man (od. woman); (dead) body, corpse; **~** pl casualties pl

töten kill

Totenschein m death certificate

Toto n, m football pools pl

Totschlag m manslaughter, homicide; **2en** kill

toupieren backcomb

Tour f tour (durch of); **~ismus** m tourism; **~ist(in)** m(f) tourist; **~nee** f tour

traben trot; **2er** m trotter

Tracht f costume; *Schwestern2 etc.:* uniform; **~ Prügel** beating

trächtig pregnant

Tradition f tradition; **2ell** traditional

Trafik f östr. tobacconist's

Trag|bahre f stretcher; **2bar** portable; *Kleidung:* wearable; *fig.* bearable

träge lazy, indolent

tragen carry; *Kleidung, Haar etc.:* wear*; *fig.* bear*

Träger m carrier; *med.* stretcher-bearer; *am Kleid etc.:* strap; *tech.* support; *arch.* girder

Trage|tasche f *für Babys:* carrycot; a. **~tüte** f carrier (Am. shopping) bag;

Trag|fläche f *aviat.* wing; **~flügelboot** n hydrofoil

trag|isch tragic; **2ödie** f tragedy

Train|er(in) coach; **2ieren** v/i practi|se, Am. -ce; train; v/t train; *Team etc.:* a. coach; **~ing** n practi|ce, Am. -ce; **~ingsanzug** m track suit

Traktor m tractor

trampeln trample, stamp

trampen hitchhike

Träne f tear; **2n** water; **~ngas** n teargas

tränken water; soak

Transfusion f transfusion

Transistor m transistor

Transport m transport(ation); **2ieren** transport; **~mittel** n (means sg of) transport(ation); **~unternehmen** n haulage firm; **~unternehmer** m haulier, Am. hauler

Traube f bunch of grapes; *Beere:* grape; **~nsaft** m grape juice; **~nzucker** m glucose, dextrose

trauen[1] trust (*j-m* s.o.); *sich* ~ dare

trauen[2] marry; *getraut werden* get married, marry

Trauer *f* sorrow; mourning; **~feier** *f* funeral (service); **~kleidung** *f* mourning; **2n** mourn (*um* for)

Traum *m* dream

träumen dream*

traumhaft dreamlike; (absolutely) wonderful

traurig sad

Trau|ring *m* wedding ring; **~schein** *m* marriage certificate; **~ung** *f* marriage, wedding; **~zeuge** *m*, **~zeugin** *f* witness to a marriage

treff|en hit*; *begegnen:* meet* (*a. sich* ~); *kränken:* hurt*; *Entscheidung:* make*; *nicht* ~ miss; **2en** *n* meeting; **2er** *m anti.*, *Boxen:* hit; *Fußball:* goal; *Los:* winner; **2punkt** *m* meeting place

treib|en *v/t* drive* (*a. tech.*); *Sport:* do*; *j-n:* push; *v/i* drift, float; *bot.* shoot*; **2gas** *n* propellant; *ohne* ~ ozone-friendly; **2haus** *n* hothouse, greenhouse; **~hauseffekt** *m* greenhouse effect; **2riemen** *m* drive belt; **2stoff** *m* fuel

trenn|en separate (*a. sich* ~); *ab~:* sever; *pol.*, *Wort:* divide; *tel.* disconnect; *sich* ~ *von* part with; *j-m:* leave*; **2ung** *f* separation; division; **2wand** *f* partition

Treppe *f* staircase, stairs *pl*; **~nhaus** *n* staircase; hall

Tresor *m* safe; bank vault

treten kick; step (*auf* on; *aus* out of; *in* into); *fahren:* pedal

treu faithful; loyal; **2e** *f* faithfulness; loyalty; **~los** unfaithful; disloyal

Tribüne *f* platform; *Sport:* (grand)stand

Trichter *m* funnel; crater

Trick *m* trick

Trieb *m bot.* (young) shoot; *Natur2:* instinct; sex urge; **~kraft** *f fig.* driving force; **~wagen** *m* rail car; **~werk** *n* engine

Trikot *n* tights *pl*; *Sport:* shirt

trink|bar drinkable; **~en** drink* (*auf* to; *zu* et. with *s.th.*); **2er(in)** drinker; **2geld** *n* tip; **2halm** *m* straw; **2spruch** *m* toast; **2wasser** *n* drinking water

trippeln trip

Tripper *m* gonorrh(o)ea

Tritt *m* step; *Fuß2:* kick; **~brett** *n* running board

Triumph *m*, **2ieren** triumph

trocken dry (*a. Wein:*); **2haube** *f* hairdrier; **2heit** *f* dryness; *Dürre:* drought; **~legen** drain; *Baby:* change

trocknen dry; **2er** *m* dryer

Troddel *f* tassel

Trödel *m* junk; **2n** dawdle

Trog *m* trough

Trommel *f* drum; **~fell** *n anat.* eardrum; **2n** drum

Trompete f trumpet
Tropen pl tropics pl
tröpfeln drip; regnen: drizzle
tropf|en drip; **2en** m drop; **2-steinhöhle** f stalactite cave
tropisch tropical
Trost m comfort
trösten comfort, console
trostlos miserable; Gegend etc.: desolate
Trottel m idiot
Trottoir n Schweiz: pavement, Am. sidewalk
trotz 1. prp in spite of, despite;
2. 2 m defiance; **~dem** still, nevertheless, all the same; **~ig** defiant; sulky
trüb(e) cloudy; Wasser: muddy; Licht etc.: dim; Farbe, Wetter: dull
Trubel m (hustle and) bustle
trübsinnig gloomy
trügerisch deceptive
Truhe f chest
Trümmer pl ruins pl; debris sg; Stücke: fragments pl
Trumpf m trump(s pl)
Trunkenheit f drunkenness;
~ am Steuer drink-driving, Am. drunk driving
Trupp m troop; group; **~e** f troop; thea. company
Truthahn m turkey
Tschech|e m Czech; **~ien** Czech Republic; **~in** f Czech; **2isch** Czech; **~e Republik** Czech Republic
Tube f tube
Tuberkulose f tuberculosis
Tuch n cloth; → **Hals-,**

Kopf-, Staubtuch
tüchtig (cap)able, efficient; F fig. good; arbeiten etc.: hard, a lot
tückisch treacherous
Tugend f virtue
Tulpe f tulip
Tumor m tumo(u)r
Tümpel m pool
Tumult m tumult, uproar
tun do*; legen etc.: put*; **zu ~ haben** be* busy; **so ~, als ob** pretend to
Tunfisch m tuna (fish)
Tunke f sauce; **2n** dip
Tunnel m tunnel
tupfe|n dab; tüpfeln: dot; **2n** m dot, spot; **2r** m med. swab
Tür f door
Turban m turban
Turb|ine f turbine; **~olader** m turbo(charger)
Türk|e m Turk; **~ei: die ~** Turkey; **~in** f Turk
Türkis m Stein: turquoise
türkisch Turkish
Tür|klingel f doorbell; **~klinke** f doorhandle; **~knauf** m doorknob
Turm m tower; Kirch2: a. steeple; **~spitze** f spire; **~springen** n platform diving
Turn|en n gymnastics sg; Fach: physical education, PE; **2en** do* gymnastics; **~er(in)** gymnast; **~halle** f gym(nasium); **~hose** f gym shorts pl
Turnier n tournament
Turn|schuh m trainer, Am.

sneaker; **~verein** m gymnastics (*Am.* athletics) club

Tür|rahmen m doorframe; **~schild** n door plate; **~sprechanlage** f entryphone

Tusche f Indian ink

tuscheln whisper; *fig.* rumo(u)r

Tüte f bag

TÜV m *Technischer Überwachungs-Verein Brt. etwa* MOT (test), compulsory car inspection

Typ m type; *tech. a.* model; F fellow, guy

Typhus m typhoid (fever)

typisch typical (*für* of)

Tyrann m tyrant; **2isieren** tyrannize (over), F bully

U

U-Bahn f underground; *London: mst* tube; *Am.* subway

übel 1. bad; *mir ist (wird)* ~ I'm feeling (getting) sick; *et.* ~ *nehmen* take~ of s.th.; (*Am.* -se) at s.th.; **2.** 2 n evil; **2keit** f nausea

üben practi|se, *Am.* -ce

über over; *oberhalb:* a. above; *mehr als:* a. more than; *quer* ~: across; *reisen* ~: via; *Thema:* about; *Vortrag etc.:* on; ~ *Nacht* overnight; ~*all* everywhere; ~ *in* all over

über|anstrengen overstrain (*sich o.s.*); **~belichten** overexpose; **~bieten** outbid*; *fig.* beat*; *j-n:* a. outdo~; **2bleibsel** mst pl remains pl; *Essen:* leftovers pl

Überblick m survey (*über* of); *Vorstellung:* general idea; **2en** overlook; *fig. see**

über|bringen bring*, deliver; **~dauern** survive; **2dosis** f overdose; **~drüssig** tired of;

~durchschnittlich above-average

übereinander on top of each other; *die Beine* ~ *schlagen* cross one's legs

überein|kommen agree; ~ **stimmen**: ~ (*mit*) *Person:* agree (with); *Sache:* correspond (with, to); **2stimmung** f agreement; correspondence

überempfindlich hypersensitive; *reizbar:* touchy

überfahr|en run* over; *Ampel:* jump; *fig. j-n:* bulldoze; **2t** f crossing

Überfall m assault; *Raub*2: (bank *etc.*) robbery, holdup; **2en** attack; hold* up

überfällig overdue

Überfliegungkommando n flying (*Am.* riot) squad

über|fliegen fly* over (*od.* across); *fig.* glance over; **~fließen** overflow; **2fluss** m abundance (*an* of); **~flüssig**

superfluous; **~fluten** flood; **~fordern** overtax

überführ|en transport; *jur.* convict (*gen* of); 2**ung** *f* transportation; *mot.* flyover, *Am.* overpass

überfüllt overcrowded

Übergang *m* crossing; *fig.* transition; **~szeit** *f* transitional period

über|geben hand over; *sich* **~** throw* up; **~gehen** pass (*in* into; *zu* on to); *ignorieren:* ignore; *auslassen:* leave out, omit; *j-n:* pass s.o. over, leave s.o. out; 2**gewicht** *n* (*haben* be*) overweight; *fig.* predominance; **~glücklich** overjoyed; **~greifen: ~ auf** spread* to; **~größe** *f* Kleidung: outsize; **~hand:** **~ nehmen** increase, become* rampant; **~haupt** at all; *sowieso:* anyway; **~ nicht(s)** not(hing) at all; **~heblich** arrogant

überhol|en overtake*; *tech.* overhaul; **~t** outdated; 2**verbot** *n* no overtaking

über|kochen boil over; **~laden** overload; **~lassen:** *j-m et.* **~** let* s.o. have s.th.; *fig.* leave* s.th. to s.o.; **~lasten** overload; *fig.* overburden; **~laufen 1.** *v/i* run* over; *mil.* desert (*zu* to); **2.** *adj* overcrowded

überleben survive; 2**de** *m*, *f* survivor

überleg|en 1. *v/t u. v/i* think* about, think *s.th.* over; *es*

sich anders **~** change one's mind; **2.** *adj* superior (*dat* to; *an* in); 2**ung** *f* consideration, reflection

Über|lieferung *f* tradition; 2**-listen** outwit; **~macht** *f* superiority; 2**mäßig** excessive; 2**mitteln** send*, transmit; 2**morgen** the day after tomorrow; 2**müdet** overtired; 2**mütig** overenthusiastic; 2**nächst** the next but one; **~e Woche** the week after next

übernacht|en stay overnight; 2**ung** *f* overnight stay; **~ und Frühstück** bed and breakfast

über|natürlich supernatural; **~nehmen** take* over; *Verantwortung, Führung etc.:* take*; *erledigen:* take* care of; *sich* **~** overtax o.s.; **~prüfen** check; *j-n:* screen; **~queren** cross; **~ragen** tower above; **~ragend** superior

überrasch|en, 2**ung** *f* surprise

über|reden persuade; **~reichen** present; 2**reste** *pl* remains *pl*; **~rumpeln** (take*) by) surprise

Überschall... supersonic ...

über|schätzen overrate; **~schlagen** *auslassen:* skip; *econ.* make* a rough estimate of; *sich* **~** turn over; *Person:* go* head over heels; *Stimme:* break*; **~schnappen** crack up; **~schneiden:** *sich* **~** overlap; **~schreiten** cross; *fig.* go* beyond; *Maß,*

Befugnis: exceed; *Tempo*: a. break*; **2schrift** *f* heading, title; *Schlagzeile*: headline; **2schuss** *m*, **2schüssig** surplus; **2schwemmung** *f* flood

Übersee... overseas ...

übersehen overlook (*a. fig.*)

übersetz|en translate (*in* into); **2er(in)** translator; **2ung** *f* translation

Übersicht *f* general idea (*über* of); *Zusammenfassung*: summary; **2lich** clear(ly arranged)

über|siedeln (re)move (*nach* to); **~springen** *Sport*: clear; *auslassen*: skip; **~stehen** *v/i* jut out; *v/t* get* over; *überleben*: survive (*a. fig.*); **~steigen** *fig.* exceed; **~stimmen** outvote

Überstunden *pl* overtime *sg*; **~ machen** work overtime

überstürz|en: *et.* **~** rush things; **~t** (over)hasty

übertrag|bar transferable; *med.* contagious; **~en 1.** *v/t* broadcast*, transmit (*a. Kraft, Krankheit*); *Blut*: transfuse; *Organ*: transplant; *econ., jur.* transfer; **2.** *adj* figurative; **2ung** *f Radio, TV* broadcast; transmission; transfusion; transfer

übertreffen surpass, F beat*; *j-n*: *a.* outdo*

übertreib|en exaggerate; **2ung** *f* exaggeration

über|treten *jur. etc.* break*, violate; **~trieben** exaggerated; **2tritt** *m* change (*zu* to); *rel.* conversion; **~völkert** overpopulated; **2völkerung** *f* overpopulation; **~vorteilen** cheat; **~wachen** supervise, oversee*; *bsd. tech.* control, monitor (*a. med.*); *polizeilich*: shadow

überwältigen overwhelm; **~d** overwhelming

überweis|en *Geld*: remit (*an* to); **2ung** *f* remittance

über|winden overcome*; *sich* **~** *zu* bring* o.s. to *inf*; **2zahl** *f*: *in der* **~** in the majority

überzeug|en convince (*von* of); **2ung** *f* conviction

überziehen put* *s.th.* on; *tech. etc.* cover; *Bett*: change; *Konto*: overdraw*

üblich usual, common

U-Boot *n* submarine

übrig remaining; **~ bleiben** be* left; **~ lassen** leave*; **~ sein** (**haben**) be* (have)* left; *die* **2en** *pl* the others *pl*, the rest *sg*; **~ens** by the way

Übung *f* exercise; *Üben, Erfahrung*: practice

Ufer *n* shore; *Fluss*: bank; *ans* **~** ashore

Uhr *f* clock; *Armband2 etc.*: watch: *um vier* **~** at four o'clock; (*um*) *wie viel* **~ ...?** (at) what time ...?; **~armband** *n* watchstrap; **~macher(in)** watchmaker; **~zeiger** *m* hand

Uhu *m* eagle owl

ulkig funny

Ulme *f* elm

Ultra..., **2...** *Schall, violett etc.*: ultra...

um (a)round; *zeitlich*: at; *ungefähr*: about, around; ~ **sein** be* over; *Zeit*: be* up; ~ **willen** for ...'s sake; ~ **zu** (in order) to

um|armen: (*sich*) ~ embrace; ~**bauen** rebuild*; ~**blättern** turn over; ~**bringen** kill (*sich* o.s.); ~**buchen** change one's booking (for)

umdreh|en turn (a)round (*a. sich* ~); **2ung** *f tech.* revolution

um|fahren run down; ~**fallen** fall*; *zs.-brechen*: collapse; **tot** ~ drop dead

Umfang *m* circumference; *Ausmaß*: size; *fig.* extent; **2reich** extensive

um|fassen grasp, grip; *fig.* contain, comprise; ~**fassend** comprehensive, extensive; *Geständnis*: full; ~**formen** transform, convert; **2frage** *f* (opinion) poll, survey; ~**funktionieren** in convert into

Umgang *m* company; ~ **haben mit** associate with; ~**sformen** *pl* manners *pl*; ~**ssprache** *f* colloquial speech

umgeb|en) surround; **2ung** *f* surroundings *pl*, vicinity; *Milieu*: environment

umgeh|en: ~ *mit* deal* with,

handle, treat; **2ungsstraße** *f* bypass

um|gekehrt 1. *adj* reverse; opposite; **2.** *adv* the other way round; *und* ~ and vice versa; ~**graben** dig* (up); ~**hängen** put* on; sling over one's shoulder; *Bilder*: rehang*; **2hängetasche** *f* shoulder bag

umher (a)round, about

umher|hören: *sich* ~ keep* one's ears open, ask around; ~**kehren** turn back; *et.*: turn (a)round; ~**kippen** tip over; → *umfallen*; ~**klammern** clasp (in one's arms)

Umkleide|kabine *f* (changing) cubicle; ~**raum** *m* dressing (*Sport*: *a.* changing *od.* locker) room

umkommen be* killed (*bei* in); F ~ *vor* be* dying with

Umkreis *m* vicinity; *im* ~ *von* within a radius of

Umlauf *m* circulation; ~**bahn** *f* orbit

umlegen put* on; *Kosten*: share; *sl.* töten: bump off

umleit|en divert; **2ung** *f* diversion; *Am. mot.* detour

umliegend surrounding

umrech|nen convert; ~**nungskurs** *m* exchange rate

umringen surround; *fig.* outline; ~**rühren** stir; **2satz** *m econ.* sales *pl*; ~**schalten** switch (over) (*auf* to); ~**schauen** → *umsehen*

Umschlag *m* envelope;

Hülle: cover, wrapper; *Buch*: jacket; *Hose*: turn-up, *Am.* cuff; *med.* compress; *econ.* handling; **2en** *Boot etc.*: turn over; *fig.* turn, change

um|schnallen buckle on; **~schreiben** rewrite*; *Begriff*: paraphrase; **~schulen** retrain; **~schwärmen** swarm (a)round; *fig.* idolize, worship; **2schwung** *m* (drastic) change; **~sehen**: *sich* ~ look back; look around (*nach* for); *sich* ~ *nach suchen*: be* looking for

umso: ~ *mehr* (all) the more; ~ *besser* so much the better

umsonst free (of charge); *vergebens*: in vain

Um|stand *m* fact; *Einzelheit*: detail; **~stände** *pl*: *unter diesen (keinen)* ~*n* under the (no) circumstances; *unter* ~*n* possibly; *keine* ~ *machen* not go* to (*j-m*: not cause) any trouble; *in anderen* ~*en sein* be* expecting; *langatmig*: long-winded; *zu* ~ too much trouble

um|steigen change; **~stellen** change (*auf* to); *Möbel etc.*: rearrange; *Uhr*: reset*; *sich* ~ *auf* change (over) to; *anpassen*: adjust (o.s.) to; **2stellung** *f* change; adjustment; **~stimmen** change *s.o.'s* mind; **~stoßen** knock over; *et.*: *a.* upset* (*a. Plan*);

2sturz *m* overthrow; **~stürzen** upset*, overturn

Umtausch *m*, **2en** exchange (*gegen* for)

um|wandeln transform, convert; **2weg** *m* detour

Umwelt *f* environment; **~**...*mst* environmental ...; **2freundlich** environment-friendly, non-polluting; *abbaubar*: biodegradable; **2schädlich** harmful, polluting; **~schutz** *m* conservation, environmental protection; **~schützer(in)** environmentalist, conservationist; **~schutzpapier** *n* recycled paper; **~sünder(in)** (environmental) polluter; **~verschmutzung** *f* (environmental) pollution

um|werfen upset*, overturn; **~ziehen** move (*nach* to); *sich* ~ change; **~zingeln** surround; **2zug** *m* move (*nach* to); parade

unabhängig independent; **2keit** *f* independence

un|absichtlich unintentional; **~achtsam** careless

unan|gebracht inappropriate; *pred. a.* out of place; **~genehm** unpleasant; *peinlich*: embarrassing; **2nehmlichkeiten** *pl* trouble *sg*; **~ständig** indecent

un|appetitlich unappetizing; *schmuddelig*: grubby; **~artig** naughty, bad

unauf|fällig inconspicuous;

~hörlich continuous; **~merksam** inattentive

unausstehlich unbearable

unbarmherzig merciless

unbe|baut undeveloped; **~deutend** insignificant; *geringfügig*: *a.* minor; **~dingt** *adv* by all means; **~fahrbar** impassable; **~friedigend** unsatisfactory; **~friedigt** dissatisfied; disappointed; **~fugt** unauthorized; **~greiflich** incomprehensible; **~grenzt** unlimited; **~gründet** unfounded; **⊈hagen** *n* uneasiness; **~haglich** uneasy; **~herrscht** lacking in self-control; **~holfen** clumsy, awkward; **~kannt** unknown; **~kümmert** carefree; **~liebt** unpopular; **~merkt** unnoticed; **~quem** uncomfortable; *lästig*: inconvenient; **~rührt** untouched; *~ sein Mädchen*: be* a virgin; **~schränkt** unrestricted; *Macht*: absolute; **~schreiblich** indescribable; **~ständig** unstable, unsettled (*a.* *Wetter*); **~stechlich** incorruptible; **~stimmt** indefinite; *unsicher*: uncertain; *Gefühl*: vague; **~teiligt** gleichgültig: indifferent; **~wacht** unguarded; **~waffnet** unarmed; **~weglich** motionless; *fig.* inflexible; **~wohnt** uninhabited; *Gebäude*: unoccupied; **~wusst** unconscious; **~zahlbar** unafford-

able; *fig.* invaluable, priceless

unbrauchbar useless

und *od*; **na ~?** so what?

un|dankbar ungrateful; *Aufgabe*: thankless; **~definierbar** nondescript; **~denkbar** unthinkable; **~deutlich** indistinct; **~dicht** leaky

undurch|dringlich impenetrable; **~lässig** impervious, impermeable; **~sichtig** opaque; *fig.* mysterious

un|eben uneven; **~echt** false; *künstlich*: artificial; *imitiert*: imitation; F *contp.* fake, phon(e)y; **~ehelich** illegitimate; **~empfindlich** insensitive (*gegen* to); **~endlich 1.** *adj* infinite; *endlos*: endless; **2.** *adv* F *sehr*: incredibly

unent|behrlich indispensable; **~geltlich** free (of charge); **~schieden** undecided; **~ enden** end in a draw (*od.* tie); **⊈schieden** *n* draw, tie; **~schlossen** irresolute

uner|fahren inexperienced; **~freulich** unpleasant; **~hört** outrageous; **~kannt** unrecognized; **~klärlich** inexplicable; **~laubt** unlawful; *unbefugt*: unauthorized; **~messlich** immense; **~müdlich** indefatigable, untiring; **~reicht** unequal(l)ed; **~sättlich** insatiable; **~schöpflich** inexhaustible; **~schütterlich** unshak(e)able; **~setzlich** irreplaceable; *Schaden*:

irreparable; ~**träglich** unbearable; ~**wartet** unexpected; ~**wünscht** undesirable
unfähig incapable (**zu** of *ger*), incompetent; 2**keit** *f* incompetence

Unfall *m* accident; ~**flucht** *f* hit-and-run offen|ce (*Am.* -se)
un|fassbar unbelievable; ~**förmig** shapeless; misshapen; ~**frankiert** unstamped; ~**freiwillig** involuntary; *Humor:* unintentional; ~**freundlich** unfriendly; *Wetter:* nasty; *Zimmer, Tag:* cheerless; ~**fruchtbar** infertile; 2**fug** *m* nonsense; ~**treiben** be* up to no good

Ungar|(in), 2**isch** Hungarian; ~**n** Hungary
unge|bildet uneducated; ~**bräuchlich** unusual; ~**bunden** free, independent
Ungeduld *f* impatience; 2**ig** impatient
unge|eignet unfit; *Person:* a. unqualified; ~**fähr** approximate(ly), rough(ly); *adv* a. about; ~**fährlich** harmless; *sicher:* safe
ungeheuer 1. *adj* vast, huge, enormous; **2.** 2 *n* monster
unge|hindert unhindered; ~**hörig** improper; ~**horsam** disobedient; 2~ disobedience; ~**kürzt** unabridged; ~**legen** inconvenient; ~**lernt** unskilled; ~**mütlich** uncomfortable; ~**werden** get* nasty; ~**nau** inaccurate; *fig.* vague

ungeniert uninhibited(ly)
unge|nießbar uneatable; undrinkable; *Person:* unbearable; ~**nügend** insufficient; *Leistung:* unsatisfactory; ~**pflegt** unkempt; ~**rade** odd
ungerecht unjust (**gegen** to); 2**igkeit** *f* injustice
ungern unwillingly; ~ **tun** dislike doing *s.th.*
unge|schickt clumsy; ~**spritzt** organic(ally grown); ~**stört** undisturbed, uninterrupted; ~**sund** unhealthy
ungewiss uncertain; 2**heit** *f* uncertainty
unge|wöhnlich unusual, uncommon; 2**ziefer** *n* pests *pl*; *Läuse etc.:* vermin *pl*; ~**zogen** naughty; ~**zwungen** informal
ungläubig incredulous
unglaub|lich incredible; ~**würdig** untrustworthy; *et.:* implausible
ungleich unequal; *Socken etc:* odd; ~**mäßig** uneven; irregular
Unglück *n* misfortune; *Pech:* bad luck; *Unfall etc.:* accident; *stärker:* disaster; *Elend:* misery; 2**lich** unfortunate; *traurig:* unhappy; 2**licherweise** unfortunately; 2**ünstig** unfavo(u)rable; *nachteilig:* disadvantageous; ~**handlich** unwieldy, bulky; 2**heil** *n* evil; disaster; ~ **anrichten** wreak havoc; ~**heilbar**

curable; **~heimlich** creepy, eerie; F *fig.* tremendous(ly); **~höflich** impolite; **~hörbar** inaudible; **~hygienisch** insanitary

Uniform *f* uniform

uninteress|ant uninteresting; **~iert** uninterested

Union *f* union

Univer|sität *f* university; **~sum** *n* universe

unkennt|lich unrecognizable; **Ɔnis** *f* ignorance

un|klar unclear; *ungewiss*: uncertain; *im Ɔen sein* be* in the dark; **Ɔkosten** *pl* expenses *pl*; **Ɔkraut** *n* weeds *pl*; **~leserlich** illegible; **~logisch** illogical; **~lösbar** insoluble; **~mäßig** excessive; **Ɔmenge** *f* vast amount

Unmensch *m*: *sei kein* ~ have a heart; **Ɔlich** inhuman

un|missverständlich unmistakable; **~mittelbar** immediate(ly), direct(ly); **~möbliert** unfurnished; **~modern** dated; out of fashion; **~möglich** impossible; **~moralisch** immoral; **~mündig** under age; *geziert*: affected; **~nötig** unnecessary

unord|entlich untidy; **Ɔnung** *f* disorder, mess

un|parteiisch impartial, unbias(s)ed; **Ɔparteiische** *m* Sport: referee; **~passend** unsuitable; improper; → *unangebracht*; **~passier-**

~bar impassable; **~pässlich** indisposed, unwell; **~persönlich** impersonal; **~politisch** apolitical; **~praktisch** impractical; **~pünktlich** unpunctual; **~rasiert** unshaven

Unrecht *n* injustice; **~ haben** be* wrong; *zu* ~ wrong(ful)ly

unrecht wrong; *j-m* ~ *tun* do* s.o. wrong; **~mäßig** unlawful

un|regelmäßig irregular; **~reif** unripe; *fig.* immature; **~rein** *fig.* unclean

Unruh|e *f* restlessness; *pol.* unrest; *Besorgnis*: anxiety; **~n** *pl* disturbances *pl*; *stärker*: riots *pl*; **Ɔig** restless; *Meer*: rough; *fig.* uneasy

uns (to) us; each other; ~ (*selbst*) ourselves

un|sachlich unobjective; **~sauber** dirty; *fig. a.* unfair; **~schädlich** harmless; **~scharf** blurred; **~schätzbar** invaluable; **~scheinbar** plain; **~schlüssig** undecided

Unschuld *f* innocence; **Ɔig** innocent

unselbstständig dependent (on others)

unser our; **~es** *etc.* ours

un|sicher unsafe, insecure (*a. psych.*); → *ungewiss*; **~sichtbar** invisible; **Ɔsinn** *m* nonsense; **~sittlich** indecent; **~sozial** unsocial; **~sterblich** immortal; **Ɔstimmigkeiten**

pl disagreements *pl*; **~sympathisch** disagreeable; *... ist mir ~* I don't like ...; **~tätig** inactive; idle

unten below; down (*a. nach ~*); downstairs; *von oben bis ~* from top to bottom

unter under; *weniger als: a.* less than; *bsd. ~halb:* below; *zwischen:* among

Unter|arm *m* forearm; **~belichtet** underexposed; **~besetzt** understaffed; **~bewusstsein** *n:* **im ~** subconsciously; **2binden** stop; **~bodenschutz** *m* underseal

unterbrech|en interrupt; **2ung** *f* interruption

unter|bringen *j-n:* accommodate, put* *s.o.* up; find* a place for *s-th.;* **~drücken** suppress; *pol.* oppress

unter|e lower; **~einander** between (*od.* among) each other; *räumlich:* one under the other; **~entwickelt** underdeveloped

unterernähr|t undernourished; **2ung** *f* malnutrition

Unter|führung *f* underpass, *Brt. a.* subway; **~gang** *m* *Sonne:* setting; *Schiff:* sinking; *fig. allmählicher:* decline; *totaler:* downfall; **2gehen** *Sonne etc:* set*; *naut.* go* down, sink*; *fig.* decline; fall

Untergrund *m* subsoil; *pol., fig.* underground; **~bahn** *f* → *U-Bahn*

unterhalb below, underneath

Unterhalt *m* support, maintenance (*a. Zahlungen*); **2en** entertain; *Familie:* support; *econ.* run*, keep*; **sich ~** (*mit*) talk (to, with); **sich gut ~** enjoy o.s., have* a good time; **~ung** *f* conversation, talk; *Vergnügen:* entertainment

Unter|hemd *n* vest, *Am.* undershirt; **~holz** *n* undergrowth; **~hose** *f* underpants *pl*; **2irdisch** underground; **~kiefer** *m* lower jaw; **~kleid** *n* slip; **~kunft** *f* accommodation; **~lage** *f* base; **~n** *pl* documents *pl*; **2lassen** fail to do *s.th.; Rauchen:* refrain from *ger;* **2legen** *adj* inferior (*j-m* to *s.o.*); **~leib** *m* abdomen, belly; **2liegen** be* defeated (*j-m* by *s.o.*); *fig.* be* subject to; **~lippe** *f* lower lip; **~mieter(in)** lodger

unternehm|en do* *s.th.* (*gegen* about *s.th.*); *Reise:* go* on; **2en** *n* undertaking; *econ.* business; **2er(in)** businessman (-woman), entrepreneur; industrialist; *Arbeitgeber:* employer; **~ungslustig** adventurous

Unteroffizier *m* noncommissioned officer

Unterricht *m* instruction; lessons *pl*, classes *pl*; **2en** teach*; inform (*über* of)

Unter|rock *m* slip; **2schätzen** underestimate; **2scheiden**

distinguish; **sich** ~ differ; **~schenkel** m shank

Unterschied m difference; **~lich** different; varying

unterschlag|en embezzle; **~ung** f embezzlement

unter|schreiben sign; **~schrift** f signature; **~seeboot** n submarine; **~setzer** m coaster; **~setzt** stocky; **~ste** lowest; **~stehen**: *j-m* be* under *(offiziell:* report to) s.o.; **sich** ~ dare; ~ **Sie sich** don't you dare; **~stellen** *et.:* put* *(in* in[to]); *annehmen:* assume; *j-m:* put* under the charge of; **sich** ~ take* shelter; **~streichen** underline *(a. fig.)*

unterstüt|zen support; **~zung** f support; *staatliche:* a. aid; *Fürsorge:* welfare

untersuch|en examine *(a. med.)*, investigate *(a. jur.)*; *chem.* analyze; **~ung** f examination *(a. med.)*, investigation *(a. jur.)*; *med. a.* checkup; *chem.* analysis; **~ungshaft** f custody pending trial

Unter|tasse f saucer; **~tauchen** dive*, submerge *(a. U-Boot)*; *fig.* disappear; **~teil** n, m lower part; **~titel** m subtitle; **~wäsche** f underwear; **~wegs** on the *(od.* one's) way; **~werfen** subject *(dat* to); **sich** ~ submit *(dat* to); **~würfig** servile; **~zeichnen** sign;

~ziehen put* on underneath; **sich** *dat* ~ *med.* undergo*; *Prüfung:* take*

un|tragbar unbearable; **~trennbar** inseparable; **~treu** unfaithful; **~tröstlich** inconsolable; *Sucht f* bad habit

unüber|legt thoughtless; **~sichtlich** *Kreuzung etc.:* blind; *komplex:* intricate; **~windlich** insuperable

ununterbrochen uninterrupted; *ständig:* continuous

unver|ändert unchanged; **~antwortlich** irresponsible; **~besserlich** incorrigible; **~bindlich** not binding; *Art etc.:* noncommittal; **~daulich** indigestible; **~dient** undeserved; **~gesslich** unforgettable; **~gleichlich** incomparable; **~heiratet** unmarried, single; **~käuflich** not for sale; **~letzt** unhurt; **~meidlich** inevitable; **~nünftig** unwise, foolish

unverschämt rude, impertinent; *2heit f* impertinence

unver|ständlich unintelligible; *unbegreiflich:* incomprehensible; **~wüstlich** indestructible; **~zeihlich** inexcusable; **~züglich** immediate(ly), without delay

unvoll|endet unfinished; **~kommen** imperfect; **~ständig** incomplete

unvor|bereitet unprepared; **~eingenommen** unbias(s)ed; **~hergesehen** un-

foreseen; ~**sichtig** careless; ~**stellbar** unthinkable; ~**teilhaft** *Kleid*: unbecoming
unwahr untrue; 2**heit** *f* untruth; ~**scheinlich** improbable, unlikely; *F* incredibly
un|wesentlich irrelevant; *geringfügig*: negligible; 2**wetter** *n* (violent) storm; ~**wichtig** unimportant
unwider|ruflich irrevocable; ~**stehlich** irresistible
Unwill|e(n) *m* indignation; 2**kürlich** involuntary
un|wirksam ineffective; ~**wissend** ignorant; ~**wohl** unwell; uneasy; ~**würdig** unworthy (*gen* of); ~**zählig** countless
unzer|brechlich unbreakable; ~**trennlich** inseparable
Un|zucht *f* sexual offen|ce, *Am.* -se; 2**züchtig** indecent; *Buch etc.*: obscene
unzufrieden dissatisfied; 2**heit** *f* dissatisfaction
unzu|gänglich inaccessible; ~**länglich** inadequate; ~**rechnungsfähig** *jur.* of unsound mind, *Am. a.* (mentally) incompetent; ~**sammenhängend** *Rede etc.*: incoherent; ~**verlässig** unreliable

üppig luxuriant, lush; *Figur*: *a.* voluptuous; *Essen*: rich
uralt ancient (*a.* F *fig.*)
Uran *n* uranium
Ur|aufführung *f* première; ~**enkel(in)** great-grand|son (-daughter); ~**heberrechte** *pl* copyright *sg*
Urin *m* urine
Urkunde *f* document; *Zeugnis*, *Ehren2*: diploma
Urlaub *m* holiday(s *pl*), *bsd. Am.* vacation; *amtlich*, *mil.*: leave; **auf** (*od.* **im**) ~ on holiday, *bsd. Am.* on vacation; ~**er(in)** *m* holidaymaker, *Am.* vacationist
Urne *f* urn; *pol.* ballot box
Ur|sache *f* cause; *Grund*: reason; *keine* ~! don't mention it; *auf Entschuldigung*: that's all right, *bsd. Am.* you're welcome; ~**sprung** *m* origin; 2**sprünglich** original(ly)
Urteil *n* judg(e)ment; *Strafmaß*: sentence; 2**en** judge (**über** *j-n* s.o.); ~**sspruch** *m* verdict
Urwald *m* primeval forest; *Dschungel*: jungle
Utensilien *pl* utensils *pl*
Utop|ie *f* illusion; 2**isch** utopian; *Plan etc.*: fantastic

V

vage vague
Vakuum *n* vacuum
Vandalismus *m* vandalism
Vanille *f* vanilla
Varietee *n* variety theater, music hall, *Am.* vaudeville theater
Vase *f* vase
Vater *m* father; **~land** *n* native country
väterlich fatherly, paternal
Vaterunser *n* Lord's Prayer
Vegeta|rier(in), **2risch** vegetarian; **~tion** *f* vegetation
Veilchen *n* violet
Velo *n Schweiz:* bicycle
Vene *f* vein
Ventil *n* valve; *fig.* vent, outlet; **~ator** *m* fan
verabreden agree (up)on, arrange; *sich ~* make* a date (*geschäftlich:* an appointment); **2ung** *f* appointment; *bsd. private:* date
verab|scheuen detest; **~schieden** *parl.* pass; *Offizier:* discharge; *sich ~ (von)* say* goodbye (to)
ver|achten despise; **~ächtlich** contemptuous; **2achtung** *f* contempt; **~allgemeinern** generalize; **~altet** antiquated, out of date
veränder|lich changeable, variable; **~n:** (*sich*) *~* change; **2ung** *f* change

veran|lagt (naturally) inclined (*für, zu* to); *künstlerisch ~ sein* have* artistic talent; **2lagung** *f* disposition (*a. med.*); talent, gift; **~lassen** cause; **~stalten** organize; sponsor; **2stalter(in)** organizer; sponsor; **2staltung** *f* event; *Sport: a.* meeting, *Am.* meet
verantwort|en take* the responsibility for; *sich ~ für* answer for; **~lich** responsible; *j-n ~ machen (für)* hold* s.o. responsible (for); **2ung** *f* responsibility; **~ungslos** irresponsible
ver|arbeiten process; *fig.* digest; **2arbeitung** *f* processing (*a. Computer*); **~ärgern** annoy
Verb *n* verb
Verband *m* bandage; *Bund:* association, union; **~(s)kasten** *m* first-aid box; **~(s)zeug** *n* dressing material
ver|bannen banish (*a. fig.*), exile; **~bergen** hide* (*a. sich ~*), conceal
verbesser|n improve; *berichtigen:* correct; **2ung** *f* improvement; correction
verbeugen: *sich ~* bow (*vor* to); **2ung** *f* bow
ver|biegen twist; **~bieten**

forbid*, prohibit; **~billigen** reduce in price

verbind|en *med.* dress, bandage; *j-n:* bandage *s.o.* up; *mit et., auch tech.:* connect; *kombinieren:* combine (*a. chem.* etc.); **2en** *fig.* associate; *tel.* put *s.o.* through (*mit* to, Am. with); *falsch verbunden! sorry, wrong number; **~lich** obligatory, binding (*a. econ.*); *nett:* friendly; **2ung** *f* connection; combination; *chem.* compound; *univ.* students' society, Am. fraternity; sorority; *sich in ~ setzen mit* get* in touch with

ver|blassen fade; **~bleit** leaded; **~blüffen** amaze; **~blühen** fade; wither; **~bluten** bleed* to death; **~borgen** hidden

Verbot *n* ban (on *s.th.*), prohibition; **2en** prohibited; *Rauchen ~* no smoking

Verbrauch *m* consumption (*an* of); **2en** consume, use up; **~er** *m* consumer; *Benutzer:* user

Verbreche|n *n* crime (*begehen* commit); **~r(in)**, **2risch** criminal

verbrei|ten: (sich) ~ spread*; **~tern: (sich) ~** widen

verbrenn|en burn*; *Leiche:* cremate; *Müll:* incinerate; **2ung** *f* burning; cremation; incineration; *med.* burn; **2ungsmotor** *m* internal combustion engine

verbünde|n: sich ~ ally *o.s.* (*mit* to, with); **2te** *m*, *f* ally

ver|bürgen: sich ~ für answer for; **~büßen:** *e-e Strafe ~* serve a sentence

Verdacht *m* suspicion; *~ schöpfen* become* suspicious

verdächtig suspicious; **2e** *m*, *f*, **~en** suspect

verdamm|en condemn; **~t** damned; *~! damn (it)!; ~ gut* etc. damn good etc.

ver|dampfen evaporate; **~danken** owe *s.th.* to *s.o.*

verdau|en digest; **~lich** (*leicht* easily) digestible; **2ung** *f* digestion; **2ungsstörungen** *pl* constipation *sg*

Verdeck *n* top; *naut.* deck; **2en** cover (up), hide*

ver|derben spoil* (*a. fig. Spaß* etc.); *Fleisch* etc.: go* bad; *sich den Magen ~* upset* one's stomach; **~derblich** perishable; **~deutlichen** make* clear; **~dienen** *Geld:* earn; *fig.* deserve

Verdienst¹ *m* income

Verdienst² *n* merit

ver|doppeln: (sich) ~ double; **~dorben** spoiled; *Magen:* upset; *moralisch:* corrupt; **~drängen** displace; *psych.* repress; **~drehen** twist (*a. fig.*); *Augen:* roll; *j-m den Kopf ~* *fig.* turn *s.o.*'s head; **~dreifachen: (sich) ~** triple; **~dummen** become* stultified; *j-n:* stultify, dull *s.o.*'s mind; **~dunkeln** darken (*a. sich*); **~dünnen** dilute; **~dunsten** evaporate; **~dursten** die of thirst; **~dutzt** puzzled

verehr|en worship (*a. fig.*); *bewundern:* admire; **2er(in)** admirer; fan; **2ung** *f* reverence; admiration

vereidigen swear* in; *Zeugen:* put* under an oath

Verein *m* club; society

vereinbar|en agree (up)on, arrange; **2ung** *f* agreement, arrangement

vereinfachen simplify

vereinig|en: (*sich*) ~ unite; **2ung** *f* union; *Akt:* unification

ver|eisen ice up; *med.* freeze*; **~eitert → eitrig;** **~engen:** (*sich*) ~ narrow; **~erben** leave*; *biol.* transmit

verfahren 1. proceed; *sich* ~ get* lost; **2.** 2 *n* procedure; *tech. a.* process; *jur.* proceedings *pl*

Verfall *m* decay (*a. fig.*); **2en** decay (*a. fig.*); *Haus etc.:* a. dilapidate; *ablaufen:* expire

verfaulen rot, decay

verfilm|en film; **2ung** *f* filming; film version

ver|fliegen evaporate; *fig.* wear* off

~fluchen curse; **~t → verdammt**

verfolge|n pursue (*a. fig.*); *jagen:* chase; *rel., pol.* persecute; *fig.:* follow; **2r** *m* pursuer

verfrüht premature

verfüg|bar available; **~en** order; **~ über** have* at one's disposal; **2ung** *f* order; *zur ~ stehen* (*stellen*) be* (make*) available

verführe|n seduce; **~risch** seductive; tempting

vergammeln rot; *fig.* go* to the dogs

vergangen, 2heit *f* past

Vergaser *m* carburet(t)or

vergeb|en give* away; *verzeihen:* forgive*; **~lich 1.** *adj* futile; **2.** *adv* in vain

vergehen 1. *v/i* go* by, pass; **2.** 2 *n* offen|ce, *Am.* -se

Vergeltung *f* retaliation

ver|gessen forget*; *Schirm etc.:* leave*; **~gesslich** forgetful; **~geuden** waste

vergewaltig|en, 2ung *f* rape

ver|gewissern: *sich* ~ make* sure (*gen of*); **~gießen** *Blut, Tränen:* shed*; *verschütten:* spill* (*a. Blut*)

vergift|en poison (*a. fig.*); **2ung** *f* poisoning

Vergissmeinnicht *n* forget-me-not

Vergleich *m* comparison; *jur.* compromise; **2bar** comparable; **2en** compare

vergnüg|en: *sich* ~ enjoy o.s.; **2en** *n* pleasure; *viel* ~*!* have fun!; **~gt** cheerful;

Ձgungspark *m* amusement park, fun fair; **Ձgungsviertel** *n* entertainment district; *mit Bordellen:* red-light district

ver|graben bury; **~griffen** *Buch:* out of print

vergrößer|n enlarge (*a. phot.*); *opt.* magnify; *sich* **~** increase; **Ձung** *f* enlargement; **Ձungsglas** *n* magnifying glass

verhaft|en, Ձung *f* arrest

verhalten: 1. *sich* **~** behave; **2.** Ձ *n* behavio(u)r, conduct

Verhältnis *n* relationship; *Relation:* relation, proportion, *math.* ratio; *Liebes*Ձ: affair; **~se** *pl* conditions *pl*; *Mittel:* means *pl*; **Ձmäßig** comparatively, relatively

verhand|eln negotiate; **Ձlung** *f* negotiation; *jur.* hearing; *Straf*Ձ: trial

ver|hängnisvoll fatal, disastrous; **~harmlosen** play *s.th.* down; **~hasst** hated; *Sache:* a. hateful; **~hauen** beat* *s.o.* up; *Kind:* spank; **~heerend** disastrous; **~heilen** heal (up); **~heimlichen** hide*, conceal; **~heiratet** married; **~hindern** prevent; **~höhnen** deride, mock (at)

Verhör *n* interrogation; **~en** interrogate, question; *sich* **~** get* it wrong

verhungern die of hunger, starve (to death)

verhüt|en prevent; **Ձung** *f* prevention; *Empfängnis*Ձ: contraception; **Ձungsmittel** *n* contraceptive

ver|irren: *sich* **~** get* lost, lose* one's way; **~jagen** drive* away; **~kabeln** cable

Verkauf *m* sale; **Ձen** sell*; *zu* **~** for sale

Verkäuf|er(in) shop assistant, *Am.* (sales)clerk; *econ.* seller; *Auto*Ձ etc.: salesman (-woman), salesperson; **Ձlich** for sale

Verkehr *m* traffic; *öffentlicher:* transport(ation *Am.*); *Geschlechts*Ձ: intercourse; **Ձen** *Bus etc.:* run*; **~ in** frequent; **~ mit** associate (*od.* mix) with

Verkehrs|ampel *f* traffic lights *pl* (*Am.* light), *Am. a.* stoplight; **~behinderung** *f* holdup, delay; **~delikt** *n* traffic offen|ce, *Am.* -se; **~minister(in)** Minister of Transport; **~mittel** *n* (means of) transport (*bsd. Am.* transportation); **öffentliche ~** *pl* public transport(ation *Am.*); **~polizei** *f* traffic police (*pl*); **~sünder(in)** traffic offender; **~stau** *m* traffic jam (*od.* congestion); **~teilnehmer** *m* road user; **~unfall** *m* traffic accident; **~verbund** *m* linked transport system; **Ձwidrig** contrary to traffic regulations; **~zeichen** *n* traffic sign

ver|kehrt wrong; **~** (*herum*)

upside down; inside out; **~kennen** mistake*, misjudge; **~klagen** sue (auf, wegen for); **~klappen** dump (into the sea); **~kleiden** disguise (als o.s.); tech. cover; **~knallen** F: sich in j-n ~ fall for s.o.; in j-n verknallt sein be~ head over heels in love with s.o.; **~kommen 1.** v/i become~ rundown; Person: go~ to the dogs; **2.** adj rundown; moralisch: depraved; **~kracht: ~ sein** (mit) have~ fallen out (with); **~krüppelt** crippled; **~künden** announce; Urteil: pronounce; **~kürzen** shorten

Verlag m publishing house, publisher(s pl)

verlangen 1. ask for, demand; **2.** 2 n desire

verlänger|n lengthen; fig. prolong (a. Leben); extend; Ausweis: renew; **2ung** f extension; renewal; Sport: extra time; **2ungsschnur** f extension lead (Am. cord)

ver|langsamen slow down (a. sich ~); **2lass** m auf ~ ist (kein) ~ you can('t) rely on ...; **~lassen** leave*; sich ~ auf rely on; **~lässlich** reliable

Verlauf m course; **2en** run*; sich ~ lose* one's way

verleben spend*; Zeit etc.: a. have*; **~t** dissipated

verlege|n 1. v/t move; Brille: mislay*; tech. lay*; zeitlich:

postpone; Buch: publish; **2.** adj embarrassed; **2nheit** f (Geld2: financial) embarrassment; **2r(in)** publisher

Verleih m hire od. Am. rental (service); Film2: distributors pl; **2en** lend*; Autos etc.: hire (Am. rent) out; Preis: award

ver|leiten mislead* (zu into ger); **~lernen** forget*; **~lesen** read* out; sich ~ misread* s.th.

verletz|en hurt (sich o.s.), injure; fig. a. offend; **2te** m, f injured person; die ~ od. the injured pl; **2ung** f injury

verleugnen deny

verleumd|en, 2ung f slander; schriftlich: libel

verlieb|en: sich ~ (in) fall* in love (with); **~t** in love (in with); Blick: amorous

verlieren lose*

verlob|en: sich ~ get* engaged (mit to); **~t** get* engaged; **2te 1.** m fiancé; **2.** f fiancée; **2ung** f engagement

ver|lockend tempting; **~loren: ~ gehen** be* (od. get*) lost; **~losen** draw* lots for; **2losung** f raffle, lottery; **2lust** m loss; **~machen** leave*; **~markten** (put on the) market; contp. exploit commercially; **2marktung** f marketing; contp. commercial exploitation; **~mehren: (sich) ~** increase; biol. multiply; **~meiden** avoid;

~meintlich supposed; ~messen 1. v/t measure; *Land:* survey; 2. *adj* presumptuous; ~mieten let*, rent; *Autos etc.:* hire (*Am.* rent) out; zu ~ to let; for hire; *Am. für beide:* for rent; 2mieter(in) land|lord (-lady); ~mischen mix; ~missen miss; ~misst missing (*mil.* in action)

vermitt|eln v/t arrange; *Eindruck:* give*, convey; *j-m et.* ~ find*, get s.o. s.th.; v/i mediate; 2ler(in) mediator, go-between; 2lung f mediation; *Herbeiführung:* arrangement; *Stelle:* agency; *tel.* exchange

Vermögen n fortune

vermumm|t masked, disguised; 2ungsverbot n ban on wearing masks at demonstrations

vermut|en suppose, assume; ~lich presumably; probably; 2ung f presumption; *bloße:* speculation

ver|nachlässigen neglect; ~nehmen *jur.* question, interrogate; ~neigen: sich ~ bow (vor to); ~neinen deny; answer in the negative

Vernetzung f network(ing)

vernicht|en destroy; 2ung f destruction

verniedlichen play down

Ver|nunft f reason; ~nünftig sensible, reasonable (*a. Preis*)

veröffentlich|en publish;

2ung f publication

ver|ordnen *med.* prescribe; ~pachten lease

verpack|en pack (up); *tech.* package; 2ung f pack(ag)ing; *Papier* 2: wrapping; 2ungsmüll m superfluous packaging

ver|passen miss; F *j-m eine* ~ land s.o. one; ~pesten pollute, foul; ~pfänden pawn; ~pflanzen transplant

verpfleg|en feed*; 2ung f food

ver|pflichten engage; *sich ~ zu* undertake* to; ~pflichtet obliged; ~pfuschen ruin; ~prügeln beat* *s.o.* up; ~putzen *arch.* plaster

Ver|rat m betrayal; *pol.* treason; 2raten (sich) ~ betray (o.s.), give* (o.s.) away; ~räter(in) traitor

verrechn|en: ~ *mit* set* off against; *sich ~* miscalculate (*a. fig.*); 2ungsscheck m crossed cheque, *Am.* check for deposit only

verregnet rainy, wet

verreisen ~* away (*geschäftlich:* on business)

verrenk|en dislocate (*sich et. s.th.*); 2ung f dislocation

ver|riegeln bolt, bar; ~ringern decrease, lessen (*beide: a. sich ~*); ~rosten rust

verrück|en move, shift; ~t mad, crazy (*beide: nach* about); 2te m, f mad|man (-woman), lunatic

verseuchen

verrutschen slip

Vers _m_ verse

versage|n fail; **2n** _n_, **2r(in)** failure

versalzen oversalt; _fig._ spoil

versamm|eln: (_sich_) ~ gather, assemble; **2lung** _f_ assembly, meeting

Versand _m_ dispatch, shipment; **~...** Haus, Katalog: mail-order ...

ver|säumen miss; _Pflicht:_ neglect; _zu tun:_ fail; **~schaffen** _G/:_ **sich** ~ _a._ obtain; **~schärfen**: **sich** ~ get* worse; **~schätzen**: **sich** ~ make* a mistake (_a. fig._); **sich um** ... ~ be* ... out (_Am._ off); **~schenken** give* away; **~schicken** send* (off); _econ. a._ dispatch; **~schieben** shift; _zeitlich:_ postpone

verschieden different; _pl mehrere:_ several; **2es** miscellaneous; **~artig** various

ver|schiffen ship; **~schimmeln** go* mo(u)ldy; **~schlafen 1.** _v/i_ oversleep; **2.** _adj_ sleepy (_a. fig._); **~schlag** _m_ shed; **~schlagen** _adj_ cunning; **~schlechtern**: (_sich_) ~ make* (get*) worse, deteriorate; **2schleiß** _m_ wear (and tear); **~schließen** close; _absperren:_ lock (up); **~schlimmern → ~schlechtern**; **~schlingen** devour (_a. fig._); **~schlossen** closed; locked; _fig._ reserved; **~schlucken** swallow; **sich** ~ choke;

2schluss _m_ Haken2: fastener; _aus Metall:_ clasp; _Flaschen2:_ cap, top; _phot._ shutter; **~schlüsseln** encode; **~schmelzen** merge, fuse; **~schmerzen** get* over _s.th._; **~schmieren** smear; **~schmutzen** soil, dirty; _Umwelt:_ pollute; **~schneit** snow-covered; **~schnüren** tie up; **~schollen** missing; **~schonen** spare; **~schreiben** _med._ prescribe (**gegen** for); **sich** ~ make* a slip of the pen; **~schrotten** scrap; **~schuldet** in debt; **~schütten** spill*; _j-n:_ bury alive; **~schweigen** hide*, say* nothing about; **~schwenden**, **2schwendung** _f_ waste; **~schwiegen** discreet; **~schwimmen** become* blurred; **~schwinden** disappear, vanish; **~schwommen** blurred (_a. phot._)

Verschwör|er(in) conspirator; **~ung** _f_ conspiracy, plot

versehen: 1. sich ~ make* a mistake; **2.** **2** _n_ oversight; **aus → ~** **~tlich** by mistake

ver|senden → verschicken; **~sengen** singe, scorch; **~setzen** move; _dienstlich:_ transfer; _Schule:_ move up, _Am._ promote; _verpfänden:_ pawn; F _j-n:_ stand* _s.o._ up; **sich in j-s Lage** ~ put* _o.s._ in _s.o.'s_ place; **~seuchen** contaminate

versichern
542

versicher|n insure (**sich** o.s.); *sagen:* assure, assert; **2te** *m, f* the insured; **2ung** *f* insurance (company); assurance; **2ungspolice** *f* insurance policy

ver|sickern trickle away; **~ sinken** sink*

Version *f* version

versöhn|en reconcile; **sich (wieder)** ~ become* reconciled; **make*** (it) up (**mit** with s.o.); **2ung** *f* reconciliation

versorg|en provide, supply; *betreuen:* take* care of; **2ung** *f* supply; care

verspät|en: sich ~ be* late; **~et** belated; delayed; **2ung** *f* delay; **~ haben** be* late

ver|speisen eat* (up); **~ sperren** bar, block (up), obstruct (*a.* Sicht); **~spotten** mock, ridicule; **~sprechen** promise; **sich** ~ make* a slip (of the tongue); **2sprechen** *n* promise; **~staatlichen** nationalize

Verstand *m* mind; *Vernunft:* reason; *Intelligenz:* brain(s *pl*); **den ~ verlieren** go* out of one's mind

verständ|igen inform; **sich** ~ communicate; *einig werden:* come* to an agreement; **2igung** *f* communication; **~lich** intelligible; understandable; **2nis** *n* comprehension; understanding; **~nisvoll** understanding

verstärk|en strengthen; *mil.,* *tech.* reinforce; *Radio, phys.:* amplify; *steigern:* intensify; **2er** *m* amplifier; **2ung** *f* reinforcement(s *pl* *mil*)

verstauben get* dusty

verstauch|en, 2ung *f* sprain

verstauen stow away

Versteck *n* hiding place; **2en** hide* (*a.* **sich**), conceal

verstehen understand*, F get*; *einsehen:* see*; **sich (gut)** ~ get* along (well) (**mit** with)

Versteigerung *f* auction

verstell|bar adjustable; **~en** move; *tech.* adjust; *versperren:* block; *Stimme:* disguise; **sich** ~ put* on an act

ver|steuern pay* tax on; **~stimmt** out of tune; F cross; **~stohlen** furtive

verstopf|en block, jam; **~t** *Nase:* stuffed up, *Am.* stuffy; **2ung** *f* med. constipation

verstorben late, deceased; **2e** *m, f* the deceased

Verstoß *m* offen|ce, *Am.* -se; **2en: ~ gegen** violate

ver|strahlt radioactively contaminated; **~streichen** *Zeit:* pass; *Frist:* expire; **~streuen** scatter; **~stümmeln** mutilate; **~stummen** fall* silent

Versuch *m* attempt, try; *Probe:* trial; *phys., etc.:* experiment; **2en** try (*a.* kosten); attempt; **~ung** *f* temptation

ver|tagen adjourn; **~tauschen** exchange

verteidig|en defend (*sich* o.s.); **2er(in)** Sport: defender; jur. counsel for the defen|ce, Am. -se; **2ung** f defen|ce, Am. -se; **2ungsminister** m Minister (*Am.* Secretary) of Defen|ce, Am. -se

verteilen distribute

vertief|en: (*sich*) ~ deepen; *sich* ~ *in* fig. become engrossed in; **2ung** f hollow

vertonen set* to music

Vertrag m contract; pol. treaty; **2en** endure, bear*, stand*; *ich kann ... nicht* ~ *Essen etc.* ... doesn't agree with me; *Lärm, j-n etc.:* I can't stand ...; *sich* ~ → *verstehen*

vertrau|en trust; **2en** n confidence; trust; **~lich** confidential; **~t** familiar

vertreiben drive* away; expel (*aus* from) (*a. pol.*); Zeit: pass; kill

vertret|en substitute for; pol., econ. represent; Idee etc.: support; **2er(in)** substitute; pol., econ. representative; Handels2: sales representative

ver|trocknen dry up; **~trösten** put* off

verun|glücken have* an accident; *tödlich:* be* killed in an accident; **~sichern** make* s.o. feel unsure of himself (*od.* herself), F rattle

verursachen cause

verurteil|en condemn (*a. fig.*), sentence, convict; **2ung** f jur. conviction

ver|vielfältigen copy; **~vollkommnen** perfect; **~vollständigen** complete; **~wackeln** phot. blur; **~wählen:** *sich* ~ dial the wrong number; **~wahrlost** neglected

verwalt|en manage; **2er(in)** manager; **2ung** f administration (*a. pol.*)

verwand|eln turn (*a. sich* ~) (*in* into); **2lung** f change, transformation

verwandt related (*mit* to); **2e** m, f relative, relation; **2schaft** f relationship; *Verwandte:* relations pl

verwarn|en warn, give s.o. a warning; Sport: book; **2ung** f warning; Sport: booking

verwechs|eln confuse (*mit* with), mistake (*for*); **2lung** f confusion; mistake

ver|wegen bold; **~weigern** deny; refuse

Verweis m reprimand; reference (*auf* to); **2en** refer (*auf, an* to); *hinauswerfen:* expel

verwelken wither (*a. fig.*)

verwend|en use; Zeit etc.: spend* (*auf* on); **2ung** f use

ver|werfen reject; **~werten** make* use of, utilize, use; **~wirklichen** realize

verwirr|en confuse; **2ung** f confusion

ver|wischen blur; Spuren: cover; **~witwet** widowed;

~wöhnen spoil*; **~worren** confused

verwund|bar vulnerable (*a. fig.*); **~en** wound

Verwund|ete *m, f* wounded (person), casualty; **~ung** *f* wound, injury

ver|wünschen curse; **~zählen** devastate; **~zählen**: *sich* ~ miscount; **~zaubern** enchant; ~ *in* turn into; **~zehren** consume

Verzeichnis *n* list; *Inhalts~*: index; *amtliches*: register

verzeih|en forgive*; *bsd. et.*: excuse; **2ung** *f* pardon; (*j-n*) *um* ~ *bitten* apologize (to s.o.); ~! sorry!; *vor Bitten etc.*: excuse me!

verzerren distort; *sich* ~ become* distorted

verzichten: ~ *auf* do* without; *aufgeben*: give* up

ver|ziehen *Kind*: spoil; *das Gesicht* ~ make* a face; *sich* ~ *Holz*: warp; F disappear; **~zieren** decorate

verzinsen pay* interest on

verzöger|n delay; *sich* ~ be* delayed; **2ung** *f* delay

verzollen pay* duty on; *haben Sie et. zu* ~? have you anything to declare?

verzweif|eln despair; **~elt** desperate; **2lung** *f* despair

Veto *n* veto

Vetter *m* cousin

Video *n* video; *~...: Aufnahme, Band, Clip, Kamera, Kassette, Recorder, Spiel etc.*:

video ...; *auf* ~ **aufnehmen** video(tape), *bsd. Am.* F tape; **~text** *m* teletext; **~thek** *f* video(tape) library, video shop (*Am. store*)

Vieh *n* cattle *pl*; **~zucht** *f* cattle breeding

viel a lot (of), much; ~*e pl* a lot (of), many; *nicht* ~ not much; ~ *beschäftigt* very busy; ~ *sagend* meaningful; ~ *versprechend* promising

Viel|falt *f* (great) variety; **2leicht** perhaps, maybe; **2mehr** rather; **2seitig** versatile

vier four; **2eck** *n* quadrangle, square; **~eckig** square; **2linge** *pl* quadruplets *pl*; **2radantrieb** *m* four-wheel drive; **2taktmotor** *m* four-stroke engine; **~te** fourth

Viertel *n* fourth (part), quarter (*a. Stadt2*); (*ein*) ~ *vor* (*nach*) a quarter to (past); **~finale** *n* quarter finals *pl*; **~jahr** *n* three months *pl*, quarter (of a year); **2jährlich** quarterly; *adv a.* every three months; **~stunde** *f* quarter of an hour

vierzehn fourteen; ~ *Tage pl* two weeks *pl*; **~te** fourteenth

vierzig forty; **~ste** fortieth

Villa *f* villa

violett violet, purple

Virtuelle Realität *f* Computer: virtual reality

Virus *n, m* virus

Visum *n* visa

Vitamin n vitamin

Vize... vice-...

Vogel m bird; **~futter** n birdseed; **~käfig** m birdcage; **~perspektive** f bird's-eye view; **~scheuche** f scarecrow

Vokab|el f word; **~n** pl → **~ular** n vocabulary

Vokal m vowel

Volk n people; nation

Volks|hochschule f adult evening classes pl; **~lied** n folk song; **~musik** f folk music; **~republik** f people's republic; **~tanz** m folk dance; **~wirtschaft** f (national) economy; **~wirtschaftslehre** f economics sg; **~zählung** f census

voll 1. adj full; **~er** full of; **~ füllen**, **~ gießen** fill (up); **~ machen** fill (up); F dirty, mess up; **die Hosen ~ machen** fill one's pants; **~ tanken** fill up; **2.** adv fully; **zahlen etc.:** in full

voll|automatisch fully automatic; **2bart** m full beard; **2beschäftigung** f full employment; **~enden** complete, finish; **~endet** perfect; **2gas** n full throttle; **~ geben** F step on it

völlig complete(ly), total(ly)

voll|jährig of age; **2jährigkeit** f majority; **2kaskoversicherung** f comprehensive insurance; **~kommen** perfect; **2korn...** Brot, Mehl etc:

wholemeal ...; **2macht** f: **~ haben** be* authorized; **2milch** f full-cream (Am. whole) milk; **2mond** m full moon; **2pension** f full board; **~ständig** complete; **2wertkost** f wholefood(s pl); **~zählig** complete

Volt n volt

Volumen n volume

von räumlich, zeitlich: from; für Genitiv: of; Passiv: by; **~einander** from each other

vor in front of; zeitlich, Reihenfolge: before; Uhrzeit: to; **~ e-m Jahr etc.** a year etc. ago; **~ allem** above all

Vor|abend m eve; **~ahnung** f presentiment, foreboding

voran (dat) at the head (of), in front (of), before; **Kopf ~** head first; **2kommen** get* along

Vorarbeiter(in) fore(wo)man

voraus (dat) ahead (of); **im 2** in advance, beforehand; **~gehen** go* ahead; zeitlich: precede; **~gesetzt:** ~, dass provided (that); **~sagen** predict; **~schicken** send* on ahead; **~, dass** begin by mentioning that; **~sehen** foresee*; **~setzen** assume; **2setzung** f condition, prerequisite; **~en** pl requirements pl; **~sichtlich** adv probably; **2zahlung** f advance payment

vorbehalten: sich ~ reserve

Änderungen ~ subject to change

vorbei *räumlich:* by, past (*an s.o.*, *s.th.*); *zeitlich:* over, past, gone; **~fahren** drive* past; **~gehen** pass, go* past; *nicht treffen:* miss; **~lassen** let* pass

vorbereit|en prepare (*a. sich* ~); **2ung** *f* preparation

vorbestellen reserve

vorbeugen prevent (*e-r Sache s.th.*); (*sich*) ~ bend* forward; **~d** preventive

Vorbild *n* model; *sich zum* ~ *nehmen* follow *s.o.'s* example; **2lich** exemplary

vorbringen bring* forward; *sagen:* say*, state

Vorder|... *Achse, Rad, Sitz, Teil etc.:* front ...; **2e** front; **~bein** *n* foreleg; **~grund** *m* foreground; **~seite** *f* front; *Münze:* head

vor|dräng(el)n: *sich* ~ jump the queue, *Am.* cut* into line; **~dringen** advance; **2-druck** *m* form, *Am.* blank; **~ehelich** premarital; **~eilig** hasty, rash; **~eingenommen** prejudiced (*gegen* against); **~enthalten:** *j-m et.* ~ withhold* *s.th.* from *s.o.*; **~erst** for the time being

Vorfahr *m* ancestor

vorfahr|en drive* up; **2t** *f* right of way; *die* ~ *beachten* give* way, *Am.* yield (right of way)

Vorfall *m* incident, event

vorfinden find*

vorführ|en show*, present; **2ung** *f* presentation, show(-ing); *thea., Film:* a. performance

Vor|gang *m* event; *biol., tech. etc.* process; **~gänger(in)** predecessor; **~garten** *m* front garden (*Am.* yard); **2gehen** go* (up) to the front; ~ → **vorangehen**; *geschehen:* go* on; *wichtiger sein:* come* first; *verfahren:* proceed; *Uhr:* be* fast; **~gesetzte** *m, f* superior, boss; **2gestern** the day before yesterday

vorhaben 1. *v/t* plan, intend, be* going to *do s.th.*; **2.** **2** *n* intention, plan(s *pl*); project

Vorhand *f* forehand

vorhanden existing; *verfügbar:* available; **~ sein** exist; **2sein** *n* existence

Vorhang *m* curtain

vor|her before, earlier; *im Voraus:* in advance; **~herrschend** predominant

Vorhersage *f* forecast, prediction; **2n** predict

vor|hin earlier on, a (short) while ago; **~ig** previous; **2kenntnisse** *pl* previous knowledge *sg*

vorkommen 1. be* found; *geschehen:* happen; *scheinen:* seem; *sich* ... ~ feel* ...; **2.** **2** *n* occurrence

Vorkriegs... prewar ...

Vorladung *f* summons

Vor|lage f Muster: pattern; parl. bill; Sport: pass; **2lassen** let* pass; empfangen: admit; **2läufig 1.** adj provisional; **2.** adv for the time being; **2laut** pert, cheeky

vorlegen present; zeigen: show*; **2r** m rug

vorles|en read* (out) (j-m to s.o.); **2ung** f lecture (über on)

vorletzte next-to-last; ~ **Nacht** the night before last

Vor|liebe f preference; ~ **marsch** m advance; **2merken** put* s.o.'s (name) down

Vormittag m (am in the; heute this) morning

Vormund m guardian

vorn in front; nach ~ forward; von ~ from the front (zeitlich: beginning)

Vorname m first name

vornehm distinguished; fein: fashionable, F posh; ~ **tun** put* on airs; **2en:** sich ~ zu decide to, plan to

vornherein: von ~ from the first (od. start)

Vorort m suburb; ~**(s)zug** m suburban train

Vor|programm n supporting program(me); **2programmiert** fig. inevitable; das war ~ that was bound to happen; ~**rang** m priority (vor over); ~**rat** m supply, supplies pl, stocks pl (an of); **2rätig** in stock; ~**recht** n privilege; ~**richtung** f de-

vice; **2rücken** move forward; ~**runde** f preliminary round; ~**saison** f off-season; ~**satz** m resolution; jur. intent; **2sätzlich** bsd. jur. wil(l)ful; ~**schein** m: zum ~ **kommen** appear, come* out

Vorschlag m suggestion, proposal; **2en** suggest, propose

Vor|schrift f rule, regulation; tech., med. instruction; **2schriftsmäßig** according to regulations etc.; ~**schule** f nursery school, Am. preschool; ~**schuss** m advance; **2sehen** plan; jur. provide; sich ~ be* careful, watch out (vor for)

Vorsicht f caution, care; ~**!** look out!, (be) careful!; ~, **Stufe!** mind the step!, Am. caution: step!; **2ig** careful; ~**smaßnahme** f: ~n treffen take* precautions

Vorsilbe f prefix

Vorsitz m chair(manship); ~**ende** m, f chairperson, chair|man (-woman), president

Vorsorge f precaution; **2lich** as a precaution

Vorspeise f hors d'oeuvre

Vorspiel n prelude (a. fig.); sexuell: foreplay; **2en:** j-m et. ~ play s.th. to s.o.

Vor|sprung m projection; Sport: lead; e-n ~ **haben** be* ahead (a. fig.); ~**stadt** f suburb; ~**stand** m board (of directors); Club: managing committee; **2stehen** protrude; *fig.* be* the head of

vorstell|en *Uhr:* put forward; introduce (*sich* o.s.; **j-n** *i-m* s.o. to s.o.); *sich et.* ~ imagine s.th.; *sich ~ bei* have* an interview with; **2ung** *f* introduction; *Gedanke:* idea; *thea. etc.* performance; **2ungsgespräch** *n* interview

Vor|stopper *m* *Fußball:* cent|re (*Am.* -er) back; ~**strafe** *f* previous conviction; ~**n(register** *n) pl* criminal record; **2täuschen** feign, pretend

Vorteil *m* advantage (*a. Sport*); **2haft** advantageous (*für* to)

Vortrag *m* lecture (*halten* give*); **2en** *Gedicht:* recite; *äußern:* express, state

vortreten step forward; *fig.* protrude (*a. Augen*)

vorüber → *vorbei*; ~**gehen** pass, go* by; ~**gehend** temporary

Vor|urteil *n* prejudice; ~**verkauf** *m* *thea. etc.* advance booking; ~**wahl** *f* *tel.* STD

(*od.* dial[l]ing, *Am.* area) code; *pol.* preliminary election, *Am.* primary; ~**wand** *m* pretext

vorwärts forward, on(ward); ~**!** let's go!; ~ **kommen** make* headway (*a. fig.*); *fig.* get ahead (*od.* on, somewhere)

vor|weg beforehand; ~**wegnehmen** anticipate; ~**weisen** show*; ~**werfen:** *j-m et.* ~ reproach s.o. with s.th.; → **beschuldigen**; ~**wiegend** chiefly, mainly, mostly

Vorwort *n* foreword; *bsd. des Autors:* preface

Vorwurf *m* reproach; *j-m* (*sich*) *Vorwürfe machen* reproach s.o. (o.s.) (*wegen* for); **2svoll** reproachful

Vor|zeichen *n* omen, sign (*a. math.*); **2zeigen** show*; **2zeitig** premature; **2ziehen** *Vorhänge:* draw*; *fig.* prefer; ~**zug** *m* preference; *Vorteil:* advantage; *Wert:* merit; **2züglich** exquisite

vulgär vulgar

Vulkan *m* volcano

W

Waage *f* scale(s *pl* Brt.); *Fein2:* balance; *astr.* Libra; **2(e)recht** horizontal

Wabe *f* honeycomb

wach awake; ~ *werden* wake* up; **2e** *f* guard (*a. mil.*); *Pos-*

ten: a. sentry; *naut., med.* watch; *Polizei2:* police station; ~**en** (keep*) watch

Wacholder *m* juniper

Wachs *n* wax

wachsam watchful

wachsen¹ grow* (*a.* **sich ~ lassen**); *fig. a.* increase
wachsen² wax
Wächter(in) *m* guard
Wacht(t)urm *m* watchtower
wackelig shaky; *Zahn:* loose; **2kontakt** *m* loose contact; **~n** shake*; *Tisch etc.:* wobble; *Zahn:* be* loose
Wade *f* calf
Waffe *f* weapon (*a. fig.*); **~n** *pl a.* arms *pl*
Waffel *f* waffle; *Eis2:* wafer
Waffenstillstand *m* armistice, truce
wagen dare; *riskieren:* risk; **sich ~ in** venture into
Wagen *m* car; → **Lastwagen** *etc.*; **~heber** *m* jack
Waggon *m, a.* **Wagon** *m* wag(g)on, *Am.* car
Wahl *f* choice; *andere:* alternative; *pol.* election; *vorgang:* voting, poll; **zweite** *econ.* seconds *pl*; **2berechtigt** eligible (*od.* entitled) to vote; **~beteiligung** *f* (voter) turnout
wähle|n choose*; *pol.* vote; *j-n:* elect; *tel.* dial; **2r(in)** voter; **~risch** particular
Wahl|fach *n* optional subject, *Am. a.* elective; **~kabine** *f* polling booth; **~kampf** *m* election campaign; **~kreis** *m* constituency; **~lokal** *n* polling station (*Am.* place); **2los** (*adv* at) random; **~recht** *n* right to vote, franchise; **~urne** *f* ballot box

Wahnsinn *m* insanity, madness (*a. fig.*); **2ig 1.** *adj* insane, mad; **2.** *adv* F awfully
wahr true; *wirklich:* a. real
während 1. *prp* during; **2.** *cj* while; *Gegensatz:* a. whereas
Wahr|heit *f* truth; **2nehmen** perceive, notice; *fig. ergreifen:* seize; **~sager(in)** fortune-teller; **2scheinlich** probably; likely; **~scheinlichkeit** *f* probability, likelihood
Währung *f* currency
Wahrzeichen *n* landmark
Waise *f* orphan; **~nhaus** *n* orphanage
Wal *m* whale
Wald *m* wood(*s pl*), forest; **~sterben** *n* dying of forests, forest deaths *pl* (*od.* dieback)
Walkman® *m* personal stereo, Walkman ®
Wall *m* rampart
Wallfahrt *f* pilgrimage
Wal|nuss *f* walnut; **~ross** *n* walrus
Walze *f* roller; cylinder
wälzen: (**sich**) **~** roll
Walzer *m* waltz
Wand *f* wall
Wandel *m,* **2n: sich ~** change
Wander|er *m,* **~in** *f* hiker; **~n** hike; *streifen:* wander (*a. fig.*); **~pokal** *m* challenge cup; **~ung** *f* hike; **~weg** *m* (hiking) trail
Wand|gemälde *n* mural; **~lung** *f* change; **~schrank** *m* built-in cupboard, *Am.* clos-

et; **~tafel** f blackboard; **~teppich** m tapestry

Wange f cheek

wanke|lmütig fickle, inconstant; **~n** stagger, reel

wann when, (at) what time; **seit~?** (for) how long?, since when?

Wanne f bathtub

Wanze f bedbug; F fig. bug

Wappen n coat of arms

Ware f goods pl; Artikel: article; Produkt: product; **~nhaus** n department store; **~nlager** n stock; **~nprobe** f sample; **~nzeichen** n trademark

warm warm; Essen: hot

Wärm|e f warmth; phys. heat; **~en** warm (up); **~flasche** f hot-water bottle

Warn|dreieck n mot. warning triangle; **~en** warn (vor of, against); **~ung** f warning

warten wait (auf for)

Wärter(in) guard; Zoo: keeper; Museum etc.: attendant

Warte|saal m, **~zimmer** n waiting room

Wartung f maintenance

warum why, F what (...) for

Warze f wart

was what; **~ kostet ...?** how much is ...?

wasch|bar washable; **2becken** n wash|basin, Am. -bowl

Wäsche f wash(ing), laundry; Tisch2, Bett2: linen(s pl); Unter2: underwear; **~**

klammer f clothes peg (Am. pin); **~leine** f clothesline

waschen wash; **sich ~** have a wash, wash (o.s.); **sich die Haare** etc. **~** wash one's hair etc.; **~ und legen** a shampoo and set

Wäscherei f laundry

Wasch|lappen m flannel, Am. washcloth; **~maschine** f washing machine, washer; **~pulver** n detergent, washing powder; **~salon** m launderette, Am. a. laundromat; **~straße** f mot. car wash

Wasser n water; **~ball** m beach ball; Sport: water polo; **2dicht** waterproof; **~fall** m waterfall; **~flugzeug** n seaplane; **~graben** m ditch; **~hahn** m tap, Am. a. faucet

wäss(e)rig watery

Wasser|kraftwerk n hydroelectric power station; **~leitung** f water pipe(s pl); **~mann** m astr. Aquarius

wässern water

Wasser|rohr n water pipe; **2scheu** scared of water; **~ski** n water skiing; **~ laufen** waterski; **~sport** m water (od. aquatic) sports pl; **~stoff** m hydrogen; **~stoffbombe** f hydrogen bomb, H-bomb; **~verschmutzung** f water pollution; **~waage** f spirit level; **~weg** m waterway; **auf dem ~** by water; **~welle** f waterwave; **~werfer** m water cannon; **~werk** n waterworks *sg, pl;* **~zeichen** *n* watermark

waten wade

watsche|ln waddle; **2e(n)** *f östr.* slap in the face

Watt *n electr.* watt; *geogr.* mud flats *pl*

Watte *f* cotton (wool)

web|en weave*; **2stuhl** *m* loom

Wechsel *m* change; **Geld2:** exchange; **Bank2:** bill of exchange; **Monats2:** allowance; **~geld** *n* (small) change; **~kurs** *m* exchange rate; **Worte:** exchange; **~strom** *m* alternating current; **~stube** *f* exchange (office)

wecke|n wake* (up); **2r** *m* alarm clock

wedeln wave (**mit et.** s.th.); **Ski:** wedel; **Hund:** wag its tail

weder: **~ ... noch** neither ... nor

Weg *m* way (*a. fig.*); **Pfad:** path; **Route:** route; **Fuß2:** walk

weg away; **verschwunden, verloren:** gone; **los, ab:** off; **~ (hier)!** (let's) get out (of here)!; **~bleiben** stay away; **~bringen** take* away

wegen because of

weg|fahren leave*; **mot. a.** drive* away; **~fallen** be* dropped; **~gehen** go* away (*a. fig.*), leave*; **Ware:** sell*; **~jagen** drive* away; **~las- sen** let* *s.o.* go; *et.:* leave*

out; **~laufen** run* away; **~machen** **Fleck** *etc.:* get* out; **~nehmen** take* away (**j-m from** s.o.); **Platz** *etc.:* take* up; **~räumen** clear away; **~schaffen** remove

Wegweiser *m* signpost

weg|werfen throw* away; **~wischen** wipe off

weh sore

Wehen *f* labo(u)r *sg*

wehen blow*; **Fahne:** *a.* wave

wehleidig hypochondriac

Wehr *n* weir

Wehr|dienst *m* military service; **2en:** **sich ~** defend o.s.; **~los** defen(ce)less, *Am.* -seless

wehtun hurt* (**sich** o.s.)

Weib|chen *n zo.* female; **2lich** female; **Wesensart:** feminine

weich soft (*a. fig.*); **Ei:** soft-boiled; **F ~ werden** give* in

Weiche *f* rail. points *pl, Am.* switch

weichlich soft; **F** sissy

Weide *f bot.* willow; *agr.* pasture; **~land** *n* pasture; **2n** pasture, graze

weiger|n: **sich ~** refuse; **2ung** *f* refusal

weihen rel. consecrate

Weihnachten *n* Christmas

Weihnachts|abend *m* Christmas Eve; **~baum** *m* Christmas tree; **~geschenk** *n* Christmas present; **~lied** *n* Christmas carol; **~mann** *m* Father Christmas, Santa Claus; **~tag** *m:* **erster ~** Christmas Day; **zweiter ~**

Boxing Day; ~**zeit** f Christmas (season)

Weih|rauch m incense; ~**wasser** n holy water

weil because; since, as

Weile f: e-e ~ a while

Wein m wine; *Rebe:* vine; ~**bau** m winegrowing; ~**beere** f grape; ~**berg** m vineyard; ~**brand** m brandy

weinen cry (*vor* with; **um** for; **wegen** about, over)

Wein|fass n wine cask; ~**karte** f wine list; ~**lese** f vintage; ~**probe** f wine tasting; ~**stock** m vine; ~**traube** f → **Traube**

weise wise

Weise f Art u. ~: way; *mus.* tune; *auf diese (m-e)* ~ this (my) way

weisen show*; ~ *aus* (*od. von*) expel *aus* from; ~ *auf* point at (*od.* to)

Weisheit f wisdom; ~**szahn** m wisdom tooth

weiß white; 2**brot** n white bread; 2**e** m, f white (man *od.* woman); 2**wein** m white wine

weit 1. *adj* wide; *Reise, Weg:* long; *wie* ~ *ist es?* how far is it?; **2.** *adv* far; *bei* ~**em** by far; *von* ~**em** from a distance; ~ *verbreitet* widespread; *zu* ~ *gehen* go* too far

weiter 1. *adj* further; *e-e* ~ ... another; **2.** *adv* on, further; *nichts* ~ nothing else;

und so ~ and so on; ~**...** *arbeiten etc.:* mst go* on doing s.th.; 2**bildung** f continuing education; *berufliche:* further training; ~**fahren** go* on; ~**geben** pass (*an* to); ~**gehen** move on; *fig.* continue; ~**kommen** get* on (*fig.* in life); ~**können** be* able to go on; ~**machen** go* on, continue

weit|sichtig longsighted, *Am. u. fig.* farsighted; 2**sprung** m long (*Am.* broad) jump; ~**verbreitet** widespread; 2**winkel(objektiv** n) m phot. wide-angle lens

Weizen m wheat

welch 1. *interr pron* what, which; ~**e(r)?** which one?; **2.** *rel pron* who, which, that

Wellblech n corrugated iron

Welle f wave; *tech.* shaft

wellen (sich) wave; 2**länge** f wavelength (*a. fig.*); 2**linie** f wavy line; 2**sittich** m budgerigar, F budgi

wellig wavy

Welt f world; *auf der ganzen* ~ all over the world; *all* n universe; 2**berühmt** world-famous; ~**krieg** m world war; *Erster* (*Zweiter*) ~ World War I (II); 2**lich** worldly; ~**meister(in** m f) world champion; ~**raum** m (outer) space; ~**reise** f world trip; ~**rekord** m world record; ~**stadt** f metropolis; 2**weit** worldwide

Wettkämpfer(in)

wem (to) whom, who ... to; **von** ~ who ... from

wen who(m); **an** ~ to whom, who ... to

Wende f turn; *Änderung:* change; **die** ~ *pol. hist.* the opening of the Berlin wall; **~hals** m F *pol.* turncoat

Wendeltreppe f spiral staircase

wende|n: (**sich**) ~ turn (**nach** to; **gegen** against; **an j-n um Hilfe** for help); **bitte** ~! please turn over!; **~punkt** m turning point

wenig little; **~(e)** pl few pl; **~er** less; pl fewer; *math.* minus; **am ~sten** least (of all); **~stens** at least

wenn when; *falls:* if

wer who; *auswählend:* which; ~ **von euch?** which of you? ~ **auch (immer)** who(so)ever

Werbe|fernsehen n TV commercials (*Brt. a.* adverts) pl; **~funk** m radio commercials (*Brt. a.* adverts) pl; **2n** advertise (*für et.* s.th.); ~ **um** court; **~spot** m commercial

Werbung f advertising, (sales) promotion; *a. pol. etc.:* publicity

werden become*, *mit adj.:* mst get*; *allmählich:* grow*; *blass* ~ *etc.:* turn; *Futur:* will; *Passiv:* **geliebt** ~ be* loved (**von** by); **was willst du** ~? what do you want to be?

werfen throw* (*a. zo.*) ([*mit*] **et. nach** s.th. at; **sich** o.s.);

aviat. Bomben: drop

Werft f shipyard

Werk n work; *Tat: a.* deed; *tech.* works pl; *Fabrik:* factory; **~meister(in)** foreman (-woman); **2statt** f workshop; repair shop; **~tag** m workday; **an ~en** on weekdays; **~zeug** n tool(s pl); *feines:* instrument

wert worth

Wert m value; *Sinn, Nutzen:* use; **~e** pl data sg, pl, figures pl; **~legen auf** attach importance to; **2gegenstand** m article of value; **~los** worthless; **2papiere** pl securities pl; **2sachen** pl valuables pl; **~voll** valuable

Wesen n being, creature; *Kern:* essence; *Natur:* nature, character; **2tlich** essential

weshalb → **warum**

Wespe f wasp

wessen whose; *beschuldigt etc.:* what ... of

Weste f waistcoat, *Am.* vest

West|(en m) west; **2lich** western; *West etc.:* west(erly); *pol.* West(ern)

Wett|bewerb m competition; **~e** f bet; **2en** bet* (**mit j-m um et.** s.o. s.th.)

Wetter n weather; **~bericht** m weather report; **~lage** f weather situation; **~vorhersage** f weather forecast

Wett|kampf m competition; **~kämpfer(in)** competitor;

~lauf m, ~rennen n race; ~rüsten n arms race; ~streit m contest

wichtig important; 2keit f importance

wickeln wind*; Baby: change

Widder m ram; astr. Aries

wider against, contrary to; ~haken n barb; ~legen refute, disprove; ~lich disgusting, sickening; ~setzen: sich ~ oppose; ~spenstig unruly (a. Haar), stubborn; ~sprechen contradict; 2spruch m contradiction (in sich in terms); 2stand m resistance (a. phys.); ~standsfähig resistant; ~strebend reluctantly; ~wärtig disgusting; 2wille m aversion; Ekel: disgust; ~willig reluctant

widm|en dedicate (sich o.s.); 2ung f dedication

wie how; ~ geht es dir? how are you?; ~ ist er? what's he like? ~ wäre es mit ...? what od. how about ...?; ~ viel...? how much (pl many) ...? ~ viele ...? how many ...?; ~ ich (neu) wie he (new); ~ er sagte as he said; → so

wieder again; immer ~ again and again; ~ aufnehmen resume; ~ beleben resuscitate; fig. revive; ~ erkennen recognize (an by); ~ gutmachen make* up for; (sich) ~ sehen see (each other) again; ~ verwerten Abfall: recycle; 2aufbau m reconstruction; 2auf-

bereitungsanlage f (nuclear fuel) reprocessing plant; ~bekommen get* back; 2belebung f resuscitation; fig. revival; 2belebungsversuch m attempt at resuscitation; ~bringen bring* back; ~geben give* back, return; schildern: describe; ~herstellen restore; ~holen repeat; 2holung f repetition; ~kommen come* back, return; 2sehen n reunion; auf ~! good-bye!, F bye!; 2vereinigung f reunification; 2verwertung f recycling

Wiege f cradle; 2n weigh; Baby: rock; ~nlied n lullaby

wiehern neigh; F guffaw

Wiese f meadow

Wiesel n weasel

wie|so → warum; ~viel → viel; ~vielte: der 2 ist heute? what's the date to-day?

wild 1. adj wild (a. fig.; auf about); 2. 2 n game; gastr. mst venison; 2erer m poacher; 2leder n suede; 2nis f wilderness; 2park m game (od. deer) park; 2reservat n game reserve; 2-schwein n wild boar

Wille m will; s-n ~n durchsetzen have* one's way; ~nskraft f willpower

willkommen welcome

wimm|eln swarm (von with); ~ern whimper

Wimpel m pennant

wohl

Wimper f eyelash; **~ntusche** f mascara

Wind m wind

Windel f nappy, Am. diaper

winden wind* (a. sich ~); **sich ~ vor** writhe in

wind|ig windy; fig. shady; **2mühle** f windmill; **~po-cken** pl chicken pox sg; **2schutzscheibe** f wind-screen, Am. windshield; **2-stärke** f wind force; **2stille** f calm; **2stoß** m gust; **2surfen** n windsurfing

Windung f bend, fig. turn

Wink m sign; fig. hint

Winkel m math. angle; Ecke: corner; **rechter ~** right angle

winken wave (mit et. s.th.)

winseln whimper, whine

Winter m winter; **2lich** win-try; **~sport** m winter sports pl

Winzer(in) winegrower

winzig tiny, diminutive

Wipfel m (tree)top

wir we; **~ beide** the two of us; **~ sinds** it's us

Wirbel m whirl (a. fig.); anat. vertebra; Haar: cowlick; Fz. Getue: fuss; **2n** whirl; fig. **~säu-le** f spine; **~sturm** m cyclone, tornado

wirk|en work; be* effective (**gegen** against); erscheinen: look, seem; **~lich** real(ly), actual(ly); **2lichkeit** f reali-ty; **~sam** effective; **2ung** f effect; **~ungsvoll** effective

wirr confused; Haar: tousled;

2warr m mix-up, chaos

Wirt(in) land|lord (-lady)

Wirtschaft f economy; Ge-schäftswelt: business; **~** → **Gastwirtschaft**; **2lich** eco-nomic; sparsam: economi-cal; **~sminister** m minister for economic affairs

wischen wipe; **→ Staub**

wissen 1. know* (**von** about); **2. 2** n knowledge

Wissenschaft f science; **~ler(in)** scientist; **2lich** scien-tific

wissenswert worth know-ing; **2es** useful facts pl

witter|n scent, smell*; **2ung** f weather; hunt. scent

Witwe f widow; **~r** m widower

Witz m joke; Streich: prank; **2ig** funny; geistreich: witty

wo where; **~anders(hin)** somewhere else

Woche f week; **~nende** n weekend; **2nlang** for weeks; **~nlohn** m weekly wages pl; **~nschau** f newsreel; **~ntag** m weekday

wöchentlich weekly; **einmal ~** once a week

wo|durch how; durch was: through which; **~für** for which; **~? what** (...) for?

Woge f wave (a. fig.)

wogegen whereas, while

wo|her where ... from; **~hin** where (... to)

wohl 1. well; vermutlich: I suppose; **sich ~ fühlen** be* well; seelisch: feel* good;

2. 2 n s.o.'s well-being; **zum ~!** your health!, F cheers!; **~behalten** safely; 2**fahrts...** welfare (*of*); **~habend** well-to-do; **~ig** cosy, snug; 2**stand** m prosperity; 2**tat** f fig. pleasure, relief; **~tätig** charitable; 2**tätigkeits...** Konzert etc.: benefit ...; **~tuend** pleasant; **~verdient** well-deserved; 2**wollen** n good-will; **~wollend** benevolent

wohn|en live (*in* in; **bei** j-m with s.o.); *vorübergehend:* stay (at; with); 2**gemeinschaft** f in e-r ~ **leben** share a flat (Am. an apartment) (od. a house); 2**mobil** n camper (van); 2**siedlung** f housing estate (Am. development); 2**sitz** m residence; 2**ung** f flat, Am. apartment; 2**wagen** m caravan, Am. trailer; 2**zimmer** n living room

wölb|en: (sich) ~ arch; 2**ung** f vault, arch

Wolf m wolf

Wolke f cloud; **~nbruch** m cloudburst; **~nkratzer** m skyscraper; 2**nlos** cloudless

wolkig cloudy, clouded

Woll|... Decke etc.: wool(l)en ...; **~e** f wool

wollen want (to); lieber ~ prefer; ~ **wir (...)?** shall we (...)?; ~ **Sie bitte ...** will you please ...; **sie will, dass ich ...** she wants me to *inf*

wo|mit which ... with; **~?** what

... with?; **~möglich** perhaps; if possible; **~nach** what ... for?; **~ran:** ~ **denkst du?** what are you thinking of?; **~rauf** after (örtlich: on) which; ~ **wartest du?** what are you waiting for?; **~raus** from which; **~ist es?** what is it made of?; **~rin** in which; **~?** where?

Wort n word; **beim ~ nehmen** take* s.o. at his word

Wörterbuch n dictionary

wörtlich literal

wort|los without a word; 2**schatz** m vocabulary; 2**stellung** f word order; 2**wechsel** m argument

wo|rüber what ... about?; **~rum:** ~ **handelt es sich?** what is it about?; **~von** what ... about?; **~vor** what ... of?; **~zu** what ... for?

Wrack n wreck

wringen wring*

Wucher m usury; 2**n** grow* rampant; **~ung** f growth

Wuchs m growth; build

Wucht f force; 2**ig** heavy

wühlen dig*; Schwein: root; fig. **~ in** rummage in

wulstig Lippen: thick

wund sore; **~e Stelle** sore; 2**e** f wound

Wunder n miracle; 2**bar** wonderful, marvel(l)ous; 2**n** surprise; **sich ~ be*** surprised (über at); 2**schön** lovely; 2**voll** wonderful

Wundstarrkrampf m tetanus

Wunsch *m* wish (*a. Glück*②); *Bitte*: request

wünschen wish, want (*a. sich ~*); **~swert** desirable

Würde *f* dignity

würdig worthy (*gen* of); **~en** appreciate

Wurf *m* throw; *zo.* litter

Würfel *m* cube; *Spiel*②: dice; **②n** (play) dice; *gastr.* dice; **~zucker** *m* lump sugar

Wurf|geschoss *n*, **~geschoß** *n östr.* missile

würgen choke

Wurm *m* worm; **②en** gall; **②stichig** wormeaten

Wurst *f* sausage

Würze *f* spice; *fig. a.* zest

Wurzel *f* root (*a. math. u. fig*)

würz|en spice, season; **~ig** spicy, well-seasoned

wüst F messy; *wild*: wild; *öde*: waste

Wüste *f* desert

Wut *f* rage, fury

wüten rage; **~d** furious

X, Y

X-Beine *pl* knock knees *pl*

x-beliebig: *jede(r, -s)* ②e ... any (... you like)

x-mal umpteen times

x-te: *zum ~n Male* for the

umpteenth time

Xylophon *n* xylophone

Yacht *f* yacht

Yoga *m, n* yoga

Z

Zack|e *f*, **~en** *m* (sharp) point; **②ig** jagged

zaghaft timid

zäh tough; **~flüssig** thick, viscous; *fig.* slow-moving

Zahl *f* number; *Ziffer*: figure; **②bar** payable

zählbar countable

zahlen pay*; ~, bitte!* the bill (*Am. a.* check), please!

zähle|n count; **~ zu** rank with; **②r** *m* counter; meter

Zahl|karte *f* paying-in (*Am.* deposit) slip; **②los** countless;

②reich 1. *adj* numerous; **2.** *adv* in great number; **~tag** *m* payday; **~ung** *f* payment

zahm, zähmen tame

Zahn *m* tooth; *tech. a.* cog; **~arzt** *m*, **~ärztin** *f* dentist; **~bürste** *f* toothbrush; **~fleisch** *n* gums *pl*; **~füllung** *f* filling; **~hals** *m* neck of the tooth; **②los** toothless; **~lücke** *f* gap between the teeth; **~pasta** *f* toothpaste; **~rad** *n* cogwheel; **~radbahn** *f* rack railway; **~schmerzen**

pl toothache *sg*; **~spange** *f* brace; **~stein** *m* tartar; **~stocher** *m* toothpick

Zange *f* pliers *pl*; *Kneif*: pincers *pl*; *med.* forceps *pl*; *Greif*: tongs *pl*; *zo.* pincer

zanken → **streiten**

zänkisch quarrelsome

Zäpfchen *n anat.* uvula; *med.* suppository

Zapf|en *m Fass:* tap, *Am.* faucet; *Pflock:* peg; **2en** tap; **~hahn** *m* tap, *Am.* faucet; **~säule** *f* petrol (*Am.* gas) pump

zappeln fidget, wriggle

zappen *TV* zap

zart tender; *sanft:* gentle

zärtlich tender, affectionate; **2keit** *f* affection; *Liebkosung:* caress

Zauber *m* magic, spell, charm (*alle a. fig.*); **~er** *m* magician, sorcerer, wizard; **~haft** charming; **~in** *f* sorceress; **~künstler(in)** illusionist, conjurer; **2n** *v/t* conjure; do* magic (tricks)

Zaum *m* bridle (*a.* **~zeug**)

Zaun *m* fence

Zebra *n* zebra; **~streifen** *m* zebra crossing

Zeche *f* bill; (coal) mine

Zecke *f* tick

Zeh *m*, **~e** *f* toe; *Knoblauch:* clove; **~ennagel** *m* toenail; **~enspitze** *f* tip of the toe; *auf* **~n** *gehen* tiptoe

zehn ten; **2kampf** *m* decath-

lon; **~te**, **2tel** *n* tenth

Zeichen *n* sign; *Merk*: *a.* mark; *Signal:* signal; **~block** *m* drawing block; **~papier** *n* drawing paper; **~trickfilm** *m* (animated) cartoon

zeichn|en draw*; *kenn*: mark (*a. fig.*); **2er(in)** draughts|man (-woman), *Am.* drafts|man (-woman); **2ung** *f* drawing; *zo.* marking

Zeige|finger *m* forefinger, index finger; **2n** show* (*a.* sich ~); ~ *auf* (*nach*) point at (to); **~r** *m* *Uhr*: hand; *tech.* pointer, needle

Zeile *f* line

Zeit *f* time; *gr.* tense; *in letzter* ~ recently; *lass dir* ~ take your time; **~alter** *n* age; **2gemäß** modern, up-to-date; **~genosse**, **~genossin**, **2genössisch** contemporary; **~karte** *f* season ticket; **2lich** (*1. adj* time ...; *2. adv:* ~ *planen etc.* time *s.th.*); **~lupe** *f* slow motion; **~punkt** *m* moment, date, (point of) time; **~raum** *m* period (of time); **~schrift** *f* magazine

Zeitung *f* (news)paper

Zeitungs|artikel *m* newspaper article; **~ausschnitt** *m* newspaper cutting (*Am.* clipping); **~junge** *m* paper boy; **~kiosk** *m* newsstand; **~notiz** *f* press item; **~papier** *n* newspaper; **~verkäufer(in)** newsvendor, *Am.* newsdealer

Zeit|verlust *m* loss of time;

~**verschwendung** f waste of time; ~**vertreib** m pastime; **2weise** for a time; ~**zeichen** n time signal

Zelle f cell; tel. booth; ~**stoff** m, ~**ulose** f cellulose

Zelt n tent; **2en** camp; go* camping; ~**lager** n camp; ~**platz** m campsite

Zement m cement

Zensur f censorship; Schule: mark, grade

Zentimeter m, n centimet|re, Am. -er

Zentner m 50 kilograms

zentral central; **2e** f headquarters sg, pl; **2einheit** f Computer: central processing unit, CPU; **2heizung** f central heating; ~**verriegelung** f mot. central locking

Zentrum n cent|re, Am. -er

zerbrechen break*; sich den Kopf ~ rack one's brains; ~**lich** fragile

Zeremonie f ceremony

Zerfall m decay; **2en** disintegrate, decay (a. fig.)

zer|fetzen tear* to pieces; ~**fließen** melt; ~**fressen** eat*; chem. corrode; ~**gehen** melt; ~**kauen** chew; ~**kleinern** cut* (od. chop) up; mahlen: grind*; ~**knirscht** remorseful; ~**knittern** (c)rumple, crease; ~**knüllen** crumple up; ~**kratzen** scratch; ~**legen** take* apart (od. to pieces); Fleisch: carve; ~**lumpt** ragged;

~**mahlen** grind*; ~**platzen** burst*; explode; ~**quetschen** crush; ~**reiben** grind*, pulverize; ~**reißen** v/t tear* up (od. to pieces); sich ~ Hose etc.: tear*; v/i tear*; Seil etc: break*

zerr|en drag; med. strain; ~**an** tug at; **2ung** f strain

zer|sägen saw* up; ~**schellen** be* smashed (Schiff: wrecked); aviat. a. crash; ~**schlagen** break*, smash (a. fig. Drogenring etc.); ~**schneiden** cut* (up od. into pieces); ~**setzen**: (sich) decompose; ~**splittern** shatter; Holz etc., fig.: splinter; ~**springen** burst*; Glas: crack

Zerstäuber m atomizer

zerstör|en destroy; **2er** m destroyer (a. naut.); **2ung** f destruction; **2ungswut** f vandalism

zerstreu|en disperse, scatter; sich ~ fig.: take* one's mind off things; ~**t** absent-minded; **2ung** f distraction

zer|stückeln cut*up; ~**teilen** divide; Fleisch: carve; ~**treten** crush (a. fig.); ~**trümmern** smash; ~**zaust** tousled

Zettel m slip (of paper); Nachricht: note

Zeug n stuff (a. fig. contp.); Sachen: things pl

Zeuge m witness; **2en** become* the father of; biol. procreate; ~**enaussage** f testimony, evidence; **~in** f witness; **~nis** n (school) report, Am. report card; certificate, diploma; **vom Arbeitgeber:** reference

Zickzack m zigzag (a. **im ~ fahren** etc.)

Ziege f (she-)goat; F witch

Ziegel m brick; **Dach2:** tile; **~stein** m brick

Ziegen|bock m he-goat; **~leder** n kid

ziehen v/t pull, draw* (a. **Strich**); **Blumen:** grow*; **heraus~:** pull (od. take*) out; **j-n ~ an** pull s.o. by; **auf sich ~ Aufmerksamkeit** etc.: attract; **sich ~** run*; **dehnen:** stretch; v/i pull (**an** at); **sich bewegen, um~:** move; **Vögel, Volk:** migrate; **gehen:** go*; **reisen:** travel; **ziellos:** wander; **es zieht** there is a draught (Am. draft)

Zieh|harmonika f accordion; **~ung** f Lotto etc.: draw(ing)

Ziel n aim; fig. a. goal, objective; **Sport:** finish; **Reise2:** destination; **2en** (take*) aim (**auf** at); **~gerade** f home stretch (od. straight); **~linie** f finishing line; **2los** aiming aimless; **~scheibe** f target

ziemlich 1. adj quite a; F fairly, rather, F pretty **2.** adv

Zier|de f (**zur** as a) decoration; **2en** adorn; decorate; **sich ~** make* a fuss; **2lich** dainty

Ziffer f figure; **~blatt** n dial, face

Zigarette f cigarette; **~nautomat** m cigarette machine

Zigarre f cigar

Zigeuner(in) gipsy, Am. gypsy

Zimmer n room; **~mädchen** n chambermaid; **~mann** m carpenter

zimperlich fussy; **prüde:** prudish

Zimt m cinnamon

Zink n zinc

Zinke f tooth; **Gabel:** prong

Zinn n pewter; chem. tin

Zins|en pl interest sg; **~satz** m interest rate

Zipfel m corner; **Mütze:** tip, point; **Wurst2:** end; **~mütze** f pointed (od. tassel[l]ed) cap

Zirk|el m circle (a. fig.); math. compasses pl; **2ulieren** circulate; **~us** m circus

zischen hiss; **Fett:** sizzle

Zit|at n quotation; **2ieren** quote; **falsch ~** misquote

Zitrone f lemon

zittern tremble, shake* (**vor** with)

zivil 1. adj civil; **2.** 2 n civilian (Polizei: plain) clothes pl; **2bevölkerung** f civilians pl; **2dienst** m alternative (od. community) service

Zivil|isation f civilization; **2ist** m civilian

zögern hesitate

Zoll m customs sg; **Abgabe:** duty; **Maß:** inch; **~abferti-**

gung f customs clearance; **~amt** n customs office; **~beamte** m, **~beamtin** f customs officer; **~erklärung** f customs declaration; 2**frei** duty-free; **~kontrolle** f customs examination; 2**pflichtig** liable to duty, dutiable

Zone f zone

Zoo m zoo

Zoologie f zoology

Zopf m plait; Kind: pigtail

Zorn m anger; 2**ig** angry

zottig shaggy

zu 1. prp Richtung: to, toward(s); Ort, Zeit: at; Zweck, Anlass: for; ~ Weihnachten schenken etc.: for Christmas; Schlüssel etc. ~ key etc. to; **2.** adv too; F geschlossen: closed, shut; ~ viel too much (pl many); ~ wenig too little (pl few); Tür ~! shut the door!; **~allererst** first of all

Zubehör n accessories pl

zubereiten prepare; 2**tung** f preparation

zubinden tie (up)

Zubringerstraße f feeder (od. access) road

Zucht f zo. breeding; bot. cultivation; Rasse: breed; fig. discipline

züchten breed*; bot. grow*; 2**r(in)** breeder; grower

Zuchthaus n prison; **~strafe** f imprisonment

zucken jerk; twitch (mit et. s.th.); vor Schmerz: wince;

Blitz: flash; → Achsel

Zucker m sugar; **~dose** f sugar bowl; 2**krank**, **~kranke** m, f diabetic; 2**l** n östr. → Bonbon; 2**n** sugar; **~rohr** n sugarcane; **~rübe** f sugar beet

Zuckungen pl convulsions pl

zudecken cover (sich o.s.)

zu|drehen turn off; **~dringlich:** ~ werden get* fresh (zu with)

zuerst first; anfangs: at first

Zufahrt f approach; **~sstraße** f access road

Zu|fall m (durch by) chance; 2**fällig 1.** adj accidental; **2.** adv by accident; by chance; **~flucht** f refuge, shelter

zufrieden content(ed), satisfied; j-n ~ stellen satisfy s.o.; ~ stellend satisfactory; 2**heit** f contentment; satisfaction

zu|frieren freeze* over; **~fügen** do*, cause; Schaden ~ a. harm; 2**fuhr** f supply

Zug m train; Menschen, Wagen etc.: procession; Fest2: parade; Gesichts2: feature; Charakter2: trait; Luft2, Schluck: draught, Am. draft; Schach etc.: move; Ziehen: pull; Rauchen: a. puff

Zu|gabe f extra; thea. encore; **~gang** m access (a. fig.); 2**gänglich** accessible (für to) (a. fig.)

Zugbrücke f drawbridge

zu|geben add; fig. admit;

~gehen *Tür etc.*: close, shut*; *geschehen*: happen; **~** *auf* walk up to, approach (*a. fig.*)

Zügel *m* rein (*a. fig.*); **2los** uncontrolled

Zuge|ständnis *n* concession; **2tan** attached (*dat* to)

zugig draughty, *Am.* drafty

zügig brisk, speedy

Zugkraft *f* traction; *fig.* draw, appeal

zugleich at the same time

Zugluft *f* draught, *Am.* draft

zugreifen grab it; *sich bedienen*: help o.s.; *kaufen*: buy*

Zugriffszeit *f* Computer: access time

zugrunde: **~** *gehen* perish; **~** *richten* ruin

zugunsten in favo(u)r of

Zugvogel *m* migratory bird

zu|haben be* closed; **2hälter** *m* pimp

Zuhause 1. *n* home; **2.** **2** *adv* *östr. u. Schweiz*: (at) home

zuhör|en listen (*dat* to); **2r(in)** listener; *pl a.* audience *sg, pl*

zu|jubeln cheer; **~kleben** seal; **~knallen** slam; **~knöpfen** button (up); **~kommen**: **~** *auf* come* up to; *et. auf sich* **~** *lassen* wait and see

Zu|kunft *f* future; **2künftig 1.** *adj* future; **2.** *adv* in future

zu|lächeln smile at; **2lage** *f* bonus; **~lassen** allow; *j-n*: admit; *amtlich*: licen|se, *Am. a.* -ce, register (*a. mot.*); F keep* closed; **2lassung** *f* ad-

mission; *mot. etc.* licen|ce, *Am.* -se; *letzt* in the end; *als Letzte(r, -s)*: last; **~liebe** for *s.o.*'s sake; **2lieferer** *m* econ. supplier(s *pl*); **~machen** close; F hurry

zumindest at least

zumut|en: *j-m et.* **~** expect *s.th.* of *s.o.*; **2ung** *f* unreasonable demand

zunächst first of all; *vorerst*: for the present

Zu|nahme *f* increase; **~name** *m* surname

zünd|en tech. ignite, fire; **2holz** *n* match; **2kerze** *f* spark(ing) plug; **2schlüssel** *m* ignition key; **2ung** *f* ignition

zunehmen increase (*an* in); *Person*: put* on weight

Zuneigung *f* affection

Zunge *f* tongue

zunichte: **~** *machen* destroy

zu|nicken nod to; **~nutze**: *sich* **~** *machen* utilize, make* use of; **~packen** *fig.* work hard

zupfen pluck (*an* at)

zurechnungsfähig of sound mind; responsible

zurecht|finden: *sich* **~** find* one's way; **~kommen** get* on (*mit j-m* with *s.o.*); manage, cope (*mit et.* with *s.th.*); **~machen** get* ready, prepare; *sich* **~** do* (*Am.* fix) o.s. up

zureden encourage *s.o.*

zurück back; *hinten*: behind;

~bringen, -fahren, -nehmen, -schicken etc.: ... back; ~**bekommen** get* back; ~**bleiben** stay behind; *fig.* fall* behind; ~**blicken** look back; ~**führen** lead* back; ~**attribute** to; ~**geben** give* back, return; ~**geblieben** *fig.* backward; *geistig:* retarded; ~**gehen** go* back, return; *fig.* decrease; ~ *auf Zeit etc.:* date back to; ~**gezogen** secluded; ~**halten** hold* back; *sich* ~ control o.s.; ~**haltend** reserved; 2**haltung** *f* reserve; ~**kommen** come* back, return (*beide: fig. auf* to); ~**lassen** leave* (behind); ~**legen** put* back (*Geld:* aside); *Strecke:* cover; ~**schlagen** *v/t Angriff:* beat* off; *Decke etc.:* throw* back; *Ball:* return; *v/i* hit* back; ~**schrecken** shrink* (*vor* from); ~**setzen** *mot.* back (up); *fig.* neglect s.o.; ~**stellen** put* (*Uhr:* set*) back; *fig.* put* aside; *mil.* defer; ~**treten** step (od. stand*) back; resign (**von** *Amt:* from); withdraw* (**von** *Vertrag:* from); ~**weisen** turn down; ~**werfen** throw* back (*a. fig.*); ~**zahlen** pay* back (*a. fig.*); ~**ziehen** draw* back; *fig.* withdraw*; *sich* ~ retire, withdraw*; *mil. a.* retreat

Zuruf *m* shout; 2**en** shout (*j-m et.* s.th. to s.o.)

zurzeit at the moment

Zusage *f* acceptance; *Versprechen:* promise; *Einwilligung:* assent; 2**n** promise; accept (an invitation); *j-m* ~ appeal to s.o., be* to s.o.'s liking

zusammen together; 2**arbeit** *f* cooperation; ~**arbeiten** work together; cooperate; ~**brechen** break* down, collapse; 2**bruch** *m* breakdown, (*a. med.*), *völliger:* collapse; ~**fallen** collapse; *zeitlich:* coincide; ~**fassen** summarize; sum up; 2**fassung** *f* summary; ~**gehören** belong together; 2**hang** *m* connection; *textlich:* context; ~**hängen** be* connected; ~**hängend** coherent; ~**klappen** fold up; *fig.* break* down; ~**kommen** meet*; 2**kunft** *f* meeting; ~**legen** fold up; *Geld:* club (*Am.* pool) together; ~**nehmen** *Mut etc.:* muster (up); *sich* ~ pull o.s. together; ~**packen** pack up; ~**passen** match, harmonize; 2**prall** *m* collision; ~**prallen** collide; ~**rechnen** add up; ~**rücken** move up; ~**schlagen** *Hände:* clap; beat* s.o. up; ~**setzen** *sich* ~ (*sich get**) together; *tech.* assemble; *sich* ~ **aus** consist of; 2**setzung** *f* composition; *chem., ling.* compound; ~**stellen** put* together; *anordnen*: arrange; **≥stoß** m collision; *fig. a.* clash; **∼stoßen** collide; *fig. a.* clash; **∼treffen** meet*; *zeitlich*: coincide; **∼zählen** add up; **∼ziehen** contract (*a. sich* ∼)

Zu|satz m addition; *chem. etc.* additive; **≥sätzlich** additional, extra

zuschauen look on, watch; **≥er(in)** spectator; *TV* viewer; *pl* audience *sg*, *pl*; **≥erraum** m *thea.* auditorium

zuschicken send* (*dat* to)

Zuschlag m surcharge (*a. Post*); **≥en** strike*; *Tür etc.*: slam shut; *fig.* strike

zu|schließen lock (up); **∼schnappen** *Hund*: snap; *Tür*: snap shut; **∼schneiden** cut* out; *Holz*: cut* (to size); **∼schrauben** screw shut; **∼schrift** f letter; **∼schuss** m allowance; *staatlich*: subsidy; **∼sehen** → **zuschauen**; **∼sehends** *schnell*: rapidly; **∼senden** send* to; **∼setzen**: *j-m* ∼ press s.o. (hard)

zusichern: *j-m et.* ∼ assure s.o. of s.th.; **≥ung** f assurance

Zu|spiel n *Sport*: pass(es *pl*); **≥spitzen**: *sich* ∼ become* critical; **∼stand** m condition, state, F shape; **≥stande**: ∼ *bringen* manage; ∼ *kommen* come* about; **≥ständig** responsible, in charge; **≥ste-**

hen: *j-m steht et. zu* s.o. is entitled to (do) s.th.

zustell|en deliver; **≥ung** f delivery

zustimm|en (*dat*) agree (to *s.th.*; with s.o.); **≥ung** f approval, consent

zustoßen happen to s.o.

zu|tragen: *sich* ∼ happen; **∼trauen**: *j-m et.* ∼ credit s.o. with s.th.; **≥trauen** n confidence (*zu* in); **∼traulich** trusting; *Tier*: friendly

zutreffen be* true; ∼ *auf* apply to; **∼d** right, correct

zutrinken: *j-m* ∼ drink* to s.o.

Zutritt m → *Eintritt*

zuverlässig reliable; **≥keit** f reliability

Zuversicht f confidence; **≥lich** confident, optimistic

zuviel → *zu*

zuvor before, previously; **∼kommen** anticipate; **∼kommend** obliging

Zuwachs m increase

zu|weilen at times; **∼weisen** assign; **∼wenden**: (*sich*) ∼ turn (*dat* to); **∼wenig** → *zu*; **∼werfen** *Tür*: slam (shut); *j-m et.* ∼ throw* to s.o.; *Blick*: cast* at s.o.; **∼wider**: *... ist mir* ∼ I hate (*od.* detest) ...; **∼winken** wave to; signal to; **∼ziehen**: draw*; *Schlinge etc.*: pull tight; *sich* ∼ *med.* catch*; *v/i* move in; **∼züglich** plus

zwölfte

Zwang m compulsion; *Gewalt:* force

zwängen squeeze (**sich** o.s.)

zwanglos informal; *entspannt:* relaxed

zwanzig twenty; **~ste** twentieth

zwar: ich kenne ihn ~, aber I do know him, but; **und ~** that is, namely

Zweck m purpose; **guter ~** good cause; **es hat keinen ~ (zu** inf) it's no use (ger); **2los** useless; **2mäßig** practical; *angebracht:* wise

zwei 1. *adj* two; **2** f *Note:* B, good; **2deutig** ambiguous; **~erlei** two kinds of; **~fach** double; **2familienhaus** n two-family (*Am.* duplex) house

Zweifel m doubt; **2haft** doubtful, dubious; **2los** no doubt; **2n** doubt (**an et.** s.th.)

Zweig m branch (a. *fig.*); *kleiner:* twig; **~geschäft** n, **~stelle** f branch

Zwei|kampf m duel; **2mal** twice; **2motorig** twin-engined; **2seitig** two-sided; *pol.* bilateral; *Fotokopie etc:* double-sided; **~sitzer** m two-seater; **2sprachig** bilingual; **2spurig** *mot.* two-lane; **2stöckig** two-stor[e]yed, *Am.* -ied

zweit second; **aus ~er Hand** second-hand; **wir sind zu ~** there are two of us; **~beste**

etc.: second-...

zweiteilig two-piece

zweitens secondly

zweit|klassig second-class; **~rangig** of secondary importance, secondary; *contp.* second-rate

Zwerchfell n diaphragm

Zwerg(in) dwarf; midget

Zwetsch|(g)e f, **~ke** f *östr.* plum

zwicken pinch, nip

Zwieback m rusk, zwieback

Zwiebel f onion; *Blumen2:* bulb

Zwie|licht n twilight; **~spalt** m conflict; **~tracht** f discord

Zwilling|e pl twins pl; *astr.* Gemini sg; **~s... ** *Bruder etc.:* twin ...

zwing|en force; **2er** m kennels sg

zwinkern wink, blink

Zwirn m thread, yarn

zwischen between; *unter:* among; **~durch** in between; **2ergebnis** n intermediate result; **2fall** m incident; **2händler** m middleman; **2landung** f stopover; **2raum** m space, interval; **2stecker** m adapter; **2stück** n connection; **2wand** f partition; **2zeit** f: **in der ~** meanwhile

zwitschern twitter, chirp

Zwitter m hermaphrodite

zwölf twelve; **um ~ (Uhr)** at twelve (o'clock); at noon; at midnight; **~te** twelfth

Zyankali *n* cyanide
Zylind|er *m* top hat; *math.*,
   tech. cylinder

zynisch cynical
Zypresse *f* cypress
Zyste *f* cyst

Anhang

Zahlwörter

Grundzahlen

0	zero, nought [nɔːt]	**70**	seventy *siebzig*
1	one *eins*	**80**	eighty *achtzig*
2	two *zwei*	**90**	ninety *neunzig*
3	three *drei*	**100**	a *od.* one hundred
4	four *vier*		*(ein)hundert*
5	five *fünf*	**101**	a hundred and one
6	six *sechs*		*hundert(und)eins*
7	seven *sieben*	**200**	two hundred
8	eight *acht*		*zweihundert*
9	nine *neun*	**572**	five hundred and
10	ten *zehn*		seventy-two *fünfhun-*
11	eleven *elf*		*dert(und)zweiundsiebzig*
12	twelve *zwölf*	**1000**	a *od.* one thousand
13	thirteen *dreizehn*		*(ein)tausend*
14	fourteen *vierzehn*	**1066**	*als Jahreszahl:* ten sixty-
15	fifteen *fünfzehn*		-six *tausendsechsund-*
16	sixteen *sechzehn*		*sechzig*
17	seventeen *siebzehn*	**1998**	*als Jahreszahl:* nineteen
18	eighteen *achtzehn*		(hundred and) ninety-
19	nineteen *neunzehn*		-eight *neunzehnhundert-*
20	twenty *zwanzig*		*achtundneunzig*
21	twenty-one *einundzwanzig*	**2000**	two thousand *zwei-*
22	twenty-two *zweiund-*		*tausend*
	zwanzig	**5044**	*tel.* five 0 [əʊ] (*Am. a.*
30	thirty *dreißig*		zero) double four
31	thirty-one *einunddreißig*		*fünfzig vierundvierzig*
40	forty *vierzig*	**1,000,000**	a *od.* one million
41	forty-one *einundvierzig*		*eine Million*
50	fifty *fünfzig*	**2,000,000**	two million *zwei*
51	fifty-one *einundfünfzig*		*Millionen*
60	sixty *sechzig*	**1,000,000,000**	a *od.* one
61	sixty-one *einundsechzig*		billion *eine Milliarde*

Ordnungszahlen

1st first *erste*		**40th** fortieth *vierzigste*	
2nd second *zweite*		**41st** forty-first *einund-vierzigste*	
3rd third *dritte*			
4th fourth *vierte*		**50th** fiftieth *fünfzigste*	
5th fifth *fünfte*		**51st** fifty-first *einund-fünfzigste*	
6th sixth *sechste*			
7th seventh *sieb(en)te*		**60th** sixtieth *sechzigste*	
8th eighth *achte*		**61st** sixty-first *einund-sechzigste*	
9th ninth *neunte*			
10th tenth *zehnte*		**70th** seventieth *siebzigste*	
11th eleventh *elfte*		**80th** eightieth *achtzigste*	
12th twelfth *zwölfte*		**90th** ninetieth *neunzigste*	
13th thirteenth *dreizehnte*		**100th** (one) hundredth *hun-dertste*	
14th fourteenth *vierzehnte*			
15th fifteenth *fünfzehnte*		**101st** hundred and first *hundert(und)erste*	
16th sixteenth *sechzehnte*			
17th seventeenth *siebzehnte*		**200th** two hundredth *zwei-hundertste*	
18th eighteenth *achtzehnte*			
19th nineteenth *neunzehnte*		**300th** three hundredth *drei-hundertste*	
20th twentieth *zwanzigste*			
21st twenty-first *einund-zwanzigste*		**572nd** five hundred and seventy-second *fünf-hundert(und)zweiund-siebzigste*	
22nd twenty-second *zweiund-zwanzigste*			
23rd twenty-third *dreiund-zwanzigste*		**1000th** (one) thousandth *tausendste*	
30th thirtieth *dreißigste*		**1,000,000th** (one) millionth *millionste*	
31st thirty-first *einund-dreißigste*			

Britische und amerikanische Maße und Gewichte

1. Längenmaße

1 inch = 2,54 cm
1 foot = 30,48 cm
1 yard = 91,439 cm
1 mile = 1,609 km

2. Flächenmaße

1 square inch = 6,452 cm²
1 square foot = 929,029 cm²
1 square yard = 8361,26 cm²
1 acre = 40,47 a
1 square mile = 258,998 ha

3. Raummaße

1 cubic inch = 16,387 cm³
1 cubic foot = 0,028 m³
1 cubic yard = 0,765 m³
1 register ton = 2,832 m³

4. Hohlmaße

1 British *od.* imperial pint
= 0,568 l, *Am.* 0,473 l

1 British *od.* imperial quart
= 1,136 l, *Am.* 0,946 l
1 British *od.* imperial gallon
= 4,546 l, *Am.* 3,785 l
1 British *od.* imperial barrel
= 163,656 l, *Am.* 119,228 l

5. Handelsgewichte

1 grain = 0,065 g
1 ounce = 28,35 g
1 pound = 453,592 g
1 quarter = 12,701 kg
1 hundredweight =
112 pounds = 50,802 kg
(= *Am.* 100 pounds
= 45,359 kg)
1 ton = 1016,05 kg, *Am.*
907,185 kg
1 stone = 14 pounds
= 6,35 kg

Temperatur-Entsprechungen

	°F	°C
Siedepunkt	212°	100°
	194°	90°
	176°	80°
	158°	70°
	140°	60°
	122°	50°
	104°	40°
	86°	30°
	68°	20°
	50°	10°
Gefrierpunkt	32°	0°
	14°	−10°
	0°	−17.8°

Temperatur-Umrechnung

$$°\text{Fahrenheit} = \left(\tfrac{9}{5}°\text{C}\right) + 32$$
$$°\text{Celsius} = (°\text{F} - 32) \cdot \tfrac{5}{9}$$

Englische Währung

£ 1 = 100 pence

Münzen	Banknoten
1 p (a penny)	**£ 5** (five pounds)
2 p (two pence)	**£ 10** (ten pounds)
5 p (five pence)	**£ 20** (twenty pounds)
10 p (ten pence)	**£ 50** (fifty pounds)
20 p (twenty pence)	
50 p (fifty pence)	
£ 1 (one *od.* a pound)	

Amerikanische Währung

1 $ = 100 cents

Münzen	Banknoten
1 ¢ (one *od.* a cent, a penny)	**$ 1** (one *od.* a dollar, F a buck)
5 ¢ (five cents, a nickel)	**$ 5** (five dollars)
10 ¢ (ten cents, a dime)	**$ 10** (ten dollars)
25 ¢ (twenty-five cents, a quarter)	**$ 20** (twenty dollars)
50 ¢ (fifty cents, a half-dollar)	**$ 50** (fifty dollars)
	$ 100 (one *od.* a hundred dollars)

Unregelmäßige englische Verben

Die an erster Stelle stehende Form bezeichnet das Präsens (present tense), nach dem ersten Gedankenstrich steht das Präteritum (past tense), nach dem zweiten das Partizip Perfekt (past participle).

alight – alighted, alit – alighted, alit

arise – arose – arisen

awake – awoke, awaked – awoken

be – was (were) – been

bear – bore – borne *getragen*, born *geboren*

beat – beat – beaten, beat

become – became – become

beget – begot – begotten

begin – began – begun

bend – bent – bent

bet – bet, betted – bet, betted

bid – bid – bid

bind – bound – bound

bite – bit – bitten

bleed – bled – bled

bless – blessed, blest – blessed, blest

blow – blew – blown

break – broke – broken

breed – bred – bred

bring – brought – brought

broadcast – broadcast – broadcast

build – built – built

burn – burnt, burned – burnt, burned

burst – burst – burst

buy – bought – bought

can – could

cast – cast – cast

catch – caught – caught

choose – chose – chosen

cling – clung – clung

come – came – come

cost – cost – cost

creep – crept – crept

cut – cut – cut

deal – dealt – dealt

dig – dug – dug

do – did – done

draw – drew – drawn

dream – dreamed, dreamt – dreamed, dreamt

drink – drank – drunk

drive – drove – driven

dwell – dwelt, dwelled – dwelt, dwelled

eat – ate – eaten

fall – fell – fallen

feed – fed – fed

feel – felt – felt

fight – fought – fought

find – found – found

flee – fled – fled

fling – flung – flung

fly – flew – flown

forbid – forbad(e) – forbid(den)

forecast – forecast(ed) – forecast(ed)

mean – meant – meant

meet – met – met

mow – mowed – mowed, mown

forget – forgot – forgotten

forsake – forsook – forsaken

freeze – froze – frozen

pay – paid – paid

prove – proved – proved, *Am. a.* proven

get – got, *Am. a.* gotten

put – put – put

give – gave – given

quit – quit(ted) – quit(ted)

go – went – gone

read – read – read

grind – ground – ground

rid – rid, *a.* ridded – rid, *a.* ridded

grow – grew – grown

hang – hung – hung

ride – rode – ridden

have – had – had

ring – rang – rung

hear – heard – heard

rise – rose – risen

hew – hewed – hewed, hewn

run – ran – run

hide – hid – hidden

saw – sawed – sawn, sawed

hit – hit – hit

say – said – said

hold – held – held

see – saw – seen

hurt – hurt – hurt

seek – sought – sought

keep – kept – kept

sell – sold – sold

kneel – knelt, kneeled – knelt, kneeled

send – sent – sent

set – set – set

knit – knitted, knit – knitted, knit

sew – sewed – sewn, sewed

know – knew – known

shake – shook – shaken

lay – laid – laid

shall – should

lead – led – led

shear – sheared – sheared, shorn

lean – leant, leaned – leant, leaned

shed – shed – shed

leap – leapt, leaped – leapt, leaped

shine – shone – shone

learn – learned, learnt – learned, learnt

shit – shit, shat – shit, shat

leave – left – left

shoot – shot – shot

lend – lent – lent

show – showed – shown, showed

let – let – let

lie – lay – lain

shrink – shrank – shrunk

light – lighted, lit – lighted, lit

shut – shut – shut

lose – lost – lost

sing – sang – sung

make – made – made

sink – sank, sunk – sunk

may – might

sit – sat – sat

sleep – slept – slept

slide – slid – slid

sling – slung – slung

slit – slit – slit

smell – smelt, smelled – smelt, smelled

sow – sowed – sown, sowed

speak – spoke – spoken

speed – sped, speeded – sped, speeded

spell – spelt, spelled – spelt, spelled

spend – spent – spent

spill – spilt, spilled – spilt, spilled

spin – spun – spun

spit – spat, *Am. a.* spit – spat, *Am. a.* spit

split – split – split

spoil – spoiled, spoilt – spoiled, spoilt

spread – spread – spread

spring – sprang, *Am. a.* sprung – sprung

stand – stood – stood

steal – stole – stolen

stick – stuck – stuck

sting – stung – stung

stink – stank, stunk – stunk

stride – strode – stridden

strike – struck – struck

string – strung – strung

swear – swore – sworn

sweat – sweated, *Am. a.* sweat – sweated, *Am. a.* sweat

sweep – swept – swept

swell – swelled – swollen, swelled

swim – swam – swum

swing – swung – swung

take – took – taken

teach – taught – taught

tear – tore – torn

tell – told – told

think – thought – thought

throw – threw – thrown

thrust – thrust – thrust

tread – trod – trodden

wake – woke, waked – woken, waked

wear – wore – worn

weave – wove – woven

weep – wept – wept

wet – wet, wetted – wet, wetted

will – would

win – won – won

wind – wound – wound

wring – wrung – wrung

write – wrote – written

Kennzeichnung der Kinofilme
in Großbritannien

U   Universal. Suitable for all ages.
Für alle Altersstufen geeignet.

PG   Parental Guidance. Some scenes may be unsuitable for young children.
Einige Szenen ungeeignet für Kinder. Erklärung und Orientierung durch Eltern sinnvoll.

15   No person under 15 years admitted when a "15" film is in the programme.
Nicht freigegeben für Jugendliche unter 15 Jahren.

18   No person under 18 years admitted when an "18" film is in the programme.
Nicht freigegeben für Jugendliche unter 18 Jahren.

Kennzeichnung der Kinofilme
in USA

G   All ages admitted. General audiences.
Für alle Altersstufen geeignet.

PG   Parental guidance suggested. Some material may not be suitable for children.
Einige Szenen ungeeignet für Kinder. Erklärung und Orientierung durch Eltern sinnvoll.

R   Restricted. Under 17 requires accompanying parent or adult guardian.
Für Jugendliche unter 17 Jahren nur in Begleitung eines Erziehungsberechtigten.

X   No one under 17 admitted.
Nicht freigegeben für Jugendliche unter 17 Jahren.